Das Kartellbußgeldrecht
unter ökonomischer Perspektive

Europäische Hochschulschriften Recht

European University Studies in Law

Publications Universitaires Européennes de Droit

Band/Volume **6061**

Thomas Knapowski

Das Kartellbußgeldrecht unter ökonomischer Perspektive

Bewertung der europäischen und der deutschen Sanktionsnormen und Entwicklung effektiver Vorschriften

PETER LANG

Bibliografische Information der Deutschen Nationalbibliothek
Die Deutsche Nationalbibliothek verzeichnet diese Publikation in der Deutschen Nationalbibliografie; detaillierte bibliografische Daten sind im Internet über http://dnb.d-nb.de abrufbar.

Zugl.: Bonn, Univ., Diss., 2018

D 5
ISSN 0531-7312
ISBN 978-3-631-77217-1 (Print)
E-ISBN 978-3-631-78076-3 (E-PDF)
E-ISBN 978-3-631-78077-0 (EPUB)
E-ISBN 978-3-631-78078-7 (MOBI)
DOI 10.3726/b15235

Diese Publikation wurde begutachtet.

www.peterlang.com

Inhaltsverzeichnis

Abkürzungsverzeichnis

a. F.	alte Fassung
ABl.	Amtsblatt der Europäischen Union (zuvor: Amtsblatt der Europäischen Gemeinschaften)
AEUV	Vertrag über die Arbeitsweise der Europäischen Union, in der Fassung der Bekanntmachung vom 9. Mai 2008, ABl. Nr. C 115/47, zuletzt geändert durch Art. 2 Änderungsbeschluss 2012/419/EU vom 11. 7. 2012 (ABl. Nr. L 204/131)
Am. Crim. L. Rev.	American Criminal Law Review
Am. Econ. Rev.	The American Economic Review
Am. L. & Econ. Rev.	American Law and Economics Review
Am. Psychologist	American Psychologist
Anti. Bull.	The Antitrust Bulletin
Az.	Aktenzeichen
B.U. L. Rev.	Boston University Law Review
BB	Betriebsberater
BFH	Bundesfinanzhof
BGH	Bundesgerichtshof
BKartA	Bundeskartellamt
BT-Drs.	Drucksachen des Deutschen Bundestages
BVerfG	Bundesverfassungsgericht
BVerfGE	Entscheidungen des Bundesverfassungsgerichts
bzgl.	bezüglich
bzw.	beziehungsweise
Card. L. Rev.	Cardozo Law Review
Colum. L. Rev.	Columbia Law Review
CPN	Competition Policy Newsletter
ECA	European Competition Authorities
ECJ	European Competition Journal
ECLR	European Competition Law Review
Econ. J.	The Economic Journal
Econ. Lett.	Economics Letters
Econ. New Series	Economica New Series
ECU	European Currency Units
EGMR	Europäischer Gerichtshof für Menschenrechte

EMRK	Konvention zum Schutz der Menschenrechte und Grundfreiheiten, in der Fassung der Bekanntmachung vom 22. Oktober 2010, BGBl. II S. 1198
EuG	Gericht der Europäischen Union (zuvor: Gericht Erster Instanz)
EuGH	Europäischer Gerichtshof (zuvor: Gerichtshof der Europäischen Gemeinschaften)
EuR	Europarecht
Eur. Econ. Rev.	European Economic Review
Eur. J. L. & Econ.	European Journal of Law and Economics
EUV	Vertrag über die Europäische Union in der Fassung des Vertrags von Lissabon, 13. Dezember 2007, ABl. Nr. C 306/1, berichtigt ABl. 2008 Nr. C 111/56, ABl. 2009 Nr. C 290/1, ABl. 2011 Nr. C 378/3, zuletzt geändert durch Art. 13, 14 Abs. 1 EU-Beitrittsakte 2013 vom 9. 12. 2011 (ABl. 2012 Nr. L 112/21)
EuZW	Europäische Zeitschrift für Wirtschaftsrecht
EWR	Europäischer Wirtschaftsraum
EWS	Europäisches Wirtschafts- & Steuerrecht
FKVO	Verordnung (EG) Nr. 139/2004 des Rates vom 20. Januar 2004 über die Kontrolle von Unternehmenszusammenschlüssen („EG-Fusionskontrollverordnung"), ABl. Nr. L 24/1
GA	Generalanwalt
Geo. L. J.	The Georgetown Law Journal
GRCh	Charta der Grundrechte der Europäischen Union vom 12. Dezember 2007, ABl. Nr. C 303/1
GRUR	Gewerblicher Rechtsschutz und Urheberrecht
GVO	Gruppenfreistellungsverordnung
Harv. L. Rev.	Harvard Law Review
Hs.	Halbsatz
Int'l Econ. Rev.	International Economic Review
Int'l J. Ind. Org.	International Journal of Industrial Organization
Int'l Rev. L. & Econ.	International Review of Law and Economics
Iss. Comp. L. & Policy	Issues in Competition Law and Policy
J. Busi.	The Journal of Business

J. Comm. Market Stud.	Journal of Common Market Studies
J. Comp. L. & Econ.	Journal of Competition Law and Economics
J. Crim. L. & Crim.	The Journal of Criminal Law and Criminology
J. Econ. Behavior & Org.	Journal of Economic Behavior & Organization
J. Econ. Lit.	Journal of Economic Literature
J. Econ. Perspectives	The Journal of Economic Perspectives
J. Econ. Surv.	Journal of Economic Surveys
J. Eur. Comp. L. & Practice	Journal of European Competition Law & Practice
J. Forecast.	Journal of Forecasting
J. I. T. E.	Journal of Institutional and Theoretical Economics
J. Ind. Comp. & Trade	Journal of Industry, Competition and Trade
J. Ind. Econ.	Journal of Industrial Economics
J. L. & Econ.	Journal of Law and Economics
J. L. Econ & Org.	Journal of Law, Economics, & Organization
J. Legal Stud.	The Journal of Legal Studies
J. Personality & Soc. Psych.	Journal of Personality and Social Psychology
J. Pol. Econ.	The Journal of Political Economy
J. Publ. Econ.	Journal of Public Economics
J.L. Econ. & Org.	Journal of Law, Economics & Organization
Kap.	Kapitel
KG	Kammergericht Berlin
L. & H. Behavior	Law and Human Behavior
LG	Landgericht
m. w. N.	mit weiteren Nachweisen
Mio.	Million
Mrd.	Milliarde
n. F.	neue Fassung
Nachb.	Nachbemerkungen
NJW	Neue Juristische Wochenschrift
NJW-RR	NJW-Rechtsprechungs-Report Zivilrecht
NStZ	Neue Zeitschrift für Strafrecht
NZG	Neue Zeitschrift für Gesellschaftsrecht
NZKart	Neue Zeitschrift für Kartellrecht
OECD	Organisation for Economic Co-operation and Development
OLG	Oberlandesgericht
Phil. & Publ. Aff.	Philosophy & Public Affairs

Psych. Bull.	Psychological Bulletin
Q. J. Econ.	The Quarterly Journal of Economics
RAND J. Econ.	The RAND Journal of Economics
Research L. & Econ.	Research in Law and Economics
Rev. Econ. & Stat.	The Review of Economics and Statistics
Rev. L. & Econ.	Review of Law & Economics
Slg.	Sammlung der Rechtsprechung des Europäischen Gerichtshofes und des Gerichts der Europäischen Union
Sp.str.	Spiegelstrich
Stan. L. Rev.	Stanford Law Review
Sup. Ct. Econ. Rev.	Supreme Court Economic Review
Tul. L. Rev.	Tulane Law Review
U. Chic. L. Rev.	Universitiy of Chicago Law Review
vgl.	vergleiche
VO 1/2003	Verordnung (EG) Nr. 1/2003 des Rates vom 16. Dezember 2002 zur Durchführung der in den Artikeln 81 und 82 des Vertrags niedergelegten Wettbewerbsregeln, ABl. Nr. L 1/1
Vorb.	Vorbemerkungen
W.Comp.	World Competition
wistra	Zeitschrift für Wirtschafts- und Steuerstrafrecht
WM	Wertpapier-Mitteilungen
WRP	Wettbewerb in Recht und Praxis
WuW	Wirtschaft und Wettbewerb
WuW/E	Wirtschaft und Wettbewerb, Entscheidungssammlung zum Kartellrecht
Yale L. J.	The Yale Law Journal
ZWeR	Zeitschrift für Wettbewerbsrecht

Im Übrigen wird auf *Kirchner/Böttcher,* Abkürzungsverzeichnis der Rechtssprache, 8. Aufl. 2015 verwiesen.

Abbildungsverzeichnis

Teil 1. Einleitung

Die Europäische Kommission (im Folgenden: Kommission) und das Bundeskartellamt (im Folgenden: BKartA) haben ihre kartellrechtliche Bußgeldpolitik seit einigen Jahren drastisch verschärft. Insbesondere die Kommission sieht in der Verfolgung und Bestrafung von Kartellen eine zentrale und bedeutende Aufgabe.[1] Die kartellrechtlichen Bußgeldvorschriften geraten durch diese Fokussierung und die steigenden Sanktionsbeträge immer mehr in die wirtschaftliche und rechtliche Diskussion.

Die offizielle Statistik der Kommission über die Sanktionierung von Kartellen weist nahezu jedes Jahr neue Bußgeldrekorde aus. Die Summe der innerhalb von fünf Jahren verhängten Bußgeldern ist von einem mittleren dreistelligen Millionenbetrag in den Jahren 1990 bis 1999 auf fast zehn Mrd. € in den Jahren 2005 bis 2014 gestiegen.[2] Bei vier Kartellen in den letzten acht Jahren wurde gegen alle Beteiligte jeweils ein Bußgeld von mehr als einer Mrd. € verhängt, im LKW-Kartell betrug die gesamte Geldbuße sogar 3,8 Mrd. €.[3] Ein identisches Bild zeigt sich bei den Geldbußen gegen einzelne Unternehmen. Die fünf höchsten individuellen Geldbußen betragen jeweils mehr als 700 Mio. € und wurden ebenfalls in den letzten acht Jahren verhängt.[4]

---

1 Vgl. nur Kommission, Zehn Jahre Kartellrechtsdurchsetzung, COM(2014) 453 final, S. 5; Kommission, Jährlicher Tätigkeitsbericht 2011, S. 5, 11; BKartA, Tätigkeitsbericht 2011/2012, BT-Drs. 17/13675, S. 28.

2 Siehe dazu und im Folgenden das statistische Informationsblatt der Kommission, abrufbar unter http://ec.europa.eu/competition/cartels/statistics/statistics.pdf, zuletzt geprüft am 15.7.2018. Die Zahl der sanktionierten Unternehmen, durch die eine Erhöhung der Summe auch erklärt werden könnte, ist nicht im entsprechenden Maße gestiegen.

3 Kommission, Entscheidung vom 19.7.2016, Az. AT.39824 – *LKW*; Kommission, Entscheidung vom 5.12.2012, Az. COMP/39.437 – *Bildröhren* (ca. 1,4 Mrd. €); Kommission, Entscheidung vom 12.11.2008, Az. COMP/39.125 – *Automobilglas* (ca. 1,2 Mrd. €); Kommission, Entscheidung vom 4.12.2013, Az. COMP/39.914 – *Euro-Zinsderivate* (ca. 1,0 Mrd. €).

4 Daimler ca. 1.000 Mio. €, Scania ca. 880 Mio. €, DAF ca. 750 Mio. € (alle Kommission, Entscheidung vom 19.7.2016, Az. AT.39824 – *LKW*); Saint Gobain ca. 715 Mio. € (Kommission, Entscheidung vom 12.11.2008, Az. COMP/39.125 – *Automobilglas*); Phillips ca. 705 Mio. € (Kommission, Entscheidung vom 5.12.2012, Az. COMP/39.437 – *Bildröhren*).

Die jährlich durch das BKartA verhängten Bußgelder haben bis zum Jahr 2002 bis auf wenige Ausnahmen umgerechnet 25 Mio. € nicht überstiegen.[5] Ab dem Jahre 2003 betrug die jährliche Summe aber fast immer einen mittleren bis hohen dreistelligen Millionenbetrag. Im Jahr 2014 wurden sogar insgesamt ca. 1,1 Mrd. € an Bußgeldern verhängt. Die höchsten Geldbußen, die das BKartA gegen die Mitglieder eines Kartells verhängt hat, betragen 660 Mio. € im Zementkartell bzw. 250 Mio. € im Flüssiggaskartell[6] sowie jeweils ca. 340 Mio. € im Bier- und im Wurst-Kartell.[7]

Ein Schwerpunkt der Kontroverse über die Bußgeldvorschriften bildet die Vereinbarkeit der Bußgeldbemessung mit dem Primärrecht der Europäischen Union und dem nationalen Verfassungsrecht. In den Beiträgen zu dieser Diskussion wird zwar vermehrt auf die ökonomische Theorie der Sanktionsbemessung hingewiesen,[8] diese Theorie wird aber nur in Ansätzen dargestellt und kaum näher erläutert. Aus diesem Grund liegt der Schwerpunkt dieser Arbeit auf der Präsentation und Auswertung der „Ökonomischen Theorie der öffentlichen Rechtsdurchsetzung“. Die so gewonnenen Erkenntnisse werden genutzt, um ein kartellrechtliches Bußgeldbemessungssystem zu entwickeln, das ökonomische und rechtliche Vorgaben optimal berücksichtigt und miteinander in Einklang bringt. Aufgrund der Verzahnung des europäischen und des deutschen Kartellsanktionsrechts werden die Bemessungsvorschriften beider Rechtsordnungen in gleicher Weise Grundlage der Diskussion sein.

Nach einer kurzen Darstellung der geltenden Bußgeldvorschriften (unter Teil 2, S. 25), wird die ökonomische Theorie der öffentlichen Rechtsdurchsetzung ausführlich erläutert (unter Teil 3, S. 83). Dann werden die geltenden europäischen und deutschen Bemessungsvorschriften anhand dieser Kriterien bewertet (unter Teil 4, S. 203). Auf der Grundlage dieser Erkenntnisse wird ein neues Bußgeldbemessungssystem entwickelt (unter Teil 5, S. 267).

Die ökonomische Theorie kommt zu dem Ergebnis, dass die optimale Geldbuße die ökonomischen Auswirkungen und die Entdeckungswahrscheinlichkeit in einem Verhältnis berücksichtigen muss, das von einer Vielzahl von Faktoren beeinflusst wird. Die vorliegende Arbeit zeigt allerdings auf,

---

5 Vgl. dazu und im Folgenden BKartA, Tätigkeitsbericht 2015/2016, BT-Drs. 18/12760, S. 31.

6 Vgl. die Tabelle bei Kronberger Kreis, Reform der Geldbußen, S. 7.

7 BKartA, Tätigkeitsbericht 2013/2014, BT-Drs. 18/5210, S. 26.

8 *Ackermann,* ZWeR 2010, 329, 335 f.; *Ackermann,* ZWeR 2012, 3, 10 f.; *Engelsing,* WuW 2007, 470; *Engelsing/Schneider* in: MünchKommEUWettR, 1. Aufl. 2007, Art. 23 VO 1/2003 Rn. 112 ff.; *Mundt,* WuW 2007, 458, 461.

dass weder die ökonomischen Auswirkungen noch die Entdeckungswahrscheinlichkeit in jedem Einzelfall mit vertretbarem Aufwand in hinreichender Genauigkeit ermittelt werden kann. Das zentrale Element des neuen Bußgeldbemessungssystems ist daher eine Methode zur Ermittlung einer Näherung an diese Werte. Diese Näherung muss zum einen möglichst nahe an den tatsächlichen Werten liegen, um eine ökonomisch optimale Geldbuße zu ermöglichen, zum anderen darf sie aber keine unverhältnismäßigen Kosten zur Ermittlung erzeugen. Darüber hinaus muss sie auch rechtsstaatlichen Anforderungen vollumfänglich genügen.

Teil 2. Geltende Bußgeldnormen

Zu den geltenden europäischen und deutschen Bußgeldvorschriften zählen die normativen Vorgaben und die dazu veröffentlichten Verwaltungsvorschriften der Behörden (unter A., S. 25 ff.). Die Vereinbarkeit der europäischen Vorschriften mit höherrangigem Recht und die Verfassungsmäßigkeit der deutschen Normen ist umstritten (unter B., S. 67 ff.).

A. Bußgeldnormen und Verwaltungsvorschriften

Jeweils unter 1. wird die geschichtliche Entwicklung der europäischen und der deutschen Bußgeldnorm kurz umrissen. Im Anschluss daran werden die Tatbestandsmerkmale der europäischen und der deutschen Vorschriften und deren Bedeutung vorgestellt (jeweils unter 2.). Als Abschluss werden die durch die Kommission bzw. das BKartA veröffentlichten Verwaltungsvorschriften zur Anwendung dieser Vorschriften dargestellt. (jeweils unter 3.).

Nach Art. 5 S. 2, 4. Spiegelstrich VO 1/2003[9] sind die Mitgliedstaaten auch bei der Durchsetzung der Art. 101, 102 AEUV berufen, „Geldbußen, Zwangsgelder und sonstige im innerstaatlichen Recht vorgesehene Sanktionen [zu] verhäng[en] (…)“. Die nationalen Vorschriften zur Durchsetzung der kartellrechtlichen Normen kommen daher sowohl bei den nationalen Wettbewerbsvorschriften als auch bei den Art. 101, 102 AEUV zur Anwendung, sofern die nationalen Behörden diese unionsrechtlichen Vorschriften anwenden. Dies bedeutet aber auch, dass keine Harmonisierung der Normen zur Durchsetzung der Wettbewerbsvorschriften stattgefunden hat.[10] Obwohl inhaltlich eine Angleichung der nationalen Vorschriften an die VO 1/2003 erfolgte,[11] ist eine Divergenz weiterhin möglich, soweit das Effektivitätsgebot beachtet wird. Aus diesem Grund werden in dieser Arbeit immer zuerst das europäische (jeweils unter I.) und dann das deutsche Recht (jeweils unter II.) behandelt.

---

9 Verordnung (EG) Nr. 1/2003 des Rates vom 16. Dezember 2002 zur Durchführung der in den Artikeln 81 und 82 des Vertrags niedergelegten Wettbewerbsregeln, ABl. 2003, Nr. L 1/1 (im Folgenden „VO 1/2003“).

10 *Dannecker/Biermann* in: Immenga/Mestmäcker, Vorb. Art. 23 VO 1/2003 Rn. 14.

11 *Ritter* in: Immenga/Mestmäcker, Art. 5 VO 1/2003 Rn. 7.

I. Europäisches Recht

Art. 23 VO 1/2003 begründet die Kompetenz der Kommission, gegen Unternehmen und Unternehmensvereinigungen Bußgelder zu verhängen. Im gleichen Abschnitt ermächtigt Art. 24 VO 1/2003 die Kommission, Zwangsgelder zu verhängen. Diese Sanktionsinstrumente verfolgen jedoch unterschiedliche Zwecke. Durch die Geldbuße soll ein Verstoß gegen die kartellrechtlichen Vorschriften sanktioniert werden; Art. 23 VO 1/2003 verfolgt daher zu einem bedeutenden Teil repressive Zwecke.[12] Dagegen soll durch das Zwangsgeld ein zukünftiges Verhalten erzwungen werden; es werden daher ausschließlich präventive Zwecke verfolgt.[13] In dieser Arbeit werden nur die Bußgeldvorschriften Gegenstand der Betrachtung sein.

In Art. 14 FKVO[14] befindet sich eine zu Art. 23 VO 1/2003 identische Bußgeldregelung für Verstöße in der europäischen Fusionskontrolle. Sie wird von den Behörden, Gerichten und in der Literatur auch in gleicher Weise ausgelegt wie die Vorschrift der VO 1/2003.[15] Eine gesonderte Regelung in der FKVO war allerdings erforderlich, weil die VO 1/2003 in Art. 21 Abs. 1 FKVO für unanwendbar erklärt wird. Dennoch werden die Sanktionsbestimmungen der VO 1/2003 und der FKVO aufgrund ihrer Ähnlichkeit als eine Einheit angesehen.[16] Daher soll Art. 14 FKVO ebenfalls Grundlage dieser Untersuchung sein.

1. Genese

Die Art. 87 EWG, 83 EG sowie 103 AEUV enthielten bzw. enthalten in Abs. 2 S. 1 Buchstabe a in Verbindung mit Abs. 1 die Ermächtigung der Europäischen Gemeinschaft bzw. der Europäischen Union zum Erlass von Verordnungen über

---

12 *Sura* in: Langen/Bunte, Art. 23 VO 1/2003 Rn. 3; *Dannecker/Biermann* in: Immenga/Mestmäcker, Vorb. Art. 23 VO 1/2003 Rn. 24.

13 *Sura* in: Langen/Bunte, Art. 23 VO 1/2003 Rn. 3.

14 Verordnung (EG) Nr. 139/2004 des Rates vom 20. Januar 2004 über die Kontrolle von Unternehmenszusammenschlüssen („EG-Fusionskontrollverordnung"), ABl. 2004, Nr. L 24/1 (im Folgenden „FKVO").

15 Vgl. *Bechtold/Bosch/Brinkner,* Art. 14 FKVO Rn. 3; *Maass* in: Langen/Bunte, Art. 14 FKVO Rn. 1; *Schütz* in: KK-KartR, Art. 23 VO 1/2003 Rn. 2; *Schütz* in: KK-KartR, Art. 14 FKVO Rn. 1; *Wagemann* in: Wiedemann, Kartellrecht, § 17 Rn. 196.

16 *Fleischmann* in: MünchKommEUWettR, Art. 14 FKVO Rn. 5; *Graf York von Wartenburg* in: Loewenheim/Meessen/Riesenkampff/Kersting/Meyer-Lindemann, Art. 14 FKVO Rn. 2; *Maass* in: Langen/Bunte, Art. 14 FKVO Rn. 1; *Schütz* in: KK-KartR, Art. 14 FKVO Rn. 1. So werden die Bußgeldtatbestände im GWB auch einer einheitlichen Bußgeldobergrenze unterworfen, vgl. dazu unter Teil 2.A.II.2.c., S. 56 ff.

die Einführung von Bußgeldern. In Ausübung dieser Kompetenz wurde die VO 1/2003 am 1.5.2004 und zuvor bereits die VO 17/62[17] erlassen. Art. 15 VO 17/62 enthielt damals die Kompetenz der Kommission zur Bußgeldverhängung und regelte deren Voraussetzungen. Diese Regelungen hat Art. 23 VO 1/2003 weitgehend inhaltsgleich übernommen. Als wesentliche Änderung ist zum einen die Anhebung des Sanktionsrahmens für Verstöße nach Art. 23 Abs. 1 VO 1/2003 zu nennen. Nach der zuvor geltenden Regelung war ein Bußgeldrahmen von 100 bis 5000 € vorgesehen. Die Kommission schöpfte diesen Rahmen häufig voll aus und bemängelte ihn daher als nicht ausreichend.[18] Aus diesem Grund sieht Art. 23 Abs. 1 VO 1/2003 einen erheblich ausgeweiteten Rahmen von bis zu 1 % des Unternehmensumsatzes vor.

Auch die Bußgeldgrenze des Art. 23 Abs. 2 S. 2 VO 1/2003 wurde im Vergleich zur Regelung des Art. 15 Abs. 2 VO 17/62 angepasst. Der feste Bußgeldrahmen in Höhe von 1000 bis 1 Mio. €[19] ist weggefallen. Es gilt nur noch die Kappungsgrenze von 10 % des Gesamtumsatzes.[20]

Zum anderen wurden in Art. 23 Abs. 4 VO 1/2003 umfangreiche Regelungen zur Durchsetzung von Geldbußen gegen Unternehmensvereinigungen aufgenommen. Unter der VO 17/62 trat häufig das Problem auf, dass gegen Unternehmensvereinigungen verhängte Bußgelder nicht eingetrieben werden konnten, weil diese nach den Umsätzen ihrer Mitglieder bestimmt wurden und daher oft ihre Finanzkraft überstiegen.[21] Durch die in Art. 23 Abs. 4 VO 1/2003 angeordnete gesamtschuldnerische Ausfallhaftung wird dem entgegen gewirkt.[22]

---

17 Verordnung Nr. 17: Erste Durchführungsverordnung zu den Artikeln 85 und 86 des Vertrages vom 21.2.1962, ABl. 1962, Nr. P 13 (im Folgenden „VO 17/62").

18 *Bechtold/Bosch/Brinkner,* Art. 23 VO 1/2003 Rn. 5; *Dannecker/Biermann* in: Immenga/Mestmäcker, Art. 23 VO 1/2003 Rn. 11; *Schneider/Engelsing* in: MünchKommEU-WettR, Art. 23 VO 1/2003 Rn. 9.

19 Im Verordnungstext sind ECU (*European currency units*) genannt.

20 *Bechtold/Bosch/Brinkner,* Art. 23 VO 1/2003 Rn. 4; *Dannecker/Biermann* in: Immenga/Mestmäcker, Art. 23 VO 1/2003 Rn. 101.

21 EuG, Beschluss vom 14.12.2000, Az. T-5/00 R, Slg. 2000, II-4121, Rn. 39 ff. – *Nederlandse Federatieve; Bronett,* KartellverfahrensR, Art. 23 VO 1/2003 Rn. 30.

22 *Dannecker/Biermann* in: Immenga/Mestmäcker, Art. 23 VO 1/2003 Rn. 303; *Sura* in: Langen/Bunte, Art. 23 VO 1/2003 Rn. 1.

2. *Systematik und Tatbestandsmerkmale*

a. *Bußgeldtatbestände*

Art. 23 VO 1/2003 sieht zwei Tatbestandskategorien vor, nach denen ein Bußgeld verhängt werden kann. Art. 23 Abs. 1 VO 1/2003 nennt in den Buchstaben a bis e Verstöße gegen Verfahrensvorschriften,[23] die mit einem Bußgeld bis zu 1 % des im vorausgegangenem Geschäftsjahr erzielten Gesamtumsatzes geahndet werden können. Art. 23 Abs. 2 S. 1 VO 1/2003 erfasst Verstöße gegen materielles Kartellrecht (Buchstabe a), gegen die Anordnung einstweiliger Maßnahmen nach Art. 8 VO 1/2003 (Buchstabe b) und gegen Verpflichtungszusagen nach Art. 9 VO 1/2003 (Buchstabe c). In diesen Fällen kann die Kommission nach Art. 23 Abs. 2 S. 2 VO 1/2003 ein Bußgeld von bis zu 10 % des im vorausgegangenem Geschäftsjahr erzielten Gesamtumsatzes festsetzen.

Der erhöhte Bußgeldrahmen der Bußgeldtatbestände nach Art. 23 Abs. 1 VO 1/2003 im Vergleich zur früheren Regelung lässt zwar eine größere wirtschaftliche Bedeutung und damit eine steigende wissenschaftliche Aufmerksamkeit erwarten.[24] Jedoch liegt in der Praxis der Schwerpunkt der verhängten Bußgelder auf dem Tatbestand nach Art. 23 Abs. 2 S. 1 Buchstabe a) VO 1/2003.[25] So wurden seit 2005 ca. 70 Kartellverfahren wegen Verstößen gegen Art. 23 Abs. 2 S. 1 Buchstabe a) VO 1/2003 abgeschlossen. Demgegenüber wurden insgesamt nur drei Verfahren nach Art. 23 Abs. 1 VO 1/2003 beendet.[26] Auch die Kommission betont immer, dass die Verfolgung von materiellen Kartellverstößen insbesondere durch

23 *Nowak* in: Loewenheim/Meessen/Riesenkampff/Kersting/Meyer-Lindemann, Art. 23 VO 1/2003 Rn. 12 ff.; *Bronett*, KartellverfahrensR, Art. 23 VO 1/2003 Rn. 52 ff.

24 *Dannecker/Biermann* in: Immenga/Mestmäcker, Art. 23 VO 1/2003 Rn. 11. Vgl. auch EuGH, Urteil vom 22.11.2012, Az. C-89/11 P – *E.ON Energie AG*; in diesem Verfahren hat die Kommission E.ON ein Bußgeld in Höhe von 38 Mio. € (!) wegen eines Siegelbruchs (Art. 23 Abs. 1 Buchst. e VO 1/2003) auferlegt.

25 *Bechtold/Bosch/Brinkner*, Art. 23 VO 1/2003 Rn. 21; *Schneider/Engelsing* in: MünchKommEUWettR, Art. 23 VO 1/2003 Rn. 98; *Sura* in: Langen/Bunte, Art. 23 VO 1/2003 Rn. 30.

26 Siehe die Statistik der Kommission, abrufbar unter http://ec.europa.eu/competition/cartels/statistics/statistics.pdf, zuletzt geprüft am 15.7.2018, sowie die Entscheidungsdatenbank der Kommission. Kommission, Entscheidung vom 30.1.2008, Az. COMP/B-1/39.326 – *E.ON Energie AG*; Kommission, Entscheidung vom 24.5.2011, Az. COMP/39.796 – *Suez Environnement*; Kommission, Entscheidung vom 28.3.2012, Az. COMP/39.793 – *EPH u.a.* bestätigt durch EuG, Urteil vom 26.11.2014, Az. T-272/12 – *EPH*.

klassische Kartelle im Zentrum ihrer Politik stehe.[27] Aus diesem Grund konzentriert sich diese Arbeit auf den Bußgeldtatbestand wegen Verstoßes gegen materielles Kartellrecht, Art. 23 Abs. 2 VO 1/2003.

Auch Art. 14 FKVO enthält in Abs. 1 Bußgeldtatbestände wegen Verstoßes gegen verfahrensrechtliche Vorschriften, die ein Bußgeld bis zu 1 % des Gesamtumsatzes im Sinne von Art. 5 FKVO nach sich ziehen können. Nach Art. 14 Abs. 2 FKVO kann dagegen ein Bußgeld bis zu 10 % des Gesamtumsatzes im Sinne von Art. 5 FKVO verhängt werden, wenn ein Zusammenschluss vor seinem Vollzug nicht ordnungsgemäß angemeldet wird (Buchstabe a), wenn ein Verstoß gegen das Vollzugsverbot vorliegt (Buchstabe b), wenn ein Zusammenschluss trotz Unvereinbarerklärung vollzogen wird bzw. den angeordneten Maßnahmen nicht nachgekommen wird (Buchstabe c) oder wenn einer auferlegten Bedingung oder Auflage zuwidergehandelt wird (Buchstabe d). Auch in der Fusionskontrolle spielen die Bußgeldtatbestände wegen Verstoßes gegen verfahrensrechtliche Vorschriften nach Art. 14 Abs. 1 FKVO keine Rolle.[28] Im Falle des Art. 14 Abs. 2 FKVO sind allerdings bereits zwei Bußgeldentscheidungen der Kommission mit empfindlichen Bußgeldern ergangen.[29] Mithin werden in dieser Arbeit nur die schwerwiegenden Verstöße nach Art. 14 Abs. 2 FKVO untersucht. Aufgrund der in den wesentlichen Punkten identischen Auslegung der beiden Bußgeldvorschriften[30] gelten die Ausführungen zu Art. 23 Abs. 2 S. 2 VO 1/2003 im Folgenden auch für Art. 14 Abs. 2 FKVO. Nur bei spezifischen Besonderheiten soll Art. 14 FKVO ausdrücklich behandelt werden.

---

27 Vgl. nur Kommission, Jährlicher Tätigkeitsbericht 2011, S. 5, 11 sowie *Alumnia*, SPEECH/11/268.

28 *Graf York von Wartenburg* in: Loewenheim/Meessen/Riesenkampff/Kersting/Meyer-Lindemann, Art. 14 FKVO Rn. 2; *Körber* in: Immenga/Mestmäcker, Art. 14 FKVO Rn. 3; *Wagemann* in: Wiedemann, Kartellrecht, § 17 Rn. 202 ff.

29 Kommission, Entscheidung vom 10.6.2009, Az. COMP/M.4994 – *Electrabel/Companie Nationale du Rhône*, bestätigt durch EuGH, Urteil vom 3.7.2014, Az. C-84/13 P – *Electrabel*; Kommission, Entscheidung vom 23.7.2014, Az. COMP/M.7184 – *Marine Harvest/Morpol*; *Carloni*, J. Eur. Comp. L. & Practice 5 (2014), 693 ff.; *Graf York von Wartenburg* in: Loewenheim/Meessen/Riesenkampff/Kersting/Meyer-Lindemann, Art. 14 FKVO Rn. 3. Im Fall *Ineos/Kerling* führte die Kommission zwar Untersuchungen wegen des Verdachts eines rechtswidrigen Vollzuges des Zusammenschlussvorhabens durch; dieser wurde aber anscheinend nicht bestätigt, *Graf York von Wartenburg/Titze*, GWR 2014, 364.

30 Siehe zu den geringen Unterschieden *Fleischmann* in: MünchKommEUWettR, Art. 14 FKVO Rn. 6 ff., *Schütz* in: KK-KartR, Art. 14 FKVO Rn. 3; *Wagemann* in: Wiedemann, Kartellrecht, § 17 Rn. 199 ff.

b. *Bußgeldobergrenze*

Die durch die Kommission verhängte Geldbuße darf nach Art. 23 Abs. 2 S. 2 VO 1/2003 „(…) 10 % (…) [des] Gesamtumsatzes nicht übersteigen". Die Unionsgerichte interpretieren diese Begrenzung als „Kappungsgrenze".[31] Danach dürfe nur der endgültig verhängte Bußgeldbetrag die Grenze von 10 % nicht überschreiten. Ein Übersteigen dieser Grenze im Bemessungsverfahren der Geldbuße und in Zwischensummen sei hingegen zulässig.[32] Die Kommission ist daher in der Festsetzung der Geldbuße nicht gehalten, dessen Höhe in Abhängigkeit von der Schwere der Tat an der Obergrenze auszurichten. Die Höhe der Geldbuße kann nach durchaus unterschiedlichen Maßstäben in ein Verhältnis zur Schwere der Tat gesetzt werden. Nur im letzten Schritt muss die Kommission die Buße in Höhe von 10 % des Gesamtumsatzes kappen. Damit beeinflusst die Obergrenze des Art. 23 Abs. 2 S. 2 VO 1/2003 das Bemessungsverfahren der Geldbuße nicht; es steht vollkommen im Entscheidungsspielraum der Kommission.[33]

Die europäische Rechtsprechung begründet dies mit dem Zweck des Art. 23 Abs. 2 S. 2 VO 1/2003. Durch die Begrenzung der Bußgeldhöhe solle eine finanzielle Überforderung der Unternehmen verhindert werden.[34] Durch die Ausgestaltung als Prozentsatz solle zudem die Belastungsgleichheit zwischen Unternehmen mit unterschiedlich hohen Umsätzen gesichert werden.[35]

---

31 EuG, Urteil vom 29.4.2004, Az. T-236/01 u.A., Slg. 2004, II-1181, Rn. 368 – *Tokai Carbon*; EuGH, Urteil vom 28.6.2005, Az. C-189/02 P u.A., Slg. 2005, I-5425, Rn. 277 ff. – *Dansk Rørindustri. Ackermann,* ZWeR 2010, 329, 336 f.; *Dannecker/Biermann* in: Immenga/Mestmäcker, Art. 23 VO 1/2003 Rn. 115; *Schneider/Engelsing* in: MünchKommEUWettR, Art. 23 VO 1/2003 Rn. 192 f.

32 EuGH, Urteil vom 28.6.2005, Az. C-189/02 P u.A., Slg. 2005, I-5425, Rn. 278 – *Dansk Rørindustri*; EuGH, Urteil vom 29.6.2006, Az. C-308/04 P, Slg. 2006, I-5977, Rn. 82 – *SGL Carbon*; EuG, Urteil vom 29.4.2004, Az. T-236/01 u.A., Slg. 2004, II-1181, Rn. 368 – *Tokai Carbon*; EuG, Urteil vom 24.3.2011, Az. T-377/06, Slg. 2011, II-1115, Rn. 111 – *Comap.*

33 *Dannecker/Biermann* in: Immenga/Mestmäcker, Art. 23 VO 1/2003 Rn. 110; *Soltész/Steinle/Bielesz,* EuZW 2003, 202, 203.

34 EuGH, Urteil vom 28.6.2005, Az. C-189/02 P u.A., Slg. 2005, I-5425, Rn. 280 – *Dansk Rørindustri*; EuGH, Urteil vom 7.6.1983, Az. 100/80 u.A., Slg. 1983, 1825, Rn. 119 ff. – *Pioneer, Musique diffusion francaise.*

35 EuGH, Urteil vom 28.6.2005, Az. C-189/02 P u.A., Slg. 2005, I-5425, Rn. 280 ff. – *Dansk Rørindustri.* Siehe auch *Bronett,* KartellverfahrensR, Art. 23 VO 1/2003 Rn. 65; *Dannecker/Biermann* in: Immenga/Mestmäcker, Art. 23 VO 1/2003 Rn. 117; *Schneider/Engelsing* in: MünchKommEUWettR, Art. 23 VO 1/2003 Rn. 192.

c. Gesamtumsatz und Unternehmensbegriff

Nach Art. 23 Abs. 2 S. 2 VO 1/2003 darf die verhängte Geldbuße 10 % „seines [des Unternehmens] bzw. ihres [der Unternehmensvereinigung] jeweiligen im vorausgegangenen Geschäftsjahr erzielten Gesamtumsatzes nicht übersteigen". Diese Regelung greift die Rechtsprechung zu Art. 15 Abs. 2 VO 17/62 auf, der nur auf den „Umsatz" Bezug nahm. Nach der Rechtsprechung zu dieser Norm umfasst der Begriff des Gesamtumsatzes den weltweiten Umsatz.[36] Dieser Umsatz könne als aussagekräftiger Indikator für Finanzkraft und Marktmacht eines Unternehmens angesehen werden und ausreichend abschreckende Geldbußen auch für weltweit agierende Großkonzerne ermöglichen.[37]

Die Bemessungsgrundlage ist der weltweite Gesamtumsatz des „Unternehmens". Die durch die Unionsgerichte vorgenommene Zurechnung wettbewerbswidriger Verhaltensweisen insbesondere innerhalb von Konzernen erlangt hier Bedeutung. Als ein Unternehmen gelten danach alle juristisch selbstständigen oder unselbstständigen Personen, die als eine wirtschaftliche Einheit auftreten.[38] Diese Einheit kann auch mehrere juristische Personen umfassen.[39] Das Verhalten untergeordneter Gesellschaften könne der übergeordneten Gesellschaft dann zugerechnet werden, wenn die Tochtergesellschaft ihr Marktverhalten nicht mehr autonom bestimmen könne. Dies liege insbesondere dann vor, wenn sie durch die wirtschaftliche oder rechtliche Verflechtung mit der Muttergesellschaft ihren Weisungen unterworfen sei.[40] Die hundertprozentige

36 EuGH, Urteil vom 7.6.1983, Az. 100/80 u.A., Slg. 1983, 1825, Rn. 119 – *Pioneer, Musique diffusion francaise*; EuG, Urteil vom 20.3.2002, Az. T-23/99, Slg. 2002, II-1705, Rn. 306 – *LR AF*; EuG, Urteil vom 8.7.2004, Az. T-67/00, Slg. 2004, II-2501, Rn. 533 – *JFE Engeneering*. *Sura* in: Langen/Bunte, Art. 23 VO 1/2003 Rn. 34.

37 EuGH, Urteil vom 7.6.1983, Az. 100/80 u.A., Slg. 1983, 1825, Rn. 119 – *Pioneer, Musique diffusion francaise*; EuG, Urteil vom 15.3.2000, Az. T-25/95 u.A., Slg. 2000, II-491, Rn. 5022 – *Cimenteries CBR*.

38 EuG, Urteil vom 15.3.2000, Az. T-25/95 u.A., Slg. 2000, II-491, Rn. 5022 – *Cimenteries CBR*; EuG, Urteil vom 20.3.2002, Az. T-9/99, Slg. 2002, II-1487, Rn. 529 – *HFB*; EuG, Urteil vom 26.4.2007, Az. T-109/02 u.A., Slg. 2007, II-947, Rn. 548 – *Bolloré*; EuGH, Urteil vom 10.9.2009, Az. C-97/08 P, Slg. 2009, I-8237, Rn. 58 – *Akzo Nobel*; *Ackermann,* ZWeR 2010, 329, 343 f.; *Ackermann,* ZWeR 2012, 3, 14; *Hellmann* in: Wiedemann, Kartellrecht, § 46 Rn. 6; *Sura* in: Langen/Bunte, Art. 23 VO 1/2003 Rn. 10.

39 EuGH, Urteil vom 14.12.2006, Az. C-217/05, Slg. 2006, I-11987, Rn. 40 – *CEEES*. Siehe auch *Ackermann,* ZWeR 2010, 329, 343 f.; *Sura* in: Langen/Bunte, Art. 23 VO 1/2003 Rn. 10.

40 EuGH, Urteil vom 28.6.2005, Az. C-189/02 P u.A., Slg. 2005, I-5425, Rn. 117 – *Dansk Rørindustri*; EuGH, Urteil vom 11.12.2007, Az. C-280/06, Slg. 2007, I-10893, Rn. 49 – *ETI*;

Beteiligung einer Muttergesellschaft an einer Tochtergesellschaft ist nach der Rechtsprechung der Unionsgerichte als einziges Indiz ausreichend, die Vermutung einer Beeinflussung der Geschäftspolitik zu erzeugen.[41] Die Frage der Existenz einer wirtschaftlichen Einheit ist ein hoch komplexes und umstrittenes Feld, in dem noch einige Fragen umstritten sind.[42] Da deren Klärung aber nicht Thema dieser Arbeit sein soll, wird auf eine weitere Darstellung verzichtet.

Für den Fall, dass eine Unternehmensvereinigung keine eigenen Umsätze generiert, enthält Art. 23 Abs. 2 S. 3 VO 1/2003 eine Regelung zur Bestimmung der Obergrenze des Bußgeldes. In diesem Fall darf die Geldbuße „10 % der Summe der Gesamtumsätze derjenigen Mitglieder, die auf dem Markt tätig waren, auf dem sich die Zuwiderhandlung der Vereinigung auswirkte, nicht übersteigen". Diese Regelung berücksichtigt ebenfalls die zu Art. 15 Abs. 2 VO 17/62 ergangene Rechtsprechung und Kommissionspraxis.[43]

d. *Maßgeblicher Zeitraum*

Nach Art. 23 Abs. 2 S. 2 VO 1/2003 bezieht sich die Bußgeldgrenze auf den Umsatz des „jeweiligen (…) vorausgegangenen Geschäftsjahr[es] (…)". Nach der Auslegung durch Rechtsprechung und Kommission umfasst dies das letzte vollständige Geschäftsjahr vor der Behördenentscheidung.[44] Abweichend von diesem Wortlaut kann die Kommission auch auf Umsätze eines anderen Jahres bzw. andere geeignete Daten zurückgreifen, sofern das Unternehmen im der

---

EuGH, Urteil vom 29.3.2011, Az. C-201/09 P, Slg. 2011, I-2239, Rn. 95 f. – *ArcelorMittal.* Siehe auch *Bechtold/Bosch,* ZWeR 2011, 160, 166; *Brettel/Thomas,* ZWeR 2009, 25, 53 ff.; *Dannecker/Biermann* in: Immenga/Mestmäcker, Vorb. Art. 23 VO 1/2003 Rn. 90; *Sura* in: Langen/Bunte, Art. 23 VO 1/2003 Rn. 10.

41 EuGH, Urteil vom 14.7.1972, Az. 48/69, Slg. 1972, 619, Rn. 132 ff. – *ICI*; EuGH, Urteil vom 25.10.1983, Az. 107/82, Slg. 1983, 3151, Rn. 50 – *AEG-Telefunken*; EuGH, Urteil vom 10.9.2009, Az. C-97/08 P, Slg. 2009, I-8237, Rn. 60 – *Akzo Nobel*; EuGH, Urteil vom 29.3.2011, Az. C-201/09 P, Slg. 2011, I-2239, Rn. 97 – *ArcelorMittal.*

42 Vgl. *Ackermann,* ZWeR 2010, 329, 343 ff.; *Ackermann,* ZWeR 2012, 3, 17 f.; *Bechtold/Bosch/Brinkner,* Art. 23 VO 1/2003 Rn. 27 f.; *Dannecker/Biermann* in: Immenga/Mestmäcker, Vorb. Art. 23 VO 1/2003 Rn. 82 ff.; *Schneider/Engelsing* in: MünchKommEUWettR, Art. 23 VO 1/2003 Rn. 59 ff.; *Schütz* in: KK-KartR, Art. 23 VO 1/2003 Rn. 43; *Sura* in: Langen/Bunte, Art. 23 VO 1/2003 Rn. 10 ff.

43 *Dieckmann* in: Wiedemann, Kartellrecht, 2. Aufl. 2008, § 46 Rn. 25.

44 EuGH, Urteil vom 15.10.2002, Az. C-238/99 P, Slg. 2002, I-8375, Rn. 593 ff. – *Limburgse Vinyl Maatschappij*; EuG, Urteil vom 14.5.1998, Az. T-334/94, Slg. 1998, II-1439, Rn. 402 – *Sarrío*; *Sura* in: Langen/Bunte, Art. 23 VO 1/2003 Rn. 34.

Behördenentscheidung vorausgehenden Jahr keine Umsätze erzielt hat[45] oder keine Angaben vorhanden sind.[46]

e. Bemessungskriterien

Nach Art. 23 Abs. 3 VO 1/2003 ist „[b]ei der Festsetzung der Höhe der Geldbuße (...) sowohl die Schwere der Zuwiderhandlung als auch deren Dauer zu berücksichtigen". Dies sind die einzig zu berücksichtigenden Zumessungskriterien, die das Sekundärrecht vorschreibt. Diese sind jedoch nicht abschließend;[47] vielmehr setzt die Festsetzung der Geldbuße laut Rechtsprechung eine Gesamtwürdigung aller relevanten einzelnen Umstände voraus.[48] Da eine Vielzahl rechtlicher und tatsächlicher Aspekte zu berücksichtigen sind, wie der Kontext des Verstoßes, die Abschreckungswirkung der Buße und die Besonderheiten des Einzelfalls, ist eine umfassende Aufzählung grundsätzlich nicht möglich.[49] Die Bußgeldleitlinien der Kommission von 2006[50] enthalten inhaltliche Ausführungen zur Berücksichtigung der Dauer des Verstoßes sowie der Schwere in Form von erschwerenden und mildernden Faktoren.[51] Diese Leitlinien stellen jedoch nur Verwaltungsvorschriften dar, die zu einer Selbstbindung der Kommission führen.[52] Eine allgemein verbindliche Konkretisierung der Begriffe erfolgt dadurch nicht. Da die Unionsgerichte im

45 EuGH, Urteil vom 7.6.2007, Az. C-76/06 P, Slg. 2007, I-4405, Rn. 30 – *Britannia Alloys & Chemicals*. Siehe auch *Schneider/Engelsing* in: MünchKommEUWettR, Art. 23 VO 1/2003 Rn. 197.

46 Rn. 16 Bußgeldleitlinien der Kommission von 2006; ausführlich hierzu unter Teil 2.A.I.3., S. 37 ff. Vgl. allgemein zur Kritik *Dannecker/Biermann* in: Immenga/Mestmäcker, Art. 23 VO 1/2003 Rn. 120.

47 EuG, Urteil vom 14.5.1998, Az. T-327/94, Slg. 1998, II-1373, Rn. 175 – *SCA*; EuGH, Urteil vom 8.2.2007, Az. C-3/06 P, Slg. 2007, I-1331, Rn. 37 – *Groupe Danone*; EuG, Urteil vom 12.9.2007, Az. T-30/05, Slg. 2007, II-107, Rn. 182 – *William Prym. Bechtold/Bosch/Brinkner*, Art. 23 VO 1/2003 Rn. 30; *Schütz* in: KK-KartR, Art. 23 VO 1/2003 Rn. 30.

48 EuGH, Urteil vom 7.6.1983, Az. 100/80 u.A., Slg. 1983, 1825, Rn. 120 ff. – *Pioneer, Musique diffusion francaise*; EuGH, Urteil vom 28.6.2005, Az. C-189/02 P u.A., Slg. 2005, I-5425, Rn. 240 – *Dansk Rørindustri*.

49 EuGH, Urteil vom 28.6.2005, Az. C-189/02 P u.A., Slg. 2005, I-5425, Rn. 240 – *Dansk Rørindustri;* EuGH, Urteil vom 24.9.2009, Az. C-125/07 P, Slg. 2009, I-8681, Rn. 91 – *Erste Group Bank*.

50 Ausführlich hierzu unter Teil 2.A.I.3., S. 37 ff.

51 Ausführlich hierzu unter Teil 2.A.I.3.c., S. 39 ff.

52 EuG, Urteil vom 8.7.2004, Az. T-44/00, Slg. 2004, II-2223, Rn. 199 – *Mannesmannröhren-Werke*; EuG, Urteil vom 18.7.2005, Az. T-241/01, Slg. 2005, II-2917, Rn. 64 – *Scandinavian Airlines. Dannecker/Biermann* in: Immenga/Mestmäcker, Art. 23 VO 1/2003

Wesentlichen die durch die Leitlinien vorgezeichneten Fallgruppen anerkennen,[53] führen diese aber zu einer faktischen Konkretisierung der Begriffe.[54]

f. Rechtsnatur

Nach Art. 23 Abs. 5 VO 1/2003 handelt es sich bei den nach den Absätzen 1 und 2 dieses Artikels verhängten Geldbußen nicht um Sanktionen mit strafrechtlichem Charakter. Diese Bestimmung gibt die Erkenntnis wieder, dass die Europäische Union keine Kompetenz zur Rechtssetzung im strafrechtlichen Bereich hat.[55] Darüber hinaus sollte klargestellt werden, dass die Kartellbußgelder keinen moralischen oder ethischen Vorwurf enthalten, der für strafrechtliche Sanktionen typisch ist.[56] Insofern ist das europäische Kartellbußgeldrecht mit dem deutschen Ordnungswidrigkeitenrecht vergleichbar.[57] Die Geldbuße ist daher als Verwaltungssanktion oder –zwang einzuordnen.[58]

Fraglich ist, ob diese Anordnung aus Kompetenzerwägungen Auswirkungen auf die Rechtsnatur der europäischen Bußgeldnormen hat. Nach allgemeiner Ansicht verfolgt Art. 23 VO 1/2003 repressive und präventive Ziele.[59] Durch

---

Rn. 148; *Schneider/Engelsing* in: MünchKommEUWettR, Art. 23 VO 1/2003 Rn. 117; *Sura* in: Langen/Bunte, Art. 23 VO 1/2003 Rn. 42.

53 Vgl. die Aufzählung bei *Sura* in: Langen/Bunte, Art. 23 VO 1/2003 Rn. 41. *Schneider/Engelsing* in: MünchKommEUWettR, Art. 23 VO 1/2003 Rn. 118.

54 Vgl. daher die Ausführungen unter Teil 2.A.I.3.c., S. 39 ff.

55 EuGH, Urteil vom 23.10.2007, Az. C-440/05, Slg. 2007, I-9097, Rn. 66 – *Kommission/Rat*. Siehe ausführlich *Kiegler*, Berechnung der Bußgelder, S. 36 ff.; *König*, Anwendung strafrechtlicher Rechtsgrundsätze, S. 76; *Schütz* in: KK-KartR, Art. 23 VO 1/2003 Rn. 8; *Schwarze/Bechtold/Bosch*, Rechtsstaatliche Defizite, S. 66 ff.

56 *Bechtold/Bosch/Brinkner*, Art. 23 VO 1/2003 Rn. 90; *Dannecker/Biermann* in: Immenga/Mestmäcker, Art. 23 VO 1/2003 Rn. 328; *Schwarze/Weitbrecht*, Europ. Kartellverfahrensrecht, § 7 Rn. 5; *Theurer*, Geldbußen im EU-Wettbewerbsrecht, S. 69 ff.

57 GA Roemer, Schlussanträge vom 19.12.1968, Az. C-14/68, Slg. 1969, 17, 24 – *Walt Wilhelm*; *Hellmann* in: Wiedemann, Kartellrecht, § 46 Rn. 3; *Kiegler*, Berechnung der Bußgelder, S. 59 f.; *König*, Anwendung strafrechtlicher Rechtsgrundsätze, S. 53 ff.; *Schütz* in: KK-KartR, Art. 23 VO 1/2003 Rn. 8.

58 *Bechtold/Bosch/Brinkner*, Art. 23 VO 1/2003 Rn. 90; *Sura* in: Langen/Bunte, Art. 23 VO 1/2003 Rn. 6.

59 Grundlegend EuGH, Urteil vom 15.7.1970, Az. 44/69, Slg. 1970, 733, Rn. 49 – *Buchler*; zuletzt EuG, Urteil vom 27.3.2014, Az. T-56/09 u.A., Rn. 378 ff. – *Saint-Gobain*. *Bechtold/Bosch/Brinkner*, Art. 23 VO 1/2003 Rn. 8; *Schneider/Engelsing* in: MünchKomm-EUWettR, Art. 23 VO 1/2003 Rn. 35 f.; *Kiegler*, Berechnung der Bußgelder, S. 69; *Kindhäuser/Meyer* in: Frankfurter Kommentar, Art. 101 AEUV Bußgeldrechtliche Folgen Rn. 12 f.; *Schwarze/Weitbrecht*, Europ. Kartellverfahrensrecht, § 7 Rn. 11 ff.;

die Repressionsfunktion einer Sanktion soll durch die Tat begangenes Unrecht geahndet werden. Dem Täter soll durch die Sanktionierung vor Augen geführt werden, dass sein Handeln von der Gesellschaft missbilligt wird.[60] Die Präventionsfunktion einer Sanktion soll zukünftige Verstöße verhindern. Durch die Sanktionierung soll sowohl der Täter des konkreten Verstoßes (Spezialprävention) als auch andere potentielle Täter (negative Generalprävention) von weiteren Taten abgehalten werden. Darüber hinaus soll der rechtstreue Teil der Bevölkerung darin bestärkt werden, weiterhin keine Verstöße zu begehen (positive Generalprävention).[61] Des Weiteren wird insbesondere Geldbußen noch eine Abschöpfungsfunktion zugewiesen, da die Sanktion den unrechtmäßig erworbenen Gewinn übersteigen soll.[62] Diese Ziele einer hoheitlichen Maßnahme sind jedoch typisch für strafrechtliche oder strafrechtsähnliche Sanktionen. Daher ist sich die Literatur weitgehend einig, dass die europäischen Bußgeldvorschriften zumindest strafrechtsähnliche Sanktionsvorschriften sind.[63]

Der EuGH hat nie ausdrücklich zur Rechtsnatur der europäischen Bußgeldvorschriften Stellung bezogen.[64] Einige Generalanwälte haben jedoch in ihren

---

Sura in: Langen/Bunte, Art. 23 VO 1/2003 Rn. 6; *Theurer*, Geldbußen im EU-Wettbewerbsrecht, S. 63. Siehe zur Prävention *Ackermann*, ZWeR 2012, 3, 10.

60 *Dannecker/Biermann* in: Immenga/Mestmäcker, Vorb. Art. 23 VO 1/2003 Rn. 24; *Kiegler*, Berechnung der Bußgelder, S. 69 ff. Siehe allgemein *Frister*, Strafrecht AT, 2. Kap. Rn. 3 ff., 20 ff.; *Kindhäuser*, Strafrecht AT, § 2 Rn. 9 f., 16; *Rengier*, Strafrecht AT, § 3 Rn. 10 ff., 21 ff.

61 Siehe zur Prävention *Dannecker/Biermann* in: Immenga/Mestmäcker, Vorb. Art. 23 VO 1/2003 Rn. 25 ff.; *Kiegler*, Berechnung der Bußgelder, S. 74 ff.; *Theurer*, Geldbußen im EU-Wettbewerbsrecht, S. 75 f.; Siehe allgemein *Frister*, Strafrecht AT, 2. Kap. Rn. 8 ff., 20 ff.; *Rengier*, Strafrecht AT, § 3 Rn. 14 ff.

62 Speziell zu europäischen Geldbußen BFH, BB 2004, 2121 ff.; *Dannecker/Biermann* in: Immenga/Mestmäcker, Vorb. Art. 23 VO 1/2003 Rn. 27; *Kiegler*, Berechnung der Bußgelder, S. 80 ff.; *Sura* in: Langen/Bunte, Art. 23 VO 1/2003 Rn. 7; *Theurer*, Geldbußen im EU-Wettbewerbsrecht, S. 76 f. Siehe dazu ausführlich unter Teil 5.C.I.4., S. 366 ff.

63 *Bechtold/Bosch*, ZWeR 2011, 160, 162 ff.; *Bueren*, EWS 2012, 363, 369; *Dannecker/Biermann* in: Immenga/Mestmäcker, Vorb. Art. 23 VO 1/2003 Rn. 39; *Hellmann* in: Wiedemann, Kartellrecht, § 46 Rn. 3; *Kiegler*, Berechnung der Bußgelder, S. 91 ff.; *Kokott/Dittert*, WuW 2012, 670, 671; *Schütz* in: KK-KartR, Art. 23 VO 1/2003 Rn. 8; *Schwarze/Bechtold/Bosch*, Rechtsstaatliche Defizite, S. 22; *Sura* in: Langen/Bunte, Art. 23 VO 1/2003 Rn. 6. A.A. *Ackermann*, ZWeR 2010, 329, 334 f.

64 Siehe jüngst ausweichend EuGH, Urteil vom 18.7.2013, Az. C-501/11 P, Rn. 30 ff. – *Schindler*. Vgl. auch *Kiegler*, Berechnung der Bußgelder, S. 52 f. *Dannecker/Biermann* in: Immenga/Mestmäcker, Art. 23 VO 1/2003 Rn. 330 mit Verweis auf EuGH, Urteil vom 17.6.2010, Az. C-413/08 P, Slg. 2010, I-5361, Rn. 74 f. – *Lafarge*, in dem der

Schlussanträgen konkrete Aussagen zu diesem Thema getroffen. Sie gehen davon aus, dass es sich bei dem europäischen Kartellsanktionsrecht um einen „(...) dem Strafrecht zumindest verwandten Bereich handelt“[65] bzw. dass das „Verfahren (...) strafrechtlichen Charakter“[66] hat. Trotz ihres grundsätzlichen Schweigens hat die europäische Rechtsprechung bereits in mehreren Verfahren die grundsätzliche Geltung strafrechtlicher Verfahrensgarantien im Kartellbußgeldverfahren anerkannt. Dies gilt für das Analogieverbot,[67] den Bestimmtheitsgrundsatz,[68] das Rückwirkungsverbot[69] sowie die Unschuldsvermutung[70]. Die Rechtsprechung betont aber gleichwohl den Charakter der Sanktion zur Ahndung von Verwaltungsunrecht.[71] So dürften die Verfahrensanforderungen nicht zu einer Beeinträchtigung der Effektivität der Verwaltung führen.[72] Die europäische Rechtsprechung wendet die strafrechtlichen Verfahrensgrundsätze daher in abgeschwächter Form an.[73]

Gerichtshof die Frage behandelt, ob die nach europäischem Recht verhängten Kartellbußgelder strafrechtlicher Natur im Sinne der EMRK seien.

65 GA Kokott, Schlussanträge vom 23.4.2009, Az. C-97/08 P, Slg. 2009, I-8237, Rn. 39 – *Akzo Nobel.*

66 GA Colomer, Schlussanträge vom 11.2.2003, Az. C-217/00 P, Slg. 2004, I-267, Rn. 29 – *Buzzi Unicem.* Siehe auch GA Roemer, Schlussanträge vom 19.12.1968, Az. C-14/68, Slg. 1969, 17, 24 – *Walt Wilhelm*: „vergleichbar mit dem deutschen Ordnungswidrigkeitenrecht“; GA Sharpston, Schlussanträge vom 10.2.2011, Az. C-272/09 P, Slg. 2011, I-12795, Rn. 62 ff. – *KME*: falle „unter den Begriff des ‚Strafrechtlichen‘ im Sinne von Art. 6 Abs. 1 EMRK“.

67 *Dannecker/Biermann* in: Immenga/Mestmäcker, Vorb. Art. 23 VO 1/2003 Rn. 56 mit Verweis auf EuGH, Urteil vom 29.3.2011, Az. C-352/09, Slg. 2011, I-2359, Rn. 80 ff. – *ThyssenKrupp Nirosta. Sura* in: Langen/Bunte, Art. 23 VO 1/2003 Rn. 6.

68 EuG, Urteil vom 27.9.2006, Az. T-43/02, Slg. 2006, II-3435, Rn. 71 ff. – *Jungbunzlauer.*

69 EuGH, Urteil vom 6.4.1962, Az. 13-61, Slg. 1962, 99, 113 – *Kledingverkoopbedrijf de Geus/Bosch*; EuGH, Urteil vom 28.6.2005, Az. C-189/02 P u.A., Slg. 2005, I-5425, Rn. 202 – *Dansk Rørindustri*; EuGH, Urteil vom 8.2.2007, Az. C-3/06 P, Slg. 2007, I-1331, Rn. 87 f. – *Groupe Danone.*

70 EuGH, Urteil vom 8.7.1999, Az. C-199/92 P, Slg. 1999, I-4287, Rn. 150 – *Hüls*; EuG, Urteil vom 15.12.2010, Az. T-141/08, Slg. 2010, II-5761, Rn. 52 – *E.ON Energie*; EuG, Urteil vom 3.3.2011, Az. T-110/07, Slg. 2011, II-477, Rn. 45 – *Siemens.*

71 EuGH, Urteil vom 22.5.2008, Az. C-266/06 P, Slg. 2008, I-81, Rn. 38 – *Evonik Degussa.*

72 Siehe die Ausführungen bei *Schwarze/Bechtold/Bosch,* Rechtsstaatliche Defizite, S. 23.

73 Siehe zu Einschränkungen der Unschuldsvermutung: EuGH, Urteil vom 8.7.1999, Az. C-199/92 P, Slg. 1999, I-4287, Rn. 155 – *Hüls*; EuGH, Urteil vom 8.7.1999, Az. C-49/92 P, Slg. 1999, I-4125, Rn. 96 – *Anic Partecipazioni*; EuGH, Urteil vom 7.1.2004, Az. C-204/00 P u.A., Slg. 2004, I-123, Rn. 79 – *Aalborg*; EuGH, Urteil vom 17.6.2010,

Mithin kann mit der Literatur und der Rechtsprechung davon ausgegangen werden, dass die Kartellbußgelder im europäischen Recht trotz Art. 23 Abs. 5 VO 1/2003 zumindest einen strafrechtsähnlichen Charakter haben.

3. *Leitlinien*

Am 1.9.2006 hat die Kommission ihre „Leitlinien für das Verfahren zur Festsetzung von Geldbußen gemäß Art. 23 Abs. 2 Buchstabe a) der Verordnung (EG) Nr. 1/2003“[74] veröffentlicht. Sie sollen wie die früheren Leitlinien[75] der Transparenz und der Objektivität des Bemessungsvorgangs dienen.[76] Sie gelten für alle Verfahren, in denen die Beschwerdepunkte nach der Veröffentlichung am 1.9.2006 mitgeteilt wurden.[77]

a. *Rechtsnatur*

Durch die Leitlinien konkretisiert die Kommission die Ausübung ihres Entscheidungsspielraums, der ihr durch den Normgeber in Art. 23 VO 1/2003 eingeräumt wurde. Dadurch erzeugt sie bei den betroffenen Unternehmen die berechtigte Erwartung, dass die Bußgeldbemessung nach diesen Regeln erfolgt, solange sie in Kraft sind.[78] Sie darf allerdings von den Bestimmungen abweichen, soweit sie nicht gegen den Grundsatz der Gleichbehandlung und den Vertrauensgrundsatz verstößt.[79] Andererseits verwehrt die europäische Rechtsprechung der Kommission nicht, die Leitlinien über die Bußgeldbemessung grundlegend zu ändern, soweit dies für die Effektivität der Durchsetzung nötig ist.[80] Es besteht daher kein

---

Az. C-413/08 P, Slg. 2010, I-5361, Rn. 22 – *Lafarge*. Siehe zu Einschränkungen der Selbstbelastungsfreiheit EuGH, Urteil vom 18.10.1989, Az. 374/87, Slg. 1989, 3283, Rn. 35 – *Orkem* und zuletzt EuG, Urteil vom 14.3.2014, Az. T-302/11, Rn. 117 ff. – *HeidelbergCement*.

74 ABl. 2006, Nr. C 210/2 (im Folgenden „Bußgeldleitlinien der Kommission von 2006“).

75 Dazu näher unter Teil 2.A.I.3.b., S. 38.

76 Rn. 3 Bußgeldleitlinien der Kommission von 2006.

77 Rn. 38 Bußgeldleitlinien der Kommission von 2006.

78 EuG, Urteil vom 9.7.2003, Slg. 2003, II-2597, Rn. 182 f. – *Archer Daniels Midland*; *Theurer*, Geldbußen im EU-Wettbewerbsrecht, S. 98.

79 *Dannecker/Biermann* in: Immenga/Mestmäcker, Art. 23 VO 1/2003 Rn. 148 mit Verweis auf EuGH, Urteil vom 18.5.2006, Az. C-397/03 P, Slg. 2006, I-4429, Rn. 91 – *Archer Daniels Midland* und EuG, Urteil vom 19.5.2010, Az. T-18/05, Slg. 2010, II-1769, Rn. 117 f. – *IMI*; *Schneider/Engelsing* in: MünchKommEUWettR, Art. 23 VO 1/2003 Rn. 118.

80 EuG, Urteil vom 27.3.2014, Az. T-56/09 u.A., Rn. 116 ff. – *Saint-Gobain*; EuGH, Urteil vom 28.6.2005, Az. C-189/02 P u.A., Slg. 2005, I-5425, Rn. 198 ff. – *Dansk Rørindustri*.

Schutz für das Vertrauen der Unternehmen in die Festsetzung der Sanktion in bestimmter Höhe oder nach bestimmten Kriterien.

Die Leitlinien führen allerdings nur zu einer Selbstbindung der Kommission.[81] Die Überprüfung der Bußgeldentscheidung durch die europäische Rechtsprechung nach Art. 31 VO 1/2003 kann dadurch nicht begrenzt werden und richtet sich weiterhin nach Art. 23 VO 1/2003.[82] Jedoch beschränken sich die europäischen Gerichte in der Praxis darauf, die Bußgeldentscheidung der Kommission anhand ihrer Leitlinien zu überprüfen.[83] Daher findet eine umfassende gerichtliche Kontrolle der Kommissionsentscheidungen nicht statt. Dies führt zur faktisch normativen Kraft der Bußgeldleitlinien der Kommission.[84]

b. Geschichte

Am 14.1.1998 erließ die Kommission ihre ersten Bußgeldleitlinien.[85] Nach dem ersten Absatz der Leitlinien sollen diese eine erhöhte Transparenz und Objektivität des Bemessungsverfahrens sowohl für die Unternehmen als auch für die europäischen Gerichte erreichen.

Vor Erlass der Bußgeldleitlinien der Kommission von 1998 nutzte die Kommission zumeist den Umsatz des Unternehmens auf dem vom Wettbewerbsverstoß betroffenen Markt als Grundlage der Bemessung.[86] Mit den Bußgeldleitlinien

---

Bechtold/Bosch/Brinkner, Art. 23 VO 1/2003 Rn. 33; *Hellmann* in: Wiedemann, Kartellrecht, § 46 Rn. 2; *Sura* in: Langen/Bunte, Art. 23 VO 1/2003 Rn. 45.

81 EuG, Urteil vom 8.7.2004, Az. T-44/00, Slg. 2004, II-2223, Rn. 199 – *Mannesmannröhren-Werke*; EuG, Urteil vom 18.7.2005, Az. T-241/01, Slg. 2005, II-2917, Rn. 64 – *Scandinavian Airlines*; EuG, Urteil vom 14.5.2014, Az. T-406/09, Rn. 59 – *Donau Chemie*; *Dannecker/Biermann* in: Immenga/Mestmäcker, Art. 23 VO 1/2003 Rn. 148; *Theurer*, Geldbußen im EU-Wettbewerbsrecht, S. 98.

82 EuGH, Urteil vom 8.2.2007, Az. C-3/06 P, Slg. 2007, I-1331, Rn. 28 – *Groupe Danone*; EuGH, Urteil vom 22.5.2008, Az. C-266/06 P, Slg. 2008, I-81, Rn. 60 – *Evonik Degussa*; *Hellmann* in: Wiedemann, Kartellrecht, § 46 Rn. 2.

83 *Barbier de la Serre/Lagathu*, J. Eur. Comp. L. & Practice 4 (2013), 325, 341; *Böse* in: Frankfurter Kommentar, Art. 31 VO 1/2003 Rn. 8 f.; *Schneider/Engelsing* in: MünchKommEUWettR, Art. 23 VO 1/2003 Rn. 118; *Schwarze/Bechtold/Bosch*, Rechtsstaatliche Defizite, S. 56 f.; *Theurer*, Geldbußen im EU-Wettbewerbsrecht, S. 103 f.; *Voet van Vormizeele*, NZKart 2013, 386, 392.

84 Vgl. auch *Bronett*, KartellverfahrensR, Art. 31 VO 1/2003 Rn. 14.

85 Leitlinien für das Verfahren zur Festsetzung von Geldbußen, die gemäß Art. 15 Abs. 2 der Verordnung Nr. 17 und gemäß Art. 65 Abs. 5 EGKS-Vertrag festgesetzt werden, ABl. 1998, Nr. C 9/3 (im Folgenden „Bußgeldleitlinien der Kommission von 1998“).

86 *Sura* in: Langen/Bunte, Art. 23 VO 1/2003 Rn. 43.

der Kommission von 1998 wurde ein dreistufiges Bemessungssystem eingeführt. In einem ersten Schritt ordnete die Kommission den Verstoß in eine Schwerekategorie ein zur Ermittlung eines individuellen Ausgangsbetrags für jedes Unternehmen.[87] In einem zweiten Schritt wurde die Dauer des Verstoßes mit Aufschlägen auf den Grundbetrag berücksichtigt.[88] In einem letzten Schritt wurden erschwerende und mildernde Aspekte durch Auf- oder Abschläge berücksichtigt.[89]

Die Bußgeldleitlinien der Kommission von 1998 wurden insbesondere mit Blick auf die Auswahl der Schwerekategorien kritisiert. Diese Einteilung sei willkürlich gewesen und habe keinen Bezug zum Unrecht der Tat gehabt.[90] Darüber hinaus sei der Höchstbetrag der schwersten Kategorie nicht festgesetzt gewesen und auch die Anpassungen durch manche erschwerenden oder mildernden Faktoren seien nicht an bestimmte Kriterien geknüpft. Dies führe zu einer Scheingenauigkeit der Bußgeldbemessung.[91]

c. *Bemessung*

Das Bemessungsverfahren nach den Bußgeldleitlinien der Kommission von 2006 soll die Kritik an den vorherigen Leitlinien aufgreifen und so zu einer Weiterentwicklung und Verfeinerung des Verfahrens beitragen.[92] Nach den Bußgeldleitlinien der Kommission von 2006 erfolgt die Bußgeldbemessung in zwei Schritten[93]: Zuerst wird ein Grundbetrag für jedes betroffene Unternehmen bzw.

---

87 Minderschwere Fälle: 1000 bis 1 Mio. ECU; schwere Fälle: 1 Mio. bis 20 Mio. ECU; besonders schwere Verstöße: über 20 Mio. ECU; vgl. Ziff. 1.A. Bußgeldleitlinien der Kommission von 1998.

88 Kurze Dauer (i.d.R. bis ein Jahr): kein Aufschlag; mittlere Dauer (Zwischen einem und fünf Jahren): 50 % Aufschlag; lange Dauer (mehr als fünf Jahre): Aufschlag bis zu 10 % pro Jahr; vgl. Ziff. 1.B. Bußgeldleitlinien der Kommission von 1998.

89 Nicht abschließende Aufzählungen in Ziff. 2 und 3 Bußgeldleitlinien der Kommission von 1998; diese sind vergleichbar mit den in den Bußgeldleitlinien der Kommission von 2006 aufgezählten Umständen, vgl. *Dannecker/Biermann* in: Immenga/Mestmäcker, Art. 23 VO 1/2003 Rn. 186; *Schneider/Engelsing* in: MünchKommEUWettR, Art. 23 VO 1/2003 Rn. 148 ff.

90 Vgl. *Bechtold/Bosch/Brinkner,* Art. 23 VO 1/2003 Rn. 55; *Schneider/Engelsing* in: MünchKommEUWettR, Art. 23 VO 1/2003 Rn. 133 f.

91 *Bechtold/Bosch/Brinkner,* Art. 23 VO 1/2003 Rn. 44; *Dannecker/Biermann* in: Immenga/Mestmäcker, Art. 23 VO 1/2003 Rn. 144; *Schneider/Engelsing* in: MünchKommEU-WettR, Art. 23 VO 1/2003 Rn. 125.

92 Rn. 3 Bußgeldleitlinien der Kommission von 2006.

93 Rn. 9 ff. Bußgeldleitlinien der Kommission von 2006.

jede betroffene Unternehmensvereinigung ermittelt (unter aa., S. 40 ff.). Sodann erfolgt die Anpassung dieses Grundbetrags nach verschiedenen Kriterien (unter bb., S. 41 ff.).

aa. Grundbetrag

Der Grundbetrag enthält drei Komponenten. Ein Anteil am Umsatz des betroffenen Unternehmens, der von der Schwere des Verstoßes abhängt, wird mit der Dauer des Verstoßes multipliziert. Daraufhin wird eine „Eintrittsgebühr" addiert.

Die Kommission kann bis zu 30 % des „tatbezogenen" Umsatzes als Betrag in der Bemessung festsetzen.[94] Der tatbezogene Umsatz beschreibt den Umsatz, den das Unternehmen mit den durch den Verstoß unmittelbar oder mittelbar betroffenen Waren oder Dienstleistungen im relevanten Markt innerhalb des EWR erzielt hat. Dabei soll das letzte vollständige Geschäftsjahr berücksichtigt werden, in dem das betroffene Unternehmen an dem Verstoß beteiligt war.[95] Dieser Umsatz soll mittels der zuverlässigsten Daten ermittelt werden, die der Kommission zur Verfügung stehen.[96]

Bei der Festlegung des Prozentsatzes berücksichtigt die Kommission unter anderem die Art des Verstoßes, den kumulierten Marktanteil aller beteiligten Unternehmen, den Umfang des betroffenen räumlichen Marktes und die etwaige Umsetzung des Verstoßes in der Praxis.[97] Horizontale Vereinbarungen zur Festsetzung von Preisen, Aufteilung der Märkte oder Einschränkung der Erzeugung sollen aufgrund ihrer Schwere regelmäßig mit einem Prozentsatz im oberen Bereich des Rahmens geahndet werden.[98]

---

94 Rn. 21 Bußgeldleitlinien der Kommission von 2006. Ausführlich *Theurer*, Geldbußen im EU-Wettbewerbsrecht, S. 179 ff.

95 Rn. 13 Bußgeldleitlinien der Kommission von 2006; ist der räumlich relevante Markt größer als der EWR, gelten die besonderen Berechnungsregeln der Rn. 18 Bußgeldleitlinien der Kommission von 2006.

96 Rn. 15, 16 Bußgeldleitlinien der Kommission von 2006.

97 Rn. 22 Bußgeldleitlinien der Kommission von 2006; vgl. EuGH, Urteil vom 28.6.2005, Az. C-189/02 P u.A., Slg. 2005, I-5425, Rn. 241 – *Dansk Rørindustri* und EuGH, Urteil vom 24.9.2009, Az. C-125/07 P, Slg. 2009, I-8681, Rn. 91 – *Erste Group Bank*: Der Gerichtshof geht davon aus, dass es keine abschließende Liste der relevanten Faktoren geben könne; dies sei in jedem Einzelfall in einer Gesamtschau aller Aspekte zu bestimmen.

98 Rn. 23 Bußgeldleitlinien der Kommission von 2006.

Der oben ermittelte Prozentsatz wird mit der Anzahl der Jahre multipliziert, während denen das Unternehmen an dem Verstoß beteiligt war. Eine Teilnahmedauer bis zu sechs Monaten wird mit einem halben Jahr, eine Dauer von über sechs Monaten bis zu einem Jahr mit einem vollen Jahr berücksichtigt.[99]

Auf den so ermittelten Betrag wird ein weiterer Aufschlag von 15 % bis 25 % des tatbezogenen Umsatzes als Eintrittsgebühr erhoben. Hierbei sollen unter anderem die gleichen Bewertungskriterien angewandt werden, die auch bei der Bestimmung des Umsatzanteils gelten.[100]

bb. Anpassung

Der nach der beschriebenen Vorgehensweise ermittelte Grundbetrag wird im zweiten Schritt durch mehrere Faktoren angepasst. Hier hat die Kommission erschwerende (unter aaa., S. 41 ff.) und mildernde Faktoren (unter bbb., S. 44 ff.) zu berücksichtigen. Die Aufzählungen dieser Faktoren sind nicht abschließend; die Kommission hat ihre Entscheidung vielmehr in einer Gesamtwürdigung aller Umstände des Einzelfalls zu treffen.[101] Darüber hinaus kann die Kommission einen Aufschlag zur Sicherstellung der abschreckenden Wirkung festsetzen (unter ccc., S. 44 ff.). Im Übrigen stehen der Kommission noch weitere Möglichkeiten zur Anpassung zur Verfügung (unter ddd., S. 45 ff.).

aaa. Erschwerende Faktoren

Die Wiederholungstäterschaft, die Verweigerung der Zusammenarbeit oder die Behinderung von Ermittlungen sowie die Rolle als Anführer und die Anwendung von Zwangsmaßnahmen zur Durchsetzung des Verstoßes werden in den Bußgeldleitlinien der Kommission von 2006 als erschwerende Umstände bezeichnet.[102]

Die Wiederholungstäterschaft stellt den wichtigsten erschwerenden Faktor dar.[103] Als Wiederholungstäter wird das Unternehmen angesehen, welches eine gleichartige oder ähnliche Zuwiderhandlung erneut beginnt oder fortsetzt, nachdem bereits ein Verstoß gegen Art. 101 oder 102 AEUV (bzw. gegen deren

---

99 Rn. 24 Bußgeldleitlinien der Kommission von 2006.

100 Rn. 25 Bußgeldleitlinien der Kommission von 2006.

101 Rn. 27 Bußgeldleitlinien der Kommission von 2006. Vgl. auch EuG, Urteil vom 14.12.2006, Az. T-259/02, Slg. 2006, II-5169, Rn. 237 – *Raiffeisen Zentralbank Österreich*; EuG, Urteil vom 8.9.2010, Az. T-29/05, Slg. 2010, II-4077, Rn. 230 – *Deltafina*.

102 Rn. 28 Bußgeldleitlinien der Kommission von 2006.

103 *Veljanovski,* J. Comp. L. & Econ. 7 (2011), 871, 888. Die Geldbuße von 4,03 % aller Unternehmen wurde wegen Wiederholungstäterschaft erhöht, vgl. Tabelle in Anhang 1, S. 393 ff.

Vorgängernormen) durch Entscheidung festgestellt worden war. Die Bußgeldleitlinien der Kommission von 2006 sehen im Unterschied zu den früheren Leitlinien vor, dass jede vergangene Zuwiderhandlung mit einer Erhöhung von bis zu 100 % geahndet werden kann.[104] Hierbei werden auch Entscheidungen der mitgliedstaatlichen Behörden berücksichtigt. Diese strenge Vorgehensweise wird damit begründet, dass die Wiederholung beweise, dass die bereits verhängte Geldbuße nicht abschreckend genug gewesen sei.[105]

Eine gleichartige oder ähnliche Zuwiderhandlung liegt nach der Rechtsprechung und der Kommissionspraxis bereits dann vor, wenn eine Identität der wirtschaftlichen Einheit und der Art der Zuwiderhandlung vorliegt.[106] Die räumlich und sachlich relevanten Märkte sowie die konkrete wettbewerbsbeschränkende Handlung können verschieden sein.[107] Jedoch muss die vergangene Entscheidung auch an den Mutterkonzern der wirtschaftlichen Einheit adressiert gewesen sein, damit die erneute Zuwiderhandlung auch als Wiederholungstat gegenüber dem Mutterkonzern angesehen werden kann[108] oder die Kommission muss den beherrschenden Einfluss zum Zeitpunkt der vergangenen Zuwiderhandlung positiv nachweisen.[109]

Bei dem zeitlichen Abstand zwischen den Wiederholungstaten sei nicht der Zeitraum zwischen den beiden Behördenentscheidungen maßgeblich,[110]

---

104 *Bechtold/Bosch/Brinkner,* Art. 23 VO 1/2003 Rn. 60; *Dannecker/Biermann* in: Immenga/Mestmäcker, Art. 23 VO 1/2003 Rn. 189.

105 EuGH, Urteil vom 8.2.2007, Az. C-3/06 P, Slg. 2007, I-1331, Rn. 39 – *Groupe Danone*; EuG, Urteil vom 30.9.2003, Az. T-203/01, Slg. 2003, II-4071, Rn. 293 – *Michelin*. Vgl. auch *Theurer,* Geldbußen im EU-Wettbewerbsrecht, S. 236.

106 Vgl. nur Kommission, Entscheidung vom 7.10.2009, Az. COMP/39.129, Rn. 255 – Leistungstransformatoren; Kommission, Entscheidung vom 11.11.2009, Az. COMP/38.589, Rn. 718 – *Wärmestabilisatoren*; Kommission, Entscheidung vom 1.10.2008, Az. COMP/39.181, Rn. 678 f. – *Kerzenwachse*; Kommission, Entscheidung vom 11.6.2008, Az. COMP/38.695, Rn. 525 – *Natriumchlorat*; Kommission, Entscheidung vom 5.12.2007, Az. COMP/38.629, Rn. 540 – *Chloropren-Kautschuk*.

107 Kommission, Entscheidung vom 5.12.2001, Az. IV/37.614/F3, ABl. 2003, Nr. L 200/1, Rn. 314 ff. – *Interbrew und Alken-Maes*; EuG, Urteil vom 13.7.2011, Az. T-59/07, Slg. 2011, II-4687, Rn. 298 ff. – *Polimeri*. Siehe auch *Böni,* WuW 2011, 360, 362.

108 EuG, Urteil vom 13.12.2012, Az. T-103/08, Rn. 281 – *ENI*, bestätigt durch EuGH, Urteil vom 5.3.2015, Az. C-93/13 P, NZKart 2015, 231 – *Versalis*.

109 EuG, Urteil vom 27.3.2014, Az. T-56/09 u.A., Rn. 311 ff. – *Saint-Gobain*; *Burton,* J. Eur. Comp. L. & Practice 5 (2014), 624, 625.

110 So anscheinend *Dannecker/Biermann* in: Immenga/Mestmäcker, Art. 23 VO 1/2003 Rn. 191. Unklar *Böse* in: Frankfurter Kommentar, Art. 25 VO 1/2003 Rn. 30; *Kindhäuser/Meyer* in: Frankfurter Kommentar, Art. 23 VO 1/2003 Rn. 124.

sondern der Zeitraum zwischen der ersten Behördenentscheidung und dem Beginn der zweiten Zuwiderhandlung. Durch den Beginn einer weiteren Zuwiderhandlung werde bewiesen, dass der Verhaltensapell der ersten Entscheidung nicht befolgt wird.[111] Dieser Umstand stellt nämlich den Kernvorwurf einer Wiederholungstäterschaft dar. Eine zeitliche Grenze hatte sich die Kommission hierbei nicht gesetzt. Der EuGH hat in der Rechtssache *Lafarge* jedoch festgelegt, dass der Zeitraum zwischen den Zuwiderhandlungen nach dem Grundsatz der Verhältnismäßigkeit bei der Entscheidung über eine Erhöhung der Geldbuße zu berücksichtigen sei.[112] An Verjährungsfristen sei die Kommission bei der Berücksichtigung vergangener Entscheidungen jedoch nicht gebunden.[113] Ein Zeitraum von weniger als zehn Jahren stehe einer Berücksichtigung allerdings nicht entgegen.[114] Auch ein Zeitraum von über 13 Jahren stehe der Berücksichtigung nicht entgegen, da im konkreten Fall dieselben Unternehmenssparten betroffen waren und die Absprachen nahezu identisch waren.[115]

---

111 *Bronett,* KartellverfahrensR, Art. 23 VO 1/2003 Rn. 92; Kommission, Entscheidung vom 11.6.2008, Az. COMP/38.695, Rn. 526 – *Natriumchlorat*, bestätigt durch EuG, Urteil vom 17.5.2011, Az. T-343/08, Slg. 2011, II-2287, Rn. 72 f. – *Arkema*; Kommission, Entscheidung vom 1.10.2008, Az. COMP/39.181, Rn. 679 – *Kerzenwachse.*

112 EuGH, Urteil vom 17.6.2010, Az. C-413/08 P, Slg. 2010, I-5361, Rn. 70 – *Lafarge*. Vgl. auch *Dannecker/Biermann* in: Immenga/Mestmäcker, Art. 23 VO 1/2003 Rn. 191.

113 EuGH, Urteil vom 8.2.2007, Az. C-3/06 P, Slg. 2007, I-1331, Rn. 38 – *Groupe Danone.*

114 EuGH, Urteil vom 8.2.2007, Az. C-3/06 P, Slg. 2007, I-1331, Rn. 40 – *Groupe Danone.* Ebenso EuG, Urteil vom 17.5.2011, Az. T-343/08, Slg. 2011, II-2287, Rn. 72 – *Arkema.* Im Fall *Flachglas* hat die Kommission bei einem Zeitraum von 15 Jahren zwischen der Entscheidung und der erneuten Zuwiderhandlung die Berücksichtigung der vergangenen Entscheidung verneint, vgl. EuG, Urteil vom 27. 9. 2012, Az. T-82/08, Rn. 123 – *Guardian. Dannecker/Biermann* in: Immenga/Mestmäcker, Art. 23 VO 1/2003 Rn. 191; *Feddersen* in: Dalheimer/Feddersen/Miersch, Kartellverfahrensrecht, Art. 23 VO 1/2003 Rn. 185 befürchten, dass die Berücksichtigung lange zurückliegender Entscheidungen den Rechtsfrieden gefährden könne. Richtig erscheint allerdings, dass es unabhängig von der Zeitspanne auf die Begründung eines Fortsetzungszusammenhangs ankommt. In der Begehung der neuen Zuwiderhandlung muss sich gerade die Missachtung des Verhaltensappells aus der vorangegangenen Entscheidung widerspiegeln, vgl. dazu *Böni,* WuW 2011, 360, 363. In der Wortwahl ähnlich EuG, Urteil vom 17.5.2011, Az. T-343/08, Slg. 2011, II-2287, Rn. 72 – *Arkema*; EuG, Urteil vom 27. 9. 2012, Az. T-82/08, Rn. 123 – *Guardian.*

115 EuG, Urteil vom 27.3.2014, Az. T-56/09 u.A., Rn. 332 ff. – *Saint-Gobain*; *Burton,* J. Eur. Comp. L. & Practice 5 (2014), 624, 625.

bbb. Mildernde Faktoren

Die Beendigung des Verstoßes nach dem ersten Eingreifen der Kommission bei nicht geheimen Absprachen, die fahrlässige Begehung, die geringfügige Beteiligung des Unternehmens, die aktive Zusammenarbeit mit der Kommission außerhalb der Kronzeugenmitteilung und die Genehmigung oder Ermutigung durch Behörden oder geltende Vorschriften[116] werden als mildernde Umstände angesehen. Zwar ist diese Aufzählung nicht abschließend, jedoch legen die Kommission und die Rechtsprechung bei der Anerkennung weiterer Milderungsgründe strenge Maßstäbe an. Unternehmensinterne Programme zur Sicherstellung wettbewerbskonformen Verhaltens (*compliance programs*) werden grundsätzlich nicht als Milderungsgrund herangezogen.[117] Auch die Tatsache, dass es sich um den ersten Verstoß eines Unternehmens handelt, führe zu keiner Milderung, da es sich hierbei um den Normalfall handele.[118]

ccc. Abschreckungsaufschlag

Die Kommission darf das Bußgeld gegen ein Unternehmen erhöhen, das besonders hohe Umsätze mit Waren bzw. Dienstleistungen gemacht hat, die mit dem Verstoß nicht im Zusammenhang stehen.[119] Dies soll die ausreichende Abschreckungswirkung auch gegen große Konzerne sicherstellen.[120] Dieser Aufschlag ist in der Höhe nicht begrenzt. Bereits nach den Bußgeldleitlinien der Kommission von 1998 hat die Kommission diesen Aspekt berücksichtigt, ohne dass eine ausdrückliche Regelung vorhanden war.[121] Unter der Geltung der alten Leitlinien

---

116 Rn. 29 Bußgeldleitlinien der Kommission von 2006. Zur Kronzeugenmitteilung siehe unter Teil 2.A.I.3.d., S. 46.

117 EuG, Urteil vom 29.4.2004, Az. T-236/01 u.A., Slg. 2004, II-1181, Rn. 58 – *Tokai Carbon*; EuG, Urteil vom 26.4.2007, Az. T-109/02 u.A., Slg. 2007, II-947, Rn. 653 – *Bolloré*; Kommission, Entscheidung vom 21.2.2007, Az. COMP/38.823, Rn. 754 – *Fahrstühle und Rolltreppen*. *Bechtold/Bosch/Brinkner*, Art. 23 VO 1/2003 Rn. 75; *Schneider/Engelsing* in: MünchKommEUWettR, Art. 23 VO 1/2003 Rn. 178; *Nowak* in: Loewenheim/Meessen/Riesenkampff/Kersting/Meyer-Lindemann, Art. 23 VO 1/2003 Rn. 34.

118 EuG, Urteil vom 14.5.1998, Az. T-347/94, Slg. 1998, II-1751, Rn. 370 – *Mayr-Melnhof*; Kommission, Entscheidung vom 18.7.2001, Az. COMP/D/37.444, Rn. 117 f. – *SAS/Maersk Air*.

119 Rn. 30 Bußgeldleitlinien der Kommission von 2006.

120 *Dannecker/Biermann* in: Immenga/Mestmäcker, Art. 23 VO 1/2003 Rn. 221; *Schneider/Engelsing* in: MünchKommEUWettR, Art. 23 VO 1/2003 Rn. 154.

121 *Schneider/Engelsing* in: MünchKommEUWettR, Art. 23 VO 1/2003 Rn. 153; *Nowak* in: Loewenheim/Meessen/Riesenkampff/Kersting/Meyer-Lindemann, Art. 23 VO 1/2003 Rn. 31.

hat die Kommission den Grundbetrag mit Faktoren bis zu 5 multipliziert, um eine ausreichend abschreckende Wirkung zu erzielen.[122] Unter den geltenden Leitlinien hat die Kommission die Geldbußen um 50 bis 100 % erhöht, soweit die relevanten Daten in den Entscheidungen und Pressemitteilungen veröffentlicht wurden.[123]

ddd. Sonstige Anpassungsfaktoren

Neben den erschwerenden und den mildernden Faktoren sowie dem Abschreckungsaufschlag kann die Kommission die Höhe der Geldbuße noch aus anderen Gründen anpassen.

Zum einen steht es der Kommission frei, die Geldbuße zu erhöhen, um den widerrechtlich erwirtschafteten Gewinn abzuschöpfen, sofern dieser ermittelbar ist; diese Gewinne können geschätzt werden.[124] Auch diese Anpassungsmöglichkeit hatte ihre Entsprechung in den Bußgeldleitlinien der Kommission von 1998. In der Entscheidungspraxis der Kommission ist allerdings nur ein Fall bekannt, in dem eine solche Schätzung des Gewinns vorgenommen wurde.[125]

Zum anderen kann die Kommission in eng gesetzten Grenzen „die Leistungsfähigkeit eines Unternehmens in einem gegebenen sozialen und ökonomischen Umfeld" bei der Bußgeldbemessung berücksichtigen.[126] Die „bloße[n] Tatsache einer nachteiligen oder defizitären Finanzlage" rechtfertigt alleine aber keine Reduktion des Bußgeldes. Nach der europäischen Rechtsprechung würden andernfalls

---

122 Kommission, Entscheidung vom 5.12.2001, Az. IV/37.614/F3, ABl. 2003, Nr. L 200/1, Rn. 344 – *Interbrew und Alken-Maes*. Vgl. *Schneider/Engelsing* in: MünchKommEU-WettR, Art. 23 VO 1/2003 Rn. 152; *Dannecker/Biermann* in: Immenga/Mestmäcker, Art. 23 VO 1/2003 Rn. 158. In der Mehrzahl der Fälle war der Multiplikator dagegen geringer. Vgl. nur Kommission, Entscheidung vom 21.10.1998, Az. COMP/IV/35.691/E-4, ABl. 1999, Nr. L 24/1, Rn. 169 – *Fernwärmetechnik* (Faktor 2,5); Kommission, Entscheidung vom 5.12.2001, Az. COMP/E-1/36.604, ABl. 2002, Nr. L 239/18, Rn. 240 ff. – *Zitronensäure* (Faktor 2 und 2,5); Kommission, Entscheidung vom 24.3.2004, Az. COMP/C-3/37.792, Rn. 1076 – *Microsoft* (Faktor 2).

123 Vgl. dazu die Tabelle in Anhang 1, S. 393 ff. Ebenso *Veljanovski*, J. Comp. L. & Econ. 7 (2011), 871, 896.

124 Rn. 31 Bußgeldleitlinien der Kommission von 2006.

125 Kommission, Entscheidung vom 25.3.1992, Az. COMP/IV/30.717-A, ABl. 1992, Nr. L 95/50, Rn. 81 – *Eurocheque: Helsinki-Vereinbarung*. Siehe *Wils*, W.Comp. 29 (2006), 183, 208.

126 Rn. 35 Bußgeldleitlinien der Kommission von 2006. Vgl. ausführlich dazu mit weiteren Nachweisen *Grave/Nyberg*, WuW 2011, 926, 929 ff.; *Holterhus*, WRP 2011, 1406 ff.; *Kienapfel/Wils*, CPN (2010), 3, 4 ff.; *Stockmann*, ZWeR 2012, 20, 22 ff.

solche Unternehmen bevorteilt, die nicht optimal an die Wettbewerbsverhältnisse angepasst sind.[127] Befindet sich die gesamte Branche oder die Weltwirtschaft in einer Krise, so ist die finanzielle Notlage nicht auf ein individuelles Fehlverhalten des Unternehmens zurückzuführen, sodass die Kommission eine Reduktion des Bußgeldes für möglich hält.[128] Bei der Entscheidung hierüber ist insbesondere das „soziale Umfeld", also drohende Arbeitslosigkeit oder eine Beeinträchtigung anderer Unternehmen der vor- und nachgelagerten Marktstufen, zu beachten.[129]

Die Randnummern 32 und 33 der Bußgeldleitlinien der Kommission von 2006 enthalten darüber hinaus den Hinweis auf die Kappungsgrenze des Art. 23 Abs. 2 S. 2 bzw. 3 VO 1/2003.

d. *Kronzeugenregelung*

In der „Mitteilung über den Erlass und die Ermäßigung von Geldbußen in Kartellsachen"[130] hat die Kommission ihr aktuelles Kronzeugenprogramm bekanntgemacht. Dies ist ebenfalls eine verwaltungsinterne Vorschrift, die nur zu einer Selbstbindung der Kommission führt.[131] Die Kronzeugenmitteilung regelt die Gegenleistung für die Zusammenarbeit von Unternehmen mit der Kommission, die an Kartellen beteiligt sind. Kartelle werden definiert als „Absprachen und/oder abgestimmte Verhaltensweisen zwischen zwei oder mehr Wettbewerbern zwecks Abstimmung ihres Wettbewerbsverhaltens auf dem Markt und/oder Beeinflussung der relevanten Wettbewerbsparameter durch Verhaltensweisen (...). Diese Praktiken zählen zu den schwersten Verstößen gegen Artikel

---

127 EuGH, Urteil vom 28.6.2005, Az. C-189/02 P u.A., Slg. 2005, I-5425, Rn. 327 – *Dansk Rørindustri*; EuGH, Urteil vom 29.6.2006, Az. C-308/04 P, Slg. 2006, I-5977, Rn. 105 – *SGL Carbon*. Vgl. auch *Holterhus*, WRP 2011, 1406, 1410; *Kienapfel/Wils*, CPN (2010), 3 f.; *Motta*, ECLR 29 (2008), 209, 217; *Stockmann*, ZWeR 2012, 20, 26.

128 Kommission, Entscheidung vom 14.12.1984, Az. COMP/IV/30.809, ABl. 1985, Nr. L 35/58, Rn. 41 – *John Deere*; *Dannecker/Biermann* in: Immenga/Mestmäcker, Art. 23 VO 1/2003 Rn. 228; *Grave/Nyberg*, WuW 2011, 926, 930. Zur Wirtschafts- und Finanzkrise nach 2008 vgl. Kommission, Entscheidung vom 22.7.2009, Az. COMP/39.396, Rn. 15 – *Calciumcarbid*; Kommission, Entscheidung vom 20.7.2010, Az. COMP/38.866, Rn. 230 – *Tierfutterphosphate*.

129 EuGH, Urteil vom 29.6.2006, Az. C-308/04 P, Slg. 2006, I-5977, Rn. 106 – *SGL Carbon*; EuG, Urteil vom 29.4.2004, Az. T-236/01 u.A., Slg. 2004, II-1181, Rn. 371 – *Tokai Carbon*.

130 ABl. 2006, Nr. C 298/17 (im Folgenden „Kronzeugenmitteilung").

131 *Böse* in: Frankfurter Kommentar, Art. 31 VO 1/2003 Rn. 7; *Bronett*, KartellverfahrensR, Art. 23 VO 1/2003 Rn. 85; *Nowak* in: Loewenheim/Meessen/Riesenkampff/Kersting/Meyer-Lindemann, Art. 23 VO 1/2003 Rn. 37.

81 EG-Vertrag".[132] Damit ist die Kronzeugenmitteilung nur auf die schwerwiegendsten Horizontalbeschränkungen (sog. Hardcore-Kartelle) anwendbar; sie gilt nicht für leichte horizontale und vertikale Absprachen und abgestimmte Verhaltensweisen sowie für Beschlüsse von Unternehmensvereinigungen. Nach der Kronzeugenmitteilung ist der vollständige Erlass (unter aa., S. 47 ff.) und die Reduktion (unter bb., S. 47 ff.) der Geldbuße möglich.

aa. Erlass der Geldbuße

Die gesamte Geldbuße kann einem kooperierenden Unternehmen nach zwei Alternativen erlassen werden.[133]

Ein Erlass ist zum einen möglich, wenn das Unternehmen als erstes Informationen übermittelt, die es der Kommission nach ihrer Auffassung ermöglichen, „gezielte Nachprüfungen im Zusammenhang mit dem mutmaßlichen Kartell durchzuführen", Rn. 8 a) Kronzeugenmitteilung. Darüber hinaus darf die Kommission selbst nicht über ausreichende Beweismittel zur Durchführung einer Nachprüfung verfügen. Auch darf eine Nachprüfung nicht bereits stattgefunden haben.[134]

Zum anderen ist ein Erlass möglich, wenn das Unternehmen als erstes Informationen übermittelt, die nach Auffassung der Kommission die Feststellung einer Zuwiderhandlung gegen Art. 101 AEUV ermöglichen.[135] Darüber hinaus darf die Kommission nicht selbst über ausreichende Informationen für einen Nachweis verfügen und es darf in derselben Sache kein Erlass nach Randnummer 8 a) der Kronzeugenmitteilung erfolgt sein.

bb. Reduktion der Geldbuße

Sofern die Voraussetzungen für einen Erlass der Geldbuße nicht vorliegen, kommt deren Reduktion nach der Kronzeugenmitteilung in Betracht.[136] Dafür

---

132 Rn. 1 Kronzeugenmitteilung. Damit ist der Anwendungsbereich weiter formuliert, als in der vorangegangenen Kronzeugenmitteilung, die nur für „heimliche Vereinbarungen" galt, vgl. *Dannecker/Biermann* in: Immenga/Mestmäcker, Art. 23 VO 1/2003 Rn. 250.

133 Vgl. ausführlich *Nowak* in: Loewenheim/Meessen/Riesenkampff/Kersting/Meyer-Lindemann, Art. 23 VO 1/2003 Rn. 38 ff.; *Dannecker/Biermann* in: Immenga/Mestmäcker, Art. 23 VO 1/2003 Rn. 252 ff.

134 Rn. 10 Kronzeugenmitteilung.

135 Rn. 8 b) Kronzeugenmitteilung.

136 Vgl. ausführlich *Dannecker/Biermann* in: Immenga/Mestmäcker, Art. 23 VO 1/2003 Rn. 270 ff.

muss das Unternehmen Beweismittel zur Verfügung stellen, die einen erheblichen Mehrwert gegenüber den bei der Kommission vorhandenen Beweisen darstellen.[137] Der „Mehrwert“ eines Beweismittels solle sich danach richten, in welchem Ausmaß durch dessen Eigenschaft und/oder Ausführlichkeit der Kommission der Nachweis einer Zuwiderhandlung erleichtert wird.[138] Die Qualität der Beweise wird nach dem Zeitpunkt ihrer Erstellung, ihrer inhaltlichen Nähe zur Zuwiderhandlung und ihrer Aussagekraft bestimmt und an den vorhandenen Beweisen gemessen.[139] Bei der Bewertung dieses Mehrwerts gewährt die Rechtsprechung der Kommission einen sehr weiten Entscheidungsspielraum. Sie hat einen Mehrwert nur angenommen, wenn die Mitarbeit der Unternehmen über das gesetzlich vorgeschriebene Maß hinausgeht und dies ein „Zeichen eines echten Geistes der Zusammenarbeit“ darstellt.[140]

Liegen die Voraussetzungen der Reduktion einer Geldbuße vor, wird diese je nach Rangfolge des kooperierenden Unternehmens abgesenkt. Dem ersten Unternehmen wird eine Reduktion von 30 bis 50 %, dem zweiten von 20 bis 30 % und ab dem dritten Unternehmen eine Reduktion bis zu 20 % gewährt.[141]

e. *Vergleichsverfahren*

Die Kommission hat im Jahre 2008 ein Vergleichsverfahren in Kartellsachen eingeführt. In der Verfahrensverordnung Nr. 773/2004[142] wurde dafür ein Art. 10 a eingefügt, der die Grundzüge des Verfahrens enthält.[143] Darüber hinaus wurde eine verwaltungsinterne Mitteilung veröffentlicht, die das Verfahren im Einzelnen

137 Rn. 24 Kronzeugenmitteilung.

138 Rn. 25 Kronzeugenmitteilung.

139 Vgl. Rn. 25 Kronzeugenmitteilung für eine Beschreibung der Kriterien.

140 EuGH, Urteil vom 28.6.2005, Az. C-189/02 P u.A., Slg. 2005, I-5425, Rn. 395 – *Dansk Rørindustri*; EuGH, Urteil vom 29.6.2006, Az. C-308/04 P, Slg. 2006, I-5977, Rn. 68 – *SGL Carbon*; EuGH, Urteil vom 24.9.2009, Az. C-125/07 P, Slg. 2009, I-8681, Rn. 281 f. – *Erste Group Bank*. Vgl. auch *Klose* in: MünchKommEUWettR, Leniency-Bekanntmachung Rn. 43 ff.

141 Rn. 26 Kronzeugenmitteilung.

142 Verordnung (EG) Nr. 773/2004 der Kommission vom 7. April 2004 über die Durchführung von Verfahren auf der Grundlage der Artikel 81 und 82 EG-Vertrag durch die Kommission, ABl. 2004, Nr. L 123/18.

143 Vgl. Verordnung (EG) Nr. 622/2008 der Kommission vom 30. Juni 2008 zur Änderung der Verordnung (EG) Nr. 773/2004 hinsichtlich der Durchführung von Vergleichsverfahren in Kartellfällen, ABl. 2008, Nr. L 171/3.

regelt.[144] Inzwischen wird die Mehrzahl der Kartellfälle bei der Kommission im Wege des Vergleichsverfahrens abgeschlossen.[145]

Nach abgeschlossener Beweisaufnahme soll das Vergleichsverfahren zu einem zügigen und ressourcensparenden Abschluss des Bußgeldverfahrens führen.[146] Zweck dieses Verfahrens ist daher nicht die Beweisgewinnung, sondern die Herbeiführung einer Übereinkunft über die Beschwerdepunkte, die rechtliche Bewertung und die Bußgeldhöhe.[147] Durch eine solche nicht streitige Entscheidung wird die Begründungslast der Kommission verringert. Zwar enthält die Vergleichserklärung der Unternehmen keinen Rechtsmittelverzicht.[148] Jedoch wird der Anreiz zur gerichtlichen Überprüfung abnehmen, da zusätzlicher Begründungsaufwand nötig ist, um die Einreichung einer Klage trotz Vergleichserklärung zu erläutern.

In einem ersten Schritt sondiert die Kommission die Vergleichsbereitschaft der betroffenen Unternehmen.[149] In den Vergleichsgesprächen werden den beteiligten Unternehmen die in Art. 10 a Abs. 2 VO 773/2004 genannten Informationen zur Verfügung gestellt. Dies soll zu einem Einvernehmen über die Beschwerdepunkte und die zu erwartende Geldbuße führen.[150] Im Anschluss müssen die Unternehmen einen förmlichen Antrag stellen, die sog. Vergleichsausführungen.[151] Diese enthalten im Wesentlichen die Anerkennung der Aspekte der Zuwiderhandlung sowie die zu erwartende Geldbuße und den Verzicht auf weitere mündliche Anhörungen und Akteneinsichtsersuchen.[152] Daraufhin

---

144 Mitteilung der Kommission über die Durchführung von Vergleichsverfahren bei dem Erlass von Entscheidungen nach Artikel 7 und Artikel 23 der Verordnung (EG) Nr. 1/2003 des Rates in Kartellfällen, ABl. 2008, Nr. C 167/1 (im Folgenden „Vergleichsverfahrensmitteilung"). Vgl. zu einem Überblick *Laina/Bogdanov,* J. Eur. Comp. L. & Practice 5 (2014), 717 ff.; *Stockmann,* ZWeR 2012, 20, 40 ff.

145 *Köster,* EuZW 2015, 575; *Bosch,* NJW 2015, 1734, 1739.

146 Rn. 1 f. Vergleichsverfahrensmitteilung. Kritisch *Stockmann,* ZWeR 2012, 20, 42 ff.; *Karst,* WRP 2015, 171, 174 ff.

147 *Dannecker/Biermann* in: Immenga/Mestmäcker, Art. 23 VO 1/2003 Rn. 295.

148 *Hirsbrunner,* EuZW 2011, 12, 13; *Kindhäuser/Meyer* in: Frankfurter Kommentar, Art. 23 VO 1/2003 Rn. 159; *Polley/Heinz,* WuW 2012, 14, 25.

149 Rn. 11 ff. Vergleichsverfahrensmitteilung. *Karst,* WRP 2015, 171, 172 f.; *Laina/ Bogdanov,* J. Eur. Comp. L. & Practice 5 (2014), 717, 718.

150 Rn. 17 Vergleichsverfahrensmitteilung. *Köster,* EuZW 2015, 575, 576 f.

151 Rn. 20 ff. Vergleichsverfahrensmitteilung; vgl. zum Inhalt die Aufzählung in Rn. 20 Vergleichsverfahrensmitteilung. *Kindhäuser/Meyer* in: Frankfurter Kommentar, Art. 23 VO 1/2003 Rn. 157; *Köster,* EuZW 2015, 575, 577.

152 *Polley/Heinz,* WuW 2012, 14, 21 f.

erlässt die Kommission die endgültige Entscheidung.[153] Die Mitarbeit des Unternehmens kann bei der Bußgeldbemessung mit einem Abschlag von 10 % nach Anwendung der Kappungsgrenze belohnt werden. Darüber hinaus darf der Abschreckungsaufschlag die Geldbuße nicht mehr als verdoppeln.[154] Eine Ermäßigung nach der Kronzeugenmitteilung gilt kumulativ.[155]

II. Deutsches Recht

1. Genese

Das deutsche Kartellrecht hat im Ganzen eine viel wechselhaftere Entstehungsgeschichte als das europäische. Das GWB ist im Laufe seiner über fünfzigjährigen Geschichte durch mittlerweile acht Novellen grundlegend verändert worden. Diese Novellen umfassten auch das Kartellbußgeldrecht.

Vor der 6. GWB-Novelle waren die Bußgeldtatbestände in § 38 GWB a.F. geregelt. Mit der 6. Novelle, die am 1.1.1999 in Kraft trat, wurden die Regelungen zum Kartellbußgeldrecht in § 81 GWB eingefügt und einigen grundlegenden Systemänderungen unterworfen.[156] So wurden die kartellrechtlichen Verbote in unmittelbar geltende Verbotsnormen umgestaltet, die bußgeldbewehrt waren.[157] Des Weiteren wurde die fahrlässige Begehung pauschal auch als Ordnungswidrigkeit eingestuft. Die Bußgeldvorschriften erfuhren auch eine wesentliche Ausweitung, weil jetzt nicht mehr das Hinwegsetzen über die Unwirksamkeit der Kartellvereinbarung die relevante Tathandlung war, sondern das Abschließen der Vereinbarung selber oder die Zusammenkunft zu diesem Zweck.[158]

Durch die 7. GWB-Novelle vom 1.7.2005[159] sollte eine weitere Angleichung an das europäische Recht erfolgen. Da die nationalen Kartellbehörden durch

153 Rn. 28 ff. Vergleichsverfahrensmitteilung.

154 Rn. 32 Vergleichsverfahrensmitteilung. *Kindhäuser/Meyer* in: Frankfurter Kommentar, Art. 23 VO 1/2003 Rn. 165.

155 Rn. 33 Vergleichsverfahrensmitteilung.

156 *Dannecker/Biermann* in: Immenga/Mestmäcker, Vorb. § 81 GWB Rn. 8.

157 *Dannecker/Biermann* in: Immenga/Mestmäcker, § 81 GWB Rn. 1.

158 *Dannecker/Biermann* in: Immenga/Mestmäcker, Vorb. § 81 GWB Rn. 9.

159 Jedoch wurde das Gesetz erst am 12.7.2005 im Bundesgesetzblatt verkündet. Diese rückwirkende Inkraftsetzung der Bußgeldvorschriften ist verfassungskonform umzudeuten in ein Inkrafttreten ab Verkündungsdatum, vgl. BGH, NJW 2013, 1972, 1972 f. – *Grauzement*; *Achenbach,* WuW 2013, 688, 691 f.; *Baron* in: FS Canenbley, S. 25, 26 ff.; *Bechtold/Bosch,* GWB, § 81 GWB Rn. 2; *Brettel,* ZWeR 2013, 200, 208 f.; *Meyer-Lindemann* in: Loewenheim/Meessen/Riesenkampff/Kersting/Meyer-Lindemann, § 81 GWB Rn. 6; *Schöner* in: KK-KartR, § 81 GWB Rn. 8.

die VO 1/2003 auch für die Durchsetzung des europäischen Kartellrechts zuständig sind, wurde in § 81 Abs. 1 Nr. 1 bzw. 2 GWB der Verstoß gegen Art. 101 Abs. 1 bzw. 102 Abs. 1 AEUV als Bußgeldtatbestand aufgenommen.[160] Die übrigen Bußgeldtatbestände, die in § 81 Abs. 1 GWB a.F. geregelt waren, befinden sich nun in § 81 Abs. 2 GWB. Hier wurden einige Anpassungen vorgenommen, die auf der Angleichung des materiellen Teils des GWB an das europäische Recht beruhen.[161] So sind die speziellen Regelungen für vertikale Wettbewerbsbeschränkungen der §§ 14 ff. GWB a.F. weggefallen, ebenso wie die detaillierten Freistellungstatbestände der §§ 2 ff. GWB a.F. Tiefgreifender sind jedoch die Änderungen in der Bußgeldzumessung nach § 81 Abs. 4 GWB. Neben einer Anhebung der festen Bußgeldrahmen wurde die Kappungsgrenze des Art. 23 Abs. 2 Satz 2 VO 1/2003 in § 81 Abs. 4 Satz 2, 4 GWB übernommen. Sie ersetzt den Mehrerlösbußgeldrahmen, der nach § 81 Abs. 2 GWB a.F. ein Bußgeld bis „zur dreifachen Höhe des durch die Zuwiderhandlung erlangten Mehrerlöses" ermöglichte.[162] Darüber hinaus wurde in § 81 Abs. 7 GWB eine Ermächtigungsgrundlage für Verwaltungsvorschriften des BKartA geschaffen, auf die das Amt seine Bußgeldleitlinien und die Bonusregelung stützen kann.

In der 8. GWB-Novelle[163] wurden die Bußgeldvorschriften trotz vieler Reformforderungen[164] nicht wesentlich geändert. Es erfolgte neben der Einfügung des § 81a GWB über Auskunftspflichten der juristischen Personen[165] nur eine redaktionelle Anpassung der Bußgeldtatbestände des § 81 Abs. 2 GWB an die Änderungen an anderen Stellen.

---

160 *Cramer/Pananis* in: Loewenheim/Meessen/Riesenkampff, 2. Aufl. 2009, § 81 GWB Rn. 1.

161 *Vollmer* in: MünchKommGWB, § 81 GWB Rn. 2; *Dannecker/Biermann* in: Immenga/Mestmäcker, Vorb. § 81 GWB Rn. 13.

162 *Vollmer* in: MünchKommGWB, § 81 GWB Rn. 76; *Meyer-Lindemann* in: Loewenheim/Meessen/Riesenkampff/Kersting/Meyer-Lindemann, § 81 GWB Rn. 89; *Dannecker/Biermann* in: Immenga/Mestmäcker, Vorb. § 81 GWB Rn. 14 f.

163 Achtes Gesetz zur Änderung des Gesetzes gegen Wettbewerbsbeschränkungen, BGBl. I 2013, S. 1738 (im Folgenden „8. GWB-Novelle").

164 Vgl. nur *Bischke/Brack*, NZG 2012, 1140 ff.; *Bechtold*, BB 2011, 3075, 3078 f.; *Bechtold/Bosch*, NJW 2011, 3484, 3488 f.

165 *Meyer-Lindemann* in: Loewenheim/Meessen/Riesenkampff/Kersting/Meyer-Lindemann, § 81a GWB Rn. 1 ff.

Die 9. GWB-Novelle soll im wesentlichen die Vorgaben der Kartellschadensersatzrichtlinie[166] umsetzen.[167] Neben einigen Änderungen im Recht der Fusionskontrolle, passt die Novelle das deutsche Bußgeldrecht weiter an das euroäische Recht an. In § 81 Abs. 3a bis 3e GWB wurde die Konzernhaftung eingeführt und die Haftung bei Auflösung einer Gesellschaft oder bei einer Rechtsnachfolge erweitert.

2. *Systematik und Tatbestandsmerkmale*

a. *Kartellordnungswidrigkeitenrecht*

Der Verstoß gegen kartellrechtliche Ge- und Verbote ist nach dem klaren Wortlaut des § 81 Abs. 1, 2 und 3 GWB durch den Gesetzgeber als Ordnungswidrigkeit eingestuft. Dies geht auf die Entscheidung des ursprünglichen Gesetzgebers des GWB in seiner ersten Fassung von 1958 zurück. Damals schätzte er die Funktionsfähigkeit des Wettbewerbs als Schutzgut der kartellrechtlichen Vorschriften nicht als so hochrangig ein.[168] Darüber hinaus sei „weder in der deutschen Öffentlichkeit noch in den beteiligten Wirtschaftskreisen (…) bisher ein lebendiges Gefühl dafür verbreitet, daß wettbewerbsbeschränkende Verträge und Geschäftspraktiken unerlaubt und ethisch verwerflich seien".[169] Mit dieser Argumentation kann der Vorwurf einer persönlichen Schuld als gering eingeordnet werden. Der geringe Vorwurf einer persönlichen Schuld stellt nach damaligem Verständnis das Abgrenzungskriterium zwischen dem Ordnungswidrigkeitenrecht und dem Strafrecht dar.[170] Die Möglichkeit einer Verbandsgeldbuße im Ordnungswidrigkeitenrecht nach § 30 OWiG kann als weiterer Grund angesehen werden, weshalb die kartellrechtlichen Sanktionen nicht als Straftaten ausgestaltet wurden.[171]

---

166 Richtlinie 2014/104/EU des Europäischen Parlaments und des Rates vom 26.11.2014 über bestimmte Vorschriften für Schadensersatzklagen nach nationalem Recht wegen Zuwiderhandlungen gegen wettbewerbsrechtliche Bestimmungen der Mitgliedstaaten und der Europäischen Union, ABl. 2014, Nr. L 349, 1 (im Folgenden „RL 2014/104/EU").

167 Vgl. hierzu und im Folgenden *Kahlenberg/Heim,* BB 2017, 1155 ff.

168 *Dannecker/Biermann* in: Immenga/Mestmäcker, Vorb. § 81 GWB Rn. 3; *Reher* in: KK-KartR, Vorb. § 81 GWB Rn. 2 f.

169 BT-Drs. 2/1158 Anlage 1, S. 28.

170 Kritisch *Achenbach* in: Frankfurter Kommentar, § 81 GWB Rn. 15 f.; *Dannecker/Biermann* in: Immenga/Mestmäcker, Vorb. § 81 GWB Rn. 3; *Reher* in: KK-KartR, Vorb. § 81 GWB Rn. 5 f.

171 *Dannecker/Biermann* in: Immenga/Mestmäcker, Vorb. § 81 GWB Rn. 2; zur Verbandsbuße näher unter Teil 2.A.II.2.b., S. 54.

Nach § 2 OWiG sind die Vorschriften des OWiG auf alle Ordnungswidrigkeiten nach Bundesrecht anwendbar. Daher finden insbesondere die Vorschriften des Ersten Teils des OWiG über die Grundlagen der Ahndung und Verfolgung (§§ 1 ff. OWiG) sowie die des Zweiten Teils über das Verfahren (§§ 35 ff. OWiG) Anwendung, soweit die §§ 81 ff. GWB keine abweichenden Bestimmungen enthalten.[172]

§ 298 StGB stellt die einzige Ausnahme dar, bei der ein Kartellrechtsverstoß als Straftat ausgestaltet wurde.[173] Diese Vorschrift stellt Submissionsabsprachen unter Strafe, bei denen sich die Bieter bei einer Angebotsausschreibung in der Höhe ihrer Angebote abgesprochen haben.

Auch im deutschen Ordnungswidrigkeitenrecht sollen durch die Geldbuße repressive, präventive und gewinnabschöpfende Zwecke verfolgt werden.[174] Im Gegensatz zu strafrechtlichen Sanktionen überwiegt bei Geldbußen die Verhinderung weiterer Verstöße. Die Repression tritt daher in den Hintergrund. Durch die Geldbuße soll sich die Begehung von Verstößen finanziell nicht lohnen und dem Täter gegenüber eine Pflichtenmahnung ausgesprochen werden, zukünftig die gesetzlichen Vorschriften zu beachten.[175] Dies wird angesichts der enormen Höhe der Geldbußen und der hohen Sozialschädlichkeit von Kartellrechtsverstößen allerdings in der Literatur bezweifelt.[176] Danach würden durch die Verhängung einer Geldbuße im Kartellrecht auch verstärkt repressive Zwecke verfolgt. Mit dieser Argumentation wird zum Teil auch die Zuordnung des Kartellsanktionsrechts zum Strafrecht gefordert.[177] Die Einführung originär strafrechtlicher Sanktionen für Kartellverstöße wurde jüngst wieder verstärkt in die Diskussion eingebracht.[178] Da die Pönalisierung des Kartellsanktionsrechts

---

172 Die Vorschriften des OWiG sollen bei den Tatbestandsmerkmalen, bei denen sie relevant werden, näher beschrieben werden.

173 Vgl. *Klusmann* in: Wiedemann, Kartellrecht, § 56 Rn. 1 f.

174 *Ackermann,* ZWeR 2010, 329, 332; *Gürtler* in: Göhler, OWiG, Vorb. § 1 OWiG Rn. 9; *Raum* in: Langen/Bunte, § 81 GWB Rn. 2 f. Zu Aspekten der Prävention *Achenbach* in: Frankfurter Kommentar, § 81 GWB Rn. 514 ff. Siehe ausführlich zum europäischen Recht Teil 2.A.I.2.f., S. 34 f. Zur Gewinnabschöpfung detailliert unter Teil 5.C.I.4., S. 366 ff.

175 *Ackermann,* ZWeR 2010, 329, 332; *Gürtler* in: Göhler, OWiG, Vorb. § 1 OWiG Rn. 9; *Raum* in: Langen/Bunte, § 81 GWB Rn. 2.

176 *Dannecker/Biermann* in: Immenga/Mestmäcker, § 81 GWB Rn. 17 ff.

177 *Dannecker/Biermann* in: Immenga/Mestmäcker, § 81 GWB Rn. 17 ff.; *Raum* in: Langen/Bunte, § 81 GWB Rn. 6; *Reher* in: KK-KartR, Vorb. § 81 GWB Rn. 12.

178 *Immenga,* NZKart 2016, 201; Monopolkommission, XX. Hauptgutachten, Rn. 118 ff.; *Wagner-von Papp,* WuW 2014, 1155. Vgl. zur Einführung eines Unternehmensstrafrechts: Entwurf eines Gesetzes zur Einführung der strafrechtlichen

jedoch nicht Gegenstand dieser Untersuchung ist, sollen diese Vorschläge nicht näher dargestellt werden.

b. Täterkreis

Die Ge- und Verbotsnormen des § 81 Abs. 1 bis 3 GWB richten sich ausschließlich gegen Unternehmen und Unternehmensvereinigungen. Als Unternehmen gelten sowohl natürliche als auch juristische Personen sowie gleichgestellte Personenvereinigungen, die eine wirtschaftliche Tätigkeit ausüben.[179] Die Bußgeldtatbestände des § 81 GWB werden überwiegend als Sonderdelikte aufgefasst, da die Unternehmenseigenschaft ein besonderes persönliches Merkmal im Sinne des § 9 OWiG darstellt.[180] Nach § 9 Abs. 1 OWiG ist die Verhängung eines Bußgeldes nach § 81 GWB auch gegen natürliche Personen möglich, die als vertretungsberechtigtes Organ einer juristischen Person oder als Mitglied eines solchen Organs (Nr. 1), als vertretungsberechtigte Gesellschafter einer rechtsfähigen Personengesellschaft (Nr. 2) oder als gesetzlicher Vertreter eines anderen (Nr. 3) handeln. Nach § 9 Abs. 2 OWiG gilt dasselbe für gewillkürte Vertreter.[181]

Die Verhängung einer Geldbuße gegen die juristische Person oder ihr gleichgestellte Personenverbände, die Träger des Unternehmens sind, ist nur im Ordnungswidrigkeitenrecht unter den Voraussetzungen des § 30 OWiG möglich.[182] Das deutsche Strafrecht kennt hingegen keine Möglichkeit der Bestrafung von juristischen Personen.[183]

Verantwortlichkeit von Unternehmen und sonstigen Verbänden, Landtag NRW-Drs. 16/127; *Heuking/Coelln,* BB 2014, 3016 ff. Siehe ausführlich *Odenthal* in: FS Wessing, S. 19 ff.

179 *Achenbach* in: Frankfurter Kommentar, § 81 GWB Rn. 74, 165 ff.; *Vollmer* in: MünchKommGWB, § 81 GWB Rn. 38.

180 *Meyer-Lindemann* in: Loewenheim/Meessen/Riesenkampff/Kersting/Meyer-Lindemann, § 81 GWB Rn. 12; *Klusmann* in: Wiedemann, Kartellrecht, § 55 Rn. 31; *Raum* in: Langen/Bunte, § 81 GWB Rn. 18. Vgl. zur Eigenschaft als Sonderdelikt *Dannecker/Biermann* in: Immenga/Mestmäcker, Vorb. § 81 GWB Rn. 76 ff.

181 Vgl. zu allem *Achenbach* in: Frankfurter Kommentar, § 81 GWB Rn. 172 f.; *Klusmann* in: Wiedemann, Kartellrecht, § 55 Rn. 31 f.; *Raum* in: Langen/Bunte, § 81 GWB Rn. 16 ff.

182 *Bach/Klumpp,* NJW 2006, 3524, 3525; *Bechtold/Bosch,* GWB, § 81 GWB Rn. 74; *Klusmann* in: Wiedemann, Kartellrecht, § 55 Rn. 43; *Thiele,* WRP 2006, 999, 1001.

183 *Dannecker/Biermann* in: Immenga/Mestmäcker, Vorb. § 81 GWB Rn. 114; *Rogall* in: KK-OWiG, § 30 OWiG Rn. 23.

Nach § 30 Abs. 1 OWiG ist eine Zuwiderhandlung einer in den Nr. 1 bis 5 genannten vertretungsberechtigten Person erforderlich, die sogenannte Anknüpfungstat.[184] Dies kann auch eine Straftat z.B. nach § 298 StGB sein.[185] Die nach § 30 OWiG verhängte Verbandsbuße ist aber trotzdem eine eigenständige Sanktion gegen die juristische Person oder Personenvereinigung,[186] die auch gesondert verfolgt werden kann.[187] Die Anknüpfungstat ist sowohl als Tat der natürlichen Person, als auch als Tat der juristischen Person anzusehen. Aus diesem Grunde wird dabei die Vorwerfbarkeit der natürlichen Person dem Verband zugerechnet.[188] Dies gilt jedoch nur für die juristische Person oder den Personenverband, für den die in § 30 Abs. 1 Nr. 1 bis 5 OWiG genannte Person gehandelt hat. Wird diese durch Verschmelzung oder einen anderen Rechtsakt aufgelöst, ist die Verhängung eines Bußgeldes nur unter sehr engen Voraussetzungen möglich.[189] Darüber hinaus müssen durch die Anknüpfungstat Pflichten, die die juristische Person oder Personenvereinigung treffen, verletzt worden sein (§ 30 Abs. 1 Alt. 1 OWiG) oder die juristische Person oder die Personenvereinigung muss bereichert worden sein bzw. sollte bereichert werden (§ 30 Abs. 1 Alt. 2 OWiG).

Daneben kann nach § 130 OWiG gegen den Inhaber eines Betriebes oder Unternehmens eine eigenständige Geldbuße für Aufsichtspflichtverletzungen verhängt werden, wenn dadurch Zuwiderhandlungen gegen Pflichten begangen werden, die den Inhaber treffen und deren Verletzung mit Strafe oder Geldbuße bedroht ist (§ 130 Abs. 1 S. 1 OWiG). Unter den Voraussetzungen des § 9

---

184 *Raum* in: Langen/Bunte, § 81 GWB Rn. 37 ff.; *Vollmer* in: MünchKommGWB, § 81 GWB Rn. 51 f.

185 *Gürtler* in: Göhler, OWiG, § 30 OWiG Rn. 15; *Rogall* in: KK-OWiG, § 30 OWiG Rn. 88.

186 *Achenbach* in: Frankfurter Kommentar, § 81 GWB Rn. 102; *Bauer*, wistra 1995, 170, 172; *Dannecker/Biermann* in: Immenga/Mestmäcker, Vorb. § 81 GWB Rn. 115; *Reher* in: KK-KartR, Vorb. § 81 GWB Rn. 50.

187 Vgl. § 30 Abs. 4 OWiG. *Bechtold/Bosch*, GWB, § 81 GWB Rn. 74; *Dannecker/Biermann* in: Immenga/Mestmäcker, Vorb. § 81 GWB Rn. 147.

188 *Gürtler* in: Göhler, OWiG, Vorb. § 29a OWiG Rn. 12; *Tiedemann*, NJW 1988, 1169, 1173.

189 BGH, NJW 2012, 164, 165 – *Versicherungsfusion*. Siehe auch *Bechtold/Bosch*, GWB, § 81 GWB Rn. 75 ff.; *Dück/Schultes*, WM 2013, 9 ff.; *Heinichen*, WRP 2012, 159, 161 ff.; *Reher* in: KK-KartR, Vorb. § 81 GWB Rn. 39 f. Vgl. dazu auch § 81 Abs. 3b – 3e GWB, die durch die 9. GWB-Novelle eingeführt wurden.

OWiG sind auch für den Inhaber handelnde Personen taugliche Täter.[190] Diese Ordnungswidrigkeit kann zudem als Anknüpfungstat nach § 30 Abs. 1 OWiG für die Verhängung einer Verbandsbuße gegen die juristische Person dienen.[191] Es ist allerdings umstritten, ob auch die Muttergesellschaft eines Konzerns eine Aufsichtspflicht über ihre Tochtergesellschaften trifft.[192] Mit der 9. GWB-Novelle wurde in § 81 Abs. 3a GWB allerdings eine Regelung aufgenommen, die die Haftung der Muttergesellschaft sicherstellen soll. Die erforderlichen und zumutbaren Aufsichtspflichten, deren Unterlassen kausal für die Begehung der Ordnungswidrigkeit war, sind im Einzelfall sehr unterschiedlich.[193] § 130 Abs. 1 S. 2 OWiG führt beispielhaft die Bestellung, sorgfältige Auswahl und Überwachung von Aufsichtspersonal auf.[194] Insbesondere im kartellrechtlichen Kontext ist eine regelmäßige, verständliche und intensive Belehrung der Mitarbeiter über die geltenden Wettbewerbsnormen sowie eine Überwachung erforderlich.[195]

Die Höhe der Geldbuße richtet sich gem. § 130 Abs. 3 S. 2 OWiG nach dem für die Pflichtverletzung angedrohten Höchstmaß; es ist allerdings strittig, ob im Falle von Kartellrechtsverstößen § 81 Abs. 4 S. 1 bzw. 2 GWB gilt.[196]

c. *Bußgeldtatbestände*

§ 81 Abs. 1 bis 3 GWB enthält zahlreiche Bußgeldtatbestände, die Verstöße gegen deutsche und europäische Kartellvorschriften aus den unterschiedlichsten Bereichen erfassen. Eine Kategorisierung der Bußgeldtatbestände ist über die Höhe

---

190 *Dannecker/Biermann* in: Immenga/Mestmäcker, Vorb. § 81 GWB Rn. 156; *Raum* in: Langen/Bunte, § 81 GWB Rn. 21, 23; *Rogall* in: KK-OWiG, § 130 OWiG Rn. 33 ff.

191 *Gürtler* in: Göhler, OWiG, § 130 OWiG Rn. 3; *Klusmann* in: Wiedemann, Kartellrecht, § 55 Rn. 33; *Raum* in: Langen/Bunte, § 81 GWB Rn. 23.

192 Dafür: *Ost,* NZKart 2013, 25, 27; *Raum* in: Langen/Bunte, § 81 GWB Rn. 26; *Rogall* in: KK-OWiG, § 130 OWiG Rn. 27. Dagegen: *Bechtold/Bosch,* GWB, § 81 GWB Rn. 71; *Dannecker/Biermann* in: Immenga/Mestmäcker, Vorb. § 81 GWB Rn. 157; *Gürtler* in: Göhler, OWiG, § 130 OWiG Rn. 5a. Offengelassen in BGH, GRUR 1982, 244, 247 – *Transportbeton-Vertrieb.*

193 Siehe ausführlich *Dannecker/Biermann* in: Immenga/Mestmäcker, Vorb. § 81 GWB Rn. 158 ff.; *Gürtler* in: Göhler, OWiG, § 130 OWiG Rn. 10 ff.; *Klusmann* in: Wiedemann, Kartellrecht, § 55 Rn. 35 ff.; *Rogall* in: KK-OWiG, § 130 OWiG Rn. 37 ff.

194 *Reher* in: KK-KartR, Vorb. § 81 GWB Rn. 74.

195 *Bechtold/Bosch,* GWB, § 81 GWB Rn. 72; *Meyer-Lindemann* in: Loewenheim/Meessen/Riesenkampff/Kersting/Meyer-Lindemann, § 81 GWB Rn. 28 f.; *Dannecker/Biermann* in: Immenga/Mestmäcker, Vorb. § 81 GWB Rn. 161; *Raum* in: Langen/Bunte, § 81 GWB Rn. 28 ff.; *Reher* in: KK-KartR, Vorb. § 81 GWB Rn. 75 ff.

196 Siehe dazu *Achenbach,* NZKart 2014, 473 ff.

der Bußgeldobergrenze nach § 81 Abs. 4 S. 1 und 5 GWB möglich.[197] Danach sind Verstöße gegen § 81 Abs. 2 Nr. 2b, 3, 4 und 6 GWB sogenannte Ungehorsamstatbestände[198] geringerer Schwere, die mit Bußgeld bis zu 100.000 € geahndet werden können, § 81 Abs. 4 S. 5 GWB. Verstöße gegen § 81 Abs. 1, Abs. 2 Nr. 1, Nr. 2a, Nr. 5 und Abs. 3 GWB sind solche schwerer Natur gegen materielles Kartellrecht, bei denen ein Bußgeld bis eine Mio. € nach § 81 Abs. 4 S. 1 GWB verhängt werden kann. Bei Unternehmen und Unternehmensvereinigungen kann in diesen Fällen nach § 81 Abs. 4 S. 2 GWB – verkürzt ausgedrückt – darüber hinaus eine Geldbuße verhängt werden, die 10 % des Gesamtumsatzes nicht übersteigen darf.

In der Praxis der Kartellbehörden spielen bei der Bußgeldentscheidung jedoch nur ein Teil dieser Tatbestände eine Rolle, auf die sich die vorliegende Arbeit beschränkt. Den größten Anteil der Bußgeldentscheidungen machen Verstöße gegen das Kartellverbot aus, § 81 Abs. 1, Abs. 2 Nr. 1 GWB. Das BKartA erließ 2015 insgesamt acht Bußgeldbescheide, davon sechs wegen klassischen Kartellen, keinen wegen sonstiger horizontaler Beschränkungen und einen wegen vertikaler Beschränkungen.[199] Die übrigen Bußgeldtatbestände sind in der Statistik des BKartA nicht gesondert aufgeführt.

d. Bußgeldobergrenze

Nach § 81 Abs. 4 S. 1 GWB kann bei den oben genannten Verstößen eine Geldbuße bis zu einer Mio. € verhängt werden. Dieser Bußgeldrahmen zielt primär auf die Sanktionierung natürlicher Personen, die einen Verstoß gegen kartellrechtliche Verbote eventuell auch in Verbindung mit § 9 OWiG begangen haben.[200] § 81 Abs. 4 S. 2 GWB sieht eine Sonderbußgeldobergrenze vor,[201] nach der „gegen ein Unternehmen oder eine Unternehmensvereinigung (...) über Satz 1 hinaus eine höhere Geldbuße verhängt werden [kann]; die Geldbuße darf 10 vom Hundert

197 *Achenbach* in: Achenbach/Ransiek, HWSt, 3. Teil Kap. 5 Rn. 45; *Meyer-Lindemann* in: Loewenheim/Meessen/Riesenkampff/Kersting/Meyer-Lindemann, § 81 GWB Rn. 78; *Vollmer* in: MünchKommGWB, § 81 GWB Rn. 3.

198 *Dannecker/Biermann* in: Immenga/Mestmäcker, Vorb. § 81 GWB Rn. 53.

199 BKartA, Tätigkeitsbericht 2015/2016, BT-Drs. 18/12760, S. 146. In diesem Sinne *Dannecker/Biermann* in: Immenga/Mestmäcker, Vorb. § 81 GWB Rn. 46; *Klusmann* in: Wiedemann, Kartellrecht, § 55 Rn. 1 mit älteren Zahlen.

200 *Raum* in: Langen/Bunte, § 81 GWB Rn. 211; *Schöner* in: KK-KartR, § 81 GWB Rn. 131.

201 *Achenbach* in: Achenbach/Ransiek, HWSt, 3. Teil Kap. 5 Rn. 45; *Vollmer* in: MünchKommGWB, § 81 GWB Rn. 109.

des im der Behördenentscheidung vorausgegangenen Geschäftsjahr erzielten Gesamtumsatzes des Unternehmens oder der Unternehmensvereinigung nicht übersteigen." Nach § 30 Abs. 2 S. 2 OWiG gilt diese Obergrenze auch für die Bußgeldentscheidungen gegen juristische Personen und Personenvereinigungen.[202] Für Zuwiderhandlungen gegen Ungehorsamstatbestände legt § 81 Abs. 4 S. 5 GWB eine Obergrenze von 100.000 € fest. Bei einer fahrlässigen Begehung der Tat ist die Höchstgrenze nach § 17 Abs. 2 OWiG immer auf die Hälfte zu reduzieren; die Buße darf mithin 500.000 €, 5 % des Gesamtumsatzes oder 50.000 € nicht übersteigen.[203] Nach § 17 Abs. 1 OWiG beträgt die Untergrenze des Bußgeldes 5 €.[204]

Die Bußgeldgrenzen des § 81 Abs. 4 S. 1 und S. 5 GWB stellen nach allgemeiner Ansicht Bußgeldrahmen dar.[205] Die Interpretation der Sonderbußgeldgrenze des § 81 Abs. 4 S. 2 GWB ist dagegen äußerst umstritten. Durch diese Regelung wollten die Gesetzesverfasser die Bußgeldobergrenze des § 81 Abs. 4 S. 2 GWB an das europäische Recht anpassen.[206] Aus diesem Grunde interpretierte das BKartA diese Bußgeldobergrenze als Kappungsgrenze.[207] Dieser Sichtweise hat sich die Mehrheit in der Literatur angeschlossen.[208] Dem ist das OLG Düsseldorf in zwei Entscheidungen entgegengetreten. Dort

---

202 Nach § 30 Abs. 2 S. 3 OWiG gilt das auch für Verstöße, die auch eine Straftat darstellen, sofern der Bußgeldrahmen des § 81 Abs. 4 S. 2 GWB den Rahmen nach § 30 Abs. 2 S. 1 OWiG übersteigt, *Gürtler* in: Göhler, OWiG, § 30 OWiG Rn. 36.

203 *Dannecker/Biermann* in: Immenga/Mestmäcker, § 81 GWB Rn. 396; *Schöner* in: KK-KartR, § 81 GWB Rn. 147; *Vollmer* in: MünchKommGWB, § 81 GWB Rn. 127.

204 *Bohnert/Krenberger/Krumm,* OWiG, § 17 OWiG Rn. 3; *Gürtler* in: Göhler, OWiG, § 17 OWiG Rn. 6 ff.; *Raum* in: Langen/Bunte, § 81 GWB Rn. 181; *Vollmer* in: MünchKommGWB, § 81 GWB Rn. 97.

205 *Bechtold/Bosch,* GWB, § 81 GWB Rn. 26; *Raum* in: Langen/Bunte, § 81 GWB Rn. 189; *Vollmer* in: MünchKommGWB, § 81 GWB Rn. 97.

206 BT-Drs. 15/3640, S. 67; *Achenbach,* WuW 2013, 688, 693 f.; *Meyer-Lindemann* in: Loewenheim/Meessen/Riesenkampff/Kersting/Meyer-Lindemann, § 81 GWB Rn. 91; *Barth/Budde,* NZKart 2013, 311, 312; *Buntscheck,* WuW 2008, 941, 946 ff.; *Haus,* NZKart 2013, 183, 185.

207 *Mundt,* WuW 2007, 458, 465; Vgl. Rn. 18 ff. Bußgeldleitlinien des BKartA von 2006, s. unten Fn. 235.

208 *Bach/Klumpp,* NJW 2006, 3524, 3528; *Achenbach,* ZWeR 2009, 3, 5 f.; *Achenbach,* WuW 2013, 688, 693 ff.; *Ackermann,* ZWeR 2010, 329, 338 f.; *Barth/Budde,* NZKart 2013, 311, 312; *Deselaers,* WuW 2006, 118, 121; *Barth/Budde,* WRP 2010, 712, 713; *Cramer/Pananis* in: Loewenheim/Meessen/Riesenkampff, 2. Aufl. 2009, § 81 GWB Rn. 62; *Haus,* NZKart 2013, 183, 185 f.; *Hassemer/Dallmeyer,* Gesetzliche Orientierung, S. 39; *Vollmer* in: MünchKommGWB, § 81 GWB Rn. 95. A.A.: *Brettel/Thomas,* ZWeR 2009, 25, 33 ff.; *Brettel,* ZWeR 2013, 200, 211; *Dannecker/Biermann*

wird die Auffassung vertreten, dass die Bußgeldobergrenze des § 81 Abs. 4 S. 2 GWB einen Bußgeldrahmen darstelle.[209] Danach dürften nur die denkbar schwersten Verstöße gegen das Kartellrecht mit Bußgeldern in Höhe von 10 % des Gesamtumsatzes belegt werden. Weniger schwere Verstöße müssten in angemessenem Verhältnis darunter angeordnet werden.[210] Dem hat sich der BGH in dem viel beachteten Beschluss *Grauzement* angeschlossen.[211] Mithin ist die Regelung des § 81 Abs. 4 S. 2 GWB abweichend vom europäischen Recht als Bußgeldrahmen auszulegen.

Die folgende Untersuchung beschränkt sich auf den Sonderbußgeldrahmen des § 81 Abs. 4 S. 2 GWB. Zum einen ist alleine die Auslegung dieses Sonderbußgeldrahmens umstritten. Zum anderen haben die Geldbußen nach § 81 Abs. 4 S. 1 und S. 5 GWB nur eine untergeordnete Bedeutung.[212]

e. Gesamtumsatz

Nach § 81 Abs. 4 S. 3 GWB ist „[b]ei der Ermittlung des Gesamtumsatzes (...) der weltweite Umsatz aller natürlichen und juristischen Personen zugrunde zu legen, die als wirtschaftliche Einheit operieren." Diese Regelung haben die Gesetzesverfasser mit der Preismissbrauchsnovelle von 2007[213] eingefügt, um Unklarheiten in der Formulierung durch die 7. GWB-Novelle „klarzustellen"[214] und eine Angleichung an das europäische Recht zu erreichen. Dies soll auch für die Rechtslage vor der Preismissbrauchsnovelle gelten.[215] Die wissenschaftliche

---

in: Immenga/Mestmäcker, § 81 GWB Rn. 346 ff.; *Raum* in: Langen/Bunte, § 81 GWB Rn. 182; *Schöner* in: KK-KartR, § 81 GWB Rn. 154.

209 OLG Düsseldorf, Urteil vom 26.6.2009, Az. VI-2a Kart 2 – 6/08 OWi, u.A., Rn. 625 ff. – *Zementkartell*; OLG Düsseldorf, NZKart 2013, 122 – *Silostellgebühren I.*

210 Vgl. *Dannecker/Biermann* in: Immenga/Mestmäcker, § 81 GWB Rn. 346, 441.

211 BGH, NJW 2013, 1972, 1973 ff. – *Grauzement*, diesbezüglich bestätigt durch BGH, WuW 2014, 973, 974 – *Silostellgebühren III.*

212 Von 1,12 Mrd. € verhängten Geldbußen im Jahr 2014 entfielen 1,11 Mrd. € auf juristische Personen, vgl. BKartA, Tätigkeitsbericht 2013/2014, BT-Drs. 18/5210, S. 23. Siehe auch *Dannecker/Biermann* in: Immenga/Mestmäcker, Vorb. § 81 GWB Rn. 49; *Schöner* in: KK-KartR, § 81 GWB Rn. 131. Siehe auch oben unter Teil 2.A.II.2.c., S. 56 ff. und *Raum* in: Langen/Bunte, § 81 GWB Rn. 189.

213 Gesetz zur Bekämpfung von Preismissbrauch im Bereich der Energieversorgung und des Lebensmittelhandels, BGBl. I 2007, S. 2966 (im Folgenden „Preismissbrauchsnovelle").

214 BT-Drs. 16/7156, S. 11.

215 OLG Düsseldorf, Urteil vom 26.6.2009, Az. VI-2a Kart 2 – 6/08 OWi, u.A. – *Zementkartell*; BGH, NJW 2013, 1972, 1975 f. – *Grauzement.* A.A. *Achenbach* in: Frankfurter

Kontroverse um die verfassungsrechtliche Zulässigkeit und den Sinn dieser Regelung werden in der vorliegenden Arbeit nicht behandelt.[216]

f. Maßgeblicher Zeitraum

Nach § 81 Abs. 4 S. 2, 2. Hs. GWB ist der Gesamtumsatz des „der Behördenentscheidung vorausgegangenen Geschäftsjahr[es]" heranzuziehen. Auch diese Formulierung haben die Gesetzesverfasser durch die Preismissbrauchsnovelle[217] eingefügt, um die Unklarheiten der früheren Regelung zu beseitigen.[218] Zuvor wurde auch das letzte Geschäftsjahr vor Beendigung der Zuwiderhandlung als maßgeblich angesehen.[219]

g. Bemessungskriterien

Bei der Bußgeldbemessung sind nach § 81 Abs. 4 S. 6 GWB die Schwere der Zuwiderhandlung und deren Dauer zu berücksichtigen. Dies entspricht der Regelung des Art. 23 Abs. 3 VO 1/2003. Daneben ist aber auch die allgemeine Zumessungsregel des § 17 Abs. 3 OWiG anwendbar. Danach sind die Bedeutung der Ordnungswidrigkeit und der Vorwurf, der den Täter trifft, Grundlage der Zumessung (Satz 1). Auch die wirtschaftlichen Verhältnisse des Täters sind bei bedeutenderen Ordnungswidrigkeiten zu berücksichtigen (Satz 2). Diese Aspekte sind neben der speziellen Regelung des § 81 Abs. 4 S. 6 GWB ergänzend heranzuziehen, während die Schwere und die Dauer des Verstoßes immer berücksichtigt werden müssen.[220] In der Gesetzesbegründung zur Einführung des § 81 Abs. 4 S. 6 GWB ist ausgeführt, dass die Leitlinien der Kommission zur Auslegung der Vorschrift herangezogen werden

---

Kommentar, § 81 GWB Rn. 527; *Bechtold/Bosch,* GWB, § 81 GWB Rn. 31; *Raum* in: Langen/Bunte, § 81 GWB Rn. 185.

216 *Achenbach,* WuW 2013, 688, 701 ff.; *Ackermann,* ZWeR 2010, 329, 345 ff.; *Bechtold/Bosch,* ZWeR 2011, 160, 166 ff.; *Meyer-Lindemann* in: Loewenheim/Meessen/Riesenkampff/Kersting/Meyer-Lindemann, § 81 GWB Rn. 92; *Buntscheck* in: FS Bechtold, S. 81, 87 ff.; *Deselaers,* WuW 2006, 118, 122 f.; *Haus,* NZKart 2013, 183, 186 ff.; *Thiele,* WRP 2006, 999, 1001; *Weitbrecht/Mühle,* WuW 2006, 1106, 1113 ff.

217 Siehe Fn. 213.

218 *Meyer-Lindemann* in: Loewenheim/Meessen/Riesenkampff/Kersting/Meyer-Lindemann, § 81 GWB Rn. 94.

219 *Bechtold/Bosch,* GWB, § 81 GWB Rn. 34; *Dannecker/Biermann* in: Immenga/Mestmäcker, § 81 GWB Rn. 421; *Vollmer* in: MünchKommGWB, § 81 GWB Rn. 135.

220 *Achenbach* in: Frankfurter Kommentar, § 81 GWB Rn. 475 ff.; *Meyer-Lindemann* in: Loewenheim/Meessen/Riesenkampff/Kersting/Meyer-Lindemann, § 81 GWB Rn. 95; *Raum* in: Langen/Bunte, § 81 GWB Rn. 193.

können.[221] Die dort genannten Zumessungskriterien decken sich im Wesentlichen mit den Kriterien, die die deutsche Verwaltungspraxis und Rechtsprechung zu § 17 Abs. 3 OWiG entwickelt hat, sodass durch die Einführung des § 81 Abs. 4 S. 6 GWB keine Änderungen eingetreten sind.[222]

Bei der Schwere der Zuwiderhandlung bzw. der Bedeutung der Ordnungswidrigkeit können Art und Größe des betroffenen Markts, der Umfang des verursachten Schadens und die Art des Verstoßes berücksichtigt werden.[223] Die Dauer des Verstoßes stellt ebenso einen Aspekt der Bedeutung der Ordnungswidrigkeit dar.[224] Im Rahmen des gegen den Täter gerichteten Vorwurfs können bereits begangene ähnliche Verstöße, das mit dem Verstoß verfolgte Ziel, die zur Durchsetzung eingesetzten Mittel und das Verhalten des Täters während der Ermittlungen berücksichtigt werden.[225]

Bei der Verhängung von Geldbußen gegen Verbände nach § 30 OWiG gelten dieselben Zumessungskriterien.[226] Die täter- und tatbezogenen Zumessungskriterien beziehen sich in erster Linie auf den Täter der Anknüpfungstat.[227] Darüber hinaus müssen aber auch Aspekte, die die juristische Person oder die Personenvereinigung selbst betreffen, berücksichtigt werden.[228] So muss die wirtschaftliche Leistungsfähigkeit des Verbandes, dessen Größe, der Grad der Beteiligung sowie etwaige Wiederholungstaten mit einbezogen werden.[229]

---

221 BT-Drs. 15/5049, S. 50; siehe dazu oben unter Teil 2.A.I.3.c., S. 39 ff.

222 Vgl. *Vollmer* in: MünchKommGWB, § 81 GWB Rn. 88.

223 Vgl. *Achenbach* in: Frankfurter Kommentar, § 81 GWB Rn. 492 ff.; *Bechtold/Bosch*, GWB, § 81 GWB Rn. 38; *Dannecker/Biermann* in: Immenga/Mestmäcker, § 81 GWB Rn. 450 ff.; *Raum* in: Langen/Bunte, § 81 GWB Rn. 194.

224 *Achenbach* in: Frankfurter Kommentar, § 81 GWB Rn. 497; *Meyer-Lindemann* in: Loewenheim/Meessen/Riesenkampff/Kersting/Meyer-Lindemann, § 81 GWB Rn. 98; *Raum* in: Langen/Bunte, § 81 GWB Rn. 194.

225 *Achenbach* in: Frankfurter Kommentar, § 81 GWB Rn. 500 ff.; *Meyer-Lindemann* in: Loewenheim/Meessen/Riesenkampff/Kersting/Meyer-Lindemann, § 81 GWB Rn. 99 ff.; *Vollmer* in: MünchKommGWB, § 81 GWB Rn. 90.

226 *Achenbach* in: Frankfurter Kommentar, § 81 GWB Rn. 543; *Dannecker/Biermann* in: Immenga/Mestmäcker, § 81 GWB Rn. 473; *Klusmann* in: Wiedemann, Kartellrecht, § 57 Rn. 107.

227 BGH, WuW/E BGH, 2718, 2720 – *Bußgeldbemessung*.

228 *Achenbach* in: Frankfurter Kommentar, § 81 GWB Rn. 545; *Dannecker/Biermann* in: Immenga/Mestmäcker, § 81 GWB Rn. 473; *Vollmer* in: MünchKommGWB, § 81 GWB Rn. 94.

229 Vgl. jetzt die ausdrückliche Regelung in § 81 Abs. 4a GWB. *Achenbach* in: Frankfurter Kommentar, § 81 GWB Rn. 545 f.; *Klusmann* in: Wiedemann, Kartellrecht, § 57 Rn. 107; *Raum* in: Langen/Bunte, § 81 GWB Rn. 200 f.

3. *Leitlinien*

a. *Rechtsnatur und Anwendungsbereich*

Nach § 81 Abs. 7 GWB kann das BKartA allgemeine Verwaltungsgrundsätze zur Ausübung seines Entscheidungsspielraums bei der Bemessung der Geldbuße festlegen. Das BKartA hat am 25.6.2013 neue Bußgeldleitlinien veröffentlicht.[230] Diese Grundsätze haben jedoch nur verwaltungsinterne Bindungswirkung und müssen von den Landeskartellbehörden oder den Gerichten nicht beachtet werden.[231]

Die Bußgeldleitlinien gelten für die Bemessung des ahndenden Teils einer Geldbuße nach § 81 Abs. 4 S. 2 GWB gegen Unternehmen und Unternehmensvereinigungen.[232] Sie kommt bei Verstößen gegen alle von § 81 Abs. 4 S. 2 GWB betroffenen Bußgeldtatbestände zur Anwendung außer bei Verstößen in der Fusionskontrolle.[233]

b. *Bemessung*

Die Neuveröffentlichung von Bußgeldleitlinien durch das BKartA erfolgte aufgrund der Entscheidung des BGH, dass § 81 Abs. 4 S. 2 GWB als Bußgeldrahmen anzusehen sei.[234] Die vorherigen Leitlinien vom 15.9.2006[235] orientierten sich überwiegend an den Bußgeldleitlinien der Kommission.[236] Nach der Ermittlung

---

230 Leitlinien für die Bußgeldzumessung in Kartellordnungswidrigkeitenverfahren, vom 25.6.2013, abrufbar unter http://www.bundeskartellamt.de/DE/UeberUns/Publikationen/Materialien/materialien_node.html, zuletzt geprüft am 15.7.2018 (im Folgenden „Bußgeldleitlinien des BKartA von 2013").

231 *Meyer-Lindemann* in: Loewenheim/Meessen/Riesenkampff/Kersting/Meyer-Lindemann, § 81 GWB Rn. 113; *Raum* in: Langen/Bunte, § 81 GWB Rn. 217. Vgl. OLG Düsseldorf, NZKart 2013, 122, 123 ff. – *Silostellgebühren I*, dort hat der Senat die Höhe der Bußgelder vollkommen ohne Bezug auf die Methode der Bußgeldleitlinien ermittelt. Ebenso BGH, NJW 2013, 1972, 1975 f. – *Grauzement*.

232 Rn. 1 f. Bußgeldleitlinien des BKartA von 2013. Diese Formulierung ist nach richtiger Ansicht unpräzise. Die Bußgeldleitlinien betreffen richtigerweise die Bemessung von Bußgeldern gegen juristische Personen und Personenverbände nach §§ 30 OWiG, 81 Abs. 4 S. 2 GWB, vgl. *Dannecker/Biermann* in: Immenga/Mestmäcker, § 81 GWB Rn. 487.

233 Vgl. Rn. 1 Bußgeldleitlinien des BKartA von 2013.

234 BGH, NJW 2013, 1972, 1973 ff. – *Grauzement*.

235 Bekanntmachung Nr. 38/2006 über die Festsetzung von Geldbußen nach § 81 Abs. 4 Satz 2 des Gesetzes gegen Wettbewerbsbeschränkungen (GWB) gegen Unternehmen und Unternehmensvereinigungen – Bußgeldleitlinien – vom 15. September 2006 (im Folgenden „Bußgeldleitlinien des BKartA von 2006").

236 *Mundt*, WuW 2007, 458, 469; *Engelsing*, WuW 2007, 470.

des Grundbetrags[237] erfolgte dessen Anpassung anhand erschwerender und mildernder Faktoren.[238] Im Gegensatz zur Kommission ermittelte das BKartA den tatbezogenen Umsatz für die gesamte Dauer des Verstoßes und multiplizierte nicht den Umsatz des letzten Jahres der Beteiligung mit der Dauer des Verstoßes.[239] Daneben erhob das BKartA keine sogenannte Eintrittsgebühr.[240] Die Erhöhung der Geldbuße zum Zwecke der Abschreckung war zudem auf eine Verdoppelung beschränkt.[241]

Auch die aktuellen Bußgeldleitlinien sehen ein zweistufiges Verfahren zur Bemessung der Geldbuße für Kartellordnungswidrigkeiten von Unternehmen vor. Nach der Bestimmung des gesetzlichen Bußgeldrahmens[242] erfolgt die Festsetzung des Bußgeldes innerhalb dieses Rahmens.[243] Randnummer 8 der Bußgeldleitlinien des BKartA von 2013 wiederholt als erste Stufe nur die gesetzlichen Ober- und Untergrenzen des Bußgeldesrahmens nach der höchstrichterlichen Auslegung. Auf der zweiten Stufe der Bemessung wird das Gewinn- und Schadenspotential ermittelt (unter aa., S. 63 ff.) und zur Berücksichtigung der Ahndungsempfindlichkeit mit einem Faktor multipliziert (unter bb., S. 64 ff.). Daraufhin erfolgt die Bemessung der Geldbuße innerhalb des festgelegten Bußgeldrahmens (unter cc., S. 65 ff.).

aa. Gewinn- und Schadenspotential

Zuerst ermittelt das BKartA das „Gewinn- und Schadenspotential" des Verstoßes durch ein Unternehmen.[244] Dabei geht es von einem Gewinn- und Schadenspotential von zehn Prozent des tatbezogenen Umsatzes aus.[245] Wie in den alten Leitlinien ist dies der während des gesamten Tatzeitraums erzielte Inlandsumsatz des Unternehmens mit Produkten bzw. Dienstleistungen, die mit der Zuwiderhandlung in

---

237 Rn. 4 ff. Bußgeldleitlinien des BKartA von 2006.

238 Rn. 14 ff. Bußgeldleitlinien des BKartA von 2006.

239 Rn. 4 Bußgeldleitlinien des BKartA von 2006; *Dannecker/Biermann* in: Immenga/Mestmäcker, § 81 GWB Rn. 483; *Mundt,* WuW 2007, 458, 469.

240 *Engelsing,* WuW 2007, 470, 476; *Mundt,* WuW 2007, 458, 469.

241 Rn. 15 Bußgeldleitlinien des BKartA von 2006. Die Kommission hat bis jetzt allerdings auch noch keinen Aufschlag über 100 % festgesetzt, vgl. ausführlich Teil 4.B.I.4.c.cc., S. 246 ff.

242 Rn. 8 Bußgeldleitlinien des BKartA von 2013.

243 Rn. 9 ff. Bußgeldleitlinien des BKartA von 2013.

244 Rn. 9 ff. Bußgeldleitlinien des BKartA von 2013.

245 Rn. 10 Bußgeldleitlinien des BKartA von 2013.

Zusammenhang stehen.[246] Anders als in den Bußgeldleitlinien der Kommission erfolgt hier keine Multiplikation des Umsatzes im letzten Jahr vor der Behördenentscheidung mit der Dauer des Verstoßes in Jahren, sondern der Umsatz wird vollständig ermittelt.[247] Das BKartA behält sich allerdings eine Schätzung vor.[248] Darüber hinaus legt das BKartA den tatbezogenen Umsatz der letzten zwölf Monate zugrunde, auch wenn die Zuwiderhandlung weniger als zwölf Monate andauerte.[249] Zur Ermittlung des tatbezogenen Umsatzes wendet das BKartA § 38 Abs. 1 und 4 GWB an. Abweichend werden Umsätze aus Lieferungen zwischen verbundenen Unternehmen mit einbezogen, wenn sie in Verbindung mit der Zuwiderhandlung stehen.[250]

bb. Ahndungsempfindlichkeit

Dieser Wert als Gewinn- und Schadenspotential wird mit einem Faktor multipliziert, der anhand des Gesamtumsatzes des Unternehmens ermittelt wird. Dadurch soll dessen Ahndungsempfindlichkeit berücksichtigt werden. Der Faktor beträgt 2-3 bei einem jährlichen Gesamtumsatz von bis zu 100 Mio. €, 3-4 bei 100 Mio. bis 1 Mrd. €, 4-5 bei 1 Mrd. bis 10 Mrd. €, 5-6 bei 10 Mrd. bis 100 Mrd. € und über 6 bei einem Gesamtumsatz über 100 Mrd. €. Sofern dieser Wert unterhalb der gesetzlichen Bußgeldobergrenze liegt, stellt er die Obergrenze des Bußgeldrahmens dar, innerhalb dessen die konkrete Sanktion bemessen wird. Liegt er darüber, erfolgt keine Eingrenzung des Rahmens, sodass die Geldbuße innerhalb des gesetzlichen Rahmens bemessen wird.[251] Sofern der errechnete Wert insbesondere wegen eines offensichtlich höheren Gewinn- und Schadenspotentials nicht ausreichend sein sollte, behält sich das BKartA vor, diesen Wert zu überschreiten.[252]

---

246 Rn. 11 Bußgeldleitlinien des BKartA von 2013.

247 *Schöner* in: KK-KartR, § 81 GWB Rn. 186.

248 Rn. 11 Bußgeldleitlinien des BKartA von 2013.

249 Rn. 12 Bußgeldleitlinien des BKartA von 2013.

250 Vgl. dazu Anm. 4 zu Rn. 10 Erläuterungen zu den Leitlinien für die Bußgeldzumessung in Kartellordnungswidrigkeitenverfahren, Stand: 25. Juni 2013, abrufbar unter http://www.bundeskartellamt.de/SharedDocs/Publikation/DE/Leitlinien/Bekanntmachung%20-%20Bu%C3%9Fgeldleitlinien-Juni%202013.html, zuletzt geprüft am 15.7.2018 (im Folgenden „Anhang zu den Bußgeldleitlinien“).

251 Rn. 14 Bußgeldleitlinien des BKartA von 2013.

252 Rn. 15 Bußgeldleitlinien des BKartA von 2013.

cc. Bemessungsvorgang

Innerhalb des so ermittelten Bußgeldrahmens wird die Sanktion anhand der gesetzlichen Zumessungskriterien (§§ 81 Abs. 4 S. 6 GWB, 17 Abs. 3 OWiG) bemessen. Als tatbezogene Kriterien werden Art und Dauer des Verstoßes, dessen Auswirkungen auf den betroffenen Markt, die Bedeutung des Marktes und der Organisationsgrad unter den Beteiligten genannt. Preis-, Quoten-, Gebiets- und Kundenabsprachen sowie ähnlich schwerwiegende Verstöße seien in der Regel im oberen Bereich des Rahmens einzuordnen.[253] Als täterbezogene Kriterien werden die Rolle des Unternehmens im Kartell, dessen Stellung auf dem betroffenen Markt, Besonderheiten bei der Wertschöpfungstiefe, der Grad des Verschuldens und etwaige vorangegangene Verstöße genannt. Das BKartA weist zudem darauf hin, dass die wirtschaftliche Leistungsfähigkeit der betroffenen Unternehmen zu berücksichtigen ist.[254]

c. Bonusregelung

Am 7.3.2006 hat das BKartA in der „Bekanntmachung Nr. 9/2006 über den Erlass und die Reduktion von Geldbußen in Kartellsachen – Bonusregelung –"[255] sein neues Kronzeugenprogramm bekanntgemacht. Der Erlass oder die Reduktion einer Geldbuße nach der Bonusregelung ist jedoch auf natürliche Personen, Unternehmen und Unternehmensvereinigungen beschränkt, die an Kartellen beteiligt sind. Mit Kartellen seien „insbesondere Absprachen über die Festsetzung von Preisen oder Absatzquoten sowie über die Aufteilung von Märkten und Submissionsabsprachen" gemeint.[256] Inhaltlich ist die Bonusregelung mit der Kronzeugenmitteilung der Kommission weitgehend identisch.[257]

Nach der Bonusregelung ist ein vollständiger Erlass der Geldbuße nach zwei Alternativen möglich.[258] Sind diese nicht einschlägig, kommt eine Reduktion der Geldbuße in Betracht.[259] Inhaltlich unterscheiden sich die Voraussetzungen des Bußgelderlasses nach der Kronzeugenregelung und der Bonusregelung nur

---

253 Rn. 16 Bußgeldleitlinien des BKartA von 2013.

254 Rn. 16 Bußgeldleitlinien des BKartA von 2013.

255 BAnz. 2006, Nr. 52, S. 1667 f. (im Folgenden „Bonusregelung").

256 Rn. 1 Bonusregelung. In der Literatur wird befürwortet, dass sie auch auf vertikale Absprachen angewandt wird, *Dannecker/Biermann* in: Immenga/Mestmäcker, § 81 GWB Rn. 513; *Panizza,* ZWeR 2008, 58, 64.

257 *Ohle/Albrecht,* WRP 2006, 866, 870; *Vollmer* in: MünchKommGWB, § 81 GWB Rn. 152.

258 Rn. 3 bzw. 4 Bonusregelung.

259 Rn. 5 Bonusregelung.

insoweit, als nach der Bonusregelung auch dem Anführer eines Kartells kein Erlass zugutekommen kann.[260] Darüber hinaus ist eine Reduktion der Geldbuße um bis zu 50 % grundsätzlich bei jedem Beteiligten möglich, der die Voraussetzungen erfüllt. Der Höchstbetrag der Reduktion ist daher nicht nach der zeitlichen Reihenfolge der Informanten gestaffelt.[261]

d. Einvernehmliche Verfahrensbeendigung

Die Regelungen des BKartA zur einvernehmlichen Verfahrensbeendigung sind weitaus informeller als die der Kommission. So existiert keine formelle Ausgestaltung in Normen oder Verwaltungsvorschriften.[262] Das BKartA beschränkte sich vielmehr auf die Bekanntmachung ihrer Praxis in den Tätigkeits- und Fallberichten.[263] Jüngst hat das BKartA jedoch zusätzlich ein Merkblatt veröffentlicht.[264]

Wenn das BKartA eine einvernehmliche Verfahrensbeendigung für angemessen hält, führt es mit den betroffenen Unternehmen Gespräche.[265] Hier bestehen keine festen zeitlichen Grenzen; Gespräche zu einer Verfahrensbeendigung können in jedem Stadium des Verfahrens geführt werden.[266] Im Rahmen dieser Gespräche erläutert das BKartA den zur Last gelegten Sachverhalt und stellt eine Obergrenze des Bußgeldes in Aussicht, die nach dem gegenwärtigen Stand nicht überschritten wird.[267] Die Bereitschaft zu einer einvernehmlichen Beendigung muss nicht bei jedem beteiligten Unternehmen bestehen. Es kann auch ein sogenanntes hybrides Vergleichsverfahren nur mit

---

260 Rn. 3 bzw. 4 Bonusregelung jeweils unter 3.

261 Rn. 5 Bonusregelung; *Voet van Vormizeele,* wistra 2006, 292, 295.

262 *Bechtold/Bosch,* GWB, § 81 GWB Rn. 42; *Grafunder/Gänswein,* BB 2015, 968; *Polley/Heinz,* WuW 2012, 14, 15.

263 Siehe BKartA, Entscheidung vom 18.12.2009, Az. B 11-18/08, 3 – *Kaffeeröster*; BKartA, Tätigkeitsbericht 2007/2008, BT-Drs. 16/13500, S. 35; BKartA, Tätigkeitsbericht 2009/2010, BT-Drs. 17/6640, S. 41.

264 BKartA, Merkblatt: Das Settlement-Verfahren des Bundeskartellamtes in Bußgeldsachen vom 23.12.2013, abrufbar unter http://www.bundeskartellamt.de/DE/UeberUns/Publikationen/Materialien/materialien_node.html, zuletzt geprüft am 15.7.2018 (im Folgenden „Merkblatt").

265 BKartA, Merkblatt, S. 2. Dies ist in jedem Bußgeldverfahren möglich. Im europäischen Recht ist hingegen ein Vergleichsverfahren nur bei Hardcore-Kartellen möglich, *Grafunder/Gänswein,* BB 2015, 968, 969.

266 BKartA, Merkblatt, S. 3. Im europäischen Verfahren finden die Gespräche immer nach der offiziellen Eröffnung des Verfahrens statt, *Polley/Heinz,* WuW 2012, 14, 17.

267 BKartA, Merkblatt, S. 3. *Grafunder/Gänswein,* BB 2015, 968, 969 f.

den kooperativen Unternehmen durchgeführt werden.[268] Der Gegenstand der Einigung zwischen dem BKartA und den betroffenen Unternehmen ist die Abgabe einer sogenannten *Settlement*-Erklärung. Diese Erklärung muss das Eingeständnis enthalten, dass der zur Last gelegte Sachverhalt zutrifft und der Bußgeldbetrag bis zur in Aussicht gestellten Höhe akzeptiert wird.[269] Darüber hinaus muss die Erklärung einen Verzicht auf eine vollständige Akteneinsicht enthalten sowie die Zustimmung zur Beendigung des Verfahrens durch einen Kurzbescheid, der nur die gesetzlichen Mindestanforderungen der Begründung nach § 66 OWiG erfüllt.[270] Ein Rechtsmittelverzicht muss die *Settlement*-Erklärung nicht enthalten.[271] Im Gegenzug wird diese Erklärung vom BKartA als mildernder Umstand mit einer Bußgeldreduktion bis zu 10 % gewertet, die nach einer Reduktion nach der Bonusregelung angewandt wird.[272]

B. Vereinbarkeit mit höherrangigem Recht

In der Literatur wird teilweise ein Verstoß der Bußgeldregelung des Art. 23 VO 1/2003 gegen höherrangiges Unionsrecht angenommen (unter I., S. 67 ff.). Auch im deutschen Schrifttum wird über die Verfassungsmäßigkeit des § 81 Abs. 4 S. 2 GWB gestritten (unter II., S. 74 ff.). In einer Vielzahl von Beiträgen zu der rechtlichen Kontroverse wurden die konträren Positionen bereits umfassend beleuchtet. Aus diesem Grund soll die Diskussion über die Vereinbarkeit der Bußgeldbemessungsvorschriften mit übergeordnetem Recht keinen Schwerpunkt dieser Arbeit bilden.

I. Europäisches Recht

In der Literatur wird die zurückhaltende Anwendung der strafrechtlichen Garantien durch den EuGH heftig kritisiert (unter 1., S. 68 ff.). Darüber hinaus wird ein Verstoß gegen das unionsrechtliche Bestimmtheitsgebot (unter 2.,

---

268 BKartA, Merkblatt, S. 2.

269 BKartA, Merkblatt, S. 2. Vgl. *Bechtold/Bosch*, GWB, § 81 GWB Rn. 42; *Brenner*, WuW 2011, 590, 591; *Polley/Heinz*, WuW 2012, 14, 19.

270 BKartA, Merkblatt, S. 2 f. *Bechtold/Bosch*, GWB, § 81 GWB Rn. 42; *Brenner*, WuW 2011, 590, 591; *Polley/Heinz*, WuW 2012, 14, 18.

271 BKartA, Merkblatt, S. 3. *Polley/Heinz*, WuW 2012, 14, 26.

272 BKartA, Merkblatt, S. 3. *Polley/Heinz*, WuW 2012, 14, 19. Kritisch zur einvernehmlichen Verfahrensbeendigung *Stockmann*, ZWeR 2012, 20, 42 ff. Vgl. zu einer ausführlichen rechtlichen Bewertung *Brenner*, WuW 2011, 590, 593 ff.; *Grafunder/Gänswein*, BB 2015, 968, 969 ff.

S. 70 ff.) und den Gleichheitsgrundsatz (unter 3., S. 72 ff.) angenommen. Daneben werden unionsrechtliche Bedenken gegen die Bußgeldleitlinien der Kommission von 2006 vorgebracht (unter 4., S. 73 ff.).

1. *Geltung strafrechtlicher Garantien*

Der überwiegende Teil der Literatur steht der restriktiven Anwendung strafrechtlicher Fundamentalgarantien durch die europäische Rechtsprechung[273] ablehnend gegenüber. Die Autoren argumentieren, dass die Bußgelder durch die zwischenzeitlich erreichten Höhen ein solches Gewicht hätten, dass sie nicht mehr mit Mitteln des Verwaltungszwangs zu vergleichen seinen, sondern die Wirkung von echten Strafen hätten.[274] Darüber hinaus deuteten die mit der Geldbuße verfolgten Zwecke auf eine Sanktion mit zumindest strafrechtsähnlichem Charakter hin.[275] Sie dienten unbestritten auch dazu, begangenes Unrecht zu ahnden und verfolgten damit „punitive Zwecke".[276] Die Autoren verweisen diesbezüglich auf die Rechtsprechung des EGMR, der Sanktionen in diesen Fällen dem Strafrecht zuordne.[277] Nach dieser Ansicht müssen strenge Maßstäbe bei der Prüfung angelegt werden, ob die normativen Bestimmungen der Verhängung von Geldbußen den rechtsstaatlichen Garantien genügen.

Der EGMR hat jüngst zur Rechtsnatur von Kartellbußgeldern in einem Verfahren zu Art. 6 Abs. 1 EMRK (Recht auf ein faires Verfahren) Stellung bezogen, das die Verhängung von Geldbußen durch die italienische Wettbewerbsbehörde betraf.[278] Diese Geldbußen seien strafrechtliche Sanktionen im Sinne der EMRK, jedoch gehörten sie nicht zum Kernbereich strafrechtlicher Regelungen. Daher würden die Garantien der EMRK nicht in voller Strenge

---

273 Siehe dazu unter Teil 2.A.I.2.f., S. 34.

274 *Bechtold/Bosch,* ZWeR 2011, 160, 162 ff.; *Soltész/Steinle/Bielesz,* EuZW 2003, 202, 205 f.; *Schwarze,* EuR 2009, 171, 181 f.; *Schwarze,* EuZW 2003, 261, 267 f.

275 Siehe dazu bereits oben unter Teil 2.A.I.2.f., S. 34.

276 *Schwarze/Bechtold/Bosch,* Rechtsstaatliche Defizite, S. 23. Kritisch dazu *Ackermann,* ZWeR 2010, 329, 334.

277 *Bechtold/Bosch,* ZWeR 2011, 160, 162 ff.; *Bueren,* EWS 2012, 363, 365; *Kindhäuser/Meyer* in: Frankfurter Kommentar, Art. 101 AEUV Bußgeldrechtliche Folgen Rn. 15 ff.; *Schwarze/Bechtold/Bosch,* Rechtsstaatliche Defizite, S. 24 f.; *Schwarze/Weitbrecht,* Europ. Kartellverfahrensrecht, § 7 Rn. 7; *Theurer,* Geldbußen im EU-Wettbewerbsrecht, S. 115.

278 EGMR, Urteil vom 27.9.2011, Az. 43509/08, Rn. 38 ff. – *Menarini/Italien.*

Anwendung finden.[279] Somit war Art. 6 Abs. 1 EMRK im konkreten Fall anwendbar, aber nicht verletzt. Zwar wurde die Sanktion nicht durch ein Gericht verhängt, sondern durch eine Behörde. Jedoch konnten die italienischen Gerichte die Entscheidung der Behörde vollumfänglich überprüfen und taten dies auch. Bei strafrechtsähnlichen Sanktionen ist dies zur Beachtung des Art. 6 Abs. 1 EMRK ausreichend.[280]

Es ist daher davon auszugehen, dass die Gerichte der Europäischen Union und der EGMR trotz der Kritik in der Literatur übereinstimmend davon ausgehen, dass strafrechtliche Garantien nur eingeschränkt gelten. Dies bedeutet jedoch nicht, dass alle strafrechtlichen Fundamentalgarantien in gleichem Maße zurücktreten. So stellt das deutsche Ordnungswidrigkeitenrecht den Prototyp einer strafrechtsähnlichen Sanktion dar, bei der Geldbußen in einem vereinfachten Verfahren ohne direkte gerichtliche Beteiligung verhängt werden können.[281] Trotzdem müssen bei der Ausgestaltung der Bußgeldnormen verfassungsrechtliche Garantien wie der Bestimmtheitsgrundsatz uneingeschränkt beachtet werden.[282] Aus diesem Urteil des EGMR kann daher kein Rückschluss darauf gezogen werden, in welchem Umfang andere Strafrechtsgarantien wie insbesondere Art. 7 Abs. 1 EMRK (keine Strafe ohne Gesetz/Bestimmtheitsgebot) dem Kartellsanktionsrecht Grenzen setzen.[283] Mithin sollte für jede strafrechtliche Fundamentalgarantie gesondert geklärt werden, in welchem Umfang sie im Kartellsanktionsrecht Geltung beanspruchen kann.[284]

---

279 EGMR, Urteil vom 27.9.2011, Az. 43509/08, Rn. 38 ff. – *Menarini/Italien*. Darauf bezieht sich auch EuGH, Urteil vom 18.7.2013, Az. C-501/11 P, Rn. 30 ff. – *Schindler*. Siehe auch *Ackermann,* ZWeR 2012, 3, 9 f.; *Bueren,* EWS 2012, 363, 366 ff.; *Kindhäuser/Meyer* in: Frankfurter Kommentar, Art. 101 AEUV Bußgeldrechtliche Folgen Rn. 17; *Soltész,* WuW 2012, 141, 145.

280 EGMR, Urteil vom 27.9.2011, Az. 43509/08, Rn. 38 ff. – *Menarini/Italien*.

281 *Lampe* in: KK-OWiG, 4. Aufl. 2014, § 35 OWiG Rn. 1 ff.; *Gürtler* in: Göhler, OWiG, § 35 OWiG Rn. 2. Vgl. auch GA Roemer, Schlussanträge vom 19.12.1968, Az. C-14/68, Slg. 1969, 17, 24 – *Walt Wilhelm*

282 *Gürtler* in: Göhler, OWiG, § 3 OWiG Rn. 1. Siehe auch unter Teil 2.B.II., S. 74 ff.

283 Vgl. *Bueren,* EWS 2012, 363, 371, der im Ergebnis allerdings davon ausgeht, dass mehr für eine Vereinbarkeit des europäischen Kartellsanktionsrechts mit Art. 7 EMRK spricht.

284 Ebenso *König,* Anwendung strafrechtlicher Rechtsgrundsätze, S. 117.

2. *Bestimmtheitsgrundsatz*

Ein großer Teil der (deutschen)[285] Literatur kritisiert die Regelungen des Art. 23 Abs. 2 und 3 VO 1/2003 als zu unbestimmt.[286] Nach der Rechtsprechung des EuGH dürfe eine Sanktion nur verhängt werden, „wenn sie auf einer klaren und unzweideutigen Rechtsgrundlage beruht".[287] In anderem Zusammenhang habe der Gerichtshof zudem festgestellt, dass der Unionsrechtsgeber die wesentlichen Voraussetzungen und Rechtsfolgen einer Norm selbst festlegen müsse.[288] Dies schreibe inzwischen auch Art. 290 Abs. 1 S. 3 AEUV vor.[289] Das Bestimmtheitsgebot folgt zudem aus Art. 49 Abs. 1 S. 1 GRCh.[290] Die Charta ist nach Art. 6 Abs. 3 EUV seit Inkrafttreten des Lissabon-Vertrages auch Teil des Unionsrechts. Der wortgleiche Art. 7 Abs. 1 S. 1 EMRK enthält ebenfalls diesen Grundsatz.[291] Ab dem Beitritt der Europäischen Union zur EMRK nach Art. 6

---

285 Vgl. zur weit überwiegenden Zahl deutscher Diskussionsbeiträge *Ackermann*, ZWeR 2010, 329, 330.

286 *Böni*, WuW 2011, 360, 364 ff.; *Kiegler*, Berechnung der Bußgelder, S. 281 ff.; *Schwarze*, EuR 2009, 171, 174 ff.; *Schwarze*, WuW 2009, 6, 8 f.; *Schwarze*, EuZW 2003, 261, 267 ff.; *Schwarze/Weitbrecht*, Europ. Kartellverfahrensrecht, § 7 Rn. 20 ff.; *Soltész/Steinle/Bielesz*, EuZW 2003, 202, 207 ff.; *Schwarze/Bechtold/Bosch*, Rechtsstaatliche Defizite, S. 15 ff., 40 ff.; *Voet van Vormizeele*, NZKart 2013, 386, 391. A.A. *Theurer*, Geldbußen im EU-Wettbewerbsrecht, S. 139.

287 EuGH, Urteil vom 25.9.1984, Az. 117/83, Slg. 1984, 3291, Rn. 11 – *Könnecke/Balm*; EuGH, Urteil vom 13.3.1990, Az. C-30/89, Slg. 1990, I-691, Rn. 23 – *Kommission/Frankreich*; *Ackermann*, ZWeR 2010, 329, 340; *Dannecker/Biermann* in: Immenga/Mestmäcker, Vorb. Art. 23 VO 1/2003 Rn. 44 ff.; *Kiegler*, Berechnung der Bußgelder, S. 278 ff.; *König*, Anwendung strafrechtlicher Rechtsgrundsätze, S. 191 ff.; *Soltész/Steinle/Bielesz*, EuZW 2003, 202, 205 ff.

288 EuGH, Urteil vom 6.12.2005, Az. C-66/04, Slg. 2005, I-10553, Rn. 47 ff. – *Vereinigtes Königreich/Parlament und Rat*; EuGH, Urteil vom 21.9.1989, Az. 46/87, Slg. 1989, 2859, Rn. 19 – *Hoechst*; vgl. auch EuGH, Urteil vom 12.12.1996, Az. C-74/95, Slg. 1996, I-6609, Rn. 25 – *Strafverfahren gegen X*; *Böni*, WuW 2011, 360, 366; *Schwarze*, EuR 2009, 171, 177 f.; *Voet van Vormizeele*, NZKart 2013, 386, 391.

289 *Schwarze*, EuR 2009, 171, 178; *Soltész*, WuW 2012, 141, 143. Kritisch zu diesem Argument *Kindhäuser/Meyer* in: Frankfurter Kommentar, Art. 101 AEUV Bußgeldrechtliche Folgen Rn. 49.

290 *Dannecker/Biermann* in: Immenga/Mestmäcker, Vorb. Art. 23 VO 1/2003 Rn. 41; *Eser* in: Meyer, GRCh, Art. 49 GRCh Rn. 20 ff.; *Jarass*, GRCh, Art. 49 GRCh Rn. 11; *Theurer*, Geldbußen im EU-Wettbewerbsrecht, S. 115.

291 *Bechtold/Bosch/Brinkner*, Art. 23 VO 1/2003 Rn. 24; *Meyer-Ladewig/Harrendorf/König* in: Meyer-Ladewig/Nettersheim/v. Raumer, EMRK, Art. 7 EMRK Rn. 5 ff.

Abs. 2 S. 1 EUV gelten die Bestimmung der Konvention auch unmittelbar für die Organe der Union.[292]

Nach dieser Ansicht erfüllten die Festlegung einer Kappungsgrenze und der Bezug zu Schwere und Dauer des Verstoßes in Art. 23 VO 1/2003 diese Anforderungen nicht.[293] Diese Tatbestandsmerkmale stellten keine begrenzenden Voraussetzungen dar, sondern ließen der Kommission einen nahezu unbegrenzten Entscheidungsspielraum im Hinblick auf die Bemessungsmethode und die individuelle Höhe der Geldbußen.[294] Dadurch werde die Bemessung der Sanktion nicht durch den Normgeber in den wesentlichen Grundzügen festgelegt, sondern allein durch die Verwaltungsbehörde bestimmt.[295]

Die Rechtsprechung verneint einen Verstoß gegen das Bestimmtheitsgebot, weil normative Begrenzungen vorhanden seien und es eine konkretisierende Praxis der Verwaltung und Rechtsprechung aus mehreren Jahrzehnten gebe, die der Sanktionsbemessung Konturen verleihe.[296] Diese Argumentation des Gerichtshofs weist jedoch einen deutlichen Widerspruch zu seinen vorherigen Entscheidungen auf. Unabhängig vom Erlass von Bußgeldleitlinien und zahlreichen Gerichtsurteilen hat der Gerichtshof der Kommission nämlich zugestanden, ihre Bemessungsmethode für Bußgelder jederzeit umfassend zu ändern.[297] Daher kann die frühere Praxis gerade nicht herangezogen werden, um bindende Beschränkungen zu entwickeln. Eine grundlegende Änderung ist auch bereits geschehen, als die Kommission den Grundsatz der Bußgeldleitlinien von 1998, der auf einer Einordnung in feste Schwerekategorien beruhte, aufgab und mit den Bußgeldleitlinien

---

292 Dies ist bis jetzt noch nicht geschehen und gestaltet sich schwierig, wie aus dem Gutachten des EuGH auf Ersuchen der Kommission hervorgeht, EuGH, WuW 2015, 190 ff. Vgl. auch *Kingreen* in: Callies/Ruffert, AEUV/EUV, Art. 6 EUV Rn. 19 ff.

293 *Kiegler,* Berechnung der Bußgelder, S. 283 f.; *Schwarze,* EuZW 2003, 261, 208; *Schwarze/Bechtold/Bosch,* Rechtsstaatliche Defizite, S. 40 ff. Ausführlich *Theurer,* Geldbußen im EU-Wettbewerbsrecht, S. 129 ff.

294 *Schwarze,* EuR 2009, 171, 175 f.; *Soltész/Steinle/Bielesz,* EuZW 2003, 202, 203; *Theurer,* Geldbußen im EU-Wettbewerbsrecht, S. 117 ff.

295 Siehe die Nachweise in Fn. 294.

296 EuG, Urteil vom 5.4.2006, Az. T-279/02, Slg. 2006, II-897, Rn. 66 – *Degussa*; EuGH, Urteil vom 22.5.2008, Az. C-266/06 P, Slg. 2008, I-81, Rn. 10 ff. – *Evonik Degussa*; EuGH, Urteil vom 17.6.2010, Az. C-413/08 P, Slg. 2010, I-5361, Rn. 93 ff. – *Lafarge*; EuGH, Urteil vom 18.7.2013, Az. C-501/11 P, Rn. 58 – *Schindler*. Zustimmend *Ackermann,* ZWeR 2010, 329, 340 f.; *König,* Anwendung strafrechtlicher Rechtsgrundsätze, S. 195 ff.

297 EuGH, Urteil vom 28.6.2005, Az. C-189/02 P u.A., Slg. 2005, I-5425, Rn. 214 ff. – *Dansk Rørindustri*.

von 2006 eine Methode einführte, die auf dem variablen, tatbezogenen Umsatz aufbaut.[298] Es stünde der Kommission zudem frei, die Bemessungsmethode der Bußgeldleitlinien des BKartA von 2013 zu übernehmen, die eine vollkommen andere Interpretation der Bußgeldobergrenze zugrunde legen.[299] Die Grenzen, die der aktuellen Bußgeldpraxis der Kommission durch die Leitlinien und Gerichtsurteile gesetzt werden, können daher durch die Kommission selbst geändert werden, indem sie neue Leitlinien einführt, die zu einer geänderten Praxis führen. Diese Entscheidung über wesentliche Elemente der Bußgeldbemessung müssen jedoch dem Verordnungsgeber vorbehalten sein.[300]

Die Argumentation der europäischen Gerichte ist daher nicht überzeugend. Es spricht somit vieles dafür, dass Art. 23 Abs. 2, 3 VO 1/2003 gegen das Bestimmtheitsgebot des Unionsrechts verstößt.[301]

Der Konzern ThyssenKrupp hat in dieser Frage das BVerfG angerufen, damit die Bußgeldentscheidung der Kommission gegen den Konzern in der Ausgestaltung durch die Urteile der europäischen Gerichte für nicht vollstreckbar erklärt wird.[302] Die Beschwerdeführerin rügt darin einen im Vergleich zum deutschen Recht defizitären Grundrechtsschutz in der EU, sodass das BVerfG nach seiner Solange II-Rechtsprechung zu einer Beurteilung der Unionsrechtsakte angehalten sei. Im Verfahren des vorläufigen Rechtsschutzes in dieser interessanten wie explosiven Fallgestaltung hat das BVerfG zur Sachfrage allerdings keine Stellung bezogen.[303]

3. *Gleichheitsgrundsatz*

Andere Autoren sehen den Gleichheitsgrundsatz durch die Ausgestaltung des Art. 23 Abs. 2 VO 1/2003 verletzt. Durch eine einheitliche Kappung bei 10 %

---

298 Siehe unter Teil 2.A.I.3.b., S. 38.

299 Die normativen Vorgaben, dass das Bußgeld 10 % des Gesamtumsatzes des Unternehmens nicht übersteigen darf und dass das Bußgeld anhand von Schwere und Dauer des Verstoßes bemessen werden, werden von den Bußgeldleitlinien des BKartA von 2013 beachtet. Solange die Kommission diese Grundsätze unter Beachtung des Gleichheits- und Verhältnismäßigkeitsgrundsatzes anwendet, wäre der Einführung solcher Regelungen nach der Rechtsprechung des Gerichtshofs nichts entgegenzusetzen.

300 *Schwarze/Bechtold/Bosch,* Rechtsstaatliche Defizite, S. 41; *Soltész,* WuW 2012, 141, 143; *Soltész/Steinle/Bielesz,* EuZW 2003, 202, 209; *Voet van Vormizeele,* NZKart 2013, 386, 391.

301 Ebenfalls kritisch *Soltész,* WuW 2012, 141, 142 ff.

302 BVerfG, NZKart 2013, 509 – *ThyssenKrupp Nirosta.*

303 BVerfG, NZKart 2013, 509, 510 – *ThyssenKrupp Nirosta.*

des Umsatzes würden Nivellierungen in der Höhe des Bußgeldes wegen unterschiedlicher Schwere des Tatvorwurfes gegen verschiedene Unternehmen aufgehoben.[304]

Darüber hinaus weise der Gesamtumsatz eines Unternehmens keinen Bezug zum Tatunrecht auf, da dieser in der Regel auch Umsätze mit Produkten umfasse, die nicht vom Wettbewerbsverstoß betroffen seien.[305]

4. *Kritik an den Leitlinien*

Die inhaltlichen Änderungen der Bußgeldleitlinien der Kommission von 2006 sind überwiegend auf Zustimmung gestoßen. Insbesondere wird die Ermittlung des Grundbetrags anhand des tatbezogenen Umsatzes begrüßt, weil dadurch der Bezug zum Tatunrecht erheblich erhöht werde.[306] Die Ausgestaltung der Bußgeldbemessung stößt aber auch auf erhebliche Kritik. So verstoße der Umstand, dass jeder vorangegangene Wettbewerbsverstoß zu einer Bußgeldsteigerung um bis zu 100 % führt, gegen rechtsstaatliche Prinzipien.[307] Nach dieser Regelung könnten auch zeitlich weit zurückliegende Verstöße berücksichtigt werden, bei denen kein innerer oder personeller Zusammenhang bestehe.[308] Ohne diesen Zusammenhang widerspreche die Erhöhung dem Zweck härterer Sanktionen gegen Wiederholungstäter. Darin sei nämlich eine Bestrafung fehlender Lernbereitschaft zu sehen.[309] Diese nahezu unbegrenzte Möglichkeit von Aufschlägen auf den Bußgeldbetrag und die Berechtigung der Kommission zur Erhöhung des Bußgeldes, um eine ausreichende Abschreckungswirkung zu erzielen, räumten der Kommission weiterhin einen nahezu unbegrenzten Entscheidungsspielraum

---

304 *Dannecker/Biermann* in: Immenga/Mestmäcker, Art. 23 VO 1/2003 Rn. 115; *Kindhäuser/Meyer* in: Frankfurter Kommentar, Art. 101 AEUV Bußgeldrechtliche Folgen Rn. 46.

305 *Dannecker/Biermann* in: Immenga/Mestmäcker, Art. 23 VO 1/2003 Rn. 111; *Schütz* in: KK-KartR, Art. 23 VO 1/2003 Rn. 4. Vgl. dazu die Ausführungen zum deutschen Recht unter Teil 2.B.II.2., S. 79.

306 *Dannecker/Biermann* in: Immenga/Mestmäcker, Vorb. Art. 23 VO 1/2003 Rn. 145 f.; *Soyez*, EuZW 2007, 596, 597. A.A. *Sünner*, EuZW 2007, 8, 10.

307 *Engelsing*, WuW 2007, 470, 477; *Feddersen* in: Dalheimer/Feddersen/Miersch, Kartellverfahrensrecht, Art. 23 VO 1/2003 Rn. 185; *Sünner*, EuZW 2007, 8, 11. A.A. *Theurer*, Geldbußen im EU-Wettbewerbsrecht, S. 237 f.

308 Vgl. EuGH, Urteil vom 8.2.2007, Az. C-3/06 P, Slg. 2007, I-1331, Rn. 36 ff. – *Groupe Danone*. Vgl. auch *Theurer*, Geldbußen im EU-Wettbewerbsrecht, S. 239 f.

309 *Sünner*, EuZW 2007, 8, 11; *Soyez*, EuZW 2007, 596, 600.

ein. Aus diesem Grund wird den Leitlinien zum Teil eine konkretisierende Wirkung für die Regelung des Art. 23 Abs. 2 VO 1/2003 abgesprochen.[310]

Daneben wird kritisiert, dass die Verweigerung der Zusammenarbeit der Unternehmen mit der Kommission als erschwerender Faktor in der Bußgeldbemessung aufgeführt wird. Man befürchtet, dass dadurch die Wahrnehmung normativ zugestandener Verteidigungsrechte beeinträchtigt werde.[311] Darüber hinaus wird die Beweislastumkehr zu Ungunsten der Unternehmen in Bezug auf die mildernden Umstände als Missachtung des Untersuchungsgrundsatzes angesehen.[312]

5. *Zwischenergebnis*

Die Sanktionsnormen und die Verwaltungsvorschriften des europäischen Kartellrechts werden massiv kritisiert. Jedenfalls der Verstoß gegen den Bestimmtheitsgrundsatz erscheint plausibel. Auch für die übrigen Kritikpunkte werden gewichtige Gründe angeführt. Da diese Arbeit die Unionsrechtswidrigkeit der europäischen Bußgeldbemessungsnormen jedoch nicht schwerpunktmäßig untersucht, soll eine weitere vertiefte Behandlung dieser Kontroverse nicht erfolgen.

II. Deutsches Recht

Die deutschen Bußgeldvorschriften im Kartellrecht werden in der Literatur wegen eines Verstoßes gegen das verfassungsrechtliche Bestimmtheitsgebot (unter 1., S. 74 ff.) und den Schuldgrundsatz (unter 2., S. 79 ff.) kritisiert. Auch die Bußgeldleitlinien des BKartA sind verfassungsrechtlicher Kritik ausgesetzt (unter 3., S. 81 ff.). Aufgrund des gleichen Wortlauts der europäischen und deutschen Vorschrift stützen sich die Ansichten überwiegend auf dieselben Argumente. Daher werden im Folgenden die nationalen Besonderheiten in der Begründung hervorgehoben.

1. *Bestimmtheitsgrundsatz*

Viele Stimmen in der Literatur sehen § 81 Abs. 4 S. 2 GWB wegen eines Verstoßes gegen das Bestimmtheitsgebot des Art. 103 Abs. 2 GG als verfassungswidrig an. Dabei ziehen sie das Urteil des BVerfG zur *Vermögensstrafe*[313] zur Begründung

310 *Dannecker/Biermann* in: Immenga/Mestmäcker, Art. 23 VO 1/2003 Rn. 147, 222; *Bechtold/Bosch/Brinkner,* Art. 23 VO 1/2003 Rn. 55, 64; *Soltész/Steinle/Bielesz,* EuZW 2003, 202, 210.

311 *Sünner,* EuZW 2007, 8, 11 f.; *Soyez,* EuZW 2007, 596, 599.

312 *Sünner,* EuZW 2007, 8, 12; *Soyez,* EuZW 2007, 596, 599.

313 BVerfGE 105, 135 ff. – *Vermögensstrafe.*

heran, in dem das BVerfG ausführlich zu den Anforderungen des Bestimmtheitsgebots an eine Sanktionsandrohung Stellung genommen hat. So muss die Sanktionsnorm sowohl für den Rechtsanwender als auch für den Betroffenen eine genaue Orientierung darüber bieten, ob eine Sanktion droht, welche Art und welches Ausmaß diese hat und nach welchen Kriterien dies ermittelt wird.[314] Diese zu strafrechtlichen Sanktionen entwickelten Grundsätze entfalten auch im Bereich des Ordnungswidrigkeitenrechts ihre Wirkung.[315] Gegen diese Grundsätze könnte sowohl die Bußgeldobergrenze (unter a., S. 75 ff.), als auch die normativ vorgegeben Bemessungskriterien (unter b., S. 78 ff.) verstoßen.

a. Bußgeldobergrenze

aa. Literaturmeinungen

Nach überwiegender Ansicht folgt aus der verfassungsrechtlich gebotenen Bestimmtheit nicht, dass nur eine betragsmäßig fest bezifferte Höchstgrenze zulässig wäre.[316] Gerade im Kartellrecht sei ein weit gefasster, beweglicher Rahmen nötig, um alle Fallgestaltungen in Bezug auf die Schwere des Verstoßes, die Unternehmensgröße und die finanzielle Leistungsfähigkeit sachgerecht erfassen zu können.[317]

Die Bußgeldobergrenze des § 81 Abs. 4 S. 2 GWB als Kappungsgrenze genügt den Voraussetzungen der Bestimmtheit nach einigen Literaturstimmen jedoch nicht.[318] Die Vorschrift setze dem Bemessungsvorgang durch die Behörde oder die Gerichte gerade keine Grenzen, da das Höchstmaß der Geldbuße nicht auf die

---

314 BVerfGE 105, 135, 155 – *Vermögensstrafe.*

315 BVerfGE 38, 348, 371 f.; BVerfGE 71, 108, 114 ff. – *Meinungsfreiheit und Analogieverbot*; *Buntscheck* in: FS Bechtold, S. 81, 92; *Gürtler* in: Göhler, OWiG, § 3 OWiG Rn. 1, 4; *Haus,* NZKart 2013, 183, 184; *Weitbrecht/Mühle,* WuW 2006, 1106, 1108.

316 BVerfGE 105, 135, 179 – *Vermögensstrafe*; *Brettel/Thomas,* ZWeR 2009, 25, 37; *Mundt,* WuW 2007, 458, 465; *Schöner* in: KK-KartR, § 81 GWB Rn. 155; *Weitbrecht/Mühle,* WuW 2006, 1106, 1111 f. A.A.: *Achenbach,* WuW 2013, 688, 698 f.; *Hassemer/Dallmeyer,* Gesetzliche Orientierung, S. 39.

317 *Barth/Budde,* WRP 2010, 712, 714; *Brettel/Thomas,* ZWeR 2009, 25, 37; *Mundt,* WuW 2007, 458, 465; *Schöner* in: KK-KartR, § 81 GWB Rn. 155; *Weitbrecht/Mühle,* WuW 2006, 1106, 1112; *Vollmer,* ZWeR 2007, 168, 171.

318 *Achenbach,* ZWeR 2009, 3, 18 f.; *Bach* in: FS Bechtold, S. 1, 7 f.; *Baron* in: FS Canenbley, S. 25, 33; *Brettel/Thomas,* ZWeR 2009, 25, 33; *Buntscheck* in: FS Bechtold, S. 81, 91 ff.; *Dannecker/Biermann* in: Immenga/Mestmäcker, § 81 GWB Rn. 346 f., 352; *Dannecker/Dannecker/Müller,* ZWeR 2013, 417, 444; *Deselaers,* WuW 2006, 118, 121 f.; *Thiele,* WRP 2006, 999, 1002 f.; *Hassemer/Dallmeyer,* Gesetzliche Orientierung, S. 40 ff.

schwersten Fälle begrenzt sei.[319] Für die schwersten Fälle können Bußgelder auch oberhalb dieser Grenze ermittelt werden, die dann gekappt werden.[320] Daher erfülle § 81 Abs. 4 S. 2 GWB seine Begrenzungsfunktion für den Rechtsanwender und -unterworfenen nicht.[321] Zum Teil wurde die Interpretation als Kappungsgrenze mit dem Argument verteidigt, dass nur so eine gerechte Einzelfallentscheidung sowohl bei großen als auch bei mittleren und kleinen Unternehmen gewährleistet werden könne.[322] Diese Argumentation greift jedoch nicht die Kritik an der fehlenden Begrenzungsfunktion auf und vermag lediglich zu begründen, warum eine variable Bußgeldobergrenze im Kartellrecht unerlässlich ist.[323] Es ist nämlich durchaus eine Bußgeldregelung denkbar, die die unterschiedliche Leistungsfähigkeit berücksichtigt und gleichzeitig der Orientierungsfunktion gerecht wird. Dies ist insbesondere bei einer individuellen Berücksichtigung der Leistungsfähigkeit bei jeder Geldbuße wie bei den in dieser Arbeit vorgeschlagenen Regelungen der Fall.[324] Eine Kappungsgrenze ist daher nicht zwingend zur Berücksichtigung der Leistungsfähigkeit, sodass der Bestimmtheitsgrundsatz nicht zurücktreten muss.[325]

---

319 *Hassemer/Dallmeyer,* Gesetzliche Orientierung, S. 36; *Bach/Klumpp,* NJW 2006, 3524, 3525; *Buntscheck,* WuW 2008, 941, 943.

320 Vgl. dazu Teil 2.A.I.2.b., S. 30.

321 *Achenbach,* WuW 2013, 688, 695 f.; *Brettel/Thomas,* ZWeR 2009, 25, 33 ff.; *Barth/Budde,* WRP 2010, 712, 713; *Haus,* NZKart 2013, 183, 185; in diesem Sinne auch OLG Düsseldorf, Urteil vom 26.6.2009, Az. VI-2a Kart 2 – 6/08 OWi, u.A., Rn. 627 – *Zementkartell*; BGH, NJW 2013, 1972, 1973 f. – *Grauzement.*

322 *Mundt,* WuW 2007, 458, 465; *Vollmer* in: MünchKommGWB, § 81 GWB Rn. 117.

323 Der Hinweis, man könne auch bei einem Sanktionsrahmen im Strafrecht die Höhe der Sanktion nicht genau vorhersagen, kann nicht angeführt werden. Begeht ein Täter einen mittelschweren Raub, so weiß er, dass die zu erwartende Sanktion höchstens die Hälfte des Sanktionsrahmens betragen wird. Begeht ein Täter aber einen mittelschweren Wettbewerbsverstoß, so kann er keinesfalls sicher sein, dass die Geldbuße höchstens die Hälfte des Sanktionsrahmens von § 81 Abs. 4 S. 2 GWB betragen wird. Da der Bemessungsvorgang bei einer Kappungsgrenze vollkommen unabhängig von der gesetzlichen Obergrenze ausgestaltet ist, kann der Täter auch ohne weiteres ein Bußgeld an der Obergrenze auferlegt bekommen, vgl. *Buntscheck,* WuW 2008, 941, 943.

324 Siehe dazu unter Teil 5.B.I., S. 317 ff. und unter Teil 5.C.II.3., S. 379 ff.

325 Vgl. zu der Kollision verschiedener Verfassungsprinzipien auch Teil 5.C.I.4.d., S. 371 ff.

bb. Ansicht des BGH

Der BGH hat sich in seinem Beschluss *Grauzement* im Wesentlichen der ersten Ansicht angeschlossen und entschieden, dass § 81 Abs. 4 S. 2 GWB in der Auslegung einer Kappungsgrenze gegen das Bestimmtheitsgebot verstößt.[326] Die Festlegung eines Sanktionsrahmens mit eindeutiger Ober- und Untergrenze sei essentiell für die richterliche Bemessung einer Geldbuße. Insbesondere müsse klargestellt werden, welche Sanktion für den denkbar schwersten Fall verhängt werden darf, um die Sanktion für den konkreten Verstoß daran zu orientieren. Eine bloße Kappungsgrenze könne diese Aufgabe nicht erfüllen.[327] Die gesetzlichen Vorschriften enthielten jedoch keine Vorgaben, wie die Sanktionsbemessung ohne Obergrenze zu erfolgen habe.[328] Diese Orientierung könne nicht durch die Bußgeldleitlinien des BKartA oder die der Kommission erfolgen, da es originäre Aufgabe des Gesetzgebers sei, den Vorgang der Sanktionsbemessung in seinen wesentlichen Teilen normativ zu regeln.[329] Mithin müsse § 81 Abs. 4 S. 2 GWB verfassungskonform als Bußgeldrahmen interpretiert werden.[330] Dem stehe auch nicht entgegen, dass mit der Neuregelung des Bußgeldrechts eine Annäherung an das europäische Recht angestrebt wurde. Zwar werde der Begriff „Kappungsgrenze" in der Gesetzesbegründung verwendet.[331] Im Straf- und Ordnungswidrigkeitenrecht sei die Bemessung einer Sanktion innerhalb eines Bußgeldrahmens aber so wesentlich, dass es einer ausdrücklichen Abkehr von diesem Prinzip im Gesetzestext bedurft hätte, um einen eindeutigen gesetzgeberischen Willen auszudrücken.[332]

---

326 BGH, NJW 2013, 1972, 1973 f. – *Grauzement.*

327 BGH, NJW 2013, 1972, 1973 – *Grauzement.*

328 BGH, NJW 2013, 1972, 1973 f. – *Grauzement.*

329 BGH, NJW 2013, 1972, 1974 – *Grauzement.* A.A. *Vollmer* in: MünchKommGWB, § 81 GWB Rn. 100; *Mundt,* WuW 2007, 458, 465 mit Verweis auf BT-Drs. 15/5049, S. 50.

330 BGH, NJW 2013, 1972, 1974 – *Grauzement.* Ebenso *Dannecker/Biermann* in: Immenga/Mestmäcker, § 81 GWB Rn. 346 f.; *Schöner* in: KK-KartR, § 81 GWB Rn. 154; *Raum* in: Langen/Bunte, § 81 GWB Rn. 183; OLG Düsseldorf, Urteil vom 26.6.2009, Az. VI-2a Kart 2 – 6/08 OWi, u.A., Rn. 626 – *Zementkartell.*

331 Vgl. BT-Drs. 15/5049, S. 50 bzw. BT-Drs. 16/7156, S. 11.

332 BGH, NJW 2013, 1972, 1973 – *Grauzement.* Teile in der Literatur sehen die Formulierung in der Gesetzesbegründung als ausreichende Artikulation des gesetzgeberischen Willens an. Eine gegenteilige Auslegung sei unzulässig. Vgl. *Achenbach,* WuW 2013, 688, 693 ff.; *Ackermann,* ZWeR 2010, 329, 338 f.; *Barth/Budde,* NZKart 2013, 311, 312; *Barth/Budde,* WRP 2010, 712, 715; *Bechtold/Bosch,* ZWeR 2011, 160,

Als Bußgeldrahmen verstoße § 81 Abs. 4 S. 2 GWB nicht gegen das Bestimmtheitsgebot.[333] Insbesondere sei die relative Festlegung der Bußgeldobergrenze im Verhältnis zum Gesamtumsatz nicht zu beanstanden. Da das Bußgeld sowohl für kleine als auch für weltweit tätige Unternehmen anhand dieses Rahmens zu bemessen sei, sei ein sehr weiter Rahmen erforderlich. Würde er mit einem festen Wert beziffert werden, müsste dieser so hoch sein, dass ihm nur noch „Alibicharakter" zukäme.[334]

Diese Argumentation wird in der Literatur kritisiert.[335] So bestimme Art. 103 Abs. 2 GG, dass die Strafbarkeit einer Handlung vor ihrer Begehung aus der betreffenden Strafvorschrift bestimmbar sein muss. Nach § 81 Abs. 4 S. 2 GWB kommt es jedoch auf den Gesamtumsatz im Jahr vor der Behördenentscheidung an. Da sich der Gesamtumsatz des Unternehmens und damit der Rahmen für die zu erwartende Geldbuße zwischen der Tatbegehung und einer behördlichen Entscheidung erheblich ändern könne, genüge die Norm nicht dem Bestimmtheitsgebot.[336] Dies kann jedoch dahinstehen, wenn § 81 Abs. 4 S. 2 GWB in der Interpretation eines Bußgeldrahmens wegen eines Verstoßes gegen den Schuldgrundsatz verfassungswidrig ist.[337]

b. Bemessungskriterien

Auch das System der Bußgeldzumessung nach § 81 Abs. 4 S. 6 GWB und § 17 Abs. 3 OWiG ist nach einigen Stimmen in der Literatur zu unbestimmt.[338] Dem wird entgegengehalten, dass durch die Geltung des § 17 Abs. 3 OWiG und durch die bisher im Kartellordnungswidrigkeitenrecht ergangenen Entscheidungen hinreichend bestimmte Kriterien entwickelt worden sind.[339] Sie erfüllen daher

---

164; *Hassemer/Dallmeyer,* Gesetzliche Orientierung, S. 39; *Haus,* NZKart 2013, 183, 185 f.

333 BGH, NJW 2013, 1972, 1974 f. – *Grauzement.*

334 BGH, NJW 2013, 1972, 1974 – *Grauzement.*

335 *Achenbach,* WuW 2013, 688, 697 ff.; *Meyer-Lindemann* in: Loewenheim/Meessen/Riesenkampff/Kersting/Meyer-Lindemann, § 81 GWB Rn. 91.

336 *Achenbach,* WuW 2013, 688, 698; *Barth/Budde,* NZKart 2013, 311, 313.

337 Siehe dazu sogleich unter Teil 2.B.II.2., S. 79. Ebenso *Barth/Budde,* NZKart 2013, 311, 313.

338 *Hassemer/Dallmeyer,* Gesetzliche Orientierung, S. 50; *Bach* in: FS Bechtold, S. 1, 7 f.; *Buntscheck* in: FS Bechtold, S. 81, 93 f.; *Brettel/Thomas,* ZWeR 2009, 25, 41 ff.; *Thiele,* WRP 2006, 999, 1004 f.

339 *Dannecker/Biermann* in: Immenga/Mestmäcker, § 81 GWB Rn. 438 f.; *Weitbrecht/Mühle,* WuW 2006, 1106, 1117.

für sich genommen ihre Begrenzungsfunktion, weshalb hier kein Verstoß gegen das Bestimmtheitsgebot vorliegt.[340]

2. *Schuldgrundsatz*

Ein Großteil der Literatur sieht in § 81 Abs. 4 S. 2 GWB darüber hinaus auch in der Auslegung als Bußgeldrahmen einen Verstoß gegen den Schuldgrundsatz.[341] Danach sei es verfassungsrechtlich geboten, dass ein innerer Zusammenhang zwischen der Schwere der Tat und der verhängten Sanktion bestehe.[342] Die Schwere der Tat muss daher in der Höhe der Sanktion ihren Niederschlag finden; schwerwiegendere Taten müssen mit einer entsprechend höheren Geldbuße belegt werden als weniger schwere Taten.

Versteht man die Obergrenze des § 81 Abs. 4 S. 2 GWB in Höhe von 10 % des Gesamtumsatzes als Bußgeldrahmen, so dürften nur die denkbar schwersten Verstöße mit einem Bußgeld in dieser Höhe belegt werden. Jedoch hat der Gesamtumsatz eines als wirtschaftliche Einheit auftretenden Unternehmens nichts mit dem Unrechtsgehalt seines Wettbewerbsverstoßes zu tun.[343] Ein besonders hoher Gesamtumsatz bedeutet keineswegs zwangsläufig, dass das Unternehmen

---

340 Ebenso anscheinend BGH, NJW 2013, 1972, 1974 – *Grauzement*. Nach den Ausführungen des BGH können normativ vorgegebene Bemessungskriterien nicht zur Bestimmtheit einer Norm beitragen, wenn kein fester Ahndungsrahmen vorliegt. Eine Unbestimmtheit der Bemessungskriterien selbst scheint er nicht anzunehmen.

341 *Achenbach,* WuW 2013, 688, 700; *Deselaers,* WuW 2006, 118, 121 f.; *Buntscheck,* WuW 2008, 941, 943 f.; *Barth/Budde,* WRP 2010, 712, 718; *Bach* in: FS Bechtold, S. 1, 8; *Bach/Klumpp,* NJW 2006, 3524, 3525; *Baron* in: FS Canenbley, S. 25, 33. *Brettel,* ZWeR 2013, 200, 212 ff.; *Brettel/Thomas,* ZWeR 2009, 25, 37; *Dannecker/Biermann* in: Immenga/Mestmäcker, § 81 GWB Rn. 356 ordnen dies allerdings als Verstoß gegen das Bestimmtheitsgebot ein, da der Gesetzgeber auch verpflichtet sei, eine Orientierung über das Gewicht der Verfehlung zu geben.

342 Das Schuldprinzip folgt aus dem Rechtsstaatsprinzip, Art. 1 Abs. 1, 2 Abs. 1, 20 Abs. 3 GG: *Buntscheck,* WuW 2008, 941, 943; *Jarass* in: Jarass/Pieroth, GG, Art. 20 GG Rn. 148 f.; *Sommermann* in: v. Mangoldt/Klein/Starck, GG, Art. 20 GG Rn. 324.

343 *Achenbach,* WuW 2013, 688, 700; *Bach* in: FS Bechtold, S. 1, 8; *Bach/Klumpp,* NJW 2006, 3524, 3525; *Barth/Budde,* NZKart 2013, 311, 314; *Brettel,* ZWeR 2013, 200, 213 f.; *Brettel/Thomas,* ZWeR 2009, 25, 37; *Dannecker/Biermann* in: Immenga/Mestmäcker, § 81 GWB Rn. 356; *Dannecker/Dannecker/Müller,* ZWeR 2013, 417, 444; *Deselaers,* WuW 2006, 118, 121 f.; *Meyer-Lindemann* in: Loewenheim/Meessen/Riesenkampff/Kersting/Meyer-Lindemann, § 81 GWB Rn. 91 f.

ein besonders großer Vorwurf träfe.[344] Wenn zwei Teilnehmer eines Kartells der identische Vorwurf trifft, verkörpern ihre Taten ein identisches Unrecht und müssten auch vergleichbare Sanktionen auferlegt bekommen. Wenn ein Unternehmen ein großer Konzern mit einem enorm hohen weltweiten Gesamtumsatz ist, das andere Unternehmen jedoch nicht, unterscheiden sich deren Sanktionen nach § 81 Abs. 4 S. 2 GWB aufgrund des Bezugs auf den Gesamtumsatz erheblich.[345] Die Geldbuße für den Großkonzern kann die Sanktion für ein kleines Unternehmen von vornherein um das Zigfache übersteigen. Dies widerspricht den Anforderungen des Schuldgrundsatzes.

Der Bezugspunkt des Gesamtumsatzes für die Bußgeldbemessung kann auch nicht damit gerechtfertigt werden, dass nur so eine Ahndung möglich wäre, die der unterschiedlichen Leistungsfähigkeit der Unternehmen gerecht werden könnte.[346] So ist die Leistungsfähigkeit eines Unternehmens sicher ein Aspekt, der die Sanktionshöhe beeinflussen muss. Aufgrund des Schuldgrundsatzes darf dies jedoch nicht der einzige Aspekt der Festlegung eines Bußgeldrahmens sein. Der Gesamtumsatz ist aber unabhängig von anderen Faktoren, die das Unrecht der Tat beeinflussen und daher nicht geeignet, als einziger Bezugspunkt all diese Aspekte einzubeziehen.[347] So greift auch das BKartA in seinen Leitlinien zur Ermittlung des Tatunrechts („Gewinn- und Schadenspotential") auf den tatbezogenen Umsatz zurück, der in den gesetzlichen Vorschriften an keiner Stelle erwähnt wird. Der Gesamtumsatz wird nur zur Ermittlung der „Ahndungsempfindlichkeit" herangezogen.[348] Dieser Rückgriff auf Umsatzgrößen, die das Gesetz nicht erwähnt, beweist, dass die normativen Vorgaben ungeeignet sind, Aspekte des Tatunrechts zu erfassen.

Dieses Argument des fehlenden Unrechtsbezugs wird von den Befürwortern der geltenden Regelung und dem BGH[349] nicht aufgegriffen und daher auch

---

344 Um diesen Kritikpunkt abzuschwächen, hat sowohl das BKartA als auch die Kommission in ihren Bußgeldleitlinien den tatbezogenen Umsatz als primäres Bezugskriterium gewählt, vgl. *Dannecker/Biermann* in: Immenga/Mestmäcker, § 81 GWB Rn. 347.

345 Vgl. das Beispiel bei *Barth/Budde,* NZKart 2013, 311, 318.

346 So aber BGH, NJW 2013, 1972, 1974 – *Grauzement*; *Mundt,* WuW 2007, 458, 465; *Vollmer* in: MünchKommGWB, § 81 GWB Rn. 99.

347 Vgl. jedoch *Dannecker/Biermann* in: Immenga/Mestmäcker, § 81 GWB Rn. 361; *Brettel/Thomas,* ZWeR 2009, 25, 47; *Buntscheck,* WuW 2008, 941, 945, die ausführen, dass der Gesamtumsatz eines Unternehmens ungeeignet zur Abbildung der Leistungsfähigkeit ist.

348 Vgl. dazu ausführlich Teil 2.A.II.3.b., S. 62 ff.

349 Vgl. dazu *Achenbach,* WuW 2013, 688, 699 f.

nicht entkräftet. Mithin ist § 81 Abs. 4 S. 2 GWB jedenfalls wegen eines Verstoßes gegen den Schuldgrundsatz verfassungswidrig.

3. *Kritik an den Leitlinien*

Die geltenden Bußgeldleitlinien des BKartA sind erkennbar bemüht, trotz des schuld- und tatunabhängigen Bezugspunktes des Gesamtumsatzes eine Verbindung zum konkreten Unrecht herzustellen. Dadurch können sie den Verstoß des normativen Bußgeldrahmens gegen den Schuldgrundsatz jedoch nicht beseitigen, sondern allenfalls abschwächen.[350]

In der Literatur wird gegen die neuen Leitlinien jedoch weitere Kritik vorgetragen. Zum einen wird vorgebracht, dass die Leitlinien durch ihre Berechnung eines „Rahmens im Rahmen"[351] die gesetzliche Festlegung des Bußgeldrahmens als allgemeingültige Bezugsgröße missachten.[352] Nach der gesetzlichen Grundvorstellung müssten für Verstöße mit der identischen Schwere Geldbußen in Höhe eines identischen Prozentsatzes des Gesamtumsatzes verhängt werden. Nach den Bußgeldleitlinien ist das allerdings nicht sichergestellt, weil unterschiedliche individuelle Bußgeldrahmen errechnet werden je nach Gesamtumsatz des Unternehmens.[353] Darüber hinaus enthalten die Leitlinien wieder ein Element der Kappung, da der ermittelte individuelle Bußgeldrahmen über dem gesetzlich festgelegten Rahmen liegen kann. So können Verstöße durch Unternehmen, deren individueller Rahmen minimal unter dem gesetzlichen Rahmen liegt, mit einer nahezu maximalen Geldbuße belegt werden, obwohl es durchaus denkbar ist, dass andere individuelle Bußgeldrahmen die gesetzliche Grenze übersteigen. Dies widerspricht dem Grundgedanken eines Bußgeldrahmens jedoch. Die Gerichte, die eine solche zweite Obergrenze nicht ermitteln, dürften daher nach einem Einspruch Geldbußen auferlegen, die sich in der Höhe erheblich von den behördlich auferlegten Geldbußen unterscheiden.

Zum anderen wird die Schätzbefugnis bei der Ermittlung des tatbezogenen Umsatzes, die sich das BKartA selbst einräumt, für unzulässig gehalten.[354] Hier sei eine gesetzliche Grundlage nötig. Der „*in dubeo pro reo*"-Grundsatz zwinge das BKartA

350 *Barth/Budde*, NZKart 2013, 311, 317.
351 *Barth/Budde*, NZKart 2013, 311, 316.
352 *Barth/Budde*, NZKart 2013, 311, 318.
353 *Barth/Budde*, NZKart 2013, 311, 318.
354 *Barth/Budde*, NZKart 2013, 311, 318; *Meyer-Lindemann* in: Loewenheim/Meessen/Riesenkampff/Kersting/Meyer-Lindemann, § 81 GWB Rn. 118.

dazu, nur den zweifelsfrei ermittelten Umsatz in die Bußgeldbemessung einzubeziehen. Darüber hinaus verstoße das BKartA gegen das Doppelverwertungsverbot, wenn es die Dauer des Verstoßes über den tatbezogenen Umsatz berücksichtigt und gleichzeitig auch als tatbezogenes Zumessungskriterium angibt.[355]

4. Zwischenergebnis

Auch die Bußgeldvorschriften des deutschen Kartellrechts sind heftiger Kritik aus der Literatur ausgesetzt. Im Gegensatz zur europäischen Rechtsprechung teilt der BGH die Ansicht der Kartellbehörden nicht. § 81 Abs. 4 S. 2 GWB sei verfassungskonform als Bußgeldrahmen und nicht als Kappungsgrenze auszulegen. Mit der überwiegenden Ansicht in der Literatur ist jedoch davon auszugehen, dass die Norm als Bußgeldrahmen gegen den Schuldgrundsatz verstößt.

III. Ergebnis

Die zentralen Bußgeldnormen im europäischen und im deutschen Kartellrecht sind hoch umstritten, wie die obige Darstellung zeigt. Sie stellen daher kaum eine solide und zweifelsfreie Grundlage für die hohen Bußgelder der Behörden dar, die in den letzten Jahren verhängt wurden. Die Gegner der geltenden Bußgeldobergrenzen führen gewichtige Argumente an, die einen Verstoß gegen unions- und verfassungsrechtliche Grundsätze begründen. Es ist festzuhalten, dass die Befürworter der geltenden Regelungen keine stichhaltigen Begründungen vorbringen konnten, die den Verstoß einer Kappungsgrenze gegen den Bestimmtheitsgrundsatz sowie den Verstoß eines Bußgeldrahmens gegen das Schuldprinzip widerlegen könnten. Daher spricht einiges dafür, dass die geltenden Bußgeldobergrenzen im europäischen und deutschen Kartellrecht unionsrechts- bzw. verfassungswidrig sind.

Bei den Bemessungskriterien der Vorschriften zeigt sich ein differenzierteres Bild. Während im deutschen Recht auf eine lange und breite Entscheidungstradition im allgemeinen Ordnungswidrigkeitenrecht zurückgegriffen werden kann, sind die europäischen Vorschriften sehr rudimentär ausgestaltet und lassen der Kommission beträchtliche Freiheiten.[356] Daher lässt sich ein Verstoß der europäischen Zumessungsvorschriften gegen den Bestimmtheitsgrundsatz begründen. Die deutschen Vorschriften dürften hingegen den verfassungsrechtlichen Anforderungen des Grundgesetzes genügen.

---

355 *Barth/Budde*, NZKart 2013, 311, 319.

356 Siehe auch *Schütz* in: KK-KartR, Art. 23 VO 1/2003 Rn. 6.

Teil 3. Ökonomisches Modell der Rechtsdurchsetzung

Das Kartellrecht stellt eine besonders bedeutende Schnittstelle zwischen den Bereichen des Rechts und der Ökonomik dar. Die Beantwortung kartellrechtlicher Fragestellungen erfordert häufig den Blick auf den aktuellen Diskussionsstand zu diesem Problem in der Ökonomik.[357] Das trifft auch auf die Ausgestaltung von Sanktionsregeln für die Ahndung von kartellrechtlichen Verstößen zu. Die unternehmerische Tätigkeit, die durch die Sanktionsnormen des Kartellrechts beeinflusst werden soll, besteht im Wesentlichen in ökonomischen Entscheidungen, die durch die Volkswirtschaftslehre wissenschaftlich beschrieben werden.[358] Aus diesem Grund ist im Kartellsanktionsrecht neben den juristischen Sanktionstheorien die Ökonomische Theorie der öffentlichen Durchsetzung des Rechts von besonderer Bedeutung.[359] Insbesondere die geltenden Bußgeldleitlinien werden daher oft mit dem Hinweis auf die ökonomische Sanktionstheorie gerechtfertigt.[360] Dieser Hinweis erschöpft sich aber in der bloßen Aussage, dass „danach der erzielte Gewinn und die Entdeckungswahrscheinlichkeit zu berücksichtigen sind."[361] Um diesen Zusammenhang angemessen darzustellen, wird zunächst auf die Ökonomischen Theorie der öffentlichen Durchsetzung des Rechts eingegangen.

Zuerst erfolgt eine systematische Einordnung der ökonomischen Theorie der Rechtsdurchsetzung (unter A., S. 84 ff.). Daraufhin wird das ökonomische Modell unter allen bedeutenden Gesichtspunkten dargestellt (unter B., S. 86 ff.).

---

357 *Zimmer* in: FS Canenbley, S. 525.

358 Vgl. auch *Ackermann,* ZWeR 2010, 329, 332 f.; *Ackermann,* ZWeR 2012, 3, 10 f.

359 Ebenso *Bock* in: Göppinger, Kriminologie, § 10 Rn. 95. Im übrigen Ordnungswidrigkeiten- und Strafrecht wird die Anwendung der „klassischen" ökonomischen Theorie überwiegend abgelehnt, vgl. *Bock* in: Göppinger, Kriminologie, § 10 Rn. 94; *Bock,* Kriminologie, Rn. 204; *Englerth,* Der beschränkt rationale Verbrecher, S. 17, 108 ff. (mit einer ausführlichen Darstellung der Konzepte der Verhaltensökonomik bei *Englerth,* Der beschränkt rationale Verbrecher, S. 125 ff.); *Kunz/Singelnstein,* Kriminologie, § 12 Rn. 37 ff.; sowie aus der ökonomischen Literatur *Garoupa,* Eur. J. L. & Econ. 15 (2003), 5, 8 ff.; *O'Neill,* Sup. Ct. Econ. Rev. 12 (2004), 139, 142 ff.

360 *Engelsing,* WuW 2007, 470, 473; *Engelsing/Schneider* in: MünchKommEUWettR, 1. Aufl. 2007, Art. 23 VO 1/2003 Rn. 111 ff.; *Mundt,* WuW 2007, 458, 461.

361 *Engelsing,* WuW 2007, 470, 473. Siehe auch *Engelsing/Schneider* in: MünchKommEU-WettR, 1. Aufl. 2007, Art. 23 VO 1/2003 Rn. 111; *Mundt,* WuW 2007, 458, 461.

A. Systematische Einordnung

Im Folgenden wird kurz die historische Entwicklung der ökonomischen Sanktionstheorie umrissen (unter I., S. 84 ff.). Daraufhin wird die systematische Einordnung dieser Theorie in den Forschungsbereich der Neuen Institutionenökonomik erläutert (unter II., S. 84 ff.).

I. Historische Entwicklung

Im Jahre 1968 hat *Gary S. Becker* den grundlegenden Artikel zur modernen ökonomischen Betrachtung von Sanktionsregeln veröffentlicht.[362] In dieser Arbeit hat er ökonomische Modelle der Verhaltenssteuerung erstmals auf außerökonomische Bereiche strafbewehrter Handlungen übertragen. Vor *Becker* analysierten nur *Cesare Beccaria* und *Jeremy Bentham* in den Jahren 1767 bzw. 1789 die Rechtsdurchsetzung in ökonomischen Aufsätzen.[363] In den folgenden Jahrzehnten wurden die Ergebnisse *Beckers* durch die stetige Erweiterung seines Modells und die Betrachtung weiterer Einflüsse fortentwickelt.[364]

II. Neue Institutionenökonomik

Die ökonomische Theorie der öffentlichen Rechtsdurchsetzung stellt einen Spezialbereich der „Ökonomischen Analyse des Rechts" dar.[365] Insgesamt lässt sich dieses Gebiet dem Forschungsbereich der „Neuen Institutionenökonomik" zuordnen.[366]

In diesem Forschungsbereich werden die Auswirkungen von Institutionen auf das Entscheidungsverhalten von Individuen untersucht. Institutionen werden sehr weit definiert als formelle oder informelle Regeln oder Regelsysteme einschließlich ihrer Durchsetzungsmechanismen, die individuelles Verhalten beeinflussen.[367]

---

362 *Becker,* J. Pol. Econ. 76 (1968), 169.

363 *Polinsky/Shavell,* J. Econ. Lit. 38 (2000), 45; *Polinsky/Shavell* in: Polinsky/Shavell, Handbook of law and economics, S. 403, 405; *Posner,* Colum. L. Rev. 85 (1985), 1193.

364 Vgl. dazu die einzelnen Nachweise im Abschnitt Erweiterungen (unter Teil 3.B.III., S. 134).

365 Im Englischen als „*Law and Economics*" bezeichnet.

366 *Krüger,* Durchsetzung des Kartellverbots, S. 151.

367 *Erlei/Leschke/Sauerland,* Neue Institutionenökonomik, S. 22. Der Begriff wird im Detail nicht einheitlich definiert, vgl. *Erlei/Leschke/Sauerland,* Neue Institutionenökonomik, S. 22 ff.; *Richter/Furubotn,* Institutionenökonomik, S. 7 f. Die genannte Definition stellt aber in ihrer Weite einen Konsens dar.

Dadurch sind formelle Rechtsregeln oder konsensuale Verhaltensvorschriften ebenso erfasst wie informelle Konventionen oder kulturelle Gepflogenheiten.[368]

Die neoklassische Theorie der Ökonomik möchte dagegen durch ihre Ansätze eine optimale Ressourcenallokation unter Knappheit erreichen. Dies sei dann der Fall, wenn Anbieter und Nachfrager am Markt einen Preis ermitteln, zu dem Angebot und Nachfrage optimal befriedigt werden.[369] In diesem Verfahren wird allerdings implizit angenommen, dass die Bereitstellung der Rahmenbedingungen für dieses Verfahren sowie die innere Organisation der Marktteilnehmer oder die Existenz von Verfügungsrechten keine Kosten verursachten. Die Neue Institutionenökonomik widmet sich der Erforschung dieser als Transaktionskosten bezeichneten Kosten und deren Auswirkungen auf das Marktgleichgewicht.[370] Dieser Ansatz wurde auch auf Bereiche ausgedehnt, die keine reinen Markttransaktionen betreffen (sog. *ökonomischer Imperialismus*).[371] So werden auch die gesetzlichen Normen über den Schadensersatz oder über die Vertragsgestaltung auf ihre Auswirkungen auf das optimale Verhalten der Marktteilnehmer untersucht. Ebenso wird im politischen Bereich die optimale Ausgestaltung einer Verfassung oder des Parteiensystems nach diesen Grundsätzen bewertet.[372]

Die ökonomische Theorie der öffentlichen Rechtsdurchsetzung möchte also im Sinne der Neuen Institutionenökonomik die Auswirkungen von Verbotsnormen und ihren Sanktionsvorschriften auf die Entscheidung der Individuen zu einem Verstoß ermitteln und so ökonomisch optimale Sanktionsregeln entwickeln.

---

368 *Erlei/Leschke/Sauerland,* Neue Institutionenökonomik, S. 22.

369 Vgl. dazu und zu den zwei Modellen zum Ablauf dieser Preisbildung nach *Walras* (Auktionator) und *Edgeworth* (Neuverhandlung) *Erlei/Leschke/Sauerland,* Neue Institutionenökonomik, S. 45 f.; *Schumann/Meyer/Ströbele,* Mikroökonomische Theorie, S. 220 f., 460.

370 Dies geht zurück auf den berühmten Aufsatz von *Coase,* Econ. New Series 4 (1937), 386 ff. „*The Nature of the Firm*". Vgl. auch *Bofinger,* Volkswirtschaftslehre, S. 82 f.; *Richter/Furubotn,* Institutionenökonomik, S. 14 ff.; *Schumann/Meyer/Ströbele,* Mikroökonomische Theorie, S. 485 f.

371 *Schäfer/Ott,* Ökonomische Analyse, S. 37. Dies ist ein entscheidendes Abgrenzungskriterium von der „Neuen" zur „Alten" Institutionenökonomik, vgl. *Erlei/Leschke/Sauerland,* Neue Institutionenökonomik, S. 41 f. Die Wortwahl hat also nichts mit dem Alter der Theorie zu tun; vielmehr liegen die ersten Ansätze der „Neuen" Institutionenökonomik über 80 Jahre zurück.

372 *Erlei/Leschke/Sauerland,* Neue Institutionenökonomik, S. 41 f.; *Posner,* Economic analysis, S. 677 ff.

B. Ökonomisches Modell

Im Folgenden wird das ökonomische Modell der optimalen Rechtsdurchsetzung dargestellt. Auf Basis der ökonomischen Grundlagen (unter I., S. 86 ff.) ist das Standardmodell der optimalen Rechtsdurchsetzung entwickelt (unter II., S. 102 ff.). Dies ist allerdings in unzähligen Punkten erweitert worden (unter III., S. 134 ff.).

I. Ökonomische Grundlagen

Die wesentlichen ökonomischen Grundannahmen, die der neoklassischen Theorie wie auch der Neuen Institutionenökonomik zugrunde liegen, sind die Annahmen zum individuellen Entscheidungsvorgang von Marktteilnehmern (unter 1., S. 86 ff.), der ökonomische Begriff der Risikoeinstellung eines Individuums (unter 2., S. 92 ff.), sowie der Begriff der gesellschaftlichen Wohlfahrt (unter 3., S. 98 ff.).

1. Individuelle Entscheidung

In der Ökonomik wird angenommen, dass ein Marktteilnehmer sein Verhalten nach dem Vergleich des erwarteten Nutzens zweier Handlungsalternativen ausrichtet.[373]

a. Nutzen

Als Nutzen (engl. *utility, „u"*) bezeichnen die Ökonomen jede Art des persönlichen Wertes oder des Wohlbefindens, das eine Person individuell einem Zustand zuschreibt.[374] Dies ist von den jeweiligen Präferenzen abhängig.[375] Dabei vergleicht das Individuum verschiedene Zustände und bildet eine Rangfolge, je nachdem, ob es einen bestimmten Zustand im Verhältnis zu einem anderen als besser, schlechter oder gleichwertig ansieht. Für die Einordnung eines Zustandes

---

373 *Shavell,* Economic Analysis of Law, S. 1 f.; *Veljanovski,* Economic principles of law, S. 22, 24. Allg. *Stiglitz/Walsh,* Mikroökonomie, S. 30.

374 *Pindyck/Rubinfeld,* Mikroökonomie, S. 120 f.; *Schumann/Meyer/Ströbele,* Mikroökonomische Theorie, S. 4 f.; *Stiglitz/Walsh,* Mikroökonomie, S. 132 f.; *Towfigh* in: Towfigh/Petersen, Ökonomische Methoden im Recht, S. 23, 27.

375 *Cooter/Ulen,* Law & economics, S. 19; *Fleischer/Schmolke/Zimmer* in: Fleischer/Zimmer, Beitrag der Verhaltensökonomie (behavioral economics) zum Handels- und Wirtschaftsrecht, S. 9, 12 f.; *Künzler,* Effizienz, S. 75; *Mankiw/Taylor,* Volkswirtschaftslehre, S. 5 f.; *Stiglitz/Walsh,* Mikroökonomie, S. 4; *Varian,* Mikroökonomik, S. 57 f.

als besser oder schlechter ist die konkrete Differenz des Nutzens dieser Zustände aber nicht von Bedeutung.[376] Dies bezeichnet man als ordinalen Nutzen.[377] Die kardinale Vorgehensweise, bei der die konkreten Werte des Nutzens ermittelt werden,[378] ist für die Modellierung der individuellen Entscheidung zwischen Zuständen nicht entscheidend.[379] Hier reicht ein ordinales Modell aus.[380]

Diese ordinale Rangfolge des Nutzens verschiedener Zustände kann durch eine Funktion dargestellt werden. Hierfür eignet sich jede monoton steigende Funktion, das heißt jede Funktion, deren erste Ableitung positiv ist.[381] Wenn $u(x)$ eine Nutzenfunktion darstellt und x die verschiedenen Zustände beschreibt, dann muss $u(2)$ in einer ordinalen Nutzentheorie nur größer sein als $u(1)$; der konkrete Unterschied zwischen $u(2)$ und $u(1)$ ist nicht bedeutend.[382] Bei einer kardinalen Nutzentheorie wäre dieser Unterschied aber gerade entscheidend, sodass es nur eine taugliche Nutzenfunktion geben kann. Da bei der ordinalen Nutzentheorie die konkrete Funktionsvorschrift austauschbar ist, enthalten die in dieser Arbeit dargestellten Formeln häufig nur eine Funktion als Element, ohne die konkrete Funktionsvorschrift zu nennen.

b. Erwarteter Nutzen

Da in der Realität bestimmte Zustände regelmäßig nur mit einer bestimmten Wahrscheinlichkeit eintreten, ist dies in die beschriebene Betrachtung mit einzubeziehen. Der erwartete Nutzen (engl. *expected utility*, „*EU*") beschreibt daher den

---

376 Wenn es um rein monetäre Verbesserungen geht, ließe sich der Nutzen eventuell beziffern. Geht es aber um ideelle Werte, kann dies nur sehr schwer geschehen.

377 *Cooter/Ulen,* Law & economics, S. 19; *Schäfer/Ott,* Ökonomische Analyse, S. 28 f.; *Towfigh* in: Towfigh/Petersen, Ökonomische Methoden im Recht, S. 23; *Varian,* Mikroökonomik, S. 58.

378 *Eidenmüller,* Effizienz, S. 30; *Pindyck/Rubinfeld,* Mikroökonomie, S. 123; *Schumann/Meyer/Ströbele,* Mikroökonomische Theorie, S. 78.

379 Vgl. *Schumann/Meyer/Ströbele,* Mikroökonomische Theorie, S. 78. Diese konkrete Differenz kann aber bedeutend werden, wenn der Nutzen von verschiedenen Personen miteinander verglichen wird, siehe dazu näher Teil 3.B.I.3., S. 98 ff.

380 *Pindyck/Rubinfeld,* Mikroökonomie, S. 123; *Varian,* Mikroökonomik, S. 61.

381 *Pindyck/Rubinfeld,* Mikroökonomie, S. 121 f.; *Schumann/Meyer/Ströbele,* Mikroökonomische Theorie, S. 79; *Varian,* Mikroökonomik, S. 59.

382 Taugliche Nutzenfunktionen können daher $u(x) = \ln x$, $u(x) = x^3$, $u(x) = e^x$ oder $u(x) = 3x$ sein. Vgl. dazu *Schumann/Meyer/Ströbele,* Mikroökonomische Theorie, S. 78 f.; *Varian,* Mikroökonomik, S. 63 ff.

Nutzen eines Zustandes unter Berücksichtigung der Eintrittswahrscheinlichkeit.[383] Dies ermöglicht die Modellierung des Verhaltens von Individuen unter Unsicherheit. Der genaue Einfluss der Unsicherheit auf den Nutzen eines Zustandes – also ob der Nutzen durch die Unsicherheit überproportional steigt oder fällt – hängt von der Risikoeinstellung des Individuums ab.[384]

Der Zustand z_1 tritt mit einer Wahrscheinlichkeit von π_1 ein, während der Zustand z_2 mit einer Wahrscheinlichkeit von π_2 eintritt. Wenn beide Zustände sich gegenseitig ausschließen, gilt $\pi_2 = 1 - \pi_1$. In diesem Fall beträgt die Funktion des erwarteten Nutzens eines Individuums:[385]

$$EU(z_1, z_2) = \pi_1 \cdot u(z_1) + (1 - \pi_1) \cdot u(z_2)$$

Diese Funktion wird als *von Neumann-Morgenstern Nutzenfunktion* bezeichnet.[386]

Im kartellrechtlichen Kontext ist der erwartete Nutzen eines Verstoßes gegen die Wettbewerbsvorschriften unter Berücksichtigung der Entdeckungswahrscheinlichkeit zu ermitteln. Die beiden möglichen Zustände „Entdeckung des Verstoßes“ mit der Konsequenz der Sanktionierung und „keine Entdeckung des Verstoßes“ mit der Konsequenz des Mehrerlöses ohne Sanktion schließen sich gegenseitig aus. Aus diesem Grund kann das Verhalten der Unternehmen unter Unsicherheit mit der *von Neumann-Morgenstern Nutzenfunktion* modelliert werden.

c. *Entscheidung – Homo oeconomicus*

Die Entscheidung des Individuums, welchen von zwei Zuständen es vorzieht, wird nach einer grundlegenden Annahme der Ökonomik aufgrund einer rationalen Kosten-Nutzen-Analyse des Individuums getroffen (methodologischer Individualismus).[387] Danach wird ein Individuum immer so handeln, dass es

383 *Erlei/Leschke/Sauerland,* Neue Institutionenökonomik, S. 104; *Morell,* Law and economics im Wettbewerbsrecht, S. 190; *Schumann/Meyer/Ströbele,* Mikroökonomische Theorie, S. 107; *Varian,* Mikroökonomik, S. 245.

384 *Krüger,* Durchsetzung des Kartellverbots, S. 156. Dazu näher unter Teil 3.B.I.2., S. 92.

385 Mathematisch stellt diese Funktion den Erwartungswert des Nutzens beider Zustände bei sicherem Eintritt dar, vgl. *Pindyck/Rubinfeld,* Mikroökonomie, S. 232 f.; *Schumann/Meyer/Ströbele,* Mikroökonomische Theorie, S. 107 f.; *Varian,* Mikroökonomik, S. 245.

386 *Varian,* Mikroökonomik, S. 246.

387 *Erlei/Leschke/Sauerland,* Neue Institutionenökonomik, S. 2 ff.; *Fleischer/Schmolke/Zimmer* in: Fleischer/Zimmer, Beitrag der Verhaltensökonomie (behavioral economics) zum Handels- und Wirtschaftsrecht, S. 9, 12 f.; *Krüger,* Durchsetzung

dadurch seinen eigenen Nutzen maximiert.[388] Dies bedeutet zum einen, dass es eigennützig letztlich nur seine eigenen Vorteile bei der Betrachtung berücksichtigt.[389] Zum anderen möchte das Individuum seine Vorteile maximieren, das heißt den besten erreichbaren Zustand verwirklichen.[390]

Diese Grundannahme der Ökonomik ist seit Jahrzehnten vielfach in Zweifel gezogen worden. So wurde angemerkt, dass Menschen biologisch nicht in der Lage seien, alle Alternativen mit allen Konsequenzen zu überblicken und eine fundierte Abwägung vorzunehmen.[391] *Herbert Simon* hat aus dieser Kritik erstmals ein alternatives Modell entwickelt und nannte die Grenzen der menschlichen Verarbeitungsfähigkeit „begrenzte Rationalität".[392] Zum anderen werden Anomalien in Ergebnissen von Laborexperimenten angeführt, die belegen sollen, dass Menschen nicht ausschließlich ihren eigenen Gewinn maximieren möchten.[393] Bei der ökonomischen Untersuchung kartellrechtlicher Probleme

---

des Kartellverbots, S. 153; *Schäfer/Ott,* Ökonomische Analyse, S. 95; *Veljanovski,* Economic principles of law, S. 20.

388 *Cooter/Ulen,* Law & economics, S. 13; *Eidenmüller,* Effizienz, S. 29; *Krüger,* Durchsetzung des Kartellverbots, S. 153; *Schäfer/Ott,* Ökonomische Analyse, S. 96.

389 *Bofinger,* Volkswirtschaftslehre, S. 112; *Erlei/Leschke/Sauerland,* Neue Institutionenökonomik, S. 3; *Schäfer/Ott,* Ökonomische Analyse, S. 99 f. Dies umfasst auch altruistisches Verhalten, sofern das Individuum einen eigenen Nutzen zieht oder die Befolgung altruistischer Ziele selbst Nutzen stiftet, vgl. *Eidenmüller,* Effizienz, S. 32 f.; *Schumann/Meyer/Ströbele,* Mikroökonomische Theorie, S. 13.

390 *Erlei/Leschke/Sauerland,* Neue Institutionenökonomik, S. 4; *Krüger,* Durchsetzung des Kartellverbots, S. 153; *Künzler,* Effizienz, S. 73 f.

391 *Erlei/Leschke/Sauerland,* Neue Institutionenökonomik, S. 7; *Fleischer/Schmolke/Zimmer* in: Fleischer/Zimmer, Beitrag der Verhaltensökonomie (behavioral economics) zum Handels- und Wirtschaftsrecht, S. 9, 14 f.; *Schäfer/Ott,* Ökonomische Analyse, S. 103; *Schumann/Meyer/Ströbele,* Mikroökonomische Theorie, S. 105.

392 *Simon,* Q. J. Econ. 69 (1955), 99 ff.; *Simon,* Models of man, S. 198 ff. Nach *Simons* Modell bewerten Menschen verschiedene Zustände nur als zufriedenstellend oder nicht zufriedenstellend. Dadurch definiert ein Individuum sein Anspruchsniveau. Durch Anwendung erprobter Regeln sucht das Individuum nach zufriedenstellenden Alternativen zum gegenwärtigen Zustand. Das Anspruchsniveau wird so lange angehoben, bis nur noch ein zufriedenstellendes Ergebnis zu finden ist. Dieses wird als optimale Alternative gewählt, vgl. *Eidenmüller,* Effizienz, S. 38 f.; *Erlei/Leschke/Sauerland,* Neue Institutionenökonomik, S. 7 f.; *Schumann/Meyer/Ströbele,* Mikroökonomische Theorie, S. 105 f.

393 In diesem Zusammenhang wird oft ein Experiment genannt, in dem 100 € unter zwei Probanden verteilt werden sollen. Proband A schlägt eine Verteilung vor, die Proband B annehmen kann, sodass die Verteilung nach dem Vorschlag erfolgt. Er

wird daher zunehmend gefordert, die Annahme der Rationalität auch bei Unternehmen zu lockern.[394]

Bei der Kritik ist jedoch anzumerken, dass das Modell des *homo oeconomicus* in erster Linie dazu dient, verlässliche Aussagen über das durchschnittliche Verhalten einer Gesellschaftsgruppe zu treffen.[395] Das konkrete Entscheidungsverhalten im Einzelfall soll nicht beschrieben werden. Daher können Anomalien grundsätzlich nur berücksichtigt werden, soweit sie das Entscheidungsverhalten der Gesellschaft im Durchschnitt beeinflussen. Darüber hinaus hat sich aus der experimentellen Wirtschaftsforschung noch kein Modell entwickelt, mit dem positive und allgemein gültige Prognosen über das menschliche Verhalten aufgestellt werden könnten.[396] Die genannte Kritik ist bei der Untersuchung des Verhaltens von Unternehmen auch nicht in gleichem Maße relevant. Unternehmen sind nicht den gleichen Umwelteinflüssen ausgesetzt wie natürliche Personen. Sie sind über einen längeren Zeitraum in einem Markt aktiv und können so besser und spezifischer Erfahrungen sammeln.[397] Darüber hinaus sind bei der Entscheidungsfindung in einem Unternehmen mehrere Personen involviert, was diesen Prozess weiter rationalisiert.

Die geäußerte Kritik sollte daher nicht zur Aufgabe der Hypothese des *homo oeconomicus* führen. Vielmehr sollte diese Kritik durch geeignete Annahmen

---

kann die Verteilung aber auch ablehnen, sodass gar kein Geld verteilt wird. Um seinen Nutzen zu maximieren, müsste Proband A 99,99 € für sich behalten und 0,01 € abgeben. Proband B sollte dieses Angebot annehmen, da er sonst leer ausginge. Die Mehrzahl der Probanden A des Experiments bot aber eine nahezu gleiche Verteilung der Geldsumme an. Wich der angebotene Betrag erheblich von der Hälfte ab, lehnte die Mehrzahl der Probanden B die Verteilung ab. Vgl. *Erlei/Leschke/Sauerland,* Neue Institutionenökonomik, S. 13; *Schäfer/Ott,* Ökonomische Analyse, S. 109. Eine interessante Darstellung weiterer Anomalien bei *Fleischer/Schmolke/Zimmer* in: Fleischer/Zimmer, Beitrag der Verhaltensökonomie (behavioral economics) zum Handels- und Wirtschaftsrecht, S. 9, 19 ff.; *Schäfer/Ott,* Ökonomische Analyse, S. 105 ff.; *Stiglitz/Walsh,* Mikroökonomie, S. 140 ff.

394 Siehe *Bergh,* J. Comp. L. & Econ. 9 (2013), 203, 204 ff. m. w. N.

395 *Eidenmüller,* Effizienz, S. 40; *Erlei/Leschke/Sauerland,* Neue Institutionenökonomik, S. 5 f.; *Fleischer/Schmolke/Zimmer* in: Fleischer/Zimmer, Beitrag der Verhaltensökonomie (behavioral economics) zum Handels- und Wirtschaftsrecht, S. 9, 13 f.; *Towfigh* in: Towfigh/Petersen, Ökonomische Methoden im Recht, S. 23, 24.

396 *Englerth* in: Towfigh/Petersen, Ökonomische Methoden im Recht, S. 165, 196 f.; *Schumann/Meyer/Ströbele,* Mikroökonomische Theorie, S. 106.

397 *Bergh,* J. Comp. L. & Econ. 9 (2013), 203, 211.

und Restriktionen in das Modell integriert werden.[398] Insbesondere die Neue Institutionenökonomik bietet die Methoden, um rechtliche, kulturelle und auch biologische Restriktionen zu implementieren.[399] Dadurch könnten mit dem Modell des *homo oeconomicus* aussagekräftige und realitätsnahe Vorhersagen zum menschlichen Verhalten getroffen werden. Erst wenn die Zahl oder die Art der Restriktionen diese Aussagekraft beeinträchtigen, ist das Modell des *homo oeconomicus* für diesen Einzelfall unbrauchbar.[400]

Auch im Bereich der Kartellsanktionen stellt der *homo oeconomicus* eine realistische Annahme dar. Zwar erscheint die Annahme einer rationalen Nutzenmaximierung gerade bei Delikten des Kernstrafrechts zweifelhaft.[401] Hier ist die Entscheidung zu einem Verstoß wie einer Körperverletzung oder einem Raub von vielen Faktoren wie Bildung, Emotionen, Krankheiten oder dem sozialen Umfeld abhängig. Diese Faktoren variieren jedoch unter den Individuen enorm. Dadurch ist eine aussagekräftige Vorhersage über das durchschnittliche Verhalten der Bevölkerung in diesem Bereich schwierig. Die Entscheidung zu einem Verstoß gegen die Wettbewerbsvorschriften erfolgt aber bei Großkonzernen wie bei Kleinunternehmen aufgrund von betriebswirtschaftlichen

398 *Erlei/Leschke/Sauerland,* Neue Institutionenökonomik, S. 11 f., 14. Vgl. auch *Aaken,* „Rational Choice", S. 104 ff.; *Fleischer/Schmolke/Zimmer* in: Fleischer/Zimmer, Beitrag der Verhaltensökonomie (behavioral economics) zum Handels- und Wirtschaftsrecht, S. 9, 41 f.; *Morell,* Law and economics im Wettbewerbsrecht, S. 192; *Schäfer/Ott,* Ökonomische Analyse, S. 116; *Kaplow/Shavell,* Fairness v. welfare, S. 462; *Stiglitz/Walsh,* Mikroökonomie, S. 142; *Towfigh* in: Towfigh/Petersen, Ökonomische Methoden im Recht, S. 23, 30; *Bergh,* J. Comp. L. & Econ. 9 (2013), 203, 213 f.

399 *Bergh,* J. Comp. L. & Econ. 9 (2013), 203, 214. So können die von *Simon* behandelten „bewährten Entscheidungsregeln" als kulturelle Institutionen eingeführt werden und so als Restriktionen des *homo-oeconomicus*-Modells angesehen werden, vgl. dazu *Erlei/Leschke/Sauerland,* Neue Institutionenökonomik, S. 10. Auch deutet die in Fn. 393 beschriebene Anomalie darauf hin, dass die Fairness einer Entscheidung als relevante Restriktion von den Menschen beachtet wird. Dies könnte auch damit erklärt werden, dass die Fairness den Individuen einen eigenen Nutzen stiftet, der den verlorenen Nutzen des Geldes ausgleicht. Durch diese Interpretation wäre die Annahme eines nutzenmaximierenden Individuums wiederum nicht verletzt, vgl. *Erlei/Leschke/Sauerland,* Neue Institutionenökonomik, S. 14.

400 Vgl. *Eidenmüller,* Effizienz, S. 40 f.

401 *Bock* in: Göppinger, Kriminologie, § 10 Rn. 94; *Bock,* Kriminologie, Rn. 204; *Englerth,* Der beschränkt rationale Verbrecher, S. 125 ff.; *Kunz/Singelnstein,* Kriminologie, § 12 Rn. 37 ff.; sowie aus der ökonomischen Literatur *Garoupa,* Eur. J. L. & Econ. 15 (2003), 5, 8 ff.; *Garoupa,* J. Econ. Surv. 11 (1997), 267, 288, 289 Fn. 1; *O'Neill,* Sup. Ct. Econ. Rev. 12 (2004), 139, 142 ff.

Abwägungsentscheidungen.[402] Dies setzt eine rationale und egoistische Kosten-Nutzen-Abwägung voraus. Die These des *homo oeconomicus* bildet die Realität im Bereich des Wirtschaftsstrafrechts daher gut ab. Die möglichen Restriktionen dieser Rationalität im Bereich des Wirtschaftsstrafrechts sollen an den relevanten Stellen thematisiert werden.

2. *Risikoeinstellung*

Wie oben bereits angedeutet, hängt die Bewertung des Nutzens eines bestimmten Zustands, dessen Eintritt nicht sicher ist, von der Risikoeinstellung des Individuums ab. Die Ökonomik unterscheidet zwischen risikoaffinen, risikoneutralen und risikoscheuen Individuen (dazu unter a., S. 92 ff.).[403] Im Kontext der Sanktionierung ergeben sich für die genannten Risikotypen einige Besonderheiten (unter b., S. 94 ff.). Bei der Ermittlung der Risikoeinstellung im Kartellrecht müssen zudem dessen Eigenheiten berücksichtigt werden (unter c., S. 97 ff.).

a. *Risikoaffinität, Risikoneutralität und Risikoscheue*

Die verschiedenen Risikoeinstellungen der Individuen können anhand einer Lotterie erklärt werden. Ein risikoscheues Individuum wird vor die Wahl gestellt, 100 € zu erhalten oder mit einer Wahrscheinlichkeit von je 50 % 200 € bzw. kein Geld zu erhalten. Obwohl beide Auszahlungen einen Erwartungswert von 100 € haben, ordnet ein risikoscheues Individuum der sofortigen Auszahlung von 100 € einen größeren Nutzen zu. Die Unsicherheit der Auszahlung stiftet dem Individuum einen Unnutzen, durch den es diesen Zustand trotz gleichen Erwartungswertes schlechter bewertet.[404] Mathematisch lässt sich dies damit begründen, dass der erwartete Nutzen der Auszahlung von 200 €

$$\frac{1}{2}u(200)+\frac{1}{2}u(0)$$

geringer ist als $u(100)$ (Diagramm 1).

---

402 Ebenso *Bock* in: Göppinger, Kriminologie, § 10 Rn. 95; *Krüger,* Durchsetzung des Kartellverbots, S. 154; *Theurer,* Geldbußen im EU-Wettbewerbsrecht, S. 290. Siehe auch *Burnovski/Safra,* Int'l Rev. L. & Econ. 14 (1994), 341, 343.

403 *Krüger,* Durchsetzung des Kartellverbots, S. 156; *Siebert/Lorz,* Volkswirtschaftslehre, S. 169; *Varian,* Mikroökonomik, S. 249; *Veljanovski,* Economic principles of law, S. 30 f.

404 *Mankiw/Taylor,* Volkswirtschaftslehre, S. 770 f.; *Schumann/Meyer/Ströbele,* Mikroökonomische Theorie, S. 428 f.; *Varian,* Mikroökonomik, S. 249.

Diagramm 1: „Risikoaversion“

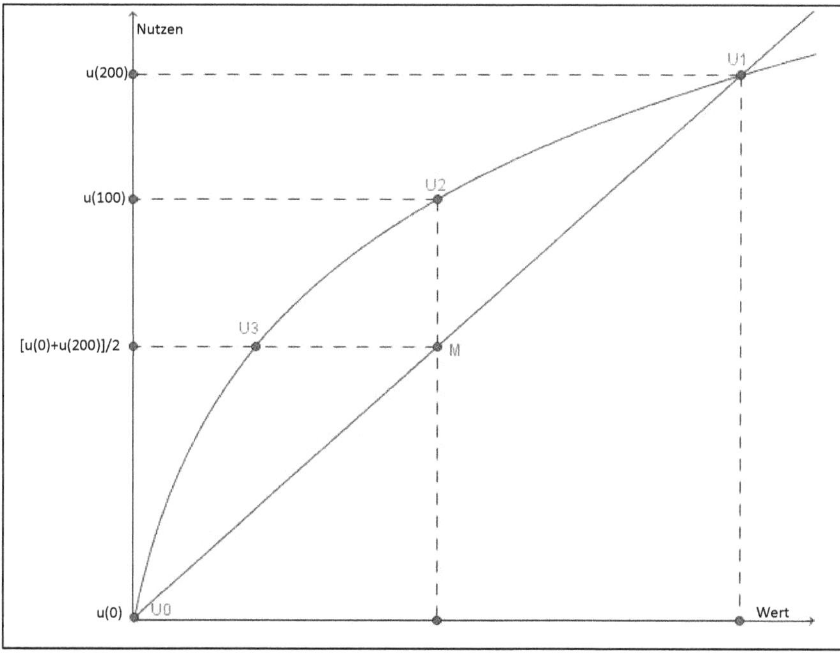

Quelle: eigene Erstellung

Ein risikoneutrales Individuum würde beide Zustände gleich bewerten, da die Unsicherheit der zweiten Auszahlung keinen Einfluss auf seine Nutzenbewertung hat. Ein risikoaffines Individuum empfindet bei der Unsicherheit der zweiten Auszahlung hingegen einen spezifischen Nutzen.[405] Hier ist der erwartete Nutzen der unsicheren Auszahlung von 200 € größer als der Nutzen der sicheren Auszahlung von 100 € (Diagramm 2).[406]

405 Vgl. dazu *Cooter/Ulen*, Law & economics, S. 46; *Varian*, Mikroökonomik, S. 249; *Veljanovski*, Economic principles of law, S. 30 f.

406 *Pindyck/Rubinfeld*, Mikroökonomie, S. 234

Diagramm 2: Risikoaffinität

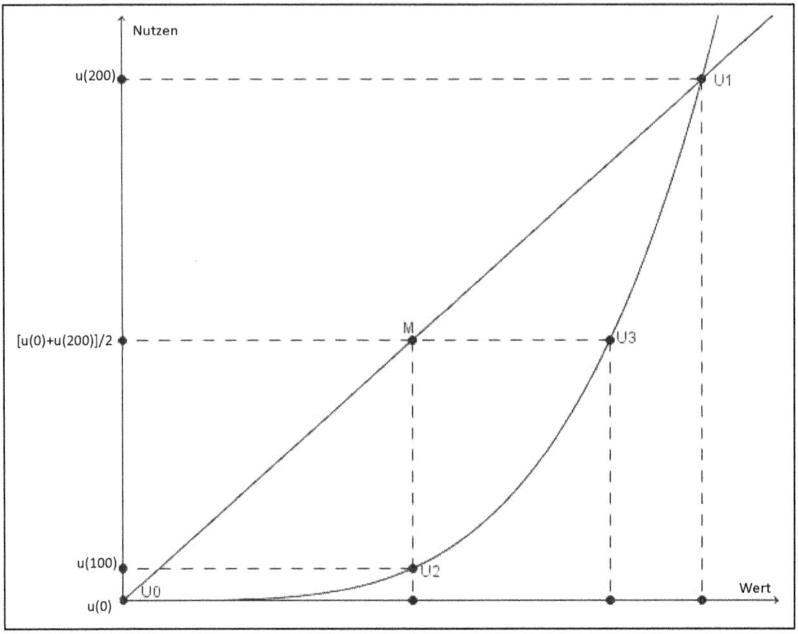

Quelle: eigene Erstellung

Diese verschiedenen Risikotypen können auch in der grafischen Darstellung der *von Neumann-Morgenstern Nutzenfunktionen* in Diagramm 1 und Diagramm 2 beobachtet werden. Bei risikoscheuen Individuen nimmt die Steigung der Kurve stetig ab; sie ist konkav gekrümmt. Die Nutzenfunktion risikoneutraler Individuen steigt konstant an und die von risikoaffinen Individuen weist eine zunehmende Steigung auf; sie ist konvex gekrümmt.[407]

b. Kontext des Sanktionsrechts

Im Bereich des Sanktionsrechts kann das eben beschriebene Spiel einer „Lotterie" ebenso angewandt werden. Im gegenwärtigen Zustand hat das Individuum das sichere Vermögen w_0. Wenn es keinen Verstoß begeht, bleibt ihm dieses Vermögen erhalten.[408] Wenn es hingegen einen Verstoß begeht und mit einer Wahrscheinlichkeit von 50 % nicht entdeckt wird, erhält es zusätzlich den

407 *Erlei/Leschke/Sauerland,* Neue Institutionenökonomik, S. 105 f.; *Schumann/Meyer/Ströbele,* Mikroökonomische Theorie, S. 448; *Varian,* Mikroökonomik, S. 250.

408 Dies entspricht einer sicheren Auszahlung von 100 €.

Gewinn g des Verstoßes $(w_0 + g)$.[409] Wird es allerdings entdeckt, so muss es die Sanktion f tragen $(w_0 - f)$.[410] Im Folgenden wird davon ausgegangen, dass der Zustand bei Entdeckung schlechter bewertet wird als der gegenwärtige Zustand und dieser wiederum schlechter als der Zustand bei einem unentdeckten Verstoß $(u(w_0 - f) < u(w_0) < u(w_0 + g))$.[411] Ein risikoaffines Individuum bewertet nach dem oben gesagten den Erwartungswert des Nutzens eines Verstoßes

$$\frac{1}{2} \cdot u(w_0 - f) + \frac{1}{2} \cdot u(w_0 + g)$$

höher als $u(w_0)$. Ein risikoscheues Individuum bewertet in demselben Kontext den Erwartungswert eines Verstoßes schlechter als den Nutzen des Zustandes ohne Verstoß, $u(w_0)$.[412] Der Nutzen eines risikoneutralen Individuums wird durch die Unsicherheit hingegen nicht beeinflusst. Dies bedeutet, dass ein risikoscheues Individuum überproportional durch eine Sanktion abgeschreckt wird, ein risikoaffines Individuum hingegen unterproportional.[413]

Die Zuordnung der Risikoeinstellung sagt jedoch noch nichts über den Grund aus, warum die Nutzenfunktion eine konkave oder eine konvexe Krümmung aufweist. Die Affinität zu oder die Ablehnung von Risiko ist nur eine Interpretationsmöglichkeit. Im Kontext von staatlichen Sanktionen kann die Risikoeinstellung von Individuen noch anders interpretiert werden. Die Tatsache, dass risikoaffine Individuen eher einen Verstoß begehen, hat in erster Linie nichts damit zu tun, dass sie das Risiko einer Gesetzesverletzung lieben. Dadurch wird vielmehr ausgedrückt, wie sehr eine Erhöhung der Sanktion auf die Verhaltensentscheidung einer Bevölkerungsgruppe Einfluss ausübt.[414]

---

409 Dies entspricht der unsicheren Auszahlung von 200 €.

410 Dies entspricht der Auszahlung von 0 €.

411 Der Fall, dass der Zustand eines nicht entdeckten Verstoßes schlechter bewertet wird als der gegenwärtige Zustand, ist vorliegend unbeachtlich, da in diesem Fall nie ein Verstoß begangen wird. Wird hingegen der gegenwärtige Zustand sogar schlechter bewertet als der Zustand bei der Entdeckung des Verstoßes, so wird das Individuum immer gegen die gesetzliche Vorschrift verstoßen. Diese Ergebnisse sind allerdings unabhängig von der Risikoeinstellung des Individuums.

412 Vgl. *Shavell,* Economic Analysis of Law, S. 479 f., 502 f.; *Veljanovski,* Economic principles of law, S. 30. Siehe auch Diagramm 1 und Diagramm 2.

413 Vgl. dazu *Garoupa,* J. Econ. Surv. 11 (1997), 267, 279; *Polinsky/Shavell,* J. Econ. Lit. 38 (2000), 45, 47; *Polinsky/Shavell* in: Polinsky/Shavell, Handbook of law and economics, S. 403, 414 ff.; *Shavell,* Economic Analysis of Law, S. 486 f.

414 Vgl. zu der Erklärung verschiedener Risikoeinstellungen der Individuen zu Gefängnisstrafen *Polinsky/Shavell* in: Polinsky/Shavell, Handbook of law and economics,

Ein Grund für die geringere Abschreckungswirkung von Sanktionen bei risikoaffinen Personen kann darin gesehen werden, dass *f* und *g* unterschiedliche Kategorien von Vor- bzw. Nachteilen umfassen. So kann der Vorteil des Verstoßes in der Befriedigung eines Rache- oder Glücksgefühls des Individuums liegen, welche die Sanktion zum Beispiel in Form einer Geldbuße nicht berühren oder aufwiegen kann. In diesem Fall wird das Individuum den Verstoß trotz einer empfindlichen Sanktion begehen. Die Tatsache, dass ein Individuum die Sanktion nicht so negativ bewertet wie angenommen, kann daher ein Grund für dessen Risikoaffinität sein.[415] Wenn die Sanktion in einer Geldbuße besteht, der Täter aber kein nennenswertes Vermögen besitzt, empfindet er keinen großen Unnutzen im Falle der Entdeckung. Sein Vermögen kann durch die Geldbuße nicht weiter verringert werden.[416] Gerade bei Unternehmen ist es plausibel, dass dieser Effekt bereits einsetzt, wenn das Kapital durch eine Geldbuße so weit aufgezehrt wird, dass eine Fortführung des bisherigen Geschäfts endgültig nicht erwartet werden kann und ein Marktaustritt höchst wahrscheinlich ist. Auch in diesem Fall hat der Unternehmer durch eine weitere Erhöhung des Bußgeldes nichts mehr zu verlieren. Der Unnutzen einer höheren Sanktion steigt nur unterproportional zur Sanktionserhöhung.

Analog zu diesen Ausführungen kann die erhöhte Abschreckungswirkung von Sanktionen bei risikoscheuen Individuen erklärt werden. Im Falle einer Geldbuße als Sanktion kann der Nutzen des Geldes höher bewertet werden als eventuelle immaterielle Vorteile aus dem Verstoß. Dadurch geht eine erhöhte Abschreckungswirkung von einer Geldbuße aus. Darüber hinaus kann die verhängte Sanktion immaterielle Nachteile als Begleitumstände nach sich ziehen, die deren Unnutzen weiter erhöhen. Im Bereich der Wirtschaftsstraftaten ist hier ein möglicher Rufschaden eines Unternehmens zu nennen, der im Falle einer Verurteilung eintreten könnte.[417]

S. 403, 418 f.; *Polinsky/Shavell,* J. Econ. Lit. 38 (2000), 45, 47; *Shavell,* Economic Analysis of Law, S. 502 f.

415 Besteht die verhängte Sanktion in einer Gefängnisstrafe, so ist denkbar, dass im sozialen Umfeld des Täters die Verbüßung einer Haftstrafe als besonderer Beweis der Tapferkeit oder Stärke gewertet wird, vgl. auch *Shavell,* Economic Analysis of Law, S. 503. In diesem Fall kann eine Gefängnisstrafe sogar positiven Nutzen stiften. Im Bereich der Verstöße gegen das Wettbewerbsrecht ist dieser Aspekt allerdings von untergeordneter Bedeutung.

416 Ähnlich zum Gesamtvermögen als Obergrenze einer Geldbuße *Becker,* J. Pol. Econ. 76 (1968), 169, 196; *Polinsky/Shavell,* J. Econ. Lit. 38 (2000), 45, 50.

417 Siehe dazu ausführlich unter Teil 3.B.III.1.a.aa., S. 135 ff.

c. *Risikoeinstellung im Kartellrecht*

In der ökonomischen Theorie der öffentlichen Rechtsdurchsetzung werden zumeist alle Fälle der Risikoeinstellung der Individuen gesondert betrachtet und deren Einfluss auf das optimale Ergebnis beschrieben.[418] Nur wenige Autoren gehen von einer bestimmten Risikoeinstellung aller Täter aus.[419] Vielfach wird im Bereich von Verstößen gegen das Wettbewerbsrecht die Annahme von Risikoneutralität der Unternehmen als sachgerecht erachtet.[420] Die Investoren, die Anteilseigner der Unternehmen seien, streuten ihre Risiken durch die Investition in viele verschiedene Unternehmen und seien dadurch bei den konkreten Einzelrisiken risikoneutral.[421] Diese Annahme ist jedoch vom Vorliegen einer solchen Investitionsstruktur abhängig. Bei der Mehrzahl der Unternehmen ist eine solche Struktur aber nicht gegeben. Weder sind alle Unternehmen Kapitalgesellschaften, noch streuen alle Investoren ihre Geldanlagen ausreichend. Darüber hinaus wird die Entscheidung zu einem Verstoß gegen die Wettbewerbsvorschriften in den seltensten Fällen durch Investoren getroffen. Vielmehr sind hier fast ausschließlich Angestellte der höheren Entscheidungsebenen maßgeblich, die von einer anderen Anreizstruktur geleitet werden.[422] Der persönliche Vorteil des Entscheidungsträgers – in der Regel Gehaltsvorteile oder

---

418 Vgl. *Polinsky/Shavell* in: Polinsky/Shavell, Handbook of law and economics, S. 403, 413 ff.; *Shavell*, Economic Analysis of Law, S. 485 ff.

419 *Becker*, J. Pol. Econ. 76 (1968), 169, 178 geht davon aus, dass alle Täter risikoaffin seien. *Block/Lind*, J. Legal Stud. 4 (1975), 479, 480 kommt aufgrund derselben Indizien zu der Annahme, dass alle Täter risikoscheu seien.

420 *Krüger*, Durchsetzung des Kartellverbots, S. 156 f. mit Verweis auf *Williamson*, Economic institutions. *Polinsky/Shavell*, J. Econ. Lit. 38 (2000), 45, 47 gehen vorrangig von Risikoneutralität der Individuen bei der Verhängung von Geldbußen aus.

421 *Williamson*, Economic institutions, S. 388 f. verwendet dieses Argument nur in Bezug auf den Transaktionskostenansatz seines Buches. Eine Übertragung dieser Überlegung auf die Sanktionierung von Unternehmen, wie *Krüger*, Durchsetzung des Kartellverbots, S. 156 f. dies vorschlägt, erscheint daher nicht möglich.

422 Auch eingeräumt von *Williamson*, Economic institutions, S. 389. Dies stellt ein Anwendungsbeispiel der Prinzipal-Agent-Theorie der Neuen Institutionenökonomik dar. Wenn ein Prinzipal einen Agenten mit der Erfüllung von Aufgaben betraut, die im Interesse des Prinzipals stehen, so verfolgt der Agent als *homo oeconomicus* trotzdem primär seine eigenen Interessen. Sofern die Interessen von Prinzipal und Agent divergieren, entstehen gesellschaftliche Kosten. Die Prinzipal-Agent-Theorie ermittelt optimale Strategien zur Anreizsteuerung der Agenten unter Berücksichtigung ihrer Kosten. Vgl. *Erlei/Leschke/Sauerland*, Neue Institutionenökonomik, S. 74, 94 ff.

Aufstiegschancen durch kurzfristige Umsatzsteigerungen – muss nicht durch die dem Unternehmen drohende Sanktion geschmälert werden. Andere gehen ohne weitere Begründung davon aus, dass die Unternehmen bzw. deren Entscheidungsträger risikoscheu seien.[423]

Aus diesem Grund und aufgrund der oben geschilderten vielfältigen Erklärungsmöglichkeiten verschiedener Risikoeinstellungen wird in der folgenden Untersuchung keine Vorentscheidung getroffen. Die Ergebnisse der ökonomischen Theorie werden für alle Risikoeinstellungen dargestellt und in einer abschließenden Bewertung werden die Effekte der Risikoeinstellung auf das optimale Ergebnis berücksichtigt.

3. *Wohlfahrt*

Die ökonomische Theorie der optimalen Rechtsdurchsetzung betrachtet nicht schwerpunktmäßig den individuellen Nutzen eines Rechtsverletzers, sondern wertet die Auswirkungen von Sanktionsregeln auf die Wohlfahrt der gesamten Gesellschaft aus.[424] Die gesellschaftliche Wohlfahrt stellt die Aggregation des individuellen Nutzens aller Mitglieder einer Gesellschaft dar (unter a., S. 98 ff.). Deren Steigerung wird anhand des Pareto-Kriteriums gemessen (unter b., S. 100 ff.).

a. *Aggregation des individuellen Nutzens*

Als gesellschaftliche Wohlfahrt bezeichnet man in der Ökonomie die Aggregation des Nutzens aller Gesellschaftsmitglieder.[425] Wie diese Aggregation zu erfolgen hat, ist jedoch sehr umstritten.[426] Zum Teil wird vertreten, dass die Wohlfahrt die einfache Summe aller individuellen Nutzenkurven darstellt.[427] Diese Ansicht hat ihren Ursprung im Utilitarismus des 19. und beginnenden 20. Jahrhundert,

---

423 *Wils,* W.Comp. 30 (2007), 197, 205 mit Verweis auf *Coffee,* Am. Crim. L. Rev. 17 (1980), 419, 430 f., der allerdings zur Risikoeinstellung von Unternehmen keine Ausführungen macht.

424 *Becker,* J. Pol. Econ. 76 (1968), 169, 170 f., 181; *Polinsky/Shavell,* J. Econ. Lit. 38 (2000), 45, 48; *Garoupa,* J. Econ. Surv. 11 (1997), 267.

425 *Kaplow/Shavell,* Fairness v. welfare, S. 24; *Pindyck/Rubinfeld,* Mikroökonomie, S. 817; *Varian,* Mikroökonomik, S. 725.

426 *Kaplow/Shavell,* Fairness v. welfare, S. 24 ff.; *Varian,* Mikroökonomik, S. 725 f.

427 Vgl. die Darstellungen bei *Eidenmüller,* Effizienz, S. 42 ff.; *Kleinewefers,* Wohlfahrtsökonomie, S. 36; *Schäfer/Ott,* Ökonomische Analyse, S. 28 f.; *Varian,* Mikroökonomik, S. 726.

dessen Vertreter eine kardinale Vergleichbarkeit der Nutzenfunktionen einzelner Individuen zugrunde legen.[428] Die Autoren der grundlegenden Artikel zur ökonomischen Theorie der öffentlichen Rechtsdurchsetzung wenden diese Variante der Aggregation implizit an, indem sie die Wohlfahrtsfunktion über das Integral der Gewinne und Schäden der einzelnen Individuen bilden.[429] Dem wird jedoch entgegengehalten, dass der Nutzen auf individuellen Präferenzen beruhe, die nicht untereinander vergleichbar seien.[430] Nutzen könne nur nach ordinalen Kategorien als besser, schlechter oder gleichwertig gemessen werden.[431] Der Vergleich des Nutzens verschiedener Individuen erfordere aber eine Ermittlung des Nutzens in festen Werten nach einer kardinalen Skala. Nur so sei eine Bewertung möglich, um wie viel besser ein Zustand sei.[432] Da diese kardinale Bezifferung jedoch unmöglich sei, könne auch keine Addition erfolgen.[433] Andere vertreten, dass eine solche Überprüfung begrenzt in der Weise geschehen könne, dass ein einfühlsamer Dritter sich in die Personen hineinversetzen könne und so nach objektiven Kriterien einen Vergleich zwischen den Präferenzen anstellen könne. In diesen Grenzen könne ein Vergleich erfolgen.[434] Andere argumentieren, dass die

---

428 *Eidenmüller,* Effizienz, S. 42; *Schäfer/Ott,* Ökonomische Analyse, S. 26 f.

429 *Garoupa,* J. Econ. Surv. 11 (1997), 267, 269; *Polinsky/Shavell,* J. Econ. Lit. 38 (2000), 45, 48; *Polinsky/Shavell* in: Polinsky/Shavell, Handbook of law and economics, S. 403, 408 ff. Siehe ausführlich unter Teil 3.B.II.2., S. 106 ff. Dem folgen alle anderen Autoren. Ausdrücklich *Mookherjee/Png,* J. Pol. Econ. 102 (1994), 1039, 1043.

430 Grundlegend *Robbins,* Economic science, S. 138 ff. Vgl. auch *Eidenmüller,* Effizienz, S. 43 ff.; *Kleinewefers,* Wohlfahrtsökonomie, S. 43; *Künzler,* Effizienz, S. 81 f.; *Schumann/Meyer/Ströbele,* Mikroökonomische Theorie, S. 261 f.; *Towfigh* in: Towfigh/Petersen, Ökonomische Methoden im Recht, S. 23, 31.

431 Siehe zu ordinalem und kardinalem Nutzen oben unter Teil 3.B.I.1.a., S. 86. Vgl. *Eidenmüller,* Effizienz, S. 46 f.; *Pindyck/Rubinfeld,* Mikroökonomie, S. 123; *Schäfer/Ott,* Ökonomische Analyse, S. 28 f.; *Schumann/Meyer/Ströbele,* Mikroökonomische Theorie, S. 260; *Varian,* Mikroökonomik, S. 61.

432 So auch *Kaplow/Shavell,* Fairness v. welfare, S. 24 Fn. 15.

433 *Arrow,* Social choice, S. 46 ff. ging noch weiter und bewies, dass es in einem demokratischen Entscheidungsprozess unmöglich sei, eine gesellschaftlich anerkannte Einstufung von Situationen nach ordinalen Kategorien zu erreichen (Arrows Unmöglichkeitstheorem), vgl. *Kleinewefers,* Wohlfahrtsökonomie, S. 49 f.; *Schäfer/Ott,* Ökonomische Analyse, S. 29 ff.

434 *Kleinewefers,* Wohlfahrtsökonomie, S. 53; *Little,* J. Econ. Lit. 23 (1985), 1186, 1187; *Robbins,* Econ. J. 48 (1938), 635 ff.

Wohlfahrt einer Gesellschaft nur am Nutzen des Individuums gemessen werden kann, das am schlechtesten gestellt ist.[435]

In der neueren ökonomischen Literatur werden rein utilitaristische Ansätze, die eine interpersonelle Vergleichbarkeit von Nutzen annehmen, überwiegend abgelehnt.[436] Dies führt aber zu einer Einschränkung des Erkenntnisgewinns, da ein Vergleich oder eine Addition der individuellen Nutzenfunktionen oft hilfreich ist.[437] Bis jetzt konnte in der ökonomischen Theorie jedoch kein allumfassendes Konzept entwickelt werden, obwohl diese Diskussion bereits mehr als ein Jahrhundert andauert.[438] Dies kann auch diese Arbeit in dem begrenzten Raum nicht leisten. Daher wird die konkrete Art und Weise der Aggregation offengelassen, wie es auch in der ökonomischen Theorie der öffentlichen Rechtsdurchsetzung üblich ist. Es wird nur angenommen, dass die Aggregation durch irgendeine kohärente Methode erfolgt.[439]

b. Pareto-Kriterium

Ob die Änderung gesellschaftlicher Rahmenbedingungen zu einer Steigerung der gesellschaftlichen Wohlfahrt führt und damit erstrebenswert ist, wird in der Ökonomie überwiegend nach dem sogenannten *Pareto*-Kriterium beurteilt.[440] Danach darf durch eine Änderung kein Individuum bessergestellt werden, wenn dadurch ein anderes Individuum benachteiligt wird. Ein gesellschaftlicher Zustand ist danach optimal, wenn niemand mehr bessergestellt werden kann, ohne dass ein anderer benachteiligt wird (*Pareto*-Optimum).[441] Jedoch kann

---

435 Sog. Rawls'sche Wohlfahrtsfunktion, vgl. *Pindyck/Rubinfeld*, Mikroökonomie, S. 817 f.; *Varian*, Mikroökonomik, S. 726. Grundlegend *Rawls*, Theory of justice, S. 122 ff.

436 *Eidenmüller*, Effizienz, S. 47; *Schäfer/Ott*, Ökonomische Analyse, S. 28 f.; *Towfigh* in: Towfigh/Petersen, Ökonomische Methoden im Recht, S. 23, 31.

437 *Schäfer/Ott*, Ökonomische Analyse, S. 29 ff.

438 Vgl. *Kleinewefers*, Wohlfahrtsökonomie, S. 35 ff.

439 So wird dieses Problem in den grundlegenden Aufsätzen nicht behandelt: *Becker*, J. Pol. Econ. 76 (1968), 169, 181; *Polinsky/Shavell*, J. Econ. Lit. 38 (2000), 45, 48; *Kaplow*, J. L. Econ. & Org. 6 (1990), 93, 98; *Polinsky/Shavell*, Am. L. & Econ. Rev. 2 (2000), 223, 228. So auch ausdrücklich *Kaplow/Shavell*, Fairness v. welfare, S. 27.

440 *Künzler*, Effizienz, S. 82; *Towfigh* in: Towfigh/Petersen, Ökonomische Methoden im Recht, S. 23, 32; *Varian*, Mikroökonomik, S. 727.

441 *Bofinger*, Volkswirtschaftslehre, S. 210; *Cooter/Ulen*, Law & economics, S. 14; *Erlei/Leschke/Sauerland*, Neue Institutionenökonomik, S. 16; *Schäfer/Ott*, Ökonomische Analyse, S. 14; *Schumann/Meyer/Ströbele*, Mikroökonomische Theorie, S. 36; *Stiglitz/Walsh*, Mikroökonomie, S. 261; *Varian*, Mikroökonomik, S. 343; *Kaplow/Shavell*, Am. L. & Econ. Rev. 1 (1999), 63, 65.

nach diesem Kriterium der Nutzen nur ordinal als gut, schlecht und indifferent bewertet werden.[442] Daher ist mit dem *Pareto*-Kriterium keine Aussage darüber möglich, welcher von mehreren *Pareto*-Zuständen der beste ist.[443] Darüber hinaus wird bei einer gesellschaftlichen Veränderung in den meisten Fällen zumindest ein Individuum benachteiligt, sodass ein *Pareto*-Optimum nur in den seltensten Fällen existieren wird.[444] Um diese Unzulänglichkeiten des Pareto-Kriteriums zu beseitigen, wurden sogenannte Kompensationskriterien[445] entwickelt. Nach dem *Kaldor-Hicks*-Kriterium ist ein Zustand dann optimal, wenn die Individuen, die von einer Änderung der gesellschaftlichen Umstände profitieren, diejenigen, die benachteiligt werden, entschädigen könnten und trotzdem besser gestellt wären als ohne Veränderung der Rahmenbedingungen.[446] Gegen dieses Kompensationskriterium wird eingewandt, dass es die Frage der tatsächlichen Kompensation explizit ausklammert und sich so der Beantwortung dieser entscheidenden Frage entzieht.[447]

Im Bereich der ökonomischen Theorie der Durchsetzung des Wettbewerbsrechts ist der Streit um die Optimalitätsbedingungen bei der Maximierung der gesellschaftlichen Wohlfahrt nicht entscheidend. Vorwiegend werden monetäre Anreize und deren Auswirkungen auf die Wohlfahrt betrachtet – der Gewinn aus einem Verstoß und der Unnutzen einer Geldbuße. Beim Vergleich solcher Anreize, die leicht als geldwertes Äquivalent darzustellen sind, kommen die Defizite der genannten Kriterien nicht so sehr zum Tragen. Die optimale Ausgestaltung lässt sich daher durch einen Vergleich der monetären Kosten und Gewinne ermitteln. Zu einem späteren Zeitpunkt soll die dargestellte Problematik jedoch wieder aufgegriffen werden, sofern Aspekte in die Ermittlung des

442 *Kleinewefers,* Wohlfahrtsökonomie, S. 169 ff.; *Veljanovski,* Economic principles of law, S. 33.

443 *Eidenmüller,* Effizienz, S. 50; *Erlei/Leschke/Sauerland,* Neue Institutionenökonomik, S. 16; *Schäfer/Ott,* Ökonomische Analyse, S. 19; *Schumann/Meyer/Ströbele,* Mikroökonomische Theorie, S. 260, 275.

444 *Schäfer/Ott,* Ökonomische Analyse, S. 13; *Veljanovski,* Economic principles of law, S. 32 f.

445 *Erlei/Leschke/Sauerland,* Neue Institutionenökonomik, S. 17; *Schäfer/Ott,* Ökonomische Analyse, S. 19 ff.

446 *Cooter/Ulen,* Law & economics, S. 42 f.; *Kleinewefers,* Wohlfahrtsökonomie, S. 169 ff.; *Veljanovski,* Economic principles of law, S. 33.

447 *Kleinewefers,* Wohlfahrtsökonomie, S. 46; *Towfigh* in: Towfigh/Petersen, Ökonomische Methoden im Recht, S. 23, 33 f.

Optimums einbezogen werden, die nicht leicht als geldwerte Vorteile dargestellt werden können.[448]

II. Standardmodell

Im Folgenden wird das Standardmodell der ökonomischen Theorie der öffentlichen Rechtsdurchsetzung in seinen einzelnen Elementen beschrieben, um die geltenden Sanktionsvorschriften des europäischen und des deutschen Kartellrechts bewerten zu können. Dies umfasst die Modellierung der individuellen Entscheidung zum Verstoß gegen eine Rechtsnorm (unter 1., S. 102 ff.), die Darstellung deren Beziehungen zur gesellschaftlichen Wohlfahrt (unter 2., S. 106 ff.), die Ermittlung der optimalen Ausgestaltung der Sanktion (unter 3., S. 129 ff.) sowie die Untersuchung der Effekte der „Marginalen Abschreckung" auf das ermittelte Optimum (unter 4., S. 132 ff.). Die Darstellung ist im Wesentlichen an *Polinsky/Shavell*[449] angelehnt. Sie legt risikoneutrale Individuen zugrunde. Es soll aber an jeder Stelle die Auswirkung einer anderen Risikoeinstellung auf das Ergebnis erläutert werden.

1. Entscheidung des Individuums

Die ökonomische Theorie behandelt als ersten Ausgangspunkt der wissenschaftlichen Untersuchung die Frage, warum sich ein Individuum zu einem Verstoß gegen ein gesetzliches Verbot entscheidet.

Nach dem grundlegenden Modell des homo oeconomicus[450] verstößt ein Individuum gegen eine Norm, wenn der Nutzen des Verstoßes den Nutzen der Situation ohne einen Normverstoß übersteigt.[451] Zur Vereinfachung wird angenommen, dass der Nutzen des Verzichts auf einen Verstoß gleich 0 sei.[452] Daraus folgt, dass ein Individuum einen Verstoß begeht, wenn es daraus einen positiven erwarteten Nutzen ziehen kann ($EU\ (Versto\ss) > 0$). Diese Annahme

448 Siehe unter Teil 3.B.II.1., S. 102 ff. und Teil 3.B.II.2.b.cc.bbb., S. 118 ff.

449 *Polinsky/Shavell*, J. Econ. Lit. 38 (2000), 45, 47 ff.

450 Vgl. dazu Teil 3.B.I.1.c., S. 88.

451 *Becker*, J. Pol. Econ. 76 (1968), 169, 177; *Polinsky/Shavell*, J. Econ. Lit. 38 (2000), 45, 47; *Polinsky/Shavell* in: Polinsky/Shavell, Handbook of law and economics, S. 403, 408; *Posner*, Colum. L. Rev. 85 (1985), 1193, 1205; *Garoupa*, J. Econ. Surv. 11 (1997), 267, 268; *Friedman*, Law's order, S. 223; *Shavell*, Economic Analysis of Law, S. 479; *Veljanovski*, Economic principles of law, S. 246.

452 *At/Chappe*, Rev. L. & Econ. 4 (2008), 35, 38; *Shavell*, Am. Econ. Rev. 77 (1987), 584, 586. Ebenso *Krüger*, Durchsetzung des Kartellverbots, S. 157 f.

ist auch im Bereich des Kartellsanktionsrechts sachgerecht, da der Befolgung der wettbewerbsrechtlichen Vorschriften kein direkter Nutzen entspringt.[453] Vielmehr beeinflussen die erwarteten Zusatzgewinne und Verluste bei einem Verstoß gegen das Wettbewerbsrecht das Entscheidungsverhalten der Unternehmen.

Im Falle eines Verstoßes erwartet der Täter daraus einen Gewinn. Im Folgenden stellt g den Nutzen dieses Gewinns dar. Hierzu zählen materielle Gewinne wie auch positive Gefühle.[454] Dies bedeutet, dass die krankhafte Befriedigung eines Kleptomanen durch einen Diebstahl ebenso gesellschaftlich positiv zu werten ist, wie die Befriedigung der Mordlust bei einem Tötungsdelikt. Ein vergleichbares Beispiel im Kartellrecht wäre die Befriedigung von Rachegelüsten bei dem Missbrauch einer marktbeherrschenden Stellung oder bei Boykottaufrufen. Dies wirft allerdings zwei Rechtfertigungsprobleme dieses Ansatzes auf. Zum einen besteht das bereits erwähnte Problem, dass der konkrete Betrag einer Nutzensteigerung durch Gefühle individuell unterschiedlich und nicht kardinal ermittelbar ist.[455] Die ökonomischen Autoren helfen sich hierbei mit dem Hinweis, dass die monetären Äquivalente dieser Gefühle berücksichtigt würden.[456] Darüber hinaus stellt sich die Frage, ob diese positiven Gefühle der Täter von der Gesellschaft überhaupt als Gewinn berücksichtigt werden dürfen.[457] Im kartellrechtlichen Kontext ist es naheliegend, den Effekt positiver Gefühle zu vernachlässigen. Da die Entscheidungen von Wirtschaftssubjekten getroffen werden, liegen ihnen ganz überwiegend monetäre Kosten-Nutzen-Analysen zugrunde. Aus diesem Grund umfasst der

---

453 *Krüger,* Durchsetzung des Kartellverbots, S. 158.

454 *Friedman,* Law's order, S. 229 f.; *Becker,* J. Pol. Econ. 76 (1968), 169, 177 Fn. 16; *Polinsky/Shavell* in: Polinsky/Shavell, Handbook of law and economics, S. 403, 407; *Veljanovski,* Economic principles of law, S. 242.

455 Siehe unter Teil 3.B.I.1.a., S. 86.

456 *Garoupa,* J. Econ. Surv. 11 (1997), 267, 268; *Polinsky/Shavell,* Am. Econ. Rev. 69 (1979), 880, 881. *Cooter/Ulen,* Law & economics, S. 469 geht davon aus, dass alle Kosten und Vorteile monetär seien.

457 *Becker,* J. Pol. Econ. 76 (1968), 169, 173; *Friedman,* Law's order, S. 230; *Garoupa,* J. Econ. Surv. 11 (1997), 267, 290 Fn. 10; *Veljanovski,* Economic principles of law, S. 243 f. Heftige Kritik *Stigler,* J. Pol. Econ. 78 (1970), 526, 527. *Polinsky/Rubinfeld,* J. Publ. Econ. 46 (1991), 291, 292, 294 teilen den Gewinn des Täters in einen gesellschaftlich akzeptablen und inakzeptablen Teil auf; kritisch dazu *Dana,* Yale L. J. 110 (2001), 733, 756. Vgl. ausführlich zu dieser Problematik *Lewin/Trumbull,* Int'l Rev. L. & Econ. 10 (1990), 271 ff.

Nutzen des Täters hauptsächlich monetäre Komponenten, die eher verglichen und addiert werden können.[458]

Ferner droht dem Täter aber bei der Entdeckung seiner Tat die Auferlegung einer Sanktion durch die staatlichen Behörden. Im Folgenden stellen f den unmittelbaren Unnutzen und λ den mittelbaren, sozialen Unnutzen dar, den das Individuum durch die Verhängung der Sanktion verspürt.[459] Deren Summe $f + \lambda$ repräsentiert somit den gesamten Unnutzen einer Sanktion.[460] Da die Entdeckung, Verfolgung und Sanktionierung des Verstoßes aber nur mit einer gewissen Wahrscheinlichkeit p droht, ist der erwartete Nutzen des Individuums entscheidend.[461] Wenn im Folgenden der Terminus „Entdeckungswahrscheinlichkeit" oder die Variable p verwendet wird, so ist immer die Wahrscheinlichkeit einer Entdeckung, Verfolgung und Sanktionierung des Verstoßes gemeint und nicht bloß die Wahrscheinlichkeit der Entdeckung des Verstoßes. Aus Gründen der Prägnanz wird jedoch dieser kürzere Begriff gebraucht.

Der erwartete Nutzen eines Verstoßes wird durch die Formel

$$EU = g - p \cdot (f + \lambda)$$

ausgedrückt.[462] Der Gewinn g aus dem Verstoß wird geschmälert durch die eventuell auferlegte Sanktion. Da der erwartete Nutzen positiv sein muss ($EU > 0$), gilt:

$$g - p \cdot (f + \lambda) > 0$$

---

458 Vgl. oben unter Teil 3.B.I.3.a., S. 98. Dies zeigt wiederum, dass die ökonomische Theorie der öffentlichen Rechtsdurchsetzung hauptsächlich im Wirtschaftsstrafrecht verwertbare Erkenntnisse liefern kann. Aussagen zur Ausgestaltung des Kernstrafrechts können ihr eher nicht entnommen werden.

459 Kritisch zu der Annahme, dass ein berücksichtigungsfähiges, monetäres Äquivalent für diesen Unnutzen existiert *Block/Lind,* J. Legal Stud. 4 (1975), 241, 242 ff.

460 Vgl. *Garoupa,* J. Econ. Surv. 11 (1997), 267, 271 f. *Kaplow,* J. Publ. Econ. 42 (1990), 245, 246; *Polinsky/Shavell,* J. Econ. Lit. 38 (2000), 45, 48; *Tribe,* Phil. & Publ. Aff. 2 (1972), 66, 91; *Shavell,* Am. Econ. Rev. 77 (1987), 584, 586 beziehen diese sozialen Kosten allein auf nicht-monetäre Sanktionen wie Gefängnisstrafen. Im Folgenden soll aber die genannte allgemeinere Darstellung auch bei Bußgeldern verwendet werden. Siehe zu näheren Ausführungen Teil 3.B.II.2.c., S. 124 und Teil 3.B.III.1.a., S. 135 ff.

461 Vgl. dazu Teil 3.B.I.1.b., S. 87.

462 Ähnlich *Becker,* J. Pol. Econ. 76 (1968), 169, 178 Fn. 17.

Dies bedeutet, dass ein risikoneutrales Individuum einen Verstoß begeht, wenn der erwartete Nutzen des Gewinns die erwartete Sanktion übersteigt:[463]

$$g > p \cdot (f + \lambda)$$

Wenn die Höhe der Sanktion und/oder die Entdeckungswahrscheinlichkeit ansteigen, so begehen nur noch die Individuen einen Verstoß, die einen entsprechend höheren Gewinn erwarten. Die Zahl der Verstöße wird somit zurückgehen.[464]

Ein risikoscheues Individuum begeht einen Verstoß bei gleicher Konstellation erst, wenn es einen höheren Gewinn erwartet. Es verspürt einen zusätzlichen Unnutzen,[465] der durch den höheren Gewinn kompensiert werden muss. Ein risikoscheues Individuum begeht daher seltener einen Verstoß. Ein risikoaffines Individuum verspürt zusätzlichen Nutzen, sodass es auch bei niedrigeren erwarteten Gewinnen einen Verstoß begeht.[466]

Diese recht abstrakte Formel lässt sich mit einem Beispiel der Entscheidung zu einem Parkverstoß im Straßenverkehr verdeutlichen. Wenn ein Parkschein

---

463 Es fällt auf, dass diese Formel implizit annimmt, dass der unrechtmäßig erlangte Gewinn trotz Strafverfolgung beim Täter verbleibt oder dass jedenfalls ein Abschöpfungsverfahren unabhängig von der staatlichen Rechtsdurchsetzung erfolgt; ausdrücklich *Block/Lind*, J. Legal Stud. 4 (1975), 479, 485. *Polinsky/Shavell* in: Polinsky/Shavell, Handbook of law and economics, S. 403, 406 Fn. 6 schränken ihre Betrachtung sogar so weit ein, dass die Begleichung der Geldbuße mit den Gewinnen aus dem Verstoß nicht möglich sein soll. Zwar sei diese Annahme nur bei immateriellen Gewinnen plausibel. Jedoch werde die Untersuchung andernfalls erheblich erschwert. An späterer Stelle wird dieses Problem der Gewinnabschöpfung und der Kompensation erneut aufgegriffen, Teil 4.B.I.4.c.cc., S. 246 ff. Für die gegenwärtige Analyse ist die vorliegende Formel ausreichend, da im Kartellrecht private Schadensersatzklagen als eine Form der späteren Abschöpfung zurzeit von geringerer Bedeutung sind, vgl. *Bien* in: FS Möschel, S. 131; *Glöckner*, WRP 2007, 490 f.; *Heimler/Mehta*, W.Comp. 35 (2012), 103; *Makatsch/Abele*, WuW 2014, 164 f. Siehe auch Kommission, Weißbuch „Schadenersatzklagen wegen Verletzung des EG-Wettbewerbsrechts“, KOM(2008) 165 endgültig, S. 2; Kommission, Richtlinienvorschlag vom 11.6.2013, COM(2013) 404 final, S. 4 ff.

464 Ebenso *Becker*, J. Pol. Econ. 76 (1968), 169, 177; *Block/Sidak*, Geo. L. J. 68 (1980), 1130, 1132; *Stigler*, J. Pol. Econ. 78 (1970), 526, 527; *Garoupa*, J. Econ. Surv. 11 (1997), 267, 268.

465 Vgl. oben Teil 3.B.I.2.b., S. 94.

466 *Garoupa*, J. Econ. Surv. 11 (1997), 267, 279; *Polinsky/Shavell* in: Polinsky/Shavell, Handbook of law and economics, S. 403, 416; *Shavell*, Economic Analysis of Law, S. 486 f., 507 f.

2 € kostet und die Geldbuße für Falschparken 10 € beträgt, so wird ein rationales Individuum einen Parkverstoß begehen, wenn es mehr als fünf Mal nicht entdeckt wird, also die Entdeckungswahrscheinlichkeit geringer als 20 % ist. In diesem Fall übersteigen die ersparten Kosten der Parkscheine die verhängte Geldbuße. Möchte die Person hingegen schwere Gegenstände in ihre Wohnung tragen und kann in deren Nähe keinen Parkplatz finden, so kann ein Parkverstoß bereits bei einer erwarteten Entdeckung nach jedem zweiten Verstoß rational sein. Hier zählt das Individuum die ersparte physische Anstrengung durch einen weiten Weg und die Zeitersparnis zum Gewinn des Verstoßes.

2. *Normverstöße und gesellschaftliche Wohlfahrt*

Für die ökonomische Bewertung der Effektivität von Sanktionen ist es entscheidend, wie sich die Verstöße und deren staatliche Verfolgung auf die Wohlfahrt der gesamten Gesellschaft auswirken. Im Kontext des Sanktionsrechts muss die Wohlfahrt W als Aggregierung des Nutzens aller Gesellschaftsmitglieder[467] die erzielten Gewinne der Täter aus dem Verstoß (G, unter a., S. 106 ff.) abzüglich der verursachten Schaden der Opfer (H, unter b., S. 111 ff.) und sozialen Kosten (S, unter c., S. 124 ff.) sowie der Kosten der Verfolgung (e, unter d., S. 126 ff.) enthalten. Dies kann in folgender, vereinfachter Formel dargestellt werden:[468]

$$W = G - H - S - e$$

a. Gewinne der Täter

aa. Berücksichtigung in einer Formel

Die potentiellen Gewinne, die ein Täter aus einem Verstoß erwartet, unterscheiden sich zwischen den verschiedenen Tätern in der Gesellschaft. Dies wird in der ökonomischen Theorie mit einer Dichtefunktion der Gewinnverteilung in der Gesellschaft modelliert, $z(g)$.[469] Auf der x-Achse ist hier die Höhe des erwarteten Gewinns abgetragen, auf der y-Achse als Funktionswert der Anteil der Bevölkerung, der diesen Gewinn erwartet. Im folgenden Diagramm 3 ist eine willkürliche Dichtefunktion als Beispiel dargestellt.

---

467 Vgl. dazu oben Teil 3.B.I.3.a., S. 98.

468 *Polinsky/Shavell,* J. Econ. Lit. 38 (2000), 45, 49; *Garoupa,* J. Econ. Surv. 11 (1997), 267, 269 ff.

469 *Polinsky/Shavell,* J. Econ. Lit. 38 (2000), 45, 49; *Polinsky/Shavell* in: Polinsky/Shavell, Handbook of law and economics, S. 403, 407; *Bebchuk/Kaplow,* Int'l Rev. L. & Econ. 13 (1993), 217, 219; *Friehe,* Int'l Rev. L. & Econ. 28 (2008), 150, 151.

Diagramm 3: „Gewinnverteilung"

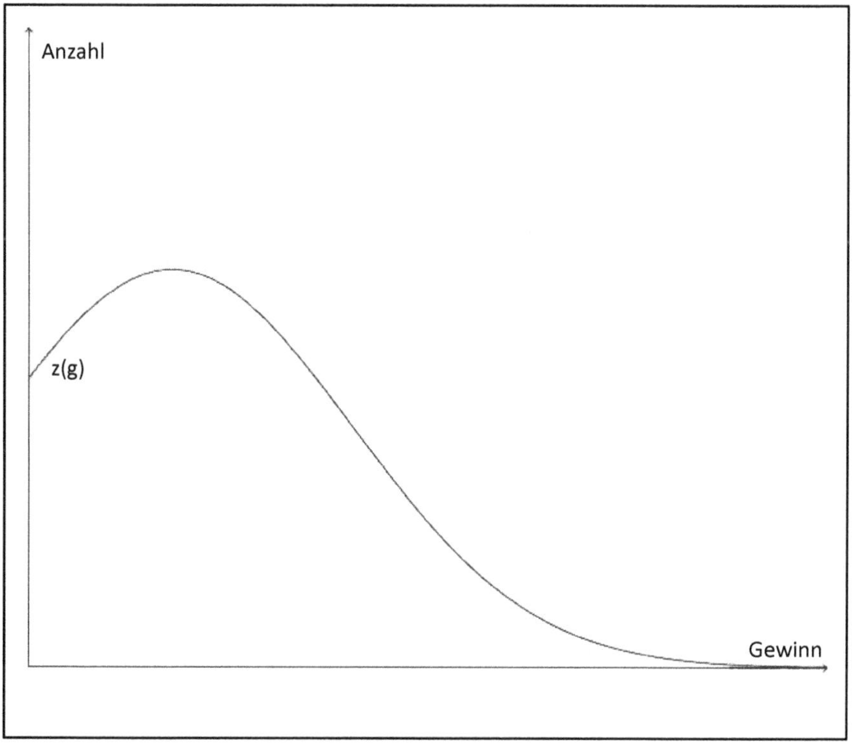

Quelle: eigene Erstellung

Hier hat die Mehrzahl der Bevölkerung am Scheitelpunkt der Funktion einen relativ geringen erwarteten Gewinn und sehr wenige Individuum einen hohen Gewinn. Die Stammfunktion $Z(g)$ der Dichtefunktion stellt die kumulierte Verteilung des Gewinns in der Bevölkerung dar.[470]

Multipliziert man die Anzahl der Personen mit ihrem Gewinn $g \cdot z(g)$, so erhält man den gesamten Gewinn der Gruppe mit diesem erwarteten Gewinnlevel. Addiert man diese Summen aller Gewinnlevel, so erhält man den gesamten erwarteten Gewinn der Gesellschaft. Dies geschieht durch das Integral $\int g \cdot z(g)\, dg$. Da ein Individuum einen Verstoß nur begeht, wenn sein erwarteter

470 *Polinsky/Shavell* in: Polinsky/Shavell, Handbook of law and economics, S. 403, 410; *Garoupa*, J. Econ. Surv. 11 (1997), 267, 269. Das heißt, sie gibt für jedes Gewinnlevel g die Anzahl der Individuen an, die dieses oder ein niedrigeres Gewinnlevel erwarten.

Gewinn den erwarteten Unnutzen der Sanktion übersteigt, existiert ein kritisches Level $\tilde{g} = \overline{p} \cdot \left(\overline{f} + \lambda\right)$, ab dem die Individuen den Verstoß begehen und den Gewinn tatsächlich erzielen. Die Fläche oberhalb dieses Wertes stellt den durch Verstöße erzielten Gewinn in der Gesellschaft dar. Diese ist im Diagramm 4 durch die gefüllte Fläche dargestellt. Die durch die Verstöße erzielten Gewinne lassen sich daher durch ausdrücken.[471]

$$G = \int_{\tilde{g}}^{\infty} g \cdot z(g) dg$$

Diagramm 4: „Gesamtgewinn"

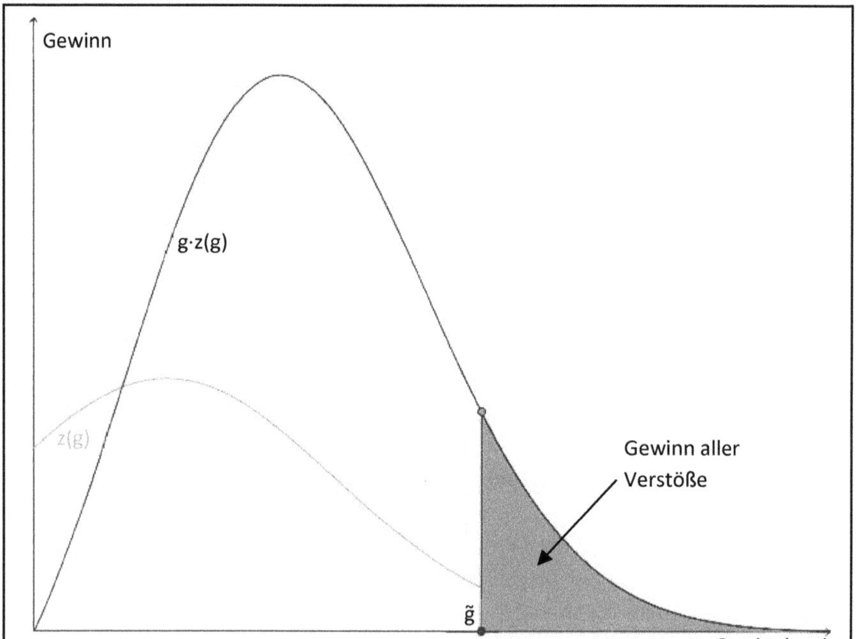

Quelle: eigene Erstellung

471 *Polinsky/Shavell*, J. Econ. Lit. 38 (2000), 45, 49; *Polinsky/Shavell* in: Polinsky/Shavell, Handbook of law and economics, S. 403, 408.; ähnlich *Garoupa*, J. Econ. Surv. 11 (1997), 267, 269.

bb. Gewinne im Kartellrecht

Im Kontext der Sanktionierung von Wettbewerbsverstößen sind die Gewinne der Täter die zusätzlichen Einnahmen, die auf den Normverstoß zurückzuführen sind. Die Auswirkungen einer wettbewerbswidrigen Absprache auf den Marktpreis und die abgesetzte Menge werden in der Ökonomie in der Preistheorie beschrieben.

Diagramm 5: „Gewinn aus Verstoß"

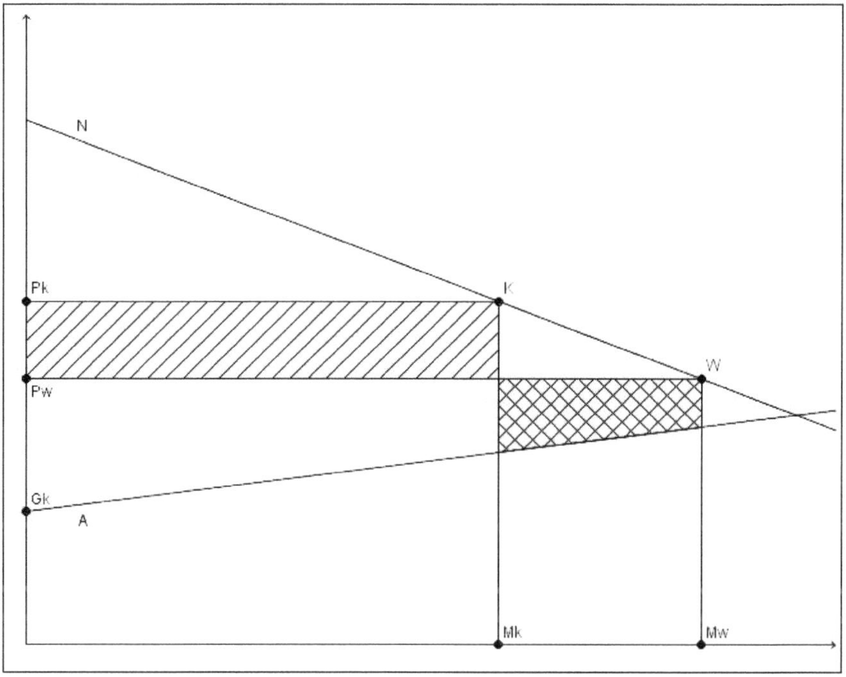

Quelle: eigene Erstellung

In dem Diagramm 5 ist die Zahlungsbereitschaft der Konsumenten (Nachfragekurve N) und der verlangte Preis der Produzenten (Angebotskurve A) in Abhängigkeit von der produzierten Gütermenge dargestellt. Der Schnittpunkt der beiden Graphen zeigt den optimalen Preis und die optimale produzierte Gütermenge im perfekten Wettbewerb an.[472] Da in der tatsächlichen Wettbewerbssituation immer

472 *Mankiw/Taylor,* Volkswirtschaftslehre, S. 412 ff.; *Tirole,* Industrieökonomik, S. 146 f.; *Varian,* Mikroökonomik, S. 516 f.

einige Ineffizienzen auftreten, liegt das hypothetische Wettbewerbsgleichgewicht W leicht darüber.[473] In einem Kartell können die Mitglieder durch eine direkte Beeinflussung des Preises oder der Absatzmenge das neue Marktgleichgewicht K erreichen.[474] Diese Verschiebung des Marktgleichgewichts hat zwei Effekte. Zum einen erhöht sich der Preis des Produktes von Pw auf Pk (Preiseffekt).[475] Pro abgesetzter Menge erhalten die Kartellanten daher mehr Geld. Zum anderen können die Kartellanten eine geringere Menge an Produkten absetzen, da bei einem höheren Preis weniger Konsumenten bereit sind das Produkt zu kaufen (Mengeneffekt);[476] die abgesetzte Menge sinkt von Mw auf Mk. Der Gewinnzuwachs durch den Preiseffekt ist durch die einfach schraffierte Fläche gekennzeichnet. Der Gewinnrückgang durch den Mengeneffekt ist durch die zweifach schraffierte Fläche dargestellt. Ein Kartell lohnt sich daher für die beteiligten Unternehmen, wenn der Zuwachs durch den Preiseffekt größer ist als der Rückgang durch den Mengeneffekt.[477] Neben diesen direkten Gewinnen können die Kartellanten auch indirekte Gewinne erzielen. Ein vertikal integriertes Unternehmen könnte durch den Mengenrückgang auf einem nachgelagerten Markt zusätzliche Gewinne durch den resultierenden Preisanstieg erzielen. Darüber hinaus könnte man auch argumentieren, dass die Kartellanten aufgrund des gesunkenen Wettbewerbsdrucks weniger in die Qualitätssicherung oder die Entwicklung der Produkte investieren müssen.

Die Gewinne durch Fest- oder Mindestpreisvorgaben eines Herstellers oder die missbräuchliche Erhöhung von Verkaufspreisen durch marktbeherrschende Unternehmen lassen sich ebenfalls durch das Diagramm 5 beschreiben.[478] Die Auswirkungen von Wettbewerbsverstößen, die den Preis oder die Menge eines Produktes nicht direkt beeinflussen, sind allerdings schwieriger zu bestimmen. Bei wettbewerbswidrigen Produktions- oder Forschungsvereinbarungen, Vertriebsvereinbarungen oder Treuerabatten kann beispielsweise kein direkter

---

473 *Bongard,* WuW 2010, 762, 764.

474 *Bongard,* WuW 2010, 762, 764; *Haucap/Stühmeier,* WuW 2008, 413, 415. Vgl. auch *Tirole,* Industrieökonomik, S. 147; *Varian,* Mikroökonomik, S. 516 f.

475 *Bongard,* WuW 2010, 762, 764; *Haucap/Stühmeier,* WuW 2008, 413, 415; *Inderst/Maier-Rigaud/Schwalbe* in: Fuchs/Weitbrecht, Handbuch der privaten Kartellrechtsdurchsetzung (in Veröffentlichung); *Mankiw/Taylor,* Volkswirtschaftslehre, S. 412 ff.

476 *Bongard,* WuW 2010, 762, 764; *Haucap/Stühmeier,* WuW 2008, 413, 415; *Inderst/Maier-Rigaud/Schwalbe* in: Fuchs/Weitbrecht, Handbuch der privaten Kartellrechtsdurchsetzung (in Veröffentlichung); *Mankiw/Taylor,* Volkswirtschaftslehre, S. 412 ff.

477 *Bongard,* WuW 2010, 762, 765 f.; *Theurer,* Geldbußen im EU-Wettbewerbsrecht, S. 53.

478 *Schwalbe,* WuW 2011, 1197, 1205 f.

Effekt auf den Markpreis oder die Absatzmenge identifiziert werden. Diese wettbewerbswidrigen Verhaltensweisen und Praktiken führen jedoch alle zu einem reduzierten Wettbewerbsdruck für die beteiligten Unternehmen. Dies hat letztlich einen höheren Preis bzw. eine geringere Absatzmenge zur Folge.[479] Mithin lassen sich die grundsätzlichen Folgen anderer Zuwiderhandlungen auch durch das Diagramm 5 beschreiben. Die konkreten, indirekten Auswirkungen auf den Preis und die Menge sind hingegen nicht zu ermitteln.

b. Schäden der Opfer

aa. Berücksichtigung in einer Formel

Das Standardmodell der öffentlichen Rechtsdurchsetzung geht zur Vereinfachung davon aus, dass jeder Verstoß den gleichen Schaden h bei den Opfern verursacht.[480] Der gesamte verursachte Schaden lässt sich unter dieser Annahme als Produkt der Zahl der Verstöße und dem Schaden h darstellen. Die Gesamtzahl der Verstöße lässt sich mit der Stammfunktion $Z(g)$ ermittlen. Für das kritische Gewinnlevel $\tilde{g}$, ab dem die Individuen Verstöße begehen, zeigt sie die Gesamtzahl der Individuen an, die darunter liegen. Die Gesamtbevölkerung abzüglich derjenigen, die keinen Verstoß begehen, ergibt daher die Gesamtzahl der Verstöße:[481]

$$H = \left[1 - Z\left(\tilde{g}\right)\right] \cdot h$$

bb. Schäden im Kartellrecht

Die Schäden, die den Geschädigten von Kartellrechtsverstößen entstehen, liegen in den negativen wirtschaftlichen Folgen der kartellrechtswidrigen Handlung der Täter.

---

479 Vgl. auch *Bongard,* WuW 2010, 762, 764 Fn. 6.

480 Implizit in *Polinsky/Shavell,* J. Econ. Lit. 38 (2000), 45, 49; *Polinsky/Shavell* in: Polinsky/Shavell, Handbook of law and economics, S. 403, 407 f. Verschiedene Schadenslevel könnten analog zur Berücksichtigung verschiedener Gewinne durch eine Dichtefunktion implementiert werden, vgl. *Garoupa,* J. Econ. Surv. 11 (1997), 267, 269. Da dies die Darstellung erschwert ohne sich auf die Aussagekraft der Ergebnisse auszuwirken, wird im Folgenden ein einheitlicher Schaden angenommen.

481 Zur Vereinfachung ist die Gesamtbevölkerung auf 1 normiert, sodass $F(\tilde{g})$ den Anteil an der normalisierten Bevölkerung angibt, vgl. *Persson/Siven,* Int'l Econ. Rev. 48 (2007), 211, 214; *Polinsky/Shavell,* J. Publ. Econ. 24 (1984), 89, 92; *Polinsky/Shavell,* J. Econ. Lit. 38 (2000), 45, 49; *Shavell,* Int'l Rev. L. & Econ. 12 (1992), 345, 347.

aaa. Schäden nach der ökonomischen Theorie

Die ökonomische Preistheorie kann auch zur Abschätzung der Schäden im Kartellrecht herangezogen werden.[482] Im Diagramm 6 ist die Zahlungsbereitschaft der Konsumenten (Nachfragekurve N) und der verlangte Preis der Produzenten (Angebotskurve A) in Abhängigkeit von der produzierten Gütermenge dargestellt. Die Situation unter Wettbewerbsbedingungen wird durch den Punkt W dargestellt. Die Menge Mw eines Gutes wird zum Preis Pw abgesetzt. Bei wettbewerbswidrigen Absprachen verringert sich die abgesetzte Menge auf Mk (Mengeneffekt) und der gezahlte Preis auf Pk (Preiseffekt). Dies repräsentiert das neue Marktgleichgewicht K bei kartellrechtswidrigen Absprachen.

Diagramm 6: „Schaden aus Verstoß"

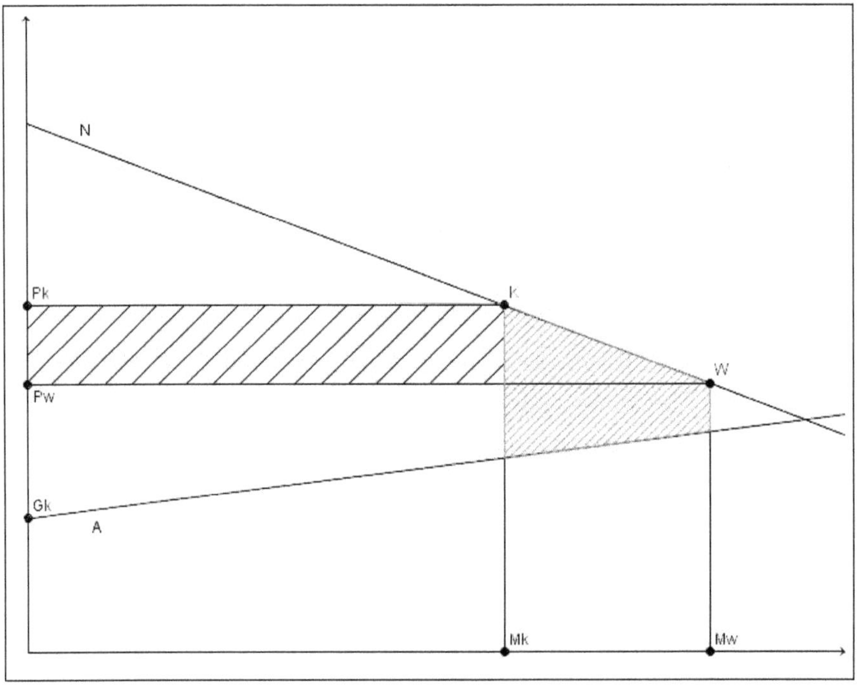

Quelle: eigene Erstellung

Durch den Preiseffekt müssen die Konsumenten, die das Produkt erwerben, mehr zahlen als unter Wettbewerbsbedingungen. Dieser Betrag korrespondiert

482 Siehe dazu unter Teil 3.B.II.2.a.bb., S. 109 ff.

mit den Gewinnen der Kartellanten (Umverteilungsschaden).[483] Diese Fläche ist im Diagramm 6 breit schraffiert dargestellt. Darüber hinaus wären zum Wettbewerbspreis mehr Konsumenten bereit, das Produkt zu kaufen. Sie müssen aufgrund des Kartells auf den Nutzen des Produktes verzichten. Der volkswirtschaftliche Verlust durch diesen Mengeneffekt wird *„dead weight loss“* genannt.[484] Im Diagramm 6 ist diese Fläche eng schraffiert. Neben diesen allokativen Ineffizienzen führt ein Kartell noch zu produktiven und dynamischen Ineffizienzen.[485] Durch den Rückgang des Wettbewerbsdrucks haben die beteiligten Unternehmen keinen Anreiz mehr, die effektivsten Produktionstechnologien zu verwenden und in die Entwicklung neuer Produkte zu investieren. Dadurch können sich ineffektive Unternehmen im Markt halten, die unter Wettbewerbsbedingungen austreten müssten, und der allgemeine technologische Fortschritt wird gebremst.[486] Darüber hinaus hat das Kartell auch mittelbare Auswirkungen auf andere Marktstufen.[487] Zum einen geben die direkten Abnehmer des Kartells den erhöhten Preis zumindest teilweise an nachfolgende Marktstufen weiter.[488] Zum anderen können Wettbewerber, die kein Teil des Kartells sind, oder Hersteller

---

483 *Bongard,* WuW 2010, 762, 764 f.; *Ellger* in: FS Möschel, S. 191, 195; *Inderst/Maier-Rigaud/Schwalbe* in: Fuchs/Weitbrecht, Handbuch der privaten Kartellrechtsdurchsetzung (in Veröffentlichung); *Haucap/Stühmeier,* WuW 2008, 413, 415 f.; Monopolkommission, XIX. Hauptgutachten, BT-Drs. 17/10365, S. 231; *Theurer,* Geldbußen im EU-Wettbewerbsrecht, S. 52 f.

484 *Bongard,* WuW 2010, 762, 764 f.; *Ellger* in: FS Möschel, S. 191, 195 f.; *Inderst/Maier-Rigaud/Schwalbe* in: Fuchs/Weitbrecht, Handbuch der privaten Kartellrechtsdurchsetzung (in Veröffentlichung); *Haucap*/Stühmeier, WuW 2008, 413, 415 f.; *Hüschelrath,* W.Comp. 35 (2012), 121, 123 ff.; Monopolkommission, XIX. Hauptgutachten, BT-Drs. 17/10365, S. 231; *Theurer,* Geldbußen im EU-Wettbewerbsrecht, S. 47 f.

485 *Bongard,* WuW 2010, 762, 766; *Kerber/Schwalbe* in: MünchKommEUWettR, Einl. Rn. 132 ff.; Monopolkommission, XIX. Hauptgutachten, BT-Drs. 17/10365, S. 231.

486 *Doose,* ZWeR 2014, 282, 285; *Kerber/Schwalbe* in: MünchKommEUWettR, Einl. Rn. 132 ff.; *Hüschelrath,* W.Comp. 35 (2012), 121, 131 ff.; *Theurer,* Geldbußen im EU-Wettbewerbsrecht, S. 51 f.

487 Siehe zum Folgenden ausführlich *Friederiszick/Röller,* J. Comp. L. & Econ. 6 (2010), 595, 602 ff.; *Hüschelrath/Weigand,* Fighting Hard Core Cartels, S. 29 f.; *Inderst/Maier-Rigaud/Schwalbe* in: Fuchs/Weitbrecht, Handbuch der privaten Kartellrechtsdurchsetzung (in Veröffentlichung).

488 Sog. „Schadensweiterreichung“, vgl. *Emmerich,* Kartellrecht, § 40 Rn. 20 ff.; *Rehbinder* in: Loewenheim/Meessen/Riesenkampff/Kersting/Meyer-Lindemann, § 33 GWB Rn. 51 ff.; *Theurer,* Geldbußen im EU-Wettbewerbsrecht, S. 52 f.; *Topel* in: Wiedemann, Kartellrecht, § 50 Rn. 101 ff. Dadurch erhöht sich die Gesamtsumme des Schadens in der Regel allerdings nicht.

von Substitutgütern im Schatten des Kartells auch ihre Preise erhöhen (sog. „*umbrella effect*").[489] Dadurch werden nachgelagerte Marktstufen geschädigt, die eigentlich keinen direkten Kontakt zum Kartell haben. Des Weiteren werden die Unternehmen der vorgelagerten Marktstufe geschädigt, da die Kartellanten aufgrund des Mengeneffektes weniger Vorprodukte beziehen.

Die Auswirkungen sonstiger Kartellrechtsverstöße lassen sich wie oben beschrieben dem Grunde nach ebenfalls durch dieses Modell nachvollziehen. Ein Ausbeutungsmissbrauch durch überhöhte Preise[490] oder die Vorgabe eines Festpreises für Händler durch den Hersteller führen unmittelbar zu den oben beschriebenen Effekten. Sonstige Zuwiderhandlungen, die den Preis oder die produzierte Menge eines Gutes nur mittelbar beeinflussen, dienen letztlich der Reduzierung des Wettbewerbsdrucks. Dies führt indirekt zu einer Erhöhung des Preises und einer Reduzierung der Absatzmenge.[491]

In einer Studie für die Kommission aus dem Jahre 2007 wurden die gesamten volkswirtschaftlichen Schäden von Kartellen in der Europäischen Union abgeschätzt. Dies umfasst Kartelle, die in die Zuständigkeit der Kommission fallen, sowie solche, die von den mitgliedstaatlichen Behörden verfolgt werden. Danach wird durch Kartelle in der Europäischen Union jährlich ein Schaden von 16,2 Mrd. € bis 261,22 Mrd. € verursacht. Dies entspreche 0,15 % bis 2,3 % des europäischen Bruttoinlandsproduktes.[492] Diese Schätzungen umfassen jedoch nur den Umverteilungsschaden und den allgemeinen Wohlfahrtsverlust (*dead weight loss*) durch Kartelle.[493] Die übrigen beschriebenen Schäden fließen in

489 *Coppik/Haucap*, WuW 2016, 50 ff.; *Friederiszick/Röller*, J. Comp. L. & Econ. 6 (2010), 595, 602 ff.; *Hüschelrath/Weigand*, Fighting Hard Core Cartels, S. 29 f.; *Inderst/Maier-Rigaud*, WuW 2014, 1043 ff.; *Theurer*, Geldbußen im EU-Wettbewerbsrecht, S. 53 f. *Laitenberger/Smuda*, J. Comp. L. & Econ. 11 (2015), 955, 971 ermitteln einen Preisaufschlag „im Schatten des Kartells" von ca. 2,6 %.

490 Ausdrücklich *Inderst/Maier-Rigaud/Schwalbe* in: Fuchs/Weitbrecht, Handbuch der privaten Kartellrechtsdurchsetzung (in Veröffentlichung). Vgl. auch BKartA, Beschluss vom 4.6.2012, Az. B 8-40/10, Rn. 82 ff. – *Entgelte im Rahmen einer Wasserversorgung*.

491 Zum Behinderungsmissbrauch siehe *Inderst/Maier-Rigaud/Schwalbe* in: Fuchs/Weitbrecht, Handbuch der privaten Kartellrechtsdurchsetzung (in Veröffentlichung). Zu Kampfpreisen siehe *Landes*, U. Chic. L. Rev. 50 (1983), 652, 670 ff., der davon ausgeht, dass diese nur Schaden beim marktbeherrschenden Unternehmen erzeugen.

492 *Renda*, Making antitrust damages actions more effective in the EU: welfare impact and potential scenarios, S. 96.

493 *Renda*, Making antitrust damages actions more effective in the EU: welfare impact and potential scenarios, S. 96.

diese Abschätzung nicht ein.[494] Für Schäden durch sonstige wettbewerbsbeschränkende Verhaltensweisen oder Praktiken existieren keine Schätzungen.

bbb. Verhältnis von Gewinn und Schaden

Für die Theorie der öffentlichen Rechtsdurchsetzung ist es darüber hinaus wesentlich, ob die Gewinne aus einem Verstoß den Schaden übersteigen.

Im Falle von klassischen Kartellen wird der Gewinn der Kartellanten immer dadurch geschmälert, dass eine geringere Menge abgesetzt werden kann. Dieser Mengeneffekt erhöht darüber hinaus aber den Schaden der Gesellschaft. Klassische Kartelle richten daher grundsätzlich mehr Schaden an, als sie den Kartellanten nutzen.[495] Dies gilt ebenso für die Ausbeutung durch marktbeherrschende Unternehmen.[496]

Aber auch bei anderen Wettbewerbsbeschränkungen kann der erwartete Gewinn der beteiligten Unternehmen den Schaden nicht übersteigen, da diese Zuwiderhandlungen sonst nach Art. 101 Abs. 3 AEUV bzw. § 2 GWB gerechtfertigt wären und nicht mit einer Geldbuße belegt werden dürften. Gegen diese Argumentation könnte allerdings eingewendet werden, dass die Verbraucher an den Effizienzvorteilen im Sinne des Art. 101 Abs. 3 AEUV angemessen beteiligt werden müssen.[497] Danach kann eine Rechtfertigung versagt werden, obwohl für die Unternehmen enorme Vorteile entstünden. Diese könnten den Schaden übersteigen. Dies könnte beispielsweise der Fall sein, wenn Wettbewerber die

---

494 Diese Zahlen können allerdings nur als grobe Richtwerte verstanden werden. Dies zeigt schon die enorme Spannweite zwischen den angegebenen Grenzwerten. Darüber hinaus werden die Werte unter äußerst engen Annahmen errechnet. Es werden die verhängten Bußgelder zugrunde gelegt und angenommen, dass diese zwischen 30 und 70 % des tatsächlichen Preisaufschlages betragen und nur 15 bis 30 % aller Kartelle entdeckt werden. Der allgemeine Wohlfahrtsverlust soll konstant 50 % des Preisaufschlages betragen, vgl. dazu *Renda,* Making antitrust damages actions more effective in the EU: welfare impact and potential scenarios, S. 95. Wie später ausführlich dargestellt, sind die Ergebnisse der zugrundeliegenden Studien über die Entdeckungswahrscheinlichkeit und den kartellbedingten Preisaufschlag nicht ohne Einschränkungen zu verwenden, siehe unter Teil 5.A.II., S. 269 ff. und Teil 5.A.III., S. 303 ff.

495 Ebenso *Combe/Monnier,* Anti. Bull. 56 (2011), 235, 246; *Hüschelrath/Müller/Veith,* J. Comp. L. & Econ. 9 (2013), 97, 98.

496 *Schwartz,* Geo. L. J. 68 (1980), 1075, 1081 f.

497 Vgl. zu diesem Merkmal *Schneider* in: Langen/Bunte, § 2 GWB Rn. 40 ff.; *Ellger* in: Immenga/Mestmäcker, Art. 101 Abs. 3 AEUV Rn. 222 ff.; *Fuchs* in: Immenga/Mestmäcker, § 2 GWB Rn. 89 ff.; *Lübbig* in: Wiedemann, Kartellrecht, § 8 Rn. 75.

Produktion ihrer Waren zusammenlegen und die entstehenden Größenvorteile nicht an die Verbraucher weitergeben.[498] Sofern die gemeinsame Produktion nicht zu einer Preiserhöhung führt, ist aus ökonomischer Sicht kein Schaden für die Gesellschaft entstanden, der mit einem Bußgeld belegt werden müsste.[499] Eine Entschädigung findet nach der ökonomischen Theorie nämlich grundsätzlich nicht statt. Mithin ist es unbedeutend, welchem Individuum ein Vorteil zuteilwird, solange er irgendeinem Individuum zugutekommt.[500] Durch die Bestimmung des Art. 101 Abs. 3 AEUV hat der Unionsnormgeber jedoch die fehlende Weitergabe als schädlich bewertet. Würde die Verhängung eines Bußgeldes in dem Fall ausscheiden, würde diese Wertung unterlaufen. Daher muss der Betrag, der nicht an die Verbraucher weitergegeben wurde, auch als Schaden gelten. Im Kartellrecht kann daher davon ausgegangen werden, dass der Schaden einer nicht gerechtfertigten Zuwiderhandlung deren Gewinn übersteigt.

cc. Sanktionierung „vorteilhafter" Verstöße?

Die ökonomische Theorie suggeriert, dass auch solche Verstöße mit einer Sanktion belegt werden, die im Saldo für die Gesellschaft vorteilhaft sind. Diese Herangehensweise steht im Konflikt mit der juristischen Praxis, dass solche Verstöße als gerechtfertigte Taten grundsätzlich nicht sanktioniert werden.

aaa. Ökonomische Sichtweise

Die ökonomische Theorie der Rechtsdurchsetzung geht davon aus, dass es Verstöße gibt, bei denen die Gewinne der Täter die verursachten Schäden übersteigen. Dies seien wünschenswerte Verstöße, da sie die gesellschaftliche Wohlfahrt

---

498 *Wollmann/Schedl* in: MünchKommGWB, Art. 81 EG Rn. 147 ff.

499 Dies gilt auch nach dem zivilrechtlichen Schadensbegriff, der den Vergleich der Vermögenslagen mit und ohne dem schädigenden Ereignis erfordert, vgl. *Bechtold/Bosch,* GWB, § 33 GWB Rn. 29; *Bornkamm/Tolkmitt* in: Langen/Bunte, § 33a GWB Rn. 33; *Topel* in: Wiedemann, Kartellrecht, § 50 Rn. 89. Ohne die Wettbewerbsbeschränkung wären die Größenvorteile gar nicht entstanden, sodass die Verbraucher durch das schädigende Ereignis nicht schlechter gestellt sind.

500 Zum kartellrechtlichen Kontext *Landes,* U. Chic. L. Rev. 50 (1983), 652, 653; *Schwartz,* Geo. L. J. 68 (1980), 1075, 1087. Allgemein zur Wohlfahrtsökonomik *Eidenmüller,* Effizienz, S. 156 ff.; *Kleinewefers,* Wohlfahrtsökonomie, S. 170; *Kaplow/Shavell,* Fairness v. welfare, S. 25 Fn. 16; *Schäfer/Ott,* Ökonomische Analyse, S. 19 ff.; *Veljanovski,* Economic principles of law, S. 33. Speziell zur Kompensation durch das Schadensersatzrecht *Kaplow/Shavell,* Fairness v. welfare, S. 102 ff.; *Kaplow/Shavell,* Am. L. & Econ. Rev. 1 (1999), 63, 70. Vgl. dazu auch die Ausführungen unter Teil 3.B.I.3., S. 98 ff.

im Saldo steigerten.[501] Als Beispiel wird der Diebstahl von Essen aus einer einsamen Hütte genannt, welches einen verirrten Wanderer vor dem Verhungern rettet,[502] oder der Geschwindigkeitsverstoß, um einen Verletzten ins Krankenhaus zu befördern.[503] Nach der ökonomischen Theorie sollen auch solche Verstöße sanktioniert werden.[504] Es müsse aber bedacht werden, dass die Täter bei besonders hohen Sanktionen auch vor der Begehung dieser vorteilhaften Verstöße zurückschreckten. Diese „Überabschreckung" müsse durch geringere Sanktionen verhindert werden.[505]

Aus juristischer Sicht stellen diese wünschenswerten Verstöße Sachverhalte dar, die von Rechtfertigungstatbeständen oder gegebenenfalls Tatbestandsrestriktionen erfasst werden.[506] Sofern deren Voraussetzungen erfüllt sind, scheidet die Verhängung einer Sanktion gänzlich aus. Diesem System liefe es zuwider,

---

501 *Posner,* Colum. L. Rev. 85 (1985), 1193, 1205; *Bebchuk/Kaplow,* Int'l Rev. L. & Econ. 13 (1993), 217, 218; *Malik,* RAND J. Econ. 21 (1990), 341, 342.

502 *Posner,* Colum. L. Rev. 85 (1985), 1193, 1205 f.

503 *Malik,* RAND J. Econ. 21 (1990), 341, 342.

504 Ausdrücklich und ausführlich *Posner,* Colum. L. Rev. 85 (1985), 1193, 1205; *Friedman,* Law's order, S. 223 f. (mit Verweis auf Posner); *Hüschelrath/Weigand,* Fighting Hard Core Cartels, S. 23; *Veljanovski,* Economic principles of law, S. 243 f.; *Wils,* W.Comp. 29 (2006), 183, 192; *Wils,* W.Comp. 30 (2007), 197, 200 Fn. 22. Bei den übrigen Autoren stellt dies nur eine implizite Annahme dar. *Kaplow,* J. L. Econ. & Org. 6 (1990), 93, 96 führt aus, dass eine Handlung illegal sei, sobald sie Schaden verursache. *Malik,* RAND J. Econ. 21 (1990), 341, 342 bildet zwei Gruppen von sanktionierten Tätern g_A, deren Gewinne unter den verursachten Schäden liegen, und g_B, deren Gewinne die Schäden übersteigen. *Bebchuk/Kaplow,* Int'l Rev. L. & Econ. 13 (1993), 217, 218; *Bebchuk/Kaplow,* J. Legal Stud. 21 (1992), 365, 367; *Ben-Shahar,* Int'l Rev. L. & Econ. 17 (1997), 409, 413; *Friehe,* Int'l Rev. L. & Econ. 28 (2008), 150, 151; *Garoupa,* J. Econ. Surv. 11 (1997), 267, 273 f.; *Garoupa,* Eur. J. L. & Econ. 7 (1999), 183, 185; *Garoupa,* Eur. Econ. Rev. 45 (2001), 1765, 1767; *Garoupa/Jellal,* J. L. Econ. & Org. 20 (2004), 192, 195; *Landes,* U. Chic. L. Rev. 50 (1983), 652, 655; *Polinsky/Shavell,* J. Econ. Lit. 38 (2000), 45, 50; *Polinsky/Shavell* in: Polinsky/Shavell, Handbook of law and economics, S. 403, 407 f.; *Shavell,* Economic Analysis of Law, S. 479 f. nehmen an, dass der Gewinn eines Verstoß dessen Schaden übersteigen könne.

505 *Bebchuk/Kaplow,* Int'l Rev. L. & Econ. 13 (1993), 217, 218; *Friehe,* Int'l Rev. L. & Econ. 28 (2008), 150, 151; *Garoupa,* J. Econ. Surv. 11 (1997), 267, 273; *Polinsky/Shavell,* J. Econ. Lit. 38 (2000), 45, 50; *Polinsky/Shavell* in: Polinsky/Shavell, Handbook of law and economics, S. 403, 413.

506 *Paeffgen* in: NK-StGB, Vorb. § 32 StGB Rn. 8; *Schlehofer* in: MünchKommStGB, Vorb. § 32 StGB Rn. 8 ff.

wenn der Richter bei der Sanktionsbemessung die „positiven" Wirkungen eines Verstoßes berücksichtigte.[507] Aus juristischer Sicht werden generell nur „negative" Verstöße mit einer Sanktion belegt. Der ökonomische und der juristische Ansatz widersprechen sich in diesem Punkt daher grundlegend.

bbb. Ineffizienzen dieses Ansatzes

Ökonomen konstatieren, dass das juristische System der Ausnahmen von der Sanktionierung die Rechtsfindung verkompliziere.[508] Es sei manchmal vorteilhafter, einen Tatbestand umfassend zu definieren und somit alle Taten zu bestrafen, die Sanktion aber so zu bemessen, dass positive Verstoße trotzdem begangen werden. Dies lässt jedoch die einer Verurteilung anhaftende stigmatisierende Wirkung außer Betracht, die bei den Tätern „positiver" Verstöße zusätzliche Kosten verursacht.[509] Die tatsächlich verhängte Sanktion stellt des Weiteren ein Vielfaches des Gewinnes dar.[510] Der gesellschaftlich wünschenswerte Gewinn des Täters wird von der Geldbuße komplett aufgezehrt.[511] Die Sanktionierung „positiver" Verstöße kann daher zusätzliche, nachteilige Effekte hervorrufen.

Manche Autoren widersprechen bei der Erweiterung der ökonomischen Theorie der Rechtsdurchsetzung daher auch der Annahme, dass die ausnahmslose Sanktionierung jedes Verstoßes vorteilhaft sei. Sofern der Fall betrachtet wird, dass es der Behörde möglich sei „gute" Verstöße von „schlechten" perfekt zu unterscheiden, so sei eine Geldbuße von 0 für Täter „guter" Verstöße optimal, während die Täter

507 Aus diesem Grund lehnt *Theurer,* Geldbußen im EU-Wettbewerbsrecht, S. 292 die Verwendung der ökonomischen Theorie als Maßstab der Sanktionsermittlung im Kartellrecht gänzlich ab.

508 *Posner,* Colum. L. Rev. 85 (1985), 1193, 1206.

509 Vgl. dazu unten unter Teil 3.B.III.1.a.aa., S. 135.

510 Bei der Bemessung der Sanktion muss auch die Entdeckungswahrscheinlichkeit berücksichtigt werden, die regelmäßig deutlich unter 100 % liegt, vgl. dazu ausführlich Teil 3.B.II.3., S. 129.

511 Dieses Argument kann auch nicht mit der Behauptung entkräftet werden, dass der Gewinn weiterhin der Gesellschaft zugutekomme. Erzielte der Täter durch den Verstoß einen immateriellen Gewinn, so kann dieser durch eine Geldzahlung nicht transferiert werden. Zieht der Täter aus dem immateriellen Gewinn einen geringeren Nutzen als aus der Geldsumme, die er als Sanktion zu entrichten hat, würde er von der Begehung der Tat abgeschreckt, obwohl sie gesellschaftlich wünschenswert wäre (zur Erläuterung mit einem Beispiel siehe unten S. 119).

„schlechter“ Verstöße ihre optimale Geldbuße[512] auferlegt bekämen.[513] Dies entspricht aber exakt der juristischen Vorgehensweise der Tatbestandsrestriktionen und Rechtfertigungsnormen.[514] Da eine perfekte Unterscheidung zwischen „positiven“ und „negativen“ Taten den Gerichten und Behörden nicht möglich ist, kommt es in der Realität zur irrtümlichen Sanktionierung „positiver“ Verstöße.[515] Dies ist aber allenfalls ein Element der Kosten fehlerhafter Entscheidungen, welches auch in einem juristischen Ausnahmesystem zum Tragen kommt.[516] Darauf soll ausführlich an späterer Stelle eingegangen werden.[517] Die Möglichkeit der irrtümlichen Sanktionierung „positiver“ Verstöße ändert daher nichts an der grundsätzlichen Aussage, dass nur „negative“ Verstöße mit einer Sanktion belegt werden sollten.

Die Ineffizienzen der ökonomischen Herangehensweise werden besonders deutlich, wenn man Fälle der uneigennützigen Nothilfe betrachtet. Bei einem nächtlichen Raubüberfall wird ein Passant bedroht. Ein anderer Passant bemerkt den Überfall zufällig und eilt zur Hilfe. Er kann die Bedrohung allein dadurch abwenden, dass er den Räuber mit kräftigen Fausthieben gegen den Kopf niederstreckt. Letzter fällt daraufhin in ein lebenslanges Koma. Nach der ökonomischen Sicht ist der Retter wegen gefährlicher und schwerer Körperverletzung und je nach subjektiver Einstellung wegen versuchten Totschlags zu einer Strafe

---

512 Vgl. zu dieser optimalen Sanktion Teil 3.B.II.3., S. 129.

513 *Garoupa*, J. Econ. Surv. 11 (1997), 267, 273; *Shavell*, Am. Econ. Rev. 77 (1987), 584, 587. *Malik*, RAND J. Econ. 21 (1990), 341, 348 f. betrachtet den Fall, in dem die Täter Kosten aufwenden, um einer Entdeckung zu entgehen. Implizit wohl auch *Wilde*, Int'l Rev. L. & Econ. 12 (1992), 333.

514 Darüber hinaus widerspricht die oben dargestellte ökonomische Vorgehensweise allen vertretenen Straftheorien, die den Zweck der Strafe unter Anderem in der Vergeltung begangenen Unrechts sehen, vgl. *Joecks* in: MünchKommStGB, Einl. Rn. 75 ff.; *Kindhäuser*, Strafrecht AT, § 2 Rn. 8 ff.; *Rengier*, Strafrecht AT, § 3 Rn. 10 ff., 21 ff. Dem würde die Verurteilung von Tätern „guter“ Verstöße entgegenstehen. Zwar ist es umstritten, ob solche „Gerechtigkeitstheorien“ in der ökonomischen Diskussion überhaupt berücksichtigt werden dürfen, vgl. Teil 3.B.III.1.d., S. 157 ff. Jedenfalls müssten die Kosten dieser fundamentalen Änderung der Strafrechtslehre im wissenschaftlichen Diskurs sowie in der Ausbildung berücksichtigt werden. Diese Kosten übersteigen bei Weitem die Kosten längerer Verfahren, die durch die Prüfung der Restriktionen und Rechtfertigungsnormen entstehen.

515 So *Garoupa*, J. Econ. Surv. 11 (1997), 267, 274; *Posner*, Colum. L. Rev. 85 (1985), 1193, 1206; *Shavell*, Am. Econ. Rev. 77 (1987), 584, 588 f.

516 Vgl. auch *Bundy/Elhauge*, Mich. L. Rev. 92 (1993), 261 f.

517 Siehe unter Teil 3.B.III.1.c., S. 148.

zu verurteilen, unabhängig davon, ob er dem Opfer helfen wollte oder nicht. Auch „positive" Verstöße werden mit der vorgesehenen Sanktion belegt, damit keine komplizierte Unterscheidung zwischen „positiven" und „negativen" Verstößen vorgenommen werden müsse. Nach der Vorstellung der Ökonomen werde der Retter das Opfer trotzdem gegen den Räuber unterstützen, da sein Gewinn die drohende Sanktion übersteige. Sollte dies nicht der Fall sein, so müsse das allgemeine Strafmaß für Körperverletzungs- und Tötungsdelikte so weit gesenkt werden, bis „positive" Verstöße weiterhin begangen werden. Der Gewinn durch die Körperverletzung gegen den Räuber kommt aber in erster Linie dem Opfer des Raubüberfalls zugute. Auch die allgemeine Abschreckung vor Raubüberfällen kommt nur der Gesellschaft als Ganzes zugute. Der Retter kann nur das positive Gefühl, einem Menschen geholfen zu haben, als seinen Gewinn verbuchen.[518] Die Sanktion trifft ihn hingegen mit voller Härte. Im beschriebenen Beispiel müsste der Retter sein positives Gefühl, ein Held zu sein, höher bewerten, als eine mehrjährige Haftstrafe. Es bestehen aber erhebliche Zweifel, ob dies der Fall ist. Darüber hinaus würde dieser Status als Held durch die stigmatisierende Wirkung von Strafe wieder aufgezehrt. Es erscheint daher fraglich, ob sich Passanten noch für die Nothilfe entscheiden. Nach dem ökonomischen Ansatz müsste daher das allgemeine Strafmaß für Körperverletzungedelikte abgesenkt werden, damit diese „positiven" Verstöße weiter begangen werden. Dieses Absenken würde darüber hinaus aber auch Straftaten fördern, die nicht gerechtfertigt wären. Wie dieses Beispiel zeigt, würde der ökonomische Ansatz entweder „negative" Verstöße fördern oder vor wünschenswerten Handlungen wie der fremdnützigen Nothilfe abschrecken.

Das Beispiel aus dem Kernstrafrecht zeigt die Unzulänglichkeiten des ökonomischen Ansatzes besonders deutlich. Die Aussage gilt jedoch unvermindert auch im folgenden kartellrechtlichen Beispiel. Mehrere Wettbewerber schließen sich zu einer Forschungs- und Entwicklungsgemeinschaft zusammen und wollen zur Entwicklung neuer Produkte Informationen austauschen und die Produkte gemeinsam vermarkten und vertreiben. Im Folgenden soll davon ausgegangen werden, dass die Vorteile des technologischen Fortschritts die Nachteile der

518 Zivilrechtliche Ansprüche wie ein „Lohn" für die Rettung scheiden mangels Vertragsschluss aus. Aus einer echten berechtigten Geschäftsführung ohne Auftrag steht dem Retter allenfalls ein Aufwendungs- oder ein Schadensersatzanspruch zu; in seltenen Fällen könnten Bereicherungsansprüche bestehen, vgl. zu einem Fallbeispiel *Wieling/Finkenauer,* Fälle zum besonderen Schuldrecht, S. 109 ff. Dies sind jedoch alles Kompensationszahlungen für erlittene Einbußen und stellen keinen Gewinn dar, *Looschelders,* Schuldrecht BT, Rn. 870 f.

Koordination der Wettbewerber überwiegen. Nach der Ansicht der Ökonomen sollen die Unternehmen eine Geldbuße wegen horizontaler Absprachen auferlegt bekommen, unabhängig davon, ob durch die Entwicklungstätigkeit Vorteile für die Gesellschaft erzielt werden, die ohne Absprachen nicht erreichbar gewesen wären. Die Unternehmen begehen den Wettbewerbsverstoß nur, wenn die erwarteten Vorteile der Entwicklungskooperation, also hauptsächlich die fortschrittlichen Produkte und der technologische Vorsprung gegenüber anderen Wettbewerbern, den Sanktionsbetrag überwiegen. Dies ist jedoch davon abhängig, ob Unternehmen einen sehr unsicheren, wirtschaftlichen Erfolg durch einen Entwicklungsvorsprung höher bewerten als eine Sanktion in Form eines fest bezifferten, hohen Geldbetrages. Nach dem ökonomischen Ansatz müsste die allgemeine Sanktion für horizontale Absprachen dieser Art gesenkt werden, wenn die Unternehmen von diesem „positiven" Verstoß abgehalten würden. Auch hier würde diese Sichtweise entweder die Abschreckungswirkung gegenüber „negativen" Verstößen verringern oder „positive" Verstöße verhindern. Dies zeigt, dass eine Sanktionierung „positiver" Verstöße nicht effizient ist.

Die ökonomische Vorgehensweise setzt implizit voraus, dass alle Individuen die Gewinne aus einem bestimmten Verstoß und die Nachteile einer Sanktion gleich bewerten. Nur so könnte im Vorhinein bestimmt werden, ob eine grundsätzlich vorteilhafte Handlung trotz der Sanktion vorgenommen werde. Diese Annahme widerspricht allerdings der grundlegenden ökonomischen Erkenntnis, dass kardinale Messung von Nutzen mit der Zuweisung eines festen Zahlenwertes kaum möglich ist.[519] Nur in diesem Fall könnte eine allgemein gültige Aussage darüber getroffen werden, wie hoch der Unnutzen einer Sanktion oder der Nutzen eines Verstoßes bewertet wird. In den beiden genannten Beispielen tritt dieses Problem offen zutage. So ist nicht allgemein feststellbar, ob das positive Gefühl einer Rettung eines Menschens von allen Individuen höher bewertet wird als eine Gefängnisstrafe. Diese Abwägung fällt individuell vollkommen verschieden aus. So kann ein Individuum mit Geltungsdrang eine Haftstrafe in Kauf nehmen, um einmal als Held dazustehen. Andere hingegen – dies dürfte die Mehrzahl der Bevölkerung darstellen – werden vor einer solchen Nothilfe zurückschrecken. Im Falle der Forschungs- und Entwicklungsgemeinschaft wird der Wert einer technischen Innovation und deren Folgen zwar immer betriebswirtschaftlich beziffert. Diese Bezifferung ist aber im Wesentlichen abhängig von individuellen Wertungen. So bewertet jedes Individuum die Risiken bei dem Entwicklungsvorgang, die Forschungsgeschwindigkeit oder die

519 Vgl. dazu oben Teil 3.B.I.1.a., S. 86 und Teil 3.B.I.3.a., S. 98.

zukünftige Entwicklung des Marktes anders. Auch könnten langfristige Vorteile einer Entwicklung schlechter bewertet werden, als Bußgeldzahlungen, die sofort fällig würden. Darüber hinaus werden Individuen Vorteile, die alleine bei anderen eintreten, nicht in ihre eigene Bewertung einfließen lassen.[520] Der Vorteil eines technologischen Fortschritts, der nur bei den Verbrauchern eintritt, ohne einen finanziellen Vorteil wie höhere Preise oder eine verbesserte Wettbewerbsposition für die forschenden Unternehmen zu erzeugen, wird von diesen Unternehmen auch nicht beachtet. Die ausnahmslose Sanktionierung „positiver" Verstöße führt daher dazu, dass Handlungen, die trotz der Verursachung eines Schadens vorteilhaft für die gesamte Gesellschaft sind, nicht begangen werden. Dies kann durch den Normgeber oder die Verfolgungsbehörden nicht beeinflusst werden, da sie die individuelle Bewertung von Vor- und Nachteilen nicht erfassen können. Wenn eine Sanktion nur für „negative" Handlungen verhängt wird, so stellt sich dieses Problem der individuellen Abwägung von Vor- und Nachteilen nicht mehr. Dadurch könnte sichergestellt werden, dass eine für die Gesellschaft vorteilhafte Handlung immer begangen wird, egal wie das handelnde Individuum die Nachteile der Sanktion einschätzt.

Es fällt allerdings auf, dass Ökonomen dieses Problem des kardinalen Vergleichs von Nutzen in den Aufsätzen zur öffentlichen Rechtsdurchsetzung nicht diskutieren.[521] Nur einige Arbeiten weisen darauf hin, dass bei der Bewertung der Gewinne und Verluste aus den Verstößen die „monetären Äquivalente" maßgeblich seien.[522] Diese Formulierung impliziert jedoch, dass es eine allgemein anerkannte, kardinale Umrechnungsmethode von beispielsweise der Länge einer Gefängnisstrafe oder dem guten Gefühl eines Helden in einen Geldbetrag gäbe. Der Verweis auf einen geldwerten Ersatzbetrag verschiebt das Problem aber nur auf eine andere Stufe. Die Umrechnung in einen Geldbetrag kann nämlich nur durch einen wertenden Vorgang und nicht durch

---

520 Dies widerspräche dem Modell des *homo oeconomicus*, der alleine seinen eigenen Vorteil berücksichtigt, vgl. oben unter Teil 3.B.I.1.c., S. 88 ff.

521 Vgl. nur *Bebchuk/Kaplow,* Int'l Rev. L. & Econ. 13 (1993), 217, 218 f.; *Becker,* J. Pol. Econ. 76 (1968), 169, 176 f. zur Nutzenfunktion des Individuums bei einem Verstoß; *Polinsky/Shavell,* J. Econ. Lit. 38 (2000), 45; *Posner,* Colum. L. Rev. 85 (1985), 1193, 1206. *Kaplow/Shavell,* Fairness v. welfare, S. 454 verweisen auf *Tribe,* Phil. & Publ. Aff. 2 (1972), 66, 96 f., der das Problem ausführt, dass Ökonomen schwer bezifferbare Faktoren tendenziell ignorieren.

522 *Becker,* J. Pol. Econ. 76 (1968), 169, 179 f. zum Unnutzen einer Sanktion; *Garoupa,* J. Econ. Surv. 11 (1997), 267, 268; *Kaplow/Shavell,* Fairness v. welfare, S. 450 ff.

eine objektiv überprüfbare Berechnung erfolgen, da jeder den Vor- und Nachteilen andere Geldbeträge zuweist.[523]

Die ökonomischen Autoren suggerieren mit ihrer Vorgehensweise, dass die Prüfung von Tatbestandsmerkmalen überflüssig sei und durch eine simple mathematische Operation ersetzt werden könne. Sie verschweigen allerdings, dass zur Ermittlung des Gewinns und des Schadens rein individuelle Wertungen nötig sind, die von den Präferenzen der Individuen abhängig sind und sich daher enorm unterscheiden. Stützte man die Sanktionierung alleine auf diese variable Bewertung von Gewinnen und Schäden, würde die Beurteilung des gleichen Verstoßes willkürlich werden oder es würden Wertungen missachtet, die dem Vorteil der Gesellschaft als Ganzes dienen. Um dem vorzubeugen, sollte in allgemeingültigen Tatbestandsmerkmalen festgeschrieben werden, welche Handlungen einen Verstoß darstellen und welche Aspekte eine Strafbarkeit ausschließen.[524] Eine Sanktion wird daher nie gegen Täter „positiver" Verstöße verhängt.

ccc. „Vorteilhafte" Verstöße im Kartellrecht

Im Kartellrecht werden diese „positiven" Verstöße von den Rechtfertigungsnormen des Art. 101 Abs. 3 AEUV und der § 2 und 3 GWB sowie den Gruppenfreistellungsverordnungen erfasst.[525] Nach dem Übergang vom Freistellungssystem zum Legalausnahmesystem durch die VO 1/2003 herrscht bei betroffenen Unternehmen große Unsicherheit, ob bestimmte Tätigkeiten unter die Voraussetzungen der Freistellungstatbestände fallen und damit ein Bußgeld wegen Verstoßes gegen Art. 101 Abs. 1 AEUV oder § 1 GWB droht.[526] Gemäß Art. 1 Abs. 2 VO 1/2003 sind nach Art. 101 Abs. 1 AEUV verbotene Verhaltensweisen automatisch freigestellt,

523 Vgl. allgemein zur Schwierigkeit der Bezifferung des Nutzens im juristischen Kontext *Kaplan*, Stan. L. Rev. 20 (1968), 1065, 1069 f.

524 Es ist in der ökonomischen Theorie höchst umstritten, ob von staatlicher Seite allgemeine Wertungen vorgegeben werden dürfen, ohne dass die Individuen diese Wertvorstellungen im Einzelfall auch unterstützen, vgl. *Kaplow/Shavell*, Am. L. & Econ. Rev. 1 (1999), 63, 64; *Kaplow/Shavell*, Fairness v. welfare, S. 52 ff. Dazu ausführlicher unter Teil 3.B.III.1.d., S. 157 ff.

525 Vgl. Kommission, Leitlinien zur Anwendung von Artikel 81 Absatz 3 EG-Vertrag, ABl. 2004, Nr. C 101/97, Rn. 50, 85. Ebenso *Schneider* in: Langen/Bunte, § 2 GWB Rn. 26; *Hengst* in: Langen/Bunte, Art. 101 AEUV Rn. 379 ff.

526 *Habermeier* in: MünchKommEUWettR, Art. 81 EG Rn. 659; *Krüger*, Durchsetzung des Kartellverbots, S. 179; *Schütz* in: KK-KartR, Einl. VO 1/2003 Rn. 42. Für das deutsche Recht *Bechtold/Bosch*, GWB, § 2 GWB Rn. 10 f.; *Schneider* in: Langen/Bunte, § 2 GWB Rn. 56 f.

wenn sie die Voraussetzungen des Art. 101 Abs. 3 AEUV erfüllen. Damit sind die Freistellungsvoraussetzungen bereits auf Tatbestandsebene zu prüfen und stellen keine Rechtfertigungsvoraussetzungen dar.[527] Durch die Höhe der Geldbußen könnten daher einige Unternehmen von erlaubten, wirtschaftlich vorteilhaften Tätigkeiten abgehalten werden. Ähnliche Effekte könnten bei der missbräuchlichen Ausnutzung einer marktbeherrschenden Stellung auftreten, da auch in diesem Kontext eine Rechtfertigung möglich ist.[528] Nach obigen Ausführungen stellt dies aber nur einen Kostenfaktor fehlerhafter Entscheidungen dar. Daher ist auch im Kartellrecht bei der Sanktionsbemessung davon auszugehen, dass nur „negative" Verstöße mit einer Sanktion belegt werden. Sofern sich die Argumente der ökonomischen Autoren auf die Abschreckung „positiver" Verstöße beziehen, können sie in der vorliegenden Betrachtung nicht aufgegriffen werden.

dd. Teilergebnis

In der ökonomischen Theorie der optimalen Rechtsdurchsetzung muss davon ausgegangen werden, dass nur solche Verstöße geahndet werden, die nicht durch Tatbestandsrestriktionen oder Rechtfertigungsnormen von einer Sanktionierung ausgeschlossen sind. Im Einklang mit der juristischen Herangehensweise existieren „positive" Verstöße auf der Ebene der Sanktionsbemessung nicht. Es ist davon auszugehen, dass die Schäden durch Verstöße gegen das Kartellrecht in Form von allokativen, produktiven und dynamischen Ineffizienzen die Gewinne der Täter übersteigen.

c. Gesellschaftliche Kosten

Die Verhängung einer Sanktion verursacht bei den Verurteilten wie bei der Gesellschaft weitere Kosten. Die ökonomische Theorie der Rechtsdurchsetzung geht in einer wesentlichen Annahme davon aus, dass Geldbußen einen kostenlosen Transfer darstellen.[529] Dem Verlust der Geldsumme auf der Seite des Verurteilten stünde

---

527 *Dannecker/Biermann* in: Immenga/Mestmäcker, Art. 23 VO 1/2003 Rn. 61; *Schütz* in: KK-KartR, Art. 23 VO 1/2003 Rn. 19; *Sura* in: Langen/Bunte, Art. 23 VO 1/2003 Rn. 31.

528 Vgl. *Fuchs/Möschel* in: Immenga/Mestmäcker, Art. 102 AEUV Rn. 152 ff.; *Markert* in: Immenga/Mestmäcker, § 20 GWB Rn. 128 ff.; *K. Westermann* in: MünchKommGWB, § 20 GWB Rn. 133 f.

529 *Becker,* J. Pol. Econ. 76 (1968), 169, 180; *Garoupa,* J. Econ. Surv. 11 (1997), 267, 269; *Krüger,* Durchsetzung des Kartellverbots, S. 182; *Polinsky/Shavell,* J. Econ. Lit. 38 (2000), 45, 48; *Veljanovski,* Economic principles of law, S. 250.

ein identischer Zuwachs auf Seiten des Staates gegenüber.[530] Diese Annahme ist schon früh auf Kritik gestoßen und soll an späterer Stelle gelockert werden.[531]

Bei nicht-monetären Sanktionen – im Wesentlichen Gefängnisstrafen – liege hingegen kein reiner Transfer vor. Die Verurteilten erlitten einen Unnutzen, der dem Staat nicht spiegelbildlich zufließe. Zum einen könne der Verurteilte seiner bisherigen Arbeit nicht mehr nachgehen, sodass dessen erwartetes Einkommen als Verlust zu verzeichnen sei.[532] Darüber hinaus sei der zusätzliche Unnutzen durch die Einschränkung der Bewegungsfreiheit oder der sozialen Zustände im Gefängnis zu berücksichtigen.[533] Des Weiteren müsse der stigmatisierende Effekt einer Gefängnisstrafe auch nach deren Abbüßen berücksichtigt werden.[534] Dieser Unnutzen wird mit λ bezeichnet. Daneben muss der Staat noch zusätzliche Kosten aufwenden, um die Gefängnisgebäude und das Personal zu finanzieren.[535] Darüber hinaus sind ab einer gewissen Länge des Gefängnisaufenthalts teure Resozialisierungsprogramme nötig.[536] Diese Kosten können allgemein als soziale Kosten, die nicht bei dem Täter entstehen, zusammengefasst werden. Sie werden mit α bezeichnet. Diese Kosten sind mit der Gesamtzahl der Verurteilten zu multiplizieren. Diese allgemeine Form der Formel wird verwendet, um an späterer Stelle auch soziale Kosten einer Geldbuße einzuführen.[537]

$$S = \left[1 - Z(\tilde{g})\right] \cdot p \cdot (\lambda + \alpha)$$

---

530 Die Überweisungskosten oder Verzögerungskosten bei Zahlungsunfähigkeit seien vorerst vernachlässigbar, vgl. *Polinsky/Shavell,* J. Econ. Lit. 38 (2000), 45, 48; *Posner,* Am. Crim. L. Rev. 17 (1980), 409, 410 f. Ebenso *Krüger,* Durchsetzung des Kartellverbots, S. 182.

531 Vgl. *Posner,* Colum. L. Rev. 85 (1985), 1193, 1207 f. Siehe unter Teil 3.B.III.1.a., S. 135 ff.

532 *Becker,* J. Pol. Econ. 76 (1968), 169, 179 f.; *Cooter/Ulen,* Law & economics, S. 474; *Shavell,* Economic Analysis of Law, S. 492.

533 *Becker,* J. Pol. Econ. 76 (1968), 169, 193 f. ; *Friedman,* Law's order, S. 229; *Shavell,* Economic Analysis of Law, S. 492.

534 *Becker,* J. Pol. Econ. 76 (1968), 169, 194; *Friedman,* Law's order, S. 231 f.; *Polinsky/Shavell,* J. Econ. Lit. 38 (2000), 45, 47.

535 *Becker,* J. Pol. Econ. 76 (1968), 169, 193; *Garoupa,* J. Econ. Surv. 11 (1997), 267, 270; *Polinsky/Shavell,* J. Econ. Lit. 38 (2000), 45, 48; *Polinsky/Shavell* in: Polinsky/Shavell, Handbook of law and economics, S. 403, 410; *Polinsky/Shavell,* J. Publ. Econ. 24 (1984), 89, 92; *Shavell,* Economic Analysis of Law, S. 492.

536 *Becker,* J. Pol. Econ. 76 (1968), 169, 194.

537 Vgl. in leicht abgewandelter Form *Garoupa,* J. Econ. Surv. 11 (1997), 267, 271 f. *Polinsky/Shavell,* J. Econ. Lit. 38 (2000), 45, 49 beziehen ihre Formel alleine auf Gefängnisaufenthalte und multiplizieren die sozialen Kosten mit der Dauer des Aufenthaltes *t*.

d. *Verfolgungskosten*

Neben den geschilderten gesellschaftlichen Kosten, die durch die Vollstreckung der Sanktion entstehen, müssen ebenso die Kosten berücksichtigt werden, die durch die Verfolgung von Tätern und deren Verurteilung entstehen.[538] Diese Kosten werden durch die Variable e ausgedrückt.[539] Darunter fallen die fixen Kosten der Bereitstellung einer Verfolgungsbehörde und die Finanzierung allgemeiner Kontrollen sowie die Unterhaltung von Gerichten zur Überprüfung. Es werden aber auch die Kosten der Ermittlung im konkreten Einzelfall erfasst sowie die Kosten der Gerichtsverfahren.[540] Neben den staatlichen Ausgaben sind auch die Ausgaben der Unternehmen zu berücksichtigen, die diese aufgrund der staatlichen Verfolgung aufwenden müssen. Dies sind insbesondere die Kosten für rechtlichen Rat und anwaltliche Vertretung sowie die darauf verwendete Arbeitszeit[541] der betroffenen Mitarbeiter des Unternehmens.[542] Die ökonomische Theorie geht davon aus, dass die Entdeckungswahrscheinlichkeit p einen positiven Zusammenhang mit dem Verfolgungsaufwand des Staates aufweist.[543] Je mehr er für die Verfolgung ausgibt, desto größer ist die Entdeckungswahrscheinlichkeit und umgekehrt. Die Effektivität dieser Ausgaben nimmt aber mit steigender Höhe ab.[544] Je mehr bereits in die Verfolgung von Verbrechen investiert wurde, desto geringer ist die Steigerung der Entdeckungswahrscheinlichkeit bei jeder weiteren Investition.

---

538 *Becker,* J. Pol. Econ. 76 (1968), 169, 174 ff.

539 Die Implementierung dieser entscheidenden Variable ist ein Verdienst von Beckers Analyse, *Polinsky/Shavell,* J. Econ. Lit. 38 (2000), 45, 53 Fn. 27; *Shavell,* Economic Analysis of Law, S. 485 Fn. 15.

540 Vgl. *Polinsky/Shavell* in: Polinsky/Shavell, Handbook of law and economics, S. 403, 406; *Hüschelrath,* W.Comp. 35 (2012), 121, 142 f.

541 Ökonomisch korrekt müsste hier von Opportunitätskosten gesprochen werden. Diese umfassen den entgangenen Gewinn aus Tätigkeiten, denen diese Mitarbeiter stattdessen nachgehen könnten, ebenso *Baker,* J. Econ. Perspectives 17 (2003), 27, 42.

542 Ebenso *Baker,* J. Econ. Perspectives 17 (2003), 27, 42 f.; *Crandall/Winston,* J. Econ. Perspectives 17 (2003), 3, 5 f.; *Hüschelrath,* W.Comp. 35 (2012), 121, 143; *Hüschelrath/Weigand,* Fighting Hard Core Cartels, S. 37.

543 *Becker,* J. Pol. Econ. 76 (1968), 169, 181; *Polinsky/Shavell,* J. Econ. Lit. 38 (2000), 45, 49; *Polinsky/Shavell* in: Polinsky/Shavell, Handbook of law and economics, S. 403, 412 ff.; *Garoupa,* J. Econ. Surv. 11 (1997), 267, 269; *Shavell,* Economic Analysis of Law, S. 485 Fn. 15.

544 Vgl. nur *Bebchuk/Kaplow,* Int'l Rev. L. & Econ. 13 (1993), 217, 219; *Cooter/Ulen,* Law & economics, S. 475 f.; *Garoupa,* J. Econ. Surv. 11 (1997), 267, 269; *Polinsky/Shavell* in: Polinsky/Shavell, Handbook of law and economics, S. 403, 412.

Diese Kosten lassen sich im Kartellrecht grob abschätzen. Die Kosten der Behörden, die für die Verfolgung von Verstößen gegen das Kartellrecht aufgewendet werden, lassen sich näherungsweise durch den Anteil der verantwortlichen Abteilungen an der Gesamtzahl der Abteilungen bestimmen. Dies setzt freilich voraus, dass alle Abteilung die gleichen Ausgaben haben. In der Kommission sind 16 von 41 Abteilungen mit der Verfolgung von Verstößen gegen Art. 101, 102 AEUV beschäftigt.[545] Dieser Wert dürfte jedoch zu hoch sein, da in der Regel nur gegen Kartelle ein Bußgeld verhängt wird, während in sonstigen Fällen kein Bußgeldverfahren durchgeführt wird. Werden nur die sechs Abteilungen für die Kartellverfolgung zuzüglich einer weiteren Abteilung gezählt, um sonstige Bußgeldverfahren pauschal zu berücksichtigen, werden 17,1 % der Verwaltungsausgaben von ca. 109,8 Mio. € im Jahr 2014 für die Verfolgung von Kartellrechtsverstößen verwendet; das entspricht ca. 18,8 Mio. €.[546] Beim BKartA sind von zwölf Beschlusskammern und zwei Vergabekammern drei Beschlussabteilungen für die Verfolgung von Kartellen durch Bußgeldverfahren zuständig, zuzüglich der Sonderkommission Kartellbekämpfung. Die Bußgeldverfahren wegen anderer Verstöße werden von den für Verwaltungsverfahren zuständigen Kammern durchgeführt. Um dem gerecht zu werden, soll wieder pauschal eine Beschlusskammer in der Rechnung addiert werden. Daher werden ca. 30 % der Verwaltungsausgaben des BKartA in Höhe von ca. 29,3 Mio. € für die Verfolgung von Kartellrechtsverstößen verwendet.[547] Dies entspricht ca. 8,8 Mio. €.

Die Kosten für gerichtliche Verfahren und die Aufwendungen der betroffenen Unternehmen lassen sich hingegen nur schwer abschätzen. Die Kosten der Gerichte setzen sich aus einem Anteil des Gehalts der beteiligten Richter für die aufgewendete Arbeitszeit in der jeweiligen Instanz sowie einem Anteil der Unterhaltskosten für die Infrastruktur zusammen. Die Unternehmen müssen die Kosten der anwaltlichen Beratung und Vertretung bei den Behörden und vor den Gerichten tragen, je nachdem bis zu welcher Instanz die Entscheidung angegriffen wird. Zusätzlich müssen die Kosten für die eigenen involvierten

545 Vgl. das Organigramm der Kommission, abrufbar unter http://ec.europa.eu/dgs/competition/index_de.htm, zuletzt geprüft am 15.7.2018.

546 Vgl. den Haushaltsplan für 2018, abrufbar unter http://eur-lex.europa.eu/budget/www/index-de.htm, zuletzt geprüft am 15.7.2018.

547 Vgl. das Organigramm des BKartA, abrufbar unter http://www.bundeskartellamt.de/SharedDocs/Publikation/DE/Sonstiges/Organigramm.html, zuletzt geprüft am 15.7.2018. Vgl. für das Jahresbudget https://www.bundeskartellamt.de/SharedDocs/Publikation/DE/Jahresbericht/Jahresbericht_2016.pdf?__blob=publicationFile&v=4, zuletzt geprüft am 15.7.2018.

Mitarbeiter getragen werden. Dies betrifft zum Beispiel die für den Rechtsstreit aufgewendete Zeit der eigenen Rechtsabteilung, des Managements oder der Mitarbeiter, die vor Gericht als Zeugen aussagen. Die Ermittlung dieser Werte würde den Umfang dieser Arbeit jedoch sprengen.[548] Es ist allerdings davon auszugehen, dass insbesondere die Anwaltskosten der Unternehmen enorm sind. Dies gilt insbesondere, da jedes beteiligte Unternehmen eines Kartells diese Kosten erneut aufwenden muss, während die Behörden und Gerichte die Kosten pro Verfahren nur einmal aufwenden müssen.

e. Zwischenergebnis

Setzt man alle geschilderten Elemente der Wohlfahrtsfunktion zusammen, so erhält man folgende Funktion:[549]

$$W = \int_{\tilde{g}}^{\infty} g \cdot z(g)dg - \left[1 - Z(\tilde{g})\right] \cdot \left[h + p \cdot (\lambda + \alpha)\right] - e$$

Dieses umfassende Modell der öffentlichen Rechtsdurchsetzung soll im Folgenden auf die im Kartellsanktionsrecht relevanten Bereiche eingeschränkt werden. Da im europäischen und deutschen Kartellrecht nur eine Geldbuße verhängt werden kann, soll sich die ökonomische Theorie auch auf dieses Sanktionsmittel beschränken. Da in diesem Fall nach der oben geschilderten Annahme keine sozialen Kosten der Sanktion S gegeben sind,[550] lautet die relevante Wohlfahrtsfunktion:[551]

$$W = \int_{\tilde{g}}^{\infty} g \cdot z(g)dg - \left[1 - Z(\tilde{g})\right] \cdot h - e$$

548 In der Literatur wird nur auf eine Studie verwiesen, die diese Zahlen für die Tätigkeit der niederländischen Kartellbehörde ermittelt habt, siehe *Hüschelrath,* W.Comp. 35 (2012), 121, 144 ff.

549 Vgl. nur *Bebchuk/Kaplow,* Int'l Rev. L. & Econ. 13 (1993), 217, 219; *Garoupa,* J. Econ. Surv. 11 (1997), 267, 269 f.; *Polinsky/Shavell,* J. Econ. Lit. 38 (2000), 45, 49.

550 Diese Annahme wird unter Teil 3.B.III.1.a., S. 135 ff. gelockert.

551 Vgl. nur *Ben-Shahar,* Int'l Rev. L. & Econ. 17 (1997), 409, 414; *Friehe,* Int'l Rev. L. & Econ. 28 (2008), 150, 151; *Kaplow,* J. L. Econ. & Org. 6 (1990), 93, 98; *Polinsky/Shavell,* J. Econ. Lit. 38 (2000), 45, 50; *Polinsky/Shavell,* Am. L. & Econ. Rev. 2 (2000), 223, 228; *Shavell,* Economic Analysis of Law, S. 485 Fn. 15. Ähnlich *Becker,* J. Pol. Econ. 76 (1968), 169, 180, 190.

Es fällt auf, dass die Sanktion f oder die Entdeckungswahrscheinlichkeit p selbst die gesellschaftliche Wohlfahrt nicht direkt beeinflussen. Sie nehmen jedoch Einfluss auf das Gewinnlevel $\tilde{g}$, ab dem ein Verstoß begangen wird.[552] Wenn die Sanktion für einen Verstoß gegen das Kartellrecht bzw. dessen Entdeckungswahrscheinlichkeit erhöht wird, werden weniger Verstöße begangen.[553] Eine geringere Anzahl an Verstößen bedeutet, dass der erzielte Gewinn der Täter aber auch der verursachte Schaden der Opfer abnehmen. Gleichzeitig steigen aber die Kosten der Verfolgung der Verstöße. Dies legt nahe, dass ein optimales Verhältnis der Kostensteigerung und der Schadensverringerung existieren muss.

3. *Optimum*

Im Folgenden wird das eben angesprochene optimale Verhältnis zwischen einer Erhöhung und Verringerung von f und p dargestellt.

Der Staat kann zur Verhaltensbeeinflussung im vorliegenden Modell die Höhe der Geldbuße f und die Höhe des Verfolgungsaufwandes e variieren.[554] Indem der Staat mehr Geld für Verfolgungsbeamte, deren technische Ausstattung zur Ermittlung oder für das Gerichtssystem aufwendet oder durch normative Vorgaben weniger kostenintensive Beweise verlangt, steigt mittelbar die Entdeckungswahrscheinlichkeit p für einen Täter.

Nach der ökonomischen Theorie der öffentlichen Rechtsdurchsetzung muss die optimale Sanktion bei risikoneutralen Individuen folgende Gleichung erfüllen:[555]

$$f = \frac{1}{p} \cdot h$$

552 *Polinsky/Shavell,* J. Econ. Lit. 38 (2000), 45, 50.

553 Teil 3.B.II.1., S. 102 ff.

554 *Becker,* J. Pol. Econ. 76 (1968), 169, 177; *Polinsky/Shavell,* J. Econ. Lit. 38 (2000), 45, 53; *Garoupa,* J. Econ. Surv. 11 (1997), 267, 269; *Shavell,* Economic Analysis of Law, S. 484; *Polinsky/Shavell* in: Polinsky/Shavell, Handbook of law and economics, S. 403, 412.

555 *Becker,* J. Pol. Econ. 76 (1968), 169, 183 f.; *Garoupa,* J. Econ. Surv. 11 (1997), 267, 272; *Polinsky/Shavell,* J. Econ. Lit. 38 (2000), 45, 50; *Polinsky/Shavell* in: Polinsky/Shavell, Handbook of law and economics, S. 403, 413; *Shavell,* Economic Analysis of Law, S. 483 Fn. 11; ähnlich *Veljanovski,* Economic principles of law, S. 249 f. Dies setzt implizit voraus, dass die Behörde oder das Gericht diesen Schaden auch perfekt ermitteln kann, vgl. *Garoupa,* J. Econ. Surv. 11 (1997), 267, 272.

Danach muss die verhängte Sanktion immer ein Vielfaches des verursachten Schadens in Abhängigkeit der Entdeckungswahrscheinlichkeit darstellen. Die erwartete Sanktion ist gleich dem verursachten Schaden, $p \cdot f = h$.[556] Wählt man hingegen den Gewinn des Täters als Bezugspunkt, sollte die Geldbuße folgende Gleichung erfüllen:[557]

$$f = \frac{1}{p} \cdot g$$

Im Folgenden soll an dem Bezugspunkt des Schadens zur Darstellung der ökonomischen Theorie festgehalten werden, da alle Erweiterungen auf dieser Grundlage entwickelt wurden. Ob der Schaden oder der Gewinn Bezugspunkt einer Geldbuße im Kartellrecht sein sollte, wird an späterer Stelle ausführlich diskutiert.[558]

Geht man von einem Verstoß aus, der einen Schaden von 100 erzeugt ($h = 100$), so erfüllen verschiedene Werte für p und f die genannte Formel. Bei einer Entdeckungswahrscheinlichkeit von $p = \frac{1}{2}$ muss die Geldbuße $f = 200$ sein ($\frac{1}{\frac{1}{2}} \cdot 100 = 2 \cdot 100$). Für eine Entdeckungswahrscheinlichkeit von $p = \frac{1}{3}$ gilt $f = 300$ ($\frac{1}{\frac{1}{3}} \cdot 100 = 3 \cdot 100$) und für $p = \frac{1}{4}$ gilt $f = 400$ ($\frac{1}{\frac{1}{4}} \cdot 100 = 4 \cdot 100$) usw.

Wenn die Entdeckungswahrscheinlichkeit variabel ist und durch die Verfolgungsbehörden oder den Normgeber beeinflusst werden kann, ist das optimale Verhältnis von p und f abhängig von den Kosten, die durch deren Erhöhung oder Verringerung verursacht werden.[559] Nach der Annahme in der ökonomischen Theorie ruft die Erhöhung der Geldbuße keine sozialen Kosten hervor, die Steigerung der Entdeckungswahrscheinlichkeit verursacht jedoch enorme Verfolgungskosten.[560] Daher sei es optimal, wenn die Geldbuße auf die maximal

---

556 *Polinsky/Shavell,* J. Econ. Lit. 38 (2000), 45, 50; *Polinsky/Shavell* in: Polinsky/Shavell, Handbook of law and economics, S. 403, 413; *Shavell,* Economic Analysis of Law, S. 483; *Veljanovski,* Economic principles of law, S. 249.

557 *Garoupa,* J. Econ. Surv. 11 (1997), 267, 273; *Miceli/Bucci,* Rev. L. & Econ. 1 (2005), 71, 73; *Polinsky/Shavell,* Am. Econ. Rev. 69 (1979), 880, 882; *Shavell,* Am. Econ. Rev. 77 (1987), 584, 589.

558 Siehe unter Teil 5.A.II.1., S. 269 f.

559 *Becker,* J. Pol. Econ. 76 (1968), 169, 183; *Garoupa,* J. Econ. Surv. 11 (1997), 267, 269; *Veljanovski,* Economic principles of law, S. 250.

560 Siehe oben Teil 3.B.II.2.c., S. 124 bzw. Teil 3.B.II.2.d., S. 126.

erreichbare Höhe erhöht werde und die Entdeckungswahrscheinlichkeit entsprechend auf einen minimalen Wert gesenkt werde.[561] Dadurch könnten Verfolgungskosten eingespart werden, ohne dass die Abschreckungswirkung der Sanktion geschmälert werde. Die Obergrenze der Geldbuße bestehe in dem gesamten Vermögen des Täters. Eine weitere Erhöhung der Geldbuße hätte keinen Einfluss auf das Verhalten des Betroffenen, da er den Betrag nicht bezahlen könnte.[562] Beträgt das Vermögen eines Rechtsbrechers beispielsweise 10000 und verursacht er einen Schaden $h = 100$, so ist die optimale Geldbuße $f = 10000$ und die Entdeckungswahrscheinlichkeit $p = \frac{1}{100}$.

Sind die betroffenen Individuen risikoscheu, so ist die optimale Geldbuße nach der ökonomischen Theorie geringer als maximal.[563] Das Risiko durch die Androhung der Sanktion erzeuge bei diesen Individuen einen zusätzlichen Unnutzen, der als soziale Kosten der Geldbuße aufgefasst werden könne.[564] Würde die Sanktion nicht entsprechend gesenkt, drohe nach der überwiegenden Ansicht in der Ökonomie eine übermäßige Abschreckung positiver Verstöße.[565] Daher sei die Erhöhung der Geldbuße nicht mehr kostenfrei. Im Falle von Risikoaffinität sei die optimale Buße weiterhin maximal.[566] Das Risiko der angedrohten Sanktion erzeuge einen zusätzlichen Nutzen, der den Gewinn aus

---

561 *Becker,* J. Pol. Econ. 76 (1968), 169, 183, 193; *Polinsky/Shavell,* J. Econ. Lit. 38 (2000), 45, 53; *Polinsky/Shavell,* Am. Econ. Rev. 69 (1979), 880, 883 f.; *Polinsky/Shavell,* J. Publ. Econ. 24 (1984), 89, 93; *Polinsky/Shavell* in: Polinsky/Shavell, Handbook of law and economics, S. 403, 413 f.; *Garoupa,* J. Econ. Surv. 11 (1997), 267, 269; *Veljanovski,* Economic principles of law, S. 250; *Shavell,* Economic Analysis of Law, S. 485.

562 *Garoupa,* J. Econ. Surv. 11 (1997), 267, 269; *Polinsky/Shavell,* J. Publ. Econ. 24 (1984), 89, 93; *Polinsky/Shavell,* J. Econ. Lit. 38 (2000), 45, 50, 53; *Polinsky/Shavell* in: Polinsky/Shavell, Handbook of law and economics, S. 403, 413; *Shavell,* Economic Analysis of Law, S. 484.

563 *Garoupa,* J. Econ. Surv. 11 (1997), 267, 279; *Kaplow,* Int'l Rev. L. & Econ. 12 (1992), 3, 6; *Polinsky/Shavell,* Am. Econ. Rev. 69 (1979), 880, 884 f.; *Polinsky/Shavell* in: Polinsky/Shavell, Handbook of law and economics, S. 403, 415 f.; *Shavell,* Economic Analysis of Law, S. 486 ff.; *Veljanovski,* Economic principles of law, S. 254. Kritisch dazu *Block/Lind,* J. Legal Stud. 4 (1975), 241, 245 ff. Ähnlich *Block/Lind,* J. Legal Stud. 4 (1975), 479, 489 f. bei immateriellen Sanktionen.

564 *Polinsky/Shavell,* J. Econ. Lit. 38 (2000), 45, 54; *Shavell,* Economic Analysis of Law, S. 486 f.; *Veljanovski,* Economic principles of law, S. 254. Siehe zu alternativen Erklärungsmöglichkeiten dieses Unnutzens neben der Ablehnung von Risiko Teil 3.B.I.2.b., S 94.

565 Siehe die Nachweise in Fn. 563.

566 *Garoupa,* J. Econ. Surv. 11 (1997), 267, 279.

dem Verstoß steigere.[567] Da die Geldbuße bereits maximal sei, sei eine weitere Steigerung nicht mehr möglich.

Falls die sanktionierten Unternehmen im Kartellbußgeldrecht überwiegend risikoscheu wären, sollte trotzdem die Sanktion für risikoneutrale Individuen zugrunde gelegt werden. Wie oben bereits erläutert, hat eine übermäßige Abschreckung keine negativen Effekte, da positive Verstöße nicht sanktioniert werden.[568] Der zusätzliche Abschreckungseffekt reduziert vielmehr die Anzahl der Verstöße, ohne die Verfolgungskosten zu erhöhen. Sollten die dem Kartellrecht unterworfenen Unternehmen überwiegend risikoaffin sein, sollte sich die Sanktion auch an der Sanktion für risikoneutrale Individuen orientieren. Zum einen ist eine weitere Erhöhung der Sanktion nicht möglich.[569] Zum anderen deutet die Risikoaffinität der Unternehmen darauf hin, dass Geldbußen nicht abschreckend auf sie wirken. In diesem Fall sollten eher andere Sanktionsmethoden angewandt werden anstatt einfach eine noch höhere Geldbuße aufzuerlegen.[570] Folglich kann im Kartellsanktionsrecht bei der Sanktionsbemessung davon ausgegangen werden, dass sich die Unternehmen risikoneutral verhalten. Die so ermittelten Sanktionen sind auch dann optimal, wenn sie eine abweichende Risikoeinstellung haben.

4. *Marginale Abschreckung*

Diesem Ergebnis des Standardmodells liegt die implizite Annahme zugrunde, dass sich die betroffenen Individuen nur zwischen den Handlungsalternativen „Verstoß“ oder „kein Verstoß“ entscheiden können. Betrachtet man jedoch das Modell, dass sich die Individuen zwischen den Varianten „kein Verstoß“, „Verstoß A“ und „Verstoß B“ mit unterschiedlichem Schaden entscheiden können, so besteht ein Anreiz, immer den schwersten Verstoß zu begehen, falls sich die Individuen überhaupt für einen Verstoß entscheiden.[571] Da die Geldbuße bereits

---

567 Zu alternativen Erklärungsmöglichkeiten siehe Teil 3.B.I.2.b., S 94.

568 Vgl. unter Teil 3.B.II.2.b.cc., S. 116.

569 Dies gilt auch für den Fall, dass die optimale Sanktion nicht maximal ist. In dem Fall erzeugt eine weitere Erhöhung enorme gesellschaftliche Kosten, sodass sie abzulehnen ist, vgl. unter Teil 3.B.III.1.a., S. 135.

570 Denkbar wären hier Verpflichtungszusagen nach Art. 9 Abs. 1 VO 1/2003 bzw. § 32b Abs. 1 GWB oder Sanktionen gegen die verantwortlichen, natürlichen Personen nach § 81 Abs. 4 S. 1 GWB.

571 Grundlegend *Stigler,* J. Pol. Econ. 78 (1970), 526, 527 f. Vgl. auch *Friedman/Sjostrom,* J. Legal Stud. 22 (1993), 345, 346 f.; *Garoupa,* J. Econ. Surv. 11 (1997), 267, 277; *Polinsky/Shavell,* J. Econ. Lit. 38 (2000), 45, 63; *Shavell,* Economic Analysis of Law,

bei dem Verstoß mit dem geringsten Schaden das gesamte Vermögen des Täters umfasst, erfährt er keinen weiteren Verlust, wenn er stattdessen einen Verstoß mit einem größeren Schaden begeht. Aus diesem Grund sei es optimal, wenn die Höhe der Geldbuße mit der Höhe des verursachten Schadens anstiege und nur die Sanktion für den schädlichsten Verstoß maximal sei.[572] Bei dieser Ausgestaltung der Sanktionen ist es jedoch denkbar, dass die Sanktion für die leichtesten Verstoß so gering ist, dass gar keine Abschreckungswirkung davon ausgeht. Die marginale Abschreckung kann in solchen Fällen auch über die proportionale Erhöhung der Entdeckungswahrscheinlichkeit erreicht werden.[573] Hier sind jedoch die erhöhten Verfolgungskosten als begrenzender Faktor zu berücksichtigen.

Diese Anpassung der erwarteten Sanktion über die Höhe der Entdeckungswahrscheinlichkeit für verschiedene Schadenshöhen ist jedoch bereits in dem Standardmodell berücksichtigt.[574] Beträgt der verursachte Schaden im obigen Beispiel nämlich $h = 200$ bei einem Gesamtvermögen von 10000, so beträgt die optimale Geldbuße zwar auch $f = 10000$, aber die optimale Entdeckungswahrscheinlichkeit beträgt $p = \frac{2}{100}$. Schädlichere Verstöße führen danach nicht zu höheren Geldbußen, sondern zu einer höheren Entdeckungswahrscheinlichkeit. Nur sofern die Steigerung der Entdeckungswahrscheinlichkeit zu kostenintensiv oder eine getrennte Anpassung bei den einzelnen Delikten nicht möglich ist, sollte die Sanktionshöhe abgestuft werden.[575]

Im kartellrechtlichen Kontext bedeutet dies, dass nach dem Standardmodell alle Wettbewerbsverstöße mit einer maximalen Geldbuße belegt werden sollten; die Entdeckungswahrscheinlichkeit für Hardcore-Kartelle sollte jedoch

---

S. 519; *Shavell,* Int'l Rev. L. & Econ. 12 (1992), 345, 347 f.; *Veljanovski,* Economic principles of law, S. 252; *Wilde,* Int'l Rev. L. & Econ. 12 (1992), 333, 335 f.

572 *Friedman/Sjostrom,* J. Legal Stud. 22 (1993), 345, 352, 355; *Garoupa,* J. Econ. Surv. 11 (1997), 267; *Mookherjee/Png,* J. Pol. Econ. 102 (1994), 1039, 1045, 1058; *Shavell,* Int'l Rev. L. & Econ. 12 (1992), 345, 350 f.

573 Vgl. *Friedman/Sjostrom,* J. Legal Stud. 22 (1993), 345, 362 f.; *Polinsky/Shavell,* J. Econ. Lit. 38 (2000), 45, 63; *Shavell,* Int'l Rev. L. & Econ. 12 (1992), 345, 348 f.; *Wilde,* Int'l Rev. L. & Econ. 12 (1992), 333, 336 f.

574 Vgl. *Garoupa,* J. Econ. Surv. 11 (1997), 267, 278; *Polinsky/Shavell,* J. Econ. Lit. 38 (2000), 45, 63; *Shavell,* Economic Analysis of Law, S. 519; *Shavell,* Int'l Rev. L. & Econ. 12 (1992), 345. Insofern führt der Aspekt der marginalen Abschreckung nicht zu einer Änderung des grundlegenden Ergebnisses maximaler Geldbußen und minimaler Entdeckungswahrscheinlichkeit. Vielmehr betont dieser Aspekt die Wichtigkeit der Abstufung der erwarteten Sanktion im Verhältnis zum verursachten Schaden.

575 *Mookherjee/Png,* J. Pol. Econ. 102 (1994), 1039, 1040, 1043; *Wilde,* Int'l Rev. L. & Econ. 12 (1992), 333, 336.

besonders hoch sein. Die übrigen horizontalen und vertikalen Beschränkungen mit geringerem Schaden sollten mit einer geringeren Wahrscheinlichkeit verfolgt werden. Verstöße in der Fusionskontrolle sind noch unterhalb dieser Verstöße einzuordnen. Verstöße gegen das Verbot des Missbrauchs einer marktbeherrschenden Stellung sind je nach ihrer Schwere wie Hardcore-Kartelle oder sonstige horizontale oder vertikale Beschränkungen zu bewerten.[576] Sofern marginale Abschreckung durch eine unterschiedliche Höhe der Geldbuße erreicht werden soll, bleibt die Entdeckungswahrscheinlichkeit für alle Verstöße gleich. Die Geldbuße für Hardcore-Kartelle muss allerdings maximal sein, während sie nach dem genannten Muster für die übrigen Verstöße abnimmt.

5. *Zwischenergebnis*

Nach dem Standardmodell der ökonomischen Theorie der öffentlichen Rechtsdurchsetzung sollte die Geldbuße ein Vielfaches des verursachten Schadens betragen. Der Faktor ist der Kehrwert der Entdeckungswahrscheinlichkeit. Sind die Täter risikoneutral oder -affin, ist ein Verstoß mit einer Geldbuße gleich dem gesamten Vermögen des Täters zu belegen. Risikoscheue Täter werden bereits durch eine Sanktion abgeschreckt, die deutlich geringer als ihr Vermögen ist. Da eine übermäßige Abschreckung keine negativen Folgen hat, kann aber auch gegen risikoscheue Täter eine Sanktion in Höhe ihres gesamten Vermögens verhängt werden. Um Verfolgungskosten zu sparen, ist für die Entdeckungswahrscheinlichkeit ein entsprechend geringer Wert zu wählen, der mit der Höhe des verursachten Schadens ansteigt.

III. Erweiterungen des Standardmodells

Das Standardmodell der Theorie der öffentlichen Rechtsdurchsetzung enthält eine Vielzahl impliziter und expliziter Annahmen, die die Handhabung des Modells vereinfachen, aber auch dessen Realitätsbezug verringern.[577] Im Folgenden werden diese Annahmen gelockert, sodass mit dem ökonomischen Modell die realen Gegebenheiten[578] bei der Sanktionierung von Verstößen gegen das Wettbewerbsrecht möglichst genau abgebildet werden. Es werden Erweiterungen eingeführt, die die Höhe der Sanktion (unter 1., S. 135 ff.) und die Rolle der Entdeckungswahrscheinlichkeit betreffen (unter 2., S. 167 ff.). Darüber hinaus

---

576 Vgl. zu dieser Abstufung auch *Deselaers,* WuW 2006, 118, 125 f.

577 *Garoupa,* J. Econ. Surv. 11 (1997), 267, 271.

578 Vgl. zum Realitätsbezug ökonomischer Modelle auch *Erlei/Leschke/Sauerland,* Neue Institutionenökonomik, S. 301.

werden Besonderheiten erörtert, die im Zusammenhang mit Dauerdelikten auftreten (unter 3., S. 194 ff.).

1. *Höhe der Sanktion*

Das Ergebnis des Standardmodells, dass die Geldbuße maximal sei, beruht auf mehreren einschränkenden Annahmen. Dieses Modell wird erweitert, indem soziale Kosten der Geldbuße im Kartellrecht eingeführt werden (unter a., S. 135 ff.), ein variables Gesamtvermögen der Individuen angenommen wird (unter b., S. 143 ff.), die Möglichkeit fehlerhafter Entscheidungen berücksichtigt wird (unter c., S. 148 ff.), die Begrenzungen der Höhe der Sanktion durch verfassungs- bzw. primärrechtliche Vorgaben betrachtet wird (unter d., S. 157 ff.) und der Einfluss der Begehung von Wiederholungstaten untersucht wird (unter e., S. 160 ff.).

a. Soziale Kosten der Geldbuße

Die Kernannahme des Standardmodells zu den sozialen Kosten einer Geldbuße stützt sich auf das Argument, dass diese Sanktion nur einen kostenlosen Transfer von Geld darstelle. Dem Verlust auf der Seite des Täters stehe in gleicher Höhe ein Gewinn auf der Seite des Staates gegenüber.[579] Bereits in frühen Aufsätzen zur öffentlichen Rechtsdurchsetzung wurde diese Annahme kritisiert.[580] Als eventuelle soziale Kosten einer Geldbuße werden dabei Rufschäden (unter aa., S. 135 ff.), Kursverluste der Unternehmensaktie an der Börse (unter bb., S. 137 ff.), Insolvenzen (unter cc., S. 138 ff.) und eine Weitergabe der Geldbuße an die Konsumenten durch höhere Produktpreise (unter dd., S. 141 ff.) genannt.

aa. Rufschäden

Zum einen wird der stigmatisierende Effekt von Sanktionen als entscheidende soziale Kostenkomponente einer Geldbuße angeführt.[581] Die Auferlegung von Geldbußen kennzeichnet den Verurteilten öffentlich als Rechtsbrecher. Diese

579 Vgl. oben unter Teil 3.B.II.2.c., S. 124.

580 *Posner,* Colum. L. Rev. 85 (1985), 1193, 1207 ff.

581 *Hüschelrath/Weigand,* Fighting Hard Core Cartels, S. 38; *Posner,* Colum. L. Rev. 85 (1985), 1193, 1207; *Posner,* Economic analysis, S. 222; *Werden/Hammond/Barnett,* Anti. Bull. 56 (2011), 207, 217; *Wils,* W.Comp. 30 (2007), 197, 216. Ausführlich *Rasmusen,* J. L. & Econ. 39 (1996), 519, 532 ff.

zusätzlichen Kosten des Täters werden in der obigen Formel mit λ bezeichnet.[582] Das negative Gefühl, als Krimineller entlarvt worden zu sein, lässt sich zwar kaum ermitteln und ist bei der Sanktionierung von Unternehmen auch nicht relevant. Gerade im kommerziellen Bereich kann eine Verurteilung jedoch einen erheblichen Rufschaden bewirken, der echte finanzielle Einbußen nach sich zieht. So könnten Lieferanten oder Kunden Geschäftsbeziehungen beenden. Darüber hinaus könnten die Firma und die Marken des betroffenen Unternehmens in der öffentlichen Wahrnehmung leiden. Dies könnte den Marktwert und die Umsätze des Unternehmens erheblich belasten.[583]

Die Sanktionen im Bereich des europäischen und deutschen Kartellrechts stellen jedoch Verwaltungsstrafen dar, denen kein so großes Unwerturteil zugrunde liegt wie den Delikten des Kernstrafrechts.[584] Auch aus diesem Grunde ist ein Kartellrechtsverstoß in der öffentlichen Wahrnehmung bisher zumindest nicht mit einer wesentlichen Rufschädigung des Unternehmens verbunden. Insbesondere andere Wirtschaftsteilnehmer sind als Abnehmer oder Lieferanten häufig von den Tätern wirtschaftlich abhängig, sodass sie vor negativen Reaktionen bei entdeckten horizontalen oder vertikalen Wettbewerbsbeschränkungen oder dem Missbrauch einer marktbeherrschenden Stellung zurückschrecken.[585] Darüber hinaus ist auch nicht bekannt, dass Verbraucher bei Bekanntwerden eines Kartells zwischen Herstellern von Konsumgütern beispielsweise zum Boykott dieser Produkte aufriefen.

Diese Wahrnehmung scheint sich in den letzten Jahren jedoch umzukehren.[586] Durch die stetig wachsenden Geldbußen entwickelt sich in der Öffentlichkeit ein Bewusstsein für die Schädlichkeit und Verwerflichkeit von Wettbewerbsverstößen. Auch die langsam steigende Anzahl an Schadensersatzprozessen[587] zeigt, dass die Betroffenen zunehmend realisieren, dass alle Teilnehmer am Wirtschaftsleben durch Verstöße gegen das Wettbewerbsrecht geschädigt werden. Es steht zu erwarten, dass sich diese Entwicklung verstärkt

582 Vgl. Teil 3.B.II.2.c., S. 124.

583 *Friedman*, Law's order, S. 231.

584 Siehe unter Teil 2.A.I.2.f., S. 34 ff. und Teil 2.A.II.2.a., S. 52 ff. Vgl. *Dannecker/Biermann* in: Immenga/Mestmäcker, Vorb. § 81 GWB Rn. 2 f.; *Kiegler*, Berechnung der Bußgelder, S. 72 ff.; *Krüger*, Durchsetzung des Kartellverbots, S. 182; *König*, Anwendung strafrechtlicher Rechtsgrundsätze, S. 112.

585 Vgl. *Krüger*, Durchsetzung des Kartellverbots, S. 172.

586 *Krüger*, Durchsetzung des Kartellverbots, S. 159 f.

587 *Böge/Ost*, ECLR 27 (2006), 197 ff.; *Hüschelrath*, W.Comp. 35 (2012), 121, 157; *Schreiber*, Int'l Lawyer 44 (2010), 1157, 1171; *Weidenbach/Saller*, BB 2008, 1020 f.

fortsetzen wird, wenn die auf europäischer und deutscher Ebene forcierten Pläne zur Stärkung der privaten Kartellrechtsdurchsetzung umgesetzt werden.[588] Aus diesen Gründen wird in Zukunft der Rufschaden durch die Aufdeckung von Wettbewerbsverstößen erheblich an Bedeutung zunehmen.

Diese Rufschädigung sollte jedoch nicht als negativer Aspekt einer Sanktion und als Grund bewertet werden, diese zu verringern. Vielmehr sollte diese als zusätzlicher Abschreckungseffekt begrüßt werden. Die Rufschädigung tritt unmittelbar durch die Sanktionsverhängung ein und erfordert keine zusätzliche Aufwendung von Kosten durch den Staat. Da „positive" Verstöße nicht mit einer Sanktion belegt werden, droht auch keine übermäßige Abschreckung durch die zusätzliche Rufschädigung.[589] Daher sollte die optimale Höhe der Sanktion durch die sozialen Kosten der Rufschädigung nicht beeinflusst werden.[590]

bb. Kursverluste an der Börse

Die Sanktionierung eines börsennotierten Unternehmens aufgrund eines Verstoßes gegen das Kartellrecht kann auch erhebliche Auswirkungen auf den Aktienkurs haben.[591] In einer empirischen Studie wurden die Auswirkungen der Verfolgungstätigkeiten der Kommission auf den Kurs der Aktien betroffener Unternehmen untersucht.[592] Dazu wurde ein Modell mit drei Phasen entwickelt.[593] In der ersten Phase werden unangekündigte Untersuchungen der Kommission bei den Unternehmen mit der Wahrscheinlichkeit m durchgeführt. Wenn eine Untersuchung stattfand, erlässt die Kommission mit der Wahrscheinlichkeit o eine Bußgeldentscheidung; mit der Wahrscheinlichkeit von $1-o$ wird das Verfahren eingestellt (Phase zwei). Wurde eine Entscheidung erlassen, bestätigen

---

588 RL 2014/104/EU; Kommission, Weißbuch „Schadenersatzklagen wegen Verletzung des EG-Wettbewerbsrechts", KOM(2008) 165 endgültig. Vgl. zu den Plänen *Bornkamm/Tolkmitt* in: Langen/Bunte, Vorb. § 33 GWB Rn. 15 ff.; *Lettl,* WRP 2015, 537 ff.; *Makatsch/Mir,* EuZW 2015, 7 ff.; *Pfeffer/Rummel,* WuW 2014, 172 ff.; *Roth,* GWR 2015, 73 ff.

589 Vgl. dazu Teil 3.B.II.1., S. 102. Zur fehlerhaften Sanktionierung „positiver" Verstöße siehe Teil 3.B.III.1.c., S. 148 ff.

590 Ebenso mit anderer Begründung *Krüger,* Durchsetzung des Kartellverbots, S. 160. Ebenso positiv *Rasmusen,* J. L. & Econ. 39 (1996), 519, 536; *Wils,* W.Comp. 30 (2007), 197, 216.

591 *Aguzzoni/Langus/Motta,* J. Ind. Econ. 61 (2013), 290, 291; *Hüschelrath/Weigand,* Fighting Hard Core Cartels, S. 38.

592 *Aguzzoni/Langus/Motta,* J. Ind. Econ. 61 (2013), 290, 294 ff.

593 *Aguzzoni/Langus/Motta,* J. Ind. Econ. 61 (2013), 290, 295 f.

die Gerichte in Phase drei diese mit der Wahrscheinlichkeit von *r*, während sie sie mit einer Wahrscheilichkeit von $1-r$ aufheben.

Anhand eines Datensatzes, der die Bußgeldentscheidungen der Kommission zwischen 1969 und 2009 gegen börsennotierte Unternehmen und deren Aktienkurse enthält, werden die Auswirkungen der Ereignisse in den drei Phasen bestimmt.[594] Unangekündigte Untersuchungen führen danach zu einem Kursverlust von durchschnittlich 2,89 % (Phase 1), die Bußgeldentscheidung führt zu einem Verlust von 3,57 % (Phase 2), während die Entscheidung der Gerichte keinen signifikanten Einfluss auf den Aktienkurs haben (Phase 3).[595] Die individuellen Werte für jedes Unternehmen variieren jedoch stark, zum Teil mit positiven Veränderungen des Aktienkurses.[596] Die Ergebnisse der Studie sind daher in ihrer Aussagekraft begrenzt.

Des Weiteren haben die Autoren ermittelt, dass der nominale Betrag der Geldbuße nur zu maximal 8,9 % zu diesem Wertverlust beiträgt. Die Autoren schließen daraus, dass die Zahlungsverpflichtung des Unternehmens nicht die entscheidende Besorgnis an der Börse darstellt. Die Investoren erwarteten vielmehr, dass das Unternehmen die gewinnträchtigen, wettbewerbswidrigen Aktivitäten nicht fortsetzen könne.[597] Diese Befürchtung trage viel entscheidender zu Kursverlusten bei.

cc. Finanzielle Überbelastung

Wenn ein Täter mit einer maximalen Geldbuße belegt wird, muss darüber hinaus berücksichtigt werden, dass der verurteilte Täter als Wirtschaftssubjekt zumindest kurzfristig ausfällt. Wenn er sein gesamtes Vermögen als Sanktion zu zahlen hat, kann er jedenfalls als Nachfrager am Wirtschaftsleben zwischenzeitlich nicht mehr teilnehmen.[598] Durch diese erzwungene Insolvenz wird die gesellschaftliche Nachfrage reduziert, sodass die Anbieter keine optimale Menge ihrer Produkte mehr absetzen können. Wenn dieser Effekt nur einige natürliche Personen betrifft, ist die Auswirkung auf die gesamte Nachfrage der Gesellschaft sehr gering und kann tatsächlich vernachlässigt werden. Wenn jedoch ein Unternehmen durch eine Geldbuße in die Insolvenz getrieben wird, sind die Auswirkungen auf

---

594 Siehe zu dem Datensatz *Aguzzoni/Langus/Motta*, J. Ind. Econ. 61 (2013), 290, 299 ff.

595 *Aguzzoni/Langus/Motta*, J. Ind. Econ. 61 (2013), 290, 310 f.

596 *Aguzzoni/Langus/Motta*, J. Ind. Econ. 61 (2013), 290, 311 f.

597 *Aguzzoni/Langus/Motta*, J. Ind. Econ. 61 (2013), 290, 325 ff. Siehe auch *Hüschelrath/Weigand*, Fighting Hard Core Cartels, S. 38.

598 *Veljanovski*, Economic principles of law, S. 251.

die Volkswirtschaft sehr viel größer.[599] Zum einen kann durch den Wegfall eines Wettbewerbers der Wettbewerbsdruck auf andere Marktteilnehmer erheblich reduziert werden.[600] Dadurch kann bestehende Marktmacht gestärkt oder es können neue marktmächtige Unternehmen erzeugt werden. Zum anderen treten Unternehmen auch als Anbieter von Arbeitsplätzen auf. Durch ihre Insolvenz werden die Arbeitnehmer in die Arbeitslosigkeit gedrängt.[601] Dies belastet die sozialen Sicherungssysteme des Staates enorm und kann zu signifikanten Einbrüchen der Binnennachfrage führen. Darüber hinaus werden dadurch Investitionen in weitere Entwicklungen verhindert.[602] Aus diesen Gründen ist davon auszugehen, dass maximale Geldbußen im Bereich des Kartellsanktionsrechts enorme soziale Kosten verursachen. Diese Kosten werden in der oben genannten Formel mit α bezeichnet.[603]

Die beschriebenen Effekte der Schwächung des Unternehmens als Wettbewerber und der Gefährdung von Arbeitsplätzen tritt nicht erst ein, wenn das gesamte Vermögen eines Unternehmens durch eine Geldbuße abgeschöpft wird. Sie werden bereits durch niedrigere Geldbußen erzeugt, sofern die Fortführung der bisherigen Tätigkeit endgültig nicht erwartet werden kann und ein Marktaustritt höchst wahrscheinlich ist.[604] Bereits in solchen Konstellationen wird die Position des Täters als Wettbewerber geschwächt, wodurch es anderen Marktteilnehmern

599 Vgl. *Ackermann,* ZWeR 2010, 329, 336; *Krüger,* Durchsetzung des Kartellverbots, S. 182; *Veljanovski,* Economic principles of law, S. 251; *Werden,* ECJ 5 (2009), 19, 30 f.; *Wils,* W.Comp. 29 (2006), 183, 197.

600 *Holterhus,* WRP 2011, 1406, 1410; Kronberger Kreis, Reform der Geldbußen, S. 12; *Werden,* ECJ 5 (2009), 19, 30 f.; *Werden/Hammond/Barnett,* Anti. Bull. 56 (2011), 207, 212. Dadurch kann das Denunzieren der Wettbewerber an die Kartellbehörden zur lukrativen Wachstumsstrategie werden, vgl. auch *Crandall/Winston,* J. Econ. Perspectives 17 (2003), 3, 6. Darüber hinaus kann die Drohung mit der Anregung eines kartellrechtlichen Verfahrens genutzt werden, um von Marktteilnehmern bestimmte Verhaltensweisen zu erzwingen, vgl. *Hüschelrath,* W.Comp. 35 (2012), 121, 138.

601 *Ackermann,* ZWeR 2010, 329, 336; *Dannecker/Biermann* in: Immenga/Mestmäcker, Art. 23 VO 1/2003 Rn. 228; *Holterhus,* WRP 2011, 1406, 1409; *Theurer,* Geldbußen im EU-Wettbewerbsrecht, S. 296; *Wils,* W.Comp. 29 (2006), 183, 197.

602 Kronberger Kreis, Reform der Geldbußen, S. 12.

603 Vgl. Teil 3.B.II.2.c., S. 124.

604 Die Kommission und das BKartA verwenden in ihren Leitlinien die Formulierung, dass die Geldbuße die „wirtschaftliche Überlebensfähigkeit des Unternehmens unwiderruflich gefährden und ihre Aktiva jeglichen Wertes berauben würde." (Rn. 35 Bußgeldleitlinien der Kommission von 2006) bzw. dass eine Begleichung der Geldbuße, „ohne dass [die] Existenz [des Unternehmens] gefährdet wäre", unmöglich ist (Rn. 24 Bußgeldleitlinien des BKartA von 2006). Dies sei der Fall, wenn das betroffene Unternehmen mit

ermöglicht wird, ihre Marktmacht auszubauen. Auch Kosteneinsparungen durch Personalabbau drohen in diesen Fällen. Die Schwelle, ab der die Fortführung des Geschäfts endgültig nicht erwartet werden kann, kann bereits bei geringen Anteilen des Gesamtvermögens erreicht sein. Ein Großteil des Vermögens eines Unternehmens ist nämlich in betriebsnotwendigen Einrichtungen wie Fuhrparks, Firmengrundstücken, Maschinen oder ähnlichem gebunden. Die Liquidierung dieser Anteile würde die Wettbewerbsposition erheblich schwächen. Darüber hinaus werden erhebliche Anteile der Rücklagen und Erlöse zur Finanzierung der Produktionsfaktoren oder Investitionen benötigt.[605] Aus diesen Gründen verbleibt nur ein verhältnismäßig geringer Teil des Vermögens eines Unternehmens, der ohne soziale Kosten mit einer Sanktion belastet werden kann.[606]

Sollten für das Unternehmen allerdings unabhängig von der Geldbuße finanzielle Schwierigkeiten drohen, sollte das die Höhe der Geldbuße nicht beeinflussen. Wenn das Unternehmen nur aufgrund des geringeren Wettbewerbsdrucks durch das Kartell in dem Markt bestehen konnte, arbeitet es für einen kompetitiven Markt zu ineffizient. Die Verdrängung dieser ineffizienten Firmen zur Steigerung der volkswirtschaftlichen Wohlfahrt ist jedoch gerade der Zweck der freien Marktwirtschaft.[607] Die Folgen des Ausscheidens dieses Unternehmens stellen daher keine sozialen Kosten der Geldbuße dar und sollten nicht zu einer Begrenzung der Sanktion führen.

Das Argument im Standardmodell, dass die Geldbuße kostenfrei erhöht werden könne, während die Entdeckungswahrscheinlichkeit verringert werden könne und dadurch bei identischer Abschreckungswirkung Kosten gespart würden, ist daher nicht haltbar. Die Erhöhung der Geldbuße ist nur solange vorteilhaft, bis ihre sozialen Kosten höher sind als die Kosten der Steigerung der Entdeckungswahrscheinlichkeit.

---

höchster Wahrscheinlichkeit in nächster Zukunft aus dem Markt ausscheiden wird, *Holterhus,* WRP 2011, 1406, 1407 f. m. w. N.; *Kienapfel/Wils,* CPN (2010), 3, 6.

605 *Wils,* W.Comp. 29 (2006), 183, 196.

606 Es ist allerdings zu beachten, dass durch die Ermöglichung von Ratenzahlungen dieser Betrag erhöht und auf mehrere Jahre verteilt werden kann, vgl. Teil 5.C.II.3., S. 379 ff.

607 EuGH, Urteil vom 28.6.2005, Az. C-189/02 P u.A., Slg. 2005, I-5425, Rn. 327 – *Dansk Rørindustri*; EuGH, Urteil vom 29.6.2006, Az. C-308/04 P, Slg. 2006, I-5977, Rn. 105 – *SGL Carbon. Holterhus,* WRP 2011, 1406, 1410; *Kienapfel/Wils,* CPN (2010), 3 f.; *Motta,* ECLR 29 (2008), 209, 217; *Stockmann,* ZWeR 2012, 20, 26.

dd. Weitergabe an die Konsumenten

Des Weiteren stellt sich die Frage, ob die betroffenen Unternehmen die Bußgeldsumme über ihre Preisgestaltung an die Abnehmer weitergeben können. Diese Form von sozialen Kosten wird ebenfalls durch die Variable α in der oben genannten Formel repräsentiert.[608] Dieses Problem stellt sich naturgemäß bei der Sanktionierung natürlicher Personen nicht. Bei der Verhängung von Geldbußen gegen Unternehmen im Kartellrecht wird allerdings die Befürchtung geäußert, dass letztlich die Verbraucher die Geldbußen bezahlen.[609] Die Preisbildung eines Unternehmens wird in der Wirtschaftswissenschaft durch die Industrieökonomik beschrieben.[610] Hier herrscht die Annahme vor, dass die marginalen Produktionskosten oder Grenzkosten der Produktion für die Ermittlung des Preises entscheidend sind.[611] Darunter versteht man die Kosten, die für die Produktion einer weiteren Gütereinheit anfallen.[612] Diese variablen Produktionskosten werden jedoch durch eine einmalige Geldbuße nicht beeinflusst. Es erhöhen sich lediglich die fixen Kosten des Unternehmens. Nach dieser herkömmlichen Annahme beeinflussen Geldbußen der Wettbewerbsbehörden gegen Unternehmen die Preise der Produkte nicht direkt.[613]

Die sanktionierten Unternehmen könnten allerdings versuchen, einen höheren Marktpreis durchzusetzen. Durch die höhere Gewinnspanne könnten sie die Geldbußen begleichen, ohne beispielsweise auf Dividendenausschüttungen zu verzichten. Es ist jedoch zu beachten, dass sich die Zahlungsbereitschaft der Abnehmer nicht verändert hat und eine beliebige Preiserhöhung ohne Einbußen aufgrund

---

608 Teil 3.B.II.2.c., S. 124.

609 *Schmidt,* WuW 2012, 223; *Wils,* W.Comp. 29 (2006), 183, 197. Vgl. auch *Motta,* ECLR 29 (2008), 209, 217.

610 *Bester,* Industrieökonomik, S. 1.

611 *Bester,* Industrieökonomik, S. 29 ff.; *Mankiw/Taylor,* Volkswirtschaftslehre, S. 209 f., 314 ff.; *Pindyck/Rubinfeld,* Mikroökonomie, S. 490 ff.; *Schumann/Meyer/Ströbele,* Mikroökonomische Theorie, S. 287, 328; *Wied-Nebbeling,* Industrieökonomik, S. 24 f., 118 f.

612 *Pindyck/Rubinfeld,* Mikroökonomie, S. 132 f.; *Stiglitz/Walsh,* Mikroökonomie, S. 162; *Varian,* Mikroökonomik, S. 443.

613 A.A. *Schmidt,* WuW 2012, 223, der auf das sog. „*cost plus pricing*“ als alternatives Modell der Preisgestaltung verweist, vgl. *Al-Najjar/Baliga/Besanko,* RAND J. Econ. 39 (2008), 214, 217 ff.; *Schumann/Meyer/Ströbele,* Mikroökonomische Theorie, S. 475 ff. m. w. N. Hierbei rechnet das Unternehmen seine Gesamtkosten, also variable und fixe Kosten, auf jede produzierte Produkteinheit herunter und addiert einen beliebigen Gewinnaufschlag. Da die Geldbuße die Fixkosten beeinflusst, werde das Unternehmen bei der Verhängung einer Sanktion die Preise seiner Produkte anheben.

des Mengeneffektes nicht möglich ist.[614] Insbesondere bei Kartellen wiegt es jedoch viel schwerer, dass eine koordinierte Preiserhöhung nach Zerschlagung des Kartells erheblich erschwert ist.[615] Wenn ein ehemaliger Kartellant den Preis nicht wie die übrigen Unternehmen erhöht, werden die Konsumenten das Produkt bei ihm beziehen. Die erhöhenden Unternehmen müssen dann nicht nur die Geldbuße zahlen, sondern auch Umsatzrückgänge verkraften. Zwar kann argumentiert werden, dass die explizite Kooperation nach deren Entdeckung durch stillschweigendes Parallelverhalten ersetzt wird. Spätestens bei dem nächsten Angebots- bzw. Nachfrageschock oder ähnlichen Ereignissen können die Unternehmen aber nicht mehr auf die Koordinationsmechanismen des Kartells zurückgreifen. Ohne diese organisatorischen Mittel ist ein Parallelverhalten jedoch kaum möglich.[616] Darüber hinaus erfolgt die Aufdeckung von Kartellen zumeist durch Kronzeugen, deren Geldbuße zumindest teilweise erlassen wird. Diese Unternehmen werden daher nicht durch eine Geldbuße finanziell belastet und hätten den oben postulierten Anreiz einer Preiserhöhung nicht. Wenn diese Unternehmen niedrigere Preise als ihre Konkurrenten setzten, machen sie jeden Versuch der Überwälzung der Geldbuße der ehemaligen Kartellanten zunichte.[617] Mithin dürfte eine gemeinsame Preiserhöhung zur Finanzierung einer Geldbuße durch die betroffenen Unternehmen nur in äußerst seltenen Fällen tatsächlich stattfinden.

Sofern das sanktionierte Unternehmen allerdings eine monopolartige Stellung besitzt, fehlen diese disziplinierenden Faktoren des Wettbewerbs. Die Preissetzungsfreiheit dieses Unternehmens wird letztlich nur durch die Preiselastizität der Nachfrage begrenzt. Je unelastischer diese ist, desto eher ist ein zumindest partielles Überwälzen der Geldbuße denkbar.[618] Sofern der Missbrauch einer marktbeherrschenden Stellung durch einen (Quasi-) Monopolisten sanktioniert wird, könnte diese Überlegung einer Überwälzung eine Rolle spielen. Die Weitergabe der Geldbuße an die Konsumenten durch höhere Preise ist aber in der Regel nicht zu befürchten.

---

614 *Schmidt,* WuW 2012, 223 argumentiert aber, dass die Nachfrage in kartellierten Märkten typischerweise sehr unelastisch sei, da ein Ausweichen auf andere Produkte nicht ohne weiteres möglich sei. Daher könnten die ehemaligen Kartellanten den Preis sehr wohl erhöhen, ohne dass große Mengeneinbußen zu verzeichnen seien.

615 *Motta,* ECLR 29 (2008), 209, 218.

616 Siehe dazu *Motta,* ECLR 29 (2008), 209, 218.

617 *Motta,* ECLR 29 (2008), 209, 218.

618 Vgl. in diesem Sinne *Wils,* W.Comp. 29 (2006), 183, 197.

ee. Teilergebnis

Die Sanktionen im Bereich des Kartellrechts verursachen nicht zu vernachlässigende soziale Kosten.[619] Insbesondere die Insolvenz eines betroffenen Unternehmens würde der Gesellschaft erheblich schaden. Daher ist eine maximale Geldbuße, wie sie im Standardmodell ermittelt wurde, nicht optimal. Vielmehr sollte die Geldbuße eine Summe nicht übersteigen, ab der die Fortführung des Geschäfts endgültig nicht erwartet werden kann und ein Marktaustritt höchst wahrscheinlich ist.

b. Variables Gesamtvermögen

Das Standardmodell der Rechtsdurchsetzung geht ebenfalls davon aus, dass das Vermögen aller Täter identisch ist bzw. dass die Entdeckungswahrscheinlichkeit unmittelbar an Differenzen im Vermögen angepasst werden kann.[620] Da die optimale Geldbuße im Standardmodell das gesamte Vermögen des Täters umfasst, muss nach dieser Annahme ein geringes Vermögen durch eine entsprechend höhere Entdeckungswahrscheinlichkeit ausgeglichen werden, um die gleiche erwartete Sanktion zu erreichen. Diese Möglichkeit der individuellen Anpassung der Entdeckungswahrscheinlichkeit für jeden Täter wird in der ökonomischen Theorie „*specific enforcement*“ genannt. Der Gegenbegriff „*general enforcement*“ beschreibt hingegen den Fall, dass für eine heterogene Gruppe von Tätern nur eine einheitliche Entdeckungswahrscheinlichkeit festgesetzt werden kann.[621]

---

619 Es fällt auf, dass diese sozialen Kosten alle untrennbar damit verbunden sind, dass ein Unternehmen sanktioniert wird, welches am Marktgeschehen teilnimmt, und keine Privatperson. Dies wirft die Frage auf, ob die Verhängung einer Sanktion gegen die handelnden, natürlichen Personen kostengünstiger wäre. Die beschriebenen sozialen Kosten würden dann jedenfalls nicht oder nur vermindert auftreten. Zudem würden bei einer Sanktion gegen die verantwortliche Person Anreize gesetzt, die unmittelbarer gegen die Entscheidung zu einer Zuwiderhandlung wirken können, als die Verhängung von Geldbußen gegen die juristische Person. Die Sanktionierung natürlicher Personen ist jedoch nicht Gegenstand dieser Arbeit.

620 *Garoupa,* J. Econ. Surv. 11 (1997), 267, 275; *Polinsky/Shavell,* Am. Econ. Rev. 81 (1991), 618; *Polinsky/Shavell,* J. Econ. Lit. 38 (2000), 45, 62; *Polinsky/Shavell* in: Polinsky/Shavell, Handbook of law and economics, S. 403, 431; *Shavell,* Economic Analysis of Law, S. 524.

621 Vgl. zu diesen Begriffen *Garoupa,* J. Econ. Surv. 11 (1997), 267, 272 f.; *Polinsky/Shavell,* J. Econ. Lit. 38 (2000), 45, 1088 f.; *Polinsky/Shavell,* J. Econ. Lit. 38 (2000), 45, 62 f.; *Polinsky/Shavell* in: Polinsky/Shavell, Handbook of law and economics, S. 403, 431 f.; *Shavell,* Economic Analysis of Law, S. 524.

aa. Modi der Durchsetzung im Kartellrecht

Die Entdeckungswahrscheinlichkeit im Kartellrecht setzt sich aus beiden Komponenten zusammen. Zum einen richten sich Sektoruntersuchungen und generelle Ermittlungstätigkeiten der Behörden gegen alle Täter von Verstößen gegen das Wettbewerbsrecht. Zwar konzentrieren sich die Kartellbehörden in ihren generellen Verfolgungsbemühungen auf horizontale, klassische Kartelle.[622] Die Entdeckungswahrscheinlichkeit für sonstige horizontale und vertikale Verstöße oder Verstöße in der Zusammenschlusskontrolle wird daher geringer sein. Innerhalb dieser Gruppen ist die Entdeckungswahrscheinlichkeit aber weitgehend gleich und kann nicht individuell für bestimmte Täter beeinflusst werden.[623] Auch die Gefahr der Aufdeckung durch Kronzeugen erhöht die Entdeckungswahrscheinlichkeit generell, da dies eine latente Gefahr für alle Beteiligte an einem Hardcore-Kartell darstellt, die nicht individuell beeinflusst werden kann.

Zum anderen können die Kartellbehörden die Entdeckungswahrscheinlichkeit individuell beeinflussen, sobald sie Kenntnis von einem Verstoß haben. Die Entscheidung, ob der Sachverhalt weiter verfolgt wird und wie viele Beamte sich damit befassen, beeinflusst die Wahrscheinlichkeit der Aufklärung und Sanktionierung für das jeweilige Unternehmen.

Es erscheint allerdings plausibel, dass sich die behördeninterne Bewertung der Priorität eines Sachverhalts nach der Schwere des Verstoßes und dem zu erwartenden Bußgeld richtet. So werden besonders schwere Verstöße mit besonderer Priorität behandelt unabhängig vom Vermögen der Täter.[624] Daher ist die Entdeckungswahrscheinlichkeit unabhängig vom Vermögen des Täters. Das Ergebnis des Standardmodells erforderte aber eine Konzentration der Verfolgungstätigkeit

---

622 Vgl. nur Kommission, Jährlicher Tätigkeitsbericht 2011, S. 5, 11 sowie BKartA, Tätigkeitsbericht 2011/2012, BT-Drs. 17/13675, S. 28.

623 Die Entdeckungswahrscheinlichkeit für Täter in bestimmten Branchen wird sich sicherlich unterscheiden, vgl. *Polinsky/Shavell,* J. Econ. Lit. 38 (2000), 45, 1101. So sind bestimmte Unternehmen besonders im Fokus der Behörden wie zurzeit die Automobilzulieferer, siehe die Mitteilungen der Kommission MEMO/11/395 (Sicherheitssysteme); MEMO/12/563 (Klimatechnik); IP/13/673 (Kabelbäume); IP/14/280 (Wälzlager); MEMO/14/218 (Abgasbehandlung); IP/15/5214 (Standheizungen). Darüber hinaus steigern Ermittlungen in benachbarten relevanten Märkten die Wahrscheinlichkeit, dass ähnliche Verstöße in anderen relevanten Märkten den Behörden bekannt werden. Entscheidend für die Einordnung als generelle Verfolgungstätigkeit ist allerdings, dass die Behörde die Entdeckungswahrscheinlichkeit nicht gezielt für einzelne Täter beeinflussen kann.

624 *Schütz* in: KK-KartR, Art. 23 VO 1/2003 Rn. 26; *Wils,* W.Comp. 29 (2006), 183, 196 Fn. 65.

bei Tätern mit geringem Vermögen, da hier die maximal erreichbare Sanktion geringer ist.[625] Die Praxis der Verfolgungsbehörden unterscheidet sich daher von den Aussagen, die dem Standardmodell entnommen werden können.

bb. Ökonomisches Modell

Es ist daher zu klären, wie die optimale Sanktion ausgestaltet werden muss, wenn die Entdeckungswahrscheinlichkeit nicht vollkommen auf das variable Vermögen der Täter angepasst werden kann.

In dieser Konstellation setzt sich die Entdeckungswahrscheinlichkeit p aus zwei Komponenten zusammen. Zum einen wird sie durch den generellen Verfolgungsaufwand y beeinflusst.[626] Zum anderen wird sie durch den speziellen Verfolgungsaufwand erhöht, der vom verursachten Schaden abhängt, $x(h)$. Die Entdeckungswahrscheinlichkeit wird somit durch die Funktion

$$p(y, x(h))$$

ausgedrückt und die optimale Geldbuße wird weiterhin nach der Formel bestimmt.[627]

$$f = \frac{1}{p} \cdot h$$

In diesem Fall trifft das Argument des Standardmodells für maximale Geldbußen nicht mehr zu. Wenn die Geldbuße weiter erhöht wird und der generelle Verfolgungsaufwand gesenkt wird, so bleibt zwar die Abschreckungswirkung für Täter mit großem Vermögen gleich und es können Kosten gespart werden. Täter mit geringerem Vermögen werden aber auch mit einer geringeren Wahrscheinlichkeit entdeckt, obwohl sie die höhere Geldbuße nicht mehr zahlen können.

---

625 *Polinsky/Shavell,* Am. Econ. Rev. 81 (1991), 618; *Polinsky/Shavell* in: Polinsky/Shavell, Handbook of law and economics, S. 403, 432.

626 Die oben angesprochene Tatsache, dass sich der generelle Verfolgungsaufwand für verschiedene Deliktstypen wie Horizontal- und Vertikalverstöße unterscheidet, kann mathematisch wie folgt ausgedrückt werden. Der generelle Verfolgungsaufwand ist eine Funktion z, die von den aufgewandten Kosten y und dem Deliktstyp t abhängt, $z(y, t)$. Im Folgenden soll jedoch die einfachere Darstellung verwendet werden. Vgl. dazu ausführlicher *Shavell,* J. Pol. Econ. 99 (1991), 1088, 1101.

627 *Garoupa,* J. Econ. Surv. 11 (1997), 267, 273; *Shavell,* J. Pol. Econ. 99 (1991), 1088, 1093. Die Verfolgungskosten e setzen sich folglich aus y und der Summe der individuellen Verfolgungskosten für jedes Schadenslevel zusammen, $e = y + \int_0^\infty x(h)dh$. Vgl. *Shavell,* J. Pol. Econ. 99 (1991), 1088, 1093.

Die Abschreckungswirkung der Sanktion sinkt daher für diese Täter.[628] Je höher die Geldbuße ist, desto mehr Täter können sie nicht mehr bezahlen und je niedriger die Wahrscheinlichkeit ist, desto größer ist der Abschreckungsverlust bei jedem Individuum. Die Entdeckungswahrscheinlichkeit sollte daher entgegen dem Standardmodell immer noch so hoch sein, dass die erwartete Geldbuße das Vermögen von nur wenigen Tätern übersteigt.[629]

Diagramm 7: „Variables Vermögen"

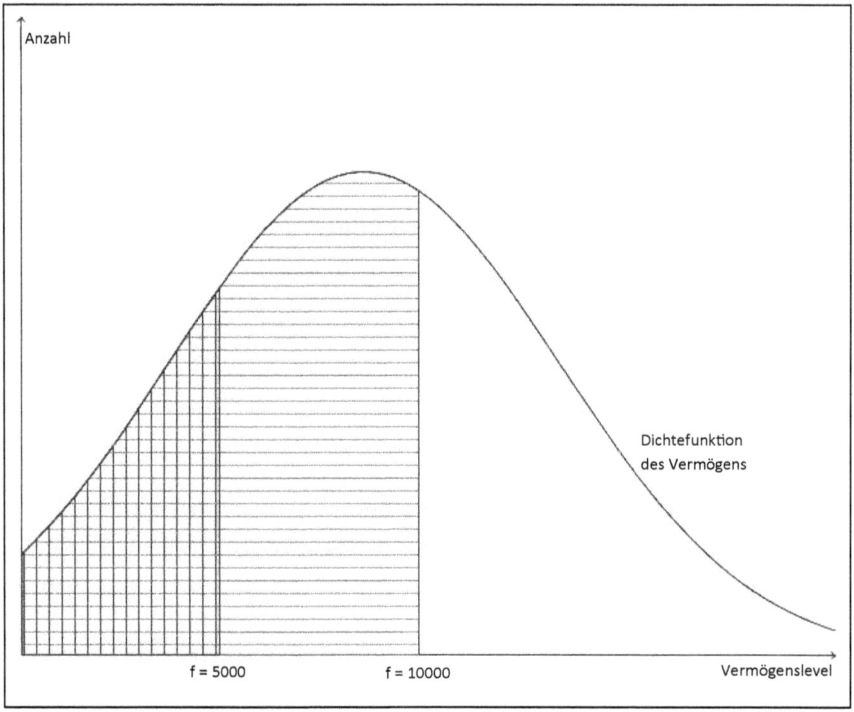

Quelle: eigene Erstellung

Wenn ein Verstoß einen Schaden von 1.000 verursacht und die Entdeckungswahrscheinlichkeit $\frac{1}{10}$ beträgt, so beträgt die optimale Geldbuße 10.000. Alle

628 *Garoupa,* J. Econ. Surv. 11 (1997), 267, 275; *Polinsky/Shavell,* J. Publ. Econ. 24 (1984), 89, 96 f.; *Polinsky/Shavell,* Am. Econ. Rev. 81 (1991), 618, 620; *Shavell,* Economic Analysis of Law, S. 525.

629 *Polinsky/Shavell,* Am. Econ. Rev. 81 (1991), 618, 619.

Täter mit einem geringeren Vermögen werden nicht ausreichend abgeschreckt, da sie die optimale Geldbuße nicht bezahlen können.[630] Beträgt die Entdeckungswahrscheinlichkeit $\frac{1}{5}$, so ist eine Geldbuße von 5.000 optimal. Jetzt sind nur die Täter nicht ausreichend abgeschreckt, die ein geringeres Vermögen als 5.000 haben (siehe Diagramm 7).[631] Die Anzahl der Täter, die nicht ausreichend abgeschreckt werden, ist daher geringer, je höher die Entdeckungswahrscheinlichkeit ist. Der generelle Verfolgungsaufwand hat seine optimale Höhe erreicht, wenn die Kosten einer weiteren Steigerung des generellen Verfolgungsaufwands gleich den verhinderten Schäden durch die erhöhte Abschreckungswirkung sind.[632]

Am obigen Beispiel lässt sich erkennen, dass die Geldbuße bei gegebener Entdeckungswahrscheinlichkeit mit dem verursachten Schaden steigt. Bei einem verursachten Schaden von 2.000 und einer Entdeckungswahrscheinlichkeit von $\frac{1}{10}$ ist die optimale Geldbuße 20.000.[633] Je höher der verursachte Schaden ist, desto größer ist daher auch die Wahrscheinlichkeit, dass der Täter den Betrag der Geldbuße nicht aufbringen kann und damit durch die Sanktion nicht ausreichend abgeschreckt wird. Um dieses Abschreckungsdefizit bei hohen Schäden auszugleichen, muss der individuelle Verfolgungsaufwand mit steigendem Schaden erhöht werden.[634] Die Kosten dieser Erhöhung werden durch die Verhinderung des höheren Schadens aufgewogen.[635] Wenn die Kartellbehörden daher die Intensität ihrer Verfolgungsbemühungen im Einzelfall von dem verursachten Schaden abhängig machen, handeln sie – in der Regel wohl unbewusst – ökonomisch effizient.[636] Sie gleichen dadurch einen drohenden Verlust der abschreckenden Wirkung der Sanktionen aus, wenn diese am Ende des Verfahrens aufgrund der finanziellen Verhältnisse der Täter gekürzt werden müssen.

630 Im Diagramm 7 durch die waagerecht schraffierte Fläche dargestellt.

631 Im Diagramm 7 durch die senkrecht schraffierte Fläche dargestellt.

632 *Polinsky/Shavell,* Am. Econ. Rev. 81 (1991), 618, 620.

633 Im Diagramm 7 würde die rechte Grenze der dargestellten Integrale weiter nach rechts verschoben.

634 Ebenso *Shavell,* J. Pol. Econ. 99 (1991), 1088, 1097; *Garoupa,* J. Econ. Surv. 11 (1997), 267, 273.

635 Vgl. *Shavell,* J. Pol. Econ. 99 (1991), 1088, 1094.

636 Der Hauptzweck der internen Prioritätsregeln wird eher in dem Ziel liegen, dass die begrenzten Ressourcen auch in die wichtigsten Fälle investiert werden. Der Gedanke an die ökonomische Effektivität wird tendenziell nachrangig sein.

cc. Teilergebnis

Wenn die Annahme aufgegeben wird, dass das Vermögen aller Täter identisch ist bzw. die Entdeckungswahrscheinlichkeit daran angepasst werden kann, ändert sich das Ergebnis des Standardmodells grundlegend. Die verhängte Geldbuße ist unabhängig vom konkreten Vermögen des Täters und orientiert sich am verursachten Schaden. Der generelle Verfolgungsaufwand sollte so hoch sein, dass die verhängte Geldbuße geringer ist als der Betrag, bei dem die Fortführung des Geschäfts der Mehrzahl der Unternehmen endgültig nicht erwartet werden kann und ein Marktaustritt höchst wahrscheinlich ist.[637] Der individuelle Verfolgungsaufwand, den die Behörde nach Bekanntwerden eines Sachverhalts für einen bestimmten Täter aufwenden kann, sollte mit dem verursachten Schaden steigen. Da die Geldbuße mit steigendem Schaden ebenfalls steigt, kann sie im Durchschnitt von weniger Unternehmen beglichen werden. Dieses zu erwartende Abschreckungsdefizit gleicht die Behörde aus.

c. Kosten fehlerhafter Entscheidungen

Das Standardmodell geht ferner davon aus, dass die Sanktionierung durch die Behörden und Gerichte ohne Fehler vonstattengeht. Um das Modell realitätsnaher zu gestalten, werden in der ökonomischen Literatur als Erweiterung zwei Arten von Fehlern eingeführt. Als „Typ I-Fehler" werden irrtümliche Verurteilungen von Unschuldigen bezeichnet. Als „Typ II-Fehler" werden Situationen bezeichnet, in denen ein Schuldiger irrtümlich freigesprochen wird.[638] Im Folgenden wird die Wahrscheinlichkeit eines Typ I-Fehlers mit ε_1 und die eines Typ II-Fehlers mit ε_2 bezeichnet.[639]

---

637 Vgl. Teil 3.B.III.1.a.cc., S. 138.

638 *Feess/Wohlschlegel*, Econ. Lett. 104 (2009), 69; *Garoupa*, J. Econ. Surv. 11 (1997), 267, 283; *Lando*, J. Legal Stud. 35 (2006), 327, 329 f.; *Miceli*, J. L. Econ. & Org. 6 (1990), 189; *Png*, Int'l Rev. L. & Econ. 6 (1986), 101, 102; *Rizzolli/Stanca*, J. L. & Econ. 55 (2012), 311, 312; *Rubinfeld/Sappington*, RAND J. Econ. 18 (1987), 308, 309. Die Bezeichnungen werden im umgekehrten Sinn verwendet von *Cooter/Ulen*, Law & economics, S. 459; *Fon/Schäfer*, J. I. T. E. 163 (2007), 269, 273; *Garoupa/Rizzolli*, J. I. T. E. 168 (2012), 224, 227; *Harris*, J. Pol. Econ. 78 (1970), 165, 166; *Persson/Siven*, Int'l Econ. Rev. 48 (2007), 211, 212; *Polinsky/Shavell*, J. Econ. Lit. 38 (2000), 45, 60; *Polinsky/Shavell*, J. L. Econ. & Org. 5 (1989), 99, 100 f.; *Krüger*, Durchsetzung des Kartellverbots, S. 177 f.

639 Vgl. die Nachweise in Fn. 638.

aa. Ökonomisches Modell

Die Entscheidung eines Individuums zu einem Verstoß wird durch diese Erweiterung auf zwei Weisen beeinflusst. Wenn ein Verstoß begangen wird, wird eine Geldbuße trotz Entdeckung nur mit einer Wahrscheinlichkeit von $p \cdot (1-\varepsilon_2)$ verhängt. Der erwartete Nutzen eines Verstoßes beträgt daher $EU = g - p \cdot (1-\varepsilon_2) \cdot f$. Entscheidet sich das Individuum, keinen Verstoß zu begehen, so besteht trotzdem die Wahrscheinlichkeit einer Sanktionierung. Der erwartete Nutzen des rechtstreuen Verhaltens beträgt damit $EU = -p \cdot \varepsilon_1 \cdot f$.[640] Ein Individuum entscheidet sich bei der Möglichkeit fehlerhafter Entscheidungen für einen Verstoß, wenn

$$g - p \cdot (1-\varepsilon_2) \cdot f > -p \cdot \varepsilon_1 \cdot f$$

oder[641]

$$g > p \cdot (1-\varepsilon_2) \cdot f - p \cdot \varepsilon_1 \cdot f$$

Beide Effekte führen zu einer geringeren Abschreckungswirkung der Sanktion, sodass Verstöße bereits bei einem geringeren erwarteten Gewinn begangen werden als ohne die Einbeziehung von Fehlern.[642] Darüber hinaus verspürten die übrigen Individuen der Bevölkerung einen Unnutzen, wenn eine falsche Verurteilung oder ein falscher Freispruch bekannt würde.[643]

Diese Darstellung suggeriert, dass die beiden Fehlertypen den gleichen Einfluss auf das Abschreckungsdefizit haben und daher auch gleich behandelt

---

640 Im Standardmodell wurde angenommen, dass der erwartete Nutzen 0 beträgt, vgl. Teil 3.B.II.1., S. 102.

641 *Garoupa,* J. Econ. Surv. 11 (1997), 267, 284; *Lando,* J. Legal Stud. 35 (2006), 327, 330; *Polinsky/Shavell,* J. Econ. Lit. 38 (2000), 45, 60; *Rizzolli/Stanca,* J. L. & Econ. 55 (2012), 311, 316; mit umgekehrter Benennung der Wahrscheinlichkeiten *Garoupa/Rizzolli,* J. I. T. E. 168 (2012), 224, 228; *Kaplow/Shavell,* J. L. & Econ. 37 (1994), 1, 4; *Polinsky/Shavell* in: Polinsky/Shavell, Handbook of law and economics, S. 403, 427. Diese Gleichung kann zusammengefasst werden zu $g > p \cdot (1-\varepsilon_2-\varepsilon_1) \cdot f$.

642 *Garoupa/Rizzolli,* J. I. T. E. 168 (2012), 224, 228; *Png,* Int'l Rev. L. & Econ. 6 (1986), 101, 104; *Polinsky/Shavell,* J. Econ. Lit. 38 (2000), 45, 60 f; *Polinsky/Shavell* in: Polinsky/Shavell, Handbook of law and economics, S. 403, 427 f.; *Krüger,* Durchsetzung des Kartellverbots, S. 179; *Stigler,* J. Pol. Econ. 78 (1970), 526, 528.

643 *Lando,* Rev. L. & Econ. 5 (2009), 33, 38 f. Vgl. auch *Ehrlich,* Int'l Rev. L. & Econ. 2 (1982), 3, 16 f.; er verweist allerdings darauf, dass falsche Verurteilungen die Abschreckungswirkung von Sanktionen auch steigern könnten, wenn nicht bekannt werde, dass es sich um ein Fehlurteil handele. Dann würden die Individuen dieses Fehlurteil als Indiz für eine höhere Entdeckungswahrscheinlichkeit für tatsächliche Verstöße wahrnehmen, vgl. auch *Garoupa/Rizzolli,* J. I. T. E. 168 (2012), 224, 225.

werden sollten.[644] Die strafprozessualen Verfahrensgrundsätze im europäischen und deutschen Kartellsanktionsrecht sehen jedoch strenge Beweisanforderungen für eine Verurteilung vor.[645] Dadurch wird die Wahrscheinlichkeit der Verurteilung eines Unschuldigen erheblich gesenkt. Im Gegenzug wird die Wahrscheinlichkeit erhöht, dass ein Betroffener aus Mangel an Beweisen freigesprochen werden muss, obwohl er die Tat begangen hat.[646] Diese prozessuale Ausgestaltung scheint der ökonomischen Theorie zu widersprechen. Sie beruht jedoch auf rechtsstaatlichen Erwägungen, die verfassungs- und menschenrechtlich festgeschrieben sind,[647] und soll daher nicht infrage gestellt werden. Diese grundlegenden prozessualen Prinzipien sind nämlich nicht Thema dieser Arbeit.

Darüber hinaus haben einige ökonomische Autoren Gründe angeführt, die gegen eine Gleichbehandlung der beiden Fehler sprechen. Sofern die Bevölkerung risikoscheu sei, würden die drohenden Verluste durch einen Typ I-Fehler nachteiliger bewertet als die zusätzlichen Gewinne durch die Verhinderung eines Typ II-Fehlers.[648] Darüber hinaus seien Typ I-Fehler nachteiliger zu bewerten, wenn die Bevölkerung die Verurteilung Unschuldiger aus moralischen Erwägungen grundsätzlich stärker ablehnt als den Freispruch eines Schuldigen.[649] Nach diesen Ausführungen sprechen einige Gründe dafür, dass

---

644 *Feess/Wohlschlegel*, Econ. Lett. 104 (2009), 69, 70; *Garoupa/Rizzolli*, J. I. T. E. 168 (2012), 224, 225; *Mungan*, J. I. T. E. 167 (2011), 352, 353; *Png*, Int'l Rev. L. & Econ. 6 (1986), 101, 102 f.; *Polinsky/Shavell*, J. L. Econ. & Org. 5 (1989), 99, 104; *Polinsky/Shavell*, J. Econ. Lit. 38 (2000), 45, 61.

645 Zu nennen sind hier insbesondere der *„in dubeo pro reo"*- und der *„nemo tenetur"*-Grundsatz, die den Ermittlungsbehörden die Last des vollen Nachweises eines Wettbewerbsverstoßes auferlegen. Es ist allerdings festzuhalten, dass diese Grundsätze im Bereich der europäischen Kartellsanktionen nach der Rechtsprechung des EuGH nicht so streng ausgelegt werden wie im deutschen Recht, vgl. dazu oben unter Teil 2.A.I.2.f., S. 34 ff.

646 *Kaplow/Shavell*, J. L. & Econ. 37 (1994), 1, 13; *Rizzolli/Stanca*, J. L. & Econ. 55 (2012), 311, 315.

647 Vgl. dazu *Dannecker/Biermann* in: Immenga/Mestmäcker, Vorb. Art. 23 VO 1/2003 Rn. 62 ff.; *Nowak* in: Loewenheim/Meessen/Riesenkampff/Kersting/Meyer-Lindemann, Art. 23 VO 1/2003 Rn. 51; *Vollmer* in: MünchKommGWB, § 81 GWB Rn. 189.

648 *Block/Sidak*, Geo. L. J. 68 (1980), 1130, 1136 f.; *Kaplan*, Stan. L. Rev. 20 (1968), 1065, 1073; *Kaplow/Shavell*, J. L. & Econ. 37 (1994), 1, 8 f.; *Polinsky/Shavell* in: Polinsky/Shavell, Handbook of law and economics, S. 403, 428; *Rizzolli/Stanca*, J. L. & Econ. 55 (2012), 311, 316 f. Dieser Effekt werde noch verstärkt, wenn die Bevölkerung „verlustscheu" ist (sog. *„loss aversion"*), vgl. *Rizzolli/Stanca*, J. L. & Econ. 55 (2012), 311, 317 f.

649 *Ehrlich*, Int'l Rev. L. & Econ. 2 (1982), 3, 17; *Lando*, Rev. L. & Econ. 5 (2009), 33, 38; *Miceli*, J. L. Econ. & Org. 6 (1990), 189, 192 f.; *Persson/Siven*, Int'l Econ. Rev. 48 (2007), 211, 212; *Rizzolli/Stanca*, J. L. & Econ. 55 (2012), 311, 318 f.

Verhinderung von Typ I-Fehlern auf Kosten von Typ II-Fehlern auch unter Effizienzgesichtspunkten wünschenswert ist.[650]

Um die Abschreckungsverluste durch die beiden Fehlertypen auszugleichen, kann die Geldbuße oder die Entdeckungswahrscheinlichkeit erhöht werden.[651] Wenn der Effekt von Typ I-Fehlern überwiegt oder die Individuen überwiegend risikoscheu sind, ist eine Verringerung der erwarteten Sanktion wünschenswert.[652] Nach der ökonomischen Theorie ist es zudem sinnvoll, durch höhere Investitionen die Wahrscheinlichkeit beider Fehlertypen zu senken, sofern dies möglich ist.[653]

bb. Definition des Fehlers

Die ökonomischen Autoren definieren ganz überwiegend nicht, was eine „falsche" Entscheidung darstellt. Problematisch ist, ob sich ein Fehler der beiden Typen nur auf die Verkennung von Tatsachen durch die Behörden und Gerichte beziehen kann oder auch auf die Bewertung von erkannten Tatsachen.[654] Ein Typ I-Fehler läge bei der ersten Interpretationsalterative nur vor, wenn der Betroffene gar keine Handlung vorgenommen hätte, die zum Beispiel als abgestimmte Verhaltensweise im Sinne von Art. 101 Abs. 1 AEUV bzw. § 1 GWB angesehen werden könnte. Sofern er irgendein Verhalten tatsächlich gezeigt hätte, welches durch die Behörde oder das Gericht als abgestimmte Verhaltensweise bewertet werden könnte, läge kein Fehler vor. Wenn mehrere Unternehmen beispielsweise marktrelevante Informationen über einen Branchenverband austauschen, kann darin eine abgestimmte

---

650 Vgl. auch *Garoupa/Rizzolli,* J. I. T. E. 168 (2012), 224, 230; *Mungan,* J. I. T. E. 167 (2011), 352, 359 ff.; *Rizzolli/Stanca,* J. L. & Econ. 55 (2012), 311, 328. A.A. *Lando,* J. Legal Stud. 35 (2006), 327, 330 ff.; kritisch dazu *Garoupa/Rizzolli,* J. I. T. E. 168 (2012), 224, 227 ff.

651 *Kaplow/Shavell,* J. L. & Econ. 37 (1994), 1, 5; *Polinsky/Shavell,* J. Econ. Lit. 38 (2000), 45, 61; *Png,* Int'l Rev. L. & Econ. 6 (1986), 101, 102.

652 *Block/Sidak,* Geo. L. J. 68 (1980), 1130, 1138; *Kaplow/Shavell,* J. L. & Econ. 37 (1994), 1, 8 ff.; *Lando,* Rev. L. & Econ. 5 (2009), 33, 37 f.; *Persson/Siven,* Int'l Econ. Rev. 48 (2007), 211, 219; *Polinsky/Shavell,* J. Econ. Lit. 38 (2000), 45, 61. Vgl. *Fon/Schäfer,* J. I. T. E. 163 (2007), 269, 277, die dieses gegensätzliche Ergebnis hervorheben.

653 *Garoupa,* J. Econ. Surv. 11 (1997), 267, 283 f.; *Kaplow/Shavell,* J. L. & Econ. 37 (1994), 1, 7; *Lando,* Rev. L. & Econ. 5 (2009), 33, 39 ff.; *Miceli,* J. L. Econ. & Org. 6 (1990), 189, 196; *Polinsky/Shavell,* J. Econ. Lit. 38 (2000), 45, 61.

654 Vgl. implizit *Garoupa,* J. Econ. Surv. 11 (1997), 267, 283. *Garoupa/Rizzolli,* J. I. T. E. 168 (2012), 224, 224 Fn. 1 führen ausdrücklich aus, dass diese „juristische" Definition ihrer Untersuchung nicht zugrunde gelegt wird. Vgl. auch *Khanna,* B.U. L. Rev. 82 (2002), 341, 356 Fn. 74, der „juristische" Fehler anscheinend nicht als fehlerhafte Entscheidungen ansieht.

Verhaltensweise liegen.[655] Werden nur neutrale, anonymisierte Informationen ausgetauscht, die keine Identifikation der Teilnehmer erlauben, sind diese Informationssysteme in der Regel zulässig. Ein Austausch individueller Unternehmensdaten ist in der Regel allerdings nicht zulässig.[656] Im vorliegenden Beispiel geht die zuständige Wettbewerbsbehörde davon aus, dass eine Identifizierung der Unternehmen, von denen die jeweiligen Daten stammen, noch möglich ist und das Informationssystem daher gegen das Kartellrecht verstößt. Selbst wenn diese Entscheidung mehrheitlich von verschiedenen Seiten für falsch gehalten wird, stellt dies nach der ersten Interpretationsalternative keine fehlerhafte Entscheidung der Behörde dar. Die Behörde hat den Informationsaustausch als tatsächlich vorliegende Handlung erkannt und als nicht tatbestandlich bewertet.

Parallel wäre ein Typ II-Fehler nur gegeben, wenn der Freigesprochene eine Handlung begangen hätte, die die Behörde oder das Gericht gänzlich übersehen hätte oder aus Mangel an Beweisen nicht einbeziehen dürfte. Würde eine Handlung erkannt und als vereinbar mit dem Wettbewerbsrecht angesehen, läge kein Fehler vor. Diese Unterscheidung wird relevant, wenn es um den negativen Effekt komplexer rechtlicher Regelungen und der daraus resultierenden Unvorhersehbarkeit richterlicher Entscheidungen geht. Im kartellrechtlichen Kontext wird in diesem Zusammenhang häufig die Rechtfertigung eines Wettbewerbsverstoßes nach Art. 101 Abs. 3, § 2 GWB bzw. einer GVO im Legalausnahmesystem angeführt.[657] Durch die Komplexität der Regelung könne ein Gericht eine Verhaltensweise „irrtümlicherweise" als negativ einstufen, obwohl sie „tatsächlich" positiv wirke. Unternehmen könnten von „eigentlich" wohlfahrtsfördernden Handlungen abgehalten werden, da sie eine Verurteilung fürchten.[658]

Bei der Entscheidung, ob eine unstreitig vorliegende Handlung die Tatbestandsmerkmale einer Norm erfüllt, ist eine Bewertung durch die Behörde

---

655 *Emmerich/Zimmer* in: Immenga/Mestmäcker, Art. 101 Abs. 1 AEUV Rn. 96.

656 Kommission, Leitlinien zur Anwendbarkeit von Artikel 101 des Vertrags über die Arbeitsweise der Europäischen Union auf Vereinbarungen über horizontale Zusammenarbeit, ABl. 2011, Nr. C 11/1 (im Folgenden „Horizontalleitlinien"), Rn. 89; *Emmerich/Zimmer* in: Immenga/Mestmäcker, Art. 101 Abs. 1 AEUV Rn. 266.

657 *Krüger*, Durchsetzung des Kartellverbots, S. 179 f. Vgl. auch *Habermeier* in: MünchKommEUWettR, Art. 81 EG Rn. 659; *Schütz* in: KK-KartR, Einl. VO 1/2003 Rn. 42. Für das deutsche Recht *Bechtold/Bosch*, GWB, § 2 GWB Rn. 10 f.; *Schneider* in: Langen/Bunte, § 2 GWB Rn. 56 f.

658 *Block/Sidak*, Geo. L. J. 68 (1980), 1130, 1136 f.; *Krüger*, Durchsetzung des Kartellverbots, S. 179. Allgemein zur Abschreckung oben unter Teil 3.B.II.2.b., S. 111.

oder das Gericht nötig. Werturteile können aber nicht richtig oder falsch sein,[659] sondern sie können nur geteilt oder abgelehnt werden. Wenn das betroffene Unternehmen das Werturteil der Behörde nicht teilt, kann es zur Überprüfung der Behörden- oder der folgenden Gerichtsentscheidung den Instanzenzug durchlaufen und daraufhin eventuell übergeordnete Gerichte wie das BVerfG oder den EGMR anrufen.[660] Sollten die Urteile auch dann nicht mit der Rechtsauffassung des Betroffenen übereinstimmen, dann beruht diese Auffassung auf Wertungen, die die Rechtsprechung nicht teilt. Diese Urteile können jedoch nicht falsch sein, da keine Instanz mehr existiert, die über die Richtigkeit einer Wertung entscheiden könnte. Wenn im oben genannten Beispiel auch die Gerichte die Ansicht der Behörde teilen, dass das Informationssystem gegen das Kartellrecht verstößt, so sind auch diese Entscheidungen nicht fehlerhaft. Diese Wertung der Gerichte wird nicht dadurch falsch, dass die Betroffenen, Autoren in der Literatur oder Ökonomen diesen Sachverhalt anders bewerten.

Die Suggerierung der ökonomischen Literatur, man könne die Vorteilhaftigkeit einer Handlung durch einfache Saldierung des Schadens und des Gewinns beurteilen und dadurch problemlos überprüfen,[661] geht ins Leere. Auch im kartellrechtlichen Kontext des Art. 101 Abs. 3 AEUV bzw. § 2 GWB ist der Nutzen eines technologischen Fortschritts oder der positiven Beeinflussung des Arbeitsmarktes[662] nicht kardinal bezifferbar, sondern muss bewertet werden. Diese Bewertung ist von individuellen Präferenzen und Faktoren abhängig, sodass dafür kein allgemein gültiger Zahlenwert abgeleitet werden kann.[663] Wenn eine Behörde oder ein Gericht den Fortschritt einer Forschungs- und Entwicklungskooperation nicht für ausreichend erachtet, um die weitgehenden Wettbewerbsbeschränkungen nach Art. 101 Abs. 3 AEUV bzw. § 2 GWB zu rechtfertigen, so ist diese Entscheidung nicht zu beanstanden, soweit der Behörde oder dem Gericht keine methodischen

---

659 BVerfGE 90, 241, 247 – *Auschwitzlüge*; *Grabenwarter* in: Maunz/Dürig, GG, Art. 5 GG Rn. 47 f.

660 *Khanna,* B.U. L. Rev. 82 (2002), 341, 368 führt daher auch aus, dass eine Gerichtsentscheidung, die aufgrund eines eingelegten Rechtsmittels abgeändert wird, nicht zu einer „falschen“ Entscheidung wird.

661 *Bebchuk/Kaplow,* Int'l Rev. L. & Econ. 13 (1993), 217, 218; *Malik,* RAND J. Econ. 21 (1990), 341, 342; *Polinsky/Shavell,* J. Econ. Lit. 38 (2000), 45, 50.

662 Zur Einbeziehung dieser nicht-monetären Vorteile als Nebenaspekt Kommission, Entscheidung vom 29.4.1994, Az. IV/34.456, Rn. 27 – *Stichting Baksteen*; EuGH, Urteil vom 25.10.1977, Az. 26/76, Slg. 1977, 1875, Rn. 43 – *Metro*; *Schneider* in: Langen/Bunte, § 2 GWB Rn. 32; *Ellger* in: Immenga/Mestmäcker, Art. 101 Abs. 3 AEUV Rn. 245. Kritisch *Fuchs* in: Immenga/Mestmäcker, § 2 GWB Rn. 88.

663 Siehe dazu oben unter Teil 3.B.II.2.b.cc., S. 116 ff.

Fehler unterlaufen sind.[664] Wenn dieser technologische Fortschritt auch positiver eingeschätzt werden könnte, dann stellt diese Bewertung nicht die Richtigkeit der Entscheidung der Behörde bzw. des Gerichts in Frage, sondern zeugt von einer abweichenden Bewertung der Ausgangslage oder der weiteren Entwicklung. Die einfache Feststellung einer falschen Entscheidung ist, anders als es die ökonomische Literatur suggeriert, daher ohne Wertung nicht möglich.[665] Aus diesem Grund liegt streng genommen gar keine „falsche" Entscheidung vor. Es wäre darüber hinaus willkürlich, die Wertung anderer Institutionen oder Personen über die Wertungen der genannten Gerichte zu stellen. Die Wertung eines letztinstanzliches Urteils wird daher auch nicht falsch, wenn ein ökonomisches oder rechtswissenschaftliches Gutachten zu einem gegenteiligen Ergebnis kommt.

Eine relevante Fehlentscheidung kann daher nur in einer Verkennung von Tatsachen liegen. Würde eine relevante Tatsache erkannt, aber abweichend bewertet, so liegt kein relevanter Fehler vor.

cc. Berücksichtigung bei Sanktionsbemessung oder Tatbestandsmerkmalen

Nach dem ökonomischen Modell führt die fehlerhafte Berücksichtigung von Tatsachen durch Behörden und Gerichte zu einer geringeren Sanktionshöhe. Die Ebene der Sanktionsbemessung hat allerdings keinerlei konkrete Verbindung zu dem eigentlichen Fehler.[666] Die falsch oder nicht ermittelten Tatsachen

---

664 So zum Beurteilungsspielraum der Kommission im europäischen Recht EuGH, Urteil vom 6.10.2009, Az. C-501/06 P u.A., Slg. 2009, I-9291, Rn. 85 – *GlaxoSmithKline*; EuGH, Urteil vom 7.1.2004, Az. C-204/00 P u.A., Slg. 2004, I-123, Rn. 279 – *Aalborg*. Darüber hinaus betont der EuGH, dass er die Erwägungen des EuG nicht allein aus Billigkeitserwägungen durch eigene ersetzt, vgl. EuGH, Urteil vom 18.5.2006, Az. C-397/03 P, Slg. 2006, I-4429, Rn. 47, 105 – *Archer Daniels Midland*; EuGH, Urteil vom 22.5.2008, Az. C-266/06 P, Slg. 2008, I-81, Rn. 72 f., 95 – *Evonik Degussa*.
Im deutschen Ordnungswidrigkeitenrecht wird der durch die Behörde erlassene Bußgeldbescheid im Gerichtsverfahren nicht überprüft, sondern dient nur der Festlegung des Prozessgegenstandes, *Dannecker/Biermann* in: Immenga/Mestmäcker, § 83 GWB Rn. 30. Das OLG trifft daher eine eigene Entscheidung über die vorgeworfene Tat, *Senge* in: KK-OWiG, 4. Aufl. 2014, § 71 OWiG Rn. 6. Zur Überprüfung richterlicher Entscheidungen in der Revision im deutschen Recht *Schoreit* in: KK-StPO, § 261 StPO Rn. 5; *Eisenberg*, Beweisrecht der StPO, Rn. 96a. Vgl. zur Anforderung der logischen Konsistenz richterlicher Entscheidungen *Dannecker/Biermann* in: Immenga/Mestmäcker, § 84 GWB Rn. 10; *Senge* in: KK-OWiG, 4. Aufl. 2014, § 79 OWiG Rn. 125 ff.

665 Anders anscheinend *Krüger*, Durchsetzung des Kartellverbots, S. 177.

666 Als Beispiel soll mehreren Unternehmen, die eine Forschungs- und Entwicklungskooperation gründen, eine „unberechtigte" Sanktion drohen (Typ-I-Fehler). Dabei

beziehen sich auf bestimmte Tatbestandsmerkmale. Die Rechtsunsicherheit ist daher untrennbar mit der normativen Ausgestaltung eines bestimmten Tatbestandes und dessen Auslegung verbunden. Es macht daher keinen Sinn, die daraus resultierenden gesellschaftlichen Schäden auf der Ebene der allgemeinen Sanktionsbemessung zu berücksichtigen. Sie sollten vielmehr bei der Formulierung der Norm oder in der konkreten Auslegung der Begriffe durch die Behörden und Gerichte beachtet werden. Diese Vorgehensweise behebt das Problem am Kern seiner Entstehung. Die Beeinflussung der Sanktionshöhe würde nur zu einer Milderung der Folgen falscher Entscheidung und nicht zu einer Lösung führen. Gleichzeitig würde aber die Abschreckungswirkung der nicht fehlerbehafteten Sanktion verändert, wodurch neue Probleme entstehen können.[667] Die Rechtsunsicherheit durch das Legalausnahmesystem im europäischen Kartellrecht sollte also nicht als „Fehlerquelle" die Höhe der allgemein bemessenen Geldbuße beeinflussen, sondern sollte durch die Auslegung des Art. 101 Abs. 3 AEUV bzw. § 2 GWB oder durch die Ausgestaltung des Systems bekämpft werden. Mithin sollten Fehlerkosten durch die Verkennung von Tatsachen oder durch die falsche Interpretation von Normen nicht auf der Ebene der Sanktionsbemessung berücksichtigt werden. Es ist effizienter, diese Fehler bei den jeweiligen Tatbestandsmerkmalen zu thematisieren, um so ihre Ursache unmittelbar zu bekämpfen.

Eine Berücksichtigung von fehlerhaften Entscheidungen auf der Ebene der Sanktionsbemessung wäre daher aus Effizienzüberlegungen nur sinnvoll, wenn diese Fehler auf der Ebene der Tatbestandsmerkmale nicht bekämpft werden können.

---

ist allerdings unklar, ob die Behörden bzw. die Gerichte wesentliche ökonomische Erkenntnisse zur Vorteilhaftigkeit von Forschungsgemeinschaften verkennen, die höchstrichterliche Rechtsprechung zu einem Tatbestandsmerkmal missachten oder bestimmte entlastende Tatsachen üblicherweise verkennen.

667 Im Beispiel aus Fn. 666 könnte es nach dem ökonomischen Modell der Rechtsdurchsetzung optimal sein, das allgemeine Bußgeldniveau zu senken, damit die Belastung der unberechtigt verhängten Sanktion für die Unternehmen nicht so hoch ist und sie trotz der drohenden Sanktion eine Forschungskooperation gründen. Durch die Senkung des Bußgeldniveaus wird aber auch die Abschreckungswirkung der Sanktion für tatsächlich schädliche Verstöße verringert. Liegt die Ursache für die Fehlurteile im ungenauen Wortlaut einer Norm, in einer unklaren Formulierung in einer höchstrichterlichen Entscheidung oder ist die Ermittlung von Tatsachen, die für ein bestimmtes Tatbestandsmerkmal erforderlich ist, besonders fehleranfällig, so müsste dieses konkrete Defizit behoben werden. Dadurch würde der Anteil fehlerhafter Entscheidungen reduziert werden, aber gleichzeitig bliebe der Abschreckungswert der Sanktion für schädliche Verstöße gleich.

dd. Fehlerhafte Entscheidungen im Kartellrecht

Im Bereich des Kartellrechts sind keine Anzeichen ersichtlich, dass die Kosten eventueller Fehlentscheidungen nicht durch die tatbestandliche Ausgestaltung reduziert werden können. Fraglich ist zudem, ob die Fehlerkosten überhaupt eine relevante Höhe erreichen.

Über die konkrete Anzahl falscher Verurteilungen lässt sich nur spekulieren.[668] Die Anzahl von Typ I-Fehlern, bei denen Unternehmen Handlungen unterstellt werden, die sie tatsächlich überhaupt nicht begangen haben, wird im Kartellrecht durch die prozessuale Ausgestaltung allerdings gering sein.[669] Die strengen strafprozessualen Grundsätze zum Nachweis der Zuwiderhandlung verhindern dies. Im Gegenzug wird die Anzahl von Typ II-Fehlern, bei denen tatsächlich begangene Handlungen nicht sanktioniert werden (können), höher sein. Hier ist allerdings zu beachten, dass eine Vielzahl der sanktionierten Wettbewerbsverstöße horizontale Kernbeschränkungen darstellen[670] und mehrheitlich durch Kronzeugenanträge aufgedeckt werden. Im Jahre 2010 wurden sechs von sieben Bußgeldentscheidungen der Kommission durch Kronzeugenanträge ermöglicht; im Jahre 2011 zwei von vier.[671] Im Jahr 2014 gibt die Kommission an, dass sie ca. zwei Kronzeugenanträge pro Monat erreichen.[672] Beim BKartA gingen im Jahr 2016 in 36 von insgesamt 38 Bußgeldverfahren 59 Bonusanträge durch Unternehmen ein.[673] In ihren Erklärungen

---

668 *Krüger,* Durchsetzung des Kartellverbots, S. 179. Vgl. *Fon/Schäfer,* J. I. T. E. 163 (2007), 269, 271 f. für einen Überblick zu fehlerhaften Verurteilungen im Kernstrafrecht.

669 *Fon/Schäfer,* J. I. T. E. 163 (2007), 269, 278 f. zeigen zudem, dass Entschädigungsregelungen für zu Unrecht Verurteilte den negativen Effekt falscher Entscheidungen kompensieren. A.A. *Schwarze/Bechtold/Bosch,* Rechtsstaatliche Defizite, S. 30 ff., die einen Verstoß gegen die Unschuldsvermutung im europäischen Recht annehmen. Kritisch auch *Dannecker/Biermann* in: Immenga/Mestmäcker, Vorb. Art. 23 VO 1/2003 Rn. 62 ff.

670 Kommission, Zehn Jahre Kartellrechtsdurchsetzung, COM(2014) 453 final, S. 5. BKartA, Tätigkeitsbericht 2013/2014, BT-Drs. 18/5210, S. 138 f. (2013: 42 Bußgeldbescheide wegen Verstoßes gegen §§ 1, 2 GWB, 37 Bußgeldbescheide wegen Verstoßes gegen §§ 18 ff. GWB; 2014: 32 Bußgeldbescheide wegen Verstoßes gegen §§ 1, 2 GWB, 16 Bußgeldbescheide wegen Verstoßes gegen §§ 19 ff. GWB a.F.); BKartA, Tätigkeitsbericht 2015/2016, BT-Drs. 18/12760, S. 146 f. (2015: 7 Bußgeldbescheide wegen Verstoßes gegen §§ 1, 2 GWB, 1 Bußgeldbescheid wegen Verstoßes gegen §§ 18 ff. GWB; 2016: 4 Bußgeldbescheide wegen Verstoßes gegen §§ 1, 2 GWB, keinen Bußgeldbescheid wegen Verstoßes gegen §§ 18 ff. GWB.).

671 Vgl. Kommission, Jährlicher Tätigkeitsbericht 2010, S. 10 bzw. Kommission, Jährlicher Tätigkeitsbericht 2011, S. 11.

672 Kommission, Jährlicher Tätigkeitsbericht 2014, S. 28.

673 BKartA, Tätigkeitsbericht 2015/2016, BT-Drs. 18/12760, S. 30, 147.

haben die Kronzeugen die tatsächlichen Umstände des Wettbewerbsverstoßes bereits offengelegt. Falsche Anschuldigungen in Kronzeugenanträgen werden dadurch erschwert, dass Vorwürfe in Kartellverfahren in der Regel durch schriftliche Dokumente wie E-Mails oder Gesprächsprotokolle untermauert werden.[674] Aus diesem Grund erscheint es plausibel, dass auch die Anzahl von Typ II-Fehlern bezogen auf die Anzahl aller Verfahren gering sein wird.

ee. Teilergebnis

Die Anzahl von „echten" Typ I- und Typ II-Fehlern ist daher im Bereich der Wettbewerbsverstöße insgesamt als so gering einzuschätzen, dass sie das allgemeine System der Sanktionsbemessung nicht beeinflussen sollte.[675] Um die negativen Effekte der Rechtsunsicherheit bei behördlichen oder gerichtlichen Entscheidungen zu reduzieren, sollte vielmehr die Ausgestaltung oder Auslegung einer konkreten Norm überdacht werden. Die allgemeine Bemessung der Geldbuße sollte dagegen nicht von dieser Rechtsunsicherheit beeinflusst werden.

d. Verfassungsrechtliche Implikationen der Sanktion

Im Standardmodell der öffentlichen Rechtsdurchsetzung ist darüber hinaus nicht berücksichtigt, dass die Sanktion gewissen rechtsstaatlichen Anforderungen genügen muss. Die Höhe einer Sanktion wird nach juristischem Verständnis durch den Gleichheitsgrundsatz, den Verhältnismäßigkeitsgrundsatz und den Grundsatz der Schuldangemessenheit begrenzt.[676] Der Gleichheitsgrundsatz besagt, dass gleiche

---

674 Kommission, Entscheidung vom 13.7.1994, Az. COMP/IV/C/33.833, ABl. 1994, Nr. L 243/1, Rn. 111 f. – *Karton*; *Wiesner,* Kronzeuge, S. 158 ff. Kritisch *Schwarze/Bechtold/Bosch,* Rechtsstaatliche Defizite, S. 54; *Dannecker/Biermann* in: Immenga/Mestmäcker, § 81 GWB Rn. 541; *Hassemer/Dallmeyer,* Gesetzliche Orientierung, S. 68 ff.; *Schwarze,* WuW 2009, 6, 10.

675 Ebenso *Baker,* J. Econ. Perspectives 17 (2003), 27, 41.

676 Zum europäischen Recht: EuG, Urteil vom 2.2.2012, Az. T-77/08, Rn. 156 – *Dow Chemicals*; EuG, Urteil vom 27.9.2006, Az. T-43/02, Slg. 2006, II-3435, Rn. 236 – *Jungbunzlauer* m. w. N. (Gleichheitsgrundsatz); EuG, Urteil vom 17.5.2011, Az. T-343/08, Slg. 2011, II-2287, Rn. 63 – *Arkema*; EuG, Urteil vom 27.9.2006, Az. T-43/02, Slg. 2006, II-3435, Rn. 228 – *Jungbunzlauer* m. w. N. (Verhältnismäßigkeitsgrundsatz); allg. *Schneider/Engelsing* in: MünchKommEUWettR, Art. 23 VO 1/2003 Rn. 19; *Sura* in: Langen/Bunte, Art. 23 VO 1/2003 Rn. 6.
Zum deutschen Recht: *Bohnert* in: KK-StPO, Einl. Rn. 115 f.; *Gürtler* in: Göhler, OWiG, Vorb. § 1 OWiG Rn. 10; *Kunig* in: Münch/Kunig, GG, Art. 1 GG Rn. 36 (Strafe); *Schulze-Fielitz* in: Dreier, GG, Art. 20 GG (Rechtsstaat) Rn. 194, 196; *Starck* in: v. Mangoldt/Klein/Starck, GG, Art. 2 Abs. 1 GG Rn. 127 (Schuldangemessenheit,

Sachverhalte nicht willkürlich ungleich und ungleiche Sachverhalte nicht willkürlich gleich behandelt werden dürfen.[677] Der Verhältnismäßigkeitsgrundsatz besagt, dass die staatliche Reaktion immer erforderlich sein und in einem angemessenen Verhältnis zu ihrem Anlass stehen muss.[678] Der Grundsatz der Schuldangemessenheit ist lediglich eine Anwendung der vorgenannten Grundsätze auf die Sanktionierung durch den Staat.[679] Danach muss die Sanktion in angemessenem Verhältnis zum Verstoß des Individuums stehen.[680] Aus rechtswissenschaftlicher Sicht beanspruchen diese Grundsätze uneingeschränkte Geltung.[681] Eine maximale Geldbuße, die das gesamte Vermögen des Täters umfasst und die individuelle Vorwerfbarkeit der Tat unberücksichtigt lässt, verstößt gegen diese Grundsätze.

Einige Autoren in der ökonomischen Literatur behaupten allerdings, dass die uneingeschränkte Befolgung dieser rechtsstaatlichen Grundsätze zu erheblichen Wohlfahrtseinbußen der Gesellschaft führe.[682] Die genannten rechtsstaatlichen Grundsätze werden in der ökonomischen Literatur unter dem Oberbegriff

---

Verhältnismäßigkeitsgrundsatz); *Starck* in: v. Mangoldt/Klein/Starck, GG, Art. 3 Abs. 1 GG Rn. 63 (Gleichheitsgrundsatz bei Sanktionsbemessung). Vgl. dazu bereits oben unter Teil 2.A.I.2.f., S. 34 ff.

677 Zum europäischen Recht: EuG, Urteil vom 27.9.2006, Az. T-43/02, Slg. 2006, II-3435, Rn. 236 – Jungbunzlauer m. w. N.; *Hölscheidt* in: Meyer, GRCh, Art. 20 GRCh Rn. 16. Zum GG: *Boysen* in: Münch/Kunig, GG, Art. 3 GG Rn. 15 f.; *Starck* in: v. Mangoldt/Klein/Starck, GG, Art. 3 Abs. 1 GG Rn. 10 f. Zur EMRK: *Meyer-Ladewig/Lehner* in: Meyer-Ladewig/Nettersheim/v. Raumer, EMRK, Art. 14 EMRK Rn. 9.

678 Zum europäischen Recht: EuG, Urteil vom 27.9.2006, Az. T-43/02, Slg. 2006, II-3435, Rn. 228 – *Jungbunzlauer* m. w. N. Zum GG: *Münch/Kunig* in: Münch/Kunig, GG, Vorb. Art. 1-19 GG Rn. 39; *Schulze-Fielitz* in: Dreier, GG, Art. 20 GG (Rechtsstaat) Rn. 182 ff.

679 Zum europäischen Recht: *Eser* in: Meyer, GRCh, Art. 49 GRCh Rn. 36 ff. Zum deutschen Recht: BVerfGE 110, 1, 13 – *Erweiterter Verfall*; BVerfGE 95, 96, 140; *Schulze-Fielitz* in: Dreier, GG, Art. 20 GG (Rechtsstaat) Rn. 194, 196; *Starck* in: v. Mangoldt/Klein/Starck, GG, Art. 2 Abs. 1 GG Rn. 127.

680 Zum europäischen Recht: *Eser* in: Meyer, GRCh, Art. 49 GRCh Rn. 38. Zum GG: *Kunig* in: Münch/Kunig, GG, Art. 1 GG Rn. 36 (Strafe); *Schulze-Fielitz* in: Dreier, GG, Art. 20 GG (Rechtsstaat) Rn. 194, 196; *Starck* in: v. Mangoldt/Klein/Starck, GG, Art. 2 Abs. 1 GG Rn. 127.

681 Ebenso wohl *Garoupa*, J. Econ. Surv. 11 (1997), 267. Vgl. *Jarass* in: Jarass/Pieroth, GG, Art. 20 GG Rn. 147 ff.; *Kunig* in: Münch/Kunig, GG, Art. 1 GG Rn. 36 (Strafe).

682 *Kaplow/Shavell*, Am. L. & Econ. Rev. 1 (1999), 63 ff.; *Kaplow/Shavell*, J. Pol. Econ. 109 (2001), 281 ff.; *Kaplow/Shavell*, J. Legal Stud. 32 (2003), 331 ff.; *Kaplow/Shavell*, Fairness v. welfare, S. 38 ff.

„Gerechtigkeitserwägungen" zusammengefasst („*notions of fairness*").[683] Diese werden definiert als Prinzipien, die zumindest teilweise auf Faktoren beruhen, die unabhängig von dem Nutzen der Individuen seien.[684] Dies wird damit begründet, dass die bekannten Gerechtigkeitstheorien ein Ergebnis unabhängig davon vorschrieben, ob es den konkreten Nutzen der Individuen steigere. Die zugrundeliegenden moralischen und philosophischen Konzepte beanspruchten auch oder gerade dann Geltung, wenn sie den kurzweiligen Interessen der Individuen im Einzelfall zuwider liefen.[685] Die Anwendung gerechtigkeitsorientierter Ansätze könne daher dazu führen, dass Strategien angewandt würden, die alle Individuen der Gesellschaft schlechter stellten. Dies verletzte das Pareto-Kriterium. Aus diesem Grund dürfe eine Norm allein nach nutzenorientierten Ansätzen ausgewählt werden, während gerechtigkeitsorientierte Ansätze grundsätzlich abzulehnen seien.[686]

Es gebe allerdings eine wesentliche Ausnahme, bei der ein gerechtigkeitsorientierter Ansatz zur Evaluierung von Strategien herangezogen werden dürfe.[687] Wenn die Individuen den zugrundeliegenden Gerechtigkeitsaspekt ebenfalls unterstützen, wird ihr individueller Nutzen gesteigert, wenn gerechtere Ergebnisse erzielt werden. In dem Fall führten nutzen- und gerechtigkeitsorientierte Ansätze zum gleichen Ergebnis.[688]

Aus juristischer Sicht bilden die genannten verfassungs- und unionsrechtlichen Grundsätze jedoch unabänderliche Grenzen, die auch die kartellrechtlichen Sanktionsvorschriften beachten müssen. In dieser Arbeit werden diese grundlegenden Eckpfeiler, die jeder europäischen bzw. deutschen Norm zugrunde liegen, nicht hinterfragt. Aus diesem Grund kann man diese Vorgaben in

683 *Kaplow/Shavell,* J. Legal Stud. 32 (2003), 331, 333 f.; *Kaplow/Shavell,* Fairness v. welfare, S. 38 f.

684 Vgl. das Modell bei *Kaplow/Shavell,* Am. L. & Econ. Rev. 1 (1999), 63, 65 Fn. 5; *Kaplow/Shavell,* J. Pol. Econ. 109 (2001), 281, 283 f.; *Kaplow/Shavell,* Fairness v. welfare, S. 39 ff.

685 *Kaplow/Shavell,* Fairness v. welfare, S. 52 ff.

686 *Kaplow/Shavell,* Am. L. & Econ. Rev. 1 (1999), 63, 69 f., 76; *Kaplow/Shavell,* J. Pol. Econ. 109 (2001), 281, 284 f.; *Kaplow/Shavell,* Fairness v. welfare, S. 58.

687 *Kaplow/Shavell,* Am. L. & Econ. Rev. 1 (1999), 63, 74 f.; *Kaplow/Shavell,* Fairness v. welfare, S. 77 f.; *Polinsky/Shavell,* Am. L. & Econ. Rev. 2 (2000), 223, 233.

688 Eine weitere Ausnahme gelte für den Fall, dass der gerechtigkeitsorientierte Ansatz zufällig den gleichen Effekt erziele wie der nutzenorientierte Ansatz. Dies sei beispielsweise gegeben, wenn eine „gerechte" Sanktion auch eine ausreichende Abschreckungswirkung erziele. Daneben könne der gerechtigkeitsorientierte Ansatz verfolgt werden, wenn dadurch eine bestimmte Moralvorstellung vermittelt werden soll, *Kaplow/Shavell,* Am. L. & Econ. Rev. 1 (1999), 63, 74 f.

der ökonomischen Theorie als Institutionen betrachten, die als externe Faktoren festgeschrieben sind.[689] In diesem Fall können sie innerhalb des Modells nicht geändert werden und das Ergebnis muss sich an diesen Vorgaben orientieren. In der ökonomischen Literatur wurde die grundsätzliche Ablehnung gerechtigkeitsorientierter Ansätze zudem vielfältig kritisiert.[690] Daher wird im Folgenden davon ausgegangen, dass der Gleichheitsgrundsatz, der Verhältnismäßigkeitsgrundsatz und der Grundsatz der Schuldangemessenheit auch aus ökonomischer Sicht die Höhe der Sanktion begrenzen.

Eine Geldbuße, die bei jedem Verstoß das gesamte Vermögen des Täters umfasst, wie es im Standardmodell vorschlagen wird, verstößt gegen die Grundsätze der Gleichheit, Verhältnismäßigkeit und Schuldangemessenheit.[691] Diese Grundsätze müssen jedoch als begrenzende Institutionen berücksichtigt werden. Mithin muss die Geldbuße geringer als maximal sein und anhand der genannten Grundsätze bestimmt werden.

e. *Wiederholungstäterschaft*

In der ökonomischen Literatur wird darüber hinaus kontrovers diskutiert, ob die wiederholte Begehung eines Verstoßes die Höhe der Sanktion beeinflussen sollte. Nach dem Standardmodell der öffentlichen Rechtsdurchsetzung wäre eine Erhöhung der Sanktion von vorherein ausgeschlossen, da die optimale Sanktion maximal wäre. Eine wiederholte Tatbegehung würde danach ohnehin nur anzeigen, dass der Gewinn der Tat ihre Schäden übersteige.[692] Daher sei die Tat gesellschaftlich wünschenswert und eine zusätzliche Abschreckungswirkung zu vermeiden.[693]

Zur Rechtfertigung einer strengeren Strafe für Wiederholungstäter (engl. *repeat offenders*) erweitern die Autoren das Standardmodell auf ein Modell mit zwei Perioden, in denen unterschiedliche Sanktionen abhängig von der

---

689 Zum Begriff der Institution vgl. unter Teil 3.A.II., S. 84.

690 Vgl. nur *Craswell*, J. Legal Stud. 32 (2003), 245 ff. (Antwort darauf *Kaplow/Shavell*, J. Legal Stud. 32 (2003), 331, 342 ff.); *Fleurbaey/Tungodden/Chang*, J. Pol. Econ. 111 (2003), 1382 ff. (Antwort darauf *Kaplow/Shavell*, J. Pol. Econ. 112 (2004), 249 ff.); *Waldron*, J. Legal Stud. 32 (2003), 277 ff. (Antwort darauf *Kaplow/Shavell*, J. Legal Stud. 32 (2003), 331, 351 ff.).

691 Vgl. oben unter Teil 2.B., S. 67 ff.

692 Siehe zur Kritik oben unter Teil 3.B.II.2.b.cc., S. 116.

693 Vgl. dazu *Chu/Hu/Huang*, Int'l Rev. L. & Econ. 20 (2000), 127, 129; *Miceli/Bucci*, Rev. L. & Econ. 1 (2005), 71 f.; *Polinsky/Shavell*, J. Econ. Lit. 38 (2000), 45, 67; *Polinsky/Shavell*, Int'l Rev. L. & Econ. 18 (1998), 305, 307.

kriminellen Vergangenheit des Täters verhängt werden können.[694] In der ersten Periode wird die einheitliche Sanktion f_1 verhängt. In der zweiten Periode wird dem Täter, der in der ersten Periode nicht verurteilt wurde, die Sanktion f_2 auferlegt, während der Wiederholungstäter die Sanktion f_r zahlen muss. Die weiteren Annahmen der Autoren variieren stark und widersprechen sich zum Teil. Darüber hinaus sind sie äußerst restriktiv, sodass manche Modelle von vornherein unbrauchbar zur Beschreibung der Sanktionierung von Wettbewerbsverstößen sind.[695] Im Folgenden sollen daher nur einige Ansätze dargestellt werden.[696]

---

694 Siehe dazu *Chu/Hu/Huang,* Int'l Rev. L. & Econ. 20 (2000), 127, 131 ff.; *Emons,* Int'l Rev. L. & Econ. 27 (2007), 170, 172 ff.; *Mungan,* Int'l Rev. L. & Econ. 30 (2010), 173, 174 f.; *Miceli/Bucci,* Rev. L. & Econ. 1 (2005), 71, 73 ff.; *Polinsky/Shavell,* Int'l Rev. L. & Econ. 18 (1998), 305, 307 ff.; *Polinsky/Rubinfeld,* J. Publ. Econ. 46 (1991), 291, 294 ff.

695 So nimmt *Emons,* Int'l Rev. L. & Econ. 27 (2007), 170, 171, 174 an, dass ein Individuum, welches sich zu einem vorsätzlichen Normverstoß entschieden hat, immer in beiden Perioden einen Verstoß begeht. Darüber hinaus werde das Vermögen eines Individuums über alle Perioden nur von den verhängten Sanktionen beeinflusst; im Übrigen bleibt es unverändert, *Emons,* Int'l Rev. L. & Econ. 23 (2003), 253, 254, 256. Diese Annahmen sind unvereinbar mit den realen Verhältnissen, in denen das Modell auf unendlich viele Perioden ausgedehnt werden muss. *Rubinstein* in: Brams/Schotter/Schwodiauer, Applied game theory, S. 406, 407, 411 setzt voraus, dass ein Täter *nur* bestraft werde, wenn eine Mindestzahl von gleichen Verstößen entdeckt worden sei. So könne der Beweis entfallen, ob der Täter vorsätzlich oder fahrlässig oder ohne subjektive Vorwerfbarkeit gehandelt habe, da man bei einer mehrfachen Tatbegehung mit hoher Wahrscheinlichkeit von vorsätzlichen Taten ausgehen könne. *Burnovski/Safra,* Int'l Rev. L. & Econ. 14 (1994), 341, 342 f. legen einen anderen Verfolgungsmechanismus zugrunde, bei dem die Individuen die Anzahl der durch sie begangenen Verstöße von vornherein festlegen und danach nicht mehr ändern können. Im Falle von Verstößen gegen das Kartellrecht trifft diese Annahme nicht zu, da es sich in der Regel um Dauerdelikte handelt, deren Aufrechterhaltung bzw. Begehung in hohem Maße von den veränderten Rahmenbedingungen und taktischen Erwägungen abhängig ist. *Miceli/Bucci,* Rev. L. & Econ. 1 (2005), 71, 72, 74 untersuchen den stigmatisierenden Effekt von Sanktionen auf die Lohnaussichten der Täter auf dem Arbeitsmarkt. Dieser Ansatz ist auf die Tatbegehung durch Unternehmen nicht übertragbar, vgl. *Burnovski/Safra,* Int'l Rev. L. & Econ. 14 (1994), 341, 343.

696 Siehe zu einem Überblick über empirische Studien zu diesen Ansätzen *Connor,* Recidivism Revealed: Private International Cartels 1990-2009, S. 11 ff.

Zum Teil werden die Kosten von Typ II-Fehlern in das Modell einbezogen.[697] Diese Kosten könnten reduziert werden, wenn die Sanktion f_1 gesenkt werde, während die Sanktion f_r für Wiederholungstäter gesteigert werde. In Periode 1 sänken die Kosten des Typ II-Fehlers durch die geringere Geldbuße, die irrtümlicherweise gegen Unschuldige verhängt werde. Da die Wahrscheinlichkeit, in beiden Perioden fälschlicherweise für einen Verstoß bestraft zu werden, äußerst gering sei, seien auch die Fehlerkosten durch die höhere Sanktion für Wiederholungstäter in der zweiten Periode geringer. Die Kostenersparnis bei den fehlerhaften Verurteilungen könne die zusätzlichen Kosten durch eine größere Zahl an Verstößen überwiegen, die durch geringere Abschreckungswirkung der Sanktion in der ersten Periode ausgehe.[698] Wie allerdings bereits ausführlich erläutert,[699] spielen die Kosten durch „echte“ fehlerhafte Verurteilungen im Kartellordnungswidrigkeitenrecht eine vernachlässigbare Rolle. Es erscheint daher nicht plausibel, dass deren Einsparung die Abschreckungsdefizite aus einer niedrigeren Sanktion in der ersten Periode ausgleichen könnten. Dieser Ansatz kann daher eine höhere Sanktion für Wiederholungstäter nicht erklären.

Darüber hinaus wird eine höhere Geldbuße mit dem Lerneffekt der Täter erklärt.[700] Sie könnten mit jeder Verurteilung mehr über die Vorgehensweise der Behörden erfahren, sodass sie bei einem weiteren Verstoß dieses Wissen zur Verhinderung der Entdeckung einsetzen könnten. Die Entdeckungswahrscheinlichkeit könne daher bei Wiederholungstaten sinken. Im Gegenzug lernten auch die Behörden bei jeder Verurteilung etwas über den Täter. Dieses Wissen könnte zu einer einfacheren Entdeckung bei jeder weiteren Zuwiderhandlung dieses Täters führen. Wenn der Lerngewinn der Täter größer sei als der Gewinn der Behörden, sinke die Entdeckungswahrscheinlichkeit im Gesamten. Dadurch sinke der Abschreckungswert der erwarteten Sanktion mit jeder Zuwiderhandlung.[701] Um dieses Abschreckungsdefizit auszugleichen, seien höhere Sanktionen für Wiederholungstäter in diesem Fall optimal.[702] Im Bereich der Kartellsanktionen erscheint es allerdings fraglich, dass Täter

---

697 *Chu/Hu/Huang,* Int'l Rev. L. & Econ. 20 (2000), 127, 130 f. Siehe dazu oben unter Teil 3.B.III.1.c.aa., S. 149.

698 *Chu/Hu/Huang,* Int'l Rev. L. & Econ. 20 (2000), 127, 135.

699 Siehe unter Teil 3.B.III.1.c.dd., S. 156.

700 *Mungan,* Int'l Rev. L. & Econ. 30 (2010), 173 f. Siehe auch *Connor,* Recidivism Revealed: Private International Cartels 1990-2009, S. 3; *Wils,* W.Comp. 35 (2012), 5, 14.

701 *Mungan,* Int'l Rev. L. & Econ. 30 (2010), 173, 176.

702 *Mungan,* Int'l Rev. L. & Econ. 30 (2010), 173, 176. Ebenso *Theurer,* Geldbußen im EU-Wettbewerbsrecht, S. 237.

aus einer Sanktionierung einen signifikanten Lernerfolg zur Vertuschung weiterer Zuwiderhandlungen ziehen können. Zum einen liegen erhebliche Zeitspannen zwischen der Behördenentscheidung, dem Beginn der weiteren Zuwiderhandlung und deren Verfolgung, sodass eventuelle Erkenntnisse aus vorherigen Verfahren in den aktuellen Verfahren aufgrund der fortschreitenden Entwicklung insbesondere in der Informationstechnik kaum verwendet werden können.[703] Zum anderen sind die Vorgehensweise der Behörden und die üblicherweise verwendeten Beweismittel durch veröffentlichte Entscheidungen und Gerichtsurteile allgemein bekannt. Daher ist nicht zu erwarten, dass Unternehmen bei wiederholten Zuwiderhandlungen gegen das Kartellrecht mit einer geringeren Entdeckungswahrscheinlichkeit konfrontiert sind als Ersttäter. Eine erhöhte Sanktion gegen Wiederholungstäter erscheint auch aus diesem Gesichtspunkt nicht angezeigt.

Andere legen das Standardmodell der öffentlichen Rechtsdurchsetzung zugrunde und nehmen an, dass die Entdeckungswahrscheinlichkeit niedriger als der optimale Wert sei.[704] Die mangelnde Abschreckungswirkung könne durch eine Benachteiligung von Wiederholungstätern ausgeglichen werden. Die Täter würden bereits bei einem Verstoß in Periode 1 mit einkalkulieren, dass die Sanktion für einen Verstoß in Periode 2 dadurch höher ausfalle. Dieser Nachteil schmälere bereits den erwarteten Nutzen eines Verstoßes in Periode 1

---

703 Im Fall *Natriumchlorat* hat die Kommission Zuwiderhandlungen von Arkema von 1984, 1986 und 1994 berücksichtigt, vgl. Kommission, Entscheidung vom 11.6.2008, Az. COMP/38.695, Rn. 525 – *Natriumchlorat*. Diese Entscheidungen lagen 10 bzw. 8 Jahre vor dem Beginn der erneuten Zuwiderhandlung im Jahr 1994 (Kommission, Entscheidung vom 11.6.2008, Az. COMP/38.695, Rn. 80 – *Natriumchlorat*) und bis zu 24, 22 bzw. 14 Jahre vor den Ermittlungen zum aktuellen Verstoß. Vgl. ebenso den Fall *Wärmestabilisatoren*, in dem dieselben vergangenen Entscheidungen gegen Arkema berücksichtigt wurden, Kommission, Entscheidung vom 11.11.2009, Az. COMP/38.589, Rn. 718 – *Wärmestabilisatoren*. Auch im Fall *Spannstahl* wurden Entscheidungen gegen ArcelorMittal im Jahre 1989 und gegen Saarstahl im Jahre 1994 berücksichtigt, die bis zu 20 bzw. 15 Jahre vor der aktuellen Entscheidung lagen, vgl. Kommission, Entscheidung vom 30.6.2010, Az. COMP/38.344, Rn. 967 – *Spannstahl*. Auch Entscheidungen vom Anfang des neuen Jahrtausends können aufgrund der rasanten Entwicklung in der Informationstechnologie kaum wertvolle Erkenntnisse für spätere Verfahren liefern (im Fall *Calciumcarbid* berücksichtigte die Kommission Entscheidungen aus 2002, 2003, 2004 und 2005 gegen Akzo Nobel, Kommission, Entscheidung vom 22.7.2009, Az. COMP/39.396, Rn. 310 – *Calciumcarbid*).

704 *Polinsky/Shavell*, Int'l Rev. L. & Econ. 18 (1998), 305, 310.

und wirke daher in dieser Periode abschreckend.[705] Da die optimale Geldbuße f_1 im Standardmodell bereits maximal sei, könne der Wiederholungstäter nur dadurch benachteiligt werden, dass f_2 für Ersttäter in Periode 2 gesenkt werde, während f_r weiterhin maximal sei.[706] Dieses Sanktionsmuster sei nur optimal, wenn in Periode 1 der Abschreckungsgewinn größer sei als der Abschreckungsverlust bei Ersttätern in Periode 2. Dies sei gegeben, wenn der verhinderte Schaden durch eine höhere Abschreckungswirkung in Periode 1 größer sei als der zusätzliche Schaden, den Individuen in Periode 2 aufgrund der geringeren Sanktion für Ersttäter verursachen.[707] Die Annahme, dass Individuen die höhere Sanktion in Periode 2 bereits in Periode 1 berücksichtigen, setzt allerdings implizit voraus, dass sich die Sanktionspolitik der Behörde über die Perioden nicht änderte. Dies ist im Kartellbußgeldrecht jedoch gerade nicht der Fall. Die Kommission hat ihre Bußgeldpolitik durch die Leitlinien 1998 und 2006 grundlegend geändert und angesichts der vielfältigen Kritik an den geltenden Bestimmungen der Leitlinien sind weitere Änderungen zu erwarten.[708] Auch die Bemessung der Bußgelder durch das BKartA wurde in den letzten Jahrzehnten durch Gesetzesänderungen grundlegend modifiziert[709] und aktuell noch durch Gerichtsentscheidungen beeinflusst.[710] Mithin kann ein Unternehmen nie genau einschätzen, ob und in welcher Höhe die Sanktion in einer späteren Periode aufgrund vorangegangener Taten erhöht wird. Darüber hinaus kann mit diesem Ansatz eine Bußgeldpolitik, die erst in Periode 2 die nachteilige Berücksichtigung von vergangenen Taten rückwirkend anordnet, nicht erklärt werden. In Periode 1 wussten die Unternehmen nämlich nichts davon, inwieweit ihre Taten später berücksichtigt werden könnten. In

---

705 *Polinsky/Shavell,* Int'l Rev. L. & Econ. 18 (1998), 305, 306 f. Ebenso *Chu/Hu/Huang,* Int'l Rev. L. & Econ. 20 (2000), 127, 132.

706 Dieses Ergebnis steht jedoch gerade im Widerspruch zur Praxis der Behörden bei der Berücksichtigung von vergangenen Taten. Auch in der ökonomischen Literatur wird dies kritisiert, vgl. *Chu/Hu/Huang,* Int'l Rev. L. & Econ. 20 (2000), 127, 128; *Mungan,* Int'l Rev. L. & Econ. 30 (2010), 173, 174. Das Ergebnis sei allerdings auch gültig, wenn die Sanktion für Wiederholungstäter in der zweiten Periode die Sanktion für Ersttäter übersteigen könne, vgl. *Polinsky/Shavell,* Int'l Rev. L. & Econ. 18 (1998), 305, 313, 314 f.

707 *Polinsky/Shavell,* Int'l Rev. L. & Econ. 18 (1998), 305, 311 ff.

708 Vgl. dazu *Dannecker/Biermann* in: Immenga/Mestmäcker, Art. 23 VO 1/2003 Rn. 113; *Schütz* in: KK-KartR, Art. 23 VO 1/2003 Rn. 4 ff.

709 *Dannecker/Biermann* in: Immenga/Mestmäcker, § 81 GWB Rn. 329 ff.

710 Siehe zum Beschluss des BGH in der Sache *Grauzement,* BGH, NJW 2013, 1972 – *Grauzement,* unter Teil 2.B.II.1.a.bb., S. 77 ff.

diesem Fall entfällt dann der wesentliche positive Effekt einer erhöhten Abschreckungswirkung in Periode 1. Unter den Leitlinien 2006 der Kommission werden aber insbesondere Taten zur Begründung einer Wiederholungstat herangezogen, die außerhalb des Geltungsbereichs begangen wurden; das heißt bei denen Beschwerdepunkte vor dem 1.9.2006 mitgeteilt wurden. Mithin kann auch dieser Begründungsansatz erhöhte Sanktionen für Wiederholungstäter im Kartellsanktionsrecht nicht rechtfertigen.

In einem weiteren Ansatz wird die wiederholte Tatbegehung dadurch erklärt, dass die ursprünglich verhängte Sanktion für dieses Individuum nicht abschreckend genug gewesen sei.[711] Dies wird mit zusätzlichen, rechtswidrigen Gewinnen begründet, die für die Behörden nicht ermittelbar sind und von der Gesellschaft nicht toleriert werden.[712] Aufgrund dieser zusätzlichen Gewinne lohne sich der Verstoß für dieses Individuum trotz Sanktion weiterhin. Durch höhere Sanktionen für Wiederholungstäter könne die erwartete Sanktion so erhöht werden, dass sie auch diesen zusätzlichen Nutzen übertreffe.[713] Die Annahme, dass eine Wiederholungstat auf eine mangelnde Abschreckungswirkung der geltenden Sanktionen hindeute, setzt jedoch implizit voraus, dass die Bußgeldpolitik der Behörden über die Perioden konstant bleibt. Ändert die Behörde ihre Bußgeldpolitik zwischenzeitlich, so kann aus einer vergangenen Zuwiderhandlung allenfalls geschlossen werden, dass das Bußgeldregime zur Zeit des Verstoßes nicht abschreckend genug war. Wie bereits erläutert, wurde die europäische und deutsche Bußgeldpolitik in den letzten Jahrzehnten bereits häufig geändert. Wenn Unternehmen unter vergangenen Bußgeldregimen bereits Zuwiderhandlungen begingen, bedeutet dies eventuell, dass diese Regime nicht abschreckend genug waren. Über das geltende Sanktionssystem oder über Neigungen des Unternehmens lässt sich aufgrund der unterschiedlichen Anreizstrukturen jedoch keine Aussage ableiten. Nur eine Wiederholungstat innerhalb desselben Bußgeldsystems könnte diesen Schluss zulassen. Mithin kann nach

---

711 *Polinsky/Rubinfeld,* J. Publ. Econ. 46 (1991), 291 ff. Ähnlich *Connor,* Recidivism Revealed: Private International Cartels 1990-2009, S. 5 f.; *Wils,* W.Comp. 35 (2012), 5, 13 f.

712 Als Beispiel wird auf *Stigler,* J. Pol. Econ. 78 (1970), 526, 527 verwiesen, der feststellt, dass die Befriedigung eines Täters durch einen Mord, einer Vergewaltigung oder einer Brandstiftung gesellschaftlich nicht anerkannt wird, vgl. *Polinsky/Rubinfeld,* J. Publ. Econ. 46 (1991), 291, 294, 302. Dieses Konzept des rechtmäßigen und unrechtmäßigen Gewinnes wird in der ökonomischen Literatur jedoch heftig kritisiert, vgl. *Mungan,* Int'l Rev. L. & Econ. 30 (2010), 173, 174; *Dana,* Yale L. J. 110 (2001), 733, 756.

713 *Polinsky/Rubinfeld,* J. Publ. Econ. 46 (1991), 291, 299 f.

diesem Ansatz eine erhöhte Sanktion für wiederholte Wettbewerbsverstöße nur begründet werden, wenn keine wesentliche Änderung des Bemessungssystems erfolgte. Eine ausnahmslose Berücksichtigung aller Wiederholungstaten unabhängig vom geltenden Bemessungssystem ist nicht angezeigt.

Alle Erklärungsansätze nehmen zudem an, dass der persönliche Zinssatz eines Individuums gleich null sei.[714] Daher ist es unbedeutend, dass die höhere Sanktion in Periode 2 zeitlich versetzt eintritt. In der Realität liegen zwischen den einzelnen Entscheidungen der Behörde jedoch viele Jahre, in denen sich die wirtschaftlichen Verhältnisse erheblich ändern. Daher ist davon auszugehen, dass der persönliche Zinssatz, mit dem die Unternehmen zukünftige Zahlungsverpflichtungen abschlagen, erheblich größer als null ist. Drohende Bußgelder in entfernter Zukunft für eine spätere Zuwiderhandlung dürften daher auf die aktuelle Entscheidung nur eine sehr untergeordnete Rolle spielen.

Aus diesen Ausführungen folgt, dass eine höhere Geldbuße für Wiederholungstaten im Kartellsanktionsrecht aus Gründen einer ausreichenden Abschreckungswirkung grundsätzlich nicht nötig ist. Die ökonomischen Argumente treffen nur zu, wenn ein Täter unter demselben Bußgeldregime mehrere Verstöße begeht. Da in den Fällen, in denen die Behörden Wiederholungstaten ahnden, fast ausschließlich ältere Taten herangezogen werden,[715] wäre eine Erhöhung aus Effizienzgesichtspunkten nicht zu raten.

Dies bedeutet allerdings nicht, dass die Berücksichtigung der Wiederholungstäterschaft als erschwerender Faktor der persönlichen Schuld ausgeschlossen ist. Wie bereits erläutert, bilden die Grundsätze der Gleichheit, Verhältnismäßigkeit und Schuldangemessenheit Institutionen im Sinne der Neuen Institutionenökonomik[716], die uneingeschränkt Geltung beanspruchen.[717] Danach bildet eine Wiederholungstat einen Aspekt der Vorwerfbarkeit der Zuwiderhandlung gegen das Kartellrecht.[718] Vorherige Taten der Individuen zeigen, dass der Täter den Verhaltensappel der ersten Sanktionierung nicht aufgenommen hat.[719] Aus Gründen der Schuldangemessenheit der Sanktion kann die Geldbuße daher

---

714 *Chu/Hu/Huang,* Int'l Rev. L. & Econ. 20 (2000), 127, 134; *Miceli/Bucci,* Rev. L. & Econ. 1 (2005), 71, 75; *Polinsky/Rubinfeld,* J. Publ. Econ. 46 (1991), 291, 294.

715 Vgl. zu den Fällen der Kommission Teil 4.B.I.2.a.bb., S. 216.

716 Vgl. dazu Teil 3.A.II., S. 84 ff.

717 Vgl. unter Teil 3.B.III.1.d., S. 157 ff.

718 *Dannecker/Biermann* in: Immenga/Mestmäcker, § 81 GWB Rn. 459; *Mitsch* in: KK-OWiG, § 17 OWiG Rn. 76 ff.

719 *Dannecker/Biermann* in: Immenga/Mestmäcker, § 81 GWB Rn. 459; *Mitsch* in: KK-OWiG, § 17 OWiG Rn. 76 ff.

auch aus ökonomischer Sicht weiterhin erhöht werden. Dabei ist jedoch die Vorwerfbarkeit einer vorherigen Tat für jeden Täter individuell zu ermitteln und es kann nicht formelmäßig auf die bloße Tatsache einer vergangenen Zuwiderhandlung verwiesen werden.[720]

2. Rolle der Entdeckungswahrscheinlichkeit

Das ökonomische Standardmodell der öffentlichen Rechtsdurchsetzung trifft einige vereinfachende Annahmen, die sich auf die Rolle der Entdeckungswahrscheinlichkeit beziehen. Dies betrifft zum einen die Annahme über die verfügbaren Informationen der Individuen und die Auswirkungen der Lockerung dieser Annahme auf die Entdeckungswahrscheinlichkeit (unter a., S. 167 ff.). Zum anderen werden individuelle Unterscheide in der Entdeckungswahrscheinlichkeit in der Standardtheorie nicht berücksichtigt (unter b., S. 192 ff.).

a. Beseitigung von Informationsdefiziten

Das Standardmodell der Rechtsdurchsetzung geht davon aus, dass alle Beteiligten über alle relevanten Faktoren des Modells perfekt informiert sind bzw. die Informationsbeschaffung unbegrenzt ohne Kosten möglich ist.[721] In der Realität können die Individuen jedoch die ihnen tatsächlich drohende Sanktion, den verursachten Schaden und die Entdeckungswahrscheinlichkeit oft nicht einschätzen. Im Folgenden wird untersucht, ob dieses Informationsdefizit durch eine Erhöhung der Entdeckungswahrscheinlichkeit bekämpft werden kann.

aa. Auswirkungen des Informationsdefizits auf die individuelle Entscheidung

Wenn das Individuum seinen erwarteten Gewinn aus dem Verstoß mit den erwarteten Kosten abwägt, so sind nicht mehr die tatsächlich drohende Sanktion und die reale Entdeckungswahrscheinlichkeit relevant. Das Individuum beachtet

---

720 *Dannecker/Biermann* in: Immenga/Mestmäcker, § 81 GWB Rn. 459; *Mitsch* in: KK-OWiG, § 17 OWiG Rn. 76 ff.

721 Vgl. allgemein *Ben-Shahar,* Int'l Rev. L. & Econ. 17 (1997), 409 f. Bzgl. der Entdeckungswahrscheinlichkeit: *Bebchuk/Kaplow,* J. Legal Stud. 21 (1992), 365, 366; *Garoupa,* J. Econ. Surv. 11 (1997), 267, 276 f.; *Polinsky/Shavell,* J. Econ. Lit. 38 (2000), 45, 67 f.; *Polinsky/Shavell* in: Polinsky/Shavell, Handbook of law and economics, S. 403, 439; *Sah,* J. Pol. Econ. 99 (1991), 1272, 1273; *Shavell,* Economic Analysis of Law, S. 481. Vgl. zur Informationsbeschaffung durch die Verfolgungsbehörden *Garoupa/Jellal,* J. L. Econ. & Org. 20 (2004), 192 ff.

vielmehr die von ihm wahrgenommenen Werte.[722] Dies soll durch die Einführung eines Über- bzw. Unterschätzungsfaktor q dargestellt werden.[723] Ein Individuum begeht daher einen Verstoß, wenn:[724]

$$g > q \cdot p \cdot f$$

Bei der Berücksichtigung von Informationsdefiziten der Individuen müssten daher nicht die tatsächlichen, sondern alleine die wahrgenommenen Werte zur Bemessung der Sanktion herangezogen werden.[725] Diese Werte lassen sich im Nachhinein in einem behördlichen oder gerichtlichen Verfahren jedoch kaum noch nachvollziehen.[726] Im Zweifel wird das betroffene Individuum den für ihn im Nachhinein günstigsten Wert zur Sanktionsbestimmung angeben, unabhängig von seinen tatsächlichen Vorstellungen bei der Tatbegehung. Mithin

---

722 *Bebchuk/Kaplow,* J. Legal Stud. 21 (1992), 365, 367; *Ben-Shahar,* Int'l Rev. L. & Econ. 17 (1997), 409, 414; *Garoupa,* Eur. J. L. & Econ. 7 (1999), 183; *Kaplow,* J. L. Econ. & Org. 6 (1990), 93, 96 f.; *Polinsky/Shavell,* J. Econ. Lit. 38 (2000), 45, 68; *Polinsky/Shavell* in: Polinsky/Shavell, Handbook of law and economics, S. 403, 439 f.; *Sah,* J. Pol. Econ. 99 (1991), 1272, 1273.

723 Dieses Modell orientiert sich an *Kaplow,* J. L. Econ. & Org. 6 (1990), 93, 96 f. Er führt allerdings einen Faktor θ ein, der den Anteil der schädlichen Taten an der Zahl aller Handlungen angibt. In seinem Modell sind die Individuen über die Schädlichkeit ihrer Taten nicht informiert. Der Faktor q gibt dort die individuelle Wahrnehmung von θ an; vgl. *Garoupa,* J. Econ. Surv. 11 (1997), 267, 282 für eine Zusammenfassung dieses Modells. Wie oben unter Teil 3.B.II.2.b., S. 111 dargestellt, ist auf der Ebene der Sanktionsbemessung davon auszugehen, dass alle geahndeten Taten schädlich sind, da nicht schädliche Taten gar nicht sanktioniert werden. *Kaplow,* J. L. Econ. & Org. 6 (1990), 93, 115 erläutert in Fn. 31, dass in diesem Fall $\theta = 1$ sei und q einen Faktor darstelle, der die Über- oder Unterschätzung der erwarteten Sanktion angibt. Vgl. auch *At/Chappe,* Rev. L. & Econ. 4 (2008), 35, 38 ff. mit einem ähnlichen Modell.

724 *Kaplow,* J. L. Econ. & Org. 6 (1990), 93, 98, *Garoupa,* Eur. J. L. & Econ. 7 (1999), 183, 186. *Sah,* J. Pol. Econ. 99 (1991), 1272, 1273 führt r als reale Wahrscheinlichkeit ein und p als wahrgenomme (engl. *perceived*) Wahrscheinlichkeit. Im hier verwendeten Modell würde q den Umrechnungsfaktor von r zu p darstellen. *Ben-Shahar,* Int'l Rev. L. & Econ. 17 (1997), 409, 414 führt e bzw. $1 - e$ als erwartete Wahrscheinlichkeit für eine hohe bzw. niedrige Sanktion ein und π als wahrgenommene Entdeckungswahrscheinlichkeit. Im vorliegenden Modell würden diese beiden Werte im Umrechnungsfaktor q aufgehen.

725 Siehe speziell im kartellrechtlichen Kontext *Connor/Lande,* Card. L. Rev. 34 (2012), 427, 434; *Heimler/Mehta,* W.Comp. 35 (2012), 103, 105 f.; *Castillo de la Torre,* W.Comp. 33 (2010), 359, 363; *Wils,* W.Comp. 29 (2006), 183, 193 ff.; *Wils,* W.Comp. 30 (2007), 197, 210.

726 Siehe Nachweise in Fn. 725.

muss bei der nachträglichen Sanktionsbemessung auf die tatsächlichen Werte des Schadens und der Entdeckungswahrscheinlichkeit zurückgegriffen werden, da nur diese objektiv ermittelbar sind.[727] Im Folgenden sollen daher die Auswirkungen des Informationsdefizits auf die Abschreckungswirkung einer Sanktion ermittelt werden, die anhand der tatsächlichen Werte bestimmt wird.

Wenn das Individuum die erwartete Sanktion oder die Entdeckungswahrscheinlichkeit überschätzt ($q > 1$), so steigt der erwartete Sanktionswert. Es wird einen Verstoß nur begehen, wenn es einen höheren Gewinn erwartet. Die Zahl der Verstöße würde daher abnehmen. In der ökonomischen Theorie wird diese übermäßige Abschreckung durch Informationsdefizite negativ bewertet, da die Individuen auch von legalen Handlungen abgehalten würden.[728] Wie bereits dargelegt, ist diese Überlegung bei der allgemeinen Sanktionsbemessung nicht zu beachten, sondern sollte bei der materiellen Ausgestaltung jedes einzelnen Tatbestandes angestellt werden.[729] Daher stellt die Überschätzung des erwarteten Sanktionswertes einen zusätzlichen Abschreckungseffekt dar, der keine Kosten verursacht. Der kostenintensive Verfolgungsaufwand der Behörde ist tatsächlich niedriger, als von dem Individuum vorausgesetzt und die tatsächlich verhängte Sanktion ist so gering, dass sie die angesprochenen sozialen Kosten nicht erzeugt.

Unterschätzt das betroffene Individuum den erwarteten Sanktionswert ($q < 1$), so wird es den Verstoß auch begehen, wenn es einen geringeren Gewinn erwartet, wie bei perfekter Information.[730] Die Zahl der Verstöße würde daher ansteigen.

Ob die normunterworfenen Individuen den erwarteten Sanktionswert mehrheitlich über- oder unterschätzten, ist nicht verlässlich zu ermitteln. In der Literatur existieren nur mehr oder weniger willkürliche Schätzungen,[731] die für den Bereich der Kartellsanktionen nicht aussagekräftig sind. Selbst wenn jeweils die Hälfte der Bevölkerung den Erwartungswert im gleichen Maße über- bzw. unterschätzt,[732] gleichen sich die positiven und negativen Effekte nicht ohne Zweifel

---

727 Siehe Nachweise in Fn. 725.

728 *Garoupa*, J. Econ. Surv. 11 (1997), 267, 282; *Kaplow*, J. L. Econ. & Org. 6 (1990), 93, 100 f.: „*overdeterrence*".

729 Siehe oben unter Teil 3.B.II.2.b., S. 111 und Teil 3.B.III.1.c., S. 148.

730 *Kaplow*, J. L. Econ. & Org. 6 (1990), 93, 98. Vgl. auch *At/Chappe*, Rev. L. & Econ. 4 (2008), 35, 42.

731 *Garoupa*, J. Econ. Surv. 11 (1997), 267, 276; *Kaplow*, J. L. Econ. & Org. 6 (1990), 93, 115.

732 Das heißt bei einer tatsächlichen Entdeckungswahrscheinlichkeit von 20 % geht eine Hälfte von 15 % und die andere von 25 % aus; vgl. zu einem solchen Modell *Bebchuk/*

aus. Wenn die zusätzlich begangenen Verstöße der Täter, die den Erwartungswert unterschätzen, einen größeren Schaden verursachen als die verhinderten Verstöße der potentiellen Täter, die den Erwartungswert überschätzen, verbleibt ein negativer Saldo. Dies ist ohne weiteres möglich, da der verursachte Schaden vollkommen unabhängig von der Frage ist, ob der Täter den erwarteten Sanktionswert über- oder unterschätzt.[733] Die tatsächlichen Auswirkungen der unzureichenden Information bei der Sanktionierung von Wettbewerbsverstößen sind daher nicht mit Sicherheit zu bestimmen. Es ist allerdings zu klären, ob staatliche Stellen die Verschätzung insgesamt reduzieren könnten und ob dies positive Auswirkungen hätte.

bb. Kostenintensive Informationsbeschaffung

In der ökonomischen Literatur wird das Modell der Rechtsdurchsetzung dadurch erweitert, dass sich die Individuen die relevanten Informationen zu bestimmten

---

Kaplow, J. Legal Stud. 21 (1992), 365, 367 f.; *At/Chappe*, Rev. L. & Econ. 4 (2008), 35, 36 ff. *Garoupa*, Eur. J. L. & Econ. 7 (1999), 183, 187 verallgemeinert dieses Ergebnis.

733 Zwar besteht ein Zusammenhang zwischen dem Gewinn und der Verschätzung. Im folgenden Beispiel sei $p = \frac{1}{2}$ und $f = 100$. Bei perfekter Information begehen nur solche Täter einen Verstoß, deren erwarteter Gewinn $g > 50$ ist. Unterschätzt ein Täter die erwartete Sanktion mit $q = 0,7$, so begeht er einen Verstoß bereits mit einem erwarteten Gewinn von 35 ($g = 0,7 \cdot \frac{1}{2} \cdot 100$). Überschätzt er den Erwartungswert mit $q = 1,3$, so begeht er den Verstoß erst ab einem erwarteten Gewinn von 65 ($g = 1,3 \cdot \frac{1}{2} \cdot 100$). Die zusätzlichen Taten der Täter, die den Sanktionswert unterschätzen, erzeugen daher einen geringeren Gewinn, als die verhinderten Taten der Täter, die die Sanktion überschätzen. In der ökonomischen Theorie wird jedoch angenommen, dass die Verteilung des erwarteten Gewinns vollkommen unabhängig von dem verursachten Schaden ist, vgl. *Kaplow*, J. L. Econ. & Org. 6 (1990), 93, 97; implizit durch eine Verteilungsfunktion, die nicht von h abhängig ist *Bebchuk/Kaplow*, J. Legal Stud. 21 (1992), 365, 367; *Bebchuk/Kaplow*, Int'l Rev. L. & Econ. 13 (1993), 217, 218; *Friehe*, Int'l Rev. L. & Econ. 28 (2008), 150, 151; *Garoupa*, J. Econ. Surv. 11 (1997), 267, 268 f.; *Polinsky/Shavell*, J. Econ. Lit. 38 (2000), 45, 49; *Shavell*, Economic Analysis of Law, S. 475. Diese Annahme ist im Kontext des Kartellrechts auch sinnvoll, da die gesellschaftlichen und individuellen Schäden, die durch einen Wettbewerbsverstoß verursacht werden, unabhängig von den zusätzlichen Gewinnen sind, die die Unternehmen dadurch erzielen, vgl. *Bongard*, WuW 2010, 762, 766; *Klusmann* in: Wiedemann, Kartellrecht, § 57 Rn. 95 und ausführlich unter Teil 3.B.II.2.b.bb., S. 111 ff.

Kosten beschaffen können.[734] Dadurch könnte das oben beschriebene Informationsdefizit reduziert werden. Im Bereich der Kartellsanktionen ist darunter in erster Linie die rechtliche Beratung der Unternehmen durch Anwälte zu verstehen.[735] Durch die Konsultation eines Anwaltes können die Unternehmen vor der Vornahme einer Handlung klären, ob diese eine Wettbewerbsbeschränkung nach europäischem oder nach deutschem Kartellrecht darstellt oder eventuell gerechtfertigt ist und welche Sanktion voraussichtlich droht.

Diese Kanzleien können materielle Fragen zum Teil alleine durch die Anwendung juristischer Auslegungsmethoden klären und müssen nicht auf die Entscheidungspraxis der Behörden und Gerichte zurückgreifen. Eine reichere Entscheidungspraxis kann aber auch bei der Klärung materieller Fragen helfen.[736] Die konkrete Höhe der Sanktion für einen bestimmten Wettbewerbsverstoß ist allerdings nicht allein aus dem Wortlaut einer Bußgeldnorm abzuleiten. Hier bildet sich ein Maßstab erst durch eine Vielzahl von Entscheidungen aus, mit denen der konkrete Sachverhalt verglichen werden kann. Aus diesem Grund ist eine umfassende Rechtsprechungspraxis ein wesentliches Argument für die Bestimmtheit einer Bußgeldnorm.[737] Die rechtliche Beratung in Bezug auf die Sanktionshöhe kann nur dann zu einem Informationszuwachs für die Unternehmen führen, wenn viele Fälle durch die Behörde entschieden werden. Die Informationsbeschaffung gegen Entgelt hat daher für sich genommen keinen Wert, wenn nicht zeitgleich auch eine größere Zahl an Entscheidungen getroffen wird. Das Ergebnis des Standardmodells, nach dem eine minimale Entdeckungswahrscheinlichkeit optimal sei, führt allerdings dazu, dass die Behörden und Gerichte nur sehr wenige Fälle entscheiden.

Die Erweiterung des Modells um die Möglichkeit der Informationsbeschaffung gegen Entgelt kann daher die Informationsdefizite, die die Höhe der Sanktion betreffen, nicht beseitigen. Da die tatsächliche Entdeckungswahrscheinlichkeit

---

734 *Kaplow,* J. L. Econ. & Org. 6 (1990), 93, 101; *Garoupa,* J. Econ. Surv. 11 (1997), 267, 282 f.; *Garoupa,* Eur. J. L. & Econ. 7 (1999), 183, 189 ff.

735 Vgl. *Garoupa,* Eur. J. L. & Econ. 7 (1999), 183, 189; *Kaplow,* J. L. Econ. & Org. 6 (1990), 93, 95; *Shavell,* J. Legal Stud. 17 (1988), 123.

736 *Jachmann* in: Maunz/Dürig, GG, Art. 95 GG Rn. 13 ff.; *Schulze-Fielitz* in: Dreier, GG, Art. 20 GG (Rechtsstaat) Rn. 102.

737 Zum europäischen Recht: EuGH, Urteil vom 22.5.2008, Az. C-266/06 P, Slg. 2008, I-81, Rn. 45 – *Evonik Degussa*; EuGH, Urteil vom 18.7.2013, Az. C-501/11 P, Rn. 57 f. – *Schindler.* Zum deutschen Recht: *Kunig* in: Münch/Kunig, GG, Art. 103 GG Rn. 29; *Nolte* in: v. Mangoldt/Klein/Starck, GG, Art. 103 GG Rn. 139; *Schulze-Fielitz* in: Dreier, GG, Art. 103 II GG Rn. 40 ff.

keinem bekannt ist, kann die anwaltliche Beratung auch diesbezüglich nicht zu einem Informationsgewinn führen. Aus diesem Grund kann die Möglichkeit der Informationsbeschaffung die angesprochenen, negativen Effekte des Informationsdefizites nicht beseitigen. Die anwaltliche Beratung ohne die Unterstützung durch eine reichhaltige Entscheidungspraxis der Behörden und Gerichte kann den betroffenen Unternehmen nur in einigen materiellen Fragestellungen helfen. Daher ist zu prüfen, ob eine umfangreiche Entscheidungspraxis positive Effekte hätte.

cc. Ambiguität als konstruktives Element?

Anstatt die normunterworfenen Unternehmen zu informieren, könnten die Verfolgungsbehörden auch versuchen, die Informationsdefizite der Unternehmen auszunutzen. Die Behörden könnten keine Informationen über ihre Verfolgungstätigkeiten und ihre Bußgeldbemessung veröffentlichen, um die Unsicherheit der Unternehmen zu erhöhen. Dies könnte dazu führen, dass die Mehrheit der Unternehmen den erwarteten Sanktionswert überschätzt und so die Gesamtzahl der Verstöße sinkt, ohne dass der Behörde oder der Gesellschaft zusätzliche Kosten entstünden.[738]

aaa. „Constructive Ambiguity" in der Ökonomik

Die Idee der Konstruktiven Ambiguität (engl. „*Constructive Ambiguity*") wird in der ökonomischen Theorie zum Verhalten von Zentralbanken bei der Bankenrettung vertreten.

Wenn eine Bank zahlungsunfähig wird, kann sich dies zu einer Krise des Finanzmarktes entwickeln, wenn die Bank eine gewisse Größe hat. Eine Ansteckungsgefahr besteht, da Kredite, die andere Banken der zahlungsunfähigen Bank gewährt haben, nicht mehr bedient werden können, und die Refinanzierungsmöglichkeit der Banken zum Erliegen kommen kann,[739] wie es in der Finanzkrise 2008 passiert ist. In diesem Fall stattet die Zentralbank die betroffene Bank mit Liquidität aus, um ein Kollaps des Finanzsystems zu verhindern, sog. *Bail Out*.[740] Wenn die Zentralbank die Kriterien für eine solche Bankenrettung allerdings veröffentlicht, haben die Banken einen Anreiz zu wachsen, bis sie so

---

738 Vgl. *Brettel/Thomas*, ZWeR 2009, 25, 35; *Schütz* in: KK-KartR, Art. 23 VO 1/2003 Rn. 32; *Wils*, W.Comp. 30 (2007), 197, 205.

739 *Goodhart/Huang*, A Model of the Lender of Last Resort, S. 6; *Freixas*, Optimal Bail Out Policy, Conditionality and Constructive Ambiguity, S. 3.

740 *Freixas*, Optimal Bail Out Policy, Conditionality and Constructive Ambiguity, S. 2 f.

groß sind, dass die Zentralbank sie retten muss („*too big to fail*“).[741] Nach dem Erreichen dieser Größe kann die Bank sehr risikoreiche Geschäfte mit hohen kurzfristigen Gewinnen eingehen, da sie bei einem Scheitern dieser Geschäfte ohnehin durch die Zentralbank gerettet wird.[742]

Daraus wird geschlossen, dass die Zentralbank keine festen Kriterien erkennen lassen sollte, nach denen eine Rettung von Banken erfolgt. Die Ausstattung mit zusätzlicher Liquidität im Falle der Zahlungsunfähigkeit solle vielmehr zufällig erfolgen.[743] In einigen ökonomischen Studien wurde nachgewiesen, dass diese Ambiguität des Verhaltens der Zentralbank eine konstruktive Wirkung habe.[744]

Es könnte argumentiert werden, dass auch die Kartellbehörden die Unternehmen im Unklaren über die Sanktionierung lassen sollten, damit die Unternehmen nicht ermitteln können, unter welchen Umständen ein Verstoß gewinnbringend begangen werden kann. Das Ergebnis im Bereich der Finanzmärkte kann allerdings nicht eine Ambiguität der Sanktionspraxis im Kartellrecht begründen. Der ökonomische Ansatz der konstruktiven Ambiguität bezieht sich nämlich auf die Gewährung von Subventionen durch die Zentralbank, während die Sanktionierung im Kartellrecht genau den spiegelbildlichen Fall betrifft.

Aber auch die Übertragung der grundsätzlichen Idee einer konstruktiven Ambiguität führt nicht dazu, dass Details über die Sanktionsbemessung verschwiegen werden sollten. Die Entscheidung der Zentralbank über die Gewährung von Liquidität ist vergleichbar mit der Entscheidung der Kartellbehörden zum Aufgreifen eines Falls und nicht mit der Sanktionierung des Verstoßes. Die ökonomischen Modelle der konstruktiven Ambiguität behandeln nämlich nur die Frage, ob Liquidität gewährt wird und nicht in welcher Art, unter welchen Bedingungen und mit welchen Konsequenzen. Nur diese Entscheidungen wären mit der Sanktionierung vergleichbar. Nach dem Opportunitätsprinzip steht das Aufgreifen eines Falls jedoch bereits im Ermessen der Behörden.[745] Täter eines

741 *Goodhart/Huang*, A Model of the Lender of Last Resort, S. 6, 25.

742 *Acharya/Yorulmazer*, Rev. Financial Stud. 21 (2008), 2705, 2708, 2711; *Freixas*, Optimal Bail Out Policy, Conditionality and Constructive Ambiguity, S. 12 f.; *Goodhart/Huang*, A Model of the Lender of Last Resort, S. 12.

743 Siehe dazu *Freixas*, Optimal Bail Out Policy, Conditionality and Constructive Ambiguity, S. 19 f.; *Goodhart/Huang*, A Model of the Lender of Last Resort, S. 25.

744 Siehe unter anderen *Freixas*, Optimal Bail Out Policy, Conditionality and Constructive Ambiguity, S. 17 ff.; *Goodhart/Huang*, A Model of the Lender of Last Resort, S. 12 ff.

745 *Meyer-Lindemann* in: Loewenheim/Meessen/Riesenkampff/Kersting/Meyer-Lindemann, § 81 GWB Rn. 76; *Ritter* in: Immenga/Mestmäcker, Art. 7 VO 1/2003 Rn. 10 ff.

Verstoßes gegen das Wettbewerbsrecht können daher nie darauf vertrauen, dass der Verstoß nicht von der zuständigen Behörde aufgegriffen wird. Dieser Aspekt der konstruktiven Ambiguität wird daher im Kartellrecht bereits berücksichtigt.

bbb. „Sozialschädliche" Rechtsberatung?

In der ökonomischen Theorie wird vertreten, dass die Rechtsberatung von normunterworfenen Individuen durch Anwälte sozialschädlich sein könne. Rechtsberatung vor Begehung einer Handlung könne die Überschätzung der drohenden Sanktion reduzieren und könne die Umgehung von rechtlichen Verboten begünstigen. Die Rechtsberatung während eines Prozesses könne das Individuum anregen, Informationen zurückzuhalten, die durch das Gericht zur Aufklärung benötigt werden.[746]

Wie bereits erwähnt, besteht eine Verbindung zwischen der Veröffentlichung der Sanktionspolitik der Behörden und der Rechtsberatung durch Anwälte.[747] Diese Rechtsberatung vor der Begehung einer Handlung kann nur erfolgen, wenn die Behörde zuvor eine Vielzahl von Entscheidungen veröffentlicht hat.[748] Daher könnte man die Erkenntnisse der Ökonomik auch auf die Informationspolitik der Behörden als notwendige Voraussetzung für Rechtsberatung durch Anwälte übertragen. Danach würde bereits die Veröffentlichung der Sanktionspolitik der Behörden die Überschätzung der drohenden Sanktion reduzieren und die Umgehung von rechtlichen Verboten begünstigen. Sie könnte somit als sozialschädlich bezeichnet werden.

In ihrem ökonomischen Modell finden *Kaplow/Shavell* heraus,[749] dass rechtliche Beratung vor dem Handeln immer gesellschaftlich vorteilhaft sei, sofern die Sanktion optimal bemessen werde. Sie reduziere die ineffiziente Über- und Unterschätzung der Sanktion.[750] Sofern keine optimale Sanktion verhängt werde, sei die Rechtsberatung ambivalent. Die Rechtsberatung während eines Prozesses sei immer sozialschädlich, da die Handlung selbst nicht mehr beeinflusst werden

---

746 *Kaplow/Shavell,* Harv. L. Rev. 102 (1989), 565, 567 f. Siehe auch *Bundy/Elhauge,* Mich. L. Rev. 92 (1993), 261, 279 ff.

747 Siehe unter Teil 3.B.III.2.a.bb., S. 170.

748 Vgl. unter Teil 3.B.III.2.a.bb., S. 170 ff.

749 Siehe zu diesen Ergebnissen *Kaplow/Shavell,* Harv. L. Rev. 102 (1989), 565, 586 f., 613; *Shavell,* J. Legal Stud. 17 (1988), 123, 125 ff.; *Bundy/Elhauge,* Mich. L. Rev. 92 (1993), 261, 283 f.

750 Entgegen der ökonomischen Theorie ist nach der hier vertretenen Ansicht die Überschätzung der Sanktion nicht negativ zu bewerten, vgl. unter Teil 3.B.II.2.b.cc., S. 116 ff.

könne und da für den Prozess wichtige Informationen zurückgehalten werden könnten.[751] Da die Veröffentlichung durch die Behörde mit der Rechtsberatung vor der Begehung der Tat zu vergleichen ist, ist sie nicht als sozialschädlich abzulehnen, sofern optimale Geldbußen verhängt werden. Aber selbst wenn nicht-optimale Geldbußen verhängt werden, ist die Veröffentlichung der Sanktionspraxis durch die Behörden nicht nachteilig.

Die anglo-amerikanische Strafrechtsliteratur kritisiert, dass *Kaplow/Shavell* die positiven Aspekte der Rechtsberatung verkennen.[752] Zwar sei die Beratung ambivalent, da sie sowohl die Über- als auch die Unterschätzung reduziere. Sie reduziere aber auch die Varianz der Verschätzung bei den uninformierten Individuen.[753] Die Abschätzung der Sanktion durch die Individuen nähere sich der tatsächlichen Sanktion von beiden Richtungen an. Diese Reduktion der Varianz sei vorteilhaft.[754] Die Rechtsberatung vor dem Handeln des Individuums ist daher nicht sozialschädlich. Auf diese positive Folge von Lerneffekten soll sogleich ausführlich eingegangen werden.[755]

Die Ambiguität bei der Sanktionierung von Unternehmen kann daher auch nicht auf den Gedanken der sozialschädlichen Rechtsberatung gestützt werden.

ccc. Ambiguitätsaversion

Bei den genannten Ansätzen wird jedoch stillschweigend angenommen, dass Ambiguität immer zu mehr Abschreckung führt. Dies ist aber abhängig von der individuellen Einstellung der normunterworfenen Unternehmen zu Ambiguität.[756]

Die ökonomischen Aufsätze, die sich mit der Erforschung der Ambiguitätseinstellung von Individuen befassen, sind relativ jung und stammen zumeist aus den letzten zehn Jahren. Sie berufen sich auf Vorarbeiten von *Knight* und *Ellsberg*.[757]

Das Konzept des subjektiv erwarteten Nutzens, wie es oben beschrieben wurde,[758] geht davon aus, dass Ereignisse mit einer bestimmten Wahrscheinlichkeit eintreten, die durch eine feste, zahlenmäßig bestimmte Verteilung beschrieben

---

751 *Kaplow/Shavell,* Int'l Rev. L. & Econ. 10 (1990), 149, 152 ff.

752 *Bundy/Elhauge,* Mich. L. Rev. 92 (1993), 261, 285 ff.

753 *Bundy/Elhauge,* Mich. L. Rev. 92 (1993), 261, 288 f.

754 *Bundy/Elhauge,* Mich. L. Rev. 92 (1993), 261, 289.

755 Siehe unter Teil 3.B.III.2.a.ee., S. 181 ff.

756 *Eichberger/Kelsey/Schipper,* Oxford Econ. Papers 61 (2009), 355 f.

757 *Knight,* Risk, Uncertainty, and Profit; *Ellsberg,* Q. J. Econ. 75 (1961), 643. Vgl. *Eichberger/Kelsey/Schipper,* Oxford Econ. Papers 61 (2009), 355 f.; *Nau,* Econ. Theory 48 (2011), 437, 438 f.

758 Siehe unter Teil 3.B.I.1.b., S. 87 ff.

wird.[759] Die Risikoeinstellung[760] des Individuums bestimmt dessen Verhalten bezüglich dieser Unsicherheit. In der Realität kann jedoch häufig auch die Wahrscheinlichkeit selbst nicht bestimmt werden, mit der ein unsicheres Ereignis eintritt. Diese Ambiguität ist von dem Risiko des Eintritts eines Ereignisses zu unterscheiden.[761] Die Risikoeinstellung eines Individuums kann sich daher auch von dessen Ambiguitätseinstellung unterscheiden.

Ellsbergs Urnenproblem illustriert den Unterschied dieser beiden Unsicherheiten.[762] Ein Individuum kann eine Kugel aus zwei Urnen mit insgesamt 100 schwarzen oder roten Kugeln ziehen. Die Zusammensetzung der Kugeln in der ersten Urne ist dem Individuum vollkommen unbekannt, es können von 0 bis 100 schwarze und entsprechend 0 bis 100 rote Kugeln enthalten sein. Die zweite Urne enthält 50 schwarze und 50 rote Kugeln, was den Individuen bekannt ist. Das Individuum kann eine Wette abschließen, dass es eine schwarze oder rote Kugel aus Urne 1 oder 2 zieht. *Ellsberg* führt aus, dass die Mehrheit der Individuen einen Zug aus der zweiten Urne vorziehen würde. Nach den Regeln der subjektiv erwarteten Wahrscheinlichkeit bedeutete dies, dass das Individuum das Ereignis „schwarze Kugel aus Urne 2" als wahrscheinlicher bewertet als „schwarze Kugel aus Urne 1" und gleichzeitig „rote Kugel aus Urne 2" als wahrscheinlicher als „rote Kugel aus Urne 1". Dies stellt allerdings einen Widerspruch dar, da die Wahrscheinlichkeit für rote und für schwarze Kugeln aus Urne 2 identisch ist. Dieser Widerspruch könne damit erklärt werden, dass das Individuum dem Zug aus Urne 1 mehrere Wahrscheinlichkeitsverteilungen zuordnet, von denen es keine als besonders sicher ansieht, die Wahrscheinlichkeitsverteilung in Urne 2 allerdings bekannt ist.[763] Diese Unsicherheit über die Wahrscheinlichkeit an sich wird Ambiguität genannt.[764] Im beschriebenen Beispiel verhalten sich die Individuen ambiguitätsavers.

Die Situation des Urnenproblems kann auch im Kartellrecht nachgestellt werden. Unternehmen können sich in zwei verschiedenen Situationen für oder gegen die Begehung eines Verstoßes entscheiden (rote oder schwarze Kugeln).

---

759 *Eichberger/Kelsey/Schipper,* Oxford Econ. Papers 61 (2009), 355; *Nau,* Econ. Theory 48 (2011), 437, 438 f.

760 Siehe dazu unter Teil 3.B.I.2., S. 92 ff.

761 *Eichberger/Kelsey/Schipper,* Oxford Econ. Papers 61 (2009), 355 f. mit Verweis auf *Knight,* Risk, Uncertainty, and Profit; *Nau,* Econ. Theory 48 (2011), 437, 438.

762 Siehe dazu *Ellsberg,* Q. J. Econ. 75 (1961), 643, 650 ff.; *Nau,* Econ. Theory 48 (2011), 437, 450.

763 *Ellsberg,* Q. J. Econ. 75 (1961), 643, 658 f.

764 *Ellsberg,* Q. J. Econ. 75 (1961), 643, 657 f.

In der einen Situation sind sie im Unklaren über Parameter der Sanktionierung, da die Behörden keine Informationen veröffentlichen (Urne 1). Bei der Entscheidung über die Begehung eines Verstoßes können die Unternehmen den Erwartungswert der Sanktion in diesem Fall nicht bestimmen. In der anderen Situation sind die Sanktion und die Entdeckungswahrscheinlichkeit bekannt (Urne 2). Die Unternehmen können dann eine informierte Entscheidung treffen. Unterstützer der Idee einer konstruktiven Ambiguität gehen davon aus, dass Unternehmen grundsätzlich die zweite Situation vorziehen. Der ersten Situation wohnt dann eine zusätzliche Abschreckungswirkung inne.

In der ökonomischen Literatur wird davon ausgegangen, dass die Mehrheit der natürlichen Personen ambiguitätsavers sei, während eine bedeutende Minderheit ambiguitätsaffin sei.[765] Zur Untersuchung der Ambiguitätsaversion wurden in der Literatur verschiedene Modelle vorgeschlagen; *Nau* erwähnt die „Knight'sche Unsicherheit", das „Choquet Integral" oder die Konsumententheorie.[766] Diese Ansätze sind jedoch alle sehr neu[767] und beruhen zum Teil auf sehr restriktiven Annahmen.[768] Daher hat sich noch keine allgemeingültige Theorie herausgebildet, mit der die Einstellung der Individuen zur Ambiguität untersucht werden kann.

Die Einstellung der Unternehmen zur Ambiguität der Sanktionspolitik im Kartellrecht kann daher nicht mit ökonomischen Modellen untersucht werden. Es kann insbesondere nicht ohne weiteres davon ausgegangen werden, dass die Ambiguität die Abschreckungswirkung erhöht. Ökonomen gehen im Gegenteil davon aus, dass insbesondere Unternehmen eine viel geringere Aversion gegen Ambiguität haben als natürliche Personen.[769] Dies sei durch empirische Studien auch bestätigt.[770] Dies spräche aber gerade gegen eine höhere Abschreckungswirkung durch eine restriktive Informationspolitik. Ein solches Ergebnis einer geringen Ambiguitätsaversion wäre auch plausibel, da Unternehmen durch ihre wirtschaftliche Betätigung ständig mit der Ambiguität verschiedener Ereignisse konfrontiert sind. Bei der wirtschaftlichen Entwicklung ist die konkrete Wahrscheinlichkeit, mit der ein bestimmtes Ereignis eintritt, fast immer unbekannt.

---

765 *Eichberger/Kelsey/Schipper*, Oxford Econ. Papers 61 (2009), 355, 356 mit Verweis auf *Knight*, Risk, Uncertainty, and Profit; *Ellsberg*, Q. J. Econ. 75 (1961), 643, 650 f.

766 *Nau*, Econ. Theory 48 (2011), 437, 438 ff.

767 *Condie/Ganguli*, Rev. Econ. Stud. 78 (2011), 821, 823.

768 *Nau*, Econ. Theory 48 (2011), 437, 441 f.

769 *Eichberger/Kelsey/Schipper*, Oxford Econ. Papers 61 (2009), 355, 357 mit Verweis auf *Knight*, Risk, Uncertainty, and Profit.

770 *Eichberger/Kelsey/Schipper*, Oxford Econ. Papers 61 (2009), 355, 357.

Daher sind Unternehmen in dem Umgang mit dieser Ambiguität viel geübter als natürliche Personen. Auch sind sie letztlich gezwungen, trotz der Ambiguität irgendeine Entscheidung zu treffen, da sie sonst ihre wirtschaftliche Betätigung gänzlich einstellen könnten. Eine hohe Ambiguitätsaversion würde daher letztlich zum Ausscheiden des Unternehmens aus dem Markt führen. Solange somit nicht positiv festgestellt ist, dass Unternehmen mehrheitlich ambiguitätsavers sind, kann nicht davon ausgegangen werden, dass größere Ambiguität im Kartellsanktionsrecht auch eine größere Abschreckungswirkung hat.[771]

ddd. Teilergebnis

Die Taktik der Verfolgungsbehörden, die Wahrnehmung der Unternehmen über die Sanktionsparameter zu beeinflussen, indem sie Informationen zurückhalten, ist nicht vorteilhaft. Die Überlegungen der *„Constructive Ambiguity"*, die zum Verhalten von Zentralbanken entwickelt wurden, sind auf die Sanktionsbemessung im Kartellrecht nicht übertragbar. Die Veröffentlichungstätigkeit der Behörden ist auch nicht als sozialschädlich anzusehen. Die Abschreckungswirkung durch Unsicherheit über die drohende Sanktion ist vielmehr abhängig von der Einstellung der Unternehmen zur Ambiguität. Es spricht jedoch vieles dafür, dass die Unternehmen nicht ambiguitätsavers sind. Es ist daher davon auszugehen, dass Ambiguität bei der Sanktionsverhängung im Kartellrecht nicht konstruktiv ist.

dd. Manipulation durch die Verfolgungsbehörde

Die Verfolgungsbehörden könnten auch versuchen, die Einschätzungen der normunterworfenen Unternehmen im Kartellrecht mit gezielten und aktiven Manipulationen zu beeinflussen. Dieser Vorgehensweise stehen allerdings einige praktische Probleme entgegen. Es ist nämlich zweifelhaft, ob die Verfolgungsbehörde die falsche Wahrnehmung durch die Bevölkerung gezielt manipulieren könnte.

Sofern die Behörde den Anschein einer höheren Sanktion erzeugt, als sie eigentlich verhängt, erscheint es nicht plausibel, dass dies langfristig zu einer Überschätzung führt.[772] Wenn die Behörde einen Verstoß aufdeckt und tatsächlich sanktioniert, so kann das betroffene Individuum die angedrohte und die tatsächlich verhängte Sanktion miteinander vergleichen und die Manipulation

771 So aber insbesondere die Kommission, vgl. unter Teil 4.B.I.4., S. 231 ff.

772 Dieser Aspekt soll unter Teil 4.B.I.4., S. 231 ff., anhand der aktuellen Bußgeldpolitik der europäischen Kommission verdeutlicht werden.

der Behörde aufdecken.[773] Dies gilt umso mehr, wenn große Verfahren vor den Gerichten verhandelt werden und der Ausgang des Verfahrens große mediale Beachtung findet. So mögen die Ankündigungen der Behörde kurzfristig zu einer zusätzlichen Abschreckungswirkung führen. Nach kurzer Zeit wird sich dies aber wieder relativieren, wenn die Bevölkerung durch einige Verurteilungen die tatsächliche Sanktionshöhe erfährt. Dies kann sogar in den gegenteiligen Effekt umschlagen, wenn die Bevölkerung daraus den Schluss zieht, dass die Verfolgungsbehörde grundsätzlich übertreibe.[774] Dann würde die Manipulation durch die Behörde sogar langfristig zu einer systematischen Unterschätzung der Verfolgungstätigkeit führen.

Die Manipulation der wahrgenommenen Entdeckungswahrscheinlichkeit ist hingegen eher möglich. Da die tatsächliche Entdeckungswahrscheinlichkeit durch die Bevölkerung nicht einfach kontrolliert werden kann, hat die Verfolgungsbehörde hier kein großes „Glaubwürdigkeitsproblem"[775]. Wenn die Verfolgungsbehörde große Razzien in der Öffentlichkeit bekannt macht und ihre positiven Ermittlungstätigkeiten offensiv verbreitet, könnten die übrigen Unternehmen davon ausgehen, dass die Entdeckung ihrer Verstöße wahrscheinlicher ist, als sie es tatsächlich ist.[776] Dies gilt insbesondere für Marktteilnehmer auf benachbarten Märkten. Dieser Effekt kann damit erklärt werden, dass die Theorie des *homo oeconimicus* in der menschlichen Wahrnehmung von Wahrscheinlichkeiten an ihre Grenzen stößt.[777] Ein rationales Individuum würde seine individuelle Wahrnehmung der Entdeckungswahrscheinlichkeit nicht deswegen

---

773 Vgl. auch *Ben-Shahar,* Int'l Rev. L. & Econ. 17 (1997), 409, 418, der von einem Glaubwürdigkeitsproblem der Behörde spricht. Auch *Shavell,* Economic Analysis of Law, S. 481 geht davon aus, dass die Sanktionshöhe in der Regel bekannt ist.

774 *Ben-Shahar,* Int'l Rev. L. & Econ. 17 (1997), 409, 418 spricht in diesem Zusammenhang auch von „*advertising*" durch die Behörde.

775 Siehe oben Fn. 773.

776 *Englerth* in: Towfigh/Petersen, Ökonomische Methoden im Recht, S. 165, 180. Aus der kriminologischen Literatur *Kleck/Sever/Li/Gertz,* Criminology 43 (2005), 623, 637.

777 Vgl. *Polinsky/Shavell,* J. Econ. Lit. 38 (2000), 45, 68; *Polinsky/Shavell* in: Polinsky/Shavell, Handbook of law and economics, S. 403, 439; *Posner,* Colum. L. Rev. 85 (1985), 1193, 1208; *Shavell,* Economic Analysis of Law, S. 481. Zu den Erkenntnissen der Verhaltensökonomik *Altmann/Falk/Marklein* in: Fleischer/Zimmer, Beitrag der Verhaltensökonomie (behavioral economics) zum Handels- und Wirtschaftsrecht, S. 63, 65 ff.; *Englerth* in: Towfigh/Petersen, Ökonomische Methoden im Recht, S. 165, 178 ff.; *Fleischer/Schmolke/Zimmer* in: Fleischer/Zimmer, Beitrag der Verhaltensökonomie (behavioral economics) zum Handels- und Wirtschaftsrecht, S. 9, 32 ff.;

korrigieren, weil eine Wettbewerbsbehörde in benachbarten Märkten Durchsuchungen durchführt. Vielmehr würde es auch alle übrigen Märkte betrachten, in denen keine Durchsuchungen stattfanden. Die Verhaltensökonomie hat allerdings in Experimenten nachgewiesen, dass Menschen sich in ihrer Wahrnehmung und Entscheidung sehr von Regeln leiten lassen. Zum einen glauben Menschen, dass Ereignisse, für die sie eine Regel kennen, auch wahrscheinlicher seien (sog. Verfügbarkeitsheuristik).[778] Menschen neigen daher dazu, aus einer Sanktionierung in ihrem Umfeld zu folgern, dass die Entdeckungswahrscheinlichkeit gestiegen ist, obwohl die Verurteilung nur die Realisierung einer unveränderten Wahrscheinlichkeit darstellt.[779] Aufgrund dieser Erkenntnisse ist eine gewisse Manipulation der wahrgenommenen Entdeckungswahrscheinlichkeit durch die Kartellbehörden wünschenswert.[780]

Die irrationale Wahrnehmung von Wahrscheinlichkeiten kann aber auch zu einem Rückgang der Abschreckungswirkung führen.[781] Zum einen wurde in Experimenten nachgewiesen, dass geringe Prozentzahlen von Menschen nicht richtig eingeschätzt werden können.[782] Ab einer gewissen Grenze nehmen sie sie eventuell gar nicht mehr wahr.[783] Das Ergebnis des Standardmodells, das eine minimale Entdeckungswahrscheinlichkeit als optimal erachtet, ist vor diesem Hintergrund nicht mehr haltbar. Zum anderen neigen Menschen dazu,

---

Kahneman/Tversky, J. Busi. 59 (1986), 251, 265 ff.; *Schäfer/Ott,* Ökonomische Analyse, S. 108; *Tversky/Kahneman,* Science 185 (1974), 1124 f.

778 *Aaken,* „Rational Choice", S. 101; *Englerth* in: Towfigh/Petersen, Ökonomische Methoden im Recht, S. 165, 179; *Morell,* Law and economics im Wettbewerbsrecht, S. 194 f.; *Schäfer/Ott,* Ökonomische Analyse, S. 105; *Taylor* in: Kahneman/Slovic/Tversky, Judgment under uncertainty: Heuristics and biases, S. 190, 191 ff.; *Tversky/Kahneman,* Cognitive Psychology 5 (1973), 207, 211 ff.; *Tversky/Kahneman,* Science 185 (1974), 1124, 1127.

779 *Englerth* in: Towfigh/Petersen, Ökonomische Methoden im Recht, S. 165, 180. Siehe auch die aktuelle Studie *Harris/Corner/Hahn,* Cognition 110 (2009), 51, 52 ff. mit zahlreichen Experimenten.

780 *Englerth* in: Towfigh/Petersen, Ökonomische Methoden im Recht, S. 165, 180.

781 Ebenso *Englerth* in: Towfigh/Petersen, Ökonomische Methoden im Recht, S. 165, 184.

782 Vgl. *Aaken,* «Rational Choice», S. 100 f.; *Polinsky/Shavell,* J. Econ. Lit. 38 (2000), 45, 68; *Posner,* Colum. L. Rev. 85 (1985), 1193, 1208; *Kahneman/Tversky,* Am. Psychologist 39 (1984), 341, 345; *Kahneman/Tversky,* J. Busi. 59 (1986), 251, 265 ff.; *Schäfer/Ott,* Ökonomische Analyse, S. 108.

783 *Kahneman/Tversky,* Am. Psychologist 39 (1984), 341, 345.

ihre eigene Situation immer besser einzuschätzen, als sie es in Wahrheit ist.[784] Selbst wenn sie die reale Entdeckungswahrscheinlichkeit kennen würden, würde eine Vielzahl von Individuen davon ausgehen, dass die Chancen auf eine Entdeckung ihrer eigenen Tat geringer seien. Dies wird auch dadurch verstärkt, dass Menschen dazu neigen, ihre eigenen Fähigkeiten zu überschätzen.[785] Die psychologischen Ursachen dieser Verhaltensweisen lassen sich allerdings durch die Ausgestaltung des Sanktionssystems kaum bekämpfen. Sie müssen vielmehr hingenommen werden.

Da die Manipulation jedenfalls der Sanktionshöhe nicht erfolgsversprechend ist, ist zu klären, wie das Informationsdefizit der Individuen effektiv reduziert werden kann.

ee. Berücksichtigung von Lerneffekten

Nach den obigen Ausführungen liegt es nahe, dass das Informationsdefizit nur durch die Veröffentlichung von vielen Entscheidungen der Behörden und Gerichte bekämpft werden kann. Die benötigten Informationen wie die tatsächliche Sanktionshöhe, eine grobe Annäherung an die Entdeckungswahrscheinlichkeit oder die Beantwortung von materiellen Fragen können nicht durch die Lektüre der normativen Bestimmungen alleine gesammelt werden. Diese Informationen werden erst „erzeugt", wenn die zuständigen Behörden und Gerichte durch die Entscheidung einer Vielzahl von Sachverhalten die für sie geltende Auslegung der Normen bekannt geben. Wenn diese Entscheidungen veröffentlicht werden, können sich die Unternehmen die Informationen zur Sanktionshöhe, zur Ermittlung einer groben Annäherung an die Entdeckungswahrscheinlichkeit und zur Beantwortung materieller Fragen selbst oder unter Zuhilfenahme eines Anwaltes beschaffen. Dies wird als Lerneffekt bezeichnet.[786]

Daraus folgt, dass die Erhöhung der staatlichen Ausgaben für die Verfolgung und Verurteilung von Verstößen einen positiven Effekt auf die verfügbaren

784 *Englerth* in: Towfigh/Petersen, Ökonomische Methoden im Recht, S. 165, 182 f.; *Eichenberger,* Verhaltensanomalien, S. 16 ff.; *Fleischer/Schmolke/Zimmer* in: Fleischer/Zimmer, Beitrag der Verhaltensökonomie (behavioral economics) zum Handels- und Wirtschaftsrecht, S. 9, 37 f.; *Weinstein,* J. Personality & Soc. Psych. 39 (1980), 806, 807 ff.

785 *Englerth* in: Towfigh/Petersen, Ökonomische Methoden im Recht, S. 165, 182 f.; *Schäfer/Ott,* Ökonomische Analyse, S. 105 f.; *Taylor/Brown,* Psych. Bull. 103 (1988), 193, 195 ff.; *Wils,* W.Comp. 29 (2006), 183, 194.

786 *Bebchuk/Kaplow,* J. Legal Stud. 21 (1992), 365; *Ben-Shahar,* Int'l Rev. L. & Econ. 17 (1997), 409.

Informationen hat. Durch die Erhöhung der Ausgaben steigt die Entdeckungswahrscheinlichkeit und p es werden mehr Verstöße durch die Behörden und Gerichte sanktioniert.[787] Dadurch sind mehr Informationen über die relevanten Werte für die Unternehmen verfügbar.

aaa. Individueller Lerneffekt

In der ökonomischen Literatur werden die Auswirkungen des Lerneffekts auf die individuelle Entscheidung und die optimale Sanktion untersucht.[788] Dafür wird das Standardmodell der öffentlichen Rechtsdurchsetzung auf ein Zwei-Perioden-Modell erweitert.[789] In der ersten Periode wird das Entscheidungsverhalten der Individuen durch die wahrgenommenen Werte der Sanktion (s) und der Entdeckungswahrscheinlichkeit (π) beeinflusst. Es wird angenommen, dass ein Individuum bei Verurteilung die tatsächlichen Parameter p und f lernt und damit in der zweiten Periode sein Verhalten anpassen kann.

(1) Mehrperiodisches Modell mit Lerneffekt

Wie im Standardmodell begeht ein Individuum einen Verstoß, wenn sein erwarteter Gewinn die erwartete Sanktion übersteigt, wobei es hier die individuell erwarteten Werte zugrunde legt ($g > \pi \cdot s$).[790] Wird das Individuum entdeckt, begeht

787 *Bebchuk/Kaplow,* J. Legal Stud. 21 (1992), 365, 368 f.; *Ben-Shahar,* Int'l Rev. L. & Econ. 17 (1997), 409, 410; *Sah,* J. Pol. Econ. 99 (1991), 1272, 1274.

788 *Bebchuk/Kaplow,* J. Legal Stud. 21 (1992), 365; *Ben-Shahar,* Int'l Rev. L. & Econ. 17 (1997), 409.

789 Das folgende Modell ist *Ben-Shahar,* Int'l Rev. L. & Econ. 17 (1997), 409, 413 f. entnommen.

790 *Ben-Shahar,* Int'l Rev. L. & Econ. 17 (1997), 409, 415. Vgl. allgemein zum Entscheidungsverhalten oben Teil 3.B.II.1., S. 102. Ähnlich *At/Chappe,* Rev. L. & Econ. 4 (2008), 35, 38 ff., die allerdings davon ausgehen, dass die Sanktion den Individuen bekannt ist und nur die Entdeckungswahrscheinlichkeit fehlerhaft wahrgenommen wird. In ihrem Modell gehen sie ferner davon aus, dass ein Individuum seinen Verstoß in die nächste Periode verschieben kann, um in der aktuellen Periode den tatsächlichen Wert der Entdeckungswahrscheinlichkeit mit einer gewissen Wahrscheinlichkeit zu erlernen, *At/Chappe,* Rev. L. & Econ. 4 (2008), 35, 37. Insbesondere Individuen mit mittleren erwarteten Gewinnen würden zum Lernen angeregt, *At/Chappe,* Rev. L. & Econ. 4 (2008), 35, 41. Wie in Abschnitt Teil 3.B.III.2.a.bb., S. 170, ausgeführt, kann man im Kartellrecht jedoch nicht davon ausgehen, dass ein großer Lerneffekt bezüglich der Entdeckungswahrscheinlichkeit eintreten könnte. Darüber hinaus ist ein Lerneffekt im Kartellrecht nur zu erwarten, wenn die gesetzlichen Bestimmungen durch eine größere Zahl von Behörden- und Gerichtsentscheidungen konkretisiert

es in der zweiten Periode nur einen Verstoß, wenn $g > p \cdot f$. Wird es nicht entdeckt, kann es seine Annahmen nicht korrigieren und begeht auch in der zweiten Periode den Verstoß.[791] Durch diese Möglichkeit der Korrektur hat die Entdeckung neben der Sanktion auch einen positiven Effekt, den ein rationales Individuum in seine Entscheidung mit einbezieht.[792] Wenn ein Individuum den Verstoß ohne Berücksichtigung des Lerneffektes begeht, könnte es bei der Entdeckung lernen, dass es die erwartete Sanktion unterschätzt hat. In dem Fall würde es in der zweiten Periode keinen Verstoß mehr begehen und so die erwartete Geldbuße in der zweiten Periode vermeiden. Dieser Lerneffekt in der zweiten Periode schmälert den Nachteil der Sanktion in der ersten Periode.[793] Der Anreiz, in der ersten Periode einen Verstoß zu begehen, ist somit höher. In der zweiten Periode ist die Anzahl der Verstöße allerdings geringer. Begeht ein Individuum jedoch ohne die Beachtung des Lerneffektes keinen Verstoß, so könnte es bei der Entdeckung lernen, dass es die erwartete Sanktion überschätzt hat. Sofern sein erwarteter Gewinn die tatsächlich erwartete Geldbuße übersteigt, könnte es in der zweiten Periode den Verstoß profitabel begehen.[794] Dieser Lerneffekt erhöht ebenso die Zahl der Verstöße in der ersten Periode und zusätzlich auch in der zweiten Periode, wenn die betroffenen Individuen ihre Einschätzung korrigiert haben.

Beide Lerneffekte haben nach der allgemeingültigen ökonomischen Sichtweise einen positiven Effekt auf die Abschreckungswirkung.[795] Die Korrektur der Unterschätzung führe in der zweiten Periode zu weniger Schäden durch Verstöße. Die Korrektur der Überschätzung führe dazu, dass weniger „positive" Verstöße fälschlicherweise abgeschreckt werden. Die Summe dieser beiden positiven Effekte wird als Informationsprämie bezeichnet.[796] Wenn die Entdeckungswahrscheinlichkeit p erhöht wird und die Sanktion f entsprechend verringert wird, werden mehr Individuen bestraft. Dadurch können mehr Individuen ihre falschen Vorstellungen korrigieren und sich in der zweiten Periode optimal verhalten. Daher steigt die Informationsprämie mit steigender Entdeckungswahrscheinlichkeit p.

---

werden. Bloßes Abwarten kann daher alleine nicht für einen Lernerfolg ausreichen. Aus diesem Grund soll dieses Modell hier nur am Rande dargestellt werden.

791 *Ben-Shahar,* Int'l Rev. L. & Econ. 17 (1997), 409, 415.

792 Vgl. *Ben-Shahar,* Int'l Rev. L. & Econ. 17 (1997), 409, 413.

793 *Ben-Shahar,* Int'l Rev. L. & Econ. 17 (1997), 409, 415 übersieht diesen Aspekt, der das individuelle Verhalten beeinflusst.

794 *Ben-Shahar,* Int'l Rev. L. & Econ. 17 (1997), 409, 415.

795 *Ben-Shahar,* Int'l Rev. L. & Econ. 17 (1997), 409, 416; *At/Chappe,* Rev. L. & Econ. 4 (2008), 35, 42 f.

796 *Ben-Shahar,* Int'l Rev. L. & Econ. 17 (1997), 409, 416.

Das Ergebnis des Standardmodells mit maximaler Geldbuße und minimaler Entdeckungswahrscheinlichkeit ist daher nicht haltbar. Die Steigerung der Entdeckungswahrscheinlichkeit lohnt sich, bis deren zusätzliche Kosten in beiden Perioden ($2 \cdot e'$) die Informationsprämie übersteigen.[797] Da die Kosten für die Steigerung der Entdeckungswahrscheinlichkeit exponentiell steigen, erscheint dies nur für geringere Werte von p plausibel.

(2) Reduktion von Über- und Unterschätzung

Wie bereits erläutert[798] ist an dieser Herangehensweise zu kritisieren, dass die Sanktionierung „positiver" Verstöße als Nachteil auf der Ebene der Sanktionsbemessung berücksichtigt wird. Die sogenannten „positiven" Verstöße stellen nach richtiger Sichtweise gar keinen Verstoß dar und werden daher nicht sanktioniert.[799] In diesem Fall hat die Überschätzung der Sanktion nur die positive Auswirkung, dass noch mehr schädliche Verstöße abgeschreckt werden. Wenn die Überschätzung der Sanktion aber rein positiv zu bewerten ist, dann wäre deren Reduktion durch den Lerneffekt negativ.

Die beschriebene Reduzierung der Überschätzung kann sich allerdings nur auf die Sanktionshöhe beziehen, da eine Behörden- oder Gerichtsentscheidung keine Aussage zu der Entdeckungswahrscheinlichkeit trifft. Diese bleibt weiterhin unbekannt und die Individuen müssen sie durch eine rein subjektive Einschätzung ersetzen. Experimentelle Ergebnisse deuten aber darauf hin, dass man die Entdeckungswahrscheinlichkeit für den eigenen Verstoß eher überschätzt.[800] Die positive Überschätzung der Entdeckungswahrscheinlichkeit wird daher durch den Lerneffekt kaum berührt.

Die tatsächliche Höhe der Sanktion wird aber ohnehin durch die Veröffentlichung der Behörden- und Gerichtsentscheidungen in der Bevölkerung bekannt. Ein Individuum, das die Sanktionshöhe überschätzt, kann seine Einschätzung daher früher oder später korrigieren. Bei einer minimalen Entdeckungswahrscheinlichkeit wird diese Erkenntnis nur hinausgezögert. Andererseits wird die Unterschätzung der erwarteten Sanktion durch einige Individuen nicht zügig korrigiert, wenn nur wenige Verstöße entdeckt werden. Die dadurch verursachten Schäden können die Vorteile der Überschätzung leicht übersteigen.[801] Mittelfristig

797 Vgl. *Ben-Shahar,* Int'l Rev. L. & Econ. 17 (1997), 409, 416 f. für einen wirtschaftsmathematischen Nachweis. Vgl. auch *At/Chappe,* Rev. L. & Econ. 4 (2008), 35, 43.

798 Vgl. oben unter Teil 3.B.II.2.b., S. 111 und Teil 3.B.III.1.c., S. 148.

799 Vgl. oben unter Teil 3.B.II.2.b.cc., S. 116 ff.

800 Teil 3.B.III.2.a.cc.ddd., S. 178.

801 Siehe dazu bereits ausführlich unter Teil 3.B.III.2.a.cc.ddd., S. 178.

können eine minimale Entdeckungswahrscheinlichkeit und die aktive Manipulation daher keine Vorteile erzeugen. Sie fördern vielmehr die Schäden durch die Unterschätzung der Sanktionshöhe, wenn diese nicht durch den Lerneffekt bei einer erhöhten Entdeckungswahrscheinlichkeit korrigiert wird.[802]

Man könnte allerdings befürchten, dass die tatsächliche Sanktion so gering ist, dass ein Individuum nicht abgeschreckt wird.[803] Durch den Lerneffekt bei der Verurteilung könnte es erkennen, dass Verstöße sich trotz der Sanktion lohnen. In diesem Fall würde eine höhere Entdeckungswahrscheinlichkeit die Abschreckungswirkung der Sanktion torpedieren. Dies stellt allerdings ein Scheinargument dar. Es wäre falsch, daraus den Schluss zu ziehen, dass eine minimale Entdeckungswahrscheinlichkeit und die aktive Manipulation optimal seien. Vielmehr sollten die Ursachen des Problems behoben werden, indem die Methode der Sanktionsbemessung geändert wird, sodass abschreckende Geldbußen verhängt werden.[804] Bei einer Sanktion, die in jedem Fall abschreckend wirkt, besteht keine Sorge davor, dass ein Individuum die tatsächliche Sanktion erfahren könnte. Es würde ohnehin abgeschreckt. Dann besteht gerade ein Bedürfnis, die Sanktionshöhe öffentlich bekannt zu machen, damit sie niemand unterschätzt und fälschlicherweise nicht abgeschreckt wird.

Richtigerweise ist die Verminderung der Unterschätzung der Sanktionshöhe daher der einzige positive Effekt einer Erhöhung der Entdeckungswahrscheinlichkeit im Vergleich zum Standardmodell. Die Reduzierung der Überschätzung der Sanktionshöhe hat zwar keine positiven Effekte, wirkt sich aber auch nicht nachteilig aus. Wenn der Normgeber und die Verfolgungsbehörde eine effektive Methode der Sanktionsbemessung gewählt haben, werden die Individuen auch abgeschreckt, wenn sie die tatsächliche Sanktionshöhe „erlernen". Darüber hinaus kann die größere Anzahl entdeckter Verstöße zu einer Überschätzung der Entdeckungswahrscheinlichkeit durch die Individuen führen. Wie bereits erläutert, neigen Menschen dazu, die Entdeckungswahrscheinlichkeit zu überschätzen, wenn in ihrem Umfeld Verstöße aufgedeckt werden.[805] Die Erhöhung der Entdeckungswahrscheinlichkeit im Vergleich zum Standardmodell lohnt sich daher, solange die Kosten dieser Erhöhung geringer sind als die Vorteile aus

---

802 Vgl. auch *Bundy/Elhauge,* Mich. L. Rev. 92 (1993), 261, 289, die ausführen, dass mehr Information die Varianz der Verschätzung reduziert.

803 *Ben-Shahar,* Int'l Rev. L. & Econ. 17 (1997), 409, 410 Fn. 3; *Kaplow/Shavell,* Harv. L. Rev. 102 (1989), 565, 586 f.

804 Vgl. auch *Bundy/Elhauge,* Mich. L. Rev. 92 (1993), 261, 271 ff.

805 Siehe dazu unter Teil 3.B.III.2.a.cc.ddd., S. 178 ff.

der geringeren Unterschätzung der Sanktionshöhe und der Überschätzung der Entdeckungswahrscheinlichkeit.

Es ist weiterhin zu berücksichtigen, dass behördliche und gerichtliche Entscheidungen neben der Ebene der Sanktionsbemessung auch Aussagen über materielle Fragen treffen.[806] Eine größere Anzahl von Entscheidungen kann daher auch in erheblichem Umfang zu einer Klärung materieller Fragen beitragen.[807] Dies muss als positiver Lerneffekt ebenfalls berücksichtigt werden.

(3) Individueller Lernerfolg und Kartellrecht

Es ist allerdings fraglich, ob die genannten Vorteile im kartellrechtlichen Kontext besonders ins Gewicht fallen. Nach den Annahmen des Modells lernen die Individuen nur, wenn sie selbst entdeckt und sanktioniert wurden. Im europäischen und deutschen Kartellrecht sind die Geldbußen jedoch sehr hoch,[808] sodass ein Individuum seine Entscheidung dadurch nur beeinflussen lässt, wenn der Lerngewinn enorm hoch ist. Das beschriebene Modell geht darüber hinaus auch davon aus, dass ein Individuum die realen Werte bei der Verurteilung perfekt erlerne und bei einem unentdeckten Verstoß nichts lerne. In der Realität gestaltet sich der Lernvorgang allerdings dynamischer. So erscheint es plausibel, dass ein Individuum seine subjektive Vorstellung von der Sanktionshöhe und der Entdeckungswahrscheinlichkeit in jeder Periode aktualisiert, egal ob es entdeckt wird oder nicht. So nähert sich die subjektive Empfindung über mehrere Perioden langsam an die realen Werte an.[809] Um einen signifikanten Lernerfolg zu erzielen, muss ein Individuum nach diesem Modell daher mehrmals verurteilt werden. Der Lernerfolg nach diesem Modell ist aber auch unter günstigsten Bedingungen nicht so groß, dass er die Sanktionskosten von mehreren Verurteilungen übersteigen kann.

---

806 Vgl. *Bohnert/Krenberger/Krumm*, OWiG, § 66 OWiG Rn. 2 ff., 19 ff.; *Ott* in: KK-StPO, § 260 StPO Rn. 28 ff.; *Senge* in: KK-OWiG, 4. Aufl. 2014, § 72 OWiG Rn. 63; zum europäischen Recht *Sachs*, Ex-officio-Prüfung, S. 60.

807 *Jachmann* in: Maunz/Dürig, GG, Art. 95 GG Rn. 13 ff.; *Schulze-Fielitz* in: Dreier, GG, Art. 20 GG (Rechtsstaat) Rn. 102.

808 Vgl. *Schwarze/Bechtold/Bosch*, Rechtsstaatliche Defizite, S. 9 f.; *Dannecker/Biermann* in: Immenga/Mestmäcker, Art. 23 VO 1/2003 Rn. 109; *Möschel*, ECLR 32 (2011), 369 f.; *Schütz* in: KK-KartR, Art. 23 VO 1/2003 Rn. 27.

809 So auch *Ben-Shahar*, Int'l Rev. L. & Econ. 17 (1997), 409, 418 in einer Erweiterung seines Modells.

Im kartellrechtlichen Kontext kann man daher davon ausgehen, dass ein Lernerfolg die individuelle Entscheidung zu einem Verstoß gegen Wettbewerbsvorschriften nach diesem Modell kaum beeinflusst.

bbb. Kollektiver Lerneffekt

Das beschriebene Modell der Berücksichtigung von Lernerfolgen kann dahingehend erweitert werden, dass ein Individuum nicht nur durch die eigene Verurteilung lernt, sondern seine Informationen auch durch andere Quellen bezieht. Entscheidend ist daher, welches Gewicht ein kollektiver Lerneffekt im Kartellrecht hat.

(1) Mehrperiodisches Modell mit kollektivem Lerneffekt

In der ökonomischen Literatur wird zur Beschreibung dieses Verhaltens ein mehrperiodisches Modell vorgeschlagen, in dem die wahrgenommene Entdeckungswahrscheinlichkeit π und analog dazu die wahrgenommene Sanktionshöhe[810] im Wesentlichen von der eigenen Erfahrung des Individuums und den Erfahrungen der von ihm beobachteten Personen abhängt.[811] Seine persönliche Einschätzung von der Entdeckungswahrscheinlichkeit wird daher danach bestimmt, wie viele Personen von einer zufälligen Zahl beobachteter Individuen, die einen Verstoß begangen haben, entdeckt und verurteilt werden.[812] Je höher in diesem Modell die Entdeckungswahrscheinlichkeit ist, desto mehr Individuen werden aus der beobachteten Gruppe bestraft und desto höher ist die individuelle Einschätzung der Entdeckungswahrscheinlichkeit.[813] Analog dazu kann die wahrgenommene Sanktionshöhe als das gewichtete Mittel der Sanktionen

810 *Sah* betrachtet nur die individuelle Wahrnehmung der Entdeckungswahrscheinlichkeit, *Sah,* J. Pol. Econ. 99 (1991), 1272, 1291. Grundsätzlich spricht nichts dagegen, diesen Ansatz auch auf die Wahrnehmung der Sanktionshöhe zu übertragen; vgl. *Parker/Grasmick,* Criminology 17 (1979), 366, 367, 373.

811 *Sah,* J. Pol. Econ. 99 (1991), 1272, 1274, 1277. Ähnlich *Andenaes,* J. Crim. L. & Crim. 66 (1975), 338, 355; *Kleck/Sever/Li/Gertz,* Criminology 43 (2005), 623, 630 f.; *Parker/Grasmick,* Criminology 17 (1979), 366, 367 ff. Vgl. zum kollektiven Lerneffekt auch *Ben-Shahar,* Int'l Rev. L. & Econ. 17 (1997), 409, 410.

812 *Sah,* J. Pol. Econ. 99 (1991), 1272, 1277. Die Anzahl der sanktionierten Individuen kann aber auch steigen, weil die Kriminalitätsrate in der Bevölkerung gestiegen ist, *Sah,* J. Pol. Econ. 99 (1991), 1272, 1278. Dies kann zu Fehleinschätzungen führen.

813 *Sah,* J. Pol. Econ. 99 (1991), 1272, 1279, 1285. Die Ergebnisse der kritischen empirischen Studie von *Kleck/Sever/Li/Gertz,* Criminology 43 (2005), 623, 643 ff. deuten darauf hin, dass dies für einige Delikte des Kernstrafrechts in manchen *counties* der USA nicht zutrifft.

beschrieben werden, die den beobachteten Individuen auferlegt wurden. Die Individuen können danach ihre eigene Vorstellung von den relevanten Parametern durch eine höhere Zahl an Verurteilungen besser der Realität annähern.

In diesem Modell ist der Lerneffekt eines Individuums auch zu erklären, ohne dass es zugleich verurteilt wird. Der Lerngewinn ist in diesem Fall größer, da auf jeden Lernerfolg ein geringerer Anteil an einer Sanktion entfällt. So können mehrere Individuen eine Verurteilung zum Anlass nehmen, ihre Wahrnehmungen an die realen Werte der Sanktionshöhe und der Entdeckungswahrscheinlichkeit anzupassen.[814] Jedoch lohnt sich die Erhöhung der Entdeckungswahrscheinlichkeit auch in diesem Modell nur, solange deren zusätzliche Kosten den Lerngewinn nicht übersteigen.[815] Der Lerneffekt ist umso größer, je weniger „Lernereignisse" das Individuum für die Annäherung seiner Vorstellungen an die realen Werte benötigt. Diese Lerngeschwindigkeit ist neben der Lernfähigkeit des Individuums im Wesentlichen abhängig von der Größe und der Qualität der beobachteten Personengruppe.[816] Insbesondere bei der Einschätzung der Sanktionshöhe muss die Personengruppe repräsentativ ausgewählt werden, um die Geldbuße widerzuspiegeln, die für einen konkreten Verstoß tatsächlich droht.

(2) Lerneffekt im Kartellrecht

Es finden sich einige Indizien, dass dieser Lerngewinn im Bereich des Kartellrechts durchaus beachtlich ist. Zwar beobachten Unternehmen vorrangig andere Marktteilnehmer der eigenen Branche und nehmen speziell deren Verurteilung wahr.[817] Es werden jedoch neben den Großkonzernen sogar kleine und mittelständische Unternehmen sehr eng von spezialisierten Kanzleien in Fragen des Kartellrechts beraten.[818] Die Kanzleien überblicken alle Entscheidungen, die durch die Behörden und die Gerichte erlassen wurden, und können diese umfassend und spezifisch für ein Unternehmen auswerten. Dadurch können die Kanzleien für einen bestimmten Verstoß eines Unternehmens vergleichbare Fälle aus der Entscheidungspraxis heraussuchen. Liegen viele Vergleichsfälle vor, so

814 Vgl. auch *Ben-Shahar,* Int'l Rev. L. & Econ. 17 (1997), 409, 410.

815 Auch hier besteht der Lerngewinn nur darin, dass die Unterschätzung der erwarteten Sanktion reduziert wird und dadurch zukünftige Verstöße verhindert werden. Die Reduktion der Überschätzung hat weder einen positiven, noch einen negativen Effekt. Vgl. dazu oben unter Teil 3.B.II.2.b.bb, S. 80 ff.

816 Vgl. zur Größe der Gruppe *Sah,* J. Pol. Econ. 99 (1991), 1272, 1286.

817 *Wils,* W.Comp. 29 (2006), 183, 195.

818 Vgl. *Baker,* J. Econ. Perspectives 17 (2003), 27, 40 zu dem Lerneffekt durch anwaltliche Beratung.

können die Kanzleien eine verhältnismäßig akkurate Vorhersage der drohenden Sanktion treffen.[819] In anderen Bereichen des Ordnungswidrigkeitenrechts wie bei Geschwindigkeits- oder bei Parkverstößen ist der positive Einfluss der anwaltlichen Beratung geringer.[820] Wenn viele gut begründete Entscheidungen der Behörden und der Gerichte vorliegen, kann im Kartellrecht durch die anwaltliche Beratung die Vorstellung eines Individuums gut an die Realität angepasst werden. Dies gilt in erster Linie für die Einschätzung der Sanktionshöhe. Die Aussagen der Kanzleien über die Entdeckungswahrscheinlichkeit können auch nur auf subjektiven Einschätzungen beruhen, da die Entscheidungen der Behörden und Gerichte darüber keinerlei Angaben enthalten. Darüber hinaus gibt es keine objektiv messbaren Größen, die einen Anhaltspunkt zur Überprüfung der subjektiven Einschätzung der Entdeckungswahrscheinlichkeit bieten.[821]

Wie bereits oben erwähnt,[822] könnte die anwaltliche Beratung der Unternehmen auch nachteilige Effekte auf die Abschreckungswirkung der Geldbußen haben. Wenn die tatsächlich zu erwartende Sanktion keine ausreichende Abschreckungswirkung erzeugt, könnten die Kanzleien durch ihr Fachwissen die Unternehmen dahingehend beraten, dass sich Verstöße trotz einer Sanktion lohnen.[823] Im Falle unzureichender Sanktionen könnte es wünschenswert sein, die Beratung der Unternehmen durch spezialisierte Kanzleien zu verhindern, die benötigten Informationen in den Entscheidungen nicht zu veröffentlichen oder aktive Manipulation zu betreiben. Dieses rechtsstaatlich sehr fragwürdige Vorgehen[824] ist jedoch nicht zielführend, da der Grund für die mangelnde Abschreckungswirkung nicht in der anwaltlichen Beratung, sondern in der unzureichenden Bemessung der Sanktion liegt. Die einzige Lösung dieses Problems ist die Überarbeitung der Bemessungsmethode, sodass die verhängte Sanktion

---

819 Zum positiven Einfluss einer reichhaltigen Entscheidungspraxis vgl. Fn. 807.

820 In diesen Fällen ist die Zahl der zuständigen Behörden und Gerichte sehr viel größer, sodass die Entscheidungspraxis sehr viel unübersichtlicher ist als im Kartellrecht. Darüber hinaus sind die beauftragten Anwälte in der Regel nicht so einseitig spezialisiert, sodass sie mit der spezifischen Entscheidungspraxis nicht in gleichem Maße vertraut sind.

821 *Kleck/Sever/Li/Gertz,* Criminology 43 (2005), 623, 629; *Sah,* J. Pol. Econ. 99 (1991), 1272, 1273. Vgl. auch *Jensen/Erickson/Gibbs,* Social Forces 57 (1978), 57, 58 f. Vgl. *Parker/Grasmick,* Criminology 17 (1979), 366, 368 ff. zur Verbindung zwischen realer und wahrgenommener Wahrscheinlichkeit.

822 Siehe unter Teil 3.B.III.2.a.cc.bbb., S. 174 ff.

823 Vgl. auch *Ben-Shahar,* Int'l Rev. L. & Econ. 17 (1997), 409, 410 Fn. 3; *Wils,* W.Comp. 29 (2006), 183, 195.

824 Vgl. *Bundy/Elhauge,* Mich. L. Rev. 92 (1993), 261, 305 ff.

in jedem Fall eine abschreckende Wirkung erzielt. Darüber hinaus würde die Sanktionshöhe auch bei einer geringen Entdeckungswahrscheinlichkeit oder einer gezielten Reduktion der verfügbaren Informationen früher oder später bekannt werden. Jedenfalls die Gerichtsentscheidungen müssten die konkrete Sanktionshöhe benennen, sodass das Zurückhalten von Informationen bezüglich der Sanktionshöhe mittelfristig nicht erfolgreich sein kann.[825]

Man könnte allerdings befürchten, dass die Beratung durch Kanzleien die wünschenswerte Überschätzung der Entdeckungswahrscheinlichkeit verringert.[826] Da die Kanzleien die Ermittlungstätigkeiten der zuständigen Verfolgungsbehörden weiträumiger überblicken können, dürften sie nicht so stark dazu neigen, die Entdeckungswahrscheinlichkeit durch Verurteilungen im Umfeld des Mandanten zu überschätzen. Jedoch ist zu beachten, dass auch den Kanzleien bei der Beurteilung der Entdeckungswahrscheinlichkeit keine belastbaren Werte zur Verfügung stehen.[827] Sie können sich allein auf eigene Erfahrungswerte stützen. Durch das Kronzeugenprogramm der Verfolgungsbehörden lässt sich die konkrete Entdeckungswahrscheinlichkeit insbesondere bei klassischen Kartellen kaum verlässlich einschätzen. Bei der Abschätzung der Entdeckungswahrscheinlichkeit müssen Kanzleien bei diesen Wettbewerbsverstößen bewerten, ob Mitkartellanten, die in der Regel keine Mandanten der Kanzlei sind, bis zum Ende der Verjährungsfrist fünf Jahre nach Beendigung des Kartells[828] einen Kronzeugenantrag stellen werden. Dies ist jedoch von einer Vielzahl von Faktoren abhängig. So könnte ein Mitkartellant durch Ermittlungstätigkeiten der Verfolgungsbehörden in anderen Geschäftsbereichen zu einem Antrag bewegt werden. Ebenso könnte sich die Geschäftspolitik eines Mitkartellanten ändern, sodass dieser eine Antragstellung erwägt. Aber auch bei anderen Wettbewerbsverstößen ist die Entdeckungswahrscheinlichkeit schwer einschätzbar, da die Verfolgungsbehörden auch durch Ermittlungen in anderen Branchen auf einen Wettbewerbsverstoß aufmerksam werden können. Darüber hinaus müssen bei länderübergreifenden Wettbewerbsverstößen immer die Ermittlungstätigkeiten mehrerer Verfolgungsbehörden

---

825 Siehe dazu ausführlich Teil 3.B.III.2.a.cc.ddd, S. 182 ff.

826 Vgl. zu der negativen Bewertung anwaltlicher Beratung *Kaplow/Shavell*, Harv. L. Rev. 102 (1989), 565 ff.; *Bundy/Elhauge*, Mich. L. Rev. 92 (1993), 261 ff.

827 Zur Schwierigkeit der Ermittlung der Entdeckungswahrscheinlichkeit vgl. Teil 5.A.III.1.c., S. 310 ff.

828 Art. 25 Abs. 1 b) VO 1/2003 bzw. § 81 Abs. 8 GWB. Vgl. *Dannecker/Biermann* in: Immenga/Mestmäcker, Art. 25 VO 1/2003 Rn. 1; *Meyer-Lindemann* in: Loewenheim/Meessen/Riesenkampff/Kersting/Meyer-Lindemann, § 81 GWB Rn. 162.

beachtet werden, die überwiegend gut vernetzt sind.[829] Die Kanzleien müssen sich bei den Schwierigkeiten der Abschätzung der Wahrscheinlichkeit immer bewusst sein, dass ihr Ruf bei einer Fehleinschätzung erheblich leidet. Sollte eine Verfolgungsbehörde einen Wettbewerbsverstoß aufdecken, obwohl die Kanzlei während der Beratung nicht von einer Entdeckung ausging, wird der Mandant den subjektiven Einschätzungen der Kanzlei kaum noch Glauben schenken. Darüber hinaus können Schadensersatzansprüche gegen sie geltend gemacht werden, wenn sie das Bußgeldrisiko fahrlässig falsch eingeschätzt hat.[830]

Aus den genannten Gründen haben Kanzleien keinen Anreiz, die Entdeckungswahrscheinlichkeit im Bereich des Kartellrechts zu relativieren oder gar zu unterschätzen. Zwar ist zu erwarten, dass durch die anwaltliche Beratung die irrationale Überschätzung der Entdeckungswahrscheinlichkeit leicht zurückgeht. Jedoch haben die Kanzleien durch drohende Rufschäden und Schadensersatzforderungen einen Anreiz, vor der Entdeckung durch die Kartellbehörden nachdrücklich zu warnen, falls eine signifikante Entdeckungswahrscheinlichkeit besteht.

ff. Teilergebnis

Die Berücksichtigung mangelhafter Informationen im Modell der öffentlichen Rechtsdurchsetzung führt dazu, dass die Sanktionen einen erheblichen Teil ihrer abschreckenden Wirkung einbüßen. Die Unterschätzung der erwarteten Sanktion bewirkt, dass mehr Individuen Verstöße begehen. Zwar steigert die Überschätzung der erwarteten Sanktion deren Abschreckungswirkung. Jedoch kann die Verfolgungsbehörde die abweichenden Einschätzungen der Individuen nur sehr begrenzt beeinflussen. Größere Ambiguität der Sanktionspolitik steigert dessen Abschreckungswirkung nicht, da vieles dafür spricht, dass Unternehmen nicht sehr ambiguitätsavers sind. Auch die aktive Manipulation der Vorstellungen über die Sanktionshöhe ist nicht erfolgsversprechend, da die Individuen die tatsächliche Sanktionshöhe durch die Veröffentlichung von Gerichtsentscheidungen ohnehin erkennen werden. Die Verfolgungsbehörden können lediglich

829 Vgl. zu den Regelungen des Informationsaustauschs im europäischen Netzwerk der Wettbewerbsbehörden Art. 11, 12 VO 1/2003 und §§ 50a bis 50c GWB. Vgl. im Übrigen *Kallfaß* in: Loewenheim/Meessen/Riesenkampff/Kersting/Meyer-Lindemann, Art. 12 VO 1/2003 Rn. 7; *Klose* in: Wiedemann, Kartellrecht, § 52 Rn. 46. Zur Kooperation mit Behörden nicht-europäischer Staaten *Völcker* in: Immenga/Mestmäcker, Abschnitt II.B. Rn. 20 ff.

830 Vgl. zur Anwaltshaftung *Müller-Glöge* in: MünchKommBGB, § 611 BGB Rn. 121; *Stein* in: NK-BGB, Anhang §§ 611 – 630 BGB Rn. 40.

Verhaltensanomalien der Menschen ausnutzen, nach denen die Individuen die Entdeckungswahrscheinlichkeit tendenziell überschätzen, wenn in ihrem Umfeld Verstöße aufgedeckt werden.

Da mangelnde Informationen kaum positiv genutzt werden können und die Unterschätzung zu höheren Schäden durch Verstöße führt, sollte das Informationsdefizit reduziert werden. Da die wesentlichen Informationen zur Sanktionshöhe im Einzelfall nur den Entscheidungen der Behörden und Gerichte zu entnehmen sind und die Entdeckungswahrscheinlichkeit aus der Anzahl der aufgedeckten Verstöße bestimmt wird, kann das Informationsdefizit nur durch die Erhöhung der Entdeckungswahrscheinlichkeit behoben werden. Es deutet vieles darauf hin, dass der kollektive Lerneffekt im Kartellrecht verhältnismäßig hoch ist. Dieser Lerngewinn kann die Kosten einer Steigerung der Entdeckungswahrscheinlichkeit bis zu einer gewissen Höhe aufwiegen.[831] Im Gegensatz zum Ergebnis des Standardmodells sollte die Entdeckungswahrscheinlichkeit daher nicht minimal, sondern deutlich höher sein, um das Informationsdefizit der Individuen zu reduzieren.[832]

b. *Individuelle Unterschiede*

Das Standardmodell geht ferner davon aus, dass die Entdeckungswahrscheinlichkeit für alle Individuen gleich ist.[833] In der Realität variiert die Entdeckungswahrscheinlichkeit für jedes Individuum zum Teil erheblich. Zum einen kann dies darauf beruhen, dass der betroffene Produktmarkt nicht so sehr im Fokus der Ermittlungen der Verfolgungsbehörde steht. Zum anderen haben die Individuen unterschiedliche Fähigkeiten, einen Verstoß vor den Verfolgungsbehörden zu verheimlichen. Horizontale Kernbeschränkungen wie ein institutionell organisiertes Kartell werden heimlich durchgeführt und zumeist durch spezielle Maßnahmen vor der Entdeckung geschützt. Die gezielte Benachteiligung eines Wettbewerbers durch ein marktbeherrschendes Unternehmen geschieht dagegen offen und für die betroffenen Unternehmen wahrnehmbar. Darüber hinaus vertuschen einige Unternehmen aktiv begangene Wettbewerbsverstöße oder behindern die Ermittlungen der Verfolgungsbehörden. Diese individuellen

831 Vgl. zu diesen positiven Effekten der Entdeckungswahrscheinlichkeit auch *Wils*, W.Comp. 29 (2006), 183, 195.

832 Ebenso *Baker*, J. Econ. Perspectives 17 (2003), 27, 40.

833 *Bebchuk/Kaplow*, Int'l Rev. L. & Econ. 13 (1993), 217. Vgl. auch *Henderson/Palmer*, Eur. J. L. & Econ. 13 (2002), 143, 145 f.

Möglichkeiten der Beeinflussung der Entdeckungswahrscheinlichkeit sollen im folgenden Modell integriert werden.[834]

Die persönlichen Eigenschaften eines Individuums werden durch die Variable θ ausgedrückt. Diese Variable ist im Intervall [0,1] gleichmäßig verteilt. Je kleiner θ ist, desto geringer ist die individuelle Entdeckungswahrscheinlichkeit bzw. desto besser kann das Individuum den Verstoß vertuschen. Die Entdeckungswahrscheinlichkeit ist daher nicht nur vom Verfolgungsaufwand der Behörden und Gerichte abhängig, sondern auch vom Faktor θ: $p(e,\theta)$.[835] Im Folgenden soll davon ausgegangen werden, dass die Verfolgungsbehörden die individuellen Fähigkeiten zur Vertuschung erst nach der Aufdeckung eines Verstoßes im Bußgeldverfahren ermitteln können. Der Verfolgungsaufwand e kann daher nicht an die individuellen Fähigkeiten des jeweiligen Täters angepasst werden. Die verhängte Sanktion ist hingegen von θ anhängig, $f(\theta)$.[836] Dies ist auch plausibel, da die Behörden vor den Ermittlungen kaum erkennen können, ob ein Unternehmen gut vertuschen kann oder nicht. Nach Abschluss der Ermittlungen haben sie allerdings genügend Erkenntnisse gesammelt, um bewerten zu können, wie groß die Fähigkeit der beteiligten Unternehmen zur Vertuschung ist.

Die optimale Sanktion steigt, je besser ein Täter seine Tat vertuschen kann bzw. je kleiner θ ist.[837] Die geringere Entdeckungswahrscheinlichkeit aufgrund der individuellen Fähigkeiten kann nicht durch größere Verfolgungsanstrengungen kompensiert werden, da diese verstärkten Anstrengungen auch bei Individuen unternommen werden müssten, die ihre Taten nicht vertuschen können. Diese enormen Mehrkosten lohnen sich nicht.[838] Die optimalen Verfolgungsaufwendungen der Behörden stellen daher einen Kompromiss zwischen den erhöhten Kosten der Verfolgungsanstrengungen und der mangelnden Abschreckung gegenüber Individuen mit guten Vertuschungsfähigkeiten dar.[839] Der

834 Vgl. zu diesem Modell *Bebchuk/Kaplow*, Int'l Rev. L. & Econ. 13 (1993), 217, 218 ff.

835 *Bebchuk/Kaplow*, Int'l Rev. L. & Econ. 13 (1993), 217, 218 f.

836 *Bebchuk/Kaplow*, Int'l Rev. L. & Econ. 13 (1993), 217, 220.

837 *Bebchuk/Kaplow*, Int'l Rev. L. & Econ. 13 (1993), 217, 220.

838 *Bebchuk/Kaplow*, Int'l Rev. L. & Econ. 13 (1993), 217, 220 führen zudem noch an, dass die daraus resultierende übermäßige Abschreckung für die Individuen mit geringeren persönlichen Fähigkeiten nachteilig sei. Sie würden von positiven Verstößen abgeschreckt. Nach obigen Ausführungen sind diese Argumente allerdings unbeachtlich, vgl. unter Teil 3.B.II.2.b.cc., S. 116.

839 *Bebchuk/Kaplow*, Int'l Rev. L. & Econ. 13 (1993), 217, 220. *Bebchuk/Kaplow*, Int'l Rev. L. & Econ. 13 (1993), 217, 221 f. betrachten daneben den Fall, dass die Behörden und Gerichte die individuellen Fähigkeiten nie ermitteln können. Dann ist auch die Sanktion f unabhängig von θ. In diesem Fall stelle auch die optimale Sanktion einen

verbleibende Abschreckungsverlust muss durch die individuell erhöhte Sanktion kompensiert werden.

Die individuelle Fähigkeit zur Vertuschung der Tat lässt sich auch juristisch als erschwerender Faktor der persönlichen Schuld des Täters erfassen.[840] Dies gilt für die aktive Behinderung der Ermittlungstätigkeiten der Behörden wie die Vernichtung von beschlagnahmten Beweisstücken, die Einschüchterung von beteiligten oder betroffenen Unternehmen oder institutionalisierte Mechanismen zur Verheimlichung eines Kartells.[841] Diese erschwerenden Faktoren führen zu einer höheren Sanktion. Mildernde Faktoren wie die fahrlässige Begehung, bei der die Entdeckungswahrscheinlichkeit in der Regel höher ist als bei vorsätzlichen Taten, können zu niedrigeren Sanktionen führen.[842] Mithin werden die von der ökonomischen Theorie geforderten Maßnahmen in der juristischen Praxis bereits umgesetzt.

3. *Besonderheiten bei Dauerdelikten*

Die dargestellten Erweiterungen erhöhen die Realitätsnähe des ökonomischen Modells der öffentlichen Rechtsdurchsetzung bereits enorm. Trotz allem kann dieses erweiterte Modell die Realität bei der Berücksichtigung der Entdeckungswahrscheinlichkeit nicht vollends abbilden. Dies tritt vor allem bei der Sanktionierung von Dauerdelikten zutage.

Kompromiss zwischen der hohen Sanktion für Individuen mit einer geringen individuellen Entdeckungswahrscheinlichkeit und der niedrigen Sanktion für die Individuen mit einer hohen individuellen Entdeckungswahrscheinlichkeit. Wie bereits mehrfach ausgeführt, ist die übermäßige Abschreckung nicht negativ zu bewerten, vgl. Teil 3.B.II.2.b.cc., S. 116. Die Begehung „positiver“ Verstöße rechtfertigt daher keine geringere Geldbuße für die übrigen Verstöße. Darüber hinaus bedeutete diese Art der Sanktionsbemessung, dass die Sanktion für Täter aufgrund von möglichen Vertuschungshandlungen höher ausfällt, die nicht notwendigerweise von ihnen begangen worden sind. Das Sanktionsniveau wird aus generalpräventiven Erwägungen angehoben. Dieses Vorgehen verstößt jedoch gegen den rechtsstaatlichen „*in dubeo pro reo*“-Grundsatz (vgl. *Dannecker/Biermann* in: Immenga/Mestmäcker, Vorb. Art. 23 VO 1/2003 Rn. 65 ff.; *Rogall* in: KK-OWiG, Vorb. § 1 OWiG Rn. 21 f.) und ist daher abzulehnen. In einem rechtsstaatlichen Verfahren können nur konkret nachgewiesene Vertuschungshandlungen zu einer Erhöhung des Bußgeldes führen, vgl. ebenfalls kritisch im kartellrechtlichen Kontext *Dannecker/Biermann* in: Immenga/Mestmäcker, Art. 23 VO 1/2003 Rn. 193 ff.; *Schütz* in: KK-KartR, Art. 23 VO 1/2003 Rn. 37.

840 Vgl. dazu auch *Bebchuk/Kaplow,* Int'l Rev. L. & Econ. 13 (1993), 217, 223.

841 Siehe dazu Rn. 28 Bußgeldleitlinien der Kommission von 2006. *Dannecker/Biermann* in: Immenga/Mestmäcker, Art. 23 VO 1/2003 Rn. 188.

842 Vgl. in diesem Zusammenhang auch *Wils,* W.Comp. 30 (2007), 197, 223.

a. *Veränderlichkeit der Entdeckungswahrscheinlichkeit*

Alle dargestellten Modelle gehen davon aus, dass sich ein Täter „einer" Entdeckungswahrscheinlichkeit ausgesetzt sieht.[843] Dies gilt insbesondere für die Theorien, die den Verstoß gegen eine Norm und dessen Entdeckung als einen Vorgang innerhalb desselben Zeitabschnitts beschreiben. In diesem Ein-Periodenmodell fallen Tatbegehung und Entdeckung in dieselbe Periode, sodass die Entdeckungswahrscheinlichkeit unverändert bleibt.[844] In der Realität lässt sich die Begehung eines Wettbewerbsverstoßes und dessen Aufdeckung jedoch nicht als ein ein-periodischer Vorgang beschreiben.[845] Die weit überwiegende Zahl an Bußgeldtatbeständen im Kartellordnungswidrigkeitenrecht stellen Dauerdelikte dar, die in der Aufrechterhaltung eines rechtswidrigen Zustandes bestehen.[846] Kartelle bestehen teilweise über Jahrzehnte und auch der Missbrauch einer marktbeherrschenden Stellung kann sich über einen längeren Zeitraum hinziehen.[847] Während dieses Zeitraumes ist der Täter ständig veränderten Umständen ausgesetzt und muss sich entscheiden, ob er den Verstoß fortsetzt oder abstellt. Auch die Entdeckungswahrscheinlichkeit ändert sich währenddessen ständig. So erscheint es plausibel, dass sie steigen kann, je länger ein Verstoß aufrechterhalten wird.[848] In diesem Fall können immer mehr Menschen – Arbeitnehmer, Mitbewerber oder Geschädigte – Kenntnis von diesem Verstoß erlangen und die Verfolgungsbehörden informieren.[849] Aber auch gegenteilige Faktoren sind

843 *Hinloopen,* Int'l J. Ind. Org. 24 (2006), 1213, 1215; *Nash,* Int'l Rev. L. & Econ. 11 (1991), 101; *Ormosi,* A tip of the iceberg? The probability of catching cartels, S. 2 f.

844 Im Modell von *Persson/Siven,* Int'l Econ. Rev. 48 (2007), 211, 213 ff., fallen Tatbegehung und Sanktionierung in verschiedene Perioden.

845 Vgl. zu dieser Kritik auch *Nash,* Int'l Rev. L. & Econ. 11 (1991), 101 f.

846 *Schneider* in: MünchKommEUWettR, Art. 25 VO 1/2003 Rn. 9; *Bechtold/Bosch,* GWB, § 81 GWB Rn. 59; *Schöner* in: KK-KartR, § 81 GWB Rn. 234; *Sura* in: Langen/Bunte, Art. 23 VO 1/2003 Rn. 2.

847 In Studien wird die durchschnittliche Lebensdauer von Kartellen zwischen ca. vier und zehn Jahren angegeben, vgl. *Levenstein/Suslow,* J. Econ. Lit. 44 (2006), 43, 51. Vgl. zum mehrstufigen Aufbau insbesondere vom Behinderungsmissbrauch *Inderst/Maier-Rigaud/Schwalbe* in: Fuchs/Weitbrecht, Handbuch der privaten Kartellrechtsdurchsetzung (in Veröffentlichung).

848 So bspw. *Nash,* Int'l Rev. L. & Econ. 11 (1991), 101.

849 So hat das BKartA ein anonymes Hinweisgebersystem eingerichtet, über das 2012 181 Hinweise auf Kartellrechtsverstöße eingegangen sind, vgl. BKartA, Tätigkeitsbericht 2011/2012, BT-Drs. 17/13675, S. 32. Am 24.6.2015 wurde das erste Verfahren, das über das Hinweisgebersystem eingeleitet wurde, mit Bußgeldern abgeschlossen, vgl. BKartA, Pressemitteilung vom 24.6.2015, „Bundeskartellamt verhängt Bußgelder in

denkbar. Der Täter kann über die Jahre Erfahrungen im Vertuschen seines Verstoßes sammeln und einer Entdeckung so immer erfolgreicher entkommen.[850]

Selbst ein Zustandsdelikt, das die Herbeiführung eines rechtswidrigen Zustandes unter Strafe stellt,[851] lässt sich nicht als ein-periodischer Vorgang darstellen. Wenn die Tat im unmittelbaren Zeitraum nach der Beendigung nicht aufgedeckt wurde, droht die Entdeckung weiterhin bis zum Eintritt der Verjährung. Währenddessen kann sich die Entdeckungswahrscheinlichkeit ändern.

Die bereits beschriebenen mehrperiodischen Modelle berücksichtigen diese Veränderlichkeit der Wahrscheinlichkeit nicht.[852] In der ökonomischen Literatur wird allerdings auch vorgeschlagen, die Entdeckungswahrscheinlichkeit aus der „Wartezeit" eines Unternehmens bis zur Aufdeckung des Verstoßes zu ermitteln.[853] Bei der Anwendung dieses Modells auf statistische Daten der *Federal Trade Commission* der USA deutet das Ergebnis darauf hin, dass die Entdeckungswahrscheinlichkeit bei gleichartigen Verstößen über mehrere Perioden erheblich variiere.[854] Diese Variationen der Wahrscheinlichkeit sind allerdings kaum theoretisch behandelt und in die ökonomischen Modelle integriert worden.[855] So hat sich nur eine empirische Studie zur Abschätzung der Entdeckungswahrscheinlichkeit einer mathematischen Methode aus der Populationsbiologie bedient, die eine unterschiedliche Entdeckungswahrscheinlichkeit zulässt.[856]

Darüber hinaus ist fraglich, welche Werte der veränderlichen Wahrscheinlichkeit für die Sanktionsbemessung relevant sein sollen. Hier könnte man vertreten,

---

Höhe von 75 Mio. Euro gegen Automobilzulieferer". Auch die Kommission hat ein solches „Whistleblower-Tool" eingeführt, Kommission, Jährlicher Tätigkeitsbericht 2017, S. 3.

850 *Connor/Miller,* Determinants of EC Antitrust Fines for Members of Global Cartels, S. 24; *Mungan,* Int'l Rev. L. & Econ. 30 (2010), 173, 176; *Polinsky/Rubinfeld,* J. Publ. Econ. 46 (1991), 291, 303; *Wils,* W.Comp. 35 (2012), 5, 14.

851 *Kindhäuser,* Strafrecht AT, § 8 Rn. 25; *Rengier,* Strafrecht AT, § 10 Rn. 22.

852 *Ben-Shahar,* Int'l Rev. L. & Econ. 17 (1997), 409, 414 geht von einer einheitlichen Wahrscheinlichkeit p in zwei Perioden aus. *Sah,* J. Pol. Econ. 99 (1991), 1272, 1275, 1278 f. geht zwar von unterschiedlichen Entdeckungswahrscheinlichkeiten pro Periode T aus. Er erklärt allerdings nicht, welche davon relevant für die Sanktionsbemessung sein soll (dazu noch sogleich).

853 *Nash,* Int'l Rev. L. & Econ. 11 (1991), 101, 102.

854 *Nash,* Int'l Rev. L. & Econ. 11 (1991), 101, 106.

855 *Hinloopen,* Int'l J. Ind. Org. 24 (2006), 1213, 1221 ff. entwickelt ein theoretisches Modell zur Stabilität von Kartellen, das eine Entdeckungswahrscheinlichkeit einbezieht, die sich zwischen den Perioden unterscheidet.

856 *Ormosi,* A tip of the iceberg? The probability of catching cartels, S. 2 f.

dass der Durchschnittswert zwischen dem Beginn des Verstoßes und dessen Aufdeckung maßgeblich sei.[857] Man könnte aber auch die Frage aufwerfen, ob zeitlich weit zurückliegende Wahrscheinlichkeitswerte weniger Gewicht haben müssten als aktuelle Werte. Vergangene Werte der Entdeckungswahrscheinlichkeit können auf die aktuelle Entscheidung einen Verstoß zu beenden oder einen weiteren zu begehen, keinen signifikanten Einfluss haben.[858] Es ist allerdings auch fraglich, ob die Änderungen der Entdeckungswahrscheinlichkeit nach Beendigung des Verstoßes die Sanktion beeinflussen sollten, da diese Änderungen nach Beendigung keine Auswirkungen mehr auf das Entscheidungsverhalten während des Verstoßes hatten. Da diese Unklarheiten durch die ökonomische Theorie nicht aufgenommen und einer Lösung zugeführt worden sind, soll dieser Aspekt vorliegend nicht behandelt werden. Sofern die Entdeckungswahrscheinlichkeit als Bemessungsfaktor eine Rolle spielt, sollte die Problematik allerdings bei dessen Gewichtung berücksichtigt werden.[859]

b. Abschreckung während der Begehung

Nach der ökonomischen Theorie der Rechtsdurchsetzung resultiert die abschreckende Wirkung einer Sanktion daraus, dass ihr Erwartungswert den erwarteten Gewinn des Täters übersteigt. Zwar ergibt sich auch bei einem Zustandsdelikt das Problem, dass der im Vorhinein erwartete Gewinn nicht mit dem tatsächlich eingetretenen Gewinn übereinstimmt. So kann eine Sanktion, die anhand des tatsächlich eingetretenen Schadens ermittelt wird und den tatsächlichen Gewinn übersteigt, trotzdem nicht abschreckend wirken, da der Täter sich höhere Gewinne erhofft hat. Da die subjektiven Vorstellungen eines Täters im Nachhinein jedoch nicht ermittelt werden können, muss auf die tatsächlichen Werte abgestellt werden.[860] Bei Dauerdelikten tritt aber noch das zusätzliche Problem auf, dass alleine aufgrund der vorzeitigen Entdeckung vernünftig zu erwartende Schäden und Gewinne verhindert werden. Hier stellt sich die Frage, ob die Sanktion an den tatsächlichen Auswirkungen der Zuwiderhandlung orientieren sollte oder an den zukünftigen, hypothetischen Auswirkungen.

---

857 So anscheinend die empirischen Studien *Combe/Monnier,* Anti. Bull. 56 (2011), 235, 253 f.; *Veljanovski,* W.Comp. 30 (2007), 65, 81. Sie gehen alle von einer konstanten Entdeckungswahrscheinlichkeit für die gesamte Zuwiderhandlung aus.

858 Danach wäre nur der letzte Wert der Entdeckungswahrscheinlichkeit relevant.

859 Vgl. unter Teil 5.A.III., S. 303 ff.

860 Siehe Teil 3.B.III.2.a.aa., S. 167 ff.

Eine empirische Studie zur Effektivität von europäischen Kartellbußgeldern entwickelt ein Modell zur Sanktionsermittlung, das nur die zukünftigen Auswirkungen des Verstoßes berücksichtigt.[861] Diese Studie legt zwar den Gewinn des Täters und nicht die verursachten Schäden als maßgeblichen Bezugspunkt einer Sanktion zugrunde. Die wesentlichen Aussagen des Modells werden dadurch jedoch nicht beeinflusst.[862] Nach diesem Modell hängt die Entscheidung eines Täters, ein bereits begonnenes Dauerdelikt fortzusetzen, davon ab, ob der Erwartungswert der Sanktion den weiteren Gewinn übersteigt. Die bereits eingetretenen Folgen der Zuwiderhandlung bleiben bei der Entscheidung zur Fortsetzung außer Betracht.[863] Bei dem zu erwartenden Gewinn in den kommenden Jahren berücksichtigen die Unternehmen, dass er nur eintritt, wenn sie in jeder Periode nicht entdeckt werden. Des Weiteren zinsen sie die zukünftigen Gewinne ab, abhängig von dem Zeitpunkt, an dem sie eintreten.[864] Daraus ergebe sich folgende Formel:

$$f = \frac{1-p}{p} \cdot g$$

p stellt die jährliche Entdeckungswahrscheinlichkeit dar und g den Gewinn aus dem Verstoß in einem Jahr.[865] Die Geldbuße stellt nach dieser Formel ein Vielfaches des durch den Verstoß erzielten Gewinns aus einem Jahr dar. Bei einer Entdeckungswahrscheinlichkeit von 40 % betrüge die optimale Geldbuße den 1,5-fachen Gewinn eines Jahres, bei 30 % ca. den 2,3-fachen Gewinn eines Jahres.

Andere empirische Studien zur Bewertung des europäischen Bußgeldregimes im Kartellrecht gehen davon aus, dass die optimale Geldbuße den tatsächlich verursachten Schaden bzw. erzielten Gewinn und die durchschnittliche Entdeckungswahrscheinlichkeit über diesen Zeitraum einbeziehen muss.[866] Sie beziehen sich daher auf die Formel der grundlegend ökonomischen Theorie der

---

861 *Allain/Boyer/Kotchoni/Ponssard,* The Determination of Optimal Fines in Cartel Cases, S. 18 ff.; *Allain/Boyer/Ponssard,* Concurrences 4 (2011), 32, 35, 39.

862 Vgl. ausführlich zu der Frage, ob bei Bußgeldern im Kartellrecht der Schaden oder der Gewinn ausschlaggebend sein soll Teil 5.A.II.1., S. 269 f.

863 *Allain/Boyer/Kotchoni/Ponssard,* The Determination of Optimal Fines in Cartel Cases, S. 3, 18 ff.

864 *Allain/Boyer/Kotchoni/Ponssard,* The Determination of Optimal Fines in Cartel Cases, S. 19 ff.

865 Vgl. zur mathematischen Herleitung *Allain/Boyer/Kotchoni/Ponssard,* The Determination of Optimal Fines in Cartel Cases, S. 20.

866 *Bolotova/Connor,* Cartel Sanctions: An Empirical Analysis, S. 3; *Combe/Monnier,* Anti. Bull. 56 (2011), 235, 247 f.; *Connor,* J. Ind. Comp. & Trade 6 (2006), 195, 198;

Rechtsdurchsetzung und beziehen sich nur auf die vergangenen Auswirkungen der Tat.

Für die erste Ansicht spricht zwar, dass sie den rein abschreckungsorientierten, zukunftsgerichteten Ansatz der ökonomischen Theorie konsequent anwendet. Hier wird angenommen, dass sich Entscheidungsträger in Unternehmen nur von einem Vergleich des (weiteren) erwarteten Gewinns und der erwarteten Sanktion leiten lassen. Eine Sanktion, die sich an vergangenen Auswirkungen orientiert, kann das Verhalten in diesem Fall nicht angemessen beeinflussen.[867] Bei besonders lang andauernden Verstößen kann das Bußgeld zudem besonders hoch werden, ohne einen konkreten Bezug zu den Anreizen einer Fortsetzung der Zuwiderhandlung zu haben.

Der über die Jahre zu erwartende Gewinn abhängig von der Entdeckungswahrscheinlichkeit ist jedoch nur durch die oben genannte, simple Formel zu errechnen, wenn die Entdeckungswahrscheinlichkeit und der jährliche Gewinn über die Jahre identisch sind.[868] Diese Annahme ist in der Realität insbesondere bei der Entdeckungswahrscheinlichkeit abwegig.[869] Wenn sich diese Werte jedoch unterscheiden, muss der voraussichtliche Gewinn für jede Periode gesondert abgeschätzt werden und anhand der unterschiedlichen Wahrscheinlichkeiten der Entdeckung und den persönlichen Diskontraten gewichtet werden. Da die Abschätzung vergangener Auswirkungen von Wettbewerbsbeschränkungen bereits beachtliche Schwierigkeiten bereitet,[870] dürfte die belastbare Bezifferung zukünftiger Folgen nahezu unmöglich sein.[871] Daher erzeugt diese Art der Sanktionsermittlung Abschreckungsdefizite durch die erheblich erschwerte Ermittlung der Ausgangswerte.

Folglich ist mit der zweiten Ansicht auch bei Dauerdelikten die Sanktion anhand der vergangenen Auswirkungen der Zuwiderhandlung zu bestimmen.

Connor/Lande, Iss. Comp. L. & Policy 3 (2008), 2203; *Connor/Lande,* Card. L. Rev. 34 (2012), 427, 431 ff.; *Veljanovski,* W.Comp. 30 (2007), 65, 79 f.

867 Vgl. *Allain/Boyer/Kotchoni/Ponssard,* The Determination of Optimal Fines in Cartel Cases, S. 25 f.

868 *Allain/Boyer/Kotchoni/Ponssard,* The Determination of Optimal Fines in Cartel Cases, S. 20.

869 Siehe unter Teil 3.B.III.3.a., S. 195 ff.

870 Vgl. zu den Problemen bei der Ermittlung des Mehrerlöses im deutschen Recht BGH, NJW 2006, 163, 164 f. – *Berliner Transportbeton I*; BGH, WRP 2007, 1487, 1488 f. – *Papiergroßhandel*; *Kühnen,* WuW 2010, 16, 18 f.

871 Siehe zu ökonomischen Modellen zur Berechnung dieser Auswirkungen unter Teil 5.A.II.2.a.aa., S. 277 ff.

Zwar wird dadurch nicht berücksichtigt, mit welchen weiteren Folgen die Unternehmen rechnen dürfen. Jedoch müssen sie bei jeder Entscheidung über den Beginn und die Fortführung einer Zuwiderhandlung bedenken, dass alle tatsächlich eingetretenen Auswirkungen in die Sanktionsbemessung einbezogen werden. Sie können daher keine tatsächlichen Gewinne durch den Verstoß erzielen, ohne dass deren korrespondierenden Auswirkungen in der Geldbuße berücksichtigt werden, unabhängig davon, ob die Behörden diesen Verstoß vor oder nach der Beendigung aufdecken. Daher dürfte eine solche Sanktion auch bei der Entscheidung über die Fortführung eines Dauerdeliktes abschreckend wirken, auch wenn in weiter Zukunft Gewinne erwartet werden.

4. Zwischenergebnis

Die Erweiterungen des Standardmodells, die sowohl die Sanktionshöhe als auch die Entdeckungswahrscheinlichkeit betreffen, beeinflussen dessen Ergebnis grundlegend. Nach den Erweiterungen sollte die Sanktion unabhängig vom Vermögen des Täters bestimmt werden und deutlich geringer als das gesamte Vermögen sein. Zudem sollte die Entdeckungswahrscheinlichkeit deutlich höher als minimal sein. Trotz dieser Erweiterungen berücksichtigt die ökonomische Theorie der Rechtsdurchsetzung die Besonderheiten bei der Begehung von Dauerdelikten nicht ausreichend.

IV. Ergebnis

1. Standardmodell

Nach dem Standardmodell der ökonomischen Theorie der öffentlichen Rechtsdurchsetzung muss die optimale Geldbuße die Gleichung $f = \frac{h}{p}$ erfüllen. Die Geldbuße sollte danach den Schaden berücksichtigen und sich antiproportional zur Entdeckungswahrscheinlichkeit verhalten. Um Verfolgungskosten zu sparen, sollte die Geldbuße das gesamte Vermögen des Täters umfassen und die Entdeckungswahrscheinlichkeit entsprechend gering sein. Dieses Ergebnis ändert sich allerdings grundlegend, wenn die realitätsfernen Annahmen des Standardmodells aufgegeben werden.

2. Erweiterungen betreffend der Sanktionshöhe

Die Annahme, dass Geldbußen keine sozialen Kosten verursachten, trifft jedenfalls bei Unternehmensgeldbußen nicht zu. Die finanzielle Überforderung eines Unternehmens kann zur Zerstörung von Marktstrukturen, zur Entstehung von Marktmacht, zu Arbeitnehmerentlassungen oder zu Innovationsverlusten führen. Daher darf eine Geldbuße gegen ein Unternehmen nicht so hoch sein, dass eine Fortführung der Tätigkeit endgültig nicht erwartet werden kann und ein Marktaustritt höchst wahrscheinlich ist. Diese Obergrenze kann bereits bei einem geringen Bruchteil des Vermögens erreicht sein.

Das Standardmodell nimmt ferner an, dass das Vermögen aller Individuen identisch sei bzw. dass die Entdeckungswahrscheinlichkeit an dessen Differenzen problemlos angepasst werden könne. In der Realität variiert das Vermögen der Unternehmen jedoch gewaltig und es ist zum Zeitpunkt von Ermittlungstätigkeiten regelmäßig unbekannt, sodass der Verfolgungsaufwand nicht angepasst werden kann. Vielmehr sind die Verfolgungsanstrengungen der Behörden vom verursachten Schaden abhängig. In diesem Fall sollte die Geldbuße unabhängig vom konkreten Vermögen des Täters im Verhältnis zum Schaden festgesetzt werden. Die Geldbuße sollte solange verringert und die Entdeckungswahrscheinlichkeit erhöht werden, wie die Verluste aus der ungenügenden Abschreckungswirkung in der Summe die zusätzlichen Kosten der Erhöhung überwiegen. Es ist weiterhin optimal, wenn die Verfolgungsbehörden ihre Anstrengungen erhöhen bei größeren Schäden. In diesem Fall steigt die Wahrscheinlichkeit, dass die Geldbuße die oben genannte Belastungsgrenze des Unternehmens übersteigt.

Die Kosten fehlerhafter Behörden- und Gerichtsentscheidungen sollten die allgemeinen Regeln der Sanktionsbemessung nicht beeinflussen. Sie sollten vielmehr bei der Ausgestaltung und Auslegung der materiellen Tatbestandsmerkmale berücksichtigt werden.

Die Standardtheorie berücksichtigt zudem keine rechtsstaatlichen Grundsätze als externe Grenzen für die Sanktionsbemessung. Der Gleichheitsgrundsatz, der Verhältnismäßigkeitsgrundsatz und der Grundsatz der Schuldangemessenheit sollten die Bußgeldbemessung allerdings begrenzen, da sie als Institutionen nicht zur Disposition stehen.

Zudem ist die Zahl vergangener Zuwiderhandlungen in der Standardtheorie unbeachtlich, während das Vorliegen einer Wiederholungstat in der Realität oft zu einer höheren Geldbuße führt. Zur Sicherstellung einer abschreckenden Wirkung der Geldbuße ist eine Erhöhung bei Wiederholungstaten im Kartellordnungswidrigkeitenrecht nur nötig, wenn sich die grundlegende Bemessungspraxis zwischenzeitlich geändert hat. Um die Verhängung einer schuldangemessenen Sanktion zu garantieren, kann eine Erhöhung allerdings auch in anderen Fällen erfolgen.

3. *Erweiterungen betreffend der Entdeckungswahrscheinlichkeit*

Darüber hinaus nimmt das Standardmodell an, dass alle Beteiligten perfekt informiert seien bzw. alle relevanten Informationen kostenlos erhältlich seien. In der Realität können Informationsdefizite allerdings zu einer Unterschätzung der erwarteten Sanktion und zu erheblichen Abschreckungsdefiziten führen. Eine höhere Entdeckungswahrscheinlichkeit erhöht das kollektive Wissen über die Sanktionshöhe. Dadurch wird sowohl die Unterschätzung – und damit das Abschreckungsdefizit – als auch die positive Überschätzung der Sanktionshöhe verringert. Ein Zurückhalten von Informationen über die Sanktionspolitik der Verfolgungsbehörden führt nicht zu einer höheren Abschreckungswirkung der Sanktionen, da vieles dafür spricht, dass Unternehmen nicht sehr ambiguitätsavers sind. Darüber hinaus kann die Überschätzung der Sanktion auch nicht durch aktive Manipulation langfristig erhöht werden, da die Individuen die wahre Sanktion durch veröffentliche Gerichtsentscheidungen ohnehin erfahren können. Die Reduzierung der Überschätzung der Sanktionshöhe kann daher nicht negativ beurteilt werden. Die Überschätzung der Entdeckungswahrscheinlichkeit kann aber weiterhin aufgrund von Verhaltensanomalien der Individuen ausgenutzt werden.

Des Weiteren geht das Standardmodell davon aus, dass alle Individuen der gleichen Entdeckungswahrscheinlichkeit ausgesetzt sind. Die Wahrscheinlichkeit der Entdeckung variiert in der Realität allerdings je nach den persönlichen Fähigkeiten und den Umständen des Verstoßes enorm. Die individuellen Möglichkeiten eines Individuums, die Entdeckung zu verhindern, sollten durch höhere Sanktionen gegen diese Individuen kompensiert werden.

4. *Zusammenfassung*

Zusammenfassend lässt sich somit feststellen, dass sich die optimale Sanktion antiproportional zu der Entdeckungswahrscheinlichkeit verhält. Sie muss im Verhältnis zum verursachten Schaden stehen und unabhängig vom konkreten Vermögen des Täters bemessen werden. Sie darf im Einzelfall nicht so hoch sein, dass vom Unternehmen die Fortführung seiner Tätigkeit endgültig nicht erwartet werden kann und ein Marktaustritt höchst wahrscheinlich ist. Sie muss darüber hinaus rechtsstaatlichen Grundsätzen genügen. Daher müssen die Verfolgungsbemühungen der Behörden und damit die Entdeckungswahrscheinlichkeit in der Regel deutlich mehr als minimal sein. Diese zusätzlichen Kosten werden kompensiert durch die vermiedenen Ineffizienzen höherer Geldbußen und durch die Informationsgewinne der Individuen.

Teil 4. Bewertung des geltenden Bußgeldregimes

Im Folgenden werden das geltende europäische und das deutsche Kartellbußgeldrecht anhand der dargestellten ökonomischen Erkenntnisse bewertet. Dies umfasst die normativen Vorgaben (unter A., S. 203 ff.), die Verwaltungsvorschriften der Behörden (unter B., S. 212 ff.) sowie das Verhältnis zwischen normativ festgelegten Tatbestandsmerkmalen und verwaltungsinternen Vorschriften (unter C., S. 253 ff.).

A. Normative Vorgaben

Die normativen Vorgaben beschränken sich auf die Festlegung einer Obergrenze von 10 % des Gesamtumsatzes der wirtschaftlichen Einheit, die als Kappungsgrenze (unter I., S. 203 ff.) und als Bußgeldrahmen (unter II., S. 209 ff.) ausgelegt werden, und der Berücksichtigung von Schwere und Dauer des Verstoßes (unter III., S. 211 ff.).

I. Kappungsgrenze

Wie bereits näher erläutert,[872] stellt die 10 %-Grenze die zentrale normative Vorgabe des Kartellbußgeldrechts dar und soll die finanzielle Überforderung des betroffenen Unternehmens verhindern. Damit greift sie den Teilaspekt der ökonomischen Theorie auf, dass die Geldbuße nicht so hoch sein darf, dass eine Fortführung der Tätigkeit des Unternehmens endgültig nicht mehr erwartet werden kann und ein Marktaustritt höchst wahrscheinlich ist.[873]

---

872 Teil 2.A.I.2.b., S. 30 und Teil 2.A.II.2.d., S. 57.

873 Der EuGH spricht davon, dass „die Obergrenze die Auferlegung von Geldbußen zu verhindern suche, wo es vorhersehbar ist, dass die Unternehmen mit Blick auf ihre Größe [...] nicht in der Lage sein werden, diese zu bezahlen." (EuGH, Urteil vom 28.6.2005, Az. C-189/02 P u.A., Slg. 2005, I-5425, Rn. 280 – *Dansk Rørindustri*; siehe auch EuGH, Urteil vom 7.6.1983, Az. 100/80 u.A., Slg. 1983, 1825, Rn. 119 – *Pioneer, Musique diffusion francaise*). Vgl. auch *Schneider/Engelsing* in: MünchKommEU-WettR, Art. 23 VO 1/2003 Rn. 70. Vgl. zum deutschen Recht *Bechtold/Bosch*, GWB, § 81 GWB Rn. 30 („Die Obergrenze von 10 % des Umsatzes soll der Belastbarkeit der Unternehmen Rechnung tragen."); *Vollmer* in: MünchKommGWB, § 81 GWB Rn. 95 (mit Verweis auf die EuGH-Rechtsprechung).

1. *Verfolgungsbemühung der Behörden*

Da sich diese normative Obergrenze von Unternehmen zu Unternehmen stark unterscheidet, müssten die Behörden eigentlich ihre Verfolgungsbemühungen auf den Gesamtumsatz einer wirtschaftlichen Einheit abstimmen. Ist dieser gering und würde eine abschreckende Geldbuße die 10 %-Grenze übersteigen, so müssten die Behörden ihre Ermittlungsanstrengungen gegen dieses Unternehmen proportional erhöhen, um das Abschreckungsdefizit auszugleichen. Wenn der Gesamtumsatz besonders groß ist und eine abschreckende Geldbuße die 10 %-Grenze nicht erreicht,[874] dürften die Behörden ihre Verfolgungsbemühungen nicht auf dieses Unternehmen konzentrieren. Ihre knappen Ressourcen müssen sie für Unternehmen verwenden, bei denen ein Abschreckungsdefizit droht. Um diese Aspekte zu berücksichtigen und eine effektive Abschreckung zu gewährleisten, müssten die Kartellbehörden vor jeder Aufnahme von Ermittlungstätigkeiten gegen ein Unternehmen dessen Gesamtumsatz und das Schadenspotential des Verstoßes verlässlich ermitteln. Nur so ließe sich abschätzen, ob eine potentiell abschreckende Geldbuße die 10 %-Grenze übersteigt. Die gesellschaftsrechtlichen Verflechtungen innerhalb eines Konzerns und die relevanten Umsätze der Teilgesellschaften sind in der Regel jedoch nur mit erheblichem Aufwand zu bestimmen. Solch umfangreiche Vorermittlungen sind bei den knappen Ressourcen der Verfolgungsbehörden jedoch zu vermeiden.

Die Verfolgungspraxis der Kartellbehörden widerspricht der dargestellten Vorgehensweise grundlegend. Sie verfolgen primär Verstöße mit besonders großem Schadenspotential und intensivieren ihre Verfolgungsbemühungen nicht, wenn ein Überschreiten der 10 %-Grenze droht.[875] Daher können sie Abschreckungsdefizite durch ein Überschreiten der Obergrenze nicht durch eine erhöhte Entdeckungswahrscheinlichkeit ausgleichen. Zudem können sie vor der eigentlichen Entdeckung des Verstoßes und der Identifizierung der betroffenen Unternehmen den Gesamtumsatz nicht ermitteln. Die Entdeckungswahrscheinlichkeit für Unternehmen mit einem hohen und mit einem niedrigen Gesamtumsatz dürfte sich daher nicht unterscheiden. Ob die verhängten Sanktionen in Verbindung mit der Entdeckungswahrscheinlichkeit abschreckend wirken, ist daher allein vom Zufall abhängig.

---

874 Dies gilt insbesondere für Großkonzerne, vgl. *Schütz* in: KK-KartR, Art. 23 VO 1/2003 Rn. 21; *Sura* in: Langen/Bunte, Art. 23 VO 1/2003 Rn. 35.

875 *Schütz* in: KK-KartR, Art. 23 VO 1/2003 Rn. 26; *Wils*, W.Comp. 29 (2006), 183, 196 Fn. 65.

In der ökonomischen Theorie werden diese Abschreckungsdefizite unter dem Gesichtspunkt eines variablen Gesamtvermögens der Täter und einer nicht anpassbaren Entdeckungswahrscheinlichkeit behandelt.[876] Nach dem ökonomischen Modell muss die Sanktion in diesem Fall unabhängig vom konkreten Vermögen des Täters bestimmt werden. Da die Entdeckungswahrscheinlichkeit in der kartellrechtlichen Praxis auch nicht an den variablen Gesamtumsatz der Täter angepasst werden kann, sollte die optimale Sanktion unabhängig vom Gesamtumsatz des jeweiligen Unternehmens ermittelt werden. Die optimale Sanktion sollte sich daher an ökonomischen Auswirkungen der Zuwiderhandlung orientieren und den Gesamtumsatz des Unternehmens außer Betracht lassen. In diesem Fall müssten die Verfolgungsbehörden nur diese Auswirkungen eines Verstoßes abschätzen, bevor sie Ermittlungstätigkeiten einleiteten. Wenn diese Auswirkungen besonders groß sind, sollten sie ihre Verfolgungsbemühungen auch erhöhen. In diesem Fall ist es wahrscheinlicher, dass eine abschreckende Geldbuße die finanzielle Leistungsfähigkeit des betroffenen Unternehmens übersteigt. Dadurch können die Kartellbehörden einem möglichen Abschreckungsdefizit intuitiver entgegenwirken.

Zwar könnte eingewandt werden, dass nach den Leitlinien der Kommission und des BKartA jeweils ein Anteil am tatbezogenen Umsatz als Grundlage der Sanktionsbemessung dient. Dies stellt einen Bezug zu den ökonomischen Auswirkungen dar. Diese Orientierung am tatbezogenen Umsatz ist jedoch nur der Ausgangspunkt. Am Ende des Bemessungsvorgangs werden aber alle Sanktionen in Höhe der Obergrenze gekappt. Diese Obergrenze beruht im europäischen wie im deutschen Recht unabhängig von den Leitlinien auf dem Gesamtumsatz der wirtschaftlichen Einheit. Daher werden alle Geldbußen am Ende am Gesamtvermögen des Unternehmens gemessen, sofern sie die 10 %-Grenze überschreiten. Der Ausgangspunkt der behördlichen Leitlinien kann daher an der hier geäußerten Kritik nichts ändern.

Darüber hinaus muss bei einer Orientierung an den ökonomischen Auswirkungen auch keine doppelte Vorermittlung zur Vorbeugung von Abschreckungsdefiziten durchgeführt werden, wie sie oben dargestellt wurde. Die zusätzliche Ermittlung der Umsatzverhältnisse im Vorfeld ist nicht nötig. Diese Ausgestaltung des Bußgeldregimes führt daher zu einem effektiveren Sanktionssystem, da die optimalen Verfolgungsbemühungen für eine abschreckende Sanktion durch weniger Vorermittlungen bestimmt werden können. Des Weiteren kann bei einer Orientierung an den verursachten Auswirkungen sichergestellt werden,

876 Vgl. oben unter Teil 3.B.III.1.b., S. 143 ff.

dass die begrenzten Verfolgungsressourcen auch zur Abschreckung besonders schädlicher Verstöße genutzt werden. Bei einer Kappungsgrenze, die auf dem Gesamtumsatz des Täters beruht, ist dies hingegen nicht der Fall, da dieser vollkommen unabhängig vom verursachten Schaden ist.[877]

Die ökonomische Theorie der Rechtsdurchsetzung spricht daher gegen die normative Ausgestaltung einer Bußgeldgrenze bezogen auf den Gesamtumsatz.

2. *Leistungsfähigkeit*

Darüber hinaus ist fraglich, ob die pauschale Obergrenze von 10 % des Gesamtumsatzes die individuelle Leistungsfähigkeit eines Unternehmens abbilden kann. Ein hoher Umsatz kann nicht mit einer großen Leistungsfähigkeit gleichgesetzt werden.[878] Der Zusammenhang dieser beiden Größen ist im Wesentlichen von der Art der Tätigkeit des Unternehmens abhängig. Ein reines Handelsunternehmen hat in der Regel einen besonders hohen Umsatz. Es trägt aber nur einen kleinen Anteil zur Wertschöpfung eines Produktes bei. Die Differenz zwischen Einkaufs- und Verkaufswert ist bei solchen Unternehmen sehr gering.[879] Das Handelsunternehmen könnte daher auch bei einer Geldbuße, die unterhalb der 10 %-Grenze liegt, finanziell überfordert sein. Ein Unternehmen, das maßgeblich an der Wertschöpfungskette beteiligt ist wie ein fertigender Betrieb, hat einen viel höheren Gewinnanteil am Gesamtumsatz und könnte auch bei weitaus höheren Geldbußen noch nicht finanziell überfordert sein.

Aus diesem Grund muss bei jedem Bußgeld, das 10 % des Gesamtumsatzes der wirtschaftlichen Einheit nicht erreicht, auf Antrag individuell geprüft werden, ob das Unternehmen dennoch finanziell überfordert ist. Dies ist in den Leitlinien der Kommission ausdrücklich vorgesehen; ebenso wie in den früheren Leitlinien des BKartA.[880] Die allgemeine, normative Vorbewertung durch die

877 Siehe dazu ausführlich unter Teil 2.B.II.2., S. 79.

878 Dies erkennt auch EuG, Urteil vom 12.12.2012, Az. T-352/09, Rn. 138 ff. – *Novácke chemické závody*. So auch *Brettel/Thomas*, ZWeR 2009, 25, 47; *Buntscheck*, WuW 2008, 941, 945; *Dannecker/Biermann* in: Immenga/Mestmäcker, Art. 23 VO 1/2003 Rn. 98; *Dannecker/Biermann* in: Immenga/Mestmäcker, § 81 GWB Rn. 361; *Vollmer* in: MünchKommGWB, § 81 GWB Rn. 99.

879 Vgl. *Buntscheck* in: FS Bechtold, S. 81, 86; *Mäger* in: MünchKommGWB, § 38 GWB Rn. 22; *Mestmäcker/Veelken* in: Immenga/Mestmäcker, § 38 GWB Rn 26. Siehe auch BT-Drs. 6/2520, S. 26 zur Einführung des heutigen § 38 Abs. 2 GWB.

880 Rn. 35 Bußgeldleitlinien der Kommission von 2006 bzw. Rn. 24 Bußgeldleitlinien des BKartA von 2006. Würde die normative Regelung des § 81 Abs. 4 S. 2 GWB und des Art. 23 Abs. 2 S. 2VO 1/2003 einfach wegfallen, würde die Bußgeldbemessung

Obergrenze ist daher vollkommen wertlos, weil im Einzelfall ohnehin eine individuelle Prüfung der wirtschaftlichen Leistungsfähigkeit vorgenommen werden muss.[881] Unabhängig davon, ob die Kommission dem Antrag letztlich entspricht, muss stets eine aufwendige Prüfung durchgeführt werden.[882] Die Obergrenze führt daher nicht zu einer Entlastung der Verfolgungsbehörden, indem sich die Ermittlung der finanziellen Leistungsfähigkeit der Unternehmen erübrigte. Eine allgemeine Kappung eines Bußgeldes bei Erreichen der Obergrenze führt vielmehr noch dazu, dass Geldbußen in abschreckender Höhe nicht verhängt werden können, obwohl sie das betroffene Unternehmen nicht finanziell überfordern.[883] Die Obergrenze erzeugt daher Abschreckungsdefizite, ohne an anderer Stelle zu Erleichterungen zu führen.

---

durch die Behörden in keiner Weise beeinträchtigt werden. Die finanzielle Leistungsfähigkeit der Unternehmen würde weiterhin über die genannten Bestimmungen der Leitlinien berücksichtigt werden, die von der normativen Obergrenze vollkommen unabhängig sind. Diese Tatsache stützt die These der Unionsrechts- bzw. Verfassungswidrigkeit dieser beiden Normen. Die wesentlichen Aspekte der Bußgeldbemessung werden in Verwaltungsvorschriften geregelt, während die normativen Vorgaben daneben vollkommen bedeutungslos sind, vgl. dazu oben unter Teil 2.B.I.2., S. 70 und Teil 2.B.II.1.a., S. 75.

881 Zwar legen die Behörden und Gerichte strenge Anforderungen an den Nachweis einer finanziellen Überforderung, vgl. *Dannecker/Biermann* in: Immenga/Mestmäcker, Art. 23 VO 1/2003 Rn. 226 ff.; *Vollmer* in: MünchKommGWB, § 81 GWB Rn. 131. Siehe zur Kommission auch oben unter Teil 2.A.I.3.c.bb.ddd., S. 45 ff. Vor der Entscheidung Kommission, Entscheidung vom 11.11.2009, Az. COMP/38.589 – *Wärmestabilisatoren* wurden die Anträge immer zurückgewiesen, *Kienapfel/Wils*, CPN (2010), 3; *Stockmann*, ZWeR 2012, 20, 22. In den folgenden Jahren hat die Kommission aber zahlreichen Anträgen entsprochen, vgl. auch die ausführlichen Anmerkungen von *Grave/Nyberg*, WuW 2011, 926, 934; *Kienapfel/Wils*, CPN (2010), 3; *Stockmann*, ZWeR 2012, 20, 22 ff.; *Castillo de la Torre*, W.Comp. 33 (2010), 359, 401 ff.
Auch die allgemeinen Zumessungsregeln des deutschen OWiG erfordern die Berücksichtigung der wirtschaftlichen Leistungsfähigkeit des Täters, vgl. ausführlich *Meyer-Lindemann* in: Loewenheim/Meessen/Riesenkampff/Kersting/Meyer-Lindemann, § 81 GWB Rn. 107 ff.; *Klusmann* in: Wiedemann, Kartellrecht, § 57 Rn. 103.

882 Vgl. EuG, Urteil vom 16.6.2011, Az. T-199/08, Slg. 2011, II-3507, Rn. 79 – *Ziegler*; EuG, Urteil vom 16.9.2013, Az. T-386/10, Rn. 236 f. – *Dornbracht*.

883 Vgl. dazu auch die Berechnungen von *Schinkel*, W.Comp. 2007, 539, 555. Deshalb schlagen *Heimler/Mehta*, W.Comp. 35 (2012), 103, 106 eine Bußgeldobergrenze vor, die sich am betroffenen Umsatz orientiert.

Daneben sollte beachtet werden, dass die Obergrenze in Höhe von 10 % des Gesamtumsatzes durch Art. 15 Abs. 2 VO 17/62 im Jahre 1962 eingeführt wurde und unverändert 2003 in die VO 1/2003 und 2005 in das GWB übernommen wurde.[884] Diese Begrenzung auf 10 % des Jahresumsatzes kann auch in Art. 65 § 5 EGKS-Vertrag[885] von 1951 gefunden werden.[886] Dies impliziert, dass sich die finanzielle Leistungsfähigkeit von Unternehmen in den letzten 60 Jahren nicht geändert hätte. Angesichts der tiefgreifenden Veränderungen in dieser Zeit erscheint diese Annahme mehr als fernliegend. Auch die Kommission begründet den enormen Anstieg ihrer Bußgeldsummen in den letzten Jahren nämlich mit der gestiegenen Leistungsfähigkeit der Unternehmen.[887] Das Festhalten an dieser Obergrenze impliziert daher, dass sie mehr oder weniger willkürlich gewählt wurde.[888] Laut *Soyez* lässt sich heute aus den Normgebungsmaterialien auch nicht mehr ermitteln, warum damals ein Wert von 10 % des Umsatzes gewählt wurde.[889] Eine normativ festgesetzte Obergrenze zur Berücksichtigung der Leistungsfähigkeit müsste daher in regelmäßigen Abständen an die wirtschaftliche Realität angepasst werden.

Die standardisierte Berücksichtigung der finanziellen Leistungsfähigkeit der Unternehmen in einer allgemeinen Bußgeldobergrenze wie Art. 23 Abs. 2 S. 2 VO 1/2003 und § 81 Abs. 4 S. 2 GWB (in einer Auslegung als Kappungsgrenze) ist somit ineffizient.

3. *Zwischenergebnis*

Mithin widerspricht eine Bußgeldobergrenze, die anhand des Gesamtumsatzes eines Unternehmens bestimmt wird, der ökonomischen Theorie. Wenn die Verfolgungsbemühungen nicht auf den individuellen Gesamtumsatz abgestimmt werden können, wie es im Kartellrecht der Fall ist, ist ein solches Bußgeldsystem ineffizient. Darüber hinaus kann die individuelle Leistungsfähigkeit der Unternehmen viel effizienter in jedem Einzelfall gesondert festgestellt werden.

---

884 Siehe kritisch *Soyez*, WuW 2013, 103.

885 Vertrag über die Gründung der Europäischen Gemeinschaft für Kohle und Stahl, BGBl. II 1951, S. 447 (im Folgenden „EGKS-Vertrag").

886 Vgl. *Dannecker/Biermann* in: Immenga/Mestmäcker, Vorb. Art. 23 VO 1/2003 Rn. 2.

887 EuG, Urteil vom 5.4.2006, Az. T-279/02, Slg. 2006, II-897, Rn. 58 – *Degussa*; *Theurer*, Geldbußen im EU-Wettbewerbsrecht, S. 122.

888 *Soyez*, WuW 2013, 103.

889 *Soyez*, WuW 2013, 103.

II. Bußgeldrahmen

Die soeben genannten Kritikpunkte gelten unvermindert für den Bußgeldrahmen nach deutschem Recht. Auch hier müsste durch eine zeit- und kostspielige Voruntersuchung ermittelt werden, welcher Verfolgungsaufwand für eine ausreichend abschreckende Geldbuße erforderlich ist. Daneben müsste die individuelle Leistungsfähigkeit des betroffenen Unternehmens trotz der Obergrenze in jedem Einzelfall ermittelt werden.

Bei einem Bußgeldrahmen kommt jedoch erschwerend hinzu, dass jede Geldbuße in Abhängigkeit von den Umständen der Tat und der Schuld des Täters innerhalb des Rahmens eingeordnet werden muss. Für die Mehrzahl der weniger schweren Taten liegt die Obergrenze für das Bußgeld daher erheblich unterhalb von 10 % des Gesamtumsatzes.[890] Dadurch könnte die Verhängung eines ausreichend abschreckenden Bußgeldes in noch größerem Umfang verhindert werden, obwohl das Unternehmen nicht finanziell überfordert ist.

Bei einem Bußgeldrahmen muss zudem jede Geldbuße an der Obergrenze von 10 % des Gesamtumsatzes der wirtschaftlichen Einheit orientieren werden.[891] Da der Gesamtumsatz ohne Zusammenhang mit den ökonomischen Auswirkungen des Verstoßes ist, wird potentiell jede Geldbuße unabhängig davon ermittelt und ist daher nach der ökonomischen Theorie der öffentlichen Rechtsdurchsetzung ineffektiv. Bei einer Auslegung als Kappungsgrenze gilt dies hingegen nur für die Geldbußen, die die 10 %-Grenze eigentlich übersteigen müssten, um eine abschreckende Wirkung zu erzielen. Solange die Geldbußen unterhalb dieser Grenze liegen, können sie auch unabhängig vom Gesamtumsatz bemessen werden. Diese Geldbußen könnten daher in ökonomisch optimaler Weise von den verursachten Auswirkungen abhängig gemacht werden.

Dies soll in folgender Tabelle 1 verdeutlicht werden. Darin ist die Ahndung eines Verstoßes gegen ein Unternehmen abhängig von verschiedenen Umsätzen, die es mit dem tatbefangenen Produkt erzielt, nach einer Kappungs- und einer Rahmenregelung dargestellt. Die aufgeführten Werte stellen nur eine grobe, persönlich ermittelte Indikation eines möglichen Bußgeldes zur Verdeutlichung der Argumente dar; sie sollen keine Bußgeldpraxis einer Behörde widerspiegeln.

---

890 Ebenso EuG, Urteil vom 16.9.2013, Az. T-386/10, Rn. 223 – *Dornbracht*. Vgl. zur Bußgeldbemessung bei Bußgeldrahmen *Barth/Budde,* WRP 2010, 712, 718; *Dannecker/Biermann* in: Immenga/Mestmäcker, § 81 GWB Rn. 441; *Gürtler* in: Göhler, OWiG, § 17 OWiG Rn. 25; *Raum* in: Langen/Bunte, § 81 GWB Rn. 183.

891 *Dannecker/Biermann* in: Immenga/Mestmäcker, § 81 GWB Rn. 443; *Raum* in: Langen/Bunte, § 81 GWB Rn. 183.

Es soll der Einfachheit halber davon ausgegangen werden, dass es sich um ein gewöhnliches Preiskartell von zwei Jahren Dauer handelt, bei dem keine erschwerenden oder mildernden Faktoren gegeben sind. Dies ist als ein schwerer Verstoß gegen das Kartellrecht zu werten. Ferner soll angenommen werden, dass ein Schaden von 20 % des tatbezogenen Umsatzes verursacht wird und dass die Entdeckungswahrscheinlichkeit 40 % beträgt.

Tabelle 1: „Beispielsrechnung

	Gesamtumsatz in Mio.	10 % Grenze	tatbezogener Umsatz	verursachter Schaden	rechnerische Geldbuße	Schwere der Tat	Kappung	Rahmen
1	100	10	100	40	100	schwer	10	8,5
2	100	10	10	4	10	schwer	10	7,5
3	100	10	5	2	5	schwer	5	7
4	100	10	1	0,4	1	schwer	1	6,5

Wird die Bußgeldobergrenze als Kappungsgrenze verstanden, so kann unterhalb dieser Grenze die „rechnerisch" optimale Geldbuße verhängt werden. Bei einem Bußgeldrahmen muss jedoch jede Geldbuße an der Obergrenze ausgerichtet werden. Da es sich in allen vier unterschiedlichen Konstellationen des Beispiels um den gleichen Verstoß handelt, ändert sich die Schwere der Tat nicht, sondern alleine der tatbezogene Umsatz. Der tatbezogene Umsatz ist jedoch nur ein Bemessungsaspekt unter vielen, der in die Bewertung der Schwere der Tat einfließen kann.[892] Daher kann bei einem Bußgeldrahmen die Höhe des verhängten Bußgeldes nicht stark schwanken, wenn sich alleine der tatbezogene Umsatz ändert und alle übrigen Faktoren unverändert bleiben. Dafür hätte der Gesetzgeber den tatbezogenen Umsatz als wesentliches Bemessungskriterium festschreiben müssen.

Die Ausgestaltung als Bußgeldrahmen bezogen auf den Gesamtumsatz macht es zudem unmöglich, die Geldbuße alleine anhand des tatbezogenen Umsatzes zu bemessen. Da jede Geldbuße in ein Verhältnis zur Obergrenze des Rahmens gesetzt werden muss, muss der Gesamtumsatz immer eine entscheidende Rolle bei der Bemessung spielen. Der tatbezogene Umsatz kann somit nicht das dominierende Kriterium zur Bemessung sein. Andernfalls wäre die Orientierung

892 Vgl. zu den Bemessungskriterien im deutschen Recht Teil 2.A.II.2.g., S. 60 ff.

des Rahmens am Gesamtumsatz sinnentleert.[893] Daher kann die Höhe der Geldbuße in den vier Fällen in Tabelle 1 nur in geringem Maße schwanken.

Es zeigt sich, dass die rechnerisch optimale Geldbuße und die in einem Bußgeldrahmen verhängte Geldbuße in keinem Zusammenhang stehen. Aus diesen Gründen ist eine Auslegung der 10 %-Grenze als Bußgeldrahmen noch ineffektiver als die Auslegung als Kappungsgrenze. Die Auslegung des § 81 Abs. 4 S. 2 GWB als Bußgeldrahmenbestimmung ist daher aus Sicht der ökonomischen Theorie der öffentlichen Rechtsdurchsetzung erst recht abzulehnen.

III. Schwere und Dauer

Die Schwere und die Dauer eines Wettbewerbsverstoßes sind Elemente, die die ökonomischen Auswirkungen des Verstoßes mitbestimmen.[894] Die Art der Zuwiderhandlung ist zum Beispiel ein wesentlicher Aspekt der Schwere.[895] Horizontale, klassische Kartelle sind sehr schwerwiegende Verstöße, die einen hohen Schaden in der Gesellschaft verursachen.[896] Vertikale Beschränkungen sind hingegen weniger schädlich.[897] Des Weiteren beeinflusst auch die Marktstruktur[898] die ökonomischen Auswirkungen. Darüber hinaus ist es ohne weiteres einleuchtend, dass ein Wettbewerbsverstoß größere Schäden anrichtet, je länger er dauert.[899] Die Kriterien der Schwere und der Dauer berücksichtigen daher im Wesentlichen die nach der ökonomischen Theorie entscheidenden Aspekte.

---

893 *Barth/Budde,* NZKart 2013, 311, 318. Vgl. ausführlicher unter Teil 4.B.II.3., S. 251 ff.

894 *Meyer-Lindemann* in: Loewenheim/Meessen/Riesenkampff/Kersting/Meyer-Lindemann, § 81 GWB Rn. 97; *Kühnen,* WuW 2010, 16, 24; *Vollmer* in: MünchKommGWB, § 81 GWB Rn. 89; *Weitbrecht/Mühle,* WuW 2006, 1106, 1117.

895 *Bechtold/Bosch,* GWB, § 81 GWB Rn. 38; *Dannecker/Biermann* in: Immenga/Mestmäcker, § 81 GWB Rn. 452; *Schneider/Engelsing* in: MünchKommEUWettR, Art. 23 VO 1/2003 Rn. 80; *Sura* in: Langen/Bunte, Art. 23 VO 1/2003 Rn. 41; *Vollmer* in: MünchKommGWB, § 81 GWB Rn. 89; *Weitbrecht/Mühle,* WuW 2006, 1106, 1117.

896 *Jungermann* in: Frankfurter Kommentar, Art. 101 Abs. 1,3 AEUV Fallgruppen I. Rn. 3; *Kerber/Schwalbe* in: MünchKommEUWettR, Einl. Rn. 1202; *Schütz* in: KK-KartR, Art. 23 VO 1/2003 Rn. 33. Vgl. dazu auch ausführlicher Teil 5.B.I.2.b., S. 337 ff.

897 Vgl. dazu *Kerber/Schwalbe* in: MünchKommEUWettR, Einl. Rn. 1344 ff.; *Roth/Ackermann* in: Frankfurter Kommentar, Art. 101 Abs. 1 AEUV Grundfragen Rn. 258.

898 *Achenbach* in: Frankfurter Kommentar, § 81 GWB Rn. 495; *Vollmer* in: MünchKommGWB, § 81 GWB Rn. 89.

899 *Nowak* in: Loewenheim/Meessen/Riesenkampff/Kersting/Meyer-Lindemann, Art. 23 VO 1/2003 Rn. 28; *Raum* in: Langen/Bunte, § 81 GWB Rn. 194.

Es ist aber von elementarer Bedeutung, auf welche Bemessungsgrundlagen diese Kriterien bezogen werden. Wenn diese Bezugspunkte keine Verbindung zu den ökonomischen Auswirkungen aufweisen, kann diese Verbindung auch nicht durch die Kriterien der Schwere und der Dauer hergestellt werden. Der Gesamtumsatz eines Unternehmens steht wie gezeigt mit den Auswirkungen eines Wettbewerbsverstoßes in keinem Zusammenhang. Orientiert sich die Bußgeldbemessung alleine am Gesamtumsatz, berücksichtigt eine so ermittelte Geldbuße auch dann die Auswirkungen nicht ausreichend, wenn die Schwere und die Dauer eine Rolle bei der Bemessung spielen.

Alleine durch die normative Regelung, dass die Schwere und die Dauer eines Verstoßes berücksichtigt werden müssen, lässt sich daher ein konkreter Bezug zwischen der Geldbuße und den ökonomischen Auswirkungen nicht herstellen.

IV. Zwischenergebnis

Die normativen Vorgaben zur Bußgeldbemessung im europäischen und im deutschen Kartellrecht stehen zu den Ergebnissen der ökonomischen Theorie der öffentlichen Rechtsdurchsetzung in deutlichem Widerspruch. Die wesentlichen Elemente einer ökonomisch effizienten Bußgeldbemessung – der Bezug zu den ökonomischen Auswirkungen und zur Entdeckungswahrscheinlichkeit – bleiben gänzlich außer Betracht. Die grundlegende Ausrichtung des Bußgeldsystems am Gesamtumsatz wird von der ökonomischen Theorie ausdrücklich als ineffizient abgelehnt. Wenn die Verfolgungsbemühungen der Behörden nicht von vornherein auf den individuellen Gesamtumsatz abgestimmt werden können, ist alleine die Orientierung an den ökonomischen Auswirkungen der Tat effizient. Die finanzielle Überforderung, die nach der ökonomischen Theorie im Einzelfall zu einer Reduktion des Bußgeldes führen sollte, wird darüber hinaus nur allgemeingültig berücksichtigt. Dies führt zu weiteren Ineffizienzen der Bußgeldbemessung.

B. Verwaltungsvorschriften

Die Verwaltungsvorschriften der Kommission und die des BKartA unterscheiden sich aufgrund der abweichenden Interpretation der normativen Vorgaben. Daher werden sie getrennt bewertet.

I. Leitlinien der Kommission

Nach den Leitlinien der Kommission ist zur Bemessung eines Bußgeldes zuerst ein Grundbetrag zu ermitteln (unter 1., S. 213 ff.), der dann durch verschiedene Faktoren erhöht oder verringert wird (unter 2., S. 215 ff.). Zur Untersuchung der

Abschreckungswirkung dieser europäischen Sanktionspolitik existieren einige ökonomische Studien (dazu 3., S. 228 ff.). Darüber hinaus verdient die Informationspolitik der Kommission eine besondere Betrachtung im Lichte der Ergebnisse der ökonomischen Theorie der Rechtsdurchsetzung (unter 4., S. 231 ff.).

1. Grundbetrag

Zur Ermittlung des Grundbetrages soll ein Betrag von bis zu 30 % des tatbezogenen Umsatzes, der anhand der Schwere des Verstoßes bestimmt wird, mit der Dauer des Verstoßes in Jahren multipliziert werden. Ein Anteil von 15 % bis 25 % des tatbezogenen Umsatzes im letzten Jahr wird addiert.[900]

Wie bereits kurz erläutert, besteht zwischen dem Schaden bzw. dem Gewinn, die durch einen Wettbewerbsverstoß verursacht bzw. erzielt werden, und dem Umsatz mit den Produkten, die von dem Verstoß betroffen sind, ein Zusammenhang. Diese Auswirkungen des Verstoßes können daher näherungsweise durch einen Anteil am tatbezogenen Umsatz beschrieben werden. Ein Anteil von 30 % wird in der juristischen Literatur mit einigen ökonomischen Studien begründet, die einen wettbewerbswidrigen Preisaufschlag von 10 % bis 43 % ermitteln.[901] Dieser Prozentsatz erscheint daher zur Ermittlung der ökonomischen Auswirkungen nicht von vornherein abwegig.[902] Die Einordnung innerhalb dieses Rahmens soll zudem anhand der Schwere der Zuwiderhandlung erfolgen.[903] Diese Annäherung an die jährlichen Auswirkungen wird mit der Dauer des Verstoßes multipliziert. Der so ermittelte Wert kann daher die

900 Vgl. dazu oben unter Teil 2.A.I.3.c.aa., S. 40.

901 *Engelsing,* WuW 2007, 470, 473; *Engelsing/Schneider* in: MünchKommEUWettR, 1. Aufl. 2007, Art. 23 VO 1/2003 Rn. 112; *Mundt,* WuW 2007, 458, 461. Diese Autoren verweisen auf folgende Studien: *Werden,* The Effect of Antitrust Policy on Consumer Welfare: What Crandall and Winston Overlook (21 %); *Levenstein/Suslow,* J. Econ. Lit. 44 (2006), 43 ff. (43 %); *Connor/Bolotova,* Int'l J. Ind. Org. 24 (2006), 1109 ff. (29 %); *Bolotova/Connor,* Cartel Sanctions: An Empirical Analysis (27,8 %); sowie eine Untersuchung der OECD von 2003 (15,75 %).

902 Ob dieser Wert den verursachten Schaden im Einzelnen tatsächlich widerspiegeln kann, soll an späterer Stelle ausführlich behandelt werden, vgl. Teil 5.A.II.2., S. 271 ff. Dort werden auch wirtschaftswissenschaftliche Studien ausführlich ausgewertet.

903 Rn. 19, 22 Bußgeldleitlinien der Kommission von 2006; Schütz in: KK-KartR, Art. 23 VO 1/2003 Rn. 33; *Sura* in: Langen/Bunte, Art. 23 VO 1/2003 Rn. 46. Siehe zu den alten Bußgeldleitlinien des BKartA von 2006 *Klusmann* in: Wiedemann, Kartellrecht, 2. Aufl. 2008, § 57 Rn. 92.

ökonomischen Auswirkungen zumindest annähernd beschreiben.[904] So erklärt auch die Kommission, dass der Grundbetrag „(…) die wirtschaftliche Bedeutung der Tat und das jeweilige Gewicht des einzelnen an der Zuwiderhandlung beteiligten Unternehmens angemessen wiedergibt".[905]

Nach der ökonomischen Theorie muss eine ausreichend abschreckende Sanktion den verursachten Schaden jedoch abhängig von der konkreten Entdeckungswahrscheinlichkeit um ein Vielfaches übersteigen.[906] Die Berücksichtigung der ökonomischen Auswirkungen alleine führt daher nicht zu einer Geldbuße mit ausreichender Abschreckungswirkung. Da die Entdeckungswahrscheinlichkeit regelmäßig deutlich unter 100 % liegt,[907] kann eine Geldbuße, die nur auf diesen Auswirkungen beruht, keine Abschreckungswirkung entfalten. Auch die Einbeziehung der Eintrittsgebühr führt nicht dazu, dass die Entdeckungswahrscheinlichkeit berücksichtigt wird. Zwar führt die Eintrittsgebührt zu einer gewissen Kompensation für eine Entdeckungswahrscheinlichkeit unter 100 %. Diese Wirkung nimmt jedoch mit steigender Dauer des Verstoßes ab. Bei einem Kartell über die Dauer von einem Jahr führt die Eintrittsgebühr zu einer Verdopplung des Grundbetrages. Dies würde bei einer Entdeckungswahrscheinlichkeit von 50 % noch zu einer abschreckenden Geldbuße führen. Aber gerade bei besonders langen und schädlichen Verstößen gegen das Wettbewerbsrecht ist die Erhöhung durch die Eintrittsgebühr nur marginal. Bei einem fünfjährigen Kartell beträgt die Erhöhung nur 20 % und wirkt nur abschreckend, wenn die Entdeckungswahrscheinlichkeit ca. 83 % betrüge.[908] Auch der Grundbetrag einschließlich der Eintrittsgebühr berücksichtigt die Entdeckungswahrscheinlichkeit daher nicht ausreichend. Es besteht nur eine zufällige Korrelation bei Verstößen gegen das Kartellrecht von sehr kurzer Dauer.

---

904 *Engelsing/Schneider* in: MünchKommEUWettR, 1. Aufl. 2007, Art. 23 VO 1/2003 Rn. 113; *Engelsing,* WuW 2007, 470, 473; *Castillo de la Torre,* W.Comp. 33 (2010), 359, 367 ff.

905 Rn. 6 Bußgeldleitlinien der Kommission von 2006.

906 Teil 3.B.II.3., S. 129 ff.

907 Siehe dazu ausführlich unter Teil 5.A.III., S. 303 ff. *Posner,* Colum. L. Rev. 85 (1985), 1193, 1203. Vgl. auch Monopolkommission, XIX. Hauptgutachten, BT-Drs. 17/10365, S. 232 Rn. 475. Siehe auch *Engelsing,* WuW 2007, 470, 474; *Engelsing/Schneider* in: MünchKommEUWettR, 1. Aufl. 2007, Art. 23 VO 1/2003 Rn. 113.

908 Berechnung: 1÷1,2.

2. *Anpassungsfaktoren*

Es ist daher zu klären, ob die Anpassungsfaktoren nach den Bußgeldleitlinien der Kommission von 2006 diese Aspekte der ökonomischen Theorie aufgreifen. Die Anpassung des Grundbetrags erfolgt im Wesentlichen anhand von erschwerenden und mildernden Faktoren (dazu a., S. 215 ff.) sowie durch die Ermittlung eines Abschreckungsaufschlages (dazu b., S. 219 ff.).[909]

a. *Erschwerende und mildernde Umstände*

Die erschwerenden und mildernden Faktoren können zum Teil mit der Berücksichtigung der individuellen Unterschiede in der Entdeckungswahrscheinlichkeit und der Schuldangemessenheit erklärt werden (unter aa., S. 215 ff.). Die Erhöhung wegen einer Wiederholungstat verdient wegen ihrer Wichtigkeit eine besondere Betrachtung (unter bb., S. 216 ff.).

aa. Individuelle Entdeckungswahrscheinlichkeit und Schuldangemessenheit

Die erschwerenden und die mildernden Umstände, die nach den Leitlinien zu berücksichtigen sind, stellen fast ausnahmslos persönliche Umstände dar, die für jedes Unternehmen individuell ermittelt werden müssen.[910] Nach der ökonomischen Theorie ist es optimal, wenn persönliche Umstände, die die individuelle Entdeckungswahrscheinlichkeit beeinflussen, in der Höhe der Sanktion berücksichtigt werden.[911] Der erschwerende Umstand der Behinderung der Untersuchungen der

---

909 Vgl. dazu Rn. 27 ff. bzw. 30 f. Bußgeldleitlinien der Kommission von 2006 sowie oben unter Teil 2.A.I.3.c.bb., S. 41 ff. Eine Reduktion aufgrund von finanzieller Überforderung (Rn. 35 Bußgeldleitlinien der Kommission von 2006) ist selten, vgl. oben Fn. 881. Im Übrigen ist in den Rn. 32 f., 34 Bußgeldleitlinien der Kommission von 2006 nur angeordnet, dass die Kappungsgrenze des Art. 23 Abs. 2 S. 2 VO 1/2003 und ein Bußgelderlass bzw. eine -reduktion nach der Kronzeugenmitteilung zu berücksichtigen sind.

910 *Schneider/Engelsing* in: MünchKommEUWettR, Art. 23 VO 1/2003 Rn. 123; *Engelsing,* WuW 2007, 470, 476; *Kühnen,* WuW 2010, 16, 23. Zu den alten Leitlinien des BKartA von 2006: *Dannecker/Biermann* in: Immenga/Mestmäcker, § 81 GWB Rn. 485. Siehe dazu ausführlich oben unter Teil 2.A.I.3.c.bb., S. 41 ff. Als einzige Ausnahme könnte man den mildernden Faktor der Ermutigung durch Behörden oder geltende Vorschriften ansehen, Rn. 29, 5. Sp.str. Bußgeldleitlinien der Kommission von 2006. Das Handeln der Behörde oder die Geltung einer Rechtsvorschrift ist in der Regel nicht untrennbar mit einem bestimmten Unternehmen verbunden.

911 Siehe oben unter Teil 3.B.III.2.b., S. 192 ff.

Kommission sowie die Verweigerung der Zusammenarbeit stellen Faktoren dar, die die Entdeckungswahrscheinlichkeit verringern.[912] Gleiches kann für bestimmte Handlungen des Anführers eines Kartells gelten.[913] Kann ein Unternehmen durch sein Verhalten eine Entdeckung effektiv verhindern oder erschweren, so sollte eine höhere Geldbuße verhängt werden, um das Abschreckungsdefizit auszugleichen.

Die Milderung aufgrund einer sofortigen Abstellung nicht heimlicher Zuwiderhandlungen, aufgrund von fahrlässigem Handeln, aufgrund einer geringfügigen Beteiligung oder aufgrund einer behördlichen Ermutigung zur Zuwiderhandlung[914] ist aus rechtsstaatlicher Sicht geboten. In diesen Fällen ist das Unrecht der Tat geringer, sodass nach den Grundsätzen der Gleichheit und der Verhältnismäßigkeit eine geringere Geldbuße zu verhängen ist.[915] Sofern eine Anpassung der Bußgeldhöhe aus rechtsstaatlichen Grundsätzen nötig ist, ist dies nach obiger Argumentation[916] auch ökonomisch wünschenswert.

Die Anpassung der Geldbuße durch diese erschwerenden und mildernden Faktoren ist daher aus ökonomischer Sicht effizient.

bb. Wiederholungstäterschaft

Der erschwerende Faktor der Wiederholungstäterschaft erfordert wegen seiner Bedeutung bei der Bußgeldbemessung – insbesondere bei der Kommission – besondere Beachtung. Unter den Bußgeldleitlinien der Kommission von 2006 wurden 4,03 % der Unternehmen mit einem Aufschlag zur Berücksichtigung von Wiederholungstaten belegt, soweit die Einzelheiten der Bußgeldbemessung veröffentlicht wurden.[917] 19,31 % der wirtschaftlichen Einheiten sind mehrmals nach den Bußgeldleitlinien der Kommission von 2006 sanktioniert worden.[918] Die Kommission selbst hat ermittelt, dass in einem Zeitraum von

---

912 Rn. 28, 2. Sp.str. Bußgeldleitlinien der Kommission von 2006. Sie kritisch dazu *Dannecker/Biermann* in: Immenga/Mestmäcker, Art. 23 VO 1/2003 Rn. 193; *Soyez*, EuZW 2007, 596, 599; *Sura* in: Langen/Bunte, Art. 23 VO 1/2003 Rn. 48.

913 Rn. 28, 3. Sp.str. Bußgeldleitlinien der Kommission von 2006.

914 Rn. 29, 1., 3., 4. und 5. Sp.Str. Bußgeldleitlinien der Kommission von 2006.

915 Vgl. zu dessen Geltung unter Teil 2.B.I.3., S. 72.

916 Siehe unter Teil 3.B.III.1.d., S. 157 ff.

917 17 von 422 sanktionierten Unternehmen, vgl. die Tabelle in Anhang 1, S. 393 ff.

918 Vgl. die Tabelle in Anhang 1, S. 393 ff. Bei diesen Unternehmen ist nicht notwendigerweise auch ein Aufschlag wegen einer Wiederholungstat verhängt worden. Dies ist insbesondere der Fall wenn mehrere Kartelle etwa zeitgleich aufgedeckt und von der Kommission sanktioniert wurden.

2006 bis 2010 12 % der zur Verantwortung gezogenen Unternehmen Wiederholungstäter waren.[919]

Nach obigen Ausführungen ist eine besondere Erhöhung der Sanktion für Wiederholungstäter aus ökonomischer Sicht grundsätzlich nicht nötig, außer der Täter hat unter der Geltung desselben Bußgeldregimes mehrere Taten begangen.[920] Die Kommission und die Gerichte der Europäischen Union begründen die Erhöhung jedoch damit, dass die wiederholte Zuwiderhandlung eine besondere Neigung des Unternehmens zu Wettbewerbsverstößen zeige, da die „vorherigen Geldbußen nicht zu einer Verhaltensänderung geführt hätten".[921] Wurden frühere Zuwiderhandlungen jedoch unter einem anderen, milderen Bußgeldregime begangen, lässt eine spätere Zuwiderhandlung allein darauf schließen, dass dieses ältere Regime nicht zu abschreckenden Geldbußen geführt hat. Eine besondere Neigung kann daraus jedoch nicht abgeleitet werden. Auch die Kommission führt im Fall *Spannstahl* aus, dass die „Wiederholungstäterschaft zeigt, dass vorher verhängte Geldbußen nicht ausreichend abschreckend waren, und daher eine Erhöhung des Grundbetrags rechtfertigt."[922] Diese Aussage kann nach obigen Ausführungen jedoch nur auf das alte Bußgeldregime bezogen werden, unter dem die vorangegangene Tat begangen wurde. Da das

---

919 *Wils*, W.Comp. 35 (2012), 5, 20. *Connor*, Recidivism Revealed: Private International Cartels 1990–2009, S. 16 hat international sanktionierte Kartelle im Zeitraum von 1990 bis 2009 untersucht und einen Anteil von 18,4 % Wiederholungstäter festgestellt. In dieser Studie wurden nur die Kartellanten erfasst, deren Identität durch die Kartellbehörden bekanntgegeben wurde. In diesem Datensatz weist die *Total SA* mit 27 Verstößen die größte Anzahl an Zuwiderhandlungen auf; fünf weitere Konzerne wurden ebenfalls wegen 20 oder mehr Zuwiderhandlungen mit einer Geldbuße belegt, *Connor*, Recidivism Revealed: Private International Cartels 1990–2009, S. 29. Die dort zugrunde gelegte Definition einer Wiederholungstat ist allerdings weiter, als die Definition im deutschen und europäischen Recht, vgl. *Wils*, W.Comp. 35 (2012), 5, 9 f. Daher müssen die Zahlen mit Vorsicht betrachtet werden.

920 Siehe unter Teil 3.B.III.1.e., S. 160 ff.

921 Kommission, Entscheidung vom 5.12.2007, Az. COMP/38.629, Rn. 540 – *Chloropren-Kautschuk*; Kommission, Entscheidung vom 23.1.2008, Az. COMP/38.628, Rn. 182 – *Nitril-Butadien-Kautschuk*; Kommission, Entscheidung vom 11.6.2008, Az. COMP/38.695, Rn. 525 – *Natriumchlorat*; Kommission, Entscheidung vom 11.11.2009, Az. COMP/38.589, Rn. 718 – *Wärmestabilisatoren*. EuG, Urteil vom 17.5.2011, Az. T-343/08, Slg. 2011, II-2287, Rn. 66 – *Arkema* mit Verweis auf EuGH, Urteil vom 8.2.2007, Az. C-3/06 P, Slg. 2007, I-1331, Rn. 37 ff. – *Groupe Danone*.

922 Kommission, Entscheidung vom 30.6.2010, Az. COMP/38.344, Rn. 964 – *Spannstahl*: *„Recidivism shows that previously imposed sanctions were not sufficiently deterrent and therefore justifies an increase of the basic amount of the fine"*.

Bußgeld nach den Leitlinien 2006 der Kommission bereits erheblich höher ist als unter ihrer ehemaligen Praxis,[923] ist eine weitere Erhöhung nicht zwangsläufig angezeigt. Dies wäre allein dann nötig, wenn die vorangegangene Tat bereits unter Geltung der aktuellen Leitlinien begangen wurde. Ein Erfordernis der Erhöhung der Geldbuße wegen Wiederholungstäterschaft aus Gründen der Abschreckung ist daher nicht schlüssig begründet.

Die Wiederholungstäterschaft könnte auch als Aspekt der Vorwerfbarkeit berücksichtigt werden. Dies wäre zur Verhängung eines schuldangemessenen Bußgeldes auch ökonomisch wünschenswert.[924] Die Begründung der Kommission zur Erhöhung der Geldbuße wegen Wiederholungstäterschaft deutet jedoch darauf hin, dass die Sicherstellung einer abschreckenden Wirkung der Geldbuße deren einziger Zweck ist.[925] Darüber hinaus wird der konkrete Prozentsatz, um den der Grundbetrag erhöht wird, ausnahmslos nicht näher begründet.[926] Würde der erschwerende Faktor der Wiederholungstäterschaft die persönliche Vorwerfbarkeit abbilden, müssten an dieser Stelle die Aspekte des Einzelfalls abgewogen werden. Hierzu gehören bei einem Unternehmen insbesondere die Anzahl der vorangegangenen Zuwiderhandlungen, die Frage, ob dieselbe natürliche Person für die Zuwiderhandlungen verantwortlich ist oder ob die Zuwiderhandlungen sich zeitlich überschnitten.[927] Da die Kommission solche Aspekte in ihren Entscheidungen und in den Leitlinien 2006 nicht anspricht, ist davon auszugehen, dass der Aufschlag wegen einer Wiederholungstat nicht die individuelle Vorwerfbarkeit der Tat widerspiegeln soll. Eine Erhöhung des Grundbetrags um 50 bis 100 %[928] für einen einzigen Aspekt der Vorwerfbarkeit unter vielen denkbaren würde auch nicht zu einer schuldangemessenen Sanktion führen,

---

923 Vgl. zur gesamten Entwicklung *Schwarze/Bechtold/Bosch*, Rechtsstaatliche Defizite, S. 8 ff.; *Dannecker/Biermann* in: Immenga/Mestmäcker, Art. 23 VO 1/2003 Rn. 106 ff.; *Schwarze*, WuW 2009, 6 f. Siehe auch *Soyez*, EuZW 2007, 596, 597; *Sünner*, EuZW 2007, 8, 9; *Sura* in: Langen/Bunte, Art. 23 VO 1/2003 Rn. 43.

924 Siehe unter Teil 3.B.III.1.e., S. 170 ff.

925 *Wils*, W.Comp. 30 (2007), 197, 212 ff. Siehe die Nachweise in Fn. 921. Kommission, Entscheidung vom 30.6.2010, Az. COMP/38.344, Rn. 964 – *Spannstahl* stellt beispielsweise alleine auf die abschreckende Wirkung ab.

926 Vgl. dazu die zitierten Begründungen in der Tabelle im Anhang 1, S. 393 ff.

927 So auch *Sünner*, EuZW 2007, 8, 11. Siehe auch *Connor*, Recidivism Revealed: Private International Cartels 1990-2009, S. 11 m. w. N. Vgl. dazu ausführlich und sehr deutlich zum allgemeinen Ordnungswidrigkeitenrecht *Mitsch* in: KK-OWiG, 4. Aufl. 2014, § 17 OWiG Rn. 76 ff.

928 Vgl. dazu die Tabelle im Anhang 1, S. 393 ff.

weil die Wiederholungstäterschaft gegenüber anderen individuellen Merkmalen überbewertet würde.

Mithin entspricht die Berücksichtigung einer Wiederholungstat nach den Bußgeldleitlinien der Kommission von 2006 weder unter dem Aspekt der Abschreckung noch unter dem der Schuldangemessenheit den Vorgaben der ökonomischen Theorie. Die signifikante Erhöhung der Geldbuße führt zudem zu höheren gesellschaftlichen Kosten der Geldbuße. Wie oben im Einzelnen dargelegt, verursachen höhere Sanktionen höhere soziale Kosten, da die finanzielle Belastung des Unternehmens steigt und dieses Geld volkswirtschaftlich nicht effizient eingesetzt werden kann.[929] Da die höheren Sanktionen zur Erhöhung der Abschreckungswirkung weder geeignet noch erforderlich sind, wird die gesellschaftliche Wohlfahrt dadurch reduziert.

cc. Zwischenergebnis

Die erschwerenden und die mildernden Umstände werden überwiegend im Einklang mit der ökonomischen Theorie der Rechtsdurchsetzung berücksichtigt. Die Erhöhung des Grundbetrags wegen der Wiederholungstäterschaft eines Unternehmens steht jedoch nicht im Einklang mit der ökonomischen Theorie.

Die Entdeckungswahrscheinlichkeit bleibt aber auch bei der Anpassung des Grundbetrages vollends unberücksichtigt. Erschwerende oder mildernde Umstände führen nur dann zu einer Anpassung des Grundbetrages, wenn sie bei dem betreffenden Unternehmen vorliegen. Sie sind daher unabhängig von der generellen Entdeckungswahrscheinlichkeit von Verstößen. Mithin führen sie nicht zu einer Geldbuße, die die ökonomischen Auswirkungen des Verstoßes immer um ein Vielfaches übersteigt. Daher genügt die Bemessung nach den Bußgeldleitlinien der Kommission auch bei der Berücksichtigung von erschwerenden und mildernden Umständen nicht der ökonomischen Theorie der öffentlichen Rechtsdurchsetzung.

b. Abschreckungsaufschlag

Die Kommission erhöht die Geldbuße auch gegen solche Unternehmen, die besonders hohe Umsätze mit Waren oder Dienstleistungen erzielt haben, die nicht mit der Zuwiderhandlung in Zusammenhang stehen.[930] Diese unbegrenzte Erhöhungsbefugnis soll eine abschreckende Wirkung der Geldbußen

---

929 Siehe unter Teil 3.B.III.1.a., S. 135 ff. Siehe dazu auch unter Teil 4.B.I.2.b.bb.aaa., S. 221 ff.

930 Rn. 30, 2. Hs. Bußgeldleitlinien der Kommission von 2006.

sicherstellen.[931] Es werden allerdings keine Kriterien festgelegt, nach denen der Abschreckungseffekt bewertet werden soll.[932] Grundsätzlich könnte die Geldbuße durch den Abschreckungsaufschlag im Einklang mit der ökonomischen Theorie mit einem Faktor multipliziert werden, der die Entdeckungswahrscheinlichkeit berücksichtigt. Wie im Folgenden dargelegt, trifft dies allerdings nicht zu.

aa. Begrenzung auf Großkonzerne

Selbst wenn beim Abschreckungsaufschlag nach den Bußgeldleitlinien der Kommission von 2006 die Entdeckungswahrscheinlichkeit berücksichtigt würde, würden weiterhin die Erkenntnisse der ökonomischen Theorie in den meisten Fällen unbeachtet bleiben. Die Geldbuße darf nämlich nur bei Großkonzernen erhöht werden, die eine sehr diversifizierte Produktpalette besitzen.[933] Gegen die Mehrzahl der Unternehmen, die an einem Wettbewerbsverstoß beteiligt sind, kann daher der Grundbetrag nicht zur Abschreckung erhöht werden.[934] Darüber hinaus berücksichtigt die Kommission auch bei der Bemessung des Abschreckungsaufschlags für Großkonzerne die Entdeckungswahrscheinlichkeit nicht; hier ist alleine die Größe des Konzerns maßgebend.[935]

Der Abschreckungsaufschlag beträgt zudem durchschnittlich nur 23,56 %.[936] Geht man davon aus, dass der Grundbetrag die ökonomischen Auswirkungen der Zuwiderhandlung widerspiegelt und keine anderen Erhöhungen vorgenommen wurden, entspräche dieser Aufschlag einer Entdeckungswahrscheinlichkeit von 80,9 %.[937] Da dieser Wert sicherlich nicht erreicht wird, entfaltet selbst

---

931 Rn. 30, 1. Hs. Bußgeldleitlinien der Kommission von 2006.

932 *Dannecker/Biermann* in: Immenga/Mestmäcker, Art. 23 VO 1/2003 Rn. 222; *Engelsing*, WuW 2007, 470, 481; *Soyez*, EuZW 2007, 596, 597; *Sünner*, EuZW 2007, 8, 12.

933 *Schneider/Engelsing* in: MünchKommEUWettR, Art. 23 VO 1/2003 Rn. 152; *Soyez*, EuZW 2007, 596, 597; *Sünner*, EuZW 2007, 8, 12.

934 Unter den Bußgeldleitlinien der Kommission von 2006 wurde lediglich bei 11,14 % der sanktionierten Unternehmen die Geldbuße mit einem Abschreckungsaufschlag belegt, vgl. Tabelle im Anhang 1, S. 393 ff.

935 Kommission, Entscheidung vom 7.12.2011, Az. COMP/39.600, Rn. 90 – *Kühlkompressoren*; Kommission, Entscheidung vom 13.4.2011, Az. COMP/39.579, Rn. 90 – *Haushaltsreinigungsmittel*; Kommission, Entscheidung vom 8.12.2010, Az. COMP/39.309, Rn. 450 – *LCD*. Vgl. im Übrigen die zitierten Begründungen in der Tabelle im Anhang 1, S. 393 ff.

936 Vgl. die Tabelle im Anhang 1, S. 393 ff.

937 Selbst wenn man die Erhöhungen des Grundbetrags wegen Wiederholungstäterschaft einbezieht, beträgt die Erhöhung durchschnittlich lediglich 33,13 %, was einer

die Geldbuße gegen die meisten Großkonzerne nach ökonomischen Gesichtspunkten keine abschreckende Wirkung.

bb. Begründung durch die Kommission

Des Weiteren ist der Abschreckungsaufschlag, der eine enorme Bußgelderhöhung nur bei Großkonzernen vorsieht, mit ökonomischen Erwägungen nicht begründbar.[938] Zum einen erhöht die Kommission ihre Bußgelder gegen Großkonzerne, weil sie befürchtet, dass diese aufgrund ihrer enormen Finanzkraft nicht ausreichend abgeschreckt werden (unter aaa., S. 221). Zum anderen soll durch den Aufschlag bei Großkonzernen eine asymmetrische Marktentwicklung nach der Sanktionierung verhindert werden (unter bbb., S. 224).

aaa. Mangelnde Abschreckung von Konzernen?

Durch die Befürchtung, Großkonzerne würden durch diese Bußgelder nicht hinreichend abgeschreckt,[939] ignoriert die Kommission jegliche ökonomische Erkenntnis. Die Möglichkeit einer unbegrenzten Erhöhung des Bußgeldes stellt vielmehr das Eingeständnis der Kommission dar, dass die Bemessung nach den Bußgeldleitlinien grundsätzlich nicht zu abschreckenden Geldbußen führen kann.

Eine effiziente Bemessungsmethode muss unabhängig von der Unternehmensgröße zu abschreckenden Geldbußen führen. Sofern der Unnutzen eines Wettbewerbsverstoßes dessen Nutzen übersteigt, wird nämlich jedes Unternehmen von einem Verstoß abgehalten. Wenn eine richtig bemessene Geldbuße gegen eine Tochtergesellschaft eines Großkonzerns im Vergleich zum Gesamtumsatz des Konzerns sehr gering ist, bedeutet das zugleich, dass die Tochtergesellschaft wenig Profit erwirtschaftet oder nur in sehr geringem Maße zum Gesamtumsatz des Unternehmens beiträgt. Sie nimmt in diesem Fall nur eine sehr untergeordnete Rolle im Konzern ein. Daraus folgt jedoch nicht, dass das Tochterunternehmen des Großkonzerns durch diese geringe Geldbuße nicht zu normgemäßem Verhalten veranlasst werden kann. Wie oben

---

Entdeckungswahrscheinlichkeit von 75,1 % entspräche. Rechnung: 1÷1,2356 bzw. 1÷1,3313. Vgl. die Tabelle im Anhang 1, S. 393 ff.

938 Die Begründung von *Castillo de la Torre,* W.Comp. 33 (2010), 359, 395, dass diese Erhöhung die subjektive Wahrnehmung von gewöhnlichen Leuten widerspiegele, die nun einmal nicht objektiv zu erklären sei, soll hier nicht erörtert werden.

939 *Schütz* in: KK-KartR, Art. 23 VO 1/2003 Rn. 38; *Theurer,* Geldbußen im EU-Wettbewerbsrecht, S. 256 f.; *Wils,* W.Comp. 30 (2007), 197, 227. Vgl. auch *Castillo de la Torre,* W.Comp. 33 (2010), 359, 394.

bereits im Einzelnen dargestellt, sind die wettbewerblichen Auswirkungen des Verstoßes für die Gesellschaft grundsätzlich schwerwiegender als die Vorteile der Täter.[940] Berücksichtigt die Geldbuße diese Auswirkungen und die Entdeckungswahrscheinlichkeit, so übersteigt die erwartete Sanktion regelmäßig den erwarteten Gewinn.[941] Aus der Sicht eines Großkonzernes lohnt sich ein Wettbewerbsverstoß daher auch nicht, wenn das Bußgeld nur einen Bruchteil seines Gesamtumsatzes ausmacht, da der erwartete Gewinn des Verstoßes auch entsprechend niedriger ist.[942] So wird eine Geldbuße gegen ein Tochterunternehmen von den Entscheidungsträgern eines Konzerns nicht zwangsläufig als absoluter Betrag wahrgenommen. Viel naheliegender ist, dass die Bilanz der mit einer Geldbuße belegten Tochtergesellschaft aufgrund dieser Geldbuße einen operativen Verlust aufweist. Dieser Wert wird die Entscheidungsträger sehr wohl zu Maßnahmen in dieser Tochtergesellschaft anregen.

Hiergegen wird eingewendet, dass geringe Geldbußen bei Entscheidungsträgern in Großkonzernen lediglich aufgrund ihrer relativ unbedeutenden Höhe nicht beachtet werden.[943] Dem ist zwar insofern zuzustimmen, als größere Bußgeldsummen auch eine höhere Aufmerksamkeit zuteilwird. Daraus lässt sich jedoch kein Automatismus ableiten, nach dem die Geldbuße immer im Verhältnis zum Gesamtumsatz steigen müsse, um abschreckend zu sein. Wenn die Bußgeldsumme in Relation zum Ertrag des verursachenden Tochterunternehmens gesetzt wird, kann ein im Verhältnis zum Gesamtumsatz kleiner Betrag eine Konzernleitung zum Handeln veranlassen. Sofern eine Geldbuße nach den Bußgeldleitlinien der Kommission von 2006 eine Konzernleitung nicht zu normgemäßem Verhalten veranlassen kann, liegt dies nicht an der Relation der Höhe des Bußgeldes zum Gesamtumsatz. Es ist vielmehr damit zu begründen, dass der Erwartungswert der Sanktion den erwarteten Gewinn aus der Zuwiderhandlung regelmäßig nicht übersteigt. Würde die Geldbuße von vorneherein

---

940 Teil 3.B.II.2.b.bb.bbb., S. 115 ff.

941 Dies gilt nicht, wenn der Entscheidungsträger des Unternehmens die Höhe des Gewinns überschätzt oder die Sanktionshöhe bzw. die Entdeckungswahrscheinlichkeit unterschätzt. In diesem Fall könnte der subjektiv erwartete Gewinn die erwartete Sanktion übersteigen. Diese Irrtümer werden allerdings im Falle einer Aufdeckung des Verstoßes und einer Sanktionierung korrigiert, vgl. dazu die Ausführungen zum kollektiven Lerneffekt unter Teil 3.B.III.2.a.ee.bbb., S. 187 ff.

942 Ebenso EuG, Urteil vom 12.12.2012, Az. T-352/09, Rn. 62 ff. – *Novácke chemické závody*. *Barbier de la Serre/Lagathu,* J. Eur. Comp. L. & Practice 4 (2013), 325, 333 f.

943 GA Geelhoed, Schlussanträge vom 19.1.2006, Az. C-289/04 P, Slg. 2006, I-5863, Rn. 62 – *Showa Denko*; *Wils,* W.Comp. 30 (2007), 197, 227.

abschreckend bemessen, würde der Befürchtung einer unzureichenden Abschreckungswirkung gegen Großkonzerne durch die Kommission und die europäischen Gerichte in den meisten Fällen entgegen gewirkt. Sollte die Geldbuße dennoch in Einzelfällen in ihrer konkreten Höhe zu gering sein, kann anhand der Bemessungskriterien in einem gewissen Rahmen entgegengewirkt werden. Eine allgemeine Regel, dass Großkonzerne grundsätzlich nicht von eigentlich abschreckend bemessenen Geldbußen von Zuwiderhandlungen abgehalten werden, lässt sich kaum begründen.

Zwar kann der Konzern die Geldbuße aus Umsätzen anderer Geschäftsbereiche bezahlen.[944] Dafür muss er aber Kapital aus diesen Geschäftsbereichen abziehen, die möglicherweise zum zentralen Geschäftsbereich des Konzerns gehören oder viel profitabler sind als das Tochterunternehmen, das die Zuwiderhandlung begangen hat. Der Konzern ist daher gezwungen, die ursprüngliche Zuweisung seiner finanziellen Mittel an seine Tochtergesellschaften zu ändern, obwohl er sich für diese Verteilung der finanziellen Mittel aus betriebswirtschaftlichen Gründen entschieden hatte. Diese finanziellen Mittel fehlen ihm dann in Tochtergesellschaften, in denen er sie viel wirtschaftlicher nach dem ursprünglichen Finanzplan einsetzen könnte. Wie oben erläutert, können diese Nachteile durch die Erlöse der Tochtergesellschaft, die den Verstoß begangen hat, nicht aufgewogen werden. Ein wirtschaftlich handelnder Konzern wird daher auch solche Wettbewerbsverstöße nicht hinnehmen, die nur zu einem im Verhältnis zum Konzernumsatz geringen Bußgeld führen. Dies gilt insbesondere vor dem Hintergrund, dass die Muttergesellschaft eines Konzerns in der Regel in der Rechtsform einer Kapitalgesellschaft errichtet ist. Deren Anteilseigner sind auf einen vollumfänglich effizienten Einsatz ihres Kapitals bedacht. Daher werden sie auch bei Geldbußen, die nur einen geringen Anteil des Gesamtumsatzes ausmachen, die Organe der Gesellschaft veranlassen, Maßnahmen gegen solche Verstöße zu ergreifen.[945]

In den alten Bußgeldleitlinien der Kommission von 1998 wurde eine Erhöhung der Geldbußen gegen Großkonzerne noch damit begründet, dass sie „im Allgemeinen über bessere Ressourcen verfügen, um Kenntnis von den Anforderungen und Folgen des Wettbewerbsrechts zu erlangen, als kleinere Unternehmen."[946]

---

944 EuG, Urteil vom 27.9.2006, Az. T-329/01, Slg. 2006, II-3255, Rn. 141 – *Archer Daniels Midland*; *Wils*, W.Comp. 30 (2007), 197, 226. Ungenau EuGH, Urteil vom 17.6.2010, Az. C-413/08 P, Slg. 2010, I-5361, Rn. 102 f. – *Lafarge*.

945 Ähnlich *Schütz* in: KK-KartR, Art. 23 VO 1/2003 Rn. 5.

946 EuG, Urteil vom 27.9.2006, Az. T-330/01, Slg. 2006, II-3389, Rn. 116 – *Akzo Nobel*; EuG, Urteil vom 26.4.2007, Az. T-109/02 u.A., Slg. 2007, II-947, Rn. 539 – *Bolloré*.

Nach dieser Begründung würde der Abschreckungsaufschlag eine geringere Entdeckungswahrscheinlichkeit für Großkonzerne ausgleichen. Es erscheint allerdings fraglich, ob eine bessere anwaltliche Beratung in Zeiten effektiver Kronzeugenprogramme die Entdeckungswahrscheinlichkeit signifikant senken könnte. Jedenfalls würde die Gefahr der Entdeckung nicht konstant mit dem Gesamtumsatz sinken. Nach dem Erlass der neuen Bußgeldleitlinien der Kommission von 2006 stützt sich die Kommission auch nicht mehr auf diese Begründung.

Die exzessive Erhöhung von Bußgeldern gegen Großkonzerne kann darüber hinaus zu zusätzlichen Nachteilen für die Gesellschaft führen. Der Konzern muss finanzielle Ressourcen aus Geschäftsbereichen abziehen, die viel größer und eventuell auch effizienter sind, als der Geschäftsbereich, in dem die Zuwiderhandlung begangen wurde. Dics erzeugt allerdings gesellschaftliche Nachteile, da die Finanzmittel des Konzerns in diesen Bereichen nach seiner ursprünglichen Investitionsentscheidung effizienter genutzt werden könnten. Diese Nachteile des Aufschlags nach den Bußgeldleitlinien der Kommission von 2006 sind aber nach den obigen Ausführungen nicht erforderlich, um eine hinreichende Abschreckungswirkung gegenüber Großkonzernen zu erzielen. Der Abschreckungsaufschlag kann daher zu einem Wohlfahrtsverlust führen.

Wenn Bußgelder grundsätzlich nach einer Methode bemessen werden, die zu abschreckenden Ergebnissen führt, besteht kein Bedarf einer speziellen Erhöhung für Großkonzerne. Sie wägen den Nutzen eines Verstoßes genauso wie jedes andere Unternehmen gegen die erwarteten Kosten ab. Wenn der Nutzen nur einen Bruchteil des Gesamtumsatzes ausmacht, reicht zur Abschreckung auch eine Geldbuße aus, die nur in einem Bruchteil des Gesamtumsatzes besteht, solange sie die ökonomischen Auswirkungen des Verstoßes und die Entdeckungswahrscheinlichkeit berücksichtigt.

bbb. Asymmetrische Marktentwicklung

Zur Begründung des Abschreckungsaufschlags gegen Großunternehmen führt die Kommission zudem das Beispiel eines effektiven Kartells an, das aus einem Großkonzern und mehreren kleinen Unternehmen besteht.[947] Wenn diesen Unternehmen eine empfindliche Geldbuße auferlegt wird, kämen die kleinen Unternehmen in finanzielle Nöte, während der Großkonzern die Geldbuße mit Mitteln aus anderen Geschäftsbereichen finanzieren kann. Dadurch könnten die

947 *Wils*, W.Comp. 30 (2007), 197, 227; *Wils*, W.Comp. 29 (2006), 183, 204 f. Ebenso aufgegriffen durch GA Geelhoed, Schlussanträge vom 19.1.2006, Az. C-289/04 P, Slg. 2006, I-5863, Rn. 61 Fn. 15 – *Showa Denko*.

anderen Firmen aus dem Markt gedrängt werden. Die Sanktionierung durch die Kommission könnte daher die Marktsituation noch verschlechtern. Dies würde noch verschlimmert, wenn dem Großkonzern aufgrund der Kronzeugenregelung die gesamte Geldbuße erlassen würde.[948] Um dem entgegen zu wirken, müsse die Sanktion gegenüber Großkonzernen erhöht werden.

Diese Argumentation vermag eine deutliche Erhöhung der Geldbuße gegen Großkonzerne allenfalls in wenigen Einzelfällen zu begründen. In allen Fällen, in denen keine Sonderkonstellation der oben beschriebenen Art besteht, kann eine Erhöhung der Geldbuße aufgrund des Gesamtumsatzes nicht begründet werden. In den betreffenden Fällen müsste die Geldbuße gegen das Großunternehmen zudem so hoch sein, dass es in die gleiche finanzielle Situation käme wie die kleinen Unternehmen. Andernfalls könnten die negativen Auswirkungen auf dem betroffenen Markt nicht verhindert werden. Dadurch würde jedoch die Marktposition des Großkonzerns auf allen anderen Märkten, auf denen er tätig ist, ebenfalls erheblich geschwächt werden. Das würde zu negativen Entwicklungen auf zahlreichen anderen Märkten führen. Das von der Kommission befürchtete Problem würde daher nicht beseitigt, sondern noch erheblich verschärft werden. Darüber hinaus würde bei einem Erlass der Geldbuße gegenüber dem Großkonzern als Kronzeugen eine Erhöhung der Geldbuße das befürchtete Ungleichgewicht nicht beheben, weil gerade keine Sanktion verhängt wird.

Mithin kann die angeführte Konstellation allenfalls als mahnendes Beispiel angesehen werden, dass Verbandsgeldbußen auch zu gesellschaftlich schädlichen Situationen führen können. Ein Ausweg aus dem Dilemma könnten nur Sanktionsmöglichkeiten gegenüber natürlichen Personen bieten, nicht jedoch eine weitere Erhöhung der Geldbußen gegen größere Unternehmen.[949]

cc. Zwischenergebnis

Die Erhöhung einer Geldbuße allein aus dem Grund, dass das Unternehmen besonders hohe Umsätze mit Waren oder Dienstleistungen erzielt hat, die nicht im Zusammenhang mit der Zuwiderhandlung stehen, widerspricht ökonomischen Erkenntnissen. Geldbußen entfalten eine abschreckende Wirkung, wenn sie den erwarteten Nutzen des Verstoßes übersteigen. Dies ist unabhängig vom Gesamtumsatz einer wirtschaftlichen Einheit der Fall. Wenn von vornherein abschreckende Geldbußen bemessen werden, ist ein Aufschlag generell nicht nötig. Die Befürchtung der Kommission, dass Großkonzerne von den Geldbußen nicht

948 Vgl. dazu auch Kronberger Kreis, Reform der Geldbußen, S. 13.

949 Dies gibt auch *Wils,* W.Comp. 29 (2006), 183, 205 Fn. 96 zu.

abgeschreckt werden, zeigt allerdings, dass sie selbst an der grundsätzlichen Eignung ihrer Bußgeldleitlinien zweifelt. Sie erwägt jedoch nicht, eine Bemessungsmethode zu entwickeln, die in jedem Fall – also auch bei kleinen Unternehmen – zu einer abschreckenden Geldbuße führt. Stattdessen versucht sie das Ergebnis bei Großkonzernen zu korrigieren, da hier die fehlende Eignung der Leitlinien besonders hervorsticht. Aber selbst bei dieser Anpassung berücksichtigt die Kommission allein die Größe des Unternehmens und nicht die Entdeckungswahrscheinlichkeit. Ob der erwartete Nutzen einer Zuwiderhandlung nach der Anpassung durch die Kommission durch die Geldbuße übertroffen wird, ist daher allein vom Zufall abhängig. Eine abschreckende Wirkung der Geldbußen ist selbst gegen Großkonzerne nach Anwendung des Abschreckungsaufschlags nicht sichergestellt. Darüber hinaus kann dieser Aufschlag die gesellschaftliche Wohlfahrt durch die ineffiziente Verwendung des Kapitals von Großkonzernen verringern. Da diese Erhöhung der Sanktion für eine gesteigerte abschreckende Wirkung weder geeignet noch erforderlich ist, wird die gesellschaftliche Wohlfahrt dadurch beeinträchtigt.

Dies bedeutet allerdings nicht, dass der Gesamtumsatz einer wirtschaftlichen Einheit bei der Sanktionierung von Wettbewerbsverstößen unbeachtlich wäre oder dass das Konzept der wirtschaftlichen Einheit aufgegeben werden sollte.[950] Die große Finanzkraft von Großkonzernen sollte allerdings die Bemessung als solche nicht beeinflussen. Vielmehr sollte bei einem besonders hohen Umsatz mit Waren oder Dienstleistungen, die ohne Zusammenhang zum Verstoß sind, die Einrede der finanziellen Überforderung ausgeschlossen sein.[951]

c. Teilergebnis

Die Anpassungsfaktoren nach den Bußgeldleitlinien der Kommission berücksichtigen die ökonomischen Erkenntnisse der Theorie der öffentlichen Rechtsdurchsetzung nicht in vollem Umfang. Die erschwerenden und die mildernden Umstände, die zu einer Erhöhung oder Verminderung des Bußgeldes führen können, sind aus ökonomischer Sicht zu begrüßen, da sie je nach den individuellen Fähigkeiten zur Verhinderung der Entdeckung zu einer Anpassung des Bußgeldbetrages führen. Der Abschreckungsaufschlag für Unternehmen, die

---

950 Vgl. zu dieser Rechtsfigur *Kling*, WRP 2010, 506, 507 ff.; *Nowak* in: Loewenheim/Meessen/Riesenkampff/Kersting/Meyer-Lindemann, Art. 23 VO 1/2003 Rn. 18 f.; *Schwarze/Bechtold/Bosch*, Rechtsstaatliche Defizite, S. 48 ff.; *Sura* in: Langen/Bunte, Art. 23 VO 1/2003 Rn. 10 ff. Jüngst EuGH, Urteil vom 18.7.2013, Az. C-501/11 P, Rn. 101 ff. – *Schindler*.

951 Vgl. dazu ausführlich unter Teil 5.C.II.3., S. 379 ff.; *Stockmann*, ZWeR 2012, 20, 28 f.

einen besonders hohen Umsatz mit Waren oder Dienstleistungen erzielen, die ohne Zusammenhang zum Verstoß sind, ist aus ökonomischer Sicht nicht begründbar. Dieser Aufschlag ist nur von der Unternehmensgröße abhängig und berücksichtigt die Entdeckungswahrscheinlichkeit nicht. Ein besonderer Aufschlag für Großkonzerne ist aber unnötig, sofern die gewählte Bemessungsmethode grundsätzlich zu abschreckenden Geldbußen führt. Er kann sogar zu zusätzlichen Wohlfahrtsverlusten führen, wenn die finanziellen Ressourcen in großem Umfang von effizienteren Geschäftsbereichen abgezogen werden.

Die Bußgeldleitlinien beziehen sich mit einem Anteil von 30 % am tatbezogenen Umsatz daher zwar auf eine Größe, die die ökonomischen Auswirkungen des Verstoßes annähernd abbilden könnte. Dieser Wert müsste allerdings mit einem Faktor multipliziert werden, der sich antiproportional zur Entdeckungswahrscheinlichkeit verhält. In der bisherigen Entscheidungspraxis der Kommission wurde nur gegen 13,74 % der Unternehmen der Grundbetrag wegen Wiederholungstäterschaft oder zur Sicherstellung der abschreckenden Wirkung erhöht.[952] Dies bedeutet, dass bei über 85 % der Unternehmen ein Betrag als Bußgeld verhängt wurde, der als Grundbetrag nur die ökonomischen Auswirkungen widerspiegelt oder aus persönlichen Erschwerungs- oder Milderungsgründen angepasst wurde. Zwar könnte dagegen eingewendet werden, dass der Grundbetrag von 30 % bereits einen Faktor zur Berücksichtigung der Entdeckungswahrscheinlichkeit enthält.[953] Dagegen spricht jedoch, dass die Entdeckungswahrscheinlichkeit weder in der Begründung der Leitlinien noch in der Praxis der Kommission erwähnt wird. Darüber hinaus hat die Kommission bisher Anteile von 15 bis 25 % am tatbezogenen Umsatz festgesetzt (Durchschnitt 16,67%).[954] Legt man allerdings die Werte zugrunde, die in der ökonomischen Literatur für die kartellbedingte Preiserhöhung genannt werden,[955] so kann der Anteil am tatbezogenen Umsatz nicht sowohl die ökonomischen Auswirkungen

952 Vgl. die Tabelle im Anhang 1, S. 393 ff. *Veljanovski,* J. Comp. L. & Econ. 7 (2011), 871, 888 stellt fest, dass der Grundbetrag gegen 23,8 % der Unternehmen angepasst wurde. Es ist zu beachten, dass dieser Wert alle erschwerenden und mildernden Faktoren berücksichtigt. Darüber hinaus sind nur Entscheidungen von Ende 2006 bis Ende 2010 erfasst, für die ausreichende Daten veröffentlicht wurden, vgl. *Veljanovski,* J. Comp. L. & Econ. 7 (2011), 871, 877 ff.

953 So könnte *Engelsing,* WuW 2007, 470, 474, *Engelsing/Schneider* in: MünchKommEU-WettR, 1. Aufl. 2007, Art. 23 VO 1/2003 Rn. 112 f. und *Wils,* W.Comp. 30 (2007), 197, 211 verstanden werden.

954 Vgl. Tabelle im Anhang 1, S. 393 ff.

955 10 bis 40 %, vgl. die Nachweise in Fn. 901.

als auch die Entdeckungswahrscheinlichkeit widerspiegeln. Dafür ist der genannte Durchschnittswert viel zu gering.

Solch eine Geldbuße, die nur die ökonomischen Auswirkungen berücksichtigt, könnte aber nur abschreckend wirken, wenn 100 % der Verstöße aufgedeckt würden.[956] Da eine solche Aufdeckungsquote nicht erreicht werden kann, ist es allein vom Zufall abhängig, ob die verhängten Geldbußen eine Höhe erreichen, von der eine abschreckende Wirkung ausgeht.[957] Ungeachtet der Frage, ob die Geldbußen im Durchschnitt zufällig den ökonomisch optimalen Werten entsprechen oder nicht, ist daher nicht sichergestellt, dass im Einzelfall optimale Geldbußen verhängt werden.

3. *Ökonomische Studien zur Bewertung*

Die ökonomische Literatur hat die Geldbußen der Kommission gegen klassische Kartelle bereits häufig untersucht. Hierzu werden die verhängten Geldbußen in ein Verhältnis zum tatbezogenen Umsatz über die gesamte Dauer des Kartells gesetzt.[958] Der sich daraus ergebene Wert wird mit der ökonomisch optimalen

---

956 Vgl. *Wils*, W.Comp. 30 (2007), 197, 227.

957 *Bolotova/Connor*, Cartel Sanctions: An Empirical Analysis, S. 19. In dieser Meta-Regressionsanalyse kommen die Autoren zu dem Ergebnis, dass der Preisaufschlag eines Kartells und der tatbetroffene Umsatz nahezu keinen Einfluss auf die Höhe der Geldbuße hatten, *Bolotova/Connor*, Cartel Sanctions: An Empirical Analysis, S. 17. Dazu verglichen sie Geldbußen von Verfolgungsbehörden auf der ganzen Welt mit der Schätzung des Preisaufschlages, soweit beide Werte vorhanden waren. *Connor/Miller*, Determinants of EC Antitrust Fines for Members of Global Cartels, S. 32 kommen in ihrer Studie der Geldbußen der Kommission zu dem Ergebnis, dass die verhängten Geldbußen mit dem verursachten Schaden korrelieren. Da sich die Kommission nie auf die Schätzungen von Preisaufschlägen stützt, sind korrespondierende Schätzungen des Schadens in europäischen Fällen äußerst selten. Stattdessen haben die Autoren den tatbetroffenen Umsatz als Näherung gewählt, vgl. *Connor/Miller*, Determinants of EC Antitrust Fines for Members of Global Cartels, S. 19. Dadurch hat diese Studie jedoch kaum Aussagekraft.

958 Im Fall *Nitril-Butadien-Kautschuk* (Kommission, Entscheidung vom 23.1.2008, Az. COMP/38.628 – *Nitril-Butadien-Kautschuk*) wurde gegen Bayer beispielsweise eine Geldbuße von 41,3 Mio. € vor Abzug eines Kronzeugenrabattes verhängt. Der gesamte, tatbezogene Umsatz über die Dauer des Kartells beträgt 104,8 Mio. €, vgl. zu den Werten die Tabelle im Anhang 1, S. 393 ff. Die Geldbuße stellt somit einen Anteil von 39,4 % am erzielten Umsatz dar.

Geldbuße verglichen.[959] Letztere wird ermittelt aus dem geschätzten Preisaufschlag als Anteil am tatbezogenen Umsatz und der Entdeckungswahrscheinlichkeit. Diese Werte können zwischen den unterschiedlichen Studien stark variieren.[960] Sie werden jedoch in der Regel nicht individuell für jede Zuwiderhandlung ermittelt, sondern es wird jedem Verstoß ein Durchschnittswert zugrunde gelegt.[961] Je nachdem, welchen Wert der jeweilige Autor für angemessen erachtet, attestiert er der Bußgeldpraxis der Kommission eine abschreckende Wirkung oder nicht.[962]

Diese Methode der Bewertung der Bußgeldpraxis ist jedoch nicht geeignet. Zum einen hängt das Ergebnis allein von den zugrundeliegenden Annahmen der Entdeckungswahrscheinlichkeit und des verursachten Schadens ab und kann dadurch beliebig beeinflusst werden.[963] Zum anderen kann aus dem Vergleich

---

959 Vgl. zu dieser und anderen Methoden zur Bewertung von Verfolgungstätigkeit im Kartellrecht *Veljanovski,* J. Comp. L. & Econ. 10 (2014), 711, 716 ff.

960 So gehen *Combe/Monnier,* Anti. Bull. 56 (2011), 235, 250, 253 ff. von einem Preisaufschlag von 20 % bis 30 % des tatbezogenen Umsatzes und von einer Entdeckungswahrscheinlichkeit von 15 % pro Jahr aus. *Allain/Boyer/Kotchoni/Ponssard,* The Determination of Optimal Fines in Cartel Cases, S. 24, 26 f. hingegen legen einen Preisaufschlag von 13 % und eine Entdeckungswahrscheinlichkeit von 15 % im Jahr vor der Entdeckung zugrunde. *Motta,* ECLR 29 (2008), 209, 213 geht von einer Entdeckungswahrscheinlichkeit von 15 % und einem Preisaufschlag von 15 % aus. *Smuda,* J. Comp. L. & Econ. 10 (2014), 63, 83 f. nimmt einen Aufschlag von 21,9 % und eine Entdeckungswahrscheinlichkeit von 33 % an.

961 *Combe/Monnier,* Anti. Bull. 56 (2011), 235, 255 bestimmen zwar den „markttypischen" Preisaufschlag, der auch unter Wettbewerbsbedingungen herrschen würde, individuell für jedes Kartell; legen aber für den kartellbedingten Preisaufschlag Durchschnittswerte zugrunde. Ebenso *Allain/Boyer/Kotchoni/Ponssard,* The Determination of Optimal Fines in Cartel Cases, S. 24, 26 f. *Smuda,* J. Comp. L. & Econ. 10 (2014), 63, 83 f. legt ebenfalls Durchschnittswerte zugrunde. Siehe auch *Veljanovski,* W.Comp. 30 (2007), 65, 79 ff. zu den Leitlinien der Kommission von 1998.

962 Ausreichende Abschreckung: *Allain/Boyer/Kotchoni/Ponssard,* The Determination of Optimal Fines in Cartel Cases, S. 30 f.; *Motta,* ECLR 29 (2008), 209, 213 ff. (anhand eines hypothetischen Beispiels); *Schinkel,* W.Comp. 2007, 539, 554 (zeigt, dass anhand der europäischen Leitlinien abschreckende Geldbußen bemessen werden können). Nicht ausreichende Abschreckung: *Combe/Monnier,* Anti. Bull. 56 (2011), 235, 258 ff.; *Smuda,* J. Comp. L. & Econ. 10 (2014), 63, 84; *Veljanovski,* W.Comp. 30 (2007), 65, 81.

963 Zu den enormen Auswirkungen einer Änderung der Werte *Motta,* ECLR 29 (2008), 209, 214 f. Vgl. ausführlich zu diesen Variablen Teil 5.A.II., S. 269 ff. und Teil 5.A.III., S. 303 ff.

durchschnittlicher Werte keine Erkenntnis über die Geeignetheit im Einzelfall entnommen werden. Ein durchschnittlich verursachter Schaden von 20 % des tatbezogenen Umsatzes kann bedeuten, dass fünf Unternehmen einen Schaden von 30 % und die übrigen fünf Unternehmen einen Schaden von 10 % des tatbezogenen Umsatzes verursacht haben. Dieses Beispiel wird in Tabelle 2 verdeutlicht. Geht man von einer Entdeckungswahrscheinlichkeit von 20 % aus, so betrüge die ökonomisch optimale Geldbuße durchschnittlich 100 % des tatbezogenen Umsatzes. Es soll angenommen werden, dass die Kommission gegen die Unternehmen, die einen Schaden von 30 % verursacht haben, Geldbußen in Höhe von 80 % des tatbezogenen Umsatzes und gegen diejenigen, die einen Schaden von 10 % verursacht haben, Geldbußen in Höhe von 120 % des tatbezogenen Umsatzes verhängt. Gegen erstere wären Bußen von 150 % optimal, während gegen letztere Geldbußen von 50 % ausreichend wären. Durchschnittlich entsprechen die in diesem Beispiel verhängten Geldbußen dem ökonomischen Optimum. Jede einzelne Geldbuße weicht jedoch deutlich vom optimalen Wert ab (siehe dazu Tabelle 2). Um die Effektivität der Bußgeldleitlinien der Kommission zu beurteilen, dürfen die einzelnen Geldbußen daher nicht an allgemeinen ökonomischen Werten gemessen werden.

Tabelle 2: „Bewertung der Geldbuße nach Durchschnittswerten“

	Alle Werte Anteile am tatbezogenen Umsatz des Unternehmens				
	Schaden	Entdeckungs-wahrschein-lichkeit	optimale Geldbuße	verhängte Geldbuße	Differenz
Gruppe I	30%	20%	150%	80%	-70%
Gruppe II	10%	20%	50%	120%	70%
Durchschnitt	20%	20%	100%	100%	0%

Eine einzige Studie vergleicht die durch die Kommission verhängte Geldbuße mit der individuellen Schätzung für das sanktionierte Kartell.[964] Danach übersteigt die Geldbuße den Preisaufschlag nur in 10 % der Fälle und nur in 5 %

964 *Connor,* J. Ind. Comp. & Trade 6 (2006), 195, 213 f. Diese Studie beruht auf 29 Fällen, in denen eine Schätzung des Preisaufschlages neben der Verhängung einer Geldbuße vorlag, *Connor,* J. Ind. Comp. & Trade 6 (2006), 195, 212. *Smuda,* J. Comp. L. & Econ. 10 (2014), 63, 84 hat zwar auch die individuell ermittelten Preisaufschläge für jedes einzelne Kartell als Maßstab verwendet. Jedoch hat er jeweils den maximalen

der Fälle ist das Bußgeld mehr als der zweifache Preisaufschlag.[965] Wenn die Tatsache berücksichtigt wird, dass nicht alle Verstöße aufgedeckt werden, hat nur ein verschwindend geringer Anteil der Geldbußen eine abschreckende Höhe erreicht. Nach dieser Studie ist die Praxis der Kommission nicht effektiv im ökonomischen Sinne. Das gilt umso mehr vor dem oben gefundenen Ergebnis, dass in über 85 % der Fälle nur eine Geldbuße in Höhe der wirtschaftlichen Auswirkungen verhängt wurde. Mangels einer Berücksichtigung der Entdeckungswahrscheinlichkeit können diese Geldbußen daher nicht abschreckend wirken. Abgesehen von dieser Studie, die auf einem relativ kleinen Datensatz aufbaut, können die ökonomischen Studien daher keine Auskunft über die Effektivität der Geldbußen der Kommission geben.

4. *Informationspolitik der Kommission*

Neben diesen Ineffizienzen der einzelnen Bestimmungen der Bußgeldleitlinien ist die Informationspolitik der Kommission aus ökonomischer Sicht bedenklich. Die Kommission scheint in der Vorhersehbarkeit der Bußgeldbemessung ein Abschreckungsdefizit zu sehen (unter a., S. 231 f.). Dies erzeugt aber enorme Ineffizienzen (unten b., S. 232 ff.), die an konkreten Beispielen aus den Bußgeldleitlinien belegt werden können (unter c., S. 236 ff.).

a. *Vorhersehbarkeit als Abschreckungsdefizit?*

Die Kommission und die Gerichte der Europäischen Union befürchten, dass Unternehmen von Wettbewerbsverstößen nicht abgehalten werden, wenn die Bußgeldbemessung vorhersehbar ist. Dann könnten sie die erwartete Sanktion berechnen und erkennen, dass sich eine Zuwiderhandlung gegen das Wettbewerbsrecht trotz Geldbuße lohne.[966]

Um dieser Berechenbarkeit entgegenzuwirken, hat sich die Kommission in den Leitlinien die Möglichkeit einer erheblichen Erhöhung der Geldbußen

---

Grundbetrag nach den Bußgeldleitlinien der Kommission von 2006 zugrunde gelegt, sodass diese Betrachtung letztlich ebenfalls nicht individualisiert ist.

965 *Connor,* J. Ind. Comp. & Trade 6 (2006), 195, 214.

966 EuG, Urteil vom 5.4.2006, Az. T-279/02, Slg. 2006, II-897, Rn. 83 – *Degussa* bestätigt durch EuGH, Urteil vom 22.5.2008, Az. C-266/06 P, Slg. 2008, I-81, Rn. 55 ff. – *Evonik Degussa*; EuG, Urteil vom 17.12.2014, Az. T-72/09, Rn. 247 f. – *Pilkington*. *Wils,* W.Comp. 30 (2007), 197, 205. Diese Befürchtung erwähnen auch *Dannecker/Biermann* in: Immenga/Mestmäcker, Art. 23 VO 1/2003 Rn. 146; *Kiegler,* Berechnung der Bußgelder, S. 284; *Schütz* in: KK-KartR, Art. 23 VO 1/2003 Rn. 32.

ohne Einschränkungen vorbehalten.[967] Hierzu zählen der Abschreckungsaufschlag und die sogenannte Einzelfallklausel, nach der die Kommission von den Grundsätzen der Bußgeldleitlinien abweichen kann, wenn „besondere(n) Umstände eines Falles oder die Notwendigkeit einer ausreichend hohen Abschreckungswirkung (…) [dies] rechtfertigen."[968] Aber auch die Erhöhung des Bußgeldes bei einer Wiederholungstat unterliegt nur wenigen Beschränkungen. Danach kann der Grundbetrag für jeden durch die Kommission oder eine nationale Wettbewerbsbehörde festgestellten Verstoß gegen Art. 101, 102 AEUV um bis zu 100 % erhöht werden.[969] Es ist allerdings nicht festgelegt, anhand welcher Kriterien der Erhöhungsfaktor von bis zu 100 % ermittelt wird. Er könnte an der Schwere der vergangenen Tat, der erneuten Zuwiderhandlung, des Zeitraums zwischen den beiden Zuwiderhandlungen oder an anderen Faktoren ausgerichtet sein.

Diese Beispiele zeigen, dass die Kommission trotz der Formalisierung des Bemessungsverfahrens durch die Bußgeldleitlinien die Unternehmen über die konkrete Höhe des Bußgeldes im Unklaren lassen möchte. Anscheinend sieht sie die Zurückhaltung von Informationen oder die aktive Manipulation der normunterworfenen Unternehmen als Mittel der Abschreckung an.[970] Durch die Androhung von enormen Aufschlägen ohne Offenlegung der konkreten Bemessung hofft die Kommission wohl darauf, dass die Unternehmen die drohende Sanktion erheblich überschätzen. Dadurch würde die Abschreckungswirkung der Geldbußen verstärkt.[971]

b. *Ineffizienzen durch Informationsdefizit*

Die geschilderte Vorgehensweise ist aus mehreren Gründen abzulehnen. Zum einen drückt die Kommission durch ihr Vorgehen nur die eigenen Zweifel an der Effektivität ihrer Bußgeldleitlinien aus. Würde die jeweils festgesetzte Geldbuße grundsätzlich eine abschreckende Wirkung entfalten, gäbe es keinen

---

967 *Dannecker/Biermann* in: Immenga/Mestmäcker, Art. 23 VO 1/2003 Rn. 147; *Schütz* in: KK-KartR, Art. 23 VO 1/2003 Rn. 32; *Soyez*, EuZW 2007, 596, 597; *Sünner*, EuZW 2007, 8, 11 f.

968 Rn. 30 bzw. 37 Bußgeldleitlinien der Kommission von 2006.

969 Vgl. dazu oben unter Teil 2.A.I.3.c.bb.aaa., S. 41 ff. und Teil 4.B.I.2.a., S. 215.

970 So ausdrücklich *Wils*, W.Comp. 30 (2007), 197, 205 f. Siehe auch *Schütz* in: KK-KartR, Art. 23 VO 1/2003 Rn. 35; *Soltész/Steinle/Bielesz*, EuZW 2003, 202, 208; *Soyez*, EuZW 2007, 596, 597. Zu den Leitlinien der Kommission von 1998 *Kiegler*, Berechnung der Bußgelder, S. 287 ff.

971 Vgl. dazu Teil 3.B.III.2.a., S. 167 ff.

Grund, deren tatsächliche Höhe oder die konkrete Bemessungsmethode zu verschleiern.[972] Es besteht vielmehr Anlass, diese Vorgehensweise in vollem Umfang zu veröffentlichen, weil dadurch eine mögliche Unterschätzung durch die betroffenen Unternehmen beseitigt würde.

Zum anderen ist es aus ökonomischer Sicht, wie oben bereits erörtert, nicht sinnvoll, über die mögliche Höhe der drohenden Sanktion Informationen zurückzuhalten oder die betroffenen Unternehmen aktiv zu manipulieren.[973] Zwar ist in der Ökonomik anerkannt, dass eine höhere Abschreckungswirkung hervorgerufen werden kann, wenn selbst der Erwartungswert für die Sanktion nicht sicher ermittelt werden kann.[974] Diese Unsicherheit über die Wahrscheinlichkeiten selbst, mit denen eine Entdeckung eintritt, und über die Sanktionshöhe wird Ambiguität genannt. Wenn Individuen ambiguitätsavers sind, trauen sie sich selbst nicht zu, aus den verschiedenen möglichen Wahrscheinlichkeiten und Sanktionswerten den plausibelsten Wert zu ermitteln. Je größer die Ambiguität ist, desto eher nehmen ambiguitätsaverse Individuen eine Handlung gar nicht vor.[975] In diesem Fall würde die Unsicherheit zu höherer Abschreckung führen. Es spricht allerdings vieles dafür, dass Unternehmen nicht sehr ambiguitätsavers sind. Die zusätzliche Abschreckungswirkung tritt daher höchstwahrscheinlich nicht ein. Auch die im Zusammenhang mit Zentralbanken entwickelte Theorie der „*Constructive Ambiguity*“ ist auf die Sanktionsbemessung im Kartellrecht nicht zu übertragen.[976]

Eine Politik der Zurückhaltung von Informationen über die Sanktionshöhe ist auch aus praktischen Gründen nicht erfolgsversprechend. Sie kann nur unter zwei Voraussetzungen zu einer Erhöhung der Abschreckungswirkung führen. Zum einen darf die tatsächliche Bußgeldhöhe nicht bekannt werden. Zum anderen darf die Unklarheit über die konkrete Bemessungsmethode nicht dazu führen, dass die Unternehmen die erwartete Sanktion unterschätzen. Beide Voraussetzungen sind bei der Zurückhaltung von Informationen über die tatsächlich drohende Sanktion jedoch nicht erfüllt.

Die Sanktionshöhe wird nämlich ohnehin durch die veröffentlichten Entscheidungen der Kommission oder der Gerichte der Europäischen Union bekannt. Zwar sind die Bußgeldleitlinien so ausgestaltet, dass die Unternehmen

---

972 So ausdrücklich ECA, Pecuniary sanctions imposed on undertakings for infringements of antitrust law, S. 2.

973 Teil 3.B.III.2.a.cc.ddd., S. 178.

974 Siehe ausführlich unter Teil 3.B.III.2.a.cc.ccc., S. 175 ff.

975 *Ellsberg*, Q. J. Econ. 75 (1961), 643, 657 ff.

976 Siehe unter Teil 3.B.III.2.a.cc.aaa., S. 172 ff.

die drohende Geldbuße zu einem weit überwiegenden Teil eher überschätzen dürften, da der Kommission ein unbegrenzter Spielraum zur Erhöhung des Bußgeldes zusteht.[977] Wenn die Kommission dieses vorgespiegelte, hohe Bußgeldniveau in ihren Entscheidungen jedoch nicht aufrechterhalten kann, werden die Unternehmen ihre Einschätzung von der Sanktionshöhe anpassen. Hierbei kann die Überschätzung in Unterschätzung umschlagen, wenn die Unternehmen die Äußerungen der Kommission grundsätzlich als Übertreibung abtun. Die ursprüngliche Befürchtung der Kommission, dass die Unternehmen die Geldbußen nicht als abschreckend ansehen, wird dadurch noch verschärft.

Um die Erkenntnis der Unternehmen über die Höhe der Bußgelder weiter heraus zu zögern, muss der Kommission daran gelegen sein, dass über die tatsächliche Bemessungsmethode möglichst wenig bekannt wird. Andernfalls würde nämlich sofort öffentlich werden, auf welche Weise die Bußgelder tatsächlich bemessen werden und welche Sanktion in einem Einzelfall droht. Dies hätte eine „Berechenbarkeit“ der Bußgelder durch die Unternehmen zur Folge, die die Kommission gerade verhindern will. Dieses Verschweigen führt aber zur Unterschätzung der drohenden Geldbuße. Wenn die konkrete Bemessung nämlich für die normunterworfenen Unternehmen nicht nachvollziehbar ist, werden sie bei einer Risikoabwägung versuchen, eigene Kriterien zu ermitteln. Es erscheint fernliegend, dass Unternehmen, die einen Wettbewerbsverstoß begehen oder begangen haben, alleine von der fehlenden Nachvollziehbarkeit abgeschreckt würden. Wenn die bloße Unsicherheit über den Eintritt großer finanzieller Verluste ökonomische Akteure abschrecken würde, müssten sie letztlich jede wirtschaftliche Betätigung einstellen. Unter dem Gesichtspunkt der Nutzenmaximierung werden sie meist eine Risikoabwägung vornehmen.[978] Dies wird von den Erkenntnissen in der ökonomischen Theorie über die Einstellung von Unternehmen zur Ambiguität bestätigt. Da Unternehmen überwiegend wenig ambiguitätsavers sind, haben sie ein größeres Vertrauen in ihre Einschätzungen von Wahrscheinlichkeiten.[979]

Wenn in den Bußgeldleitlinien und den übrigen Äußerungen der Kommission keine Anhaltspunkte für die Risikoabwägung über eine drohende Sanktion vorhanden sind, werden die Unternehmen die benötigten Informationen auf andere Weise beschaffen. In der Regel werden sie eine spezialisierte Anwaltskanzlei beauftragen, die Entscheidungspraxis der Kommission und der Gerichte

977 Siehe die Nachweise in Fn. 967 zur Freiheit der Kommission bei der Bemessung.

978 Vgl. dazu die ökonomischen Annahmen zum *homo oeconomicus* und deren Anwendung auf das Wettbewerbsrecht Teil 3.B.I.1., S. 86 ff.

979 Siehe ausführlich unter Teil 3.B.III.2.a.cc.ccc., S. 175 ff.

der Europäischen Union zu untersuchen und daraus die tatsächlichen Bemessungsgrundlagen zu ermitteln.[980] Dies wird sogleich mit einem Beispiel näher ausgeführt. Diese Entscheidungen enthalten aber nur wenige Informationen über die relevanten Bemessungskriterien, da die Kommission die Berechenbarkeit vermeiden möchte.[981] Wenn die in der Entscheidung tatsächlich verhängte Geldbuße vom angedrohten Bußgeldniveau abweicht, müssen die Unternehmen diese Abweichung aber selbst erklären. Dies birgt die erhöhte Gefahr, dass sie die erwartete Geldbuße erheblich unterschätzen, ohne dass die Kommission durch die klare Definition von Bemessungskriterien entgegenwirken könnte. Die Informationspolitik der Kommission ist bereits daher nicht erfolgsversprechend.

Darüber hinaus verkennt die Kommission die positiven Wirkungen des kollektiven Lerneffektes.[982] Bei der vollständigen Veröffentlichung der relevanten Bemessungskriterien in den Entscheidungen der Kommission steigt mit jeder veröffentlichten Entscheidung das allgemein zugängliche Wissen über diese Kriterien. Wenn die angewandte Bemessungsmethode zur Verhängung von abschreckenden Geldbußen führen würde, hat dies jedoch keine negativen Auswirkungen, sondern würde einer Unterschätzung der Sanktionshöhe durch die Unternehmen entgegenwirken. Da die anwaltliche Beratung im Kartellrecht nahezu ausschließlich durch spezialisierte Fachanwälte erfolgt, denen diese Einzelheiten der Kommissionsentscheidungen bestens vertraut sind, profitieren alle Unternehmen von diesem Wissenszuwachs. Die Veröffentlichung von allen Bemessungskriterien, die zu einer abschreckenden Geldbuße führen, reduziert die Unterschätzung der Sanktionshöhe und wirkt daher immer positiv.[983]

Es ist hervor zu heben, dass sich diese Argumentation nur auf die Vorhersehbarkeit der relevanten Bemessungskriterien bezieht, nicht jedoch auf die Vorhersehbarkeit des konkreten Ergebnisses der Bemessung. Die Vorhersehbarkeit der zahlenmäßig bestimmten Sanktionshöhe im Einzelfall könnte nur durch eine mathematische „Berechnung" der Sanktion erreicht werden. Dies scheitert jedoch

980 In diesem Sinne *Connor,* ECLR 34 (2013), 58, 65.

981 Kritisch zur sehr unzureichenden Begründung in Kommissionsentscheidungen *Dannecker/Biermann* in: Immenga/Mestmäcker, Art. 23 VO 1/2003 Rn. 223; *Schneider/Engelsing* in: MünchKommEUWettR, Art. 23 VO 1/2003 Rn. 156. Ebenso *Veljanovski,* J. Comp. L. & Econ. 7 (2011), 871, 893, 914.

982 Vgl. dazu unter Teil 3.B.III.2.a.ee.bbb(2), S. 188.

983 So *Bundy/Elhauge,* Mich. L. Rev. 92 (1993), 261, 289. Vgl. auch *Paal/Kumkar,* NZKart 2015, 366, 368.

bereits daran, dass keine Berechnung des Bußgeldes möglich ist, sondern alleine eine wertende Bemessung.[984]

Aus diesen Gründen führt die unzureichende Information durch die Kommission nicht zu einer Überschätzung der drohenden Geldbuße. Die Ambiguität durch diese unzureichende Information führt auch nicht zu einer erhöhten Abschreckungswirkung der Geldbuße, da die Unternehmen nicht sehr ambiguitätsavers sind. Indem die Kommission wesentliche Bemessungskriterien verschweigt, wird die Effektivität der Sanktionsvorschriften erheblich beeinträchtigt.[985] Es ist wahrscheinlich, dass die Unternehmen zu einer Unterschätzung der Geldbuße neigen.

c. *Konkrete Ineffizienzen der Bußgeldleitlinien*

Die Entscheidungspraxis der Kommission und der Gerichte der Europäischen Union zeigen, dass die Übertreibung der drohenden Geldbuße und die Rechtsunsicherheit bezüglich der konkreten Bemessungsvoraussetzungen zu Abschreckungsdefiziten führen. Dies betrifft im Wesentlichen die Ermittlung des Grundbetrags (unter aa., S. 237), den erschwerenden Faktor der Wiederholungstäterschaft (unter bb., S. 242) und den Aufschlag zur Sicherstellung einer abschreckenden Wirkung (unter cc., S. 246).

Zur Verdeutlichung sind alle Entscheidungen der Kommission bis zum 1.7.2018 in einer Tabelle zusammengefasst, die unter den Bußgeldleitlinien der Kommission von 2006 gegen klassische Kartelle ergangen sind.[986] Diese Tabelle enthält im Wesentlichen die prozentualen Anteile am tatbezogenen Umsatz zur Ermittlung des Grundbetrags sowie die prozentualen Aufschläge bei Wiederholungstaten und zur Sicherstellung einer abschreckenden Wirkung einschließlich der Begründungen der Kommission. Daneben stellt sie allgemeine Daten zur Kommissionsentscheidung sowie Angaben zum Gesamtumsatz der Unternehmen, dem tatbezogenen Umsatz und der Geldbuße vor Ermäßigungen nach der Kronzeugenmitteilung dar.[987] Soweit Angaben durch die Kommission zum

984 Vgl. dazu ausführlich Teil 5.A.I., S. 267 ff. Wie im folgenden Abschnitt gezeigt wird, erzeugt die Kommission aber bereits Informationsdefizite über diese relevanten Bemessungskriterien.

985 Ebenso *Böni*, WuW 2011, 360, 365.

986 Vergleiche zu einer ausführlichen Beschreibung der erfassten Entscheidungen Anhang 1, S. 393.

987 Die Tabelle deckt sich teilweise mit Tabellen von *Veljanovski*, J. Comp. L. & Econ. 7 (2011), 871, 879, 883 f., 890 ff., 907 ff., 915, ist jedoch in vielfacher Hinsicht erweitert.

Schutz von Betriebsgeheimnissen nicht veröffentlicht wurden, ist dies mit dem Wort „geschwärzt" in der entsprechenden Zelle gekennzeichnet.[988]

aa. Grundbetrag

In den Bußgeldleitlinien legt die Kommission fest, dass zur Ermittlung des Grundbetrages ein Anteil von bis zu 30 % vom tatbezogenen Umsatz zugrunde gelegt wird.[989] Bei horizontalen Zuwiderhandlungen wie Preisfestsetzungen, Marktaufteilungen oder Ähnlichem werde der Anteil „am oberen Ende dieser Bandbreite" festgesetzt.[990] Das EuG geht davon aus, dass der Anteil am tatbezogenen Umsatz zwischen 15 und 30 % betragen könne.[991] Diese Interpretation lässt sich aus der Formulierung allerdings nicht unmittelbar herleiten. Die Kommission hat explizit das obere *Ende* der Bandbreite und nicht die obere *Hälfte* als Bezugspunkt gewählt.[992] Auch der Kontext spricht eher für eine strenge Auslegung der Wortwahl, da die Kommission im vorherigen Satz im Superlativ von den „schwerwiegendsten Verstößen" und einer strengen Ahndung spricht.[993] Diese Umstände deuten also eher darauf hin, dass die Untergrenze für den Anteil am tatbezogenen Umsatz bei klassischen Kartellen nicht 15 % sondern eher 20 % beträgt und im Mittel bei 25 % liegen sollte.[994] Auch Unternehmen, die erstmals mit den Bußgeldleitlinien der Kommission konfrontiert sind und das Bußgeldrisiko eines entdeckten Verstoßes gegen das Kartellrecht einschätzen wollen, werden diese Interpretation teilen. Dies dürfte auch die Absicht der Kommission bei der Formulierung gewesen sein.

Die Bußgeldpraxis der Kommission lässt sich mit dieser Interpretation des Wortlautes jedoch nicht ohne weiteres in Einklang bringen. Bei den Entscheidungen gegen klassische Kartelle unter Geltung der Bußgeldleitlinien von 2006 hat die Kommission durchschnittlich einen Anteil von 16,67 % am tatbezogenen

---

988 Dies betrifft fast ausschließlich Umsatzangaben und konkrete Bußgeldsummen.

989 Rn. 21 Bußgeldleitlinien der Kommission von 2006.

990 Rn. 23 S. 2 Bußgeldleitlinien der Kommission von 2006.

991 Vgl. EuG, Urteil vom 16.6.2011, Az. T-199/08, Slg. 2011, II-3507, Rn. 93, 141 – *Ziegler* (bestätigt durch EuGH, Urteil vom 11.7.2013, Az. C-439/11 P, Rn. 121 ff. – *Ziegler*).

992 Im englischen Text *„at the higher end of the scale"*; im französischen *„en haut de l'échelle"*.

993 Rn. 23 S. 1 Bußgeldleitlinien der Kommission von 2006.

994 Ähnlich *Sünner,* EuZW 2007, 8, 10. Vgl. auch die Einteilung von *Veljanovski,* W.Comp. 30 (2007), 65, 82 f. Auch *Motta,* ECLR 29 (2008), 209, 214 geht anhand der Formulierung anscheinend von einer Einordnung bei 30 % aus.

Umsatz zur Ermittlung des Grundbetrages herangezogen.[995] Lediglich in zwei Entscheidungen wurden Anteile von über 20 % festgesetzt: *Chloropren-Kautschuk* mit 21 %[996] und *Hochseeschläuche* mit 25 %[997]. Diese Bußgeldpraxis widerspricht der Aussage der Leitlinien, dass der herangezogene Anteil des tatbezogenen Umsatzes bei Kernbeschränkungen immer am *Ende* der Bandbreite liege, sondern impliziert, dass er regelmäßig in deren Mitte liegt.

Diese Divergenz zu dem Wortlaut der Leitlinien könnte allerdings damit erklärt werden, dass die Sachverhalte, die den Entscheidungen zugrunde liegen, ganz überwiegend Zuwiderhandlungen von untergeordneter Bedeutung darstellen. Da sich der Anteil nach der Schwere der Zuwiderhandlung richtet, ist er geringer, je leichter der Verstoß ist.[998] Bei der Ermittlung der Schwere berücksichtigt die Kommission die Art der Zuwiderhandlung, die kumulierten Marktanteile, den betroffenen räumlichen Markt und die Umsetzung des Verstoßes.[999] Die Begründungen der Kommission zu den festgesetzten Anteilen am tatbezogenen Umsatz lassen jedoch nicht den Schluss zu, dass es sich bei der Mehrzahl der Entscheidungen, bei denen ein Anteil von 15 % bis 18 % festgesetzt wurde, um Verstöße von untergeordneter Bedeutung handelte. Wie aus der Tabelle in Anhang 1, S. 393 ff., ersichtlich ist, handelt es sich dabei um Verstöße, die regelmäßig den gesamten Gemeinsamen Markt betrafen und bei denen der gemeinsame Marktanteil bei ca. 80 % lag.[1000] Es fällt allerdings auf, dass ein geringerer Anteil im

---

995 Vgl. die Tabelle im Anhang 1, S. 393 ff. *Veljanovski,* J. Comp. L. & Econ. 7 (2011), 871, 881 gibt einen Durchschnitt von 18 % für die Entscheidungen im beobachteten Zeitraum bis Ende 2010 an. Aus dem Unterschied der Durchschnittswerte lässt sich allerdings nicht unmittelbar ableiten, dass der herangezogene Anteil am tatbezogenen Umsatz zwischenzeitlich gesunken wäre, da einige nicht-vertrauliche Fassungen der Entscheidungen mit den relevanten Informationen erst im Nachhinein veröffentlicht wurden. Siehe auch *Connor,* ECLR 34 (2013), 58, 61; *Castillo de la Torre,* W.Comp. 33 (2010), 359, 374.

996 Kommission, Entscheidung vom 5.12.2007, Az. COMP/38.629, Rn. 535 – *Chloropren-Kautschuk.*

997 Kommission, Entscheidung vom 28.1.2009, Az. COMP/39.406, Rn. 445 – *Hochseeschläuche.*

998 Vgl. Rn. 19 Bußgeldleitlinien der Kommission von 2006. *Bechtold/Bosch/Brinkner,* Art. 23 VO 1/2003 Rn. 52; *Dannecker/Biermann* in: Immenga/Mestmäcker, Art. 23 VO 1/2003 Rn. 169; *Sura* in: Langen/Bunte, Art. 23 VO 1/2003 Rn. 46.

999 Rn. 22 Bußgeldleitlinien der Kommission von 2006.

1000 Vgl. nur Kommission, Entscheidung vom 17.6.2015, Az. COMP/40.055, Rn. 88 f. – *Standheizungen*; Kommission, Entscheidung vom 25.6.2014, Az. COMP/39.965, Rn. 59 f. – *Dosenpilze*; Kommission, Entscheidung vom 7.12.2011, Az. COMP/39.600,

Bereich von 15 % bis 16 % festgesetzt wurde, wenn der Marktanteil geringer war oder nur ein kleinerer Teil des Gemeinsamen Marktes betroffen war.[1001] Darüber hinaus stellten die geahndeten Verstöße in den genannten Fällen regelmäßig allein Preisabsprachen dar. Diese Zuwiderhandlungen sind jedoch keineswegs als Verstöße untergeordneter Bedeutung zu bezeichnen. Sie stellen vielmehr klassische, durchschnittliche Kartelle dar, die erheblichen gesellschaftlichen Schaden anrichten können. Die Entscheidungen, bei denen ein Anteil von 19 % und mehr zugrunde gelegt wurde, betrafen ausnahmslos Verstöße, die neben der Ausdehnung auf den gesamten Gemeinsamen Markt, hoher gemeinsamer Marktanteile

---

Rn. 72 ff. – *Kühlkompressoren*; Kommission, Entscheidung vom 19.10.2011, Az. COMP/39.605, Rn. 75 ff. – *CRT-Glas*; Kommission, Entscheidung vom 13.4.2011, Az. COMP/39.579, Rn. 75 ff. – *Haushaltsreinigungsmittel*; Kommission, Entscheidung vom 20.7.2010, Az. COMP/38.866, Rn. 203 ff. – *Tierfutterphosphate*; Kommission, Entscheidung vom 19.5.2010, Az. COMP/38.511, Rn. 98 ff. – *DRAM*; Kommission, Entscheidung vom 12.11.2008, Az. COMP/39.125, Rn. 670 ff. – *Automobilglas*; Kommission, Entscheidung vom 1.10.2008, Az. COMP/39.181, Rn. 644 ff. – *Kerzenwachse*; Kommission, Entscheidung vom 25.6.2008, Az. COMP/39.180, Rn. 236 ff. – *Aluminiumfluorid*; Kommission, Entscheidung vom 23.1.2008, Az. COMP/38.628, Rn. 171 ff. – *Nitril-Butadien-Kautschuk*; Kommission, Entscheidung vom 20.11.2007, Az. COMP/38.432, Rn. 206 ff. – *Professionelle Videobänder*; Kommission, Entscheidung vom 28.11.2007, Az. COMP/39.165, Rn. 475 ff. – *Flachglas*.

1001 Kommission, Entscheidung vom 24.6.2015, Az. COMP/39.563, Rn. 14 – *Lebensmitteleinzelhandelverpackungen* (keine Marktanteile oder räumliche Ausdehnung angegeben); Kommission, Entscheidung vom 2.4.2014, Az. COMP/39.792, Rn. 93 – *Stahl-Strahlmittel* (keine Marktanteile angegeben); Kommission, Entscheidung vom 19.3.2014, Az. COMP/39.922, Rn. 83 – *Wälzlager* (keine Marktanteile angegeben); Kommission, Entscheidung vom 9.11.2010, Az. COMP/39.258, Rn. 1185 – *Luftfracht* (geringe Marktanteile); Kommission, Entscheidung vom 27.6.2012, Az. COMP/39.611, Rn. 65 ff. – *Water-Management-Produkte* (keine räumliche Ausdehnung oder Marktanteile angegeben); Kommission, Entscheidung vom 19.10.2011, Az. COMP/39.605, Rn. 75 ff. – *CRT-Glas* (keine Marktanteile angegeben); Kommission, Entscheidung vom 12.10.2011, Az. COMP/39.482, Rn. 325 – *Exotische Früchte (Bananen)* (nur drei Mitgliedstaaten betroffen und geringe Marktanteile); Kommission, Entscheidung vom 19.5.2010, Az. COMP/38.511, Rn. 98 ff. – *DRAM* (keine Marktanteile angegeben); Kommission, Entscheidung vom 8.7.2009, Az. COMP/39.401, Rn. 364 ff. – *E.ON/GDF* (nur Deutschland und Frankreich teilweise betroffen); Kommission, Entscheidung vom 15.10.2008, Az. COMP/39.188, Rn. 455 ff. – *Bananen* (nur ein Teil der Mitgliedstaaten betroffen und geringer Marktanteil). So hat auch *Veljanovski*, J. Comp. L. & Econ. 7 (2011), 871, 886 f. durch mathematische Berechnungen die beste Korrelation zwischen Marktanteilen und dem Anteil am tatbezogenen Umsatz gefunden.

der beteiligten Unternehmen und Preisabsprachen noch weitere wettbewerbsbeschränkende Maßnahmen umfassten.[1002] Diese Analyse zeigt, dass selbst bei sehr schweren Zuwiderhandlungen kaum ein Anteil von mehr als 20 % des tatbezogenen Umsatzes zugrunde gelegt wird. Im Fall *Chloropren-Kautschuk*, der wettbewerbswidrige Absprachen „über die Zuteilung und Stabilisierung der Märkte, Marktanteile und Absatzquoten (...), koordinierte Preiserhöhungen und Mindestpreise, die Zuteilung von Kunden und den Austausch wettbewerbsrelevanter Informationen" betraf, den gesamten Gemeinsamen Markt umfasste und bei dem die Kartellanten einen gemeinsamen Marktanteil von 100 % hatten, setzte die Kommission lediglich einen Anteil von 21 % fest.[1003] Angesichts der Beschreibung dieses Kartells ist es kaum vorstellbar, welche Eigenschaften ein Wettbewerbsverstoß aufweisen muss, damit die Kommission einen Anteil am tatsächlichen „Ende der Bandbreite" festsetzt. Die spärlichen Ausführungen der Kommission zur Begründung des festgesetzten Anteils lassen darauf keine

1002 Kommission, Entscheidung vom 15.7.2015, Az. COMP/40.098, Rn. 82 ff. – *Ganzzüge* (zusätzlich Kundenaufteilung und rigorose Durchsetzung, nur 17 %, da nicht gesamter EWR betroffen); Kommission, Entscheidung vom 5.12.2012, Az. COMP/39.437, Rn. 1059 – *Bildröhren* (zusätzlich Kundenaufteilungen und Mengenbeschränkungen); Kommission, Entscheidung vom 30.6.2010, Az. COMP/38.344, Rn. 939 ff. – *Spannstahl* (zusätzlich Quotenfestlegungen und Kundenzuteilungen); Kommission, Entscheidung vom 11.11.2009, Az. COMP/38.589, Rn. 702 ff. – *Zinnstabilisatoren* (zusätzlich Marktaufteilungen, Kundenzuteilungen, Quotenfestsetzungen und Informationsaustausch); Kommission, Entscheidung vom 11.6.2008, Az. COMP/38.695, Rn. 512 ff. – *Natriumchlorat* (zusätzlich Marktaufteilung und Informationsaustausch); Kommission, Entscheidung vom 28.1.2009, Az. COMP/39.406, Rn. 75 ff., 439 – *Hochseeschläuche* (zusätzlich Quotenabsprachen, Abstimmung des Bietverhaltens, Marktaufteilung und Informationsaustausch); Kommission, Entscheidung vom 5.12.2007, Az. COMP/38.629, Rn. 524 – *Chloropren-Kautschuk* (zusätzlich Marktaufteilung, Quotenabsprache, Kundenaufteilungen und Informationsaustausch). In dieses Muster passen auch folgende Entscheidungen, die mehrere Arten von Wettbewerbsbeschränkungen umfassten, jedoch nur einen Teil des Gemeinsamen Marktes betrafen: Kommission, Entscheidung vom 22.7.2009, Az. COMP/39.396, Rn. 294 ff. – *Calciumcarbid* (17 %, betraf Spanien, Portugal, Irland und das Vereinigte Königreich nicht); Kommission, Entscheidung vom 1.10.2008, Az. COMP/39.181, Rn. 653 – *Kerzenwachse* (18 % für Exxon Mobil wegen Kundenaufteilungen); Kommission, Entscheidung vom 11.3.2008, Az. COMP/38.543, Rn. 542 – *Auslandsumzüge* (betraf nur Belgien).

1003 Kommission, Entscheidung vom 5.12.2007, Az. COMP/38.629, Rn. 524 ff. – *Chloropren-Kautschuk*.

Rückschlüsse zu.[1004] Auch die Begründung des Anteils von 25 % am tatbezogenen Umsatz im Fall *Hochseeschläuche* beschränkt sich auf wenige Sätze.[1005] Daraus wird nicht ersichtlich, welche Besonderheit des Sachverhalts die Kommission als so schwerwiegend erachtet, dass sie einen um vier Prozentpunkte höheren Anteil rechtfertigt.[1006] Man kann allenfalls spekulieren, dass die Absprache des Bietverhaltens bei Angebotsausschreibungen als wesentlicher Unterschied zu den übrigen Sachverhalten den entscheidenden Faktor darstellt.[1007] Der Abstand von vier Prozentpunkten erscheint allerdings im Vergleich zur Varianz von sechs Prozentpunkten zwischen 15 % und 21 % in den übrigen Fällen sehr groß. Die Entscheidung im Fall *Hochseeschläuche* ist daher eher als „Ausrutscher" zu betrachten. Die Untersuchung der Entscheidungspraxis der Kommission macht also deutlich, dass sie bei klassischen Kartellen den Anteil am tatbezogenen Umsatz nicht am oberen Ende der Bandbreite festsetzt, sondern selbst bei sehr schweren Verstößen lediglich in der Mitte der Bandbreite einordnet.

Diese Inkonsistenz der Bemessung des Grundbetrages wird weiter verdeutlicht, wenn man die Eintrittsgebühr mit einbezieht. Der Rahmen zur Festsetzung des Prozentsatzes unterscheidet sich mit 15 % bis 25 % erheblich von dem Rahmen von bis zu 30 % zur Ermittlung des Anteils am tatbezogenen Umsatz. Trotzdem setzt die Kommission immer denselben Prozentwert fest wie zur Ermittlung des Anteils am tatbezogenen Umsatz. Einzig in den ersten drei Entscheidungen unter den Bußgeldleitlinien der Kommission von 2006 war der Prozentsatz der Eintrittsgebühr einen Prozentpunkt geringer.[1008] Auch im Fall Fensterbeschläge setzte die Kommission die Eintrittsgebühr für ein Unternehmen einen Prozentpunkt niedriger fest als für die anderen Unternehmen, allerdings ohne diesen

---

1004 Vgl. dazu auch *Veljanovski,* J. Comp. L. & Econ. 7 (2011), 871, 882. So hat auch das EuG entschieden, dass die Kommission sich bei der Begründung des konkreten Prozentsatzes nicht alleine auf den Wortlaut der Rn. 23 Bußgeldleitlinien der Kommission von 2006 stützen darf, sondern genauere Ausführungen machen muss, EuG, Urteil vom 16.6.2011, Az. T-199/08, Slg. 2011, II-3507, Rn. 90 ff. – *Ziegler*. Dies führe jedoch nur zur Nichtigkeit der Entscheidung, wenn der festgesetzte Prozentsatz weit über 15 % liege, EuG, Urteil vom 16.6.2011, Az. T-199/08, Slg. 2011, II-3507, Rn. 93 – *Ziegler* (bestätigt durch EuGH, Urteil vom 11.7.2013, Az. C-439/11 P, Rn. 121 ff. – *Ziegler*).

1005 Kommission, Entscheidung vom 28.1.2009, Az. COMP/39.406, Rn. 439, 442 f. – *Hochseeschläuche.*

1006 Ebenso *Connor,* ECLR 34 (2013), 58, 61.

1007 So *Veljanovski,* J. Comp. L. & Econ. 7 (2011), 871, 886 f.

1008 Siehe dazu die Werte in der Tabelle im Anhang 1, S. 393 ff.

Unterschied näher zu erläutern.[1009] Aufgrund des unterschiedlichen Rahmens und der unterschiedlichen Zielsetzungen der beiden Bußgeldkomponenten dürften die Werte eigentlich nicht identisch sein. Eine nähere Erläuterung des Wertes für die Eintrittsgebühr erfolgt in den Entscheidungen nicht.[1010]

Entgegen der Aussage in den Bußgeldleitlinien der Kommission kann ein Unternehmen in seiner Risikoanalyse daher davon ausgehen, dass bei normalen Kartellen ein Anteil von deutlich unter 20 % am tatbezogenen Umsatz festgesetzt wird. Nur bei besonders schweren Zuwiderhandlungen kann es mit einem Prozentsatz von wenig mehr als 20 % rechnen. Dies wird noch dadurch verstärkt, dass die Praxis der Kommission die Androhung der Bußgeldleitlinien erheblich unterschreitet und die Unternehmen daher die tatsächlichen Prozentanteile tendenziell niedriger einordnen. Die Begründungen der Entscheidungen durch die Kommission sind wenig aussagekräftig und können – wie gezeigt – nach der Art der Zuwiderhandlung nur eine grobe Orientierung bieten. Die allgemeinen Aussagen der Leitlinien führen auch nicht zu einer Konkretisierung. Es ist daher sehr naheliegend, dass die Unternehmen in ihrer Risikoeinschätzung einen niedrigeren Anteil am tatbezogenen Umsatz zugrunde legen, als die Kommission im Einzelfall festsetzen wird. Bei der Festsetzung des Anteils am tatbezogenen Umsatz besteht somit ein Risiko, dass die betroffenen Unternehmen die drohende Geldbuße unterschätzen. Mithin hat die Kommission durch ihre Entscheidungspraxis das Gegenteil von dem erreicht, was sie mit der Formulierung in den Bußgeldleitlinien angestrebt hat.

bb. Wiederholungstäterschaft

Zur Einführung der Leitlinien hat die Kommission den Wiederholungstäteraufschlag von bis zu 100 % für jede festgestellte Zuwiderhandlung gegen Art. 101, 102 AEUV – egal, ob durch die Kommission selbst oder durch eine nationale Behörde – als Kernelement der neuen Bußgeldleitlinien hervorgehoben.[1011] Die Fallpraxis seit Geltung der Bußgeldleitlinien von 2006 zeigt jedoch, dass die tatsächlich verhängten Geldbußen erheblich hinter den angedrohten

---

1009 Kommission, Entscheidung vom 5.12.2012, Az. COMP/39.437, Rn. 470 ff. – *Bildröhren.*

1010 Vgl. nur Kommission, Entscheidung vom 11.6.2008, Az. COMP/38.695, Rn. 523 – *Natriumchlorat*; Kommission, Entscheidung vom 7.10.2009, Az. COMP/39.129, Rn. 251 – *Leistungstransformatoren*; Kommission, Entscheidung vom 13.4.2011, Az. COMP/39.579, Rn. 83 – *Haushaltsreinigungsmittel.*

1011 Vgl. die Pressemitteilungen IP/06/857, MEMO/06/256 vom 28. Juni 2006. So auch *Connor,* ECLR 34 (2013), 58, 63; *Schneider/Engelsing* in: MünchKommEUWettR,

Höchstwerten zurückbleiben. Aus den Entscheidungen der Kommission ist ersichtlich, dass der Aufschlag für einen Wiederholungstäter unabhängig von der Anzahl der vergangenen Verstöße insgesamt nie über 100 % lag.[1012] Die Kommission erhöhte den Bußgeldbetrag nur in einem einzigen Fall um insgesamt 100 %[1013] und in drei Fällen um insgesamt 90 %[1014]. Bereits diese Werte legen den Schluss nahe, dass die Kommission in ihrer Entscheidungspraxis erheblich hinter den Ankündigungen der Leitlinien zurückbleibt.

Dort hat sie allerdings nur angedroht, die Geldbuße um *bis zu* 100 % für jede vergangene Zuwiderhandlung zu erhöhen. Wenn die Kommission in den Entscheidungen daher umfangreiche Kriterien herausgearbeitet hätte, nach denen sie den Aufschlag innerhalb des Rahmens bis zu 100 % festsetzt, könnten die niedrigeren tatsächlichen Werte im Einklang mit der Androhung der Leitlinien erklärt werden.

In der Rechtsache *Calciumcarbid* hat die Kommission den Grundbetrag gegen das Unternehmen *Akzo Nobel* wegen vier vorangegangener Zuwiderhandlungen um 100 % erhöht. Im gleichen Verfahren wurde der Grundbetrag gegen *Evonik/Degussa* für eine Zuwiderhandlung in der Vergangenheit um 50 % erhöht.[1015] Bei der Begründung der Erhöhungen wird allerdings nur formelhaft ausgeführt, die erneute Zuwiderhandlung beweise, dass die bisherigen Geldbußen nicht abschreckend genug gewesen seien. Warum *Akzo Nobel* pro Zuwiderhandlung nur 25 % Aufschlag erhielt und *Evonik/Degussa* hingegen 50 %, wird mit keinem Wort erläutert.[1016]

Art. 23 VO 1/2003 Rn. 126; *Sünner*, EuZW 2007, 8, 11; *Wils*, W.Comp. 30 (2007), 197, 214; *Wils*, W.Comp. 35 (2012), 5, 6.

1012 Vgl. Tabelle im Anhang 1, S. 393 ff. Siehe ebenso *Veljanovski*, J. Comp. L. & Econ. 7 (2011), 871, 890; *Wils*, W.Comp. 35 (2012), 5, 18.

1013 Kommission, Entscheidung vom 22.7.2009, Az. COMP/39.396, Rn. 309 – *Calciumcarbid* (vier vorangegangene Entscheidungen gegen Akzo Nobel).

1014 Kommission, Entscheidung vom 11.11.2009, Az. COMP/38.589, Rn. 718 – *Wärmestabilisatoren* (drei vorangegangene Entscheidungen gegen Arkema in beiden Kartellen); Kommission, Entscheidung vom 11.6.2008, Az. COMP/38.695, Rn. 525 – *Natriumchlorat* (drei vorangegangene Entscheidungen gegen Arkema).

1015 Kommission, Entscheidung vom 22.7.2009, Az. COMP/39.396, Rn. 310 – *Calciumcarbid.*

1016 Kommission, Entscheidung vom 22.7.2009, Az. COMP/39.396, Rn. 310 – *Calciumcarbid*: „Die Tatsache, dass sie das Kartellverhalten, wenngleich in einer anderen Branche als der, in Bezug auf die sie bereits mit Geldbußen belegt worden waren, wiederholten, zeigt, dass diese Geldbußen bei den betreffenden Unternehmen keine Verhaltensänderung bewirkt haben. Dies ist ein erschwerender Umstand. Dieser

Im Fall *Nitril-Butadien-Kautschuk* hat die Kommission den Aufschlag gegen *Bayer* von 50 % damit begründet, dass das Unternehmen das erste Mal als Wiederholungstäter auffalle.[1017] Diese Formulierung legt nahe, dass der Aufschlag pro Zuwiderhandlung steigen müsse, je häufiger das Unternehmen als Wiederholungstäter in Erscheinung tritt. Dies steht jedoch mit der Entscheidung *Calciumcarbid* in eklatantem Widerspruch. In den übrigen Entscheidungen begründet die Kommission den konkreten Prozentsatz, um den sie die Geldbußen erhöht, mit keinem Wort.[1018] Sofern mehrere vergangene Zuwiderhandlungen zu einem Aufschlag geführt haben, gibt sie noch nicht einmal die einzelnen Prozentsätze an, die auf die jeweiligen alten Zuwiderhandlungen entfallen. Dadurch bleibt unklar, anhand welcher Kriterien der Aufschlag für einzelne Wiederholungstaten genau bemessen wird. Die Tatsache, dass ein Wert von 100 % für kein Unternehmen überschritten wurde, legt nahe, dass die Kommission dies als absolute Obergrenze unabhängig von der Anzahl der Wiederholungstaten ansieht.[1019]

Im Fall *Saint Gobain* hat das EuG entschieden, dass eine der beiden berücksichtigten alten Zuwiderhandlungen nicht als Wiederholungstat herangezogen werden dürfe.[1020] Bei der Berücksichtigung dieser Entscheidung im Rahmen der Bemessung hat das EuG einfach den Aufschlag für zwei Wiederholungstaten von 60 % halbiert und einen Aufschlag von 30 % festgesetzt.[1021] Diese Reduzierung wird in ihrer Höhe nicht näher erläutert. Zwar bemerkt das EuG, dass die verbleibende Wiederholungstat am weitesten von der geahndeten entfernt sei.[1022] Dies würde aber eher darauf hindeuten, dass die verbleibende alte Tat weniger zu dem Gesamtaufschlag von 60 % beitrüge und daher ein geringerer Aufschlag als 30 % festgesetzt werden müsste. Die Rechtsprechung kann daher auch nicht zu

erschwerende Umstand führt zu einer Erhöhung des Grundbetrags der festzusetzenden Geldbuße um 100 % für Akzo Nobel und 50 % für Degussa."

1017 Kommission, Entscheidung vom 23.1.2008, Az. COMP/38.628, Rn. 182 – *Nitril-Butadien-Kautschuk*.

1018 Vgl. dazu die Begründungen, die in der Tabelle im Anhang 1, S. 393 ff., angeführt sind.

1019 Mit der gleichen Vermutung *Veljanovski*, J. Comp. L. & Econ. 7 (2011), 871, 889; ähnlich *Connor*, ECLR 34 (2013), 58, 64. *Castillo de la Torre*, W.Comp. 33 (2010), 359, 388 erklärt als Mitarbeiter der Kommission diesen Befund ebenfalls nicht.

1020 EuG, Urteil vom 27.3.2014, Az. T-56/09 u.A., Rn. 332 ff. – *Saint-Gobain*.

1021 EuG, Urteil vom 27.3.2014, Az. T-56/09 u.A., Rn. 485 – *Saint-Gobain*.

1022 EuG, Urteil vom 27.3.2014, Az. T-56/09 u.A., Rn. 485 – *Saint-Gobain*.

einer Klärung beitragen, in welchem Verhältnis mehrere vergangene Zuwiderhandlungen zu einem einheitlichen Aufschlag führen.

Zwar hat der EuGH die Kommission jüngst dafür kritisiert, dass die Ausführungen zur Wiederholungstäterschaft in den Entscheidungen sehr dürftig sind.[1023] Dies bezog sich allerdings nur auf die Begründung einer wirtschaftlichen Einheit. Das EuG hatte die Annahme einer Wiederholungstat durch *ENI* abgelehnt, da die Kommission nicht nachgewiesen hatte, dass *ENI* bereits während der beiden vergangenen Zuwiderhandlungen einen bestimmenden Einfluss auf die Tochtergesellschaften hatte.[1024] Der EuGH verwarf die Einwände der Kommission dagegen und unterstrich die Sichtweise des EuG.[1025] Dies zeigt jedoch im Umkehrschluss, dass, soweit das Vorliegen einer wirtschaftlichen Einheit nachgewiesen ist, kein besonderer Begründungsaufwand nötig ist zur Feststellung einer Wiederholungstat. Die Tatsache, dass die Kommission das Vorliegen einer Wiederholungstat, die eine Verschärfung der Geldbuße erfordert, kaum begründet, wurde daher ein weiteres Mal durch die Rechtsprechung gestützt.

Darüber hinaus hat die Kommission Entscheidungen der nationalen Wettbewerbsbehörden bei der Bemessung des Wiederholungsaufschlages vollkommen außer Acht gelassen, obwohl deren Berücksichtigung ausdrücklich in den Leitlinien angekündigt wurde. Dies betrifft teilweise bis zu zehn vorherige Entscheidungen gegen ein bestimmtes Unternehmen, die in der Kommissionsentscheidung nicht berücksichtigt werden.[1026] In einer ökonomischen Studie wurde festgestellt, dass die Kommission die Bußgelder gegen alle Unternehmen theoretisch um insgesamt 43.000 weitere Prozentpunkte hätte erhöhen können.[1027] Selbst wenn einige dieser Entscheidungen nicht hätten einbezogen werden dürfen, weil sie nach dem Beginn der aktuellen Zuwiderhandlung ergingen,[1028] ist diese Summe beachtlich. Dieses zurückhaltende Vorgehen der

---

1023 EuGH, Urteil vom 5.3.2015, Az. C-93/13 P, NZKart 2015, 231, Rn. 96 ff. – *Versalis*.

1024 EuGH, Urteil vom 5.3.2015, Az. C-93/13 P, NZKart 2015, 231, Rn. 77 – *Versalis*; EuG, Urteil vom 13.12.2012, Az. T-103/08, Rn. 272 ff. – *ENI*.

1025 EuGH, Urteil vom 5.3.2015, Az. C-93/13 P, NZKart 2015, 231, Rn. 96 ff. – *Versalis*.

1026 Vgl. die ausführliche Zusammenstellung bei *Connor*, ECLR 34 (2013), 58, 71 ff. Siehe auch *Veljanovski*, J. Comp. L. & Econ. 7 (2011), 871, 893.

1027 *Connor*, ECLR 34 (2013), 58, 64.

1028 Vgl. zu den Voraussetzungen Rn. 28, 1. Sp.str. Bußgeldleitlinien der Kommission von 2006. Ebenso ohne Verweis auf den Wortlaut *Dannecker/Biermann* in: Immenga/Mestmäcker, Art. 23 VO 1/2003 Rn. 192; *Schneider/Engelsing* in: MünchKommEU-WettR, Art. 23 VO 1/2003 Rn. 157. Dies mutmaßt *Wils*, W.Comp. 35 (2012), 5, 9.

Kommission wurde jedenfalls bereits in Aufsätzen durch Mitarbeiter der Kommission bestätigt.[1029]

Durch diese Praxis stellt sich die Kommission jedoch in klarem Widerspruch zu der Androhung in den Bußgeldleitlinien.[1030] Wie bereits ausgeführt, verleitet dies die Unternehmen dazu, die Androhungen der Kommission nicht mehr ernst zu nehmen. Dies kann auf Dauer zu einer Unterschätzung der erwarteten Geldbuße führen. Diese Entwicklung wird dadurch verstärkt, dass die Kommission den Aufschlag für Wiederholungstäter als wesentlichen Bestandteil der neuen Bußgeldleitlinien dargestellt hat.[1031] Darüber hinaus kann die Rechtsunsicherheit bei der Gewichtung der einzelnen Wiederholungstaten zu einer signifikanten Unterschätzung der Geldbuße führen. Wenn die Unternehmen die drohende Geldbuße selbst einschätzen, könnten einige Unternehmen zu niedrige Aufschläge für eine Wiederholungstat zugrunde legen. So könnten sie zu dem Ergebnis kommen, dass sich Wettbewerbsverstöße trotz Geldbuße lohnen.

Mithin führt die Diskrepanz zwischen den Androhungen in den Bußgeldleitlinien und der Entscheidungspraxis auch im Falle der Wiederholungstäterschaft zu Abschreckungsdefiziten, weil die Kommission ihre konkreten Bemessungskriterien verschweigt.

cc. Abschreckungsaufschlag

Bei der Bemessung des Abschreckungsaufschlages nimmt die Kommission die größte Freiheit in Anspruch. Die Bußgeldleitlinien sehen keine Einschränkungen oder Voraussetzungen dafür vor. In der Vergleichsverfahrensmitteilung suggeriert die Kommission sogar, dass der Aufschlag regelmäßig über 100 % liege, da die Kommission den Abschreckungsaufschlag als Belohnung der Vergleichsbereitschaft auf 100 % limitiert.[1032] Umso mehr werden die normunterworfenen Unternehmen auf die Entscheidungspraxis der Kommission achten.

Unter der Geltung der Bußgeldleitlinien von 2006 hat die Kommission – soweit sie die Informationen veröffentlicht hat – lediglich gegen zwei Unternehmen[1033] die Geldbuße um 100 % erhöht, gegen zwei weitere Unternehmen[1034]

1029 *Castillo de la Torre*, W.Comp. 33 (2010), 359, 388.

1030 Ebenso *Connor*, ECLR 34 (2013), 58, 66.

1031 Siehe dazu Fn. 1011.

1032 Rn. 32 Vergleichsverfahrensmitteilung.

1033 *Shell* und *ExxonMobil* mit Konzernumsätzen um 260 Mrd. €, Kommission, Entscheidung vom 1.10.2008, Az. COMP/39.181, Rn. 713 – *Kerzenwachse*.

1034 *Total*, Kommission, Entscheidung vom 1.10.2008, Az. COMP/39.181, Rn. 713 – *Kerzenwachse* und *Elf Aquitaine*, Kommission, Entscheidung vom 11.6.2008,

um 70 %, gegen ein Unternehmen[1035] einen Aufschlag von 60 % und gegen nochmals zwei weitere[1036] um 40 %.[1037] Das zeigt, dass allenfalls die Unternehmen mit den weltweit höchsten Konzernumsätzen einen Aufschlag von über 70 % fürchten müssen. Alle übrigen, gewöhnlichen Großkonzerne müssen mit einem Aufschlag von deutlich unter 40 %, regelmäßig von 10 % bis 20 %, rechnen.[1038] Diese Praxis weicht erheblich von der oben genannten Andeutung in der Vergleichsverfahrensmitteilung ab. Die Kommission erläutert den im Einzelnen festgesetzten Prozentsatz in ihren Entscheidungen zudem auch nicht. Es lässt sich allerdings vermuten, dass dieser neben der konkreten Höhe des Umsatzes noch vom Verhältnis des Umsatzes aller beteiligten Unternehmen zueinander abhängt. So hat *Bayer* im Fall *Nitril-Butadien-Kautschuk*, wo neben *Bayer* nur ein kleines Unternehmen an der Zuwiderhandlung beteiligt war, einen Aufschlag von 10 % auferlegt bekommen. In der Rechtssache *Chloropren-Kautschuk*, die ein Kartell von 6 Unternehmen mit deutlich größeren Konzernumsätzen als *Bayer* betraf, wurde die Geldbuße gegen *Bayer* nicht erhöht.[1039] Bei der eigenen Risikobewertung werden durchschnittliche Großkonzerne angesichts der sehr lückenhaften Angaben der Kommission zu den Bemessungskriterien trotzdem Schwierigkeiten haben, den drohenden Abschreckungsaufschlag im Bereich von unter 40 % zu ermitteln. Dies gilt insbesondere, wenn mehrere Großkonzerne an einer Zuwiderhandlung beteiligt sind, deren Konzernumsätze Aufschläge von 20 % und darunter rechtfertigen.

Az. COMP/38.695, Rn. 548 – *Natriumchlorat* mit Konzernumsätzen um 150 Mrd. €. Im Fall Wärmestabilisatoren wurde der Abschreckungsaufschlag gegen *Elf Aquitaine* geschwärzt, Kommission, Entscheidung vom 11.11.2009, Az. COMP/38.589, Rn. 740 – *Wärmestabilisatoren*. Er dürfte aber ebenfalls 70 % betragen.

1035 *Saint Gobain*, EuG, Urteil vom 27.3.2014, Az. T-56/09 u.A., Rn. 485 – *Saint-Gobain*; Kommission, Entscheidung vom 28.11.2007, Az. COMP/39.165 – *Flachglas*.

1036 *ENI* mit einem Konzernumsatz von 85 bis 90 Mrd. €, Kommission, Entscheidung vom 1.10.2008, Az. COMP/39.181, Rn. 713 – *Kerzenwachse* und Kommission, Entscheidung vom 5.12.2007, Az. COMP/38.629, Rn. 586 – *Chloropren-Kautschuk*.

1037 Vgl. die Auflistung in der Tabelle im Anhang 1, S. 393 ff.

1038 Vgl. die Auflistung in der Tabelle im Anhang 1, S. 393 ff.

1039 Vgl. Kommission, Entscheidung vom 23.1.2008, Az. COMP/38.628, Rn. 186 – *Nitril-Butadien-Kautschuk*; Kommission, Entscheidung vom 5.12.2007, Az. COMP/38.629, Rn. 584 – *Chloropren-Kautschuk*. Im Fall der Marktaufteilung zwischen *E.ON* und *GDF* hatten beide Unternehmen ähnliche Konzernumsätze, sodass kein Abschreckungsaufschlag festgesetzt wurde, EuG, Urteil vom 29.6.2012, Az. T-360/09, Rn. 392 – *E.ON/GDF*. Vgl. zu allen Angaben die Tabelle im Anhang 1, S. 393 ff. Vgl. auch *Castillo de la Torre,* W.Comp. 33 (2010), 359, 395.

In dieser Konstellation ist es schwer einzuschätzen, ob der Konzernumsatz im Verhältnis zu den Umsätzen der anderen Unternehmen noch einen Aufschlag von 10 % rechtfertigt oder nicht.[1040] Dabei besteht das Risiko, dass die Unternehmen den drohenden Abschreckungsaufschlag unterschätzen. Bemerkenswerterweise ist es Konzernen mit besonders hohen Umsätzen sehr viel leichter möglich, den drohenden Abschreckungsaufschlag zu ermitteln, da in einem Kartell naturgemäß weniger Unternehmen mit vergleichbaren Umsätzen engagiert sind. Genau das wollte die Kommission jedoch verhindern.

Wie bereits näher erläutert,[1041] kann die Ambiguität und die aktive Manipulation der Wahrnehmung durch die Kommission keine zusätzliche Abschreckungswirkung erzeugen. Es spricht vieles dafür, dass Unternehmen wenig ambiguitätsavers sind und sich daher von der fehlenden Einschätzbarkeit des Abschreckungsaufschlages nicht abschrecken lassen.

Der Unterschied zwischen den Ankündigungen in den Bußgeldleitlinien und der Bemessungspraxis der Kommission führt daher auch im Fall des Abschreckungsaufschlags zu Abschreckungsdefiziten. Dieser Umstand wird dadurch verschärft, dass die Kommission die konkreten Bemessungskriterien verschweigt.

d. Teilergebnis

Die Tendenz der Kommission, die konkrete Bemessungsmethode nicht zu veröffentlichen, führt zu erheblichen Abschreckungsdefiziten bei der öffentlichen Durchsetzung des Wettbewerbsrechts. Wenn die tatsachlich verhängten Geldbußen nicht das angedrohte Niveau erreichen, können Unternehmen dazu neigen, die Ankündigungen der Kommission in Zukunft als übertrieben anzusehen. Die Rechtsunsicherheit führt zudem zu der Gefahr einer zusätzlichen Unterschätzung des drohenden Bußgeldes. Aufgrund der äußerst widersprüchlichen Entscheidungspraxis zum Anteil am tatbezogenen Umsatz, zum erschwerenden Faktor der Wiederholungstäterschaft und zum Abschreckungsaufschlag ist es sehr wahrscheinlich, dass die weiten Entscheidungsspielräume der Kommission in den Bußgeldleitlinien zu erheblichen Ineffizienzen der öffentlichen Kartellrechtsdurchsetzung führen.

1040 So wurden die Geldbußen gegen *Samsung* und *Toshiba* mit Konzernumsätzen von über 45 Mrd. € im Fall *DRAM* um 10 % erhöht (Kommission, Entscheidung vom 19.5.2010, Az. COMP/38.511, Rn. 112 – *DRAM*), während die Geldbuße gegen *ArcelorMittal* bei einem Konzernumsatz von über 46 Mrd. € um 20 % erhöht wurde (Kommission, Entscheidung vom 30.6.2010, Az. COMP/38.344, Rn. 1056 – *Spannstahl*).

1041 Siehe ausführlich unter Teil 3.B.III.2.a.cc.ccc., S. 175 ff. und Teil 4.B.I.4.b., S. 232 ff.

5. *Zwischenergebnis*

Der Ansatz der Bußgeldleitlinien der Kommission von 2006, der einen Anteil des tatbezogenen Umsatzes multipliziert mit der Dauer des Verstoßes zugrunde legt, ist aus ökonomischer Sicht zu begrüßen, da er eine Annäherung an die ökonomischen Auswirkungen des Verstoßes darstellt. Die Anpassung des Grundbetrags lässt die Entdeckungswahrscheinlichkeit allerdings gänzlich unberücksichtigt. Die Erhöhung des Bußgeldes durch einige Anpassungsfaktoren kann vielmehr zu Wohlfahrtsverlusten führen. Darüber hinaus erzeugt die Kommission weitere Ineffizienzen, indem sie die Bemessung der Geldbußen im Einzelfall nicht vollständig offenlegen möchte. Da Unternehmen eher nicht sehr ambiguitätsavers sind, scheidet eine gesteigerte Abschreckungswirkung durch die Ambiguität der Vorschriften aus. Die Bußgeldleitlinien der Kommission von 2006 führen daher zu einer vollkommen ineffizienten Verhängung von Bußgeldern gegen Unternehmen und dadurch zu Wohlfahrtsverlusten. Unter den Gesichtspunkten der ökonomischen Analyse der öffentlichen Rechtsdurchsetzung führen sie zu keinem optimalen Ergebnis.

II. Leitlinien des Bundeskartellamts

Nach den neuen Bußgeldleitlinien des BKartA von 2013 wird das Gewinn- und Schadenspotential von 10 % des tatbezogenen Umsatz (dazu unter 1., S. 249) mit einem Faktor multipliziert, der vom Gesamtumsatz des Unternehmens abhängt. Sofern der errechnete Wert unter dem gesetzlichen Höchstwert des Rahmens liegt, wird dieser der folgenden Bemessung zugrunde gelegt. Andernfalls gilt der gesetzliche Bußgeldrahmen (unter 2., S. 250). Innerhalb dieses Rahmens wird die Geldbuße anhand von Zumessungskriterien bemessen (unter 3., S. 251).

1. *Gewinn- und Schadenspotential*

Der Prozentsatz von 10 % des tatbezogenen Umsatzes als Ausgangspunkt der neuen Leitlinien steht im Zusammenhang mit den volkswirtschaftlichen Auswirkungen des Verstoßes. Er ist allerdings erheblich niedriger, als in den Bußgeldleitlinien der Kommission von 2006 und den alten Bußgeldleitlinien des BKartA von 2006. Legt man die oben zitierten Studien zugrunde, die einen Preisaufschlag von 10 % bis 43 % angeben,[1042] dürfte dieser Wert zu niedrig angesetzt sein, um diese Auswirkungen tatsächlich abbilden zu können.[1043]

1042 Siehe unter Teil 4.B.I.1., S. 213.

1043 *Barth/Budde*, NZKart 2013, 311, 317. Vgl. auch die ausführliche Behandlung der ökonomischen Studien zum Preisaufschlag unter Teil 5.A.II.2.a.aa., S. 277 ff.

Die Multiplikation dieses Wertes mit einem Faktor von 2 bis 6 abhängig vom Gesamtumsatz des Unternehmens[1044] steht in keinem Zusammenhang zu den ökonomischen Auswirkungen der Tat. Nach dieser Rechenoperation reicht der individuelle Bußgeldrahmen zwar von 20 % bis über 60 % des tatbezogenen Umsatzes. Die Höhe des zur Verfügung stehenden Rahmens ist jedoch alleine vom Gesamtumsatz abhängig und hat keinen Bezug zu den Besonderheiten des konkreten Verstoßes. Ein Unternehmen mit einen Gesamtumsatz von unter 100 Mio. € erwartet eine Geldbuße von maximal 20 % des tatbezogenen Umsatzes, unabhängig von den ökonomischen Auswirkungen der Tat und unabhängig von der Höhe der Entdeckungswahrscheinlichkeit. Angesichts der Schätzungen von Preisaufschlägen bis zu 43 % des tatbezogenen Umsatzes erscheint dieser Wert viel zu gering. Zwar behält sich das BKartA vor, den individuellen Sanktionsrahmen zu überschreiten, insbesondere wenn das Gewinn- und Schadenspotential offensichtlich höher ist.[1045] Dies ist jedoch ein weiterer Beweis dafür, dass sich das System der Bußgeldbemessung in den Bußgeldleitlinien des BKartA von 2013 gerade nicht in optimaler Weise an den Auswirkungen des Verstoßes orientiert. Darüber hinaus kann bei einer Zuwiderhandlung mit geringen Auswirkungen ein besonders hoher individueller Rahmen zugrunde gelegt werden, nur weil das Unternehmen einen besonders hohen Gesamtumsatz erwirtschaftet.

Die neuen Bußgeldleitlinien des BKartA orientieren sich daher zur Bußgeldbemessung noch viel stärker an dem Gesamtumsatz des Unternehmens als die Leitlinien der Kommission. Wie dort bereits ausgeführt, hängt die Verhängung optimaler Bußgelder bei dieser Bemessung alleine vom Zufall ab. Die Verhängung von Bußgeldern gegen Unternehmen mit einem hohen Gesamtumsatz führt darüber hinaus zu erheblichen Ineffizienzen und volkswirtschaftlichen Schäden.[1046]

Daneben berücksichtigt die Erhöhung des individuellen Rahmens aufgrund des Gesamtumsatzes die Entdeckungswahrscheinlichkeit nicht. Zwar könnte bei einem Verstoß durch einen Großkonzern aufgrund des sehr hohen Rahmens beachtet werden, dass die Geldbuße das „Gewinn- und Schadenspotential" um ein Vielfaches übersteigen muss. Gerade bei Unternehmen mit geringeren Gesamtumsätzen ist das nicht möglich. Die Bußgeldobergrenzen von 20 % bis 60 % oder

1044 Siehe unter Teil 2.A.II.3.b.bb., S. 64.

1045 Rn. 15 Bußgeldleitlinien des BKartA von 2013.

1046 Siehe ausführlich unter Teil 4.B.I.2.b., S. 219 ff.

mehr sind in der Regel nicht ausreichend, um sowohl die volkswirtschaftlichen Auswirkungen als auch die Entdeckungswahrscheinlichkeit zu berücksichtigen. Selbst wenn immer ein Bußgeld am äußersten Ende des individuellen Bußgeldrahmens verhängt wird, wird es daher in den meisten Fällen nicht abschreckend sein.

3. *Bemessungsvorgang*

Der nach dem dargestellten Muster errechnete Wert ist jedoch nur der obere Wert eines Bußgeldrahmens. Sofern dieser Rahmen nicht grundsätzlich zu niedrig zum Bemessen abschreckender Bußen ist, könnte die Geldbuße innerhalb des Rahmens nach den ökonomischen Auswirkungen bemessen werden. Darauf deuten auch die Zumessungskriterien wie die Art der Zuwiderhandlung, deren qualitativen Auswirkungen, die Bedeutung des betroffenen Marktes oder der Organisationsgrad der Beteiligten hin, die in den Leitlinien aufgeführt werden.[1047]

Dies widerspräche jedoch der Zielsetzung eines am Gesamtumsatz orientierten Bußgeldrahmens, bei dem eine Sanktion anhand der Schwere der Tat in Relation zum Höchstwert bestimmt wird.[1048] Dadurch ist eine Berücksichtigung der tatsächlichen Auswirkungen der Zuwiderhandlung, die vom Gesamtumsatz gerade nicht abgebildet werden, nur sehr begrenzt möglich. Aus diesem Grund führt das BKartA in den Leitlinien auch aus, dass die Ermittlung der tatsächlichen Auswirkungen nicht nötig und mit der generellen Vorbewertung durch den Gesetzgeber nicht vereinbar sei.[1049] Darüber hinaus hat das BKartA den Spielraum zur Berücksichtigung der ökonomischen Auswirkungen und der Entdeckungswahrscheinlichkeit weiter begrenzt. Schwerwiegende horizontale Wettbewerbsbeschränkungen wie Preis-, Quoten-, Gebiets- und Kundenabsprachen sollen grundsätzlich mit einer Geldbuße im oberen Bereich des Rahmens geahndet werden.[1050] Die Geldbuße in dem bedeutenden Bereich der Sanktionierung von Kartellen liegt daher in der Regel in der Nähe des Betrags, der nach der oben beschriebenen Berechnung ermittelt wird und kaum eine Beziehung zu den tatsächlichen Auswirkungen der Zuwiderhandlung hat.

Auch im Bemessungsvorgang nach den Bußgeldleitlinien des BKartA von 2013 werden die ökonomisch relevanten Faktoren daher kaum berücksichtigt.

1047 Rn. 16 Bußgeldleitlinien des BKartA von 2013.

1048 *Barth/Budde,* NZKart 2013, 311, 318.

1049 Rn. 6 Bußgeldleitlinien des BKartA von 2013. Kritisch dazu *Barth/Budde,* NZKart 2013, 311, 319.

1050 Rn. 16 Bußgeldleitlinien des BKartA von 2013.

4. *Teilergebnis*

Die Bußgeldleitlinien des BKartA von 2013 beachten folglich die Auswirkungen der Zuwiderhandlungen auf dem Markt und die Entdeckungswahrscheinlichkeit nicht. Abschreckende Geldbußen werden nach diesem Muster daher nur zufällig bemessen. Die Leitlinien das BKartA legen bedingt durch die Rechtsprechung des BGH ein noch größeres Gewicht auf den Gesamtumsatz des Unternehmens als die Kommission. Dadurch dürften gerade gegen große Unternehmen höhere Geldbußen festgesetzt werden, als es zur Abschreckung nötig wäre. Die Bußgeldleitlinien des BKartA von 2013 könnten daher noch größere Ineffizienzen erzeugen als die Bußgeldleitlinien der Kommission von 2006.

Das BKartA veröffentlicht zudem kaum erlassene Bußgeldbescheide. Seit 2001 wurden nur sieben Bußgeldbescheide wegen Verstoßes gegen das Kartellverbot veröffentlicht.[1051] Die Behörde beschränkt sich in der Regel auf die Veröffentlichung von Fallberichten, die schwerpunktmäßig den Sachverhalt schildern.[1052] Die Ausführungen zur Bußgeldbemessung beschränken sich auf die Angabe des endgültigen Bußgeldbetrages und die Wiederholung der gesetzlichen Bemessungskriterien.[1053] Eine tiefgreifende Analyse ist daher nicht möglich. Zur Vermeidung von Informationsdefiziten und daraus resultierender Unterschätzung bei den betroffenen Unternehmen wäre eine Veröffentlichung der konkreten Bemessung wünschenswert.[1054]

1051 Vgl. die Entscheidungsdatenbank des BKartA, abrufbar unter http://www.bundeskartellamt.de/SiteGlobals/Forms/Suche/Entscheidungssuche_Formular.html?nn=3590938&docId=4116850, zuletzt geprüft am 15.7.2018, gefiltert nach „Kartellverbot“, „Bußgeldentscheidung“ und „Entscheidungen“.

1052 Vgl. zuletzt BKartA, Fallbericht vom 18.1.2016, Az. B10-50/14, S. 5 – *Vertrieb von Röstkaffee*; BKartA, Fallbericht vom 2.4.2014, Az. B 10-105/11 – *Herstellung von Bier*.

1053 Siehe bspw. BKartA, Fallbericht vom 18.1.2016, Az. B10-50/14, S. 5 – *Vertrieb von Röstkaffee*; BKartA, Fallbericht vom 6.7.2015, Az. B12-15/12, S. 1, 3 – *Baugewerbe / Fertiggaragen*; BKartA, Fallbericht vom 2.4.2014, Az. B 10-105/11, S. 3 – *Herstellung von Bier*; BKartA, Fallbericht vom 1.6.2013, Az. B 12-16/12, B 12-19/12, S. 1 – *Herstellung von Schienen*; BKartA, Fallbericht vom 14.6.2013, Az. B 11-17/06, S. 1 – *Drogerieartikel*.

1054 *Paal/Kumkar*, NZKart 2015, 366, 368. Siehe kritisch *Mundt*, NZKart 2016, 145. Siehe dazu Teil 3.B.III.2.a.ee.bbb., S. 187 ff. und zur Praxis der Kommission Teil 4.B.I.4.b., S. 232.

III. Zwischenergebnis

Mithin können die Leitlinien beider Behörden den Anforderungen der ökonomischen Analyse der öffentlichen Rechtsdurchsetzung nicht genügen. Sie führen zu erheblichen Ineffizienzen und teilweise zu zusätzlichen Wohlfahrtsverlusten für die gesamte Gesellschaft.

C. Ineffizienzen des Regelwerks

Die öffentliche Durchsetzung des Kartellrechts zeichnet sich in der Europäischen Union und in Deutschland dadurch aus, dass kaum normative Grenzen für die Bußgeldbemessung existieren, durch die Behörden und Gerichte gebunden werden.[1055] Insbesondere den zuständigen Behörden kommt dadurch ein großer Entscheidungsspielraum zu.[1056] Diese versuchen, ihren Spielraum durch Verwaltungsvorschriften zu begrenzen und ihre Entscheidungen dadurch zu objektivieren und transparent zu gestalten.[1057] Da diese Verwaltungsgrundsätze allein zu einer Selbstbindung führen, können die Leitlinien keine für die Gerichte verbindlichen Voraussetzungen enthalten.[1058] Letztere sind daher allein an die normativen Vorgaben gebunden. Dies ist ein Hauptargument dafür, dass die normativen Vorgaben zu unbestimmt und daher unions- bzw. verfassungswidrig sind.[1059] Darüber hinaus führt diese gesetzgeberische Konstruktion zu enormen Ineffizienzen in der öffentlichen Durchsetzung des Kartellrechts, die

---

1055 Zum europäischen Recht: *Schneider/Engelsing* in: MünchKommEUWettR, Art. 23 VO 1/2003 Rn. 78; *Schütz* in: KK-KartR, Art. 23 VO 1/2003 Rn. 6; *Schwarze,* WuW 2009, 6, 7. Zum deutschen Recht: *Bechtold/Bosch,* GWB, § 81 GWB Rn. 37.

1056 Zum europäischen Recht: *Engelsing,* WuW 2007, 470, 471; *Nowak* in: Loewenheim/Meessen/Riesenkampff/Kersting/Meyer-Lindemann, Art. 23 VO 1/2003 Rn. 29; *Soltész/Steinle/Bielesz,* EuZW 2003, 202, 203. Zum deutschen Recht: *Bechtold/Bosch,* GWB, § 81 GWB Rn. 29; *Thiele,* WRP 2006, 999, 1005.

1057 Zum europäischen Recht: *Bechtold/Bosch/Brinkner,* Art. 23 VO 1/2003 Rn. 34; *Dannecker/Biermann* in: Immenga/Mestmäcker, Art. 23 VO 1/2003 Rn. 140 f.; *Schneider/Engelsing* in: MünchKommEUWettR, Art. 23 VO 1/2003 Rn. 91, 98; *Sura* in: Langen/Bunte, Art. 23 VO 1/2003 Rn. 42; *Schütz* in: KK-KartR, Art. 23 VO 1/2003 Rn. 6. Zum deutschen Recht: *Dannecker/Biermann* in: Immenga/Mestmäcker, § 81 GWB Rn. 506.

1058 Zum europäischen Recht: *Dannecker/Biermann* in: Immenga/Mestmäcker, Art. 23 VO 1/2003 Rn. 148. Zum deutschen Recht: *Bach/Klumpp,* NJW 2006, 3524, 3525; *Raum* in: Langen/Bunte, § 81 GWB Rn. 217; *Vollmer* in: MünchKommGWB, § 81 GWB Rn. 122.

1059 Siehe dazu Teil 2.B.I.2., S. 70 ff. und Teil 2.B.II.1.a., S. 75 ff.

die gesellschaftliche Wohlfahrt beeinträchtigen. Dies betrifft zum einen die Möglichkeit der Behörden, ihre Bemessungspraxis jederzeit zu ändern, (unter I., S. 254) und zum anderen die fehlende Bindung der Gerichte (unter II., S. 257). Trotz dieser Ineffizienzen müssen die positiven Effekte großer Flexibilität berücksichtigt werden (unter III., S. 262).

I. Änderung der Bemessungspraxis

Sowohl der Kommission als auch dem BKartA steht es frei, ihre Verwaltungsvorschriften und ihre Bemessungspraxis jeder Zeit zu ändern.[1060] Da die normativen Vorgaben so vage sind, können die Behörden ihre Bemessungsmethoden auch in den grundlegenden Prinzipien ändern. So hat die Kommission ihre Bußgeldpraxis jeweils durch die Einführung neuer Leitlinien im Jahre 1998 und 2006 grundlegend geändert.[1061] Auch das BKartA hat 2013 nach einem Beschluss des BGH seine Bemessungsgrundsätze grundlegend modifiziert.[1062] Die normativen Vorgaben, die die Gerichte binden, blieben währenddessen jedoch gleich. Mit jeder Änderung der Leitlinien stellt sich daher die Frage, ob die jeweils neuen Bemessungsgrundsätze aus Sicht der Gerichte mit den normativen Vorgaben einschließlich der übergeordneten Rechtsprinzipien vereinbar sind.

Aus diesem Grund birgt jede Neuerung in den Verwaltungsvorschriften die Gefahr, dass die Gerichte diese Art der Bußgeldbemessung als unvereinbar mit den normativen Vorgaben ansehen. Dies steigert die Neigung von betroffenen Unternehmen Klagen zu erheben, da sie bei der Unvereinbarkeit der neuen Leitlinien zumindest teilweise einer Bußgeldzahlung entgehen könnten. Jeder Erlass neuer Bußgeldleitlinien löst daher Klagen der betroffenen Unternehmen wegen der Rechtsfragen aus, die noch nicht gerichtlich geklärt wurden. Dem kann nicht mit dem Argument entgegengetreten werden, dass die Rechtsprechung die Bußgeldpraxis der Behörden grundsätzlich gebilligt habe und Unternehmen daher in gerichtlichen Entscheidungen keine abweichende Geldbuße erwarten könnten.

1060 Zum europäischen Recht: EuG, Urteil vom 29.4.2004, Az. T-236/01 u.A., Slg. 2004, II-1181, Rn. 189 ff. – *Tokai Carbon*; EuGH, Urteil vom 28.6.2005, Az. C-189/02 P u.A., Slg. 2005, I-5425, Rn. 173, 227 ff. – *Dansk Rørindustri*; *Schwarze/Bechtold/Bosch*, Rechtsstaatliche Defizite, S. 27 f.; *Schneider/Engelsing* in: MünchKommEUWettR, Art. 23 VO 1/2003 Rn. 92; *Sura* in: Langen/Bunte, Art. 23 VO 1/2003 Rn. 45. Zum deutschen Recht: *Bach/Klumpp*, NJW 2006, 3524, 3525; *Raum* in: Langen/Bunte, § 81 GWB Rn. 217.

1061 Vgl. *Nowak* in: Loewenheim/Meessen/Riesenkampff/Kersting/Meyer-Lindemann, Art. 23 VO 1/2003 Rn. 29, 36; *Sura* in: Langen/Bunte, Art. 23 VO 1/2003 Rn. 43.

1062 Teil 2.A.II.3., S. 62 ff.

Insbesondere die Kommission rechtfertigt ihre Bußgeldpraxis damit, dass die europäische Rechtsprechung diese nie beanstandet habe.[1063] Im deutschen Recht ist die Rechtsprechung nicht zuletzt mit dem Beschluss des BGH vom 26. Februar 2013[1064] der Bußgeldbemessung durch das BKartA in einigen grundlegenden Aspekten entgegengetreten. Doch auch die europäische Rechtsprechung ist zunehmend restriktiver geworden.[1065] So hat der EuGH beispielsweise die Berücksichtigung von weit zurückliegenden Zuwiderhandlungen zur Begründung einer Wiederholungstat entgegen der Kommissionspraxis begrenzt.[1066] Auch hat das EuG entschieden, dass die Kommission einen bestimmenden Einfluss auf das Unternehmen, gegen das die alte Bußgeldentscheidung gerichtet war, zum Zeitpunkt der Zuwiderhandlung positiv feststellen muss.[1067] Mithin ist die Hoffnung der Unternehmen, dass die Gerichte die Bemessungspraxis der Behörden nicht uneingeschränkt tolerieren, nicht unbegründet. Daher besteht ein verstärkter Anreiz, Bemessungsgrundsätze der Bußgeldleitlinien bei jeder Neuerung gerichtlich überprüfen zu lassen, gegebenenfalls auch in mehreren Instanzen.

Diese verstärkten Klageanreize führen zum einen zu erhöhten Gerichtskosten, da jeder Aspekt der Leitlinien bei jeder Neuerung den vollen Instanzenzug durchläuft. So wird auch in den Verfahren zu den Bußgeldleitlinien der Kommission von 2006 die Berücksichtigung weit zurückliegender Verstöße als Wiederholungstaten durch die Betroffenen gerügt,[1068] obwohl zu diesem Aspekt bereits unter den Bußgeldleitlinien von 1998 grundlegende Entscheidungen des EuGH ergangen waren.[1069] Auch die Frage der Rückwirkung der Bußgeldleitlinien der

---

1063 Kommission, Jährlicher Bericht zur Wettbewerbspolitik 2011, S. 11. Ebenso *Schneider/Engelsing* in: MünchKommEUWettR, Art. 23 VO 1/2003 Rn. 94 f.; *Vollmer* in: MünchKommGWB, § 81 GWB Rn. 98.

1064 BGH, NJW 2013, 1972 – *Grauzement.*

1065 *Weitbrecht/Mühle,* EuZW 2012, 290, 291 f.; *Wiesbrock,* J. Eur. Comp. L. & Practice 4 (2013), 58, 59. *Dannecker/Biermann* in: Immenga/Mestmäcker, Art. 23 VO 1/2003 Rn. 223 zum Abschreckungsaufschlag. Laut *Barbier de la Serre/Lagathu,* J. Eur. Comp. L. & Practice 4 (2013), 325, 326 sei dieser Trend im Jahre 2012 wieder rückläufig.

1066 EuG, Urteil vom 13.12.2012, Az. T-103/08, Rn. 281 f. – *ENI,* bestätigt durch EuGH, Urteil vom 5.3.2015, Az. C-93/13 P, NZKart 2015, 231 – *Versalis.*

1067 EuG, Urteil vom 27.3.2014, Az. T-56/09 u.A., Rn. 311 ff. – *Saint-Gobain.*

1068 EuG, Urteil vom 17.5.2011, Az. T-343/08, Slg. 2011, II-2287, Rn. 63 ff. – *Arkema*; EuG, Urteil vom 13.12.2012, Az. T-103/08, Rn. 278 ff. – *ENI*; EuG, Urteil vom 27.3.2014, Az. T-56/09 u.A., Rn. 332 ff. – *Saint-Gobain.*

1069 EuGH, Urteil vom 8.2.2007, Az. C-3/06 P, Slg. 2007, I-1331, Rn. 36 ff. – *Groupe Danone* mit Verweis auf die Vorinstanz EuG, Urteil vom 25.10.2005, Az. T-38/02,

Kommission von 2006 wurde wieder vom EuG behandelt, obwohl dies zu den alten Leitlinien bereits entschieden wurde.[1070] Erst 2013 hat der BGH für das deutsche Recht entschieden, dass die Auslegung des § 81 Abs. 4 S. 2 GWB als Kappungsgrenze verfassungswidrig sei und die Bußgeldleitlinien des BKartA von 2006 daher hinfällig seien. Nachdem das BKartA 2013 neue Bußgeldleitlinien veröffentlicht hat, steht zu erwarten, dass der BGH in einigen Jahren wieder darüber zu entscheiden hat, ob die Entscheidungen aufgrund der neuen Leitlinien mit den gesetzlichen Vorgaben vereinbar sind.

Zum anderen wird durch diese normative Ausgestaltung erhebliche Rechtsunsicherheit über einen sehr langen Zeitraum erzeugt. Die Leitlinien der Behörden können für die betroffenen Unternehmen und die Behörden selbst erst einen verlässlichen und allgemein gültigen Leitfaden bilden, wenn die Gerichte in ihren Entscheidungen alle Aspekte der Bemessungsmethode bestätigt haben. Aber nicht jede Entscheidung der Gerichte führt zu mehr Rechtssicherheit. Sofern die Gerichte nur feststellen, dass eine bestimmte Bemessungsmethode nicht mit übergeordneten Rechtsgrundsätzen vereinbar ist, ist dadurch nicht geklärt, welche Methode den Anforderungen genügt. Wenn die Behörden ihre Bemessungspraxis anpassen, muss daher erneut deren Vereinbarkeit mit den übergeordneten Rechtsgrundsätzen durch die Gerichte geprüft werden. Im Extremfall kann sich dieser Vorgang mehrere Male wiederholen, bis die Behörde eine Bemessungsmethode gewählt hat, die von den Gerichten akzeptiert wird. Da es sich hierbei nicht um Einzelfallfragen, sondern um die grundlegende Bemessungsmethode handelt, ist der Anpassungsprozess langwieriger. Alle einzelnen Aspekte dieser Bemessungsmethode müssen durch zum Teil mehrere Urteile gerichtlich überprüft werden. Wäre die grundsätzliche Bemessungsmethode normativ vorgeschrieben, würde sich die gerichtliche Kontrolle auf das Vorgehen der Behörden im konkreten Einzelfall oder auf Detailfragen beschränken. So dauerte es beispielsweise nahezu sieben Jahre, bis der BGH die Auslegung des § 81 Abs. 4 S. 2 GWB als Kappungsgrenze durch die Leitlinien des BKartA als verfassungswidrig einstufte.[1071] Nachdem das BKartA nun neue Leitlinien veröffentlicht hat, wird wohl eine ähnliche Zeitspanne vergehen, bis die Bemessung nach diesen Leitlinien höchstrichterlich überprüft wurde. Es

---

Slg. 2005, II-4407, Rn. 353 ff. – *Danone*; EuGH, Urteil vom 17.6.2010, Az. C-413/08 P, Slg. 2010, I-5361, Rn. 67 ff. – *Lafarge*.

1070 EuG, Urteil vom 27.3.2014, Az. T-56/09 u.A., Rn. 266 ff. – *Saint-Gobain*. Zu den alten Bußgeldleitlinien der Kommission von 1998 EuGH, Urteil vom 28.6.2005, Az. C-189/02 P u.A., Slg. 2005, I-5425, Rn. 198 ff. – *Dansk Rørindustri*.

1071 Siehe dazu unter Teil 2.B.II.1.a.bb., S. 77.

wird daher weiterhin unklar sein, ob die Bemessung der Bußgelder durch das BKartA auf einer verfassungskonformen Methode beruht. Die wenigen normativen Vorgaben im europäischen und im deutschen Kartellbußgeldrecht führen daher zu einer lang anhaltenden Rechtsunsicherheit.

II. Fehlende Bindung der Gerichte

Da die Bußgeldleitlinien der Behörden lediglich Verwaltungsvorschriften sind, sehen sich die Gerichte nicht an die dort festgelegte Bußgeldbemessung gebunden.[1072] Dies führt zu einer Divergenz der Bemessungsmethode der Behörden und der Gerichte (unter 1., S. 257). Die rudimentären normativen Vorgaben haben zudem tiefgreifende Auswirkungen auf die Entscheidungen der Gerichte (unter 2., S. 261).

1. Divergenz der Bemessungsmethoden

Die Gerichte können die Bußgelder aufgrund der fehlenden Bindungswirkung nach vollkommen anderen Grundsätzen bemessen als die Behörden. Bei der Bußgeldbemessung sind daher zwei grundsätzlich unabhängige Methoden zu berücksichtigen: die Grundsätze der Leitlinien, nach denen die Behörde die Bußgelder bemisst, und die normativen Vorgaben, die die Grundlage für die Bemessung durch die Gerichte bilden.

Diese Divergenz besteht aber im deutschen und im europäischen Recht aufgrund des unterschiedlichen prozessualen Vorgehens nicht in gleichem Maße. Im deutschen Recht überprüft das OLG bei einem Einspruch nicht den ergangenen Bußgeldbescheid, sondern das Gericht entscheidet losgelöst vom Bußgeldbescheid über die vorgeworfene Zuwiderhandlung.[1073] Der Bußgeldbescheid dient allein als Abgrenzung des Prozessgegenstandes in sachlicher, räumlicher und zeitlicher Hinsicht.[1074] Im europäischen Recht hat das EuG und der EuGH die Befugnis der uneingeschränkten Nachprüfung der Bußgeldentscheidung der

1072 EuG, Urteil vom 14.3.2013, Az. T-588/08, Rn. 285 – *Dole*; EuG, Urteil vom 17.5.2011, Az. T-343/08, Slg. 2011, II-2287, Rn. 98 – *Arkema*; *Theurer*, Geldbußen im EU-Wettbewerbsrecht, S. 103 f.

1073 *Bohnert/Krenberger/Krumm*, OWiG, § 71 OWiG Rn. 3 f.; *Dannecker/Biermann* in: Immenga/Mestmäcker, § 83 GWB Rn. 30; *Senge* in: KK-OWiG, § 71 OWiG Rn. 6.

1074 *Bohnert/Krenberger/Krumm*, OWiG, § 71 OWiG Rn. 3 f.; *Dannecker/Biermann* in: Immenga/Mestmäcker, § 83 GWB Rn. 30; *Senge* in: KK-OWiG, § 71 OWiG Rn. 6.

Kommission (Art. 31 VO 1/2003).[1075] Mithin ist die Entscheidung der Kommission selbst Ausgangspunkt im Verfahren vor den Gerichten.

Daher wird die Diskrepanz zwischen behördlichem und gerichtlichem Verfahren besonders im deutschen Kartellordnungswidrigkeitenrecht deutlich. Die Gerichte bemessen eine Geldbuße innerhalb eines gesetzlich vorgegebenen Bußgeldrahmens allein nach den Zumessungskriterien des GWB und des OWiG.[1076] Das besondere Bemessungsverfahren, das die alten und die neuen Bußgeldleitlinien des BKartA vorsehen, wird in den Urteilen des OLG Düsseldorf und des BGH nicht erwähnt und spielt bei der gerichtlichen Bemessung keine Rolle.[1077] Insbesondere die Bußgeldleitlinien des BKartA von 2013 weichen durch die Etablierung eines „Rahmens im Rahmen“ sehr von der Rechtsprechung nach dem *Grauzement*-Beschluss ab.[1078] Zwar ist es sinnvoll, dass die Gerichte einzelne Aspekte der Bußgeldleitlinien auch in ihrer Bemessung berücksichtigen, um eine gewisse Kongruenz herzustellen.[1079] Trotzdem handelt es sich um unterschiedliche Bemessungsmethoden, die eine eigene Systematik haben und in der Literatur auch getrennt behandelt werden.[1080] In der anwaltlichen Beratung müssen daher je nach Verfahrensstand unterschiedliche Bemessungssysteme beachtet werden.

Im Gegensatz dazu ist diese Divergenz im europäischen Recht nicht so deutlich ausgeprägt. Die europäische Rechtsprechung hat ein eher ambivalentes Verhältnis zu den Leitlinien der Kommission. Die europäischen Gerichte beschränken sich zumeist auf die Prüfung, ob die Kommission ihre eigenen Leitlinien unter

---

1075 *Dannecker/Biermann* in: Immenga/Mestmäcker, Art. 31 VO 1/2003 Rn. 5 ff.; *Weiß* in: Loewenheim/Meessen/Riesenkampff/Kersting/Meyer-Lindemann, Art. 31 VO 1/2003 Rn. 3 ff.

1076 *Bach/Klumpp*, NJW 2006, 3524, 3525; *Bechtold/Bosch*, GWB, § 81 GWB Rn. 41; *Raum* in: Langen/Bunte, § 81 GWB Rn. 217. Vgl. zu diesen Kriterien Teil 2.A.II.2.g., S. 60.

1077 Vgl. OLG Düsseldorf, Urteil vom 26.6.2009, Az. VI-2a Kart 2 – 6/08 OWi, u.A., Rn. 637 ff. – *Zementkartell*, bestätigt durch BGH, NJW 2013, 1972, Rn. 80 ff. – *Grauzement*; OLG Düsseldorf, NZKart 2013, 122 – *Silostellgebühren I.*

1078 Siehe unter Teil 2.A.II.3., S. 62 ff.

1079 Ebenso *Dannecker/Biermann* in: Immenga/Mestmäcker, § 81 GWB Rn. 578; *Raum* in: Langen/Bunte, § 81 GWB Rn. 217.

1080 Vgl. *Raum* in: Langen/Bunte, § 81 GWB Rn. 192 ff., der unter der Überschrift „Grundsätze der Bußgeldbemessung (Abs. 4 S. 6)“ die Leitlinien des BKartA nicht erwähnt, sondern erst unter dem Abschnitt „Verwaltungsgrundsätze (Abs. 7)“, *Raum* in: Langen/Bunte, § 81 GWB Rn. 216. Ebenso *Dannecker/Biermann* in: Immenga/Mestmäcker, § 81 GWB Rn. 474 ff. und 479 ff. Ähnlich *Bechtold/Bosch*, GWB, § 81 GWB Rn. 38, 39.

Berücksichtigung der allgemeinen Grundsätze des Unionsrechts angewandt hat.[1081] Dadurch akzeptieren sie die Bußgeldleitlinien der Kommission von 2006 faktisch als Bemessungsgrundlage.[1082] Gleichwohl betont der EuGH regelmäßig, dass er nicht an die Bestimmungen der Leitlinien gebunden sei, sondern nur an das europäische Primär- und Sekundärrecht, insbesondere die allgemeinen Rechtsgrundsätze des Unionsrechts und die GRCh.[1083] So sei die Rechtsgrundlage der Geldbuße nicht eine Bestimmung der Bußgeldleitlinien der Kommission von 2006, sondern allein Art. 23 Abs. 2 und 3 VO 1/2003.[1084] Daher werden Nichtigkeitsklagen gegen Bußgeldbescheide der Kommission hauptsächlich mit der Verletzung der allgemeinen Rechtsgrundsätze der Union, der GRCh, der EMRK oder des Art. 23 Abs. 2, 3 VO 1/2003 begründet.[1085] Die Argumentation der Unternehmen zur Verteidigung gegen die erhobenen Vorwürfe unterscheidet sich so trotz eines einheitlichen Verfahrens. Im behördlichen Verfahren vor der Kommission müssen sie sich auf Erwägungen der Leitlinien stützen. Im gerichtlichen Verfahren hingegen müssen sie sich auch auf die genannten allgemeinen Rechtsgrundsätze berufen, die zur Lösung spezieller Probleme der Bußgeldbemessung herangezogen werden müssen. Diese Unterschiede müssen in der anwaltlichen Beratung berücksichtigt werden und erfordern unterschiedliche

---

1081 *Sura* in: Langen/Bunte, Art. 31 VO 1/2003 Rn. 5; *Theurer*, Geldbußen im EU-Wettbewerbsrecht, S. 103 f.; *Weiß* in: Loewenheim/Meessen/Riesenkampff/Kersting/Meyer-Lindemann, Art. 31 VO 1/2003 Rn. 6.

1082 *Schwarze/Bechtold/Bosch*, Rechtsstaatliche Defizite, S. 58 f.; *Dannecker/Biermann* in: Immenga/Mestmäcker, Art. 31 VO 1/2003 Rn. 13; *Schneider/Engelsing* in: MünchKommEUWettR, Art. 23 VO 1/2003 Rn. 179. Vgl. dazu zuletzt EuG, Urteil vom 20.5.2015, Az. T-456/10, Rn. 82 ff. – *Timab*, wo das EuG die Bußgeldbemessung durch die Kommission anhand der Leitlinien nachvollzogen hat. Siehe auch EuG, Urteil vom 14.5.2014, Az. T-406/09, Rn. 61 – *Donau Chemie*.

1083 *Böse* in: Frankfurter Kommentar, Art. 31 VO 1/2003 Rn. 13; *Dannecker/Biermann* in: Immenga/Mestmäcker, Art. 23 VO 1/2003 Rn. 139; *Theurer*, Geldbußen im EU-Wettbewerbsrecht, S. 103 f.

1084 EuG, Urteil vom 14.3.2013, Az. T-588/08, Rn. 285 – *Dole*; EuG, Urteil vom 17.5.2011, Az. T-343/08, Slg. 2011, II-2287, Rn. 98 – *Arkema*. So auch nachdrücklich *Barbier de la Serre/Lagathu*, J. Eur. Comp. L. & Practice 6 (2015), 530, 549 ff.

1085 Siehe zuletzt die Klagen von Silver Plastics u.a., Klage vom 11.9.2015, Az. T-582/15 – Lebensmitteleinzelhandelverpackungen; CCPL u.a., Klage vom 10.9.2015, Az. T-522/15 – Lebensmitteleinzelhandelverpackungen; Printeos u.a., Klage vom 20.2.2015, Az. T-95/15 – *Briefumschläge*; Philips u.a., Klage vom 13.11.2014, Az. T-762/14 – *Smartkarten-Chips*; Hitachi, Klage vom 17.6.2014, Az. T-448/14 – *Energiekabel*. Teilweise erfolgt auch ein unterstützender Hinweis auf die Bußgeldleitlinien der Kommission von 2006.

Verteidigungsstrategien. Wäre die Bemessungsmethode normativ vorgegeben, müsste sie in beiden Verfahren im gleichen Maße berücksichtigt werden.

Im Fall *Sasol* hat das EuG noch einmal bekräftigt, dass es nicht an die Bußgeldleitlinien der Kommission gebunden ist.[1086] Es hatte entschieden, dass die Erwägungen der Kommission nicht ausreichten, um eine wirtschaftliche Einheit zwischen der *Sasol Holding in Germany GmbH* bzw. der *Sasol Ltd* und der *Schümann Sasol GmbH & Co. KG* bzw. *Schümann Sasol International AG* zu begründen.[1087] Die verhängte Geldbuße von ca. 179,7 Mio. € überstieg daher 10 % des Gesamtumsatzes in Höhe von 480,8 Mio. € der *Schümann Sasol GmbH & Co. KG* bzw. deren Rechtsnachfolgerin.[1088] Daher setzte das EuG die Geldbuße auf ca. 48 Mio. € fest.[1089] Die Kommission beantragte daraufhin die Berichtigung der Entscheidung nach Art. 84 Abs. 1 Verfahrensordnung des Gerichts[1090], da nach der Berechnungsmethode der Bußgeldleitlinien der Kommission von 2006 ein höheres Bußgeld hätte verhängt werden müssen.[1091] Das EuG verwarf diesen Antrag als unzulässig, da es im Urteil bewusst eine andere Berechnungsmethode verwendet habe, als die Bußgeldleitlinien der Kommission von 2006 vorgeben.[1092] Dies ist allerdings erstaunlich, da in der entsprechenden Stelle im Urteil nur davon die Rede ist, dass das Bußgeld „auf 10 % des Umsatzes (…) zu begrenzen (ist)." Daher sei der „gegen Sasol Wax und Sasol Wax International verhängte Teil der fraglichen Geldbuße auf 48 080 000 Euro herabzusetzen."[1093] Diese Formulierung lässt jedoch keine Rückschlüsse auf eine Berechnung zu.[1094] Würde eine einheitliche Bemessungsgrundlage für die Behörde und das Gericht gelten, könnte diese Rechtsunsicherheit beseitigt werden. Das Fehlen einer einheitlichen Bemessungsmethode wird besonders auch im Fall *E.ON/GDF* deutlich, in dem das EuG die festgestellte Dauer der Zuwiderhandlung in Frankreich von 5,5 auf 4 Jahre herabsetzte; die festgestellte Dauer von 7,5 Jahren für die

---

1086 EuG, Anordnung vom 18.9.2014, Az. T-541/08 REC, Rn. 5 f. – *Sasol Neuberechnung.*

1087 EuG, Urteil vom 11.7.2014, Az. T-541/08, Rn. 456 f. – *Sasol.*

1088 EuG, Urteil vom 11.7.2014, Az. T-541/08, Rn. 458 – *Sasol.*

1089 EuG, Urteil vom 11.7.2014, Az. T-541/08, Rn. 462 – *Sasol.*

1090 Verfahrensordnung des Gerichts vom 2.5.1991, ABl. 1991, Nr. L 136, zuletzt geändert am zuletzt geändert am 19.6.2013 (ABl. 2013, Nr. L 173/66).

1091 EuG, Anordnung vom 18.9.2014, Az. T-541/08 REC, Rn. 2 – *Sasol Neuberechnung.*

1092 EuG, Anordnung vom 18.9.2014, Az. T-541/08 REC, Rn. 5 – *Sasol Neuberechnung.*

1093 EuG, Urteil vom 11.7.2014, Az. T-541/08, Rn. 462 – *Sasol.*

1094 Ebenfalls kritisch *Barbier de la Serre/Lagathu,* J. Eur. Comp. L. & Practice 6 (2015), 530, 552.

Zuwiderhandlung in Deutschland blieb unbeanstandet.[1095] Nach den Leitlinien der Kommission hätte die Geldbuße trotz dieser geringfügigen Änderung um ca. 50 % reduziert werden müssen.[1096] Dies erschien dem Gericht unangemessen, sodass es die Geldbuße ohne weitere Erläuterungen zur verwendeten Bemessungsmethode von 553 auf 320 Mio. € reduzierte.[1097]

Mithin entstehen insbesondere im deutschen Kartellsanktionsrecht Ineffizienzen, da keine Bemessungsmethode existiert, die sowohl für das Verwaltungs- als auch für das Gerichtsverfahren verbindlich ist. Im Bereich der anwaltlichen Beratung entstehen zusätzliche Kosten, da für ein Mandat beide Bemessungssysteme berücksichtigt werden müssen, um eine Verteidigung im Verwaltungsverfahren und die Beurteilung der Erfolgschancen eines Rechtsmittels zu ermöglichen. Aber auch im europäischen Kartellsanktionsrecht entstehen erhebliche Ineffizienzen. Zwar prüft die europäische Rechtsprechung die Bußgeldbemessung grundsätzlich anhand der Bußgeldleitlinien der Kommission. In einigen Fällen erfolgt allerdings eine Neuberechnung, die in keiner Weise nachvollziehbar ist und sich alleine an den normativen Vorgaben orientiert.

Die genannten Ineffizienzen der unterschiedlichen Bemessung führen zu einer Beeinträchtigung der gesellschaftlichen Wohlfahrt.[1098]

2. Unzureichende normative Vorgaben

Darüber hinaus zeigen die Entscheidungen des EuG, dass die Bemessung von ökonomisch effizienten Bußgeldern durch die Gerichte noch mehr vom Zufall abhängt als bei der Bemessung durch die Behörden. Die normativen Vorgaben berücksichtigen die Aspekte, die zu einer ökonomisch effizienten Sanktion führen, nur unzureichend.[1099] Die Gerichte müssen die Schwere und die Dauer der Zuwiderhandlung berücksichtigen und die Geldbuße muss bei 10 % des Gesamtumsatzes gekappt werden. Unterhalb dieser Grenze sind die Gerichte völlig frei, welchen Bezugspunkt sie zur Berücksichtigung der Schwere und Dauer wählen. Es bestünde zwar theoretisch die Möglichkeit, dass die Gerichte die Geldbuße anhand der ökonomisch relevanten Faktoren bemessen. Sie verzichten aber bewusst auf jede Begründung der neu bemessenen Werte. Ein Zusammenhang zu den ökonomischen Auswirkungen ist daher nicht festzustellen.

1095 EuG, Urteil vom 29.6.2012, Az. T-360/09, Rn. 298 – *E.ON/GDF.*

1096 EuG, Urteil vom 29.6.2012, Az. T-360/09, Rn. 303 – *E.ON/GDF.*

1097 EuG, Urteil vom 29.6.2012, Az. T-360/09, Rn. 305 – *E.ON/GDF.*

1098 Diese Beeinträchtigung dürfte jedoch geringer sein, als der Wohlfahrtsverlust durch die erhöhten Klageanreize und Gerichtskosten, vgl. dazu oben unter Teil 4.C.I., S. 254.

1099 Siehe unter Teil 4.A., S. 203.

Dies wird besonders deutlich im oben bereits beschriebenen Fall *Sasol*, in dem das EuG die zugemessene Geldbuße mit keinem Wort erläutert, im Nachhinein aber behauptet, dass es gleichsam in offensichtlicher Art und Weise eine andere Bemessungsmethode als die in den Kommissionsleitlinien verwendet habe. Selbst wenn diese offensichtliche Abweichung zuträfe, hätte das Gericht immer noch nicht konkretisiert, welche Bemessungsmethode es verwendet hat und welche Faktoren sie beeinflussen. Auch im Fall *E.ON/GDF* ist unklar, inwieweit die ökonomischen Auswirkungen und ein Aufschlag zur Berücksichtigung der Entdeckungswahrscheinlichkeit eine Geldbuße von 320 Mio. € erforderten.

Da die Gerichte alleine an die normativen Vorgaben gebunden sind, ist die Berücksichtigung der nach der ökonomischen Theorie wesentlichen Faktoren in noch geringerem Maße sichergestellt als bei der Bemessung durch die Behörden. Die Bemessung durch die Gerichte erscheint vielmehr in ökonomischer wie in juristischer Hinsicht willkürlich.

Dies trifft ebenso bei der Bußgeldbemessung durch die deutschen Gerichte zu. Zwar sind die Bemessungsgrundsätze nicht so rudimentär ausgestaltet wie im europäischen Recht.[1100] Jedoch berücksichtigen Geldbußen, die in einem Bußgeldrahmen mit Bezug zum Gesamtumsatz der wirtschaftlichen Einheit bemessen werden, die ökonomischen Auswirkungen der Zuwiderhandlung in einem noch geringeren Maße.[1101]

III. Mögliche positive Auswirkungen

In bestimmten Fällen kann es ökonomisch sinnvoll sein, dass die normativen Vorgaben der zuständigen Behörde im Einzelfall einen großen Entscheidungsspielraum belassen.

Zum einen kann in einer Norm nicht jeder Einzelfall geregelt werden. Zum anderen ist es äußerst ineffizient, wenn bei jeder Änderung der Rahmenbedingungen das gesamte Normsetzungsverfahren durchlaufen werden müsste, um die bestehenden Vorschriften daran anzupassen. Es ist zeit- und ressourcenschonender, wenn die zuständige Behörde dies im Einzelfall in ihrer Praxis berücksichtigt und dann der Kontrolle der Gerichte unterworfen ist.[1102] Insbesondere im Bereich der Wettbewerbsverstöße kann zusätzlich angeführt werden, dass ein Konsens über die effektivste Bemessungsmethode für abschreckende Geldbußen

1100 Siehe unter Teil 2.B.II.1.b., S. 78.

1101 Siehe unter Teil 4.A.II., S. 209 ff.

1102 *Ackermann*, ZWeR 2010, 329, 341. Vgl. zu diesem Argument im Kontext zu Art. 80 Abs. 1 GG: *Bauer* in: Dreier, GG, Art. 80 GG Rn. 12; *Degenhart*, Staatsrecht I, Rn. 351; *Wallrabenstein* in: Münch/Kunig, GG, Art. 80 Rn. 2.

nicht besteht. Dies zeigt schon die Vielzahl der verschiedenen Bemessungsmethoden, die in den einzelnen Kartellrechtsordnungen der Welt angewandt werden.[1103] Würde eine bestimmte Methode normativ vorgeschrieben werden, die sich im Nachhinein als ineffektiv oder nicht hinreichend abschreckend herausstellen sollte, müsste diese ständig im ordentlichen Normsetzungsverfahren an die aktuellen Erkenntnisse angepasst werden. Wird der zuständigen Behörde bei der Wahl der Bemessungsmethode jedoch ein Entscheidungsspielraum eingeräumt, kann sie ihre Verwaltungsvorschriften schneller und flexibler anpassen.

Diese positiven Auswirkungen eines großen Entscheidungsspielraums treten aber nur dann ein, wenn die Kosten der zusätzlichen Gerichtsverfahren, in denen die ordnungsgemäße Ausübung der Entscheidungsfreiheit durch die Behörde kontrolliert werden, geringer sind, als die Kosten des Normsetzungsverfahrens. Üblicherweise wird der Entscheidungsspielraum der Behörde konkretisiert, weil die Gerichte in ihren Entscheidungen verbindliche Aussagen zu einem bestimmten Einzelfall treffen. Dadurch begrenzen oder bestätigen sie die Entscheidungsfreiheit der Behörde. Mit der Zeit wird die Rechtsunsicherheit so kontinuierlich reduziert und die Anzahl der Gerichtsverfahren wird zurückgehen. In diesem Fall ist die Einräumung eines Entscheidungsspielraums für die Behörde langfristig günstiger, als die normativen Vorgaben in mehreren Gesetzgebungsverfahren anzupassen. Sollte der Entscheidungsspielraum der Behörde allerdings so weit reichen, dass eine Vielzahl von Gerichtsentscheidungen für eine Konkretisierung notwendig ist, könnten die Gerichtskosten die Kosten des Normsetzungsverfahrens übersteigen.

Wie bereits erläutert, ist die Bemessung der Geldbuße im Kartellrecht bis auf wenige Grundlagen nicht normativ festgeschrieben. Der Entscheidungsspielraum

---

1103 In Deutschland war bis 2005 der dreifache Mehrerlös Grundlage der Bußgeldbemessung, *Klusmann* in: Wiedemann, Kartellrecht, § 57 Rn. 83 ff.; *Achenbach* in: Frankfurter Kommentar, § 81 GWB Rn. 662 ff. In China können Bußgelder von 1 % bis 10 % des Unternehmensumsatzes des letzten Jahres verhängt werden, *Ritzenhoff* in: Frankfurter Kommentar, C. Chinesisches Kartellrecht Rn. 38. In vielen europäischen Staaten erfolgt die Bußgeldbemessung nach dem europäischen Vorbild anhand des Gesamtumsatzes und des tatbezogenen Umsatzes, vgl. für Frankreich *Hertslet/Heintz* in: Frankfurter Kommentar, D. Französisches Kartellrecht Rn. 185 ff. In der Schweiz können Sanktionen bis zu 10 % des in den letzten drei Geschäftsjahren erzielten Inlandsumsatzes verhängt werden, *Reich/Reinert* in: Frankfurter Kommentar, F. Schweizer Kartellrecht Rn. 86. In den USA ist eine feste Obergrenze der Sanktion und alternativ der zweifache Gewinn oder Schaden aus dem Verstoß vorgegeben, *Blechman/Patterson* in: Frankfurter Kommentar, A. U.S. Antitrust Recht Rn. 18. Die Sanktionsbemessung erfolgt dann anhand des tatbezogenen Umsatzes, *Deselaers*, WuW 2006, 118, 125.

der Wettbewerbsbehörden umfasst daher nahezu alle Einzelheiten der Bußgeldbemessung. Die Gerichte befassen sich in ihren Entscheidungen allerdings nur mit den Aspekten, die im konkreten Einzelfall entscheidungserheblich sind und von den Parteien vorgetragen werden.[1104] Es erfordert daher zahlreiche Gerichtsentscheidungen, bis allein die Grundlagen der Bußgeldbemessung gerichtlich überprüft sind. Die Vergangenheit hat auch gezeigt, dass die Gerichte diesen Prozess nicht dadurch beschleunigen, dass sie positive Aussagen über Bemessungsmethoden treffen, die nach ihrer Ansicht mit den übergeordneten Rechtsprinzipien vereinbar sind.[1105] Dies ist auch zwingend, da die konkrete Ausgestaltung der Bußgeldbemessung durch die normative Ausgestaltung den Wettbewerbsbehörden zugewiesen ist. Das europäische Kartellsanktionsrecht zeigt aber, dass dieser Anpassungsprozess über die gerichtliche Kontrolle auch nach mehreren Jahrzehnten kaum vorangekommen ist. Die normativen Vorgaben zur Verhängung von Geldbußen gegen Unternehmen bestehen nahezu unverändert seit Erlass der VO 17/62 am 6.2.1962. Wie oben gezeigt, konnte die Kommission unter Kontrolle der europäischen Gerichte in den vergangenen 50 Jahren jedoch keine effektive Bemessungsmethode entwickeln. Der immense Entscheidungsspielraum der Kommission ist daher im Laufe der Jahre nicht konkretisiert worden. Ähnliches ist wohl für das deutsche Recht zu erwarten.[1106] Die fortbestehende Rechtsunsicherheit zieht daher weiterhin eine erhöhte Anzahl an Klagen nach sich. Unter diesen Umständen erscheint es naheliegend, dass eine

---

1104 Vgl. zum europäischen Recht EuG, Urteil vom 16.9.2013, Az. T-373/10 u.A., Rn. 398 – *Villeroy & Boch*; *Schwarze/Bechtold/Bosch,* Rechtsstaatliche Defizite, S. 56 f.; *Sachs,* Ex-officio-Prüfung, S. 62; allgemein *Dörr/Lenz,* Europäischer Verwaltungsrechtsschutz, Rn. 178; *Neumann* in: Rengeling/Middeke/Gellermann, Rechtsschutz, § 21 Rn. 5. Im deutschen Ordnungswidrigkeitenrecht muss das zuständige Gericht die Rechtmäßigkeit von Amts wegen insgesamt überprüfen, sodass die Kontrolldichte etwas größer ist, vgl. *Bechtold/Bosch,* GWB, Vorb. § 81 GWB Rn. 5; *Dannecker/Biermann* in: Immenga/Mestmäcker, Vorb. § 81 GWB Rn. 292.

1105 Vgl. *Bronett,* KartellverfahrensR, Art. 31 VO 1/2003 Rn. 14; *Dannecker/Biermann* in: Immenga/Mestmäcker, Art. 31 VO 1/2003 Rn. 13; *Sura* in: Langen/Bunte, Art. 23 VO 1/2003 Rn. 5. Ebenso BGH, NJW 2013, 1972, 1973 ff. – *Grauzement*, der die Auslegung des § 81 Abs. 4 S. 2 GWB als Kappungsgrenze für verfassungswidrig erklärt und als Bußgeldrahmen interpretiert; die konkrete Ausgestaltung der Bemessung lässt er allerdings offen.

1106 So hat es ca. sieben Jahre gedauert, bis sich der BGH zu einer Frage der Bußgeldbemessung nach § 81 Abs. 4 S. 2 GWB in der Fassung der 7. GWB-Novelle geäußert hat, vgl. BGH, NJW 2013, 1972, 1973 ff. – *Grauzement.*

normative Festlegung der grundlegenden Bemessungsmethode gesellschaftlich günstiger ist, selbst wenn sie einige Male angepasst werden muss.

Wenn umfangreiche Regelungen die Bemessung der Bußgelder grundsätzlich vorschreiben würden, würden unzählige Gerichtsverfahren zu den grundlegenden Prinzipien vermieden werden. Die übrigen gerichtlichen Verfahren beschränkten sich dann im Wesentlichen auf die Auslegung der Vorschriften im konkreten Einzelfall. Bei der Berücksichtigung der Besonderheiten des Einzelfalls sollten die Behörden nämlich weiterhin Entscheidungsfreiheit genießen, die gerichtlich überprüfbar ist. Es wäre nicht vorteilhaft, wenn zum Beispiel alle erschwerenden und mildernden Faktoren abschließend normativ festgelegt würden. Würde sich im Einzelfall ein nicht geregelter Aspekt als bedeutsam erweisen, könnte er nicht berücksichtigt werden, bis auch er in die Bemessungsnorm aufgenommen wurde. Hier ist es weiterhin günstiger, wenn die genannten Faktoren nur allgemein festgelegt würden. So kann die Behörde im Einzelfall neue Faktoren berücksichtigen, die durch die Gerichte an den übergeordneten Rechtsprinzipien zu messen wären. Da sich dieser Entscheidungsspielraum auch nur auf den betreffenden Einzelfall bezieht, kann er durch einzelfallbezogene Gerichtsentscheidungen auch zügig konkretisiert werden.[1107] Des Weiteren erscheint die Annahme plausibel, dass diese Klagen im Einzelfall nicht mit demselben Nachdruck verfolgt würden wie Klagen, die das grundlegende Bemessungssystem betreffen. Sie sollten daher in der Regel nicht den gesamten Instanzenzug durchlaufen. Bei einer normativen Ausgestaltung der Bemessungsgrundsätze würde die Anzahl der Klagen daher wohl geringer sein.

Die positiven Effekte einer großen Flexibilität der Verfolgungsbehörden treten im Kartellsanktionsrecht mithin nicht ein. Da der Entscheidungsspielraum der Behörden auch die grundlegenden Elemente des Bemessungsverfahrens umfasst, ist eine Vielzahl von Gerichtsverfahren nötig, bis der Umfang dieses Spielraums konkretisiert ist. Mithin ist eine normative Ausgestaltung dieses grundlegenden Bemessungsvorgangs effizienter.

IV. Zwischenergebnis

Der große Entscheidungsspielraum der Kartellbehörden, der durch die rudimentäre normative Ausgestaltung eingeräumt wird, führt zur Minderung der gesellschaftlichen Wohlfahrt. Dadurch, dass die Behörden ihre Bemessungsmethoden

1107 So kann die Berücksichtigung eines neuen erschwerenden Faktors durch die Behörde sofort gerichtlich überprüft werden, wenn gegen diesen Bußgeldbescheid Rechtsmittel eingelegt werden.

jederzeit vollständig ändern können, kann keine gefestigte Bemessungsgrundlage entstehen. Diese Nachteile können auch nicht durch positive Effekte wie die größere Flexibilität der Kartellbehörden in grundlegenden Bemessungsfragen ausgeglichen werden. Die Vielzahl der Gerichtsentscheidungen, die zur Konkretisierung des Entscheidungsspielraums der Behörden nötig sind, ist kostspieliger als die Anpassung der normativen Vorgaben im Normsetzungsverfahren. Eine normative Ausgestaltung der grundlegenden Bemessungsmethode ist daher ökonomisch effizienter.

D. Ergebnis

Die geltenden europäischen und deutschen Bußgeldregeln sind aus ökonomischer Sicht äußerst ineffizient. Die normativen Vorgaben sind rudimentär und geben kaum Bemessungsgrundlagen vor, die nach der ökonomischen Theorie der öffentlichen Rechtsdurchsetzung zu einer abschreckenden Geldbuße führen. Insbesondere ist die Orientierung am Gesamtumsatz des Unternehmens nach der ökonomischen Theorie äußerst ineffizient. Alleine die Orientierung an den ökonomischen Auswirkungen kann zu effizienten Ergebnissen führen, wenn die Verfolgungsbemühungen der Behörde nicht auf den individuellen Gesamtumsatz der Unternehmen abgestimmt werden können. Darüber hinaus erscheint die Wahl der Obergrenze von 10 % willkürlich. Die Berücksichtigung der Leistungsfähigkeit kann viel effektiver in jedem Einzelfall erfolgen. Die aktuellen Bußgeldleitlinien der Kommission und des BKartA führen des Weiteren nicht zu einer abschreckenden Geldbuße, sondern mindern die gesellschaftliche Wohlfahrt durch Erhöhungsfaktoren, die vollkommen unabhängig von der Abschreckungswirkung sind. Darüber hinaus erzeugt das normative Regelwerk, das den Behörden einen äußerst weiten Entscheidungsspielraum einräumt, Wohlfahrtsverluste, weil es fortwährend zu neuen Gerichtsverfahren führt. Die geltenden Bußgeldvorschriften beeinträchtigen daher die gesellschaftliche Wohlfahrt und sollten durch eine effektive Regelung ersetzt werden.

Teil 5. Optimales System des Kartellbußgeldrechts

Im folgenden Teil wird ein Bußgeldsystem für Kartellrechtsverstöße von Unternehmen entwickelt, das sowohl die eingangs dargestellten juristischen Grundsätze (vgl. Teil 2.B., S. 67 ff.) als auch die Erkenntnisse der ökonomischen Theorie der öffentlichen Rechtsdurchsetzung berücksichtigt (vgl. Teil 3., S. 83 ff.). Dieses System soll die geltenden europäischen und deutschen Bußgeldregelungen ersetzten, welche erheblicher, juristischer Kritik ausgesetzt sind (vgl. Teil 2.B., S. 67 ff.) und aus ökonomischer Sicht schwerwiegende Ineffizienzen erzeugen (vgl. Teil 4, S. 203 ff.).

Die Ausarbeitung dieses Bußgeldsystems erfordert die Ermittlung der relevanten Bezugsgrößen einer normativen Ausgestaltung (unter A., S. 267 ff.) und die Ausgestaltung des Vorgangs der Bußgeldbemessung (unter B., S. 317 ff.). Im Anschluss daran muss das vorgestellte Bußgeldregime an juristischen und ökonomischen Kriterien gemessen werden (unter C., S. 358 ff.).

A. Ausgangspunkt

Zuerst muss geklärt werden, ob die ökonomische Formel einer optimalen Sanktion als grundlegender Ausgangspunkt einer normativen Ausgestaltung dienen kann (unter I., S. 267 ff.). Diese Formel als Ausgangspunkt erfordert die Ermittlung einer aussagekräftigen Näherung an die Auswirkungen der Zuwiderhandlung (unter II., S. 269 ff.) und an die Entdeckungswahrscheinlichkeit (unter III., S. 303 ff.).

I. Ökonomische Formel als Leitmotiv

Nach der ökonomischen Theorie der öffentlichen Rechtsdurchsetzung sollte die optimale Geldbuße auch unter Berücksichtigung der dargestellten Erweiterungen nach folgender Formel bestimmt werden:[1108]

$$f = \frac{1}{p} \cdot h$$

Die Geldbuße stellt danach das Produkt aus dem Kehrwert der Entdeckungswahrscheinlichkeit und dem Schaden dar. Diese formelhafte Definition kann aber nicht direkt als Grundlage einer Norm zur Bemessung einer Sanktion dienen.

1108 Vgl. Teil 3.B.II.3., S. 129 ff.

Aus juristischer Sicht darf die Bemessung einer Sanktion nicht auf einer mathematischen Formel beruhen.[1109] Bei einer allgemeinen, formelhaften Berechnung könnte nämlich nicht sichergestellt werden, dass alle relevanten Faktoren des Einzelfalls ausreichend berücksichtigt werden. Im deutschen Ordnungswidrigkeitenrecht gilt dies insbesondere für die Kriterien der persönlichen Vorwerfbarkeit in § 17 Abs. 3 OWiG.[1110] Im europäischen Recht ist die Kommission im Rahmen ihres weiten Entscheidungsspielraums ebenfalls verpflichtet, alle Faktoren des Einzelfalls zu berücksichtigen.[1111] Dasselbe gilt für die umfassende Nachprüfungskompetenz des EuG.[1112] Diese Befürchtung einer unzureichenden Berücksichtigung des Einzelfalls gilt in besonderem Maße für die oben genannte Formel der optimalen Geldbuße, da die zwei enthaltenen Variablen die individuellen Unterschiede der einzelnen Fälle nicht annähernd abbilden können.

Die Elemente der Formel stellen jedoch auch aus juristischer Sicht entscheidende Faktoren des Einzelfalls dar, die für die Bemessung einer Sanktion eine entscheidende Rolle spielen. Der durch den Wettbewerbsverstoß verursachte Schaden bzw. Gewinn sind wichtige Elemente der Schwere der Tat bzw. der Bedeutung der Ordnungswidrigkeit.[1113] Die Einbeziehung der Entdeckungswahrscheinlichkeit dient zudem dazu, dass eine Geldbuße auch dann abschreckend wirkt, wenn nicht jedes Kartell aufgedeckt wird. Dadurch wird dem präventiven Zweck der Geldbuße zur Geltung verholfen.[1114] Daher ist es auch aus juristischer Sicht sinnvoll, die in der Formel enthaltenen Elemente als Ausgangspunkt für die

---

1109 Zum deutschen Recht: *Bach/Klumpp*, NJW 2006, 3524, 3527; *Dannecker/Biermann* in: Immenga/Mestmäcker, § 81 GWB Rn. 507; *Mitsch* in: KK-OWiG, 4. Aufl. 2014, § 17 OWiG Rn. 31. Zum europäischen Recht: *Dannecker/Biermann* in: Immenga/Mestmäcker, Art. 23 VO 1/2003 Rn. 129.

1110 *Göhler*, NStZ 1986, 18, 19 (OLG Düsseldorf); *Janiszewski*, NStZ 1994, 272, 276 (OLG Düsseldorf).

1111 Grundlegend EuGH, Urteil vom 16.11.2000, Az. C-283/98 P, Slg. 2000, I-9855, Rn. 47 – *Mo och Domsjö*.

1112 Grundlegend EuGH, Urteil vom 28.6.2005, Az. C-189/02 P u.A., Slg. 2005, I-5425, Rn. 243 – *Dansk Rørindustri*; EuGH, Urteil vom 16.11.2000, Az. C-283/98 P, Slg. 2000, I-9855, Rn. 47 – *Mo och Domsjö*; EuGH, Urteil vom 7.6.1983, Az. 100/80 u.A., Slg. 1983, 1825, Rn. 121 – *Pioneer, Musique diffusion francaise*. Zuletzt EuGH, Urteil vom 13.6.2013, Az. C-511/11 P, Rn. 103 – *Versalis*.

1113 *Achenbach* in: Frankfurter Kommentar, § 81 GWB Rn. 492; *Bechtold/Bosch*, GWB, § 81 GWB Rn. 38; *Dannecker/Biermann* in: Immenga/Mestmäcker, § 81 GWB Rn. 451; *Schneider/Engelsing* in: MünchKommEUWettR, Art. 23 VO 1/2003 Rn. 108.

1114 Vgl. zu den Strafzwecken Teil 2.A.I.2.f., S. 34 und Teil 2.A.II.2.a., S. 52. Zum Zweck der Prävention insbesondere bei Kartellbußgeldern *Ackermann*, ZWeR 2010,

Bemessung eines Bußgeldes zu verwenden, ohne sich auf die Anwendung einer starren Formel zu beschränken.[1115]

Zudem muss sichergestellt werden, dass die einzelnen Elemente mit vertretbarem Aufwand praktisch auch ermittelt werden können. Ist die Ermittlung der konkreten Höhe des Schadens oder der Entdeckungswahrscheinlichkeit gänzlich unmöglich oder erfordert sie den erheblichen Einsatz von Ressourcen, wäre die Sanktion zwar theoretisch optimal. Aufgrund der praktischen Hürden könnte die erhöhte Effizienz dieser Geldbuße in der Realität aber nicht genutzt werden. Diese Hürden könnten sogar zu einer geringeren Abschreckungswirkung der Sanktion führen, da die Sanktion gar nicht oder nur mit unverhältnismäßigem Aufwand verhängt werden könnte.

II. Bezugspunkt der Sanktion

Möglicher Bezugspunkt der Sanktion im Kartellrecht ist der durch den Verstoß verursachte Schaden oder der durch den Verstoß erzielte Gewinn (unter 1., S. 269 ff.). Die Möglichkeiten der Ermittlung dieses Bezugspunktes variieren je nach Art des Verstoßes gegen das Kartellrecht (unter 2., S. 271 ff.).

1. Schaden oder Gewinn?

Die traditionelle ökonomische Sichtweise geht bei kartellrechtlichen Geldbußen davon aus, dass ihre Höhe am verursachten Schaden der Zuwiderhandlung orientiert werden muss, damit die Geldbußen optimal abschrecken.[1116] Dadurch greifen sie die Ergebnisse der allgemeinen Theorie der öffentlichen Rechtsdurchsetzung auf.[1117] Nur so könne sichergestellt werden, dass die potentiellen Täter den der Gesellschaft zugefügten Schaden internalisieren. Wenn sich die Höhe der Geldbuße am verursachten Schaden orientiert, beachtet das einzelne Individuum mittelbar über die Geldbuße auch den Nutzen für die gesamte Gesellschaft. Dadurch

---

329, 332 f.; *Ackermann,* ZWeR 2012, 3, 10 f.; *Dannecker/Biermann* in: Immenga/Mestmäcker, § 81 GWB Rn. 440.

1115 Ebenso Monopolkommission, XIX. Hauptgutachten, BT-Drs. 17/10365, S. 232; *Castillo de la Torre,* W.Comp. 33 (2010), 359, 364.

1116 Vgl. grundlegend *Landes,* U. Chic. L. Rev. 50 (1983), 652, 653 ff.; *Schwartz,* Geo. L. J. 68 (1980), 1075, 1081 ff. Ebenso *Bolotova/Connor,* Cartel Sanctions: An Empirical Analysis, S. 3 f.; *Bongard,* WuW 2010, 762, 768 f.; *Connor,* J. Ind. Comp. & Trade 6 (2006), 195, 198; *Connor/Bolotova,* Int'l J. Ind. Org. 24 (2006), 1109, 1114; *Connor/Lande,* Card. L. Rev. 34 (2012), 427, 431 f.; *Hüschelrath/Weigand,* Fighting Hard Core Cartels, S. 23 f.

1117 *Landes,* U. Chic. L. Rev. 50 (1983), 652 f. Vgl. dazu unter Teil 3.B.II.3., S. 129 ff.

würden alleine solche Verstöße begangen, deren Kosteneinsparungen größer seien als der Schaden für die Gesellschaft.[1118] Zudem würde bei Taten mit größerem Schädigungspotential auch eine größere Abschreckungswirkung erzeugt.[1119]

Insbesondere in der neueren Literatur wird jedoch der illegale Gewinn des Täters als maßgeblicher Faktor für die Bußgeldbemessung angesehen.[1120] Dies wird unter anderem damit begründet, dass für die Bestimmung des Gewinns aus dem Verstoß weniger Komponenten maßgebend seien als für den verursachten Schaden.[1121] Darüber hinaus sei der moralische Vorwurf bei einer so bemessenen Sanktion größer, da es nicht bloß um eine Internalisierung des verursachten Schadens ginge.[1122] Entscheidender ist allerdings, dass die Orientierung der Geldbuße am Schaden auf der Annahme der Sanktionierung „positiver" Verstöße beruht. Dieser Bezug der Geldbuße zum Schaden dient dem Zweck, dass Verstöße, deren Gewinn den verursachten Schaden übersteigen, trotz drohender Buße noch begangen werden.[1123] Wie bereits im Einzelnen dargelegt, ist diese Annahme der Sanktionierung „positiver" Verstöße nicht zutreffend.[1124] Da „positive" Verstöße grundsätzlich nicht bestraft werden, werden sie auch weiterhin unabhängig von der Höhe der Sanktion begangen. Es würde daher ausreichen, wenn der durch den Verstoß erzielte Gewinn Bezugspunkt einer Geldbuße ist.[1125] Jedenfalls bei Hardcore-Verstößen gegen das Kartellrecht kommt noch hinzu, dass der verursachte Schaden den Gewinn immer übersteigt.[1126] Bei diesen Verstößen existieren daher gar keine „positiven" Verstöße, auf die Rücksicht genommen werden müsste.

1118 Grundlegend *Landes,* U. Chic. L. Rev. 50 (1983), 652, 655 ff.

1119 *Schwartz,* Geo. L. J. 68 (1980), 1075, 1082 f.

1120 *Combe/Monnier,* Anti. Bull. 56 (2011), 235, 246; *Motta,* ECLR 29 (2008), 209, 212; *Castillo de la Torre,* W.Comp. 33 (2010), 359, 361; *Werden,* ECJ 5 (2009), 19, 28; *Wils,* W.Comp. 29 (2006), 183, 191 ff.; *Wils,* W.Comp. 30 (2007), 197, 200 Fn. 22. Siehe auch die Darstellung bei *Theurer,* Geldbußen im EU-Wettbewerbsrecht, S. 303 ff.

1121 *Combe/Monnier,* Anti. Bull. 56 (2011), 235, 246; *Wils,* W.Comp. 29 (2006), 183, 193. Vgl. zu diesen Komponenten oben unter Teil 3.B.II.2.a.bb., S. 109 und Teil 3.B.II.2.b.bb.aaa., S. 112.

1122 *Wils,* W.Comp. 29 (2006), 183, 192 f.

1123 *Friedman,* Law's order, S. 234; *Landes,* U. Chic. L. Rev. 50 (1983), 652, 655 ff.; *Polinsky/Shavell,* J. Econ. Lit. 38 (2000), 45, 50; *Shavell,* Economic Analysis of Law, S. 474.

1124 Vgl. Teil 3.B.II.2.b.cc., S. 116 ff. Das übersieht *Bongard,* WuW 2010, 762, 769.

1125 Vgl. auch *Wils,* W.Comp. 29 (2006), 183, 191 ff.; *Wils,* W.Comp. 30 (2007), 197, 200 Fn. 22.

1126 Ebenso *Combe/Monnier,* Anti. Bull. 56 (2011), 235, 246. Vgl. Teil 3.B.II.2.b.bb.bbb., S. 115 ff.

Mithin überzeugt es eher, eine optimale Geldbuße anhand des erzielten Gewinns zu bemessen, um eine abschreckende Wirkung zu erzielen.

2. *Ermittlung*

Wie bereits dargelegt, verursachen die verschiedenen Wettbewerbsbeschränkungen auf sehr unterschiedliche Arten einen Schaden und führen auch auf sehr unterschiedlichen Wegen zu einem Gewinn bei den Tätern. Daher wird im Folgenden zwischen klassischen Kartellen (unter a., S. 271 ff.), sonstigen Wettbewerbsbeschränkungen durch Vereinbarungen, Beschlüsse und abgestimmte Verhaltensweisen (unter b., S. 298 ff.), dem Missbrauch einer marktbeherrschenden Stellung (unter c., S. 299 ff.) und Verstößen gegen das Vollzugsverbot in der Fusionskontrolle (unter d., S. 302 ff.) unterschieden.

a. *Klassische Kartelle*

Als klassische Kartelle, Kernbeschränkungen oder Hardcore-Beschränkungen gelten in der juristischen Praxis Preis-, Mengen- oder Gebietsabsprachen zwischen Wettbewerbern.[1127] Wie oben ausgeführt,[1128] ist der Gewinn aus einem Verstoß die adäquate Bezugsgröße zur Bemessung der Sanktion im Kartellrecht. Jedenfalls bei klassischen Kartellen macht es allerdings keinen bedeutenden Unterschied, ob der Schaden oder der Gewinn als Grundlage für die Bemessung gewählt wird, da in beiden Fällen die gleiche Näherung herangezogen werden muss.

Die Schäden, die auf solche Wettbewerbsbeschränkungen zurückzuführen sind, liegen in einer Umverteilung der Konsumentenrente zu den Produzenten, in einem allgemeinen Wohlfahrtsverlust, in dynamischen Effizienzverlusten sowie in negativen Auswirkungen auf vor- und nachgelagerte bzw. benachbarte Märkte (siehe Diagramm 6, S. 112).[1129] Es ist allerdings anerkannt, dass eine vollumfängliche Berechnung dieses Schadens nicht möglich ist. Eine konkrete Abschätzung der dynamischen Effizienzverluste und der Auswirkungen auf andere Märkte ist aufgrund der komplexen und interdependenten Zusammenhänge nicht zu bewerkstelligen.[1130] Selbst die Berechnung des allgemeinen Wohlfahrtsverlusts (eng schraffierte Fläche im Diagramm 6, S. 112) ist mit modernsten ökonometrischen

---

1127 Siehe *Braun* in: Langen/Bunte, Nach. Art. 101 AEUV Rn. 49 f.; *Kerber/Schwalbe* in: MünchKommEUWettR, Einl. Rn. 1195; *Mattfeld* in: MünchHdb. GesR I, § 33 Rn. 32.

1128 Unter Teil 5 A.II.1, S. 210 f.

1129 Vgl. ausführlich unter Teil 3.B.II.2.b.bb.aaa., S. 112 ff.

1130 Vgl. *Haucap/Stühmeier*, WuW 2008, 413, 423 f.; *Levenstein/Suslow*, Cartels and Collusion – Empirical Evidence, S. 17.

Methoden nur schwer möglich.[1131] Zu dessen Ermittlung muss neben dem hypothetischen Preis ohne Kartell die Preiselastizität der Nachfrage bestimmt werden.[1132] Es existieren allerdings nur wenige ökonomische Studien, die sowohl den wettbewerbswidrigen Preisaufschlag als auch die Preiselastizität der Nachfrage eines Kartelles untersuchen.[1133] In einigen Fällen wird die Preiselastizität auch mehr oder weniger willkürlich geschätzt.[1134] Die zahlreichen ökonomischen Studien für amerikanische Schadensersatzprozesse befassen sich hingegen von vornherein nur mit dem Preisaufschlag.[1135] In deutschen Studien wurden die Preiselastizität der Nachfrage und der Mengeneffekt allerdings aufgrund der Definition des Mehrerlöses in § 81 Abs. 2 S. 1 Var. 2 GWB a.F. berücksichtigt.[1136] Die Ermittlung der Preiselastizität der Nachfrage erschwert die Berechnung des konkreten Schadens jedoch ungemein. Im Fall *Grauzement* führt das OLG Düsseldorf ausdrücklich aus, dass die Ermittlung der Preiselastizität aufgrund empirischer Studien innerhalb des Gerichtsverfahrens unverhältnismäßig wäre. Stattdessen wurde die Preiselastizität der Nachfrage nur anhand anderer Studien abgeschätzt.[1137] Für die Umverteilung der Konsumentenrente zu den Kartellanten (weit schraffierte Fläche im Diagramm 6, S. 112) muss allerdings nur der hypothetische Preis in Abwesenheit des Kartells ermittelt werden. Dies ist aus ökonomischer Sicht mit verhältnismäßigem Aufwand möglich.[1138] Dies stellt damit die einzige Komponente des verursachten Schaden eines Kartelles dar, die in ökonomischen Studien effizient bestimmt werden kann. Die Umverteilung der Konsumentenrente kann daher als effiziente Näherung an den Schaden angesehen werden.

1131 *Barth/Budde,* WRP 2009, 1357, 1365 Fn. 97; *Haucap/Stühmeier,* WuW 2008, 413, 418 f.

1132 Vgl. ausführlich zur Herleitung Teil 3.B.II.2.b.bb.aaa., S. 112 ff.

1133 *Connor/Lande,* Card. L. Rev. 34 (2012), 427, 457 ff.; *Maier-Rigaud/Schwalbe* in: Ashton/Henry, Competition Damages Actions in the EU, S. 210, 219.

1134 Vgl. *Veljanovski,* W.Comp. 30 (2007), 65, 79 sowie die Nachweise in *Connor/Lande,* Card. L. Rev. 34 (2012), 427, 457 f. Siehe auch die vagen Angaben bei *Levenstein/Suslow,* J. Econ. Lit. 44 (2006), 43, 65.

1135 *Maier-Rigaud/Schwalbe* in: Ashton/Henry, Competition Damages Actions in the EU, S. 210, 219 Fn. 19 sehen den Grund darin, dass in den USA auf Bundesebene zumeist die direkten Abnehmer der Kartellanten Schadensersatz einklagen. Da eine Einrede der Weiterreichung des Schadens (*passing on-defense*) ausgeschlossen sei, sei für diese Kläger alleine der Preisaufschlag relevant.

1136 Siehe dazu sogleich. Vgl. OLG Düsseldorf, Urteil vom 26.6.2009, Az. VI-2a Kart 2 – 6/08 OWi, u.A., Rn. 524 ff. – *Zementkartell.*

1137 OLG Düsseldorf, Urteil vom 26.6.2009, Az. VI-2a Kart 2 – 6/08 OWi, u.A., Rn. 529 – *Zementkartell.*

1138 Vgl. *Haucap/Stühmeier,* WuW 2008, 413, 423 f.

Der rechtswidrige Gewinn, den Kartellanten durch das Kartell erzielen können, besteht im Wesentlichen aus der Umverteilung der Konsumentenrente durch den erhöhten Preis (einfach schraffierte Fläche im Diagramm 5, S. 109). Davon muss allerdings der Gewinn abgezogen werden, der den Kartellanten durch die geringere abgesetzte Menge entgeht (doppelt schraffierte Fläche im Diagramm 5, S. 109).[1139] Auch zur Berechnung dieses entgangenen Gewinns muss sowohl der hypothetische Preis ohne Kartell als auch die Preiselastizität der Nachfrage ermittelt werden, während zur Ermittlung der Umverteilung der hypothetische Preis ausreicht. Mithin stellt auch im Falle des Gewinns die Umverteilung der Konsumentenrente durch den kartellbedingten Preisaufschlag die einzige Näherung dar, die mit vertretbarem Aufwand in ökonomischen Studien bestimmt werden kann.

Diagramm 8: „Mehrerlös"

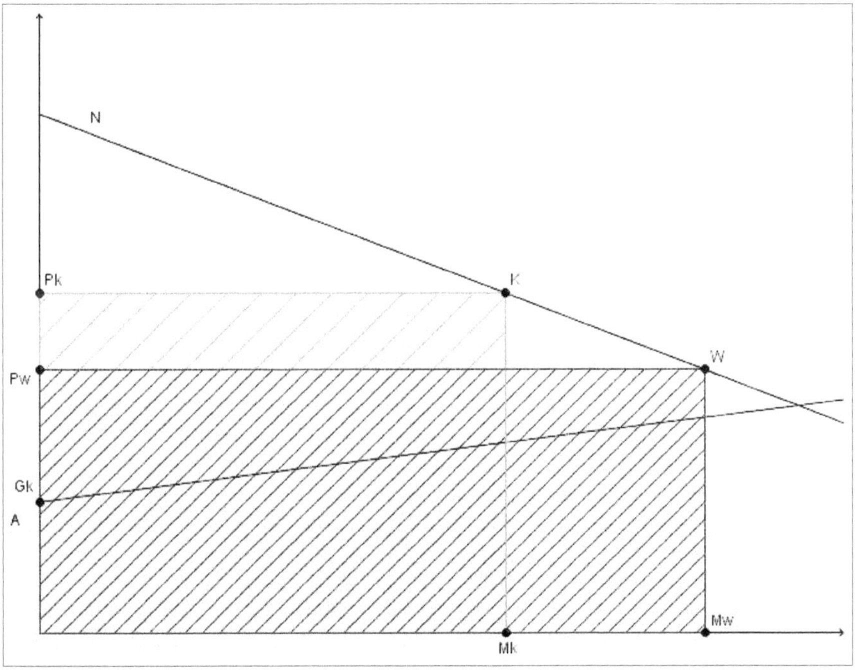

Quelle: eigene Erstellung

1139 *Bongard,* WuW 2010, 762, 764 ff.; *Haucap/Stühmeier,* WuW 2008, 413, 415 f.

Bis zur 7. GWB-Novelle konnte für Wettbewerbsverstöße nach § 81 Abs. 2 S. 1 Var. 2 GWB a.F. ein Bußgeld bis zum dreifachen kartellbedingten Mehrerlös verhängt werden. Auch dieser kartellbedingte Mehrerlös könnte als Näherung für den verursachten Schaden oder den erzielten kartellbedingten Gewinn dienen. Die Rechtsprechung definierte den Mehrerlös als die Differenz zwischen den tatsächlichen Einnahmen, die aufgrund des Wettbewerbsverstoßes erzielt wurden (breit schraffierte Fläche im Diagramm 8, S. 273), und den Einnahmen, die das beteiligte Unternehmen im gleichen Zeitraum ohne den Wettbewerbsverstoß erzielt hätte (eng schraffierte Fläche im Diagramm 8, S. 273).[1140] Nach dieser Definition sind allerdings zwei Effekte des erhöhten Kartellpreises zu berücksichtigen. Neben dem höheren Erlös pro abgesetzter Einheit ist auch die Erlösminderung durch den Rückgang der abgesetzten Menge bedeutend.[1141] Dieser Mengeneffekt wird durch die Preiselastizität der Nachfrage bestimmt.[1142] Daher ist auch zur Berechnung des Mehrerlöses neben der Ermittlung des hypothetischen Preises ohne den Wettbewerbsverstoßes die Abschätzung der Preiselastizität der Nachfrage nötig. In der Praxis ist aufgrund der Schwierigkeiten der Ermittlung nur die Abschätzung einer großen Bandbreite der Elastizität möglich.[1143] Eine geringfügige Änderung kann aber bereits enorme Auswirkungen auf die Höhe des Mengeneffektes haben.[1144] Im Ordnungswidrigkeitenrecht ist eine Sanktionierung allerdings nur möglich, wenn der Richter die Überzeugung vom Vorliegen aller relevanten Faktoren erlangt hat.[1145] Aufgrund der großen Unsicherheit bei der Ermittlung der Preiselastizität ist nach dem *„in dubeo pro*

1140 BGH, WuW/E BGH, 2718, 2719 – *Bußgeldbemessung*; BGH, NJW 2006, 163, 164 – *Berliner* Transportbeton *I*; *Dannecker/Biermann* in: Immenga/Mestmäcker, § 81 GWB Rn. 380; *Klusmann* in: Wiedemann, Kartellrecht, § 57 Rn. 83.

1141 *Achenbach* in: Frankfurter Kommentar, § 81 GWB Rn. 664; *Dannecker/Biermann* in: Immenga/Mestmäcker, § 81 GWB Rn. 383; *Klusmann* in: Wiedemann, Kartellrecht, § 57 Rn. 84.

1142 Siehe ausführlich Teil 3.B.II.2.b.bb.aaa., S. 112 ff.

1143 *Bongard,* WuW 2010, 762, 770; *Hüschelrath/Müller/Veith,* J. Comp. L. & Econ. 9 (2013), 97, 111 (Zementnachfrage für Bauvorhaben hänge nicht vom Preis ab); OLG Düsseldorf, Urteil vom 26.6.2009, Az. VI-2a Kart 2 – 6/08 OWi, u.A., Rn. 529 – *Zementkartell* (mögliche Bandbreite der Preiselastizität -0,1 bis -0,9).

1144 *Bongard,* WuW 2010, 762, 770.

1145 *Dannecker/Biermann* in: Immenga/Mestmäcker, Vor § 81 GWB Rn. 255 f.; *Kühne,* Strafprozessrecht, Rn. 946; *Sander* in: Löwe/Rosenberg, StPO, § 261 StPO Rn. 7; *Schoreit* in: KK-StPO, § 261 Rn. 2; *Seitz* in: Göhler, OWiG, § 71 OWiG Rn. 48.

reo"-Grundsatz von dem günstigsten Wert für den Betroffenen auszugehen.[1146] Diesem Problem begegnete die Rechtsprechung regelmäßig mit deutlichen Sicherheitsabschlägen.[1147] Diese erheblichen Schwierigkeiten beim Nachweis des Mehrerlöses waren daher auch ein zentrales Argument bei der Einführung der umsatzbezogenen Bußgeldobergrenze.[1148] Mithin stellt auch der Mehrerlös keine Näherung dar, die den verursachten Schaden oder den erzielten Gewinn mit vertretbarem Aufwand genau abbilden kann.

Aufgrund der beschriebenen Schwierigkeiten, die Preiselastizität der Nachfrage mit möglichst geringem Aufwand und ausreichender Genauigkeit zu ermitteln, konzentrieren sich die ökonomischen Studien ganz überwiegend auf die Abschätzung der Umverteilung durch den kartellbedingten Preisaufschlag (engl. *overcharge*).[1149] Dieser Preisaufschlag wird regelmäßig als Prozentanteil am Kartellpreis angegeben.[1150] Dieser Prozentanteil ist identisch mit dem Anteil am gesamten tatbezogenen Umsatz (breit schraffierte Fläche im Diagramm 9, S. 276), der auf die kartellbedingte Preiserhöhung zurückzuführen ist.[1151] Um auf möglichst viele Schätzwerte für den Preisaufschlag zurückgreifen zu können, ohne den hier gegebenen Rahmen zu sprengen, werden im Folgenden Metastudien herangezogen. In diesen Studien werden die Ergebnisse mehrerer Einzelstudien

---

1146 *Dannecker/Biermann* in: Immenga/Mestmäcker, § 81 GWB Rn. 387; *Klusmann* in: Wiedemann, Kartellrecht, § 57 Rn. 85.

1147 BGH, WRP 2005, 1015, 1017 – *Steuerfreie Mehrerlösabschöpfung*; BGH, NJW 2006, 163, 166 – *Berliner Transportbeton I*; BGH, WRP 2007, 1487, 1490 – *Papiergroßhandel*.

1148 Beschlussempfehlung des Ausschusses für Wirtschaft und Arbeit, BT-Drs. 15/5049, S. 50. Vgl. auch *Bach/Klumpp*, NJW 2006, 3524; *Meyer-Lindemann* in: Loewenheim/Meessen/Riesenkampff/Kersting/Meyer-Lindemann, § 81 GWB Rn. 89; *Klusmann* in: Wiedemann, Kartellrecht, 2. Aufl. 2008, § 57 Rn. 78a.

1149 Vgl. *Connor/Lande*, Iss. Comp. L. & Policy 3 (2008), 2203; *Connor*, J. Ind. Comp. & Trade 6 (2006), 195, 211; *Bolotova/Connor*, Cartel Sanctions: An Empirical Analysis, S. 13; *Connor/Bolotova*, Int'l J. Ind. Org. 24 (2006), 1109, 1113, 1115; *Hüschelrath/Müller/Veith*, J. Comp. L. & Econ. 9 (2013), 97, 99; *Laitenberger/Smuda*, J. Comp. L. & Econ. 11 (2015), 955, 963 ff.

1150 *Boyer/Kotchoni*, How Much Do Cartel Overcharge?, S. 2; *Bolotova/Connor*, Cartel Sanctions: An Empirical Analysis, S. 5 Fn. 7; *Smuda*, J. Comp. L. & Econ. 10 (2014), 63, 66.

1151 Siehe auch *Schinkel*, W.Comp. 2007, 539, 550. Mathematisch ist dies damit zu begründen, dass die Multiplikation des Stückpreises mit der abgesetzten Menge zur Errechnung des Umsatzes nicht das Verhältnis zwischen Wettbewerbs- und Kartellpreis berührt.

zu bestimmten Kartellen zusammengefasst und aufbereitet.[1152] Es existieren einige ältere Studien, die allerdings einen verhältnismäßig kleinen Datensatz an Einzelstudien umfassen.[1153] Innerhalb der letzten zehn Jahre sind jedoch mehrere Metastudien veröffentlicht worden, die mehr als 1000 verschiedene Schätzungen von Preisaufschlägen beinhalten. Um einen möglichst umfangreichen Überblick zu erhalten, sollen diese großen Metastudien Grundlage der Betrachtung sein.

Diagramm 9: „Preisaufschlag"

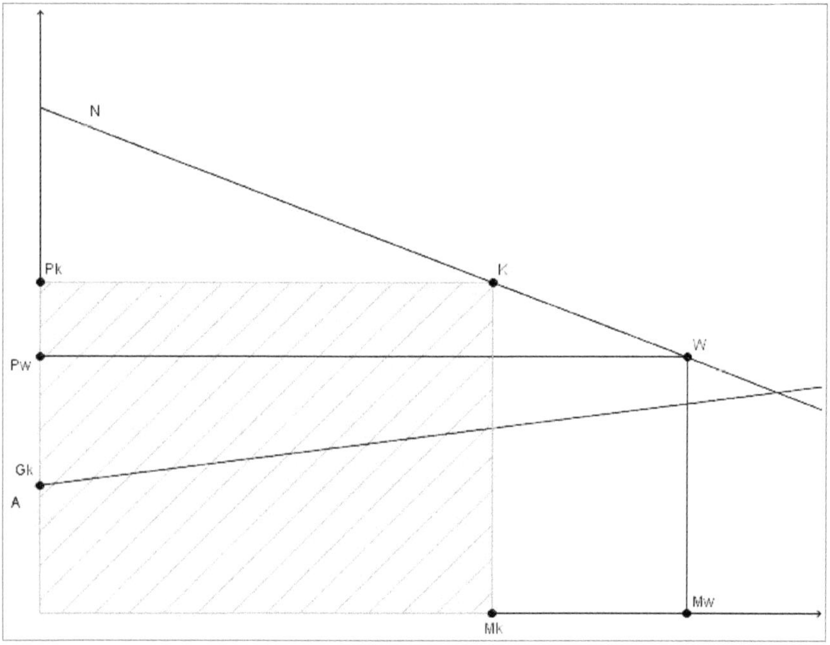

Quelle: eigene Erstellung

1152 *Boyer/Kotchoni,* How Much Do Cartel Overcharge?, S. 16 f.; *Connor/Bolotova,* Int'l J. Ind. Org. 24 (2006), 1109, 1110, 1123.

1153 *Cohen/Scheffman,* Am. Crim. L. Rev. 27 (1989), 331, 344 ff.; *Griffin* in: Klein/Marquez, Economics in Theory and Practice: an Eclectic Approach, S. 179 ff.; *Posner,* Antitrust law; *Werden,* The Effect of Antitrust Policy on Consumer Welfare: What Crandall and Winston Overlook, S. 2; OECD, Report on the Nature and Impact of Hard Core Cartels and Sanctions Aginst Cartels Under National Competition Laws, S. 7 ff.; *Levenstein/Suslow,* What Determines Cartel Success?, S. 49 ff. Siehe die Tabelle bei *Connor/Lande,* Card. L. Rev. 34 (2012), 427, 484 und die Aufzählung bei *Inderst/Thomas,* Schadensersatz bei Kartellverstößen, S. 95.

In der Ökonomik werden verschiedene Methoden zur Ermittlung des Preisaufschlages mit unterschiedlichen Vor- und Nachteilen herangezogen (unter aa., S. 277 ff.). Es ist allerdings fraglich, ob der Preisaufschlag in jedem Einzelfall nach diesen Methoden ermittelt werden sollte (unter bb., S. 281 ff.). Die Autoren *Connor*, *Lande* und *Bolotova* haben mehrere Studien aufgrund umfangreicher Datensätze zu Preisaufschlägen von Kartellen erstellt, auf die statt dessen zurückgegriffen werden kann (unter cc., S. 282 ff.). Die Studie von *Boyer* und *Kotchoni* wird gesondert erläutert, da sie sich methodologisch von den übrigen unterscheidet (unter dd., S. 293 ff.).

aa. Methoden zur Bestimmung des Preisaufschlages

In der ökonomischen Literatur werden vielfältige Verfahren zur Ermittlung des Preisaufschlages angewandt, die sich in ihrer Anfälligkeit für Ungenauigkeiten und bei den erforderlichen Marktdaten erheblich unterscheiden. Im Wesentlichen sind hier Vergleichsmarktkonzepte, ökonometrisch simulierte Analysen und kostenbasierte Ansätze zu nennen.

Die Vergleichsmarktkonzepte sind in zeitliche, räumliche und sachliche Vergleichsansätze aufzuteilen.[1154] Bei der zeitlichen Vergleichsmarktanalyse (Zeitreihenmethode,[1155] engl. *before-after method*[1156]) wird in der Regel die Preisentwicklung auf dem kartellierten Markt vor Beginn der Zuwiderhandlung, nach deren Beendigung oder bei Preiskriegen während der Zuwiderhandlung betrachtet. Aus diesen Daten wird der hypothetische Preis ohne die Zuwiderhandlung auf dem Markt abgeschätzt.[1157] Bei einer räumlichen Vergleichsmarktanalyse

---

1154 *Barth/Bongard*, WuW 2009, 30, 32; *Barth/Budde*, WRP 2009, 1357, 1365.

1155 *Inderst/Maier-Rigaud/Schwalbe* in: Fuchs/Weitbrecht, Handbuch der privaten Kartellrechtsdurchsetzung (in Veröffentlichung).

1156 *Boyer/Kotchoni*, How Much Do Cartel Overcharge?, S. 39 f.; *Connor/Bolotova*, Int'l J. Ind. Org. 24 (2006), 1109, 1119 f.; *Doose*, ZWeR 2014, 282, 286 f.; *Friederiszick/Röller*, J. Comp. L. & Econ. 6 (2010), 595, 604 f.; *Hüschelrath/Weigand*, Fighting Hard Core Cartels, S. 31; *Laitenberger/Smuda*, J. Comp. L. & Econ. 11 (2015), 955, 963 f.

1157 *Boyer/Kotchoni*, How Much Do Cartel Overcharge?, S. 39 f.; *Barth/Budde*, WRP 2009, 1357, 1365; *Connor/Bolotova*, Int'l J. Ind. Org. 24 (2006), 1109, 1119; *Hüschelrath/Müller/Veith*, J. Comp. L. & Econ. 9 (2013), 97, 101 f.; *Inderst/Maier-Rigaud/Schwalbe* in: Fuchs/Weitbrecht, Handbuch der privaten Kartellrechtsdurchsetzung (in Veröffentlichung). Diese Methode wurde im Fall OLG Düsseldorf, Urteil vom 26.6.2009, Az. VI-2a Kart 2 – 6/08 OWi, u.A., Rn. 458 ff. – *Zementkartell* angewendet.

(Querschnittsmethode,[1158] engl. *yardstick method*[1159]) wird die Preisentwicklung auf einem sachlich und zeitlich identischen Markt in einer anderen Region ausgewertet. Diese Informationen können verwendet werden, um einen Wettbewerbspreis für den kartellierten Markt zu ermitteln, sofern letzterer den gleichen Einflüssen ausgesetzt ist wie der Vergleichsmarkt.[1160] Das sachliche Vergleichsmarktkonzept wird äußerst selten verwendet.[1161] Sofern es die Datenlage zulässt, wird eine kombinierte Analyse von räumlichen und zeitlichen Vergleichsmärkten vorgenommen, um möglichst alle wettbewerblichen Einflüsse auf die Preisbildung zu identifizieren *(difference-in-differences method)*.[1162]

Die Ermittlung eines hypothetischen Preises aufgrund von Vergleichsmärkten führt jedoch zu schwerwiegenden Problemen. Bei dem zeitlichen Vergleich von Preisen auf dem kartellierten Markt muss sichergestellt werden, dass dieser Preis tatsächlich unter normalen Wettbewerbsbedingungen zustande gekommen ist. Insbesondere wenn der genaue Zeitpunkt des Beginns einer Zuwiderhandlung nicht zweifelsfrei feststeht, könnte der Preis vor dem Beginn der nachgewiesenen Tat bereits kartellbedingt überhöht sein.[1163] Preise während eines Preiskrieges liegen zudem regelmäßig unter den Preisen in einer normalen wettbewerblichen Situation und können daher nicht ohne weiteres zur Ermittlung eines Aufschlages herangezogen werden.[1164] Auch bei der Ermittlung eines räumlichen

---

1158 *Inderst/Maier-Rigaud/Schwalbe* in: Fuchs/Weitbrecht, Handbuch der privaten Kartellrechtsdurchsetzung (in Veröffentlichung).

1159 *Connor,* Price-Fixing Overcharges: Revised 3rd Edition, S. 143; *Connor/Bolotova,* Int'l J. Ind. Org. 24 (2006), 1109, 1119 f.; *Friederiszick/Röller,* J. Comp. L. & Econ. 6 (2010), 595, 605.

1160 *Barth/Budde,* WRP 2009, 1357, 1365; *Doose,* ZWeR 2014, 282, 289; *Hüschelrath/Müller/Veith,* J. Comp. L. & Econ. 9 (2013), 97, 102; *Laitenberger/Smuda,* J. Comp. L. & Econ. 11 (2015), 955, 964.

1161 *Barth/Bongard,* WuW 2009, 30, 36; *Barth/Budde,* WRP 2009, 1357, 1365.

1162 Ausführlich *Ulrick/Sacher,* J. Comp. L. & Econ. 11 (2015), 999, 1001 ff. Vgl. auch *Barth/Budde,* WRP 2009, 1357, 1365; *Doose,* ZWeR 2014, 282, 290; *Hüschelrath/Müller/Veith,* J. Comp. L. & Econ. 9 (2013), 97, 103; *Hüschelrath/Weigand,* Fighting Hard Core Cartels, S. 31; *Laitenberger/Smuda,* J. Comp. L. & Econ. 11 (2015), 955, 964 f.

1163 *Barth/Bongard,* WuW 2009, 30, 37; *Doose,* ZWeR 2014, 282, 287 f.; *Inderst/Maier-Rigaud/Schwalbe* in: Fuchs/Weitbrecht, Handbuch der privaten Kartellrechtsdurchsetzung (in Veröffentlichung).

1164 *Boyer/Kotchoni,* How Much Do Cartel Overcharge?, S. 40 f.; *Barth/Bongard,* WuW 2009, 30, 37; *Connor/Bolotova,* Int'l J. Ind. Org. 24 (2006), 1109, 1119. Siehe ausführlich OLG Düsseldorf, Urteil vom 26.6.2009, Az. VI-2a Kart 2 – 6/08 OWi, u.A.,

Vergleichsmarktes ist sicherzustellen, dass dieser Markt nicht kartellbefangen ist, da der dort gebildete Preis sonst keinen Aufschluss über einen wettbewerblichen Preis geben kann.[1165] Die ähnlichen Wettbewerbsbedingungen legen oft aber eine wettbewerbswidrige Absprache auf dem Markt nahe. Darüber hinaus bereitet es sowohl bei räumlichen als auch bei zeitlichen Vergleichen große Probleme, Faktoren auszumachen, die die Preisentwicklung beeinflussen und nicht auf der Kartellabsprache beruhen.[1166] So können Änderungen im Nachfrageverhalten der Abnehmer, auf vorgelagerten Märkten, im politischen oder wirtschaftlichen Umfeld oder Marktzutritte von Unternehmen den Preis wesentlich beeinflussen. Diese externen Faktoren dürfen das Ergebnis der Ermittlung des kartellbedingten Preisaufschlages nicht beeinflussen. Trotz dieser Defizite und Schwierigkeiten bezeichnet die deutsche Rechtsprechung die Vergleichsmarktanalyse als die „grundsätzlich [...] überlegene Schätzungsmethode“ zur Ermittlung eines Mehrerlöses nach § 81 Abs. 2 S. 1 Var. 2 GWB a.F.[1167]

Neben den Vergleichsmarktanalysen können Marktentwicklungen auch durch ökonometrische Verfahren simuliert werden.[1168] Dabei wird ein bestimmtes Simulationsmodell gewählt, das den betroffenen Markt gut abbildet,[1169] und an die besonderen Gegebenheiten des Marktes angepasst. Durch dieses Modell kann die hypothetische Marktsituation ohne die Zuwiderhandlung widergespiegelt werden. Die Qualität dieser Simulation hängt aber wesentlich von der Güte der verfügbaren Daten ab. Des Weiteren ist entscheidend, ob alle Wettbewerbsfaktoren durch das

---

Rn. 499 ff. – *Zementkartell* sowie *Frank/Schliffke*, J. Comp. L. & Econ. 9 (2013), 495, 499 ff.; *Hüschelrath/Müller/Veith*, J. Comp. L. & Econ. 9 (2013), 97, 111 ff.

1165 BGH, WRP 2007, 1487, 1488 – *Papiergroßhandel*; *Barth/Bongard*, WuW 2009, 30, 37; *Barth/Budde*, WRP 2009, 1357, 1365; *Doose*, ZWeR 2014, 282, 289; *Friederiszick/Röller*, J. Comp. L. & Econ. 6 (2010), 595, 606.

1166 *Boyer/Kotchoni*, How Much Do Cartel Overcharge?, S. 39; *Connor*, Price-Fixing Overcharges: Revised 3rd Edition, S. 142 f.; *Connor/Bolotova*, Int'l J. Ind. Org. 24 (2006), 1109, 1119; *Doose*, ZWeR 2014, 282, 289.

1167 BGH, WRP 2007, 1487, 1489 – *Papiergroßhandel*.

1168 *Doose*, ZWeR 2014, 282, 295 f.; *Friederiszick/Röller*, J. Comp. L. & Econ. 6 (2010), 595, 605 f.; *Inderst/Maier-Rigaud/Schwalbe* in: Fuchs/Weitbrecht, Handbuch der privaten Kartellrechtsdurchsetzung (in Veröffentlichung).

1169 In der Regel handelt es sich dabei um Oligopolmodelle wie dem *Cournot*- oder dem *Bertrand*-Modell, je nachdem wie die Preisbildung auf dem kartellbefangenen Markt abläuft, vgl. *Boyer/Kotchoni*, How Much Do Cartel Overcharge?, S. 42; *Inderst/Maier-Rigaud/Schwalbe* in: Fuchs/Weitbrecht, Handbuch der privaten Kartellrechtsdurchsetzung (in Veröffentlichung); *Maier-Rigaud/Schwalbe* in: Ashton/Henry, Competition Damages Actions in the EU, S. 210, 242.

Modell erfasst werden können, die den hypothetischen Preis beeinflussen.[1170] So ist es beispielsweise schwer zu ermitteln, welche Wettbewerbsintensität ohne das Kartell geherrscht hätte. Dies beeinflusst die Differenz zwischen dem Kartellpreis und dem hypothetischen Preis aber erheblich.[1171]

Bei kostenbasierten Ansätzen[1172] werden die variablen Kosten der Kartellanten ermittelt und eine angemessene Gewinnmarge addiert. Die Differenz dieses Preises zu dem tatsächlich geforderten Kartellpreis stellt den kartellbedingten Preisaufschlag dar. Die angemessene Gewinnmarge kann durch einen Vergleich mit Unternehmen auf einem nicht kartellierten, vergleichbaren Markt oder durch Anwendung theoretischer Wettbewerbsmodelle bestimmt werden.[1173] Zur verlässlichen Ermittlung wird allerdings regelmäßig eine ausreichende Datengrundlage fehlen.[1174] Darüber hinaus erscheint es zweifelhaft, dass eine Gewinnspanne, die sich normalerweise unter wettbewerblichen Bedingungen herausbildet, nachträglich festgelegt werden kann. So kann die Gewinnmarge auch in einem wettbewerblichen Markt beachtlich sein, da die Anbieter beispielsweise in einem konzentrierten Markt ohne Absprachen einen höheren Preis fordern können als in einem Markt mit vollkommenem Wettbewerb.[1175] Diese Faktoren, die den Gewinn der Kartellanten auch ohne Absprache steigern, können in einem einzigen Modell kaum vollumfänglich erfasst werden.

1170 *Barth/Budde,* WRP 2009, 1357, 1366; *Friederiszick/Röller,* J. Comp. L. & Econ. 6 (2010), 595, 606; *Inderst/Maier-Rigaud/Schwalbe* in: Fuchs/Weitbrecht, Handbuch der privaten Kartellrechtsdurchsetzung (in Veröffentlichung).

1171 *Inderst/Maier-Rigaud/Schwalbe* in: Fuchs/Weitbrecht, Handbuch der privaten Kartellrechtsdurchsetzung (in Veröffentlichung).

1172 Nach BGH, WRP 2007, 1487, 1489 – *Papiergroßhandel* "Gesamtwirtschaftliche Analyse", vgl. ausführlich *Barth/Bongard,* WuW 2009, 30, 39 ff.

1173 *Barth/Bongard,* WuW 2009, 30, 39; *Barth/Budde,* WRP 2009, 1357, 1365 f.; *Boyer/Kotchoni,* How Much Do Cartel Overcharge?, S. 41 f.; *Doose,* ZWeR 2014, 282, 290 f.; *Friederiszick/Röller,* J. Comp. L. & Econ. 6 (2010), 595, 605; *Inderst/Maier-Rigaud/Schwalbe* in: Fuchs/Weitbrecht, Handbuch der privaten Kartellrechtsdurchsetzung (in Veröffentlichung). Im Fall BGH, WRP 2007, 1487, 1489 – *Papiergroßhandel* wurde diese Methode zur Mehrerlösbestimmung herangezogen.

1174 *Boyer/Kotchoni,* How Much Do Cartel Overcharge?, S. 42; *Doose,* ZWeR 2014, 282, 291. So ordnet auch BGH, WRP 2007, 1487, 1489 – *Papiergroßhandel* eine Überprüfung der gefunden Ergebnisse mit vergleichenden Betrachtungen an.

1175 *Barth/Budde,* WRP 2009, 1357, 1365 f. Ausführlich zu der Kritik *Barth/Bongard,* WuW 2009, 30, 40 ff.

bb. Berücksichtigung bei der Bemessung

Mithilfe der soeben beschriebenen Methoden könnte bei jedem aufgedeckten Kartell im Verfahren vor den Behörden und Gerichten die Näherung an den erzielten Gewinn bestimmt werden. Unter Geltung des Mehrerlösbußgeldrahmens nach § 81 Abs. 2 S. 1 Var. 2 GWB a.F. wurde so verfahren und der Mehrerlös nach den genannten Methoden in jedem Einzelfall bestimmt.[1176] Die Erstellung ökonomischer Gutachten in jedem Einzelfall ist jedoch sehr zeitaufwendig und kostenintensiv. Darüber hinaus sind in einem Bußgeldverfahren hohe Anforderungen an den Beweis eines Preisaufschlages zu stellen. Der Richter muss sich eine persönliche Überzeugung über den Preisaufschlag gebildet haben; bei Zweifeln muss er von der für den Angeklagten günstigsten Sachverhaltsvariante ausgehen.[1177] Die Methoden zur Ermittlung von Preisaufschlägen erfordern jedoch alle die Abschätzung vieler Variablen und die Konstruktion einer hypothetischen Entwicklung, bei der ein abweichender Geschehensablauf immer denkbar ist.[1178] Aus diesem Grund hat die Rechtsprechung unter Geltung des Mehrerlösbußgeldrahmens hohe Anforderungen an den Nachweis eines Mehrerlöses gestellt[1179] und begegnet verbleibenden Zweifeln mit zum Teil erheblichen Sicherheitsabschlägen.[1180] Daher führt die individuelle Ermittlung eines Preisaufschlages trotz eines hohen Zeitaufwandes nicht zu einem Ergebnis, das mit dem tatsächlichen Preisaufschlag übereinstimmt.[1181] Das Ergebnis stellt vielmehr eine grobe Näherung dar. Im Einzelfall kann darüber hinaus die Ermittlung eines

---

1176 *Barth/Budde,* WRP 2009, 1357, 1363 ff.; *Dannecker/Biermann* in: Immenga/Mestmäcker, § 81 GWB Rn. 378 ff.

1177 *Dannecker/Biermann* in: Immenga/Mestmäcker, § 81 GWB Rn. 387; *Klusmann* in: Wiedemann, Kartellrecht, § 57 Rn. 85.

1178 *Barth/Budde,* WRP 2009, 1357, 1364; *Buntscheck,* WuW 2008, 941, 942; *Klusmann* in: Wiedemann, Kartellrecht, § 57 Rn. 84. Vgl. *Hüschelrath/Müller/Veith,* J. Comp. L. & Econ. 9 (2013), 97, 112; *Laitenberger/Smuda,* J. Comp. L. & Econ. 11 (2015), 955, 965 ff. für Beispiele für die Vielzahl abzuschätzender Variablen.

1179 BGH, NJW 2006, 163, 164 f. – *Berliner Transportbeton I*; BGH, WRP 2007, 1487, 1488 f. – *Papiergroßhandel*; *Kühnen,* WuW 2010, 16, 18 f.

1180 BGH, WRP 2005, 1015, 1017 – *Steuerfreie Mehrerlösabschöpfung*; *Ackermann,* ZWeR 2012, 3, 11 f.; *Friederiszick/Röller,* J. Comp. L. & Econ. 6 (2010), 595, 607 (die Autoren waren die gerichtlich bestellten Gutachter im Zementkartellverfahren, OLG Düsseldorf, Urteil vom 26.6.2009, Az. VI-2a Kart 2 – 6/08 OWi, u.A. – *Zementkartell*).

1181 So wird im Fall Grauzement die Preiselastizität der Nachfrage nur anhand von allgemeinen Schätzungen bestimmt, die auf Studien beruhten, die andere räumliche und zeitliche Markte betrafen, vgl. OLG Düsseldorf, Urteil vom 26.6.2009, Az. VI-2a Kart 2 – 6/08 OWi, u.A., Rn. 529 – *Zementkartell.*

Preisaufschlages an den hohen Beweisanforderungen scheitern. Dies war ein zentrales Argument bei der Abschaffung des mehrerlösbezogenen Bußgeldrahmens mit der 7. GWB-Novelle.[1182] Angesichts der nicht wesentlich gesteigerten Genauigkeit lohnt sich der erhebliche Zeit- und Kostenaufwand für eine Ermittlung eines Preisaufschlages im Einzelfall nicht. Mithin sollte eine Näherung an den verursachten Schaden oder den erzielten Gewinn durch klassische Kartelle nicht in jedem Verfahren individuell ermittelt zu werden.[1183]

Es bietet sich vielmehr an, die allgemeine Bandbreite von Preisaufschlägen durch Kartelle zu ermitteln und jeden Einzelfall anhand bestimmter Kriterien in diesem Rahmen einzuordnen.[1184] Es ist nicht zu erwarten, dass eine solche Näherung eine geringere Genauigkeit aufweist, als einc individuelle Ermittlung, die allen Beweisanforderungen genügt und Sicherheitsabschläge enthält. Sie erzeugt jedoch einen erheblich geringeren Aufwand und geringere Kosten. Im Folgenden werden daher Studien über die Höhe des Preisaufschlages und deren Ergebnisse dargestellt.

cc. Metastudien von *Connor, Lande* und *Bolotova*

Die Ökonomen *Connor* und *Bolotova* sowie der Jurist *Lande* haben innerhalb der letzten zehn Jahre zum Teil gemeinsam zahlreiche Studien veröffentlicht, die die Mehrerlösschätzungen unzähliger Untersuchungen einzelner Kartelle zusammenfassen. Dicse Studien beruhen im Wesentlichen auf einer Datenbank von *Connor,*[1185] die dieser zuletzt 2014 in ihrer aktuellsten Fassung veröffentlichte.[1186] Diese Datenbank besteht aus Schätzungen des Preisaufschlages aus 1531

1182 BT-Drs. 15/5049, S. 50; *Meyer-Lindemann* in: Loewenheim/Meessen/Riesenkampff/Kersting/Meyer-Lindemann, § 81 GWB Rn. 89; *Deselaers,* WuW 2006, 118, 119.

1183 Vgl. auch *Ackermann,* ZWeR 2012, 3, 11 f.; *Theurer,* Geldbußen im EU-Wettbewerbsrecht, S. 297 ff.; *Wils,* W.Comp. 30 (2007), 197, 210; *Wils,* W.Comp. 29 (2006), 183, 208. A.A. wohl *Friederiszick/Röller,* J. Comp. L. & Econ. 6 (2010), 595, 608 ff.

1184 Siehe unter Teil 5.B.I., S. 317 ff. und Teil 5.B.II., S. 350 ff.

1185 Siehe die Verweise in *Connor/Lande,* Card. L. Rev. 34 (2012), 427, 455 f.; *Bolotova,* J. Econ. Behavior & Org. 70 (2009), 321, 324; *Bolotova/Connor,* Cartel Sanctions: An Empirical Analysis, S. 12; *Connor,* J. Ind. Comp. & Trade 6 (2006), 195, 210 f.; *Connor/Bolotova,* Int'l J. Ind. Org. 24 (2006), 1109, 1116 f.; *Connor/Lande,* Anti. Bull. 51 (2006), 983, 1005 f.; *Connor/Lande,* Tul. L. Rev. 80 (2006), 513, 514 f. Siehe auch die Liste in *Connor,* Price-Fixing Overcharges: Revised 3rd Edition, S. 2 f.

1186 *Connor,* Price-Fixing Overcharges: Revised 3rd Edition. Zweite Version: *Connor,* Price-Fixing Overcharges: Revised 2nd Edition; erste Version: *Connor,* Price-Fixing Overcharges: Legal and Economic Evidence.

Kartellepisoden[1187] in 532 kartellierten Märkten,[1188] die aus 524 verschiedenen Studien entnommen wurden.[1189] Diese Kartelle waren zwischen 1770 und 2013 aktiv.[1190] *Smuda* hat aus diesem Datensatz eine Metaanalyse zu allen Preisaufschlägen erstellt, die mit dem europäischen Markt in Verbindung stehen.[1191] Sie beruht auf 191 Schätzungen des Preisaufschlages. Im Auftrag der Kommission wurde zudem eine Studie zur Quantifizierung von Schäden durch Kartellrechtsverstöße erstellt, die den Datensatz von *Connor* anhand einiger Kriterien eingrenzt.[1192] Es wurden nur Schätzungen von Kartellen aus der Zeit nach 1969 einbezogen, die die Methode der Schätzung explizit benannten und die in wissenschaftlichen Zeitschriften oder in Büchern veröffentlicht wurden. Dadurch reduzierte sich die Zahl der Schätzungen von über 1000 auf 114.[1193] Aufgrund dieser enormen Eingrenzung und der geringen Zahl der Schätzungen ist es allerdings zweifelhaft, ob die Ergebnisse der Studie noch eine allgemeingültige

---

1187 *Connor,* Price-Fixing Overcharges: Revised 3rd Edition, S. 35 f. Verschiedene Kartellepisoden unterscheiden sich nach der ökonomischen Definition durch verschiedene Mitglieder des Kartells, andere Kartellvereinbarungen, Methoden der Überwachung, geografische Ausrichtung oder andere wesentliche Eigenschaften, die die Höhe des Preisaufschlages beeinflussen, vgl. *Connor,* Price-Fixing Overcharges: Revised 3rd Edition, S. 35; *Bolotova,* J. Econ. Behavior & Org. 70 (2009), 321, 326. Sie können unmittelbar aufeinander folgen oder einige Zeit auseinander liegen, *Connor/Bolotova,* Int'l J. Ind. Org. 24 (2006), 1109, 1121. Aus juristischer Sicht stellen diese verschiedenen Episoden bis auf wenige Ausnahmen eine zusammenhängende Zuwiderhandlung dar, vgl. zur Rechtsfigur der einheitlichen, komplexen und fortgesetzten Zuwiderhandlung im europäischen Recht *Dannecker/Biermann* in: Immenga/Mestmäcker, Art. 23 VO 1/2003 Rn. 79 ff.; *Theurer,* Geldbußen im EU-Wettbewerbsrecht, S. 161 ff. und zur Tateinheit im deutschen Recht *Bohnert* in: KK-OWiG, 4. Aufl. 2014, § 19 OWiG Rn. 27 ff.; *Vollmer* in: MünchKommGWB, § 81 GWB Rn. 69. Ökonomen betrachten diese Episoden als verschiedene Kartelle, *Connor/Bolotova,* Int'l J. Ind. Org. 24 (2006), 1109, 1121.

1188 *Connor,* Price-Fixing Overcharges: Revised 3rd Edition, S. 31 f.

1189 *Connor,* Price-Fixing Overcharges: Revised 3rd Edition, S. 18. *Boyer/Kotchoni,* How Much Do Cartel Overcharge?, S. 5 verwenden einen erweiterten Datensatz von *Connor,* Price-Fixing Overcharges: Revised 2nd Edition, und sprechen von 1178 Kartellen; sie beziehen sich dabei jedoch sicherlich auf Kartellepisoden, wie sie in Fn. 1187 beschrieben wurden.

1190 *Connor,* Price-Fixing Overcharges: Revised 3rd Edition, S. 38 ff.

1191 *Smuda,* J. Comp. L. & Econ. 10 (2014), 63, 68 f.

1192 *Komninos,* Quantifying antitrust damages, S. 90, sog. „Oxera-Studie". Siehe *Inderst/Thomas,* Schadensersatz bei Kartellverstößen, S. 97 f. für einen Überblick.

1193 *Komninos,* Quantifying antitrust damages, S. 90.

Aussage über den Preisaufschlag zulassen. Daher sollen die Ergebnisse dieser Studie hier nicht weiter verwendet werden.

aaa. Ergebnisse der Metastudien

Die Metastudien geben den Durchschnitt und den Median des Preisaufschlages in allen Studien an. Der Durchschnitt (arithmetisches Mittel) gibt die Summe aller ermittelten Preisaufschläge geteilt durch deren Anzahl an. Der Median gibt hingegen den Preisaufschlag an, der in der Mitte einer geordneten Liste aller Preisaufschläge liegt; die Hälfte der Werte liegt darüber, die andere Hälfte darunter.[1194] Der Durchschnittswert wird von wenigen, sehr hohen Preisaufschlägen besonders stark beeinflusst, während der Median weniger anfällig für solche Einflüsse ist.[1195] Beim Median liegt immer die Hälfte der Stichprobe über diesem Wert, egal wie hoch diese Werte sind. In der folgenden Darstellung soll daher nur der Median wiedergegeben werden.

Der Preisaufschlag kann allerdings auf zwei verschiedene Weisen dargestellt werden. Zum einen kann er als Prozentwert mit Bezug zum Kartellpreis angegeben werden:[1196]

$$Preisaufschlag_1 = \frac{Preis_{Kartell} - Preis_{Wettbewerb}}{Preis_{Kartell}} \cdot 100$$

Zum anderen kann er auch mit Bezug zum hypothetischen Wettbewerbspreis beschrieben werden:[1197]

$$Preisaufschlag_2 = \frac{Preis_{Kartell} - Preis_{Wettbewerb}}{Preis_{Wettbewerb}} \cdot 100$$

1194 *Fahrmeir/Heumann/Künstler/Pigeot/Tutz,* Statistik, S. 48 ff.; *Schira,* Statistische Methoden, S. 43 ff.

1195 *Connor/Lande,* Card. L. Rev. 34 (2012), 427, 456; *Connor,* Price-Fixing Overcharges: Revised 3rd Edition, S. 51. Siehe allgemein *Fahrmeir/Heumann/Künstler/Pigeot/Tutz,* Statistik, S. 52 f.

1196 *Bolotova/Connor/Miller,* J. Comp. L. & Econ. 5 (2009), 361, 365 f.; *Inderst/Thomas,* Schadensersatz bei Kartellverstößen, S. 94; *Smuda,* J. Comp. L. & Econ. 10 (2014), 63, 66.

1197 *Bolotova,* J. Econ. Behavior & Org. 70 (2009), 321, 323; *Inderst/Thomas,* Schadensersatz bei Kartellverstößen, S. 94; *Connor,* Price-Fixing Overcharges: Revised 3rd Edition, S. 8; *Smuda,* J. Comp. L. & Econ. 10 (2014), 63, 66.

Der Preisaufschlag nach der ersten Formel hat den Vorteil, dass er 100 % nicht übersteigen kann, sondern sich diesem Wert immer weiter annähert.[1198] Darüber hinaus kann nur der Preisaufschlag nach dieser Formel herangezogen werden, wenn die Sanktionierung von Wettbewerbsverstößen beurteilt werden soll.[1199] Bei der Bemessung von Sanktionen wird immer der tatsächlich verlangte Preis und der tatsächlich erzielte Umsatz zugrunde gelegt. Die Ermittlung des hypothetischen Preises oder Umsatzes unterbleibt in der Regel. Daher soll auch in der vorliegenden Arbeit der Preisaufschlag nach der ersten Formel verwendet werden.[1200] Der Datensatz von *Connor* und die meisten Aufsätze, die auf diesem Datensatz beruhen, verwenden jedoch die zweite Formel.[1201] Daher können die dort ermittelten Zahlen zur Bewertung der Sanktionspraxis der Behörden oder zum Entwurf von Sanktionsnormen nicht herangezogen werden. Dies wird in der juristischen Literatur in der Regel nicht beachtet.[1202] Die Ergebnisse dieser Studien können jedoch mit folgender Formel in Preisaufschläge mit Bezug zum Kartellpreis umgewandelt werden:[1203]

$$Preisaufschlag_1 = \frac{Preisaufschlag_2}{100 + Preisaufschlag_2} \cdot 100$$

Im Folgenden werden ausschließlich die umgerechneten Werte der Studien angegeben.

In Tabelle 3 ist der Median für den Preisaufschlag aller Kartelle der Datensätze von *Connor* sowie des eingegrenzten Datensatzes von *Smuda* angegeben. Der

---

1198 Der kartellbedingte Preisaufschlag kann nie höher sein, als der Kartellpreis selbst. *Bolotova,* J. Econ. Behavior & Org. 70 (2009), 321, 323; *Bolotova/Connor/Miller,* J. Comp. L. & Econ. 5 (2009), 361, 365 f.; *Smuda,* J. Comp. L. & Econ. 10 (2014), 63, 66.

1199 *Bolotova,* J. Econ. Behavior & Org. 70 (2009), 321, 323; *Bolotova/Connor/Miller,* J. Comp. L. & Econ. 5 (2009), 361, 365 f.; *Smuda,* J. Comp. L. & Econ. 10 (2014), 63, 66.

1200 Ebenso *Bolotova,* J. Econ. Behavior & Org. 70 (2009), 321, 323; *Bolotova/Connor/Miller,* J. Comp. L. & Econ. 5 (2009), 361, 365 f.; *Inderst/Thomas,* Schadensersatz bei Kartellverstößen, S. 95; *Smuda,* J. Comp. L. & Econ. 10 (2014), 63, 66.

1201 *Boyer/Kotchoni,* How Much Do Cartel Overcharge?, S. 5; *Connor,* Price-Fixing Overcharges: Revised 3rd Edition, S. 8; *Connor/Bolotova,* Int'l J. Ind. Org. 24 (2006), 1109, 1128.

1202 Siehe z.B. *Engelsing,* WuW 2007, 470, 473; *Engelsing/Schneider* in: MünchKommEU-WettR, 1. Aufl. 2007, Art. 23 VO 1/2003 Rn. 112; *Mundt,* WuW 2007, 458, 461.

1203 *Bolotova,* J. Econ. Behavior & Org. 70 (2009), 321, 323; *Bolotova/Connor/Miller,* J. Comp. L. & Econ. 5 (2009), 361, 365 f.

mittlere Preisaufschlag ist in den aktuelleren Studien geringer, da hauptsächlich niedrigere Schätzungen von Kartellen nach 1990 hinzugefügt wurden.[1204]

Tabelle 3: „Median der Preisaufschläge“

Quelle	Gesamter Datensatz
Connor (2005)[1205]	20,00
Connor (2010)[1206]	18,90
Smuda (2014)[1207]	18,37
Connor (2014)[1208]	18,70

Neben dem Median für alle Schätzungen der Preisaufschläge in dem Datensatz werden die Ergebnisse noch aufgeschlüsselt nach den Regionen, in denen die Mitglieder der Kartelle aktiv waren. Es werden gesonderte Mediane für weltweit aktive Kartelle, für Kartelle im nordamerikanischen Raum, dem Europäischen Wirtschaftsraum oder dem Rest der Welt ermittelt sowie für Kartelle, die nur einen Staat wie die USA, Kanada oder einen Mitgliedstaat der Europäischen Union betrafen. Da im Folgenden Rechtsvorschriften für die Sanktionierung von Kartellen durch die europäische Kommission oder das BKartA erarbeitet werden sollen, werden nur Mediane für Kartelle betrachtet, die auf der gesamten Welt, im Europäischen Wirtschaftsraum oder in einem Mitgliedstaat der Europäischen Union aktiv waren. Dies gebietet das Auswirkungsprinzip, nach dem nur solche Kartelle der Jurisdiktion eines Staates unterliegen, die das Marktergebnis in dessen Hoheitsgebiet beeinflussen.[1209]

1204 *Connor,* Price-Fixing Overcharges: Revised 3rd Edition, S. 51.

1205 *Connor,* Price-Fixing Overcharges: Legal and Economic Evidence, S. 48, eigene Berechnung.

1206 *Connor,* Price-Fixing Overcharges: Revised 2nd Edition, S. 40, eigene Berechnung.

1207 *Smuda,* J. Comp. L. & Econ. 10 (2014), 63, 72.

1208 *Connor,* Price-Fixing Overcharges: Revised 3rd Edition, S. 51, eigene Berechnung.

1209 Vgl. zum europäischen Recht: *Bechtold/Bosch/Brinkner,* Einl. Rn. 17; *Rehbinder* in: Immenga/Mestmäcker, II. Absch. A. Rn. 6 ff. Vgl. zu § 130 Abs. 2 GWB: *Bechtold/Bosch,* GWB, § 130 GWB Rn. 16 ff.; *Wiedemann* in: Wiedemann, Kartellrecht, § 5 Rn. 23 ff.

Tabelle 4: „Median der Preisaufschläge nach geografischer Ausdehnung"

Quelle	EU	EU-Mitgl.	Weltweit	Deutschland
Connor (2005)[1210]	30,07	14,02	21,57	
Connor (2010)[1211]	28,32	13,12	22,72	9,91
Connor (2014)[1212]	22,60	13,87	21,57	10,31

Die Werte in Tabelle 4 zeigen, dass der Preisaufschlag eines Kartells von dessen geografischer Ausdehnung abhängt.[1213] Der Median der Preisaufschläge von Kartellen, die im gesamten Bereich Europas tätig waren,[1214] ist am größten, während Kartelle, die nur in einem Mitgliedstaat der Europäischen Union tätig waren, im Median den geringsten Preisaufschlag durchsetzen konnten. Der Median der Preisaufschläge von weltweit aktiven Kartellen weicht nur um einige Prozentpunkte vom Median des gesamten Datensatzes ab. Der Median für Preisaufschläge von Kartellen, die in Deutschland aktiv waren, ist nicht sehr aussagekräftig, da er nur auf zehn Werten beruht.[1215]

Tabelle 5: „Durchschnitt der Preisaufschläge europäischer Kartelle"

Durchschnittswerte					
Quelle	EU	Westeuropa	Nordeuropa	Osteuropa	Südeuropa
Smuda (2014)[1216]	20,7	12,56	15,36	24,67	26,94

1210 *Connor,* Price-Fixing Overcharges: Legal and Economic Evidence, S. 55, eigene Berechnung. Die Werte für Kartelle, die in einem Mitgliedstaat der Europäischen Union tätig waren, und solche, die in der gesamten Europäischen Union aktiv waren, sind offensichtlich vertauscht worden, vgl. *Connor/Lande,* Tul. L. Rev. 80 (2006), 513, 543; *Connor/Lande,* Anti. Bull. 51 (2006), 983, 1008.

1211 *Connor,* Price-Fixing Overcharges: Revised 2nd Edition, S. 112 f., eigene Berechnung.

1212 *Connor,* Price-Fixing Overcharges: Revised 3rd Edition, S. 67, 78, eigene Berechnung.

1213 *Connor/Lande,* Tul. L. Rev. 80 (2006), 513, 543; *Connor,* Price-Fixing Overcharges: Revised 3rd Edition, S. 66 ff.

1214 Es ist nicht klar, ob diese Werte sich auf das Gebiet der Europäischen Union, den Europäischen Wirtschaftsraum oder das geografische Gebiet (West-) Europas bezieht. Das Gebiet der Europäischen Union und des Europäischen Wirtschaftsraumes als Bezugspunkt wäre problematisch, da sich diese Gebiete während des beobachteten Zeitraumes erheblich verändert haben. Aus diesem Grund liegt es nahe, dass sich die Werte auf das geografische Gebiet (West-) Europas beziehen.

1215 *Connor,* Price-Fixing Overcharges: Revised 3rd Edition, S. 78.

1216 *Smuda,* J. Comp. L. & Econ. 10 (2014), 63, 72 f.

Smuda ermittelt für seinen eingegrenzten Datensatz einen Median von 18,36 % für EU-weite und nationale Kartelle.[1217] Er unterteilt die Schätzungen noch weiter nach den Regionen West-, Nord-, Ost-, und Südeuropa, in denen die Mitglieder des Kartells tätig waren (Tabelle 5).[1218] Er gibt allerdings nur die Durchschnittswerte der Schätzungen an und nicht die Mediane, weshalb diese Werte nur bedingt mit den Werten *Connors* zu vergleichen sind. Darüber hinaus ist der durchschnittliche Preisaufschlag für EU-weite und nationale Kartelle in *Connors* Berechnungen deutlich höher.[1219] Mithin müssen unterschiedliche Datensätze einbezogen worden sein oder die Berechnungsweisen müssen sich unterscheiden. Diese Divergenz wird allerdings nicht aufgeklärt.

Die Preisaufschläge der Kartelle variieren jedoch auch erheblich, je nachdem, in welcher Zeitperiode das Kartell aktiv war.[1220] Zwischen 1891 und 1919 ist der Median der Preisaufschläge am größten, während er zwischen 1974 und 1989 am niedrigsten ist. Von 1770 bis 1890 bzw. von 2010 bis 2013 ist der Median etwas geringer als beim gesamten Datensatz. Zwischen 1990 und 2009 ist er hingegen ein wenig höher.[1221] Die Bußgeldvorschriften, die erarbeitet werden sollen, dienen insbesondere der Abschreckung vor dem Beginn oder der Aufrechterhaltung von aktuellen Zuwiderhandlungen. Soweit sie der Ahndung von begangenen Zuwiderhandlungen dienen, ist zu beachten, dass in Zukunft immer weniger Kartelle aus der Zeit vor 1990 sanktioniert werden. Darüber hinaus verjähren Verstöße gegen das Kartellrecht fünf Jahre nach deren Beendigung.[1222] Daher sollten nur die Mediane der letzten Zeiträume ab 1990 für die Ausarbeitung der Bußgeldvorschriften verwendet werden (siehe Tabelle 6). Bei den Medianen der Schätzungen ab 1990 lassen sich allerdings keine klaren Tendenzen im Vergleich zum Median aller Schätzungen erkennen. Vielmehr bewegen sie sich in demselben Bereich.

1217 *Smuda,* J. Comp. L. & Econ. 10 (2014), 63, 71.

1218 *Smuda,* J. Comp. L. & Econ. 10 (2014), 63, 73 f.

1219 EU-weit 33 %; national 38 % (*Connor,* Price-Fixing Overcharges: Revised 3rd Edition, S. 67, eigene Berechnung).

1220 *Connor/Lande,* Anti. Bull. 51 (2006), 983, 1007; *Connor,* Price-Fixing Overcharges: Revised 3rd Edition, S. 56 ff.

1221 *Connor,* Price-Fixing Overcharges: Revised 3rd Edition, S. 57. *Smuda,* J. Comp. L. & Econ. 10 (2014), 63, 80 stellt zwar auch fest, dass der Preisaufschlag in späteren Perioden geringer ausfällt; die Koeffizienten seien allerdings nicht statistisch signifikant. Er teilt die Zeitperioden für europäische Kartelle jedoch anders ein, vgl. *Smuda,* J. Comp. L. & Econ. 10 (2014), 63, 76 f.

1222 Vgl. Art. 25 Abs. 1 b) VO 1/2003 bzw. § 81 Abs. 8 GWB.

Tabelle 6: „Mediane der Preisaufschläge nach Zeitraum"

Quelle	1990 – 1999/2004	2000 – 2009/2013
Connor (2005)[1223]	19,35	
Connor (2010)[1224]	18,17	18,37
Connor (2014)[1225]	19,35	16,67

bbb. Meta-Regressionsanalyse

Bei der Zusammenfassung vieler Studien besteht die Gefahr, dass sich die Fehler einzelner Studien kumulieren. Dadurch könnte die Zuverlässigkeit des Gesamtergebnisses beeinträchtigt werden. Eine Meta-Regressionsanalyse soll diesem Problem begegnen. In einer solchen Analyse wird ermittelt, welche Eigenschaften der verschiedenen Studien einen Einfluss auf die Höhe der Schätzungen des Preisaufschlags haben.[1226]

Wie bei der Darstellung der unterschiedlichen Schätzmethoden für den Preisaufschlag bereits hervorgehoben, könnten einzelne Studien nicht alle Einflüsse erkannt haben, die den Marktpreis auch ohne Absprache steigern würden. Dadurch kann der kartellbedingte Preisaufschlag tendenziell überschätzt werden. Dies gilt umso mehr, da alle verfügbaren Schätzungen von Preisaufschlägen in den Datensatz aufgenommen wurden, ohne deren Qualität besonders zu kontrollieren.[1227] Des Weiteren sind einige Schätzungen mit dem Lerner-Index berechnet worden.[1228] Dieser Index stellt eigentlich ein Maß für die Marktmacht eines Unternehmens dar. Mit ihm lässt sich aus dem tatsächlichen Preis für ein Produkt und den marginalen Kosten jedoch auch ein kartellbedingter Preisaufschlag errechnen. Dies setzt allerdings voraus, dass die hypothetische Situation

1223 *Connor,* Price-Fixing Overcharges: Legal and Economic Evidence, S. 48, eigene Berechnung.

1224 *Connor,* Price-Fixing Overcharges: Revised 2nd Edition, S. 109, eigene Berechnung.

1225 *Connor,* Price-Fixing Overcharges: Revised 3rd Edition, S. 52, eigene Berechnung.

1226 *Boyer/Kotchoni,* How Much Do Cartel Overcharge?, S. 16; *Connor/Bolotova,* Int'l J. Ind. Org. 24 (2006), 1109, 1123.

1227 *Bolotova,* J. Econ. Behavior & Org. 70 (2009), 321, 325; *Connor,* Price-Fixing Overcharges: Revised 3rd Edition, S. 139 f.; *Connor/Lande,* Anti. Bull. 51 (2006), 983, 1005.

1228 *Allain/Boyer/Kotchoni/Ponssard,* The Determination of Optimal Fines in Cartel Cases, S. 13; *Boyer/Kotchoni,* How Much Do Cartel Overcharge?, S. 10; *Bolotova/Connor/Miller,* J. Comp. L. & Econ. 5 (2009), 361, 365; *Connor,* Price-Fixing Overcharges: Revised 3rd Edition, S. 141.

ohne Absprache der Situation bei vollkommenem Wettbewerb entspricht.[1229] Da diese Annahme in der Realität fast nie zutrifft, werden die Preisaufschläge mit dieser Methode teilweise erheblich überschätzt und können allenfalls als Obergrenze dienen.[1230] Mithin bestehen Bedenken gegen die Belastbarkeit einzelner Schätzwerte.[1231]

Darüber hinaus werden in der Literatur typische Fehlerarten angeführt, die bei der Zusammenfassung mehrerer Studien in Metastudien auftreten können.[1232] Zum einen werden Modellierungsfehler (engl. *model error*) genannt, die aus einem Vergleich der Ergebnisse unterschiedlicher Schätzmethoden entstehen, die nicht ohne weiteres kompatibel sind.[1233] Als Auswahlfehler oder Publikationsirrtum (engl. *selection / publication bias*) wird die Tatsache bezeichnet, dass bei der Suche von Einzelstudien Studien mit bestimmten Ergebnissen nicht in die Datenbank aufgenommen werden.[1234] Da der vorliegende Datensatz mit dem Ziel erstellt wurde, möglichst alle veröffentlichten Schätzungen von Preisaufschlägen aufzunehmen, dürften die ausgelassenen Schätzwerte allenfalls Studien betreffen, die nicht veröffentlicht sind.[1235]

Um nachzuprüfen, ob bestimmte Eigenschaften von Einzelstudien das Ergebnis der Metastudie beeinflusst haben, haben *Connor* und *Bolotova* erstmals eine „Meta-Regressionsanalyse“ durchgeführt.[1236] Darin haben sie jeder Studie

---

1229 Vgl. dazu *Bolotova,* J. Econ. Behavior & Org. 70 (2009), 321, 323 sowie ausführlich *Boyer/Kotchoni,* How Much Do Cartel Overcharge?, S. 9 f.; *Allain/Boyer/Kotchoni/Ponssard,* The Determination of Optimal Fines in Cartel Cases, S. 13 f.

1230 *Bolotova,* J. Econ. Behavior & Org. 70 (2009), 321, 323. Vergleiche zu einer beispielhaften Berechnung dieser Überschätzung *Boyer/Kotchoni,* How Much Do Cartel Overcharge?, S. 9 f.; *Allain/Boyer/Kotchoni/Ponssard,* The Determination of Optimal Fines in Cartel Cases, S. 14 ff.

1231 *Bolotova,* J. Econ. Behavior & Org. 70 (2009), 321, 326 f.; *Connor,* Price-Fixing Overcharges: Revised 3rd Edition, S. 80 ff.; *Connor/Bolotova,* Int'l J. Ind. Org. 24 (2006), 1109, 1123; *Connor/Lande,* Tul. L. Rev. 80 (2006), 513, 546; *Connor/Lande,* Anti. Bull. 51 (2006), 983, 1006 ff.

1232 Vgl. dazu *Allain/Boyer/Kotchoni/Ponssard,* The Determination of Optimal Fines in Cartel Cases, S. 33; *Boyer/Kotchoni,* How Much Do Cartel Overcharge?, S. 5; *Inderst/Thomas,* Schadensersatz bei Kartellverstößen, S. 98.

1233 *Boyer/Kotchoni,* How much do Cartels Typically Overcharge?, Vorversion 2012, S. 7.

1234 *Allain/Boyer/Kotchoni/Ponssard,* The Determination of Optimal Fines in Cartel Cases, S. 33; *Bolotova,* J. Econ. Behavior & Org. 70 (2009), 321, 326; *Boyer/Kotchoni,* How much do Cartels Typically Overcharge?, Vorversion 2012, S. 5.

1235 Dies könnten beispielsweise Gutachten sein, die im Auftrag eines Kartellanten in einem Prozess angefertigt wurden.

1236 *Connor/Bolotova,* Int'l J. Ind. Org. 24 (2006), 1109, 1124.

spezifische Variablen zugeordnet, die bestimmte Charakteristika repräsentieren.[1237] Die erste Gruppe von Variablen betrifft Eigenschaften der Zuwiderhandlung wie deren Dauer, deren Mitglieder, der betroffene geografische Markt oder die Zeitperiode, in der das Kartell aktiv war. Die zweite Gruppe von Variablen betrifft Eigenschaften der Studie wie die verwendete Schätzmethode und die Publikationsquelle.[1238] Dadurch kann festgestellt werden, ob und in welchem Umfang eine Studie mit bestimmten Eigenschaften vom durchschnittlichen Preisaufschlag der Referenzgruppe abweicht.[1239] Bei den konkreten Prozentangaben ist allerdings zu beachten, dass sie sich auf Werte des Preisaufschlages auf Grundlage des hypothetischen Wettbewerbspreises beziehen.[1240] Dies ändert allerdings nichts an der Tendenz, die durch die Werte gezeigt werden soll.

Die Metaregressionsanalyse ergab, dass Kartelle mit ausschließlich nationalen Mitgliedern einen Preisaufschlag durchsetzen können, der um 14,35 Prozentpunkte unter dem Durchschnitt liegt.[1241] EU-weite Kartelle können gegenüber weltweit agierenden Kartellen nur einen um 9,31 Prozentpunkte niedrigeren Aufschlag durchsetzen. Diese Ergebnisse werden grundsätzlich von einer späteren Meta-Regressionsanalyse gestützt.[1242] Danach erzielen Kartelle mit nationalen Mitgliedern um 9 Prozentpunkte geringere Preisaufschläge als Kartelle mit internationaler Beteiligung.[1243] Kartelle, die im europäischen Raum aktiv waren, erzielten Preisaufschläge, die um 4,6 Prozentpunkten unter denen weltweit

---

1237 *Connor/Bolotova,* Int'l J. Ind. Org. 24 (2006), 1109, 1124.

1238 *Connor/Bolotova,* Int'l J. Ind. Org. 24 (2006), 1109, 1125 f.

1239 Die Ergebnisse von Meta-Regressionsanalysen geben daher nur eine relative Änderung zu einer Referenzgruppe an. Im Unterschied dazu stellen die Ergebnisse unter Teil 5.A.II.2.a.cc.aaa., S. 284 absolute Werte für den durchschnittlichen Preisaufschlag dar.

1240 Siehe dazu unter Teil 5.A.II.2.a.cc.aaa., S. 284 f. Diese Werte sind leider nicht mit der genannten Formel umzurechnen.

1241 *Connor/Bolotova,* Int'l J. Ind. Org. 24 (2006), 1109, 1132.

1242 *Bolotova,* J. Econ. Behavior & Org. 70 (2009), 321, 334 ff. Diese Studie unterscheidet sich im Wesentlichen dadurch, dass eine Untergruppe moderner, internationaler Kartelle gesondert untersucht wird, da über sie mehr Informationen verfügbar sind, *Bolotova,* J. Econ. Behavior & Org. 70 (2009), 321, 327 f. Darüber hinaus verwendet diese Studie bei mehreren Schätzwerten für eine Kartellepisode den Median und nicht den kleinsten Wert, *Bolotova,* J. Econ. Behavior & Org. 70 (2009), 321, 324. Vgl. auch *Bolotova/Connor/Miller,* J. Comp. L. & Econ. 5 (2009), 361, 377 f. mit ähnlichen Ergebnissen.

1243 *Bolotova,* J. Econ. Behavior & Org. 70 (2009), 321, 336.

aktiver Kartelle lagen.[1244] Diese Ergebnisse zeigen, dass die Charakteristika eines Kartells den erzielten Preisaufschlag wesentlich beeinflussen. Bei der Bemessung eines Bußgeldes im Einzelfall müssen diese Unterscheide daher besonders berücksichtigt werden.[1245]

Bei den Eigenschaften der Studien zeigt sich, dass Preisaufschläge, die mit dem räumlichen Vergleichsmarktkonzept (*yardstick method*) ermittelt wurden, um 10,99 Prozentpunkte über den Preisaufschlägen liegen, die mit dem zeitlichen Vergleichsmarktkonzeptes mit den Preisen nach Beendigung des Kartells (*price-after method*) ermittelt wurden. Alle anderen Methoden wiesen keine statistisch signifikante Abweichung von der Referenzmethode (*price-after method*) auf.[1246] Bei der Veröffentlichungsquelle der Studien wurde ermittelt, dass Regierungsberichte Preisaufschläge meldeten, die 21,35 Prozentpunkte unter den Preisaufschlägen der Referenzquelle (Monographien) lagen, während die Preisaufschläge in Entscheidungen der Kartellbehörden 14,24 Prozentpunkte über den Referenzwerten lag.[1247]

Wenn für dieselbe Kartellepisode mehrere Schätzungen für den Preisaufschlag mit unterschiedlichen Schätzmethoden vorliegen, kann der Einfluss der Methode auf die Schätzung genau ermittelt werden. In einer früheren Studie mit dem oben beschriebenen Datensatz lagen 291 solcher mehrfach untersuchten Kartellepisoden vor.[1248] Hier ist zu erkennen, dass die Schätzungen je nach Kombination der verwendeten Methoden von einem Faktor 0,5 bis zu einem Faktor

---

1244 *Bolotova,* J. Econ. Behavior & Org. 70 (2009), 321, 336.

1245 Vgl. dazu ausführlich unter Teil 5.B.II.2., S. 352 ff.

1246 *Connor/Bolotova,* Int'l J. Ind. Org. 24 (2006), 1109, 1133. Siehe auch *Connor,* Price-Fixing Overcharges: Revised 3rd Edition, S. 83 f.

1247 *Connor/Bolotova,* Int'l J. Ind. Org. 24 (2006), 1109, 1133. In *Connor,* Price-Fixing Overcharges: Revised 3rd Edition, S. 81 f. wird allerdings auch gezeigt, dass sich die Verteilung der Veröffentlichungsquellen enorm verändert. Während vor 1974 Preisaufschläge im Wesentlichen in Büchern veröffentlicht wurden, dominieren ab 1974 behördliche und gerichtliche Entscheidungen sowie Zeitschriftenaufsätze und Arbeitspapiere. Es könnte plausibel erscheinen, dass spätere Schätzungen von Preisaufschlägen akkurater sind, da die Ökonomen über die Jahre gelernt haben, die Fehler ihrer Vorgänger zu vermeiden, *Connor,* Price-Fixing Overcharges: Revised 3rd Edition, S. 83 f. *Connor/Lande,* Tul. L. Rev. 80 (2006), 513, 548 f. schlüsseln die Studien nach ihrem Veröffentlichungszeitraum und dem Endpunkt des untersuchten Kartells auf. In der tabellarischen Aufstellung können allerdings keine systematischen Unterschiede erkannt werden, *Connor/Lande,* Anti. Bull. 51 (2006), 983, 1010.

1248 *Connor/Lande,* Tul. L. Rev. 80 (2006), 513, 549.

2,0 voneinander abweichen.[1249] Das zeitliche Vergleichsmarktkonzept führt zu doppelt so hohen Preisaufschlägen wie ökonometrische Methoden, während es im Verhältnis zum räumlichen Vergleichsmarktkonzept sowie dem kostenbasierten Ansatz zu verhältnismäßig geringen Preisaufschlägen führt.[1250]

Diese Untersuchung legt nahe, dass die Auswirkungen der Schätzmethode auf den ermittelten Preisaufschlag noch größer sind, als es mit der Meta-Regressionsanalyse ermittelt werden konnte.

ccc. Zwischenergebnis

Der Median der Preisaufschläge durch Kartelle beträgt 18,70 %. Dieser Wert variiert jedoch teils erheblich abhängig von der Zeitspanne oder der geografischen Region, in der das Kartell tätig war. Es gibt allerdings einige Anzeichen, dass die Werte mancher Studien, die in diese Metastudie aufgenommen wurden, den tatsächlichen Preisaufschlag nicht verlässlich ermittelt haben. Sowohl die Meta-Regressionsanalyse als auch der Vergleich von mehreren Studien über dieselbe Kartellepisode haben ergeben, dass die angewandte Schätzmethode das Ergebnis der Schätzung beeinflusst. Mithin kann das Ergebnis der Metastudien nicht ohne weiteres verwendet werden.[1251]

dd. Metastudie von *Boyer/Kotchoni*

Die Ökonomen *Boyer* und *Kotchoni* haben eine Meta-Regressionsanalyse durchgeführt, die sich in ihrem Ansatz erheblich von der soeben beschriebenen Analyse unterscheidet. Sie weisen den verschiedenen Studien im Wesentlichen die gleichen Variablen zu, wie *Connor* und *Bolotova* in ihrer Regressionsanalyse.[1252] Sie wenden im Anschluss allerdings ein mathematisches Modell an, durch das sie die Beeinflussung der Ergebnisse durch ungenaue Studien eliminieren wollen.[1253]

1249 *Connor/Lande,* Tul. L. Rev. 80 (2006), 513, 550. Überraschenderweise konstatieren *Connor/Lande,* Tul. L. Rev. 80 (2006), 513, 549, dass die Verwendung verschiedener Schätzmethoden nicht zu bemerkenswert unterschiedlichen Ergebnissen führe.

1250 *Connor/Lande,* Tul. L. Rev. 80 (2006), 513, 550.

1251 Ebenso *Inderst/Thomas,* Schadensersatz bei Kartellverstößen, S. 99.

1252 *Boyer/Kotchoni,* How Much Do Cartel Overcharge?, S. 8.

1253 *Allain/Boyer/Kotchoni/Ponssard,* The Determination of Optimal Fines in Cartel Cases, S. 34; *Boyer/Kotchoni,* How Much Do Cartel Overcharge?, S. 2; *Inderst/Thomas,* Schadensersatz bei Kartellverstößen, S. 98 f.

Sie legen ebenfalls einen Preisaufschlag mit Bezug zum hypothetischen Wettbewerbspreis zugrunde.[1254] Daher sind im Folgenden die Preisaufschläge auf Grundlage des Kartellpreises immer zusätzlich angegeben.

Als Kernelement der Korrektur der Ergebnisse nehmen Boyer und Kotchoni nur solche Studien in die Datenbank auf, die einen Preisaufschlag größer 0 % und kleiner oder gleich 49 % (32,89 % mit Bezug zum Kartellpreis) schätzen.[1255] Die verbleibenden Schätzungen stellen ca. 70 % des ursprünglichen Datensatzes dar. Die Schätzungen von 0 % werden allerdings im Nachhinein wieder unverändert einbezogen.[1256] Im Anschluss wird eine Meta-Regressionsanalyse durchgeführt. Innerhalb dieser Analyse wird mithilfe eines speziellen mathematischen Verfahrens ermittelt, welche Eigenschaften den Studien zugeordnet waren, die aus dem Datensatz ausgeschlossen wurden.[1257] Anhand dieser Informationen wurden sodann Koeffizienten für die zugeordneten Eigenschaften ermittelt, mit denen die Schätzwerte des Datensatzes korrigiert werden können.[1258] Durch die Anwendung dieser Koeffizienten soll der Einfluss der Schätzmethode und der Veröffentlichungsquelle auf den Schätzwert eliminiert werden.[1259] Diese Koeffizienten wurden auf den verkleinerten und auf den gesamten Datensatz angewendet.[1260] In der folgenden Tabelle 7 sind die korrigierten Medianwerte angegeben.

Tabelle 7: „Korrigierte Mediane der Preisaufschläge nach Boyer/Kotchoni“

Quelle	Gesamt			Zeit	Geogr. Ausdehnung
	Alle	$x > 0$	$0 < x \leq 49$	ab 1973	EU
Boyer/Kotchoni (2015)[1261]	13,80	13,92	13,92	14,10	12,34

1254 Vgl. ausführlich unter Teil 5.A.II.2.a.cc.aaa., S. 284 f.

1255 *Boyer/Kotchoni,* How Much Do Cartel Overcharge?, S. 26. Darüber hinaus verwenden sie den Logarithmus der Schätzwerte anstatt des eigentlichen Wertes, da diese Werte nicht so weit auseinander liegen, vgl. *Allain/Boyer/Kotchoni/Ponssard,* The Determination of Optimal Fines in Cartel Cases, S. 34; *Boyer/Kotchoni,* How Much Do Cartel Overcharge?, S. 17.

1256 *Boyer/Kotchoni,* How Much Do Cartel Overcharge?, S. 28.

1257 *Boyer/Kotchoni,* How Much Do Cartel Overcharge?, S. 17 ff.: sog. „*Heckman*-Methode“.

1258 *Boyer/Kotchoni,* How Much Do Cartel Overcharge?, S. 25 f.

1259 *Boyer/Kotchoni,* How Much Do Cartel Overcharge?, S. 26.

1260 *Allain/Boyer/Kotchoni/Ponssard,* The Determination of Optimal Fines in Cartel Cases, S. 34.

1261 *Boyer/Kotchoni,* How Much Do Cartel Overcharge?, S. 28, eigene Berechnung. Diese Werte unterscheiden sich allerdings von den Werten, die die Autoren erhalten hätten,

Es ist allerdings fraglich, ob dieses Ergebnis der Studie aussagekräftig ist. Besondere Zweifel ergeben sich aus dem Ausschluss aller Schätzungen größer als 49 % (32,89 % mit Bezug zum Kartellpreis). Schätzungen von Preisaufschlägen über 49 % (32,89 % mit Bezug zum Kartellpreis) werden ausgeschlossen, weil wenige besonders hohe Schätzungen das Ergebnis der Auswertung des Datensatzes verfälschten. So sinke der Durchschnittswert der geschätzten Preisaufschläge von knapp 49 % (32,89 % mit Bezug zum Kartellpreis) auf 32 % (24,24 % mit Bezug zum Kartellpreis), wenn nur die höchsten 5 % der Schätzungen entfernt werden. Werden alle Schätzungen über 50 % entfernt, sinkt der Durchschnittswert auf ca. 22,9 % (18,63 % mit Bezug zum Kartellpreis).[1262]

Die Argumente für den grundsätzlichen Ausschluss von Schätzwerten über 49 % (32,89 % mit Bezug zum Kartellpreis) erscheinen aber nicht überzeugend. Die Autoren ermitteln zwar mit einer statistischen Methode, dass die Qualität der Aufschlagsschätzungen bei Werten über 65 % (39,39 % mit Bezug zum Kartellpreis) erhebliche abnehme.[1263] Mit einer weiteren statistischen Methode ermitteln die Autoren anhand des verkleinerten Datensatzes, dass bei Aufschlagsschätzungen unter 49 % (32,89 % mit Bezug zum Kartellpreis) die gewählte Untersuchungsmethode am geringsten durch Schätzfehler beeinflusst werde. Dadurch haben die Autoren den Ausschluss von hohen Schätzwerten sehr viel fundierter begründet, als in der Vorversion des Aufsatzes. Dort hatten sie den Ausschluss noch im Wesentlichen darauf gestützt, dass es sich um „Ausreißer" handele.[1264] Davon kann bei einem Ausschluss von 22,6 % der Schätzwerte des Datensatzes allerdings nicht gesprochen werden.[1265]

Die Autoren heben jedoch selbst hervor, dass die festgestellte geringere Qualität höherer Schätzungen nicht bedeute, dass alle Schätzungen dieser Höhe unbrauchbar seien, oder dass geringere Schätzungen nicht fehlerhaft seien.[1266] Das bedeutet jedoch, dass das Zusammenfallen von höheren Schätzungen und ermittelter schlechter Qualität bloße Koinzidenz ohne kausalen Zusammenhang

---

wenn sie ihr mathematisches Modell auf Preisaufschlage mit Bezug zum Kartellpreis angewendet hätten.

1262 Vgl. *Boyer/Kotchoni,* How Much Do Cartel Overcharge?, S. 5.

1263 *Boyer/Kotchoni,* How Much Do Cartel Overcharge?, S. 10 ff.

1264 *Boyer/Kotchoni,* How much do Cartels Typically Overcharge?, Vorversion 2012, S. 11 sprechen von „*outliners*".

1265 *Bolotova/Connor/Miller,* J. Comp. L. & Econ. 5 (2009), 361, 376 geben zudem an, dass keine extremen und nur zehn milde Ausreißer in ihrem Datensatz identifiziert werden konnten.

1266 *Boyer/Kotchoni,* How Much Do Cartel Overcharge?, S. 16.

ist. Wenn Koeffizienten alleine auf der Grundlage des Ausschlusses von hohen Schätzungen ermittelt werden, dienen sie nicht einer Korrektur fehlerhafter Schätzungen. Wie die Autoren selbst zugeben, beruhen nur einige hohe Schätzungen auf geringer Qualität. Andere Schätzungen sind in ihrer Höhe korrekt. Auf der anderen Seite sind auch Schätzungen unterhalb der gewählten Schwelle fehlerhaft, ohne in die Koeffizienten zur Korrektur einzufließen. Mithin beruhen auch die „korrigierten" Schätzwerte, die die Autoren ermitteln, auf einer unbekannten Zahl fehlerhafter Schätzungen wie der Ausgangsdatensatz von *Connor*. Der Ausschluss hoher Schätzwerte führt, wie einfach vorherzusehen war, zu geringeren Schätzwerten, ohne dass dies zu einer gesteigerten Qualität der Ergebnisse führen konnte. Mithin sind die Werte mehr oder weniger willkürlich ermittelt, abhängig davon, ab welcher Höhe man die Schätzwerte als besonders fehleranfällig im Sinne von *Boyer* und *Kotchoni* ansieht.

Die genannten Bedenken können auch nicht dadurch ausgeräumt werden, dass die zuerst ausgeschlossenen Werte später wieder in den Datensatz eingefügt werden.[1267] Die Berechnung der Koeffizienten zur „Korrektur" von fehlerhaften Werten erfolgt allein auf der Grundlage des verkleinerten Datensatzes. Diese Koeffizienten werden daher verfälscht, wenn der Ausschluss von Werten aus dem ursprünglichen Datensatz willkürlich erfolgt. Ein späteres Einfügen der entfernten Schätzwerte kann daran nichts mehr ändern.

Die beschriebene Studie verfolgt zwar das begrüßenswerte Ziel, die negativen Einflüsse durch nicht verlässliche Schätzungen von Preisaufschlägen auf eine Metastudie zu beseitigen. Ihre Ergebnisse können jedoch nicht verwendet werden, da sie auf einer nicht zielführenden Verkleinerung des Datensatzes beruhen.

ee. Zwischenergebnis

Die Ergebnisse der Metastudien von *Connor*, *Lande* und *Bolotova* fassen die Erkenntnisse von einigen hundert Einzelstudien über den geschätzten Preisaufschlag von Kartellen zusammen und geben daher einen Überblick über den Mittelwert des Preisaufschlags von Kartellen mit bestimmten Eigenschaften. Diese Studien enthalten aber auch Indizien, dass ihre Ergebnisse durch einige falsche Schätzwerte beeinflusst sind. Die Studie von *Boyer* und *Kotchoni* wendet ein Modell an, durch das diese Verfälschungen relativiert werden können. Ihre Ergebnisse beruhen jedoch auf dem nicht zielführenden Ausschluss von

---

1267 *Allain/Boyer/Kotchoni/Ponssard,* The Determination of Optimal Fines in Cartel Cases, S. 34; *Boyer/Kotchoni,* How much do Cartels Typically Overcharge?, Vorversion 2012, S. 13.

Schätzwerten über 49 % (32,89 % mit Bezug zum Kartellpreis). Mithin können die Ergebnisse dieser Studie nicht verwendet werden. Aber auch die Ergebnisse der Studien von *Connor*, *Lande* und *Bolotova* können nicht uneingeschränkt übernommen werden. Es empfiehlt sich aber, diese Ergebnisse der Metastudien von *Connor*, *Lande* und *Bolotova* nur als Grundlage zu verwenden. Angesichts der drohenden Überschätzung des Preisaufschlages in einigen Einzelstudien, die die Ergebnisse der Metastudien nach oben treiben können, sollten diese Ergebnisse etwas nach unten korrigiert werden.

Aus juristischer Sicht wäre es wünschenswert, wenn durch eine Studie, die an die Meta-Regressionsanalyse von *Boyer* und *Kotchoni* angelehnt ist, eventuelle Fehler in dem Datensatz entfernt werden. Diese Studie dürfte jedoch keine willkürliche Grenze festlegen, ab der Schätzwerte aus dem Datensatz entfernt werden. Bei dieser Methode besteht immer die Gefahr, dass eigentlich korrekt geschätzte Preisaufschläge von Kartellen, die diese Grenze regelmäßig überschreiten, vorwiegend ausgeschlossen werden. Vielmehr müssten den Einzelstudien weitere Variablen zugeordnet werden, die deren Fehlergefahr repräsentieren.[1268] So bergen Studien eine besonders hohe Fehlergefahr, wenn sie Faktoren gänzlich unberücksichtigt lassen, die den Preis auch ohne eine Kartellabsprache erhöhen. Wenn sie diese Faktoren zwar erkennen, jedoch nicht umfassend in der Berechnung des Preisaufschlages berücksichtigen, ist den Studien eine mittlere Fehlergefahr zuzuordnen. Wenn die Studien diese Faktoren erkennen und in der Ermittlung des Preisaufschlages auch bestmöglich berücksichtigen, so liegt eine geringe Fehlergefahr vor.[1269] In einer Regressionsanalyse kann daraufhin festgestellt werden, ob der Schätzwert von Einzelstudien mit einer hohen Fehlergefahr signifikant von dem anderer Studien abweicht. Wenn dies der Fall ist, sollten diese Studien aus dem Datensatz ausgeschlossen werden. Daraufhin kann festgestellt werden, ob eine hohe Fehlergefahr mit anderen Eigenschaften der Studien korreliert und ob die Koeffizienten zur Korrektur der Schätzwerte nach der Studie von *Boyer* und *Kotchoni* ermittelt werden können.

1268 So im Ansatz *Connor*, Price-Fixing Overcharges: Revised 3rd Edition, S. 148 ff.

1269 Es ist unbestritten, dass diese Kriterien unbestimmt sind und daher ebenfalls die Gefahr eines willkürlichen Ausschusses beinhalten. Dem müsste entgegengewirkt werden, indem genau festgelegt wird, inwieweit diese Faktoren einer Preiserhöhung auch unter Wettbewerbsbedingungen in einer Berechnung berücksichtigt werden können.

b. Sonstige wettbewerbsbeschränkende Verhaltensweisen

Sonstige Wettbewerbsbeschränkungen durch Vereinbarungen, Beschlüsse oder abgestimmte Verhaltensweisen bestehen aus horizontalen Vereinbarungen, die keine klassischen Kartelle sind, und vertikalen Vereinbarungen. Sonstige horizontale Vereinbarungen sind im Wesentlichen Kooperationen von Unternehmen der gleichen Marktstufe über die gemeinsame Forschung und Entwicklung, die gemeinsame Produktion, die Spezialisierung, den gemeinsamen Einkauf oder den gemeinsamen Vertrieb.[1270] Vertikale Vereinbarungen werden zwischen Unternehmen unterschiedlicher Marktstufen geschlossen und betreffen Vereinbarungen zwischen Hersteller und Händler über den Vertrieb von Produkten (selektive Vertriebssysteme, Franchise-Modelle, Vertriebsbeschränkungen, Gebietszuweisungen) oder die Preisgestaltung des Händlers (Mindest- oder Fixpreise, Preisempfehlungen, Preisbindungen).[1271]

Sonstige horizontale Vereinbarungen sind nicht grundsätzlich schädlich für die gesellschaftliche Wohlfahrt wie klassische Kartelle. Daher ist ihre Bewertung ambivalent.[1272] Wie bereits ausgeführt, kann daher der Schaden dieser horizontalen Vereinbarungen nicht ohne weiteres festgestellt werden.[1273] Aus diesem Grund existieren keine empirischen Studien über den verursachten Schaden oder den erzielten Gewinn durch diese Vereinbarungen. Auch ein Preisaufschlag, der aus einer horizontalen Vereinbarung resultiert, wurde nie bestimmt.

Vertikale Vereinbarungen haben ebenfalls keinen eindeutig negativen Effekt auf die gesellschaftliche Wohlfahrt.[1274] Daher können auch in diesem Fall die wettbewerblichen Auswirkungen nur schwer quantifiziert werden.[1275] Zwar können bei Preisbindungen wie Mindest- oder Fixpreisen die Abweichungen zum hypothetischen Wettbewerbspreis festgestellt werden.[1276] Da dieser Vorgang aber schwer durchzuführen ist, gibt es derzeit keine empirische Studie, die die verursachten Schäden, den erzielten Gewinn oder nur eine Näherung an diese Größen bei vertikalen Wettbewerbsbeschränkungen ermittelt.

1270 *Kerber/Schwalbe* in: MünchKommEUWettR, Einl. Rn. 1196; *Zimmer* in: Immenga/Mestmäcker, § 1 GWB Rn. 263 ff.

1271 *Krauß* in: Langen/Bunte, § 1 GWB Rn. 284 ff.; *Habermeier/Ehlers* in: MünchKomm-EUWettR, Art. 81 EG Rn. 232 ff.

1272 *Kerber/Schwalbe* in: MünchKommEUWettR, Einl. Rn. 1203.

1273 Teil 3.B.II.2.b.bb.aaa., S. 112 ff.

1274 *Kerber/Schwalbe* in: MünchKommEUWettR, Einl. Rn. 1342.

1275 Siehe ausführlich unter Teil 3.B.II.2.a.bb., S. 109 ff. und Teil 3.B.II.2.b.bb.aaa., S. 112 ff.

1276 *Schwalbe,* WuW 2011, 1197, 1212 führt eine französische Studie an, die einen Preisaufschlag von 7 % im französischen Markt für Mineralwasser ermittelt.

Mithin kann der Gewinn, der durch sonstige wettbewerbsbeschränkende Vereinbarungen, Beschlüsse oder abgestimmte Verhaltensweisen erzielt wird, oder auch nur eine Näherung daran nicht durch ökonomische Studien beziffert werden.

c. *Missbrauch einer marktbeherrschenden Stellung*

Die missbräuchliche Ausnutzung einer marktbeherrschenden Stellung durch ein Unternehmen kann im Wesentlichen durch eine Ausbeutung oder eine Behinderung anderer Marktteilnehmer geschehen.[1277] Als Ausbeutungsmissbrauch wird in der Regel die unmittelbare Schädigung von Marktteilnehmern durch Marktergebnisse angesehen, die bei funktionierendem Wettbewerb nicht erreichbar gewesen wären.[1278] Dies geschieht üblicherweise durch die Festsetzung von unangemessenen Einkaufs- bzw. Verkaufspreisen oder sonstigen Geschäftsbedingungen[1279] sowie der sog. Preisspaltung[1280]. Ein Behinderungsmissbrauch zielt auf die Verschlechterung des noch bestehenden Wettbewerbs durch Maßnahmen gegenüber (potentiellen) Wettbewerbern oder Marktteilnehmern vor- bzw. nachgelagerter Märkte.[1281] Diese Maßnahmen können unter anderem in Ausschließlichkeitsbindungen, Rabattsystemen, Kampfpreisen, der Verweigerung von Geschäftsbeziehungen, der Verweigerung des Zugangs zu wesentlichen Einrichtungen oder Kopplungsgeschäften bestehen.[1282] Als

---

1277 *Bronett* in: Wiedemann, Kartellrecht, § 22 Rn. 38; *Möschel* in: Immenga/Mestmäcker, § 19 GWB Rn. 100; *Nothdurft* in: Langen/Bunte, § 19 GWB Rn. 113. Diese Kategorien dienen in erster Linie der Konkretisierung des sehr weiten Tatbestands. Sie sind nicht immer klar voneinander abgegrenzt und es existieren einige Fallgestaltungen, die mit guten Argumenten mehreren Kategorien zugeordnet werden können, siehe *Bulst* in: Langen/Bunte, Art. 102 AEUV Rn. 82.

1278 *Bronett* in: Wiedemann, Kartellrecht, § 22 Rn. 38; *Bulst* in: Langen/Bunte, Art. 102 AEUV Rn. 91; *Nothdurft* in: Langen/Bunte, § 19 GWB Rn. 113.

1279 Regelbeispiel des Art. 102 Abs. 2 Buchstabe a) AEUV, vgl. *Emmerich,* Kartellrecht, § 10 Rn. 13 ff., und des § 19 Abs. 2 Nr. 2 GWB, vgl. *Lübbert/Schöner/Wiedemann* in: Wiedemann, Kartellrecht, § 23 Rn. 200 ff.

1280 Regelbeispiel des § 19 Abs. 2 Nr. 3 GWB, vgl. *Möschel* in: Immenga/Mestmäcker, § 19 GWB Rn. 170 ff.

1281 *Bulst* in: Langen/Bunte, Art. 102 AEUV Rn. 92; *Fuchs/Möschel* in: Immenga/Mestmäcker, Art. 102 AEUV Rn. 134; *Lübbert/Schöner/Wiedemann* in: Wiedemann, Kartellrecht, § 23 Rn. 54.

1282 *Bulst* in: Langen/Bunte, Art. 102 AEUV Rn. 251 ff.; *Fuchs/Möschel* in: Immenga/Mestmäcker, Art. 102 AEUV Rn. 214 ff.; *Lettl*, Kartellrecht, § 3 Rn. 42 ff.; *Lübbert/Schöner/Wiedemann* in: Wiedemann, Kartellrecht, § 23 Rn. 62 ff.

Marktstrukturmissbrauch werden Verhaltensweisen angesehen, die in der missbräuchlichen Veränderung der Marktstruktur liegen, also insbesondere Unternehmenszusammenschlüsse.[1283]

Die Behörden und Gerichte wenden die ökonomischen Methoden, die bei der Ermittlung des Preisaufschlags durch ein Kartell beschrieben wurden, auch bei dem Nachweis eines Preis- oder Konditionenmissbrauchs an.[1284] Das Vergleichsmarktkonzept nimmt hierbei eine wichtige Stellung ein; in § 19 Abs. 2 Nr. 2 GWB ist es gesetzlich zur Ermittlung des Preises bei wirksamem Wettbewerb genannt.[1285] Die europäische Rechtsprechung hat die Unangemessenheit von Preisen vorwiegend mit einer Kostenanalyse ermittelt.[1286] Mithin kann der missbräuchliche Preisaufschlag wie bei klassischen Kartellen ermittelt werden.[1287] Hierbei kommen letztlich auch dieselben Schwierigkeiten auf, die oben beschrieben wurden.[1288] Gegenwärtig existieren jedoch keine ökonomischen Studien, die den Gewinn durch Ausbeutungsmissbrauch näherungsweise beziffern. Dies mag zum einen daran liegen, dass der Tatbestand des Art. 102 Abs. 2 Buchstabe a) AEUV und des § 19 Abs. 2 Nr. 2 GWB nur den Nachweis der Unangemessenheit der Preise oder Konditionen erfordert. Eine Bezifferung der Auswirkungen ist nicht erforderlich. Darüber hinaus bestehen erhebliche Bedenken gegen eine umfangreiche Verfolgung von Preis- oder Konditionenmissbräuchen, da dies einer weitgehenden behördlichen Preiskontrolle gleichkäme.[1289] Aus diesem Grund sind behördliche oder gerichtliche Verfahren zur Ahndung von Ausbeutungsmissbrauch verhältnismäßig selten und beschränken sich überwiegend auf regulierte Märkte.[1290]

1283 *Bulst* in: Langen/Bunte, Art. 102 AEUV Rn. 251 ff.; *Emmerich,* Kartellrecht, § 10 Rn. 2 f.; *Fuchs/Möschel* in: Immenga/Mestmäcker, Art. 102 AEUV Rn. 134.

1284 Zuletzt BGH, WuW 2015, 1225, 1229 ff. – *Wasserpreise Calw II*. Siehe auch *Eilmansberger* in: MünchKommEUWettR, Art. 82 EG Rn. 197 ff.; *Emmerich,* Kartellrecht, § 10 Rn. 17 f.; *Wiedemann Lübbert/Schöner/Wiedemann* in: Wiedemann, Kartellrecht, § 23 Rn. 62 ff.

1285 *Lettl,* Kartellrecht, § 9 Rn. 58.

1286 *Eilmansberger* in: MünchKommEUWettR, Art. 82 EG Rn. 198; *Fuchs/Möschel* in: Immenga/Mestmäcker, Art. 102 AEUV Rn. 176 ff.

1287 *Inderst/Maier-Rigaud/Schwalbe* in: Fuchs/Weitbrecht, Handbuch der privaten Kartellrechtsdurchsetzung (in Veröffentlichung).

1288 *Inderst/Maier-Rigaud/Schwalbe* in: Fuchs/Weitbrecht, Handbuch der privaten Kartellrechtsdurchsetzung (in Veröffentlichung). Vgl. auch Teil 5.A.II.2.a.aa., S. 277.

1289 *Eilmansberger* in: MünchKommEUWettR, Art. 82 EG Rn. 196; *Fuchs/Möschel* in: Immenga/Mestmäcker, Art. 102 AEUV Rn. 169.

1290 *Eilmansberger* in: MünchKommEUWettR, Art. 82 EG Rn. 196; *Lübbert/Schöner/Wiedemann* in: Wiedemann, Kartellrecht, § 23 Rn. 201. So wurde im Verfahren

Die Abschätzung der Auswirkungen von Behinderungsmissbräuchen ist deutlich komplexer als bei Ausbeutungsmissbräuchen. In der ökonomischen Literatur wurden Modelle zur Berechnung des Schadens vorgestellt, die sich auf Behinderungsmissbräuche beziehen, die Konkurrenten aus dem Markt drängen sollen.[1291] Um die hypothetische Situation bei funktionierendem Wettbewerb zu ermitteln, sollen letztlich auch die beschriebenen Modelle des Vergleichsmarktkonzeptes, der Kostenkontrolle oder der ökonometrischen Simulation von Marktergebnissen zur Anwendung kommen. Insbesondere beim zeitlichen Vergleichsmarktkonzept besteht die zusätzliche Schwierigkeit, dass der Markt bereits für eine lange Periode durch vorangegangene Phasen des Missbrauchs beeinflusst wurde. Je weiter der Vergleichszeitraum jedoch vom Tatzeitraum entfernt ist, desto geringer ist die Vergleichbarkeit.[1292] Wenn das marktbeherrschende Unternehmen den Missbrauch durch bestimmte Vertragsgestaltungen wie Rabattsysteme oder Ausschließlichkeitsbindungen verübt, bestehen zudem unzählige wettbewerbskonforme Handlungsvarianten, die die Bestimmung der wettbewerbsanalogen Situation erheblich erschweren.[1293] Darüber hinaus bestehen weitere Schwierigkeiten, wenn der Behinderungsmissbrauch in einer frühen Phase entdeckt und abgestellt wird. Dann muss nicht nur die hypothetische Situation in der Vergangenheit ermittelt werden, sondern es muss für die Zukunft vorhergesagt werden, wie sich der Markt mit und ohne die missbräuchliche Verfälschung entwickeln würde. Andernfalls könnten nicht alle Auswirkungen des Behinderungsmissbrauchs erfasst werden.[1294] Aufgrund

---

Berliner Wasserbetriebe zum Preismissbrauch im Bereich der Wasserversorgung der hypothetische Wettbewerbspreis durch das BKartA durch einen Vergleich mit den Wasserpreisen anderer Großstädte errechnet, BKartA, Beschluss vom 4.6.2012, Az. B 8-40/10, Rn. 82 ff. – *Entgelte im Rahmen einer Wasserversorgung.*

1291 *Inderst/Maier-Rigaud/Schwalbe* in: Fuchs/Weitbrecht, Handbuch der privaten Kartellrechtsdurchsetzung (in Veröffentlichung) mit Verweis auf *Fumagalli/Padilla/Polo* in: Etro/Kokkoris, Competition law and the enforcement of article 102, S. 203 ff.

1292 *Inderst/Maier-Rigaud/Schwalbe* in: Fuchs/Weitbrecht, Handbuch der privaten Kartellrechtsdurchsetzung (in Veröffentlichung).

1293 *Inderst/Maier-Rigaud/Schwalbe* in: Fuchs/Weitbrecht, Handbuch der privaten Kartellrechtsdurchsetzung (in Veröffentlichung).

1294 Bei Kampfpreisen oder Preis-Kosten-Scheren wären die Abnehmer bis zur Verdrängung eines Wettbewerbers sogar bessergestellt, da sie geringere Entgelte zu zahlen hatten als bei unverfälschtem Wettbewerb, *Inderst/Maier-Rigaud/Schwalbe* in: Fuchs/Weitbrecht, Handbuch der privaten Kartellrechtsdurchsetzung (in Veröffentlichung). Dabei müssen jedoch die Nachteile berücksichtigt werden, die durch eine gesteigerte Marktmacht nach erfolgter Verdrängung entstehen.

dieser erheblichen Schwierigkeiten konnten die schädlichen Auswirkungen von Behinderungsmissbräuchen bis jetzt nicht in Studien beziffert werden.

Mithin lassen sich die negativen Auswirkungen des Missbrauchs einer marktbeherrschenden Stellung grundsätzlich mit ökonomischen Verfahren ermitteln. Aufgrund der immensen Schwierigkeiten gibt es bis jetzt jedoch keine Studien, die den Schaden oder nur die Effekte auf den Marktpreis beziffern.[1295] Selbst wenn solche Studien angefertigt würden, erscheint es allerdings zweifelhaft, ob eine Zusammenfassung aller Ergebnisse wie bei den Metastudien im Bereich der Kernbeschränkungen möglich wäre. Da bei einem Missbrauch der marktbeherrschenden Stellung zahlreiche unterschiedliche Wettbewerbsparameter beeinflusst werden können, und nicht wie bei klassischen Kartellen nur der Preis und die Menge, sind die Ergebnisse der unterschiedlichen Studien nicht uneingeschränkt kompatibel. Daher können die durchschnittlichen Auswirkungen von Missbräuchen einer marktbeherrschenden Stellung nicht sinnvoll ermittelt werden. Selbst wenn Einzelstudien erstellt würden, kann daher eine allgemeine Aussage zum Schaden oder den Preiseffekten von missbräuchlichen Praktiken nicht getroffen werden.

d. *Fusionskontrollrecht*

Die Fusionskontrolle als wettbewerbspolitisches Mittel, um die erhebliche Behinderung des wirksamen Wettbewerbs insbesondere durch die Entstehung oder Verstärkung einer marktbeherrschenden Stellung zu verhindern, stellt eine präventive Missbrauchsaufsicht dar.[1296] Dadurch sollen Unternehmen gehindert werden, durch externes Wachstum überhaupt die Möglichkeit zu erhalten, eine marktbeherrschende Stellung zu missbrauchen.[1297]

Ein Verstoß gegen das Vollzugsverbot eines anmeldepflichtigen Zusammenschlusses verursacht daher keinen unmittelbaren Schaden. Er erhöht aber die Gefahr, dass durch den Missbrauch einer entstehenden marktbeherrschenden Stellung ein Schaden entsteht. Um diese drohenden Auswirkungen zu ermitteln, müssten die hypothetische Situation im Falle eines Missbrauchs der marktbeherrschenden Stellung sowie die hypothetische Marktentwicklung ohne Vollzug des Zusammenschlusses bestimmt werden. Es ist allerdings nur schwer vorherzusagen, auf welche

---

1295 Berechnungen aus dem Bereich regulierter Märkte (bspw. BKartA, Beschluss vom 4.6.2012, Az. B 8-40/10, 82 ff. – *Entgelte im Rahmen einer Wasserversorgung*) sollen bei der Betrachtung außer Acht gelassen werden, da aus ihnen keine Aussage bzgl. unregulierter Märkte entnommen werden kann.

1296 *Emmerich*, Kartellrecht, § 31 Rn. 8; *Lettl*, Kartellrecht, § 6 Rn. 1.

1297 *Mestmäcker/Veelken* in: Immenga/Mestmäcker, Vorb. § 35 GWB Rn. 29.

Weise und in welchem Umfang ein solcher Missbrauch stattfinden wird. Darüber hinaus ist die hypothetische Entwicklung eines Marktes angesichts der unzähligen, zufälligen Ereignisse kaum möglich. Mithin erscheint es unmöglich, dass die negativen Auswirkungen des verbotenen Vollzugs eines Zusammenschlusses mit ökonomischen Mitteln zu beziffern sind.

3. *Zwischenergebnis*

Nach obiger Argumentation ist es überzeugender, den erzielten Gewinn als maßgeblichen Bezugspunkt einer Geldbuße zugrunde zu legen. Bei klassischen Kartellen stellt der kartellbedingte Preisaufschlag die einzige Größe dar, die belastbar und mit vertretbarem Aufwand abgeschätzt werden kann. Dieser stellt sowohl eine Näherung für den verursachten Schaden als auch für den erzielten Gewinn aus der Kernbeschränkung dar. Bei sonstigen wettbewerbsbeschränkenden Vereinbarungen, Beschlüssen oder abgestimmten Verhaltensweisen, beim Missbrauch einer marktbeherrschenden Stellung und beim verbotenen Vollzug eines Zusammenschlusses lässt sich nicht einmal dieser Näherungswert bestimmen.

III. Entdeckungswahrscheinlichkeit

In der ökonomischen Literatur sind zahlreiche Versuche unternommen worden, die Wahrscheinlichkeit der Entdeckung eines Kartells mathematisch zu bestimmen (unter 1., S. 303 ff.). Es ist allerdings unklar, wie die Tatsache, dass nicht alle Wettbewerbsverstöße entdeckt und sanktioniert werden, bei der Bemessung eines Bußgeldes berücksichtigt werden kann (unter 2., S. 315 ff.).

1. *Versuche einer mathematischen Berechnung*

Die Wahrscheinlichkeit, dass eine Zuwiderhandlung gegen das Kartellrecht sanktioniert wird, setzt sich aus mehreren Elementen zusammen: aus der Wahrscheinlichkeit der Entdeckung, aus der Wahrscheinlichkeit, dass ein behördliches Verfahren zu einem Bußgeld führt, und aus der Wahrscheinlichkeit, dass diese Entscheidung auch in einem Gerichtsverfahren Bestand hat, falls die Entscheidung angegriffen wird.[1298] Die Erfolgswahrscheinlichkeit der Verfolgungsbehörde vor Gericht und der Anteil der abgeschlossenen Verfahren an der Gesamtzahl aller

1298 Siehe dazu bereits Teil 3.B.II.1., S. 102 ff.

eingeleiteten Verfahren lassen sich relativ einfach bestimmen.[1299] Die Bestimmung der Wahrscheinlichkeit, ob ein Wettbewerbsverstoß durch die Behörden entdeckt wird, ist allerdings erheblich schwieriger. Dies liegt daran, dass die Gesamtzahl aller Zuwiderhandlungen naturgemäß nicht bekannt ist.[1300] Dadurch kann der Anteil der entdeckten Verstöße daran nicht bestimmt werden.

In der ökonomischen Literatur wurden zahlreiche Versuche unternommen, aus den entdeckten Verstößen auf die Entdeckungswahrscheinlichkeit zu schließen. Diese Versuche beschränken sich allerdings auf die Auswertung von Kartellen und umfassen sonstige Verstöße gegen das Wettbewerbsrecht nicht. Eine übersichtliche Zusammenstellung findet sich bei *Connor.*[1301] Die dort aufgeführten Versuche einer Bezifferung lassen sich in drei Kategorien einordnen.

Zum einen nennen Ökonomen, Mitarbeiter von Verfolgungsbehörden oder andere Beteiligte rein subjektive, willkürliche Einschätzungen, die auf keiner nachprüfbaren Grundlage beruhen.[1302] Aus diesem Grund können diese Schätzungen nicht zur Grundlage der Bußgeldbemessung gemacht werden.

Zum anderen werden Anwälte aus dem Bereich des Kartellrechts befragt, wie sie die Entdeckungswahrscheinlichkeit einordnen.[1303] Diese Vorgehensweise erscheint vielversprechend, da gerade Anwälte exklusives Wissen über Unternehmen besitzen, die wegen der Beteiligung an einem Kartell Rechtsberatung gesucht haben, ohne dass das Kartell je aufgedeckt wurde. Die Untersuchungen haben jedoch zum Teil eine geringe Beteiligungsrate[1304] oder sind nicht in der notwendigen Breite durchgeführt worden, sodass sich daraus keine allgemeine Aussage ableiten lässt.

1299 Vgl. die Tabelle bei *Veljanovski,* W.Comp. 30 (2007), 65, 76 ff. zu den Bußgeldleitlinien der Kommission von 1998. Siehe zu aktuellen Zahlen *Camesasca/Ysewyn/Weck/Bowman,* J. Eur. Comp. L. & Practice 4 (2013), 215, 216 f.

1300 *Bryant/Eckard,* Rev. Econ. & Stat. 73 (1991), 531; *Combe/Monnier/Legal,* Cartels: The Probability of Getting Caught in the European Union, S. 2; *Ormosi,* A tip of the iceberg? The probability of catching cartels, S. 2.

1301 *Connor,* Cartel Detection and Duration Worldwide, S. 6 f.

1302 So z.B. *Landes,* U. Chic. L. Rev. 50 (1983), 652, 657; *Posner,* Antitrust law, S. 47; *Werden,* ECJ 5 (2009), 19, 12; *Werden/Simon,* Anti. Bull. 32 (1987), 917, 926; *Wils,* W.Comp. 28 (2005), 117, 130.

1303 So bspw. *Feinberg,* J. Comm. Market Stud. 23 (1985), 373, 379; Deloitte, The Deterrent Effect of Competition Enforcement by the OFT, S. 50 ff.

1304 Dies führt *Connor,* Cartel Detection and Duration Worldwide, S. 6 an.

Andere Ökonomen verwenden eine mathematische Methode, die *Bryant* und *Eckard*[1305] entwickelt haben, oder zitieren deren Ergebnisse.[1306] Diese Berechnung beruht auf der Dauer der aufgedeckten Zuwiderhandlung (dazu unter a., S. 305 ff.). Darüber hinaus wurde noch eine weitere mathematische Methode vorgeschlagen, die sich zur Berechnung der Entdeckungswahrscheinlichkeit auf Wiederholungstaten stützt (dazu unter b., S. 307 ff.). Aber auch diese Methoden weisen einige Schwachstellen auf. Es ist daher fraglich, ob eine Abschätzung der Entdeckungswahrscheinlichkeit mit mathematischen Methoden überhaupt möglich ist (unter c., S. 310 ff.).

a. Berechnung aufgrund der Kartelldauer

Das mathematische Modell von *Bryant* und *Eckard* beruht auf einem Geburts- und Sterbezyklus, der durch eine *Markov*-Kette mit zwei Zuständen simuliert wird.[1307] Die Kartelle wechseln mit bestimmten Wahrscheinlichkeiten zwischen den Zuständen „aktiv" und „inaktiv".[1308] Wenn man annimmt, dass dieser Prozess der Kartellbildung und -auflösung bereits lange Zeit in Gang ist,[1309] sodass er einen stabilen Zustand erreicht hat, kann man anhand der Kartelldauer sanktionierter Kartelle die Wahrscheinlichkeit bestimmen, dass ein Kartell vom Zustand „aktiv" zum Zustand „inaktiv" wechselt.[1310] In einem stabilen Zustand bleiben die Häufigkeiten eines Wechsels zwischen den Zuständen über die Dauer unverändert. Mithin setzt dieses Modell voraus, dass die Entdeckungswahrscheinlichkeit konstant ist.[1311] Der Wechsel vom „aktiven" in den „inaktiven" Zustand stellt den Zusammenbruch des Kartells dar. Dieser kann „natürliche" Ursachen wie ein Preiskampf zwischen den Mitgliedern haben oder auf die Entdeckung

---

1305 *Bryant/Eckard,* Rev. Econ. & Stat. 73 (1991), 531 ff. Bei *Connor,* Cartel Detection and Duration Worldwide, S. 6 f. fälschlich als „Bosch & Eckard" bezeichnet.

1306 So z.B. *Combe/Monnier/Legal,* Cartels: The Probability of Getting Caught in the European Union, S. 2 f.; OECD, Report on the Nature and Impact of Hard Core Cartels and Sanctions Aginst Cartels Under National Competition Laws, S. 19.

1307 *Bryant/Eckard,* Rev. Econ. & Stat. 73 (1991), 531 f.; *Combe/Monnier/Legal,* Cartels: The Probability of Getting Caught in the European Union, S. 5 ff.

1308 Bezugsgröße der Untersuchungen sind die Kartelle insgesamt („*conspiracies*") und nicht die einzelnen, daran teilnehmenden Unternehmen, *Bryant/Eckard,* Rev. Econ. & Stat. 73 (1991), 531.

1309 *Bryant/Eckard,* Rev. Econ. & Stat. 73 (1991), 531, 535; *Combe/Monnier/Legal,* Cartels: The Probability of Getting Caught in the European Union, S. 19 f.

1310 *Bryant/Eckard,* Rev. Econ. & Stat. 73 (1991), 531, 532; *Combe/Monnier/Legal,* Cartels: The Probability of Getting Caught in the European Union, S. 4.

1311 *Bryant/Eckard,* Rev. Econ. & Stat. 73 (1991), 531, 532.

durch eine Behörde zurückgehen.[1312] Die Wahrscheinlichkeit eines Wechsels ist identisch mit der Entdeckungswahrscheinlichkeit eines Kartells, wenn man annimmt, dass Kartelle ausschließlich aufgrund einer behördlichen Untersuchung zusammenbrechen.[1313] *Bryant* und *Eckard* haben mit einem Datensatz von Kartellen, die zwischen 1961 und 1988 in den USA aufgedeckt wurden,[1314] eine jährliche Entdeckungswahrscheinlichkeit von 13 % bis 17 % ermittelt.[1315]

Combe, Monnier und *Legal* haben das dargestellte Modell erweitert. Sie berücksichtigen, dass ein Kartell auch ohne die Einwirkung einer Behörde zusammenbrechen kann.[1316] Sie verwenden einen Datensatz von Kartellen, die zwischen 1969 und 2007 durch die Kommission aufgedeckt wurden, und ermitteln eine Entdeckungswahrscheinlichkeit von 12,9 % bis 13,2 %.[1317]

Es ist allerdings zu beachten, dass diese Wahrscheinlichkeiten allein aufgrund von Lebenspannen entdeckter Kartelle ermittelt wurden. Mithin treffen die ermittelten Entdeckungswahrscheinlichkeiten auch nur auf Kartelle zu, die potentiell durch Kartellbehörden entdeckt werden.[1318] Diese Werte stellen daher nicht die allgemeine Entdeckungswahrscheinlichkeit für alle Kartelle dar, sondern deren Obergrenze.[1319]

1312 *Combe/Monnier/Legal,* Cartels: The Probability of Getting Caught in the European Union, S. 3.

1313 *Combe/Monnier/Legal,* Cartels: The Probability of Getting Caught in the European Union, S. 3.

1314 *Bryant/Eckard,* Rev. Econ. & Stat. 73 (1991), 531, 532.

1315 *Bryant/Eckard,* Rev. Econ. & Stat. 73 (1991), 531, 535. Die relativ große Spannbreite der Werte liegt daran, dass die Beginn- und Enddaten einer Zuwiderhandlung oft nur in Jahren oder Monaten angegeben wurden. Daraus ergibt sich eine relativ große Differenz zwischen der Minimal- und Maximaldauer in Tagen, vgl. *Bryant/Eckard,* Rev. Econ. & Stat. 73 (1991), 531, 532 f.

1316 *Combe/Monnier/Legal,* Cartels: The Probability of Getting Caught in the European Union, S. 3, 23.

1317 Die Differenz zwischen den Werten ist geringer, da die Autoren die Start- und Enddaten genauer ermitteln konnten, vgl. *Combe/Monnier/Legal,* Cartels: The Probability of Getting Caught in the European Union, S. 12 f., 22.

1318 *Bryant/Eckard,* Rev. Econ. & Stat. 73 (1991), 531, 535 f.; *Combe/Monnier/Legal,* Cartels: The Probability of Getting Caught in the European Union, S. 2 f.

1319 Diese Unterscheidung zwischen Kartellen, die potentiell entdeckt werden können, und solchen, die nie entdeckt werden, ist künstlich und alleine den mathematischen Zwängen bei der Ermittlung der Entdeckungswahrscheinlichkeit geschuldet. In der Realität können alle Kartelle potentiell durch die Behörden entdeckt werden. Kartelle, die von vornherein nie entdeckt werden können, sind kaum vorstellbar.

b. Berechnung aufgrund von Wiederholungstaten

Ormosi verwendet zur Abschätzung der Entdeckungswahrscheinlichkeit die aus der Populationsbiologie stammende „Rückfangmethode" („*capture-recapture method*").[1320] Diese Methode wird zur Bestimmung einer unbekannten Gesamtpopulation mit geringem Aufwand benutzt. Dazu werden Individuen gefangen, markiert und wieder in die Freiheit entlassen. Nach einiger Zeit, wenn sich die gefangenen Individuen mit der restlichen Population durchmischen konnten, werden wieder Individuen eingefangen. Sofern sich die Populationsgröße nicht durch Zu- oder Abwanderung verändert und die Wahrscheinlichkeit gefangen zu werden für alle Individuen identisch ist, kann aus dem Anteil markierter Individuen innerhalb einer erneut gefangenen Gruppe von Individuen auf die Gesamtgröße der Population sowie auf die Fang- und Überlebensrate geschlossen werden.[1321] Es wurden allerdings auch erweiterte Rückfangmethoden entwickelt, die individuell variable Fangwahrscheinlichkeiten und eine variable Populationsgröße berücksichtigen können.[1322]

Diese Vorgehensweise kann auf die Entdeckung und Verfolgung von Kartellen übertragen werden.[1323] Wenn ein Kartell aufgedeckt wird, wird die Teilnahme daran für jede wirtschaftliche Einheit vermerkt; „gefangene" wirtschaftliche Einheiten werden „markiert".[1324] Daraufhin können sie am Wirtschaftsgeschehen normal teilnehmen; sie werden „freigelassen". Bei der Kartellverfolgung in der folgenden Zeit können diese „markierten" wirtschaftlichen Einheiten als Wiederholungstäter identifiziert werden. Aus dem Anteil der Wiederholungstäter an der Gesamtanzahl der Kartellteilnehmer kann die Gesamtanzahl aller Kartellteilnehmer und die Entdeckungswahrscheinlichkeit errechnet werden. Im Gegensatz zur oben beschriebenen Vorgehensweise erlaubt es diese Methode, eine Entdeckungswahrscheinlichkeit abzuschätzen, die über die Zeit variiert.[1325]

1320 *Ormosi,* A tip of the iceberg? The probability of catching cartels, S. 4.

1321 *Ormosi,* A tip of the iceberg? The probability of catching cartels, S. 4. Vgl. für eine mathematische Beschreibung der Modelle *Ormosi,* A tip of the iceberg? The probability of catching cartels, S. 5 ff.

1322 *Ormosi,* A tip of the iceberg? The probability of catching cartels, S. 8. Vgl. zu einer mathematischen Beschreibung *Ormosi,* A tip of the iceberg? The probability of catching cartels, S. 11 ff.

1323 Vgl. dazu *Ormosi,* A tip of the iceberg? The probability of catching cartels, S. 7 f.

1324 Der Bezugspunkt dieses Modells ist die wirtschaftliche Einheit und nicht das gesamte Kartell, *Ormosi,* A tip of the iceberg? The probability of catching cartels, S. 14.

1325 *Ormosi,* A tip of the iceberg? The probability of catching cartels, S. 10 f.

Ormosi hat die Entdeckungswahrscheinlichkeit für Kartellteilnehmer in der Europäischen Union von 1985 bis 2009 bestimmt. Diese Berechnungen beruhen auf einem Datensatz von Kartellen aus dem Zeitraum von 1984 bis 2009 mit 842 Zuwiderhandlungen, die 250 Wiederholungstaten enthalten.[1326] Das folgende Diagramm 10 zeigt die durchschnittliche Entdeckungswahrscheinlichkeit für drei Jahre.

Diagramm 10: „Wahrscheinlichkeitsverteilung"

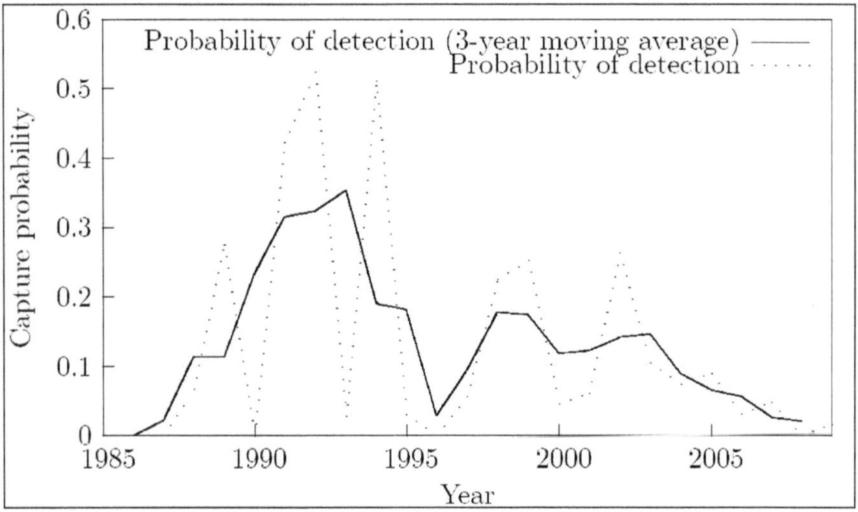

Quelle: Ormosi, A tip of the iceberg? The probability of catching cartels, S. 22

Der erste Anstieg um 1990 wird mit dem Abschluss des Kooperationsabkommens zwischen der USA und der Europäischen Union 1991[1327] begründet.[1328] Daraufhin sinkt die Entdeckungswahrscheinlichkeit auf weniger als 5 %. Der nächste Anstieg um das Jahr 1998 wird mit der Einführung des ersten Kronzeugenprogramms

1326 *Ormosi,* A tip of the iceberg? The probability of catching cartels, S. 17 f. Diese Zuwiderhandlungen verteilen sich auf 592 Kartellteilnehmer inklusive 116 Wiederholungstätern.

1327 Beschluss des Rates und der Kommission v. 10. April 1995 über den Abschluß des Abkommens zwischen den Europäischen Gemeinschaften und der Regierung der Vereinigten Staaten von Amerika über die Anwendung ihrer Wettbewerbsregeln, ABl. 1995, Nr. L 95/47. Vgl. dazu *Völcker* in: Immenga/Mestmäcker, II. Abschn. B. Rn. 7 ff.

1328 *Ormosi,* A tip of the iceberg? The probability of catching cartels, S. 22.

1996[1329] und der Einrichtung einer eigenen Abteilung für Kartellverfolgung 1998 erklärt.[1330] Der Anstieg nach einem kurzen Sinken der Entdeckungswahrscheinlichkeit Anfang des Jahrtausends wird mit der Reform der Kronzeugenregelung im Jahr 2002 erklärt.[1331] Die sinkende Entdeckungswahrscheinlichkeit gegen Ende der Beobachtung wird mit dem statistischen Effekt erklärt, dass die Entdeckungen aus diesem Zeitraum noch nicht alle veröffentlicht wurden.[1332]

Diese Ergebnisse von *Ormosi* überraschen vor allem wegen der deutlichen Rückgänge der Entdeckungswahrscheinlichkeit nach jedem Hochpunkt. Nach seiner Ansicht impliziert dies, dass die Kartellteilnehmer ihre Kartellpolitik anpassen und bessere Vermeidungsstrategien erlernen. Es bleibt allerdings unklar, auf welche Weise sich Unternehmen innerhalb von nur zwei Jahren anpassen können, sodass die Wirkung eines Verfolgungsinstruments fast vollkommen verschwindet.[1333] Da die Entdeckungswahrscheinlichkeit auf einen Wert nahe null sinkt, müssen die Teilnehmer nahezu aller Kartelle diese effektiven Vermeidungsmethoden innerhalb kürzester Zeit entwickeln. Dies erscheint nicht sehr wahrscheinlich. Darüber hinaus ist fraglich, ob gegen bestimmte Maßnahmen der Verfolgungsbehörden überhaupt geeignete Vertuschungsmaßnahmen existieren. Wenn die Verfolgungsbehörde die Anzahl ihrer Mitarbeiter aufstockt, um mehr Kartellfälle bearbeiten zu können, verwendet sie noch dieselben Verfolgungsmethoden wie vor der Aufstockung. Daher können auch nur dieselben Vertuschungshandlungen dagegen angewandt werden. Es ist daher nicht einleuchtend, wie Kartellanten eine größere Arbeitskapazität der Verfolgungsbehörden bekämpfen können. Es ist erst recht nicht ersichtlich, wie sie den erhöhten Verfolgungsdruck nahezu vollständig kompensieren können.

Darüber hinaus ist zweifelhaft, ob die oben genannten Ereignisse dem Verlauf des Graphen tatsächlich zugeordnet werden können. Aus den Erklärungen zu dem Datensatz von *Ormosi* ist nicht ersichtlich, welche Daten verwendet wurden, um die Entdeckung eines Kartellanten einem Jahr zuzuordnen. Dazu könnte man den Endzeitpunkt der Zuwiderhandlung, den Zeitpunkt eines Kronzeugenantrages oder der ersten Durchsuchung, die Einleitung eines förmlichen Verfahrens oder die Veröffentlichung einer Bußgeldentscheidung der Kommission verwenden. Es liegt nahe, dass das Datum der Kommissionsentscheidung

---

1329 Kommission, Mitteilung über die Nichtfestsetzung oder niedrigere Festsetzung von Geldbußen in Kartellsachen, ABl. 1996, Nr. C 207/4.

1330 *Ormosi,* A tip of the iceberg? The probability of catching cartels, S. 22.

1331 *Ormosi,* A tip of the iceberg? The probability of catching cartels, S. 22.

1332 *Ormosi,* A tip of the iceberg? The probability of catching cartels, S. 22.

1333 So bei dem Einbruch von 1993 bis 1996.

verwendet wurde, weil es einfach und eindeutig zu identifizieren ist. Dabei ist allerdings zu beachten, dass zwischen den genannten Zeitpunkten mehrere Jahre liegen können.[1334] Diese Zeiträume können zwischen den einzelnen Fällen erheblich variieren. Wenn eine Bußgeldentscheidung im Jahre 2004 ergeht, fanden die ersten Durchsuchungen und die förmliche Einleitung eines Verfahrens vielleicht im Jahre 2000 statt. Änderungen der Politik der Kommission nach 2000 wie die Reform der Kronzeugenregelung können die Entdeckungswahrscheinlichkeit jedoch nicht beeinflusst haben, da die Zuwiderhandlung bereits entdeckt war. Aufgrund der großen Varianz der Zeiträume kann auch nicht davon ausgegangen werden, dass der Graph lediglich nach rechts verschoben ist. Vielmehr sind die Daten der Bußgeldentscheidungen unregelmäßig verteilt in Bezug auf den Zeitpunkt, der für die Bestimmung der Entdeckungswahrscheinlichkeit relevant ist. Der Verlauf des Graphen ist durch diesen Effekt erheblich verfälscht. Daher fehlt letztliche eine schlüssige Erklärung für die gefundenen Ergebnisse.

Die Ermittlung der Entdeckungswahrscheinlichkeit durch Rückfangmethoden stellt daher einen innovativen Ansatz dar, der einige Beschränkungen der zuvor dargestellten Methode beseitigt. Die Ergebnisse lassen sich aus den genannten Gründen dennoch nicht verwenden.

c. *Möglichkeit einer Schätzung?*

Obwohl einige einschränkende Annahmen und Unzulänglichkeiten der Modelle mit der Zeit behoben werden konnten, bestehen neben den genannten Bedenken weitere Einwände gegen die ermittelten Werte. Dies wirft die Frage auf, ob eine brauchbare Einschätzung der Entdeckungswahrscheinlichkeit überhaupt möglich ist.

In den mathematischen Modellen gehen die Autoren davon aus, dass die Entdeckungswahrscheinlichkeit über die Jahre ansteigt.[1335] Danach wäre die Entdeckung einer Zuwiderhandlung umso wahrscheinlicher, je länger sie dauerte. In der Realität kann aber nicht davon ausgegangen werden, dass eine solche allgemeingültige Aussage getroffen werden könnte. Es mag einige Kartelle geben, deren Entdeckung mit der Zeit wahrscheinlicher wird. Das gilt insbesondere, wenn kontinuierlich mehr Informationen über das Kartell in den Markt gelangen, sodass eine Verfolgungsbehörde irgendwann darauf aufmerksam werden

---

1334 Siehe *Connor,* J. Ind. Comp. & Trade 6 (2006), 195, 206 f. für eine Untersuchung der Verfahrensdauer in mehreren Jurisdiktionen.

1335 Dies ist allein mathematischen und statistischen Erwägungen geschuldet, vgl. *Bryant/ Eckard,* Rev. Econ. & Stat. 73 (1991), 531, 532.

muss.[1336] Es ist allerdings auch denkbar, dass die Entdeckungswahrscheinlichkeit über die Jahre abnimmt, da die Kartellanten immer geübter bei der Vertuschung werden.[1337]

In den meisten Fällen dürfte jedoch die Frage, ob ein Kartell in den vorangegangenen Jahren nicht entdeckt wurde, auf die kumulative Entdeckungswahrscheinlichkeit in den folgenden Jahren keinen Einfluss haben. Die Verfolgungsbehörden können in der Regel keinen besonderen Vorsprung dadurch erzielen, dass eine Zuwiderhandlung in vorausgegangenen Jahren „beinahe" entdeckt wurde. Jeder Zeitraum, in dem eine Zuwiderhandlung nicht entdeckt wird, verstreicht ohne Nutzen für die Behörde. Die Kartellanten können grundsätzlich auch keinen Vorteil aus der Tatsache ziehen, dass das Kartell in einem Zeitraum nicht entdeckt wurde. Dies muss nämlich nicht auf den besonderen Taktiken der Geheimhaltung der Kartellanten beruhen, sondern kann auf verschiedene Faktoren zurückgehen, auf die die Kartellanten keinen Einfluss haben. Mithin dürfte es bei der Aufdeckung von Kartellen überwiegend gar keine kumulative Entdeckungswahrscheinlichkeit geben, die die vorangegangene Wahrscheinlichkeit in irgendeiner Weise berücksichtigt. Vielmehr dürfte nur eine situative Entdeckungswahrscheinlichkeit existieren, die weitgehend unabhängig von der vorherigen Wahrscheinlichkeit einer Entdeckung ist.

Darüber hinaus wird die Entdeckungswahrscheinlichkeit in den Studien in gleichmäßigen Perioden von in der Regel einem Jahr ermittelt.[1338] Die Gefahr einer Entdeckung kann jedoch nicht in gleichförmige Perioden aufgeteilt werden. Zwar lässt sich eine latente „Grundgefahr" für alle Kartelle feststellen. So können Zuwiderhandlungen durch Sektoruntersuchungen oder aufgrund von allgemeinen Hinweisen aufgedeckt werden.[1339] Schon die bloße Existenz einer

---

1336 So bspw. *Nash,* Int'l Rev. L. & Econ. 11 (1991), 101.

1337 *Connor/Miller,* Determinants of EC Antitrust Fines for Members of Global Cartels, S. 24; *Mungan,* Int'l Rev. L. & Econ. 30 (2010), 173, 176; *Polinsky/Rubinfeld,* J. Publ. Econ. 46 (1991), 291, 303; *Wils,* W.Comp. 35 (2012), 5, 14.

1338 *Ormosi,* A tip of the iceberg? The probability of catching cartels, S. 27 sieht größere Zeiträume von zwei oder drei Jahren als nicht hilfreich an, da dadurch Informationen verloren gingen, während bei kleineren Zeiträumen nicht ausreichend Daten vorhanden seien.

1339 Siehe zu diesen Aufdeckungsmethoden *Hüschelrath/Weigand,* Fighting Hard Core Cartels, S. 15 ff. Jedoch muss selbst die allgemeine Gefahr einer Sektoruntersuchung für verschiedene Produktmärkte nicht identisch sein. So können ganz banale Faktoren wie das persönliche Interesse der verantwortlichen Beamten die Gefahr einer

Kronzeugenregelung trägt auch zu dieser latenten Gefahr bei. Änderungen dieser Faktoren, die die Grundgefahr beeinflussen, dürften nicht häufig vorkommen und betreffen alle bestehenden Kartelle. Daher wäre eine Einteilung dieser latenten Entdeckungsgefahr in gleichförmige Perioden vertretbar. Die tatsächliche Entdeckungswahrscheinlichkeit wird jedoch ganz überwiegend durch individuelle Aspekte beeinflusst. Die Gefahr der Aufdeckung einer Zuwiderhandlung steigt für ein bestimmtes Kartell erheblich, wenn in einem nahe benachbarten Markt ein Kartell entdeckt wurde. Die Kartellbehörden können bei einer sehr ausgedehnten und tiefgreifenden Untersuchung des einen Kartells schnell auf Hinweise für ein anderes Kartell stoßen. Ein ähnliches Beispiel wäre die nicht einvernehmliche Entlassung eines Mitarbeiters, der viele Informationen über das Kartell besitzt. Er könnte diese an die zuständige Kartellbehörde weitergeben, um sich an seinem ehemaligen Arbeitgeber zu rächen. Dieser Aspekt würde die Entdeckungswahrscheinlichkeit für dieses bestimmte Kartell ebenfalls steigern. Diese Ereignisse grenzen dann zwei Perioden des Kartells mit unterschiedlichen Entdeckungswahrscheinlichkeiten ab. Bei anderen Kartellen auf weit entfernten Märkten besteht jedoch kein Grund für eine Aufteilung in zwei Perioden, da sie von diesem Ereignis nicht betroffen sind.

Diese individuellen Ereignisse, die die Entdeckungswahrscheinlichkeit beeinflussen und eine Einteilung in Perioden rechtfertigen, treten zudem in ganz unregelmäßigen Abständen auf. So kann die Entdeckungswahrscheinlichkeit eines Kartells über mehrere Jahre unbeeinflusst bleiben, während daraufhin in Abständen von wenigen Monaten mehrere Ereignisse die Entdeckungswahrscheinlichkeit erhöhen. Die Angabe einer allgemeinen Entdeckungswahrscheinlichkeit für gleichförmige Perioden ist daher realitätsfern und verzerrt das Ergebnis erheblich.

Die vorangegangenen Ausführungen zeigen auch, dass die Berechnung einer allgemeinen Entdeckungswahrscheinlichkeit für alle Zuwiderhandlungen nicht zielführend ist. Der wesentliche Einfluss auf die Wahrscheinlichkeit geht von sehr individuellen Faktoren aus, die oft miteinander verknüpft sind.[1340] Diese individuellen Unterschiede und ihre Wechselwirkungen bleiben in der ökonomischen

Sektoruntersuchung für bestimmte Bereiche erhöhen oder senken, vgl. auch *Schinkel*, W.Comp. 2007, 539, 547.

1340 Vgl. zu diesen exogenen Beeinflussungsfaktoren *Levenstein/Suslow*, Cartels and Collusion – Empirical Evidence, S. 10.

Literatur entweder unerwähnt[1341] oder werden als nicht signifikant bezeichnet[1342]. Zwar wird in den Studien im Zusammenhang mit Wiederholungstätern erkannt, dass die späteren Aufdeckungen von Zuwiderhandlungen durch die erste Entdeckung ausgelöst wurden.[1343] Die Untersuchungen der Verfolgungsbehörden könnten das betroffene Unternehmen dazu bewegt haben, auch andere Verstöße durch einen Kronzeugenantrag offenzulegen. Es wird allerdings ausgeführt, dass kein statistisch signifikanter Anstieg der Entdeckungsrate unmittelbar nach einer Aufdeckung nachzuweisen sei.[1344] Hierbei bleibt aber außer Acht, dass der Effekt gegenseitiger Beeinflussung statistisch kaum nachweisbar ist. Die Verfahrensdauer der Sanktionierung mehrerer Zuwiderhandlungen unterscheidet sich nämlich sehr.[1345] Die Zeitspanne zwischen den Entscheidungen zu der zuerst entdeckten und den nachfolgend entdeckten Zuwiderhandlungen ist daher sehr unterschiedlich. Im Einzelfall kann die Entscheidung zur zuletzt entdeckten Zuwiderhandlung auch zuerst ergehen.[1346] Ein Zusammenhang zwischen den Entdeckungen ist dann aus der bloßen Angabe des Datums der Behördenentscheidung kaum ersichtlich. Letztlich kann eine solche Beeinflussung nur von den beteiligten Personen bestätigt werden.

Die Wechselwirkungen der Aufdeckung verschiedener Wettbewerbsverstöße scheinen allerdings ein wesentliches Entscheidungskriterium für die Einreichung eines Kronzeugenantrages zu sein, wenn man die betroffenen Interessen näher beleuchtet. Wenn bei einem Unternehmen Durchsuchungen wegen des Verdachts einer Zuwiderhandlung durch eine Kartellbehörde stattfinden, besteht für das Unternehmen die Gefahr, dass auch weitere Verstöße in anderen Geschäftsbereichen entdeckt werden. Je größer das Unternehmen ist und je mehr Produkte es anbietet, desto größer ist die Gefahr, dass zumindest ein

---

1341 *Bryant/Eckard,* Rev. Econ. & Stat. 73 (1991), 531 f. und *Combe/Monnier/Legal,* Cartels: The Probability of Getting Caught in the European Union, S. 3 ff., 10 nehmen an, dass die Kartelle und betroffenen Märkte homogen sind und dass Wahrscheinlichkeiten der Perioden nicht voneinander abhängen, vgl. dazu *Ormosi,* A tip of the iceberg? The probability of catching cartels, S. 11, 14.

1342 *Ormosi,* A tip of the iceberg? The probability of catching cartels, S. 16, 18 f.

1343 *Ormosi,* A tip of the iceberg? The probability of catching cartels, S. 16.

1344 *Ormosi,* A tip of the iceberg? The probability of catching cartels, S. 16, 19.

1345 Vgl. dazu bereits Teil 5.A.III.1.b., S. 307 ff.

1346 Wenn in der zuletzt entdeckten Zuwiderhandlung alle beteiligten Unternehmen kooperieren und einem Vergleichsverfahren zustimmen, kann eine Entscheidung in einem beschleunigten Verfahren erlassen werden. Wenn in der zuerst entdeckten Zuwiderhandlung viele Unternehmen nicht kooperieren, kann sich der Erlass einer Entscheidung über lange Zeit hinziehen.

weiterer Geschäftsbereich durch eine andere rechtswidrige Absprache betroffen ist. Sofern diese Absprachen bei internen Nachforschungen entdeckt werden, muss das Unternehmen entscheiden, ob es einen Kronzeugenantrag stellt oder darauf hofft, dass die weitere Zuwiderhandlung nicht entdeckt wird. Dabei muss es berücksichtigen, dass Beteiligte des aufgedeckten Verstoßes auch in den noch unbekannten Verstoß involviert sind und ebenfalls einen Kronzeugenantrag in Betracht ziehen. Auch die übrigen Mitglieder des nicht aufgedeckten Kartells können durch die Untersuchungen beunruhigt sein. Aufgrund des durch die Kronzeugenprogramme erzeugten Wettlaufs zur Behörde ist es sehr wahrscheinlich, dass ein Unternehmen einen Kronzeugenantrag stellen wird. Bei mehreren Kartellrechtsverstößen desselben Unternehmens steigt die Wahrscheinlichkeit der Aufdeckung daher, wenn bereits ein Verstoß durch die Verfolgungsbehörde untersucht wird. Wie bereits erläutert, steigt die Entdeckungswahrscheinlichkeit auch, wenn in benachbarten Märkten ein Wettbewerbsverstoß aufgedeckt wurde, ohne dass alle betroffenen Unternehmen an beiden Zuwiderhandlungen beteiligt sind. Sofern nur ein Unternehmen auf beiden Märkten tätig ist, besteht für alle anderen Unternehmen die Gefahr, dass die Verfolgungsbehörde von der weiteren Zuwiderhandlung Kenntnis erhält.

Die angeführten Aspekte der grundsätzlichen Unabhängigkeit der Entdeckungswahrscheinlichkeit von zurückliegenden Wahrscheinlichkeiten, die ungleichmäßigen Perioden und die Individualität sowie die Wechselwirkungen der Wahrscheinlichkeiten lassen sich in einem mathematischen Modell nicht erfassen. Die realitätsnahe Berechnung einer Entdeckungswahrscheinlichkeit für Kartelle ist daher nicht möglich.[1347]

d. Zwischenergebnis

In der ökonomischen Theorie existieren zwei belastbare Methoden zur Ermittlung der Entdeckungswahrscheinlichkeit eines Kartells. Die eine basiert auf der Dauer eines Kartells, die andere auf dem Vorliegen von Wiederholungstaten. Beide Modelle legen aber realitätsferne Annahmen zugrunde, wodurch ihre Ergebnisse nicht zur Einschätzung der Entdeckungswahrscheinlichkeit dienen können. Darüber hinaus ist die Aufdeckung von Kartellen durch bestimmte Eigenschaften gekennzeichnet, die sich in mathematischen Modellen nicht erfassen lassen. Eine Berechnung der Entdeckungswahrscheinlichkeiten erscheint daher insgesamt nicht möglich. Für die Entdeckungswahrscheinlichkeit anderer

1347 Ebenso *Theurer*, Geldbußen im EU-Wettbewerbsrecht, S. 297 ff.

Wettbewerbsverstöße als Kartelle existieren gar keine Schätzungen, sodass diese ebenfalls nicht beziffert werden kann.

2. *Berücksichtigung bei der Bemessung*

Es erscheint problematisch, wie die Entdeckungswahrscheinlichkeit bei der Sanktionsbemessung berücksichtigt werden kann, wenn sie gar nicht verlässlich eingeschätzt werden kann. Diese Schwierigkeiten einer Berücksichtigung könnten auch der Grund dafür sein, dass in der juristischen Literatur zu den Bußgeldleitlinien die Entdeckungswahrscheinlichkeit zwar als relevanter Faktor genannt wird,[1348] in den konkreten Bemessungsschritten nach den Leitlinien jedoch keine Entsprechung findet.[1349] Unstreitig ist aber, dass nicht alle Wettbewerbsverstöße aufgedeckt werden, die Entdeckungswahrscheinlichkeit also erheblich geringer als 100 % ist. Würde zur Bemessung einer Sanktion nur eine Näherung an den erzielten Gewinn herangezogen, wäre ein Täter eines Kartellrechtsverstoßes nie schlechter gestellt als bei regelgerechtem Verhalten.[1350] Im schlimmsten Fall verliert er den kartellbedingten Vorteil wieder. In diesem Fall bestehen jedoch keine ausreichenden Anreize für Unternehmen, Kartellrechtsverstöße zu unterlassen. Die kartellrechtlichen Sanktionen würden daher ihre präventiven Zwecke nicht erfüllen.[1351] Die fehlende Berechenbarkeit der Entdeckungswahrscheinlichkeit darf daher nicht dazu führen, dass sie gar nicht berücksichtigt wird.

Eine individuelle Einschätzung der Entdeckungswahrscheinlichkeit in jedem Einzelfall erscheint nicht zielführend. Zwar könnte den individuellen, oben angesprochenen Besonderheiten[1352] in gewisser Weise Rechnung getragen werden. Jedoch existiert weiterhin kein brauchbares Modell, das beispielsweise die genauen Auswirkungen der Aufdeckung einer Zuwiderhandlung

---

1348 *Engelsing*, WuW 2007, 470, 473; *Engelsing/Schneider* in: MünchKommEUWettR, 1. Aufl. 2007, Art. 23 VO 1/2003 Rn. 113; *Wils*, W.Comp. 29 (2006), 183, 190 ff.

1349 Vgl. dazu bereits Teil 4.B.I.2.c., S. 226 ff.

1350 Zuletzt EuG, Urteil vom 27.3.2014, Az. T-56/09 u.A., Rn. 390 – *Saint-Gobain*. *Dannecker/Biermann* in: Immenga/Mestmäcker, § 81 GWB Rn. 551; *Mitsch* in: KK-OWiG, § 17 OWiG Rn. 113; *Schöner* in: KK-KartR, § 81 GWB Rn. 217. A.A. *Allain/Boyer/Kotchoni/Ponssard*, The Determination of Optimal Fines in Cartel Cases, S. 22, nach deren Modell eine reine Abschöpfungsgeldbuße nach einigen Jahren auch präventive Wirkung entfaltet. Vgl. aber zur Kritik dieses Modells oben unter Teil 3.B.III.3.b., S. 197 ff.

1351 Vgl. dazu Teil 2.A.I.2.f., S. 34 ff. und Teil 2.A.II.2.a., S. 52 ff.

1352 Siehe unter Teil 5.A.III.1.c., S. 310 ff.

in einem benachbarten Markt bemisst. Darüber hinaus stellt sich die Frage, welche Elemente der Entdeckungswahrscheinlichkeit bei der Bemessung der Sanktion berücksichtigt werden sollten.[1353] So ist beispielsweise fraglich, ob der deutliche Anstieg der Entdeckungswahrscheinlichkeit vor der endgültigen Aufdeckung zugunsten des Täters berücksichtigt werden soll. Aufgrund dieser Schwierigkeiten dürfte eine individuelle Bestimmung der Entdeckungswahrscheinlichkeit nicht zu einem genaueren Ergebnis führen. Der erhebliche Zeitaufwand für die Ermittlung in jedem Einzelfall würde sich daher gar nicht lohnen.

Ferner ist die Wahrnehmung der Entdeckungswahrscheinlichkeit durch die kognitiven Fähigkeiten der Individuen sehr fehleranfällig.[1354] Die Ermittlung der tatsächlichen Entdeckungswahrscheinlichkeit würde daher nicht die wirklichen Anreize der Individuen widerspiegeln. Vielmehr müsste die individuell wahrgenommene Entdeckungswahrscheinlichkeit zur Bemessung herangezogen werden. Deren Ermittlung ist allerdings noch komplizierter als die Abschätzung der tatsächlichen Wahrscheinlichkeit, da individuelle Faktoren berücksichtigt werden müssen.[1355] Dies spricht umso mehr gegen eine exakte Berücksichtigung der Entdeckungswahrscheinlichkeit.

Die Entdeckungswahrscheinlichkeit sollte bei der Sanktionsbemessung daher durch einen allgemein bestimmten Faktor berücksichtigt werden. Da die Ergebnisse mathematischer Methoden für eine allgemeine Entdeckungswahrscheinlichkeit auf Annahmen ohne hinreichenden Realitätsbezug beruhen, sollte dieser Faktor unter Rückgriff auf die Erkenntnisse der ökonomischen Theorie zur öffentlichen Rechtsdurchsetzung bestimmt werden.[1356] Nach diesen Erkenntnissen lässt sich beurteilen, welche Aspekte die Entdeckungswahrscheinlichkeit eher erhöhen oder senken und wie sich ein besonders hoher oder niedriger Faktor auswirkt. Dieser Faktor sollte zudem nur einmal für jeden Bemessungsrahmen festgelegt werden. Würde man zulassen, dass dieser Faktor im Einzelfall variiert, müsste jede Abweichung des Faktors näher begründet werden. Der genaue Unterschied der Entdeckungswahrscheinlichkeit in bestimmten Einzelfällen ist jedoch nicht zweifelsfrei feststellbar. Die geringfügig gesteigerte Genauigkeit kann daher den enormen Begründungsaufwand nicht rechtfertigen.

1353 Vgl. dazu ausführlich unter Teil 3.B.III.3., S. 153 ff.

1354 Siehe dazu ausführlich unter Teil 3.B.III.2.a.cc.ddd., S. 178 ff.

1355 *Wils*, W.Comp. 30 (2007), 197, 210; *Wils*, W.Comp. 29 (2006), 183, 193 ff.

1356 Vgl. dazu unter Teil 3.B.III.2., S. 167 ff.

IV. Zwischenergebnis

Nach der ökonomischen Formel zur optimalen Rechtsdurchsetzung sollte eine Sanktion den verursachten Schaden und die Entdeckungswahrscheinlichkeit berücksichtigen. Bei Kartellsanktionen erscheint es allerdings sachgerechter, den erzielten Gewinn zu berücksichtigen. Dieser Gewinn kann im Falle von klassischen Kartellen mit Preis-, Mengen- oder Marktaufteilungsabsprachen als ein prozentualer Anteil am kartellbefangenen Umsatz näherungsweise bestimmt werden. Metastudien ökonomischer Autoren können zumindest teilweise zur Ermittlung dieser Näherung herangezogen werden. Der durch andere Verstöße gegen das Kartellrecht erzielte Gewinn kann nicht näherungsweise bestimmt werden. Die Entdeckungswahrscheinlichkeit kann durch mathematische Methoden nicht ermittelt werden. Sie sollte stattdessen durch einen festen Faktor berücksichtigt werden.

B. Bemessungsmethode

Ausgehend von der Formel der ökonomischen Theorie wird im Folgenden dargestellt, wie das Kartellsanktionsrecht unter Berücksichtigung des erzielten Gewinns und der Entdeckungswahrscheinlichkeit ausgestaltet werden sollte. Zuerst wird die Ermittlung des normativen Bußgeldrahmens erläutert (unter I., S. 317 ff.). Daraufhin wird erklärt, nach welchen Kriterien die Sanktion im Einzelfall innerhalb dieses Rahmens bemessen wird (unter II., S. 350 ff.).

I. Allgemeine Festlegung des Bußgeldrahmens

Aus juristischer Sicht muss für die Verhängung einer Sanktion immer eine eindeutige und klare normative Grundlage bestehen. Der Normunterworfene muss vor Begehung der Tat grundsätzlich anhand der geltenden Vorschriften ermitteln können, welche Strafe ihm droht.[1357] Der BGH hat festgestellt, dass § 81 Abs. 4 S. 2 GWB in der Auslegung einer Kappungsgrenze diesen Anforderungen nicht genügt.[1358] Auch auf europäischer Ebene gehen viele Stimmen in der Literatur davon aus, dass eine Kappungsgrenze nicht mit dem Bestimmtheitsgrundsatz

---

1357 Vgl. zum deutschen Recht: BVerfGE 105, 135, 155 – *Vermögensstrafe*; *Bach/Klumpp*, NJW 2006, 3524, 3525; *Buntscheck*, WuW 2008, 941, 943. Vgl. zum europäischen Recht: EuGH, Urteil vom 25.9.1984, Az. 117/83, Slg. 1984, 3291, Rn. 11 – *Könnecke/Balm*; *Soltész/Steinle/Bielesz*, EuZW 2003, 202, 205 ff. siehe ausführlich unter Teil 2.B.I.2., S. 70 und Teil 2.B.II.1.a., S. 75 ff.

1358 BGH, NJW 2013, 1972, 1973 ff. – *Grauzement*.

vereinbar ist.[1359] Aus diesem Grund werden die hier vorgeschlagenen normativen Grundlagen als Bußgeldrahmen ausgestaltet.

Darüber hinaus ist für jede Art von Verstoß gegen das Kartellrecht ein eigener Bußgeldrahmen festzulegen. Die Auswirkungen der verschiedenen Verstöße können nicht immer mit wirtschaftsmathematischen Methoden erfasst und beziffert werden.[1360] Die Bußgeldrahmen sollen aber gerade auf die näherungsweise ermittelten Auswirkungen gestützt werden. Die Ergebnisse ökonomischer Modelle, auf denen der Bußgeldrahmen für klassischen Kartelle mit Preis-, Mengen- oder Marktaufteilungsabsprachen beruht, können für eine Ahndung von Missbrauchsfällen oder Verstößen gegen das Fusionskontrollrecht nicht herangezogen werden. Aus diesem Grund sind getrennte Rahmenregelungen zu entwerfen.[1361]

Die Ermittlung der Bußgeldrahmen erfolgt für das europäische und für das deutsche Recht nahezu identisch. Sofern eine unterschiedliche Behandlung der beiden Rechtsordnungen nötig ist, wird dies in den Ausführungen gekennzeichnet.

Im Folgenden wird daher unter 1. (S. 319 ff.) der Bußgeldrahmen für klassische Kartelle mit Preis-, Mengen- oder Marktaufteilungsabsprachen, unter 2. (S. 335 ff.) der Rahmen für sonstige wettbewerbsbeschränkende Vereinbarungen, Beschlüsse oder abgestimmte Verhaltensweisen, unter 3. (S. 342 ff.) der Rahmen für den Missbrauch einer marktbeherrschenden Stellung und unter 4. (S. 346 ff.) der Rahmen für Verstöße gegen das Vollzugsverbot in der Fusionskontrolle dargestellt.

Um eine eindeutige Beziehung zwischen diesen Bußgeldrahmen und den dazugehörigen Bußgeldtatbeständen zu erreichen, sollte der Bußgeldtatbestand des § 81 Abs. 2 Nr. 1 GWB weiter unterteilt werden:

(2) Ordnungswidrig handelt, wer vorsätzlich oder fahrlässig

1. einer Vorschrift

a) des § 1 über das Verbot einer dort genannten Vereinbarung, eines dort genannten Beschlusses, einer aufeinander abgestimmten Verhaltensweise,

b) des § 19 Abs. 1, § 20 Abs. 1, auch in Verbindung mit Abs. 2 Satz 1, § 20 Abs. 3 Satz 1, auch in Verbindung mit Satz 2, § 20 Abs. 4 Satz 1 oder Abs. 6, § 21 Abs. 3 oder 4, § 29 Satz 1 über das Verbot der missbräuchlichen Ausnutzung einer marktbeherrschenden Stellung, einer Marktstellung oder einer überlegenen Marktmacht,

1359 Vgl. ausführlich unter Teil 2.B.I.2., S. 70.

1360 Siehe dazu unter Teil 5.A.II.2., S. 271 ff.

1361 Zu den juristischen Argumenten für eine solche Unterscheidung *Bach/Klumpp,* NJW 2006, 3524, 3525 f.; *Brettel,* ZWeR 2013, 200, 213; *Brettel/Thomas,* ZWeR 2009, 25, 44 ff.; *Deselaers,* WuW 2006, 118, 125 f.

einer unbilligen Behinderung oder unterschiedlichen Behandlung, der Ablehnung der Aufnahme eines Unternehmens, der Ausübung eines Zwangs, der Zufügung eines wirtschaftlichen Nachteils oder

c) des § 41 Abs. 1 Satz 1 über das Verbot des Vollzugs eines Zusammenschlusses zuwiderhandelt,

2. (…)

1. Klassische Kartelle

Die Formulierung eines Bußgeldrahmens anhand der Erkenntnisse der ökonomischen Theorie der öffentlichen Rechtsdurchsetzung erfordert die Definition des Anwendungsbereichs (unter a., S. 319 ff.) und die Berücksichtigung des Preisaufschlages (b., S. 320 ff.) sowie der Entdeckungswahrscheinlichkeit (unter c., S. 325 ff.). Darüber hinaus muss herausgearbeitet werden, wie solche Verstöße sanktioniert werden können, die einen außergewöhnlich hohen Gewinn erzielen können (unter d., S. 328 ff.). Die nach dieser neuen Bußgeldregelung verhängten Geldbußen sind mit den aktuell verhängten Geldbußen zu vergleichen (unter e., S. 333 ff.).

a. Anwendungsbereich

Der Bußgeldrahmen für klassische Kartelle gilt für jede unmittelbare Beeinflussung des Preises oder der Absatzmenge eines Produktes bzw. der Marktaufteilung bezüglich eines Produktes durch eine Vereinbarung oder abgestimmte Verhaltensweise zwischen Wettbewerbern bzw. durch Beschluss einer Unternehmensvereinigung von Wettbewerbern, sog. Hardcore-Kartelle.[1362] Dies sind

---

1362 Vgl. *Kerber/Schwalbe* in: MünchKommEUWettR, Einl. Rn. 1195. Auch die sog. Kernbeschränkungen in den Gruppenfreistellungsverordnungen der Kommission verbieten neben speziellen Absprachen diese Festsetzungen von Preisen, Mengen oder Kunden, vgl. *Grave/Nyberg* in: Loewenheim/Meessen/Riesenkampff/Kersting/Meyer-Lindemann, Art. 101 Abs. 1 AEUV Rn. 272 f.: Art. 4 Verordnung (EU) Nr. 330/2010 der Kommission vom 20. April 2010 über die Anwendung von Artikel 101 Absatz 3 des Vertrags über die Arbeitsweise der Europäischen Union auf Gruppen von vertikalen Vereinbarungen und abgestimmten Verhaltensweisen, ABl. 2010, Nr. L 102/1 (im Folgenden „Vertikal-GVO"); Art. 4 Verordnung (EU) Nr. 316/2014 der Kommission vom 21. März 2014 über die Anwendung von Artikel 101 Absatz 3 des Vertrags über die Arbeitsweise der Europäischen Union auf Gruppen von Technologietransfer-Vereinbarungen, ABl. 2014, Nr. L 93/17 (im Folgenden „TT-GVO"); Art. 5 Verordnung (EU) Nr. 1217/2010 der Kommission vom 14. Dezember 2010 über die Anwendung von Artikel 101 Absatz 3 des Vertrags über die Arbeitsweise der Europäischen Union auf bestimmte Gruppen von Vereinbarungen über

in der Regel Preis- bzw. Mengenkartelle oder Marktaufteilungsvereinbarungen. Eine Beschränkung des Rahmens auf diese Verstöße ist nötig, da die ökonomischen Modelle nur deren Preisaufschläge beziffern können.[1363]

Darüber hinaus sollte der Bußgeldrahmen auch für einen Verstoß gegen vollziehbare Anordnungen der Behörden nach Art. 8, 9 VO 1/2003 bzw. §§ 30 Abs. 3, 32 Abs. 1, 32a Abs. 1, 32b Abs. 1 S. 1 oder 60 GWB gelten, sofern sie Verstöße nach der obigen Definition betreffen. Da solche Anordnungen zur Abstellung dieser Verstöße erlassen werden, muss ein Verstoß gegen diese Anordnungen wie der ursprüngliche Verstoß behandelt werden.

b. Berücksichtigung des Preisaufschlages

Der Preisaufschlag eines Kartells wird in der Ökonomik als Prozentsatz des tatsächlichen Kartellpreises angegeben.[1364] Über die Dauer der gesamten Zuwiderhandlung entspricht dieser Prozentsatz dem kartellbedingten Preisaufschlag als Anteil am tatbezogenen Umsatz. Der Bußgeldrahmen könnte den Preisaufschlag am effektivsten berücksichtigen, wenn er selbst als Prozentsatz des tatbezogenen Umsatzes angegeben würde. Um die zeitlichen Auswirkungen der Kernbeschränkung insgesamt zu erfassen, erscheint es sachgerecht, dass der gesamte tatbezogene Umsatz über die Dauer der Zuwiderhandlung zugrunde gelegt wird. Der tatbezogene Umsatz stellt dabei den Umsatz dar, der durch die Zuwiderhandlung direkt betroffen ist.[1365] Dieser Umsatz sollte über die gesamte Dauer des Kartells durch die Verfolgungsbehörde ermittelt werden.[1366] Indirekt betroffene Märkte können in die Ermittlung des Umsatzes nicht mit einbezogen werden, da die ökonomischen Modelle bei der Einschätzung eines Preisaufschlages diese Auswirkungen auch nicht erfassen können.[1367] Dies gilt beispielsweise für einen Rückgang der abgesetzten Menge auf einem vorgelagerten Markt, da die Kartellanten durch den kartellbedingten Absatzrückgang

Forschung und Entwicklung, ABl. 2010, Nr. L-335/36 (im Folgenden „F&E-GVO“); Art. 4 Verordnung (EU) Nr. 1218/2010 der Kommission vom 14. Dezember 2010 über die Anwendung von Artikel 101 Absatz 3 des Vertrags über die Arbeitsweise der Europäischen Union auf bestimmte Gruppen von Spezialisierungsvereinbarungen, ABl. 2010, Nr. L-335/43 (im Folgenden „Spezialisierungs-GVO“).

1363 Vgl. *Haucap/Stühmeier*, WuW 2008, 413, 423 f.

1364 Vgl. dazu oben unter Teil 5.A.II.2.a.cc., S. 282 und Teil 5.A.II.2.a.cc.aaa., S. 284 f.

1365 Vgl. zu dieser Definition Rn. 13 Bußgeldleitlinien der Kommission von 2006, wobei hier auch der Umsatz auf mittelbar betroffenen Märkten einbezogen wird.

1366 So auch Rn. 5 Bußgeldleitlinien des BKartA von 2013.

1367 Vgl. dazu Teil 5.A.II.2.a.aa., S. 277 ff.

weniger Vorprodukte erwerben. Da der Bußgeldrahmen auf die Ergebnisse der ökonomischen Modelle gestützt wird, müssen auch deren Eingrenzungen übernommen werden.

Nach allgemeiner Auffassung im deutschen Ordnungswidrigkeitenrecht sollte die obere Grenze des Bußgeldrahmens für den denkbar schwersten Fall gelten.[1368] Im Datensatz von *Connor* beträgt der höchste festgestellte Preisaufschlag zwischen 92,6 % und 98,0 % (bei einem Bezug zum Wettbewerbspreis entspräche das 1255 % bis 4918 %).[1369] Im bearbeiteten Datensatz von *Smuda* mit Bezug zum europäischen Markt liegt die höchste Schätzung bei 81,82 % (450 % bei Zugrundelegung des Wettbewerbspreises).[1370] In der *Oxera*-Studie liegen die höchsten Schätzungen zwischen 60 % und 70 %.[1371] Ca. 90 % der Schätzungen des Preisaufschlages in der Datenbank von *Connor* liegen jedoch unter 50 %.[1372] Ein Bußgeldrahmen mit einem Höchstwert von ca. 95 % würde die zu verhängende Sanktion in den durchschnittlichen Fällen ganz erheblich nach oben verzerren. Es macht daher keinen Sinn, die Obergrenze eines Bußgeldrahmens an Extremfällen auszurichten.

Im deutschen Ordnungswidrigkeitenrecht ist es darüber hinaus allgemein anerkannt, dass das Bußgeld durchschnittlicher Zuwiderhandlungen im Bereich von einem Drittel bis zur Hälfte des Rahmens einzuordnen ist.[1373] In der folgenden Tabelle 8 ist die Verteilung der Häufigkeit der verschiedenen Preisaufschlagsschätzungen dargestellt. In der linken Spalte sind die Prozentbereiche angegeben, in die die Schätzungen eingeteilt sind und in der rechten Spalte der Anteil aller Schätzungen, die in den jeweiligen Bereich fallen. Aufgrund der Umrechnung sind diese Intervalle unregelmäßig. Tabelle 9 gibt ebenfalls die Häufigkeit der Schätzungen für die jeweiligen Intervalle der Preisaufschläge wieder. Diese sind allerdings beschränkt auf den europäischen Markt. Leider existieren diese Aufschlüsselungen nicht alleine für moderne Kartelle ab 1990, sondern umfassen alle Schätzungen der Datensätze. Zum Entwurf einer aktuellen Sanktionsbestimmung wäre eine

1368 *Dannecker/Biermann* in: Immenga/Mestmäcker, § 81 GWB Rn. 441; *Gürtler* in: Göhler, OWiG, § 17 OWiG Rn. 25.

1369 *Connor,* Price-Fixing Overcharges: Revised 3rd Edition, S. 148 f.

1370 *Smuda,* J. Comp. L. & Econ. 10 (2014), 63, 68 Fn. 16.

1371 *Komninos,* Quantifying antitrust damages, S. 91.

1372 *Connor,* Price-Fixing Overcharges: Revised 3rd Edition, S. 60, eigene Berechnung. Vgl. auch Figur 2 bei *Boyer/Kotchoni,* How much do Cartels Typically Overcharge?, Vorversion 2012, S. 9.

1373 *Dannecker/Biermann* in: Immenga/Mestmäcker, § 81 GWB Rn. 441; *Gürtler* in: Göhler, OWiG, § 17 OWiG Rn. 25.

Zugrundelegung dieser aktuelleren Daten wünschenswert. Wie oben bereits dargestellt,[1374] unterscheidet sich der Median der Schätzungen ab 1990 jedoch nur geringfügig vom Median aller Schätzungen. Mithin schadet die fehlende Verfügbarkeit der aktuelleren Daten nicht grundlegend.

Tabelle 8: „Verteilung der Preisaufschläge in korrigierten Intervallen bei Connor"

Preisaufschlag	Anzahl	Anteil	Summe
<=0	92	6,0	6,0
0,10 - 9,01	239	15,6	21,6
9,09 - 16,60	345	22,6	44,2
16,67 - 23,02	250	16,4	60,6
23,08 - 28,52	181	11,8	72,4
28,57 - 37,46	192	12,6	85,0
37,50 - 44,41	81	5,3	90,3
44,44 - 49,97	27	1,8	92,0
50,0 - 66,66	72	4,7	96,7
>= 66,67	50	3,3	100,0
	1529	100,0	

Quelle: Connor, Price-Fixing Overcharges: Revised 3rd Edition, S. 60, eigene Berechnung

Tabelle 9: „Verteilung der Preisaufschläge in Intervallen bei Smuda"

Preisaufschlag	Anzahl	Anteil	Summe
<=0	15	7,9	7,9
0,1 - 4,9	15	7,9	15,7
5,0 - 9,9	19	9,9	25,7
10,0 - 14,9	33	17,3	42,9
15,0 - 19,9	21	11,0	53,9
20,0 - 24,9	28	14,7	68,6
25,0 - 29,9	11	5,8	74,3
30,0 - 34,9	20	10,5	84,8
35,0 - 39,9	9	4,7	89,5

1374 Siehe unter Teil 5.A.II.2.a.cc.aaa., S. 284 ff.

Preisaufschlag	Anzahl	Anteil	Summe
40,0 - 44,9	6	3,1	92,7
45,0 - 49,9	3	1,6	94,2
50,0 - 54,9	5	2,6	96,9
55,0 - 59,9	2	1,0	97,9
60,0 - 64,9	1	0,5	98,4
65,0 - 69,9	0	0,0	98,4
70,0 - 74,9	1	0,5	99,0
75,0 - 79,9	0	0,0	99,0
80,0 - 84,9	2	1,0	100,0
	191	100,0	

Quelle: Smuda, J. Comp. L. & Econ. 10 (2014), 63, 72

Aus Tabelle 8 ergibt sich, dass 60,6 % der Schätzungen unter ca. 23 % liegen.[1375] Mit Bezug zum europäischen Markt sind sogar 68,6 % der Schätzungen unter 24,9 %.[1376] Der Großteil der Schätzungen liegt zwischen ca. 9 und 23 % (38,9 % aller Schätzungen in Tabelle 8) bzw. 10 und 24,9 % (42,9 % aller Schätzungen in Tabelle 9). In der Oxera-Studie liegen die meisten Schätzungen zwischen 10 % und 20 %.[1377] Der Preisaufschlag eines durchschnittlichen Kartells liegt daher innerhalb der Bandbreite von 10 % bis 25 %.[1378] Der Bußgeldrahmen

1375 *Connor,* Price-Fixing Overcharges: Revised 3rd Edition, S. 60. Vgl. auch *Schinkel,* W.Comp. 2007, 539, 552, der in einem Diagramm den Preisaufschlag internationaler und zumeist global aktiver Kartelle der letzten 25 Jahre darstellt. Hier liegt ebenfalls die Mehrzahl der Schätzungen unter 35 %. Im Datensatz der Oxera-Studie liegen ca. 75 % der Aufschlagsschätzungen unter 30 %, *Komninos,* Quantifying antitrust damages, S. 91.

1376 Vgl. auch *Smuda,* J. Comp. L. & Econ. 10 (2014), 63, 72.

1377 *Komninos,* Quantifying antitrust damages, S. 91.

1378 *Hüschelrath/Müller/Veith,* J. Comp. L. & Econ. 9 (2013), 97, 119 ermitteln für das Zementkartell (BGH, NJW 2013, 1972 – *Grauzement*) einen Preisaufschlag von 20,3 % bis 26 %. Kritisch dazu *Frank/Schliffke,* J. Comp. L. & Econ. 9 (2013), 495, 503 ff., die aufgrund einer langen Periode des Preiskampfes einen Preisaufschlag von knapp 10 % ermitteln. *Laitenberger/Smuda,* J. Comp. L. & Econ. 11 (2015), 955, 970 f. ermitteln für das Waschmittelkartell (Kommission, Entscheidung vom 13.4.2011, Az. COMP/39.579 – *Haushaltsreinigungsmittel*) einen Preisaufschlag von mindestens 6,72 % beschränkt auf den deutschen Markt. Allerdings gehen sie davon aus, dass der Einzelhandelspreis identisch mit dem Kartellpreis ist, das heißt der gesamte

sollte daher so gewählt werden, dass dessen Drittel bzw. Hälfte innerhalb dieses Intervalls liegt.

An dieser Stelle ist allerdings zu berücksichtigen, dass einige Studien in dem Datensatz von *Connor* den Preisaufschlag überschätzen.[1379] Da bisher noch keine zufriedenstellende Methode entwickelt wurde, um die statistischen Einflüsse dieser Fehleinschätzungen zu beseitigen, kann dem nur mit Sicherheitsabschlägen begegnet werden. Hier erscheint die Annahme ausreichend, dass der Preisaufschlag durchschnittlicher Kartelle zwischen 10 und 20 % liegt.

Darüber hinaus ist zu beachten, dass der erzielte Preisaufschlag wesentlich davon abhängt, in welchem geographischen Gebiet das Kartell aktiv ist. EU-weite Kartelle erzielen den größten Preisaufschlag, in nur einem Mitgliedstaat aktive Kartelle erzielen den geringsten Preisaufschlag und global aktive Kartelle erzielen einen mittleren Preisaufschlag.[1380] Dies könnte nahelegen, den Bußgeldrahmen im europäischen und im deutschen Recht unterschiedlich hoch festzusetzen. Hier ist allerdings zu beachten, dass beide Rahmenbestimmungen auf alle drei Arten von Kartellen Anwendung finden können. Zwar ist die Kommission grundsätzlich zuständig für die Anwendung von Art. 101, 102 AEUV (Art. 4 VO 1/2003). Art. 101, 102 AEUV sind auf jede Wettbewerbsbeschränkung, die den Handel zwischen den Mitgliedstaaten zu beeinträchtigen geeignet sind, vorrangig vor dem nationalen Recht anwendbar (Art. 3 Abs. 2 VO 1/2003).[1381] Nach ständiger Rechtsprechung des EuGH beeinträchtigen aber auch Kartelle den zwischenstaatlichen Handel, die sich nur auf das Gebiet eines Mitgliedstaates beschränken.[1382] Mithin gilt der europäische Bußgeldrahmen auch für Kartelle, die nur in einem Mitgliedstaat aktiv sind. Darüber hinaus sind auch die nationalen Wettbewerbsbehörden für die Anwendung des Art. 101 AEUV zuständig, solange die Kommission kein Verfahren eröffnet hat (Art. 5, 11 Abs. 6 VO 1/2003).[1383] Sie wenden das nationale und das europäische Recht nebeneinander an, sofern die Zwischenstaatlichkeitsklausel erfüllt ist (Art. 3 Abs. 1

Preisaufschlag durch die Händler weitergegeben werden kann, *Laitenberger/Smuda*, J. Comp. L. & Econ. 11 (2015), 955, 957 f. Daher ist der ermittelte Preisaufschlag als Untergrenze für den echten Preisaufschlag zu verstehen.

1379 Vgl. dazu ausführlich oben unter Teil 5.A.II.2.a.cc.bbb., S. 289 ff.

1380 Siehe oben unter Teil 5.A.II.2.a.cc.aaa., S. 284 ff.

1381 Vgl. *Hengst* in: Langen/Bunte, Art. 101 AEUV Rn. 293; *Emmerich/Zimmer* in: Immenga/Mestmäcker, Art. 101 Abs. 1 AEUV Rn. 194 f.

1382 *Kling/Thomas*, Kartellrecht, § 5 Rn. 254; *Wiedemann* in: Wiedemann, Kartellrecht, § 2 Rn. 4.

1383 *Wiedemann* in: Wiedemann, Kartellrecht, § 2 Rn. 27 f.

VO 1/2003).[1384] Aus diesem Grund enthält § 81 Abs. 1 GWB auch einen eigenen Bußgeldtatbestand für Verstöße gegen Art. 101, 102 AEUV.[1385] Mithin kann auch der deutsche Bußgeldrahmen auf Kartelle Anwendung finden, die in mehreren Mitgliedstaaten oder global aktiv sind. Sofern global aktive Kartelle nur den deutschen Handel mit Drittstaaten beeinflussen, findet der deutsche Bußgeldrahmen ohnehin alleine wegen Verstoßes gegen § 1 GWB Anwendung. Mithin ist eine Differenzierung zwischen dem europäischen und dem deutschen Bußgeldrahmen nicht geboten.

Es ist daher davon auszugehen, dass der Preisaufschlag eines durchschnittlichen Kartells zwischen 10 und 20 % liegt. Wenn 10 % des tatbezogenen Umsatzes nach dem oben genannten Bemessungsgrundsatz ein Drittel des Rahmens und 20 % die Hälfte beträgt, müsste daher die Obergrenze der Rahmenbestimmung zwischen 30 und 40 % liegen. Es erscheint daher plausibel eine Obergrenze von 35 % des tatbezogenen Umsatzes zu wählen, um einen weiteren Sicherheitsabschlag einzubeziehen.

c. Berücksichtigung der Entdeckungswahrscheinlichkeit

Wie bereits erläutert, muss der Bußgeldrahmen die Entdeckungswahrscheinlichkeit in Form eines Faktors berücksichtigen, um eine abschreckende Wirkung entfalten zu können.[1386] Es wäre denkbar, diesen Faktor ebenfalls als Rahmenbestimmung auszugestalten wie bei der Berücksichtigung des Preisaufschlages. Es wurde allerdings bereits ausgeführt, dass keine brauchbaren ökonomischen Studien vorliegen, die die durchschnittliche Entdeckungswahrscheinlichkeit oder eine Verteilung der Entdeckungswahrscheinlichkeit bei klassischen Kartellen ermitteln könnten.[1387] Mithin kann eine aussagekräftige Obergrenze einer Rahmenbestimmung nicht entwickelt werden.

Zur Berücksichtigung der Entdeckungswahrscheinlichkeit sollte der soeben ermittelte Wert von 35 % am tatbezogenen Umsatz mit einem fixen Faktor multipliziert werden. Dieses Ergebnis sollte die Obergrenze der Bußgeldvorschrift darstellen. Bei der Einordnung des Einzelfalls sollten Anzeichen für die konkrete Entdeckungswahrscheinlichkeit jedoch keine Rolle spielen. Zwar mögen steigernde oder senkende Faktoren in einem Verfahren vor den Behörden oder

---

1384 *Hengst* in: Langen/Bunte, Art. 101 AEUV Rn. 293; *Sura* in: Langen/Bunte, Art. 3 VO 1/2003 Rn. 8.

1385 *Dannecker/Biermann* in: Immenga/Mestmäcker, § 81 GWB Rn. 17.

1386 Siehe unter Teil 5.A.III.2., S. 315 ff.

1387 Siehe unter Teil 5.A.III.2., S. 315 ff.

Gerichten grundsätzlich identifizierbar sein. So kann beispielsweise festgestellt werden, ob eine behördliche Untersuchung in einem benachbarten Markt stattgefunden hat und so die Gefahr einer Entdeckung der in Rede stehenden Zuwiderhandlung gesteigert wurde. Es dürfte jedoch nahezu unmöglich sein, den Grad der Auswirkung dieser Ereignisse annähernd zu erfassen. Ob eine Ermittlung in einem benachbarten Markt die Entdeckungswahrscheinlichkeit nur leicht oder bereits erheblich steigert, ist auch bei intensiven Ermittlungen kaum verlässlich festzustellen. Im Gegensatz zur Entwicklung des Preisaufschlages existieren nämlich keine Studien, die die beeinflussenden Faktoren der Entdeckungswahrscheinlichkeit näher beschreiben und untersuchen.[1388] Die individuelle Ermittlung der Entdeckungswahrscheinlichkeit im Einzelfall bleibt daher weiterhin eine mehr oder weniger allgemeine und unspezifische Schätzung. Da von einer individuellen Ermittlung kein sonderlich präzises Ergebnis zu erwarten ist, sollte der Kostenaufwand vermieden und ein allgemeingültiger Faktor zur Berücksichtigung der Entdeckungswahrscheinlichkeit herangezogen werden.

Die konkrete Höhe des Faktors soll jedoch weder eine Aussage über die aktuelle Entdeckungswahrscheinlichkeit von Kartellen noch über einen durch die Kartellbehörden anzustrebenden Wert treffen. Der Faktor soll vielmehr die unbestrittene Tatsache normativ berücksichtigen, dass nicht alle Verstöße aufgedeckt werden. Ein Rückgriff auf die Ergebnisse der ökonomischen Studien zur Bezifferung der Wahrscheinlichkeit oder der subjektiven Einschätzungen von Ökonomen ist nicht sachgerecht, weil diese Werte entweder auf Annahmen ohne hinreichenden Realitätsbezug oder auf willkürlichen, persönlichen Auffassungen beruhen.[1389] Zur Festlegung des Faktors sind vielmehr die Erkenntnisse der ökonomischen Theorie der Rechtsdurchsetzung heranzuziehen.

In der ökonomischen Theorie der Rechtsdurchsetzung wird angenommen, dass die Kosten, die die Verfolgungsbehörde zur Aufrechterhaltung der Entdeckungswahrscheinlichkeit aufwenden muss, mit deren Höhe exponentiell steigen. Daher ist nicht zu erwarten, dass die Entdeckungswahrscheinlichkeit besonders hoch ist. Auf der anderen Seite haben die Verfolgungsbehörden ein gewisses Interesse an einer Steigerung der Entdeckungswahrscheinlichkeit. Dadurch können sie die zusätzliche Abschreckungswirkung durch den Lerneffekt der normunterworfenen Unternehmen nutzen.[1390] Darüber hinaus ist allgemein

---

1388 Vgl. ausführlich zu den beeinflussenden Faktoren des Preisaufschlags unter Teil 5.B.II., S. 350 ff.

1389 Vgl. dazu Teil 5.A.III.1., S. 303.

1390 Vgl. dazu ausführlich Teil 3.B.III.2.a.cc., S. 172 ff.

anerkannt, dass das Kronzeugenprogramm der Kartellbehörden ganz erheblich zu einer Steigerung der Entdeckungswahrscheinlichkeit beigetragen hat.[1391] Wie oben jedoch bereits ausgeführt,[1392] ist die wahrgenommene Entdeckungswahrscheinlichkeit für die Entscheidung eines Individuums der relevante Bezugspunkt. In einigen Studien zur Ermittlung der Entdeckungswahrscheinlichkeit sind auf Kartellrecht spezialisierte Anwälte befragt worden, welcher Anteil der ihnen während ihrer Tätigkeit bekannt gewordenen Kartelle tatsächlich sanktioniert werden.[1393] Sie legen eine Entdeckungswahrscheinlichkeit deutlich unter 50 % nahe. Diese Studien sind zweifelsohne nicht repräsentativ und das konkrete Ergebnis darf zur Bestimmung des Bußgeldrahmens nicht herangezogen werden. Es zeigt allerdings die allgemeine Wahrnehmung der Verfolgungstätigkeit der Behörden durch informierte Kreise. Diese dürfte sich im Wesentlichen mit der Wahrnehmung der Kartellanten decken. Die Personen in einem Unternehmen, die für einen Kartellrechtsverstoß verantwortlich sind, werden eine grobe Vorstellung davon haben, wie üblich Zuwiderhandlungen gegen das Kartellrecht in einer Branche sind und wie häufig diese durch Behörden aufgedeckt werden. Auch sie dürften die Vorstellung teilen, dass die Entdeckungswahrscheinlichkeit deutlich unter 50 % liegt.

Zur Berücksichtigung der Tatsache, dass nicht alle Verstöße gegen das Kartellrecht aufgedeckt werden, sollte der ermittelte Wert von 35 % des tatbezogenen Umsatzes mit dem Faktor vier multipliziert werden. Dieser Faktor berücksichtigt sowohl die Wahrnehmung einer niedrigen Entdeckungswahrscheinlichkeit durch informierte Kreise als auch die Erkenntnis, dass insbesondere die Kronzeugenregelungen eine gewisse Gefahr der Entdeckung garantieren. Eine weitere Aufschlüsselung der Aspekte, die die Wahrnehmung der Entdeckungswahrscheinlichkeit beeinflussen, erscheint nicht sinnvoll, da sie in besonderem

---

1391 *Allain/Boyer/Kotchoni/Ponssard*, The Determination of Optimal Fines in Cartel Cases, S. 23; *Combe/Monnier/Legal*, Cartels: The Probability of Getting Caught in the European Union, S. 23 f.; *Connor*, Cartel Detection and Duration Worldwide, S. 4; *Wils*, W.Comp. 29 (2006), 183, 203 f. *Miller*, Am. Econ. Rev. 99 (2009), 750, 760 ff. kommt zu dem Ergebnis, dass das Kronzeugenprogramm des US-amerikanischen Department of Justice zu einer Steigerung der Entdeckungswahrscheinlichkeit von 60 % geführt hat. Dieser konkrete Zahlenwert erscheint jedoch nicht belastbar, da sich die Berechnungsmethode auf dieselben realitätsfernen Annahmen stützt, die bereits unter Teil 5.A.III.1., S. 303 ff. beschrieben wurden, vgl. *Miller*, Am. Econ. Rev. 99 (2009), 750, 753. Zweifelnd *Stockmann*, ZWeR 2012, 20, 34 f.

1392 Siehe unter Teil 3.B.III.2.a., S. 167 ff.

1393 *Connor*, Cartel Detection and Duration Worldwide, S. 7.

Maße von einer irrationalen Verfälschung belastet ist.[1394] Diese kann sowohl zu einer höheren als auch zu einer geringeren Wahrnehmung führen, sodass sich eine eindeutige Tendenz nicht ausmachen lässt.

Die Obergrenze des Bußgeldrahmens beträgt daher 140 % des tatbezogenen Umsatzes, in durchschnittlichen Fällen sollte ein Bußgeld zwischen 47 % und 70 % des tatbezogenen Umsatzes liegen.

d. *Sonderbußgeldrahmen*

Legt man die Berechnungen von *Smuda* zu Schätzungen von Preisaufschlägen zugrunde, würde in ca. 15 % der Fälle der Preisaufschlag eines Kartells über 35 % liegen.[1395] In diesem Fall würde ein Bußgeld an der Obergrenze des Rahmens die Tatsache, dass nicht jeder Verstoß aufgedeckt wird, nicht ausreichend berücksichtigen und daher nicht abschreckend wirken. Zwar deuten die Ergebnisse der Meta-Regressionsanalysen darauf hin, dass einige Preisaufschläge in den Studien überschätzt wurden.[1396] Tatsächlich dürften daher weniger als 15 % der Schätzungen über 35 % liegen. Es kann allerdings nicht davon ausgegangen werden, dass alle besonders hohen Aufschlagsschätzungen fehlerhaft seien. Bei einer Analyse der 50 höchsten Schätzungen eines Preisaufschlags in seinem Datensatz hat *Connor* festgestellt, dass 39 % eine exzellente und 36 % eine sehr gute Qualität bescheinigt werden kann.[1397] Es ist jedoch festzuhalten, dass die besonders hohen Schätzungen tendenziell von älteren Kartellen stammen.[1398] Von daher ist davon auszugehen, dass trotz einer gewissen Tendenz zur Überschätzung einige Preisaufschläge über 35 % erzielt werden.

Im deutschen Ordnungswidrigkeitenrecht kann nach §§ 81 Abs. 5 GWB, 17 Abs. 4 OWiG der rechtswidrig erlangte Vorteil des Täters abgeschöpft und zu diesem Zweck die gesetzliche Obergrenze sogar überschritten werden.[1399] Anhand

---

1394 Siehe unter Teil 3.B.III.2.a.cc.ddd., S. 178 ff.

1395 *Smuda,* J. Comp. L. & Econ. 10 (2014), 63, 72. Tabelle 6 bei *Connor,* Price-Fixing Overcharges: Revised 3rd Edition, S. 60 kann dazu nicht herangezogen werden, da die Obergrenze des Rahmens innerhalb eines Intervalls liegt. Laut dieser Tabelle sind 15,0 % der Schätzungen größer oder gleich 37,46 %.

1396 Siehe unter Teil 5.A.II.2.a.cc.bbb., S. 289 ff.

1397 *Connor,* Price-Fixing Overcharges: Revised 3rd Edition, S. 148 ff.

1398 *Connor,* Price-Fixing Overcharges: Revised 3rd Edition, S. 61 f.

1399 Vgl. dazu allgemein *Klusmann* in: Wiedemann, Kartellrecht, § 57 Rn. 95; *Meyer-Lindemann* in: Loewenheim/Meessen/Riesenkampff/Kersting/Meyer-Lindemann, § 81 GWB Rn. 122 ff.; *Dannecker/Biermann* in: Immenga/Mestmäcker, § 81 GWB Rn. 410.

dieser Vorschrift könnten Kartelle mit besonders hohen Umsätzen mit einem höheren Bußgeld belegt werden. Nach der Vorschrift stellt der erzielte Vorteil die Untergrenze dar, den die eigentliche Sanktion nach dem Entscheidungsspielraum der Kartellbehörde zu übersteigen hat. Nur dieser übersteigende Teil wird nach den Kriterien der §§ 81 Abs. 4 S. 6 GWB, 17 Abs. 3 OWiG bemessen.[1400] Das absolute Höchstmaß setzt sich allerdings aus der Summe des erzielten Vorteils und der gesetzlichen Obergrenze des Bußgeldrahmens zusammen. Auch dem europäischen Recht ist dieser Gedanke nicht fremd, da die Kommission in ihren Bußgeldleitlinien eine Erhöhung der Sanktion vorsieht, damit sie den rechtswidrig erzielten Gewinn übersteigt.[1401] Da es sich lediglich um eine Bestimmung in einer Verwaltungsvorschrift handelt, kann auf ihrer Grundlage die normative Kappungsgrenze des Art. 23 Abs. 2 S. 2 VO 1/2003 allerdings nicht überschritten werden.[1402] Im deutschen Recht bereitet die Abschöpfung eines rechtswidrig erzielten Gewinns allerdings erhebliche Schwierigkeiten im Verhältnis zur Besteuerung von Unternehmensgewinnen.[1403] Um daraus resultierende Probleme zu umgehen, wurde die Vorteilsabschöpfung durch kartellrechtliche Geldbußen durch die 7. GWB-Novelle in den Entscheidungsspielraum der Kartellbehörde bzw. in die Entscheidungsfreiheit des Gerichts gestellt, § 81 Abs. 5 GWB.[1404] Darüber hinaus hat die Vorteilsabschöpfung trotz dieser Änderung praktisch keine Bedeutung.[1405] Die Möglichkeit einer Vorteilsabschöpfung stellt daher keine reale Bedrohung für Täter dar. Eine höhere Abschreckungswirkung gegen Kartellanten, die einen Preisaufschlag über 35 % des tatbezogenen Umsatzes erzielen konnten, kann von ihr somit nicht erwartet werden.

1400 *Achenbach* in: Frankfurter Kommentar, § 81 GWB Rn. 557 ff., 577; *Dannecker/Biermann* in: Immenga/Mestmäcker, § 81 GWB Rn. 551; *Bohnert/Krenberger/Krumm,* OWiG, § 17 OWiG Rn. 25; *Mitch* in: KK-OWiG, 4. Aufl. 2014, § 17 OWiG Rn. 111.

1401 Rn. 31 Bußgeldleitlinien des BKartA von 2013. Vgl. zur Berücksichtigung des Gewinns EuG, Urteil vom 29.11.2005, Az. T-64/02, Slg. 2005, II-5137, Rn. 184 – *Heubach*; EuG, Entscheidung vom 21.10.1997, Az. T-229/94, Slg. 1997, II-1689, Rn. 127 – *Deutsche Bahn.*

1402 Vgl. dazu oben unter Teil 2.A.I.3.a., S. 37.

1403 Vgl. dazu ausführlich Teil 5.C.I.4., S. 366 ff.

1404 *Achenbach* in: Frankfurter Kommentar, § 81 GWB Rn. 588 f.; *Meyer-Lindemann* in: Loewenheim/Meessen/Riesenkampff/Kersting/Meyer-Lindemann, § 81 GWB Rn. 123 f.; *Dannecker/Biermann* in: Immenga/Mestmäcker, § 81 GWB Rn. 553; *Vollmer* in: MünchKommGWB, § 81 GWB Rn. 140.

1405 So ausdrücklich *Klusmann* in: Wiedemann, Kartellrecht, 2. Aufl. 2008, § 57 Rn. 80; *Raum* in: Langen/Bunte, § 81 GWB Rn. 203; *Schöner* in: KK-KartR, § 81 GWB Rn. 221.

Um Sanktionen verhängen zu können, die auch gegenüber Tätern abschreckend wirken, die besonders hohe Gewinne erzielen konnten, muss daher eine weitere Sanktionsbestimmung geschaffen werden. Wie bereits ausgeführt, ist es nicht zielführend, den allgemeinen Bußgeldrahmen so zu erhöhen, dass jede denkbare Zuwiderhandlung angemessen erfasst werden kann. Dieser Rahmen müsste so hoch sein, dass insbesondere in den regulären Fällen eine angemessene Einordnung innerhalb des Rahmens nicht mehr möglich ist.

Es sollte daher folgender Sonderbußgeldrahmen eingeführt werden. Sofern der vierfache, durch die Preis-, Mengen- oder Marktaufteilungsabsprache erzielte Gewinn als Anteil vom tatbezogenem Umsatz den Bußgeldrahmen übersteigt, kann ein Bußgeld in Höhe dieses Betrages verhängt werden. Der erzielte Gewinn wird nach anerkanntem, aktuellem Stand ökonomischer Erkenntnisse ermittelt. Diese Bußgeldbestimmung lehnt sich an die US-amerikanischen Vorschriften zur Sanktionierung von Kartellen an.[1406] Dieser Sonderbußgeldrahmen erfordert jedoch eine individuelle Schätzung des erzielten Gewinns. Wie bereits ausgeführt, ist dies allerdings sehr zeit- und kostenintensiv und kann daher die Abschreckungswirkung einer Sanktion beeinträchtigen.[1407] Da die Obergrenze aber nur eröffnet ist, wenn ein Kartell außergewöhnlich schwere Auswirkungen hat, können die erhöhten Kosten durch die erhöhte Abschreckungswirkung der Sanktion kompensiert werden. Es kann davon ausgegangen werden, dass Zuwiderhandlungen mit einem hohen Gewinn für die Kartellanten auch zu hohen Schäden für die Volkswirtschaft geführt haben. Daher ist es sehr wahrscheinlich, dass sich die Kosten für die individuelle Einschätzung durch die Verhinderung dieser Schäden rentieren.

Bei dieser Einschätzung sollte auf die gefestigte Praxis der deutschen Rechtsprechung bei der Ermittlung des Mehrerlöses zurückgegriffen werden. Zwar sind der erzielte Gewinn und der Mehrerlös nicht deckungsgleich.[1408] Wie bereits ausgeführt, ist für beide Werte der erzielte Preisaufschlag die aus ökonomischer Sicht beste Näherung, die mit vertretbarem Aufwand bestimmt werden kann. Zur Einschätzung beider Größen werden daher die oben beschriebenen

---

1406 Nach 15 U.S.C. §§ 1, 2, 3 beträgt die maximale Geldbuße für Unternehmen 100 Mio. US-$. Nach 18 U.S.C. § 3571 (d) kann eine Geldbuße in Höhe des zweifachen Gewinns des Täters oder zweifachen Verlusts der Opfer verhängt werden, sofern die letzteren Werte 100 Mio. US-$ übersteigen. Vgl. dazu *Blechman/Patterson* in: Frankfurter Kommentar, A. U.S. Antitrust Recht Rn. 18. *Bolotova/Connor,* Cartel Sanctions: An Empirical Analysis, S. 6.

1407 Teil 5.A.II.2.a.bb., S. 281.

1408 *Bongard,* WuW 2010, 762, 766; *Klusmann* in: Wiedemann, Kartellrecht, § 57 Rn. 95.

Methoden herangezogen.[1409] Der erzielte Gewinn wird daher näherungsweise durch den kartellbedingten Preisaufschlag beschrieben. Die Rechtsprechung der deutschen Gerichte zur Ermittlung des Mehrerlöses unter Anwendung der genannten ökonomischen Methoden kann daher auf den vorgeschlagenen Sonderbußgeldrahmen übertragen werden.[1410] Indem der Sonderbußgeldrahmen auf den anerkannten, aktuellen Stand ökonomischer Erkenntnisse Bezug nimmt, wird sichergestellt, dass eine Näherung des erzielten Gewinns nach dem neuesten Wissenstand der Ökonomie ermittelt wird. Zudem wird verhindert, dass zu hohe Anforderungen an die Einschätzung des erzielten Gewinns gestellt werden, die letztlich nicht erfüllt werden können.

Die Festsetzung einer Sanktion nach dem Sonderbußgeldrahmen darf allerdings nicht gegen den Schuldgrundsatz verstoßen. Insbesondere im deutschen Recht erfordert der Schuldgrundsatz, dass das Bußgeld den gegen den Täter gerichteten, persönlichen Vorwurf berücksichtigt.[1411] Nach dem Sonderbußgeldrahmen besteht jedoch keine Möglichkeit, den Bußgeldbetrag anhand bestimmter Faktoren zu korrigieren. Das Bußgeld beruht allein auf der Einschätzung des erzielten Gewinns, sodass Faktoren der persönlichen Vorwerfbarkeit nicht eigenständig berücksichtigt werden. Es ist allerdings anerkannt, dass die objektiven Auswirkungen einer Zuwiderhandlung der wesentliche Anknüpfungspunkt für die Ermittlung der Sanktionshöhe sind.[1412] So geht es bei der Sanktionierung im Ordnungswidrigkeitenrecht in erster Linie darum, die ökonomischen Folgen

---

1409 Vgl. dazu Teil 5.A.II.2.a.aa., S. 277 ff.

1410 Vgl. dazu BGH, WuW/E BGH, 2718, 2719 – *Bußgeldbemessung*; BGH, WRP 2005, 1015, 1017 – *Steuerfreie Mehrerlösabschöpfung*; BGH, NJW 2006, 163, 164 – *Berliner Transportbeton I*; BGH, WRP 2007, 1487, 1488 – *Papiergroßhandel*; *Dannecker/Biermann* in: Immenga/Mestmäcker, § 81 GWB Rn. 380; *Klusmann* in: Wiedemann, Kartellrecht, § 57 Rn. 83; *Schöner* in: KK-KartR, § 81 GWB Rn. 145 f. Siehe auch oben unter Teil 5.A.II.2.a.aa., S. 277 ff.

1411 Vgl. dazu ausführlich unter Teil 2.B.II.2., S. 79. Im europäischen Recht ist dieser Grundsatz des Unionsrechts nicht in diesem Maße ausgeprägt, vgl. *Kindhäuser/Meyer* in: Frankfurter Kommentar, Art. 101 AEUV Bußgeldrechtliche Folgen Rn. 136 ff.; *König*, Anwendung strafrechtlicher Rechtsgrundsätze, S. 203 ff.; *Dannecker/Biermann* in: Immenga/Mestmäcker, Art. 23 VO 1/2003 Rn. 138; *Sura* in: Langen/Bunte, Art. 23 VO 1/2003 Rn. 11; *Theurer*, Geldbußen im EU-Wettbewerbsrecht, S. 65 ff.; *Voet van Vormizeele*, WuW 2010, 1008, 1012 f.

1412 *Achenbach* in: Frankfurter Kommentar, § 81 GWB Rn. 491; *Dannecker/Biermann* in: Immenga/Mestmäcker, § 81 GWB Rn. 446; *Gürtler* in: Göhler, OWiG, § 17 OWiG Rn. 16; *Mitsch* in: KK-OWiG, 4. Aufl. 2014, § 17 OWiG Rn. 39.

für die Gesamtwirtschaft und für den Einzelnen zu ahnden.[1413] Je umfangreicher die ökonomischen Auswirkungen werden, desto mehr treten Aspekte der persönlichen Vorwerfbarkeit dahinter zurück. Ab einer bestimmten Grenze ist es durchaus vertretbar, die Einflüsse der persönlichen Vorwerfbarkeit zu reduzieren, um eine Sanktionierung dieser Wettbewerbsverstöße mit ungewöhnlich schweren Auswirkungen zu ermöglichen.[1414] Obwohl die persönliche Vorwerfbarkeit bei einer Sanktion nach dem Sonderbußgeldrahmen nur eine untergeordnete Bedeutung hat, erfordert der verfassungsrechtlich verankerte Schuldgrundsatz grundsätzlich eine Berücksichtigung dieser Aspekte.

Aus diesem Grund ist eine Modifikation des oben genannten Sonderbußgeldrahmens nötig. Sofern der vierfache, durch die Preis-, Mengen- oder Marktaufteilungsabsprache erzielte Gewinn den Bußgeldrahmen übersteigt, kann ein Bußgeld innerhalb eines Bereichs von fünf Prozentpunkten ober- und unterhalb des vierfachen Gewinns verhängt werden. Dadurch wird eine Bandbreite von insgesamt 10 Prozentpunkten eröffnet, innerhalb der individuelle Faktoren berücksichtigt werden können. Der Umfang erscheint auch ausreichend aufgrund der untergeordneten Bedeutung dieser Faktoren im Vergleich zu den wirtschaftlichen Auswirkungen der Tat. Eine Einschränkung der relevanten Faktoren auf Aspekte der individuellen Vorwerfbarkeit ist nicht nötig, da aufgrund des Doppelverwertungsverbots im Ordnungswidrigkeitenrecht ohnehin nur Kriterien berücksichtigt werden dürfen, die in der Einschätzung des Preisaufschlages nicht enthalten sind.[1415]

Gegen diesen Sonderbußgeldrahmen kann allerdings eingewendet werden, dass er sich jedenfalls in das deutsche Ordnungswidrigkeitenrecht nicht einordnen lässt.[1416] Eine Rahmenbestimmung, die ausgehend von einem Bezugsbetrag eine Einordnung nach oben und unten ermöglicht, existiert nicht. In der Literatur wurde diese Tatsache als zentrales Argument für die Verfassungswidrigkeit des § 81 Abs. 4 S. 2 GWB in der Auslegung als Kappungsgrenze angeführt.[1417]

1413 *Dannecker/Biermann* in: Immenga/Mestmäcker, Vorb. § 81 GWB Rn. 39.

1414 Vgl. *Mitsch* in: KK-OWiG, 4. Aufl. 2014, § 17 OWiG Rn. 114 zur Vorteilsabschöpfung nach § 17 OWiG, der dies in Ausnahmefällen für zulässig erachtet.

1415 *Bach/Klumpp,* NJW 2006, 3524, 3527 f.; *Dannecker/Biermann* in: Immenga/Mestmäcker, § 81 GWB Rn. 448. Im europäischen Recht gilt das Doppelverwertungsverbot nicht, vgl. *Dannecker/Biermann* in: Immenga/Mestmäcker, Art. 23 VO 1/2003 Rn. 187.

1416 Ebenso wurde die Kappungsgrenze des § 81 Abs. 4 S. 2 GWB als „Fremdkörper" bezeichnet, vgl. *Buntscheck* in: FS Bechtold, S. 81, 82; *Dannecker/Biermann* in: Immenga/Mestmäcker, § 81 GWB Rn. 346.

1417 Vgl. dazu oben Teil 2.B.II.1.a., S. 75 ff.

Im europäischen Recht ist ein solcher Bruch nicht auszumachen, weil das europäische Sanktionsrecht im Vergleich rudimentär entwickelt ist. Bei genauerer Betrachtung wiegt der Bruch zum bisherigen deutschen Ordnungswidrigkeitenrecht nicht so schwer. Die geltenden Regeln der Bußgeldbemessung können ohne weiteres auch auf den Sonderbußgeldrahmen angewendet werden. So sollte nur beim Vorliegen gravierender Milderungs- oder Erschwerungsgründe eine Abweichung von fünf Prozentpunkten nach unten bzw. oben erfolgen. In den durchschnittlichen Fällen sollte die Anpassung in der Nähe des vierfachen Gewinns liegen. Daher stellt der Sonderbußgeldrahmen keine gänzlich neue Sanktionsform dar. Grundlegende verfassungsrechtliche Bedenken dürften daher nicht bestehen. Es ist allerdings nicht zu leugnen, dass die neuartige Form der Bemessung abhängig von einem zentralen Bezugspunkt einige Unsicherheiten erzeugt. Dieser Nachteil muss jedoch gegen die Vorteile des Sonderbußgeldrahmens abgewogen werden. Hier ist hervorzuheben, dass durch den Sonderbußgeldrahmen auch gegen Mitglieder von Kartellen ein abschreckendes Bußgeld verhängt werden kann, die einen außerordentlich hohen Gewinn erzielen konnten. Daher können Abschreckungsdefizite bei klassischen Kartellen mit schweren wirtschaftlichen Schäden vermieden werden. Aufgrund dieses gewichtigen Vorteils ist es hinzunehmen, dass sich der Sonderbußgeldrahmen nicht nahtlos in das rechtliche System einfügt und durch behördliche und gerichtliche Entscheidungen erst noch konkretisiert werden muss.

Mithin stellt der vorgeschlagene Sonderbußgeldrahmen eine angemessene Regelung dar, die die abschreckende Sanktionierung außergewöhnlich erfolgreicher Kartelle ermöglicht und zugleich die normativen Vorgaben angemessen berücksichtigt.

e. *Vergleich mit den aktuell verhängten Geldbußen*

Der vorgeschlagene Bußgeldrahmen von 140 % des tatbezogenen Umsatzes führt in durchschnittlich schweren Fällen zu Bußgeldern zwischen 47 % und 70 % des tatbezogenen Umsatzes. Diese Spanne übersteigt die finanzielle Belastung der Unternehmen durch die aktuellen Geldbußen durch die Kommission. Ökonomische Studien haben ermittelt, dass die Geldbußen im Median ca. 25 % und maximal ca. 77 % des tatbezogenen Umsatzes betrugen.[1418] Unter

1418 *Veljanovski*, J. Comp. L. & Econ. 7 (2011), 871, 907 berechnet ein Verhältnis von Geldbußen zum tatbezogenen Umsatz für jedes Kartell als eine Einheit zwischen 2006 und 2010. Die Werte liegen zwischen 7,7 % und 40,4 % mit einem Durchschnitt von 23,4 %. *Connor*, ECLR 34 (2013), 58, 69 f. berechnet dieses Verhältnis

den Bußgeldleitlinien der Kommission von 2006 wurden in 65 Fällen ausreichend Daten veröffentlicht, um das Verhältnis von der Geldbuße zum Umsatz zu ermitteln. Der maximale Wert beträgt 79,62 % und der Median 29,64 %.[1419] Jedoch haben diese Werte nur eine begrenzte Aussagekraft, da sie nur auf 15,40 % aller verhängten Bußgelder beruhen.

Wie oben bereits ausgeführt,[1420] kommt die einzige methodisch korrekte Studie zur Effektivität der europäischen Bußgeldpraxis[1421] allerdings auch zu dem Ergebnis, dass die Geldbußen zu niedrig sind, um eine abschreckende Wirkung zu erzielen. Die Untersuchung der Bemessungspraxis der Kommission hat zudem ergeben, dass in über 85 % der verhängten Bußgelder alleine ein Bußgeldbetrag festgesetzt wurde, der die ökonomischen Auswirkungen der Zuwiderhandlung widerspiegelt.[1422] Angesichts der geringen Entdeckungswahrscheinlichkeit kann ein solches Bußgeld gar nicht abschreckend wirken. Die von der Kommission verhängten Bußgelder können daher in über 85 % der Fälle aufgrund der Art ihrer Bemessung bereits keine abschreckende Wirkung entfalten. Ein höheres Bußgeldniveau ist daher sachgerecht.

f. Teilergebnis

Der Bußgeldrahmen für klassische Kartelle sollte im europäischen Recht wie folgt lauten:

> *Im Falle eines Verstoßes gegen Art. 101 AEUV kann, wenn es sich um eine Preis-, Mengen- oder Marktaufteilungsabsprache handelt, gegen jedes Unternehmen oder jede Unternehmensvereinigung eine Geldbuße bis zu 140 % des tatbezogenen Umsatzes verhängt werden. Gleiches gilt für einen Verstoß gegen eine Anordnung nach Art. 8, 9 VO 1/2003, sofern diese einen Verstoß nach Satz 1 betrifft. Übersteigt der vierfache, durch die Preis-, Mengen- oder Marktaufteilungsabsprache erzielte Gewinn den Bußgeldrahmen nach Satz 1, kann der Verstoß mit einem Bußgeld innerhalb eines Bereichs von fünf Prozentpunkten ober- und unterhalb des vierfachen Gewinns geahndet werden.*

---

für beteiligte Unternehmen individuell und erhält Werte zwischen 17,26 % und 77,34 % mit einem Median von 25,74 %.

1419 Vgl. die Angaben in der Tabelle in Anhang 1, S. 393 ff. Zählt man auch die Unternehmen hinzu, bei denen die Kommission ungefähre Angaben (Spannbreiten) gemacht hat, liegen für 88 Unternehmen ausreichende Daten vor. In dem Fall liegt der Median bei 29,64 %. Dann liegen für 20,85 % der verhängten Bußgelder ausreichend Daten vor.

1420 Siehe unter Teil 4.B.I.3., S. 228 ff.

1421 *Connor*, J. Ind. Comp. & Trade 6 (2006), 195, 213 f.

1422 Siehe Teil 4.B.I.2.c., S. 226.

In der Terminologie des deutschen Ordnungswidrigkeitenrechts sollte der Bußgeldrahmen wie folgt lauten:

Die Ordnungswidrigkeit kann in den Fällen des [§ 81 Abs. 1 Nr. 1, Abs. 2 Nr. 1 a) GWB n.F.], wenn es sich um eine Preis-, Mengen- oder Marktaufteilungsabsprache handelt, sowie in den Fällen des § 81 Abs. 2 Nr. 2 a) GWB, wenn diese Anordnung einen Verstoß nach Halbsatz 1 betrifft, mit einer Geldbuße bis zu 140 vom Hundert des tatbezogenen Umsatzes geahndet werden. Sofern der vierfache, durch die Preis-, Mengen- oder Marktaufteilungsabsprache erzielte Gewinn den Bußgeldrahmen nach Satz 1 übersteigt, kann die Ordnungswidrigkeit mit einem Bußgeld innerhalb eines Rahmens von fünf Prozentpunkten ober- und unterhalb des vierfachen Gewinns geahndet werden.

2. Sonstige Beschränkungen

a. Anwendungsbereich

Der folgende Bußgeldrahmen soll für alle wettbewerbsbeschränkenden Vereinbarungen, Beschlüsse und abgestimmten Verhaltensweisen gelten, die keine klassischen Kartelle mit Preis-, Mengen- oder Marktaufteilungsabsprachen nach der oben genannten Definition[1423] darstellen. Darunter fallen zum einen alle sonstigen wettbewerbsbeschränkenden Kontakte zwischen Wettbewerbern, also Konditionen-, Norm- oder Typenkartelle,[1424] Ein- und Verkaufsgemeinschaften, Produktions- oder Spezialisierungsvereinbarungen sowie Forschungs- und Entwicklungsvereinbarungen.[1425] Zum anderen werden auch Abstimmungen zwischen Teilnehmern unterschiedlicher Marktstufen erfasst wie Preisbindungen und -empfehlungen, Gebietszuweisungen des Herstellers an den Händler, Alleinbelieferungs- oder -bezugsvereinbarungen oder selektive Vertriebs- oder Franchisesysteme eines Herstellers.[1426] Auch dieser Rahmen sollte für Verstöße gegen vollziehbare Anordnungen der Behörden nach Art. 8, 9 VO 1/2003 bzw.

1423 Siehe unter Teil 5.B.I.1.a., S. 319.

1424 Vgl. *Bechtold/Bosch/Brinkner*, Art. 101 AEUV Rn. 194 ff.; *Dannecker/Biermann* in: Immenga/Mestmäcker, § 81 GWB Rn. 251; *Lübbig/Schroeder* in: Wiedemann, Kartellrecht, § 9 Rn. 191 ff. Vgl. Kommission, Horizontalleitlinien, Rn. 257 ff.

1425 Vgl. dazu *Bechtold/Bosch/Brinkner*, Art. 101 AEUV Rn. 178 ff.; *Emmerich/Zimmer* in: Immenga/Mestmäcker, Art. 101 Abs. 1 AEUV Rn. 254 ff. Vgl. Kommission, Horizontalleitlinien, Rn. 111 ff.

1426 Vgl. dazu *Kirchhoff* in: Wiedemann, Kartellrecht, § 12 Rn. 1 ff. Vgl. Kommission, Leitlinien für vertikale Beschränkungen, ABl. 2010, Nr. C 130/1 (im Folgenden „Vertikalleitlinien"), Rn. 128 ff.

§§ 30 Abs. 3, 32 Abs. 1, 32a Abs. 1, 32b Abs. 1 Satz 1 oder 60 GWB gelten, sofern sie Verstöße nach der obigen Definition betreffen.[1427]

Ein einheitlicher Bußgeldrahmen mit einem solch weiten Anwendungsbereich umfasst allerdings sehr verschiedene Verstöße. Die aufgezählten Arten von horizontalen und vertikalen Zuwiderhandlungen weisen sehr unterschiedliche Wirkmechanismen auf. Ein Normenkartell beispielsweise kann sich nachteilig auf die Volkswirtschaft auswirken, da es die Etablierung einer fortschrittlichen, abweichenden Technologie verhindert,[1428] während ein selektives Vertriebssystem, das auch den Handel zwischen zugelassenen Händlern verbietet, den *intra-brand* Wettbewerb beschränkt.[1429] Dies erschwert eine einheitliche Einordnung in einem gemeinsamen Bußgeldrahmen anhand des Tatunrechts.

Ein einheitlicher Bußgeldrahmen hat allerdings auch viele Vorteile. Zum einen ist eine Abgrenzung zwischen horizontalen und vertikalen Verstößen entbehrlich. Insbesondere bei Vereinbarungen zwischen Unternehmen, die auf mehreren Marktstufen tätig sind, könnte dies zu Abgrenzungsschwierigkeiten führen.[1430] Bei verschiedenen Bußgeldrahmen würde die Behörde nicht nur die Pflicht zum Nachweis des eigentlichen Verstoßes treffen, sondern auch ein erhöhter Begründungsaufwand, welcher Bußgeldrahmen Anwendung findet. Zum anderen würden sich zwei gesonderte Bußgeldrahmen nicht wesentlich unterscheiden. Beide Gruppen umfassen Verstöße, die in gleichem Maße als schwerwiegend oder leicht beurteilt werden können. So stellen durch den Hersteller vorgeschriebene Festpreise (vertikale Beschränkung) und Konditionenkartelle (horizontale Beschränkung) Verstöße mit durchaus vergleichbar schweren Auswirkungen auf die Volkswirtschaft dar.[1431] Eine Einkaufsgemeinschaft, die die Effizienzgewinne nicht in ausreichendem Maße an die Verbraucher weitergibt (horizontale Beschränkung) oder eine Alleinbelieferungsverpflichtung, die für sechs Jahre vereinbart wurde,[1432] (vertikale Beschränkung) stellen dagegen

---

1427 Siehe dazu oben unter Teil 5.B.I.1.a., S. 319.

1428 Kommission, Horizontalleitlinien, Rn. 266.

1429 *Baron* in: Loewenheim/Meessen/Riesenkampff/Kersting/Meyer-Lindemann, Art. 4 Vertikal-GVO Rn. 321 ff.

1430 Vgl. zu Unternehmen auf mehreren Marktstufen bei der Anwendung der Vertikal-GVO *Bechtold/Bosch/Brinkner,* Art. 101 AEUV Rn. 40; *Ellger* in: Immenga/Mestmäcker, Art. 2 VO 330/2010 Rn. 13; *Nolte* in: Langen/Bunte, Nach Art. 101 AEUV Rn. 330.

1431 Zu Preisbindungen siehe *Schwalbe,* WuW 2011, 1197, 1205, 1214.

1432 Dies stellt eine nicht freistellungsfähige Beschränkung dar, Art. 5 Abs. 1 UAbs. 1 Buchstabe a) Vertikal-GVO. Vgl. *Ellger* in: Immenga/Mestmäcker, Art. 5 VertikalGVO Rn. 16, 18 ff.

ähnlich leichte Verstöße dar. Letztlich müssten daher die Rahmen für sonstige horizontale Verhaltensweisen und für vertikale Verhaltensweisen eine vergleichbare Bandbreite an Verstößen abdecken. Des Weiteren fallen diese Arten von Wettbewerbsverstößen im europäischen und deutschen Recht seit jeher unter denselben Bußgeldrahmen.[1433] Mithin beurteilen die Behörden sie trotz ihrer Unterschiede bei der Verhängung von Bußgeldern nach einheitlichen Kriterien. Folglich ist ein einheitlicher Bußgeldrahmen für sonstige horizontale und vertikale Verhaltensweisen sachgerecht.

b. Bußgeldrahmen

Wie oben bereits ausgeführt, kann durch die ökonomische Theorie der durch sonstige horizontale oder vertikale Verhaltensabstimmungen erzielte Gewinn nicht eingeschätzt werden.[1434] Der Bußgeldrahmen für diese Verstöße kann daher nicht nach dem bei den Kernbeschränkungen beschriebenen Muster erarbeitet werden. Mithin muss auf etablierte, juristische Methoden zurückgegriffen werden, um einen geeigneten Bußgeldrahmen für sonstige wettbewerbsbeschränkende Verhaltensweisen zu ermitteln. Um eine schuldangemessene Sanktion für jede Zuwiderhandlung gegen das Kartellrecht zu gewährleisten, bietet es sich an, die durchschnittliche Schwere der Tat bei Preis-, Mengen- oder Marktaufteilungsabsprachen und bei sonstigen wettbewerbsbeschränkenden Verhaltensweisen zu vergleichen.[1435] Genau in diesem Maße sollten sich die Bußgeldrahmen für beide Arten von Verstößen unterscheiden.

Die Verstöße in dieser Gruppe sind sehr heterogen. Daher ist davon auszugehen, dass manche Verstöße durch sonstige Verhaltensweisen den Tätern mehr Gewinn versprechen und größeren volkswirtschaftlichen Schaden anrichten als einige direkte Preisabsprachen. Dies gilt insbesondere für Festpreise und Gebietsschutzabsprachen zwischen Herstellern und Händlern oder für einige Konditionenabsprachen. Da Festpreisvorgaben und Gebietsschutzabsprachen von Herstellern letztlich wie horizontale Preisabsprachen oder Marktaufteilungen zwischen den Händlern wirken, können sie mit klassischen Kartellen

---

1433 Vgl. ausdrücklich Rn. 1 Bußgeldleitlinien des BKartA von 2006. Vgl. allgemein *Deselaers,* WuW 2006, 118, 126.

1434 Siehe unter Teil 5.A.II.2.b, S. 298.

1435 Vgl. zur Abstufung der Strafrahmen im deutschen Kernstrafrecht anhand des Tatunrechts *Paeffgen* in: NK-StGB, § 18 StGB Rn. 82 ff.; *Stree/Kinzig* in: Schönke/Schröder, Vorb. §§ 38 ff. StGB Rn. 40.

verglichen werden.[1436] Es spricht jedoch einiges dafür, dass die Verstöße durch sonstige Verhaltensweisen im Durchschnitt weitaus geringere Auswirkungen auf die Volkswirtschaft haben als durchschnittliche Preis-, Mengen- oder Marktaufteilungsabsprachen.[1437]

Zum einen ist auffällig, dass in der Praxis der Kommission und des BKartA kaum Bußgelder wegen sonstiger horizontaler oder vertikaler Verhaltensweisen verhängt werden. Im Geltungsbereich der Bußgeldleitlinien der Kommission von 2006 wurden nur in fünf Fällen Bußgelder gegen Unternehmen wegen sonstiger horizontaler Verstöße verhängt,[1438] während im gleichen Zeitraum unzählige Bußgelder zur Ahndung klassischer Kartelle verhängt wurden.[1439] Wegen vertikaler Absprachen wurde gar kein Bußgeld verhängt.[1440] Das BKartA erließ 2016 nur vier Bußgeldbescheide, davon zwei wegen klassischer Kartelle, keinen wegen sonstiger horizontaler Beschränkungen und zwei wegen vertikaler Beschränkungen.[1441] 2015 erließ das BKartA dagegen insgesamt sieben Bußgeldbescheide, davon sechs wegen klassischer Kartelle, keinen wegen sonstiger horizontaler Beschränkungen und einen wegen vertikaler Beschränkungen.[1442] 2014 ergingen von neun Bescheiden sieben wegen klassischen Kartellen, keiner wegen sonstiger horizontaler und zwei wegen vertikaler Beschränkungen.[1443] Diese Praxis

---

1436 *Schwalbe,* WuW 2011, 1197, 1214. Vgl. auch Kommission, Leitlinien für vertikale Beschränkungen vom 13.10.2000, Abl. 2000, Nr. C 291/1 (im Folgenden „Vertikalleitlinien von 2000"), Rn. 111 f.

1437 Siehe auch *Krüger,* Durchsetzung des Kartellverbots, S. 45 f.

1438 Kommission, Entscheidung vom 9.7.2014, Az. AT.39612 – *Perindopril (Servier)*; Kommission, Entscheidung vom 10.12.2013, Az. AT.39685 – *Fentanyl*; Kommission, Entscheidung vom 19.6.2013, Az. AT.39226 – *Lundbeck*; Kommission, Entscheidung vom 23.1.2013, Az. AT.39839 – *Telefónica/Portugal Telecom*; Kommission, Entscheidung vom 8.12.2010, Az. COMP/39.510 – *ONP.*

1439 Siehe die Tabelle in Anhang 1, S. 393 ff.

1440 *Barbier de la Serre/Lagathu,* J. Eur. Comp. L. & Practice 4 (2013), 325; *Weitbrecht/Mühle,* EuZW 2013, 255, 258; *Weitbrecht/Mühle,* EuZW 2014, 209, 213.

1441 BKartA, Tätigkeitsbericht 2015/2016, BT-Drs. 18/12760, S. 147.

1442 BKartA, Tätigkeitsbericht 2015/2016, BT-Drs. 18/12760, S. 146.

1443 BKartA, Tätigkeitsbericht 2013/2014, BT-Drs. 18/5210, S. 139. Die Zahlen aus den vorangegangenen Jahren sind nur bedingt vergleichbar, da nur halb so viele Entscheidungen ergingen und die 7. GWB-Novelle 2005 das deutsche Kartellrecht grundlegend verändert hat. 2012 (16 insgesamt, 12 Kartelle, 1 sonstige, 2 vertikale [sic!]); 2011 (17 insgesamt, 13 Kartelle, 2 sonstige, 1 vertikale [sic!]); 2010 (8 insgesamt, 7 Kartelle, 1 sonstige, 0 vertikale); 2009 (8 insgesamt, 2 Kartelle, 5 sonstige, 1 vertikale); 2008 (7 insgesamt, 3 Kartelle, 2 sonstige, 2 vertikale); 2007 (3 insgesamt, 0 Kartelle, 2 sonstige, 1 vertikale); 2006 (2 insgesamt, 2 Kartelle, 0 sonstige, 0 vertikale); 2005

der Behörden zeigt, dass sie keinen verstärkten Anlass für eine Ahndung sehen. Die Verfahren bei sonstigen horizontalen und vertikalen Verstößen werden vielmehr durch Verpflichtungszusagen oder durch die Einstellung nach Abstellung der Zuwiderhandlung beendet.[1444] Die Behörden scheinen diese Art von Verstößen daher als nicht so schwerwiegend anzusehen wie klassische Kartelle.

Zum anderen gibt es für viele Bereiche der genannten sonstigen horizontalen und vertikalen Beschränkungen Gruppenfreistellungsverordnungen. Zu nennen sind hier insbesondere die Spezialisierungs-GVO, die F&E-GVO sowie die Vertikal-GVO. Zwar werden freigestellte Vereinbarungen selbstverständlich nicht geahndet.[1445] Die grundsätzliche Freistellung unter bestimmten Voraussetzungen zeigt jedoch, dass diese Arten von Verstößen auch, wenn sie von der Freistellung nicht erfasst sind, geringere Auswirkungen haben als Hardcorekartelle, die nie freistellungsfähig sind.

Gegen diese Argumentation kann allerdings eingewandt werden, dass auch die Gruppenfreistellungsverordnungen Kernbeschränkungen benennen, die nie freistellungsfähig sind. Dies sind beispielsweise die Produktions- oder Absatzbeschränkungen in Forschungs- und Entwicklungsvereinbarungen[1446] sowie die Festlegung von Fest- oder Mindestpreisen in vertikalen Vereinbarungen[1447]. Für diese Verstöße gilt die unbedingte Annahme geringerer Schwere daher nicht. Hier ist allerdings zu beachten, dass die volkswirtschaftlichen Auswirkungen einer Zuwiderhandlung von ihrer effektiven Umsetzung abhängen. Die Durchsetzung eines Festpreises durch einen Hersteller für seine Produkte beispielsweise ist zwar eine Kernbeschränkung und mit einem Preiskartell der Händler vergleichbar. Substitutprodukte anderer Hersteller bleiben aber von einem vertikal vorgeschriebenen Festpreis unberührt, während eine horizontale Absprache in der Regel das gesamte Sortiment des Händlers betrifft. Daher steht der Hersteller bei der Festlegung eines Festpreises weiterhin im Wettbewerb mit den Produkten

(3 insgesamt, 3 Kartelle, 0 sonstige, 0 vertikale); vgl. BKartA, Tätigkeitsbericht 2011/2012, BT-Drs. 17/13675, S. 132 ff.; BKartA, Tätigkeitsbericht 2009/2010, BT-Drs. 17/6640, S. 168; BKartA, Tätigkeitsbericht 2007/2008, BT-Drs. 16/13500, S. 184; BKartA, Tätigkeitsbericht 2005/2006, BT-Drs. 16/5710, S. 230. In diesem Sinne *Dannecker/Biermann* in: Immenga/Mestmäcker, Vorb. § 81 GWB Rn. 46; *Klusmann* in: Wiedemann, Kartellrecht, § 55 Rn. 1 mit älteren Zahlen.

1444 Vgl. die entsprechenden Zahlen in den in Fn. 1442/1443 zitierten Tätigkeitsberichten des BKartA. *Barbier de la Serre/Lagathu*, J. Eur. Comp. L. & Practice 4 (2013), 325.

1445 Siehe dazu oben unter Teil 3.B.II.2.b.cc.bbb., S. 118 ff.

1446 Art. 5 Buchstabe b) F&E-GVO mit einigen Ausnahmen.

1447 Art. 4 Buchstabe a) Vertikal-GVO.

anderer Hersteller (*inter-brand* Wettbewerb).[1448] Eine vertikale Vorgabe dürfte daher ineffektiver als eine horizontale Absprache sein.[1449] Nach diesem Muster sollten alle Verhaltensweisen, die nicht als eine horizontale Preis-, Mengen- oder Marktaufteilungsabsprache im Sinne der oben genannten Definition[1450] qualifiziert werden können, zwar nach dem gleichen Prinzip wie klassische Kartelle wirken, aber im Durchschnitt geringere Auswirkungen als diese haben. Mithin sind auch bei den grundsätzlich nicht freistellungsfähigen Vereinbarungen einer Gruppenfreistellungsverordnung geringere volkswirtschaftliche Auswirkungen zu erwarten.

Gegen eine grundsätzlich geringere Schädlichkeit von sonstigen horizontalen Verhaltensweisen kann darüber hinaus angeführt werden, dass für einige Verstöße wie Konditionen- oder Rabattabsprachen sowie Normen- bzw. Typenkartelle keine Gruppenfreistellungsverordnungen existieren. Das oben genannte Argument ist daher nicht unmittelbar übertragbar. Hier ist allerdings hervorzuheben, dass insbesondere bei Normen- und Typenkartellen regelmäßig eine Einzelfreistellung in Betracht kommt. Im europäischen Recht hat die Kommission in ihren Horizontalleitlinien festgestellt, dass sich die Vereinbarung von Normen „in der Regel sehr positiv auf die Wirtschaft [auswirkt]".[1451] Im deutschen Recht gab es bis zur 7. GWB-Novelle einen eigenen Freistellungstatbestand für Normen- und Typenkartelle.[1452] Seit dessen Abschaffung orientiert sich die Bewertung an der europäischen Praxis.[1453] Folglich sind auch Normen- und Typenkartelle als grundsätzlich weniger schädlich einzuordnen, obwohl eine Gruppenfreistellungsverordnung nicht existiert.

Darüber hinaus ist zu beachten, dass die übrigen Arten von Verhaltensweisen die volkswirtschaftlich essentiellen Parameter des Preises und der Menge nur

---

1448 Vgl. zu diesem Argument *Kerber/Schwalbe* in: MünchKommEUWettR, Einl. Rn. 495; *Krüger*, Durchsetzung des Kartellverbots, S. 46.

1449 Sollte der Hersteller aufgrund seiner Marktmacht keine wirksame Konkurrenz durch andere Hersteller haben, kommt eine Sanktionierung wegen des Missbrauchs einer marktbeherrschenden Stellung in Betracht. Dieser Fall muss daher nicht alleine durch den vorliegenden Rahmen abgedeckt werden.

1450 Siehe unter Teil 5.B.I.1.a., S. 319.

1451 Kommission, Horizontalleitlinien, Rn. 263. Siehe zur Aufzählung der Effizienzvorteile Kommission, Horizontalleitlinien, Rn. 308 ff. Vgl. auch *Lübbig/Schroeder* in: Wiedemann, Kartellrecht, § 9 Rn. 193; *Wollmann/Schedl* in: MünchKommEUWettR, Art. 81 EG Rn. 200.

1452 *Fuchs* in: Immenga/Mestmäcker, § 2 GWB Rn. 126.

1453 *Fuchs* in: Immenga/Mestmäcker, § 2 GWB Rn 135; *Lübbig/Schroeder* in: Wiedemann, Kartellrecht, § 9 Rn. 196 f.

mittelbar beeinflussen. Verkaufskooperationen unter Wettbewerbern können zwar zu einem höheren Verkaufspreis der Produkte führen;[1454] dies ist aber nur mittelbare Folge der Vereinbarung. Auch ein Konditionenkartell, bei dem die Mitglieder bestimmte einheitliche Lieferbedingungen vereinbaren, beeinflusst den Preis oder die abgesetzte Menge des Produktes nur mittelbar. Diese mittelbaren Effekte können den Preis jedoch nicht im gleichen Maße beeinflussen wie eine direkte Preisabsprache. So können die Kartellanten die Entwicklung des Preises über ihre Absprache nicht direkt steuern und müssen sich letztlich auf zufällige Entwicklungen verlassen, die von einer Vielzahl von Einflüssen abhängen. Im Durchschnitt dürften die volkswirtschaftlichen Auswirkungen dieser sonstigen horizontalen Verhaltensweisen geringer sein als die klassischer Kartelle.[1455] Folglich ist auch bei diesen sonstigen Verhaltensweisen, die nicht in den Anwendungsbereich einer Gruppenfreistellungsverordnung fallen, die grundsätzliche Annahme einer geringeren Schwere sachgerecht.

Mithin sollte der Bußgeldrahmen für sonstige wettbewerbsbeschränkende Vereinbarungen, Beschlüsse und abgestimmten Verhaltensweisen niedriger sein als der Rahmen für Preis-, Mengen- oder Marktaufteilungsabsprachen, um der geringeren Schwere der durchschnittlichen Verstöße gerecht zu werden. Er sollte aber dennoch so hoch sein, dass die schwerwiegenden Verstöße hinreichend wirksam geahndet werden können. Ein Bußgeldrahmen in Höhe von 70 % des tatbezogenen Umsatzes erscheint daher angemessen. Durchschnittliche Verstöße sind mit einem Bußgeld zwischen 23 % und 35 % des tatbezogenen Umsatzes zu sanktionieren.

c. *Teilergebnis*

Der Bußgeldrahmen für sonstige wettbewerbsbeschränkende Vereinbarungen, Beschlüsse und abgestimmten Verhaltensweisen sollte im europäischen Recht daher wie folgt lauten:

> *Im Falle eines Verstoßes gegen Art. 101 AEUV kann in den übrigen Fällen gegen jedes Unternehmen oder jede Unternehmensvereinigung eine Geldbuße bis zu 70 % des tatbezogenen Umsatzes verhängt werden. Gleiches gilt für einen Verstoß gegen eine Anordnung nach Art. 8, 9 VO 1/2003, sofern diese einen Verstoß nach Satz 1 betrifft.*

1454 *Emmerich/Zimmer* in: Immenga/Mestmäcker, Art. 101 Abs. 1 AEUV Rn. 263; *Wollmann/Schedl* in: MünchKommEUWettR, Art. 81 EG Rn. 192.

1455 Dies bedeutet nicht, dass ein Konditionenkartell im Einzelfall nicht doch enorme Auswirkungen auf die Volkswirtschaft hat. Zur Ausgestaltung eines sachgerechten Bußgeldrahmens ist jedoch ein Vergleich der durchschnittlichen Schwere der Verstöße nötig. Daher dürfen diese Extremsituationen nicht die Grundlage einer Rahmenbestimmung sein, vgl. dazu bereits unter Teil 5.B.I.1.b., S. 320 ff.

In der Terminologie des deutschen Ordnungswidrigkeitenrechts sollte der Bußgeldrahmen wie folgt lauten:

> *Die Ordnungswidrigkeit kann in den übrigen Fällen des [§ 81 Abs. 1 Nr. 1, Abs. 2 Nr. 1 a) GWB n.F.] sowie in den Fällen des § 81 Abs. 2 Nr. 2 a) GWB, wenn diese Anordnung einen Verstoß nach Halbsatz 1 betrifft, mit einer Geldbuße bis zu 70 vom Hundert des tatbezogenen Umsatzes geahndet werden.*

3. Missbrauch einer marktbeherrschenden Stellung

a. Anwendungsbereich

Der folgende Bußgeldrahmen gilt für alle Verstöße gegen das Verbot des Missbrauchs einer marktbeherrschenden Stellung nach Art. 102 AEUV bzw. §§ 18 ff. GWB. Auch dieser Rahmen sollte für Verstöße gegen vollziehbare Anordnungen der Behörden nach Art. 8, 9 VO 1/2003 bzw. §§ 30 Abs. 3, 32 Abs. 1, 32a Abs. 1, 32b Abs. 1 Satz 1 oder 60 GWB gelten, sofern sie Verstöße nach der obigen Definition betreffen.[1456]

b. Bußgeldrahmen

Im Bereich des Missbrauchsrechts existieren keine ökonomischen Schätzungen zu Preisaufschlägen als Näherung an den erzielten Gewinn des Täters. Daher muss auch dieser Bußgeldtatbestand wie der Rahmen für sonstige wettbewerbsbeschränkende Verhaltensweisen durch einen Vergleich der Auswirkungen der Zuwiderhandlung ermittelt werden.[1457]

Der Missbrauch einer marktbeherrschenden Stellung stellt einen besonders schwerwiegenden Verstoß dar. Wie bei einem Kartell versucht das Unternehmen, den wettbewerblichen Druck durch potentielle bzw. aktuelle Konkurrenten auszuschalten.[1458] Dies geschieht jedoch nicht durch zweiseitige Koordination mit Wettbewerbern, sondern durch die einseitige Ausnutzung der eigenen Marktmacht durch Preisdiskriminierung, Kampfpreise, Treuerabatte oder andere Methoden.[1459] Letztlich können die Auswirkungen des Missbrauchs einer marktbeherrschenden Stellung größer sein als bei einer Koordination zwischen

---

1456 Siehe dazu oben unter Teil 5.B.I.1.a., S. 319.

1457 Siehe dazu unter Teil 5.B.I.2.b., S. 337.

1458 *Maier-Rigaud/Schwalbe* in: Ashton/Henry, Competition Damages Actions in the EU, S. 210, 232; *Inderst/Maier-Rigaud/Schwalbe* in: Fuchs/Weitbrecht, Handbuch der privaten Kartellrechtsdurchsetzung (in Veröffentlichung).

1459 EuGH, Urteil vom 21.2.1973, Az. 6/72, Slg. 1973, 215, Rn. 25 – *Continental Can*; *Eilmansberger/Bien* in: MünchKommEUWettR, Art. 102 AEUV Rn. 4.

Wettbewerbern, da die Effektivität der Praxis nicht vom Zusammenhalt mehrerer Unternehmen abhängt, sondern nur vom Verhalten eines Unternehmens.[1460]

Im Gegensatz zu dieser Erkenntnis ist festzustellen, dass Bußgeldverfahren wegen des Missbrauchs einer marktbeherrschenden Stellung sehr selten sind. Die Kommission hat seit 2003 in nur elf Fällen eines solchen Missbrauchs ein Bußgeld verhängt.[1461] In den Jahren 2013 und 2014 erließ das BKartA einen Bußgeldbescheid wegen des Missbrauchs einer marktbeherrschenden Stellung, während es sieben bzw. vier Bußgeldbescheide wegen kooperativer Verhaltensweisen erließ.[1462] Daraus könnte man wie im Fall der sonstigen kooperativen

---

1460 Eine Ausnahme bildet die oligopolistische Marktbeherrschung, bei der kein wirksamer Wettbewerb zwischen mehreren Unternehmen besteht und diese in ihrer Gesamtheit marktbeherrschend sind, vgl. *Fuchs/Möschel* in: Immenga/Mestmäcker, Art. 102 AEUV Rn. 115 ff.; *Lübbert/Schöner/Wiedemann* in: Wiedemann, Kartellrecht, § 23 Rn. 38 f.

1461 Kommission, Entscheidung vom 2.10.2017, Az. AT.39813 – *Baltic Rail (Schienenverkehr im Baltikum)*; Kommission, Entscheidung vom 27.6.2017, Az. AT.39740 – *Google Search (Shopping)*; Kommission, Entscheidung vom 20.9.2016, Az. AT.39759 – *Marktabschottung durch ARA*; Kommission, Entscheidung vom 15.10.2014, Az. AT.39523 – *Slovak Telekom*; Kommission, Entscheidung vom 9.7.2014, Az. AT.39612 – *Perindopril (Servier)*; Kommission, Entscheidung vom 5.3.2014, Az. AT.39984 – *OPCOM/Romanian Power Exchange*; Kommission, Entscheidung vom 22.6.2011, Az. COMP/39.525 – *Telekomunikacja Polska*, bestätigt durch EuG, Urteil vom 17.12.2015, Az. T-486/11, NZKart 2016, 72 – *Orange Polska*; Kommission, Entscheidung vom 13.05.2009, Az. COMP/C-3 /37.990 – *Intel*; Kommission, Entscheidung vom 3.10.2007, Az. COMP/D1/37.860 – *Morgan Stanley/VISA*; Kommission, Entscheidung vom 4.7.2007, Az. COMP/ 38.784 – *Wanadoo España/Telefónica*; Kommission, Entscheidung vom 29.3.2006, Az. COMP/E-1/38.113 – *Prokent/Tomra*; Kommission, Entscheidung vom 15.6.2005, Az. COMP/A.37.507/F3 – *AstraZeneca*; Kommission, Entscheidung vom 24.3.2004, Az. COMP/C-3/37.792 – *Microsoft*; Kommission, Entscheidung vom 16.7.2003, Az. COMP/38.233 – *Wanadoo*.

1462 Vgl. BKartA, Tätigkeitsbericht 2015/2016, BT-Drs. 18/12760, S. 146 f. In den vorangegangenen Jahren war die Verteilung ähnlich: 2014 (9 Bescheide wegen kooperativen Verhaltens; 0 wegen Missbrauch), 2013 (11 Bescheide wegen kooperativen Verhaltens; 0 wegen Missbrauch), 2012 (17 Bescheide wegen kooperativen Verhaltens; 1 wegen Missbrauch), 2011 (16 Bescheide wegen kooperativen Verhaltens; 1 wegen Missbrauch), 2010 (8 Bescheide wegen kooperativen Verhaltens; 0 wegen Missbrauch), 2009 (8 Kooperation; 1 Missbrauch), 2008 (7 Kooperation; 0 Missbrauch), 2007 (3 Kooperation; 2 Missbrauch), 2006 (2 Kooperation; 1 Missbrauch), 2005 (3 Kooperation; 1 Missbrauch); vgl. BKartA, Tätigkeitsbericht 2013/2014, BT-Drs. 18/5210, S. 138 f.; BKartA, Tätigkeitsbericht 2011/2012, BT-Drs. 17/13675, S. 132, 134; BKartA, Tätigkeitsbericht 2009/2010, BT-Drs. 17/6640, S. 164; BKartA,

Wettbewerbsbeschränkungen schließen, dass die Behörden von einer geringeren Schwere der Zuwiderhandlung ausgehen.[1463]

Der Fall *Intel* stellt den bekanntesten Missbrauch einer marktbeherrschenden Stellung dar, der nach den Bußgeldleitlinien der Kommission von 2006 geahndet wurde.[1464] In diesem Fall setzte die Kommission zur Ermittlung des Grundbetrages einen Anteil von 5 % des tatbezogenen Umsatzes an.[1465] Im Vergleich zu den Anteilen, die bei klassischen Kartellen zugrunde gelegt wurden, ist dieser Wert sehr gering.[1466] Dieser geringe Wert führte, obwohl keine Anpassung des Bußgeldbetrags vorgenommen wurde, zu einem Bußgeld von 1,06 Mrd. €.[1467] Hierbei ist allerdings zu beachten, dass es in diesem Fall um faktische Treuerabatte ging, die Intel seinen Kunden gewährte, wenn sie ihren gesamten oder einen wesentlichen Teil ihres Bedarfs bei Intel deckten.[1468] Zwar hatte Intel dadurch bereits strategisch wichtige Abnehmer an sich gebunden und erzeugte durch die Rabatte eine weitere Sogwirkung.[1469] Die Anwendung von Treuerabatten stellt jedoch nicht die denkbar schwerste Form des Missbrauchs dar. In dem zumindest ebenso viel Aufmerksamkeit erregenden Fall *Google Search (Shopping)* verhängte die Kommission ein Bußgeld von 2,42 Mrd. €. Der Anteil am tatbezogenen Umsatz wurde in der Entscheidung allerdings geschwärzt.[1470] Im Fall *OPCOM/Romanian Power Exchange* legte die Kommission auch einen Anteil von 10 % des

---

Tätigkeitsbericht 2007/2008, BT-Drs. 16/13500, S. 184; BKartA, Tätigkeitsbericht 2005/2006, BT-Drs. 16/5710, S. 230.

1463 Unter den Bußgeldleitlinien der Kommission von 1998 ging die Kommission bei Missbrauchsfällen regelmäßig davon aus, dass es sich um „schwere" und nicht um „besonders schwere" Verstöße handelte, vgl. *Castillo de la Torre,* W.Comp. 33 (2010), 359, 383.

1464 *Castillo de la Torre,* W.Comp. 33 (2010), 359, 383.

1465 Kommission, Entscheidung vom 13.05.2009, Az. COMP/C-3 /37.990, Rn. 1786 – *Intel.*

1466 Vgl. die Ausführungen unter Teil 4.B.I.4.c.aa., S. 236 ff.

1467 Vgl. die Pressemitteilung IP/09/745.

1468 *Fuchs/Möschel* in: Immenga/Mestmäcker, Art. 102 AEUV Rn. 273.

1469 *Fuchs/Möschel* in: Immenga/Mestmäcker, Art. 102 AEUV Rn. 249 f.

1470 Kommission, Entscheidung vom 27.6.2017, Az. AT.39740, Rn. 742 – *Google Search (Shopping).* Wegen der Geschäftspraktiken von Google führt die Kommission noch weitere Verfahren, vgl. die Pressemitteilungen IP/16/1492 vom 20.4.2016 und IP/16/2532 vom 14.7.2016. Daher sind im Rahmen der Bestrebungen der Kommission zum Schutz des gemeinsamen digitalen Marktes in nächster Zeit weitere Entscheidungen zu erwarten.

tatbezogenen Umsatzes zugrunde.[1471] In den übrigen Fällen ist der Prozentsatz geschwärzt.[1472] Angesichts dieser Bußgeldsummen ist jedoch nicht davon auszugehen, dass die Behörden grundsätzlich von einer geringeren Schwere ausgehen.

Der Grund für die geringe Anzahl an Bußgeldverfahren wegen Missbrauchs einer marktbeherrschenden Stellung liegt eher darin, dass die Entscheidung, ob das Verhalten noch wettbewerbskonform oder bereits missbräuchlich war, äußerst komplex ist.[1473] Aufgrund dieser Schwierigkeiten beschränken sich die Behörden zumeist auf Abstellungsverfügungen oder bindende Verpflichtungszusagen im Verwaltungsverfahren.[1474]

Darüber hinaus ist zu beachten, dass sich die Gefahr der Entdeckung des Missbrauchs einer marktbeherrschenden Stellung von anderen Faktoren beeinflusst wird als die Aufdeckungsgefahr bei Kartellen. Insbesondere Behinderungsmissbräuche werden offen ohne Möglichkeit einer Geheimhaltung praktiziert, sodass die Opfer zumeist um ihre Schädigung wissen.[1475] Da die Geschädigten einen Verstoß daher leicht den zuständigen Behörden melden können, sollte die Entdeckungswahrscheinlichkeit solcher Verstöße größer sein.[1476] Andererseits sind die Geschädigten der vor- und der nachgelagerten Marktstufe in der Regel wirtschaftlich von dem Täter oder den Tätern abhängig, da er oder sie eine marktbeherrschende Stellung innehat.[1477] Aus diesem Grund könnten sie vor

---

1471 Kommission, Entscheidung vom 5.3.2014, Az. AT.39984, Rn. 311 – *OPCOM/Romanian Power Exchange.*

1472 Kommission, Entscheidung vom 22.6.2011, Az. COMP/39.525, Rn. 908 – *Telekomunikacja Polska*; Kommission, Entscheidung vom 15.10.2014, Az. AT.39523, Rn. 1513 – *Slovak Telekom*; Kommission, Entscheidung vom 2.10.2017, Az. AT.39813, Rn. 381 – *Baltic Rail (Schienenverkehr im Baltikum)*. Im Fall Kommission, Entscheidung vom 20.9.2016, Az. AT.39759, Rn. 156 – *Marktabschottung durch ARA*

1473 *Deselaers,* WuW 2006, 118, 126; *Lübbert/Schöner/Wiedemann* in: Wiedemann, Kartellrecht, § 23 Rn. 61; *Kerber/Schwalbe* in: MünchKommEUWettR, Einl. Rn. 541.

1474 *Dannecker/Biermann* in: Immenga/Mestmäcker, § 81 GWB Rn. 87; *Castillo de la Torre,* W.Comp. 33 (2010), 359, 365 f. Vgl. auch die Fallzahlen in den Tätigkeitsberichten des BKartA zitiert in Fn. 1462.

1475 Vgl. zu vertikalen Beschränkungen *Krüger,* Durchsetzung des Kartellverbots, S. 49, 172. Ein Ausbeutungsmissbrauch durch missbräuchlich überhöhte Preise wird im Gegensatz dazu heimlich vollzogen, sodass die geschädigten Marktteilnehmer meist nichts davon merken.

1476 Ebenso *Castillo de la Torre,* W.Comp. 33 (2010), 359, 383.

1477 Vgl. zu vertikalen Beschränkungen *Krüger,* Durchsetzung des Kartellverbots, S. 49, 172.

einem Hinweis an die Behörden zurückschrecken, sodass die Entdeckungswahrscheinlichkeit nicht sehr hoch sein sollte. Folglich haben diese unterschiedlichen Faktoren einen ambivalenten Einfluss auf die Entdeckungswahrscheinlichkeit; sie sollte allerdings die Entdeckungswahrscheinlichkeit für klassische Kartelle übersteigen.

Nach diesen Ausführungen sind Verstöße gegen das Missbrauchsverbot im Durchschnitt unterhalb von klassischen Kartellen einzuordnen.[1478] Sie sollten zudem durchschnittlich als schwerere Verstöße einzuordnen sein als sonstige wettbewerbsbeschränkende Verhaltensweisen. Da sie im Einzelfall erhebliche Auswirkungen auf den Markt haben können, sollte die Obergrenze nicht erheblich von der für Preis-, Mengen- oder Marktaufteilungsabsprachen abweichen. Folglich sollte für den Missbrauch einer marktbeherrschenden Stellung ein Bußgeldrahmen bis zu 110 % des tatbezogenen Umsatzes gelten.

c. Teilergebnis

Der Bußgeldrahmen für den Missbrauch einer marktbeherrschenden Stellung sollte im europäischen Recht daher wie folgt lauten:

> *Im Falle eines Verstoßes gegen Art. 102 AEUV kann gegen jedes Unternehmen oder jede Unternehmensvereinigung eine Geldbuße bis zu 110 % des tatbezogenen Umsatzes verhängt werden. Gleiches gilt für einen Verstoß gegen eine Anordnung nach Art. 8, 9 VO 1/2003, sofern diese einen Verstoß nach Satz 1 betrifft.*

In der Terminologie des deutschen Ordnungswidrigkeitenrechts sollte der Bußgeldrahmen wie folgt lauten:

> *Die Ordnungswidrigkeit kann in den Fällen des [§ 81 Abs. 1 Nr. 2, Abs. 2 Nr. 1 b), Abs. 3 Nr. 1, 2 GWB n.F.] sowie in den Fällen des § 81 Abs. 2 Nr. 2 a) GWB, wenn diese Anordnung einen Verstoß nach Halbsatz 1 betrifft, mit einer Geldbuße bis zu 110 vom Hundert des tatbezogenen Umsatzes geahndet werden.*

4. Fusionskontrollrecht

a. Anwendungsbereich

Der folgende Bußgeldrahmen soll für Verstöße gegen das Vollzugsverbot in der Fusionskontrolle nach Art. 7 Abs. 1 FKVO bzw. § 41 Abs. 1 S. 1 GWB sowie für Verstöße gegen Anordnungen, Bedingungen und Auflagen nach Art. 6 Abs. 1 Buchstabe b), Art. 7 Abs. 3, Art. 8 Abs. 2 UAbs. 2, Art. 8 Abs. 4, 5 FKVO bzw. §§ 41 Abs. 4 Nr. 2, 40 Abs. 3a S. 2, 41 Abs. 2 S. 3, 42 Abs. 2 S. 2 GWB gelten, die

---

1478 In diesem Sinne auch *Heimler/Mehta,* W.Comp. 35 (2012), 103, 116.

mit dem Vollzug eines Zusammenschlusses zusammenhängen.[1479] Art. 14 Abs. 2 Buchstabe a) FKVO nennt darüber hinaus noch die unterlassene Anmeldung eines Zusammenschlusses und § 81 Abs. 3 Nr. 3 i.V.m. § 39 Abs. 3 S. 5 GWB die unrichtigen oder unvollständigen Angaben zur Verhinderung der Untersagung eines Zusammenschlusses als Verstöße, für die ein Bußgeld verhängt werden kann.

b. Bußgeldrahmen

Auch im Falle des Vollzugs eines wettbewerbswidrigen Zusammenschlusses gibt es keine ökonomischen Methoden, die den erzielten Gewinn eines Unternehmens bestimmen können. Daher kann auch hier der Bußgeldrahmen nur durch einen juristischen Vergleich der durchschnittlichen Schwere der Tat ermittelt werden.

Der tatbezogene Umsatz über die Dauer des Verstoßes nach der obigen Definition erscheint nicht als sachgerechter Anknüpfungspunkt für eine Sanktion.[1480] Die Fusionskontrolle soll bereits die Verschlechterung der Marktstruktur verhindern, durch die im weiteren Verlauf die Funktionsfähigkeit des Wettbewerbs beeinträchtigt werden kann.[1481] Durch die steigende Konzentration in einem Markt steigt auch die Gefahr des Missbrauchs der beherrschenden Stellung. Die Fusionskontrolle hat daher den Charakter eines Gefährdungstatbestandes.[1482] Zum Zeitpunkt des Zusammenschlussvorhabens steht insbesondere die Dauer eines eventuellen Verstoßes noch nicht fest. Dieser Wert ist jedoch zentraler Anknüpfungspunkt, um den betroffenen Umsatz zu ermitteln. Der Rückgriff auf den Zeitraum zwischen dem tatsächlichen Vollzug des Zusammenschlusses und der Entdeckung durch die Behörde ist auch nicht zielführend.[1483] Dadurch würde

---

1479 Vgl. die geltenden Bußgeldtatbestände des Art. 14 Abs. 2 FKVO bzw. § 81 Abs. 2 Nr. 2 a) GWB.

1480 Ebenso kritisch *Bach/Klumpp,* NJW 2006, 3524, 3526; *Brettel/Thomas,* ZWeR 2009, 25, 50 f.; ähnlich *Deselaers,* WuW 2006, 118, 126. Die Rn. 12 f. Bußgeldleitlinien des BKartA von 2006 stellen daher auch Sonderregelungen zur Ermittlung des tatbezogenen Umsatzes auf.

1481 *Mestmäcker/Veelken* in: Immenga/Mestmäcker, Vorb. § 35 GWB Rn. 29; *Riesenkampff/Steinbarth* in: Loewenheim/Meessen/Riesenkampff/Kersting/Meyer-Lindemann, Art. 2 FKVO Rn. 3; *Schütz* in: KK-KartR, § 36 GWB Rn. 5; *Wagemann* in: Wiedemann, Kartellrecht, § 16 Rn. 4 ff. Aus ökonomischer Sicht *Hüschelrath/Weigand,* Fighting Hard Core Cartels, S. 13 f.

1482 *Kallfaß* in: Langen/Bunte, § 36 GWB Rn. 40.

1483 Siehe *Körber* in: Immenga/Mestmäcker, Art. 14 FKVO Rn. 9 mit Verweis auf die kritischen Ausführungen in der Altauflage von *Bechtold/Bosch/Brinkner,* Art. 14 FKVO Rn. 7.

das Bußgeld nur deswegen steigen, weil die Behörde lange für eine Entdeckung benötigte, ohne dass sich das Unrecht der Tat änderte. Aufgrund der präventiven Ausrichtung der Fusionskontrolle auf die zu erwartenden Auswirkungen auf die Marktstruktur[1484] ist die Dauer des Verstoßes gegen das Vollzugsverbotes zur Bestimmung des Unrechts der Tat auch nicht von Bedeutung.

Einen konkreten Bezug zu dem Unrechtsgehalt eines rechtswidrigen Zusammenschlusses hat dagegen der Umsatz, den die beteiligten Unternehmen auf den durch den Zusammenschluss betroffenen Märkten im Zeitpunkt des Vollzugs erzielen.[1485] Diese Größe spiegelt den Anreiz der Unternehmen zum rechtswidrigen Zusammenschluss zutreffend wider. Da der Umsatz eines Jahres nicht ausreichend ist, um die zukünftigen Auswirkungen zu erfassen, sollte der Umsatz im Jahr der Zuwiderhandlung mit dem Faktor vier multipliziert werden. Dies stellt einen angemessenen Kompromiss dar zwischen der Tatsache, dass die Auswirkungen einer Veränderung der Marktstruktur erst nach einiger Zeit zum Tragen kommen, und der Erkenntnis, dass die wirtschaftlichen Entwicklungen nur für einen sehr begrenzten Zeitraum eingeschätzt werden können. Die Behörden begrenzen den Prognosezeitraum, in dem sie die Auswirkungen des Zusammenschlusses einschätzen, zumeist auf drei bis fünf Jahre.[1486] Es ist daher davon auszugehen, dass sich in diesem Zeitraum regelmäßig verlässliche Prognosen über die Marktentwicklung treffen lassen. Der Umsatz in diesem Zeitraum spiegelt daher die Anreize der beteiligten Unternehmen für den Verstoß angemessen wider.

Bezogen auf diese Bezugsgröße muss ein angemessener Bußgeldrahmen im Vergleich zu den bisher festgelegten Rahmen ermittelt werden. Im bisherigen europäischen und deutschen Kartellsanktionsrecht waren die genannten Verstöße demselben Bußgeldrahmen unterworfen wie alle anderen Verstöße. Die genannten Verstöße im Fusionskontrollrecht verwirklichen jedoch weitaus

---

1484 Zum europäischen Recht: *Montag/v. Bonin* in: MünchKommEUWettR, Art. 2 FKVO Rn. 408 ff.; *Schütz* in: KK-KartR, Art. 2 FKVO Rn. 208. Zum deutschen Recht: *Bechtold/Bosch,* GWB, § 36 GWB Rn. 9 ff.; *C. Becker/Knebel* in: MünchKommGWB, § 36 GWB Rn. 26 ff.

1485 Darauf griff auch Rn. 12 f. Bußgeldleitlinien des BKartA von 2006 zurück.

1486 Zum europäischen Recht: *Körber* in: Immenga/Mestmäcker, Art. 2 FKVO Rn. 208; *Montag/v. Bonin* in: MünchKommEUWettR, Art. 2 FKVO Rn. 412. Zum deutschen Recht: *Bechtold/Bosch,* GWB, § 36 GWB Rn. 11; *C. Becker/Knebel* in: MünchKommGWB, § 36 GWB Rn. 28; *Richter/Steinvorth* in: Wiedemann, Kartellrecht, § 20 Rn. 198. Siehe auch BKartA, Leitfaden zur Marktbeherrschung in der Fusionskontrolle vom 29.3.2012, abrufbar unter http://www.bundeskartellamt.de/DE/UeberUns/Publikationen/Materialien/materialien_node.html, zuletzt geprüft am 15.7.2018, Rn. 12 Fn. 11.

weniger Unrecht als beispielsweise Kartelle. Durch die Fusionskontrolle sollen Zusammenschlüsse verhindert werden, für die die Erwartung besteht, dass sie wirksamen Wettbewerb behindern werden.[1487] Dadurch ist die Tatbegehung im Vergleich zu den übrigen Verstößen erheblich nach vorne verlagert worden. Ein niedrigerer Rahmen ist daher angezeigt. Auf der anderen Seite muss der Bußgeldrahmen groß genug sein, um schwerwiegende Vollzugshandlungen, insbesondere solche, die nur schwer wieder rückgängig zu machen sind, ausreichend zu sanktionieren. Mithin ist ein Bußgeldrahmen bis zu 25 % des vierfachen Umsatzes der Unternehmen in den betroffenen Märkten im Jahr des Zusammenschlusses sachgerecht.

c. Teilergebnis

Der Bußgeldrahmen für den Verstoß gegen das Vollzugsverbot in der Fusionskontrolle und die Nebenbestimmungen, die mit dem Vollzug eines Zusammenschlusses zusammenhängen, sollte im europäischen Recht daher wie folgt lauten:

> *Die Kommission kann gegen die in Art. 3 Abs. 1 Buchstabe b) FKVO bezeichneten Personen oder die beteiligten Unternehmen durch Entscheidung Geldbußen in Höhe von bis zu 25 % des vierfachen betroffenen Umsatzes festsetzen, wenn sie vorsätzlich oder fahrlässig*[1488]
>
> *a) einen Zusammenschluss vor seinem Vollzug nicht gemäß Artikel 4 oder gemäß Artikel 22 Absatz 3 anmelden, es sei denn, dies ist ausdrücklich gemäß Artikel 7 Absatz 2 oder aufgrund einer Entscheidung gemäß Artikel 7 Absatz 3 zulässig,*
>
> *b) einen Zusammenschluss unter Verstoß gegen Artikel 7 vollziehen,*
>
> *c) einen durch Entscheidung nach Artikel 8 Absatz 3 für unvereinbar mit dem Gemeinsamen Markt erklärten Zusammenschluss vollziehen oder den in einer Entscheidung nach Artikel 8 Absatz 4 oder 5 angeordneten Maßnahmen nicht nachkommen,*
>
> *d) einer durch Entscheidung nach Artikel 6 Absatz 1 Buchstabe b), Artikel 7 Absatz 3 oder Artikel 8 Absatz 2 Unterabsatz 2 auferlegten Bedingung oder Auflage zuwiderhandeln.*
>
> *Der betroffene Umsatz ist der Umsatz aller am Zusammenschluss beteiligten Unternehmen in den durch den Zusammenschluss betroffenen Märkten in dem Jahr, in dem der Verstoß begangen wurde.*

In der Terminologie des deutschen Ordnungswidrigkeitenrechts sollte der Bußgeldrahmen wie folgt lauten:

1487 *Körber* in: Immenga/Mestmäcker, Art. 2 FKVO Rn. 207 f.; *Schütz* in: KK-KartR, § 36 GWB Rn. 171 ff.

1488 Im Folgenden identisch mit Art. 14 Abs. 2 Buchstabe a) – d) FKVO.

Die Ordnungswidrigkeit kann in den Fällen des [§ 81 Abs. 2 Nr. 1 c), Abs. 3 Nr. 3 Var. 2 GWB n.F.] sowie in den Fällen des § 81 Abs. 2 Nr. 2 a) GWB, wenn es sich um Anordnungen im Zusammenhang mit dem Vollzug oder der Freigabe eines Zusammenschlusses handelt, mit einer Geldbuße bis zu 25 vom Hundert des vierfachen betroffenen Umsatzes geahndet werden. Der betroffene Umsatz ist der Umsatz aller am Zusammenschluss beteiligten Unternehmen in den durch den Zusammenschluss betroffenen Märkten in dem Jahr, in dem die Zuwiderhandlung begangen wurde.

II. Konkrete Bemessung im Einzelfall

Innerhalb der oben dargestellten Bußgeldrahmen soll jeder Einzelfall durch die zuständige Behörde oder das zuständige Gericht anhand von Zumessungskriterien eingeordnet werden. Dazu sollte auf die allgemeinen Kriterien der Zumessung zurückgegriffen werden (unter 1., S. 350 ff.) sowie auf die speziellen Bemessungskriterien für die Zumessung von Bußgeldern im Kartellrecht (unter 2., S. 352 ff.).

Im deutschen Ordnungswidrigkeitenrecht ist der Vorgang der Bußgeldzumessung durch gesetzliche Regelungen und eine umfangreiche Entscheidungspraxis der Behörden und Gerichte in hohem Maße konkretisiert. Im europäischen Recht existiert ein allgemeines, normiertes Bußgeldrecht hingegen nicht.[1489] Aus diesem Grund muss insbesondere bei den allgemeinen Bemessungskriterien zwischen dem deutschen und dem europäischen Recht unterschieden werden.

1. *Allgemeine Bemessungskriterien*

Bei der Bemessung eines Bußgeldes innerhalb des gesetzlichen Bußgeldrahmens ist im deutschen Recht der konkrete Einzelfall anhand der Bedeutung der Ordnungswidrigkeit und des Vorwurfs, der den Täter trifft, sowie der wirtschaftlichen Verhältnisse des Täters einzuordnen (§ 17 Abs. 3 S. 1 und 2 OWiG).[1490] Die Bedeutung der Tat stellt hierbei den wesentlichen Anknüpfungspunkt dar.[1491] Welche einzelnen Faktoren innerhalb dieser Kategorien berücksichtigt werden können, ist durch die Rechtsprechung in vielfacher Hinsicht konkretisiert worden.[1492] Ein

---

1489 *Dannecker/Biermann* in: Immenga/Mestmäcker, Vorb. Art. 23 VO 1/2003 Rn. 72.

1490 *Bohnert/Krenberger/Krumm,* OWiG, § 17 OWiG Rn. 32; *Klusmann* in: Wiedemann, Kartellrecht, § 57 Rn. 81.

1491 *Dannecker/Biermann* in: Immenga/Mestmäcker, § 81 GWB Rn. 446; *Schöner* in: KK-KartR, § 81 GWB Rn. 165.

1492 *Achenbach* in: Achenbach/Ransiek, HWSt, 3. Teil Kap. 5 Rn. 54. Vgl. zu allgemein relevanten Umständen *Bohnert/Krenberger/Krumm,* OWiG, § 17 OWiG Rn. 8 ff.;

Bußgeld am oberen Rand des Rahmens darf nur dann verhängt werden, wenn es sich um die denkbar schwerste Tat nach der Bedeutung der Ordnungswidrigkeit und dem persönlichen Vorwurf an den Täter handelt. Durchschnittlich schwere Fälle sind in der Mitte des Bußgeldrahmens einzuordnen, während die Mehrzahl der Fälle deutlich unterhalb der Hälfte des Rahmens geahndet werden sollen.[1493]

Im europäischen Recht ist der Vorgang der Bußgeldbemessung dagegen rudimentär geregelt. Neben der als Kappungsgrenze ausgelegten Obergrenze werden nur die Schwere und Dauer des Verstoßes als maßgebliche Kriterien genannt.[1494] Daraus schließt die europäische Rechtsprechung, dass der Bemessungsvorgang letztlich vollkommen in den Entscheidungsspielraum der Kommission fällt.[1495] Wie bereits ausgeführt, erzeugt diese Freiheit der Behörde erhebliche Ineffizienzen, die der gesamten Volkswirtschaft schaden.[1496] Mithin sollten die allgemeinen Grundsätze der Bemessung von Geldbußen aus dem deutschen Ordnungswidrigkeitenrecht in das europäische Sanktionsrecht übernommen werden.[1497]

Mitsch in: KK-OWiG, § 17 OWiG Rn. 38 ff., 54 ff.; *Gürtler* in: Göhler, OWiG, § 17 OWiG Rn. 16, 17 ff. Vgl. die zu berücksichtigenden Umstände speziell im Kartellrecht *Dannecker/Biermann* in: Immenga/Mestmäcker, § 81 GWB Rn. 448 ff., 456 ff.; *Klusmann* in: Wiedemann, Kartellrecht, § 57 Rn. 98 ff., 101 f. Vgl. speziell zu relevanten Umständen bei der Zumessung von Unternehmensgeldbußen (jetzt ausdrücklich in § 81 Abs. 4a GWB geregelt) *Dannecker/Biermann* in: Immenga/Mestmäcker, § 81 GWB Rn. 473; *Klusmann* in: Wiedemann, Kartellrecht, § 57 Rn. 107; *Raum* in: Langen/Bunte, § 81 GWB Rn. 200 f.; *Schöner* in: KK-KartR, § 81 GWB Rn. 166 ff.

1493 *Dannecker/Biermann* in: Immenga/Mestmäcker, § 81 GWB Rn. 441; *Gürtler* in: Göhler, OWiG, § 17 OWiG Rn. 25; *Klusmann* in: Wiedemann, Kartellrecht, § 57 Rn. 82; *Schöner* in: KK-KartR, § 81 GWB Rn. 165.

1494 Siehe dazu oben unter Teil 2.A.I.2.e., S. 33.

1495 EuG, Urteil vom 29.4.2004, Az. T-236/01 u.A., Slg. 2004, II-1181, Rn. 189 ff. – *Tokai Carbon*; EuGH, Urteil vom 28.6.2005, Az. C-189/02 P u.A., Slg. 2005, I-5425, Rn. 173, 227 ff. – *Dansk Rørindustri*; *Schwarze/Bechtold/Bosch,* Rechtsstaatliche Defizite, S. 27 f.; *Schneider/Engelsing* in: MünchKommEUWettR, Art. 23 VO 1/2003 Rn. 92; *Sura* in: Langen/Bunte, Art. 23 VO 1/2003 Rn. 45.

1496 Siehe unter Teil 4.C., S. 253 ff.

1497 Im Hinblick auf die künftige Rechtsfortbildung könnte diese Übernahme in Form einer Verordnung zur Sanktionierung von Unternehmen erfolgen. Es ist zu erwarten, dass die Europäische Union schrittweise weitere Aufgaben in wettbewerbsrelevanten Bereichen erhalten wird, die zur effektiven Durchsetzung Sanktionsbestimmungen enthalten (man beachte nur die Entwicklung zur europäischen Bankenunion). Durch eine frühzeitige Beschäftigung mit diesem Thema könnten die verschiedenen Rechtstraditionen der Mitgliedstaaten in diesen Regelungen in Einklang gebracht werden. Darüber hinaus könnte im Bereich des Kartellrechts in den zahlreichen Fällen bereits

Hier besteht allerdings das Problem, dass das deutsche Ordnungswidrigkeitenrecht auf die Sanktionierung von juristischen Personen ausgerichtet ist,[1498] während das europäische Kartellsanktionsrecht auf Unternehmen als wirtschaftliche Einheiten abzielt.[1499] Die oben genannten Bemessungskriterien können aber ohne weiteres auch auf wirtschaftliche Einheiten angewandt werden, da die Bemessungskriterien vom Bezugspunkt unabhängig sind. Im deutschen Recht erzeugt die Begrenzung auf juristische Personen als Bemessungsobjekte allerdings insbesondere im Bereich der Rechtsnachfolge große Sanktionslücken, weil eine Bußgeldhaftung auch nach den Neuerungen der 8. GWB-Novelle durch Umstrukturierungen umgangen werden kann.[1500] Dies sollte durch die Änderungen der 9. GWB-Novelle in § 81 Abs. 3a – 3e, 4a GWB behoben werden.[1501]

2. *Besondere Bemessungskriterien*

Die allgemeinen Bemessungskriterien sollten im Kartellsanktionsrecht jedoch weiter konkretisiert werden, um die stark wettbewerbsorientierten Besonderheiten zu berücksichtigen.

Es sollte klarstellend festgelegt werden, dass das Bußgeld schwerpunktmäßig nach der Bedeutung der Zuwiderhandlung bemessen wird. Zusätzlich sollte

---

eine gefestigte Rechtspraxis entwickelt werden. Andernfalls ist eine punktuelle Regelung innerhalb der VO 1/2003 möglich.

1498 Zuletzt BGH, NJW 2012, 164 f. – *Versicherungsfusion*. Siehe auch *Achenbach,* WuW 2013, 688, 701; *Ackermann,* ZWeR 2010, 329, 345; *Ackermann,* ZWeR 2012, 3, 14 ff.; *Bach/Klumpp,* NJW 2006, 3524, 3525; *Bechtold/Bosch,* GWB, § 81 GWB Rn. 74 ff.; *Buntscheck* in: FS Bechtold, S. 81, 87 ff.; *Deselaers,* WuW 2006, 118, 122 f.; *Haus,* NZKart 2013, 183, 187; *Reher* in: KK-KartR, Vorb. § 81 GWB Rn. 56.

1499 Adressat der Bußgeldentscheidung muss trotzdem eine juristische Person sein. Vgl. zu allem *Ackermann,* ZWeR 2010, 329, 343 f.; *Ackermann,* ZWeR 2012, 3, 16 f.; *Dannecker/Biermann* in: Immenga/Mestmäcker, Vorb. Art. 23 VO 1/2003 Rn. 76 ff.; *Schneider/Engelsing* in: MünchKommEUWettR, Art. 23 VO 1/2003 Rn. 59 ff.

1500 *Bechtold/Bosch,* GWB, § 81 GWB Rn. 76; *Reher* in: KK-KartR, Vorb. § 81 GWB Rn. 39; *Wiedmann/Funk,* BB 2015, 2627, 2628 f. So hat der große Wurstwarenhersteller Tönnies versucht, durch Umstrukturierung von Konzerngesellschaften einer Geldbuße von 120 Mio. € zu entgehen, vgl. BKartA, Tätigkeitsbericht 2013/2014, BT-Drs. 18/5210, S. 14; *Bünder/Grossarth,* „Wurstfabrikant Tönnies führt das Kartellamt vor", FAZ vom 3.2.2015, online-Ausgabe.

1501 Vgl. nur *Raum* in: Langen/Bunte, § 81 GWB Rn. 162 ff. Zur Sanktionierung von wirtschaftlichen Einheiten im deutschen Ordnungswidrigkeitenrecht siehe *Ackermann,* ZWeR 2010, 329, 345 ff.; *Ackermann,* ZWeR 2012, 3, 17 f. A.A. *Bechtold/Bosch,* ZWeR 2011, 160, 166 ff. Vgl. auch *Reher* in: KK-KartR, Vorb. § 81 GWB Rn. 56.

vorgeschrieben werden, dass die Bedeutung der Tat im Wesentlichen anhand ihrer volkswirtschaftlichen Auswirkungen bestimmt wird, die durch Indizien ermittelt werden. Dadurch wird klargestellt, dass diese Auswirkungen gerade nicht durch wirtschaftswissenschaftliche Sachverständigengutachten exakt ermittelt werden sollen. Vielmehr sollen mehr oder weniger einfach zu ermittelnde Tatsachen, Indizien oder Anhaltspunkte Grundlage für die Einordnung der Schwere sein. Dies können die Behörden und Gerichte in der Regel ohne Hinzuziehung von Sachverständigen bewerkstelligen. Die Kommission und das BKartA beschäftigen bereits einige Ökonomen und auch die Fachgerichte verfügen regelmäßig über ausreichenden Sachverstand zur Bewertung dieser Indizien.[1502] Daneben sind weiterhin die oben genannten allgemeinen Kriterien insbesondere des Vorwurfs gegenüber dem Täter und dessen wirtschaftliche Leistungsfähigkeit zu berücksichtigen. Auf diese Weise kann sichergestellt werden, dass die verhängte Sanktion die Auswirkungen der Zuwiderhandlung zumindest annähernd widerspiegelt, ohne dass diese in zeit- und kostenaufwändigen Verfahren genau ermittelt werden müssten. Dadurch können mit verhältnismäßig geringem Aufwand abschreckende Geldbußen verhängt werden.

Die Indizien, die bei Preis-, Mengen- oder Marktaufteilungsabsprachen auf einen höheren oder niedrigeren Preisaufschlag hindeuten, können aus der ökonomischen Literatur entnommen werden. Dieser Preisaufschlag kann, wie oben beschrieben, als Näherung für den erzielten Gewinn des Täters herangezogen werden. Der kartellbedingte Preisaufschlag ist danach tendenziell höher, je weniger kurzzeitige Substitute es für das betroffene Produkt gibt.[1503] Dadurch können die Abnehmer bei einem Preisanstieg schlechter ausweichen; die Nachfrage ist daher unelastischer.[1504] Der erzielte Gewinn dürfte in der Regel auch höher sein, je größer der kumulierte Marktanteil der Kartellanten ist.[1505]

1502 So bedürfe laut BGH, WRP 2007, 1487, 1489 – *Papiergroßhandel* der Tatrichter bei der Ermittlung des konkreten hypothetischen Marktpreises durch ökonomische Methoden regelmäßig sachverständige Hilfe. Die bloße Feststellung von Indizien, die einen Einfluss auf die ökonomischen Auswirkungen des Verstoßes haben, dürfte nach dieser Formulierung in der Regel kein Sachverständigengutachten erfordern.

1503 *Bolotova*, J. Econ. Behavior & Org. 70 (2009), 321, 336; *Levenstein/Suslow*, J. Econ. Lit. 44 (2006), 43, 64. Dies wird durch die Ergebnisse der Meta-Regressionsanalyse *Bolotova/Connor/Miller*, J. Comp. L. & Econ. 5 (2009), 361, 379, 381 gestützt.

1504 *Levenstein/Suslow*, J. Econ. Lit. 44 (2006), 43, 64.

1505 *Bolotova*, J. Econ. Behavior & Org. 70 (2009), 321, 337; *Inderst/Thomas*, Schadensersatz bei Kartellverstößen, S. 101; *Levenstein/Suslow*, J. Econ. Lit. 44 (2006), 43, 46. Vgl. Auch *Bolotova/Connor/Miller*, J. Comp. L. & Econ. 5 (2009), 361, 369.

Die Marktstruktur kann jedoch auch auf einen geringeren kartellbedingten Gewinn hindeuten. In einem Markt mit drei Anbietern wäre beispielsweise auch ohne Kartell ein Marktpreis verlangt worden, der merklich über dem Preis bei effektivem Wettbewerb läge.[1506] Daher wird nicht der gesamte Gewinn auf das Kartell zurückzuführen sein. Die oligopolistische Marktstruktur an sich und der dadurch erhöhte Marktpreis kann den Unternehmen jedoch nicht vorgeworfen werden, weil die Anknüpfungstat allein die Kooperation zwischen den Unternehmen ist.[1507] Die Berücksichtigung der Marktstruktur kann daher auch zu einer gewissen Relativierung des hohen Preisaufschlages führen. Hohe Marktzutrittsschranken dürften darüber hinaus zu einem höheren kartellbedingten Gewinn der Unternehmen führen.[1508] Diese Schranken können natürlich bestehen oder durch die beteiligten Unternehmen künstlich errichtet worden sein. Eine große Homogenität der betroffenen Produkte kann sowohl auf einen hohen als auch auf einen niedrigen Gewinn hindeuten.[1509] Hier müssen die Auswirkungen im konkreten Fall daher eingehender untersucht werden. Des Weiteren hat die Organisationsstruktur des Kartells wesentlichen Einfluss auf dessen Erfolg.[1510] Je ausgeprägter die Überwachung der Kartellteilnehmer ist und je ausgefeilter die Sanktionsmechanismen sind,[1511] desto größer dürfte der kartellbedingte Gewinn sein. Am effektivsten scheinen Kompensationsmechanismen für einen Verstoß gegen die Kartellabsprache zu sein.[1512]

Zudem könnten die Erkenntnisse der Meta-Regressionsanalysen zur Konkretisierung der Bemessungskriterien verwendet werden. Darin wird ermittelt,

---

1506 *Allain/Boyer/Kotchoni/Ponssard,* The Determination of Optimal Fines in Cartel Cases, S. 6 f.; *Bolotova,* J. Econ. Behavior & Org. 70 (2009), 321, 323; *Boyer/Kotchoni,* How much do Cartels Typically Overcharge?, Vorversion 2012, S. 7; *Combe/Monnier,* Anti. Bull. 56 (2011), 235, 250 ff.

1507 Dies verkennen KG, WuW/E OLG, 2369, 2374 – *Programmzeitschriften* und *Raum* in: Langen/Bunte, § 81 GWB Rn. 194, die eine „wettbewerbliche Vorbelastung" eines Marktes durch oligopolistische Strukturen erschwerend berücksichtigen wollen, ohne dass die beteiligten Unternehmen diese Strukturen ordnungswidrigkeitenrechtlich zu verantworten hätten. Ebenfalls kritisch dazu *Dannecker/Biermann* in: Immenga/Mestmäcker, § 81 GWB Rn. 452.

1508 *Levenstein/Suslow,* J. Econ. Lit. 44 (2006), 43, 74.

1509 *Levenstein/Suslow,* J. Econ. Lit. 44 (2006), 43, 46 f.

1510 Vgl. dazu *Levenstein/Suslow,* J. Econ. Lit. 44 (2006), 43, 48 f., 67 ff.; *Levenstein/Suslow,* Cartels and Collusion – Empirical Evidence, S. 14, 19; *Inderst/Thomas,* Schadensersatz bei Kartellverstößen, S. 102.

1511 *Levenstein/Suslow,* J. Econ. Lit. 44 (2006), 43, 71 f.

1512 *Levenstein/Suslow,* Cartels and Collusion – Empirical Evidence, S. 14, 19.

welche Eigenschaften eines Kartells einen steigernden oder einen senkenden Einfluss auf den erzielten Preisaufschlag hatten. So wurde in diesen Studien ermittelt, dass eine längere Dauer eines Kartells auch den prozentualen Aufschlag erhöht.[1513] Sofern nur Unternehmen einer Nation an dem Kartell teilnahmen, war der Preisaufschlag geringer.[1514] Die geographische Ausdehnung hat ebenfalls einen erheblichen Einfluss auf die Höhe des Aufschlages. Den höchsten Aufschlag konnten europaweit tätige Kartelle erzielen, gefolgt von weltweit agierenden Kartellen und mit großem Abstand Kartelle in einem Mitgliedstaat der EU.[1515] Submissionskartelle können entgegen den Erwartungen einen deutlich geringeren Preisaufschlag durchsetzen, als andere Kartelle.[1516] Eine Erhöhung oder eine Verringerung des Bußgeldes aufgrund dieser Erkenntnisse sollte allerdings nur zurückhaltend vorgenommen werden. Diese Ergebnisse beschreiben nur statistische Begebenheiten, ohne die Ursachen dafür erkennen oder erklären zu können. So kann der besonders hohe Preisaufschlag von europaweit tätigen Kartellen auch auf einem anderen Grund beruhen, der häufig mit der geografischen Ausbreitung zusammenfiel, jedoch in keinem Zusammenhang dazu steht. So hat sich der Unterschied im Preisaufschlag zwischen Kartellen, deren Mitglieder nur aus einem Staat stammen, und Kartellen, deren Mitglieder aus mehreren Staaten stammen, im Laufe der Jahre erheblich reduziert, ohne dass dies näher erklärt werden konnte.[1517] Mithin sollten die Erkenntnisse der Meta-Regressionsanalysen mit Vorsicht herangezogen werden.

Die Einordnung der konkreten Einzelfälle in die anderen Bußgeldtatbestände sollte in ähnlicher Weise erfolgen. Der Schwerpunkt wird hierbei jedoch eher

---

1513 *Bolotova,* J. Econ. Behavior & Org. 70 (2009), 321, 336; *Bolotova/Connor/Miller,* J. Comp. L. & Econ. 5 (2009), 361, 377; *Connor/Bolotova,* Int'l J. Ind. Org. 24 (2006), 1109, 1132.

1514 *Bolotova,* J. Econ. Behavior & Org. 70 (2009), 321, 336; *Bolotova/Connor/Miller,* J. Comp. L. & Econ. 5 (2009), 361, 377; *Connor/Bolotova,* Int'l J. Ind. Org. 24 (2006), 1109, 1132; *Smuda,* J. Comp. L. & Econ. 10 (2014), 63, 79.

1515 *Bolotova,* J. Econ. Behavior & Org. 70 (2009), 321, 336; *Bolotova/Connor/Miller,* J. Comp. L. & Econ. 5 (2009), 361, 377; *Connor/Bolotova,* Int'l J. Ind. Org. 24 (2006), 1109, 1133; *Connor,* Price-Fixing Overcharges: Revised 3rd Edition, S. 67; *Inderst/Thomas,* Schadensersatz bei Kartellverstößen, S. 102.

1516 *Connor/Bolotova,* Int'l J. Ind. Org. 24 (2006), 1109, 1133; *Connor,* Price-Fixing Overcharges: Revised 3rd Edition, S. 54. Anders *Bolotova,* J. Econ. Behavior & Org. 70 (2009), 321, 337; *Smuda,* J. Comp. L. & Econ. 10 (2014), 63, 73, die keinen signifikanten Unterschied zwischen Submissions- und sonstigen Kartellen ermittelt haben, vgl. *Inderst/Thomas,* Schadensersatz bei Kartellverstößen, S. 102 f.

1517 Siehe *Connor,* Price-Fixing Overcharges: Revised 3rd Edition, S. 52 ff.

darauf liegen, die verschiedenen Arten von Zuwiderhandlungen innerhalb desselben Rahmens durch einen Vergleich ihrer wirtschaftlichen Auswirkungen einzuordnen.

Die speziellen Zumessungskriterien der Schwere und Dauer, die in Art. 23 Abs. 3 VO 1/2003 und § 81 Abs. 4 S. 6 GWB festgeschrieben sind, sind in dem vorgeschlagenen Zumessungssystem als normativ fixierte Kriterien entbehrlich und sollten nicht übernommen werden.

3. *Teilergebnis*

Folglich sollte zur Einordnung des konkreten Einzelfalls innerhalb des Bußgeldrahmens auf die allgemeinen Bemessungsgrundsätze des deutschen Ordnungswidrigkeitenrechts zurückgegriffen werden. Im europäischen Recht sollten diese Bemessungsregeln ebenfalls normativ festgeschrieben werden. Darüber hinaus sollte sowohl im europäischen als auch im deutschen Kartellsanktionsrecht folgende besondere Bemessungsbestimmung festgeschrieben werden:

> *Die Bemessung der Geldbuße richtet sich in erster Linie nach der Bedeutung der [Ordnungswidrigkeit/Zuwiderhandlung] im Sinne des [§ 17 Abs. 3 S. 1 OWiG/europäisches Äquivalent]. Diese Bedeutung wird im Wesentlichen anhand ihrer volkswirtschaftlichen Auswirkungen bestimmt, die durch Indizien ermittelt werden.*

III. Zwischenergebnis

Zur effektiven Sanktionierung von Kartellrechtsverstößen sollten die folgenden vier Bußgeldrahmen eingeführt werden. In der VO 1/2003 sollte folgende Regelung aufgenommen werden:

> *(1) Im Falle eines Verstoßes gegen Art. 101 AEUV kann, wenn es sich um eine Preis-, Mengen- oder Marktaufteilungsabsprache handelt, gegen jedes Unternehmen oder jede Unternehmensvereinigung eine Geldbuße bis zu 140 % des tatbezogenen Umsatzes verhängt werden. Gleiches gilt für einen Verstoß gegen eine Anordnung nach Art. 8, 9 VO 1/2003, sofern diese einen Verstoß nach Satz 1 betrifft. Übersteigt der vierfache, durch die Preis-, Mengen- oder Marktaufteilungsabsprache erzielte Gewinn den Bußgeldrahmen nach Satz 1, kann der Verstoß mit einem Bußgeld innerhalb eines Bereichs von fünf Prozentpunkten ober- und unterhalb des vierfachen Gewinns geahndet werden.*
>
> *(2) Im Falle eines Verstoßes gegen Art. 101 AEUV kann in den übrigen Fällen gegen jedes Unternehmen oder jede Unternehmensvereinigung eine Geldbuße bis zu 70 % des tatbezogenen Umsatzes verhängt werden. Gleiches gilt für einen Verstoß gegen eine Anordnung nach Art. 8, 9 VO 1/2003, sofern diese einen Verstoß nach Satz 1 betrifft.*
>
> *(3) Im Falle eines Verstoßes gegen Art. 102 AEUV kann gegen jedes Unternehmen oder jede Unternehmensvereinigung eine Geldbuße bis zu 110 % des tatbezogenen Umsatzes*

verhängt werden. Gleiches gilt für einen Verstoß gegen eine Anordnung nach Art. 8, 9 VO 1/2003, sofern diese einen Verstoß nach Satz 1 betrifft.

(4) *Die Bemessung der Geldbuße richtet sich in erster Linie nach der Bedeutung der Zuwiderhandlung im Sinne des [europäisches Äquivalent zu § 17 Abs. 3 S. 1 OWiG]. Diese Bedeutung wird im Wesentlichen anhand ihrer volkswirtschaftlichen Auswirkungen bestimmt, die durch Indizien ermittelt werden.*

In der FKVO sollte folgende Regelung aufgenommen werden:

(1) *Die Kommission kann gegen die in Art. 3 Abs. 1 Buchstabe b) FKVO bezeichneten Personen oder die beteiligten Unternehmen durch Entscheidung Geldbußen in Höhe von bis zu 25 % des vierfachen betroffenen Umsatzes festsetzen, wenn sie vorsätzlich oder fahrlässig*[1518]
   a) *einen Zusammenschluss vor seinem Vollzug nicht gemäß Artikel 4 oder gemäß Artikel 22 Absatz 3 anmelden, es sei denn, dies ist ausdrücklich gemäß Artikel 7 Absatz 2 oder aufgrund einer Entscheidung gemäß Artikel 7 Absatz 3 zulässig,*
   b) *einen Zusammenschluss unter Verstoß gegen Artikel 7 vollziehen,*
   c) *einen durch Entscheidung nach Artikel 8 Absatz 3 für unvereinbar mit dem Gemeinsamen Markt erklärten Zusammenschluss vollziehen oder den in einer Entscheidung nach Artikel 8 Absatz 4 oder 5 angeordneten Maßnahmen nicht nachkommen,*
   d) *einer durch Entscheidung nach Artikel 6 Absatz 1 Buchstabe b), Artikel 7 Absatz 3 oder Artikel 8 Absatz 2 Unterabsatz 2 auferlegten Bedingung oder Auflage zuwiderhandeln.*

   Der betroffene Umsatz ist der Umsatz aller am Zusammenschluss beteiligten Unternehmen in den durch den Zusammenschluss betroffenen Märkten in dem Jahr, in dem der Verstoß begangen wurde.

(2) *Die Zumessung der Geldbuße richtet sich in erster Linie nach der Bedeutung der Zuwiderhandlung im Sinne des [europäisches Äquivalent zu § 17 Abs. 3 S. 1 OWiG]. Diese Bedeutung wird im Wesentlichen anhand ihrer volkswirtschaftlichen Auswirkungen bestimmt, die durch Indizien ermittelt werden.*

Im deutschen Ordnungswidrigkeitenrecht sollten die Bußgeldrahmen wie folgt lauten:

(1) *Die Ordnungswidrigkeit kann in den Fällen des [§ 81 Abs. 1 Nr. 1, Abs. 2 Nr. 1 a) GWB n.F.], wenn es sich um eine Preis-, Mengen- oder Marktaufteilungsabsprache handelt, sowie in den Fällen des § 81 Abs. 2 Nr. 2 a) GWB, wenn diese Anordnung einen Verstoß nach Halbsatz 1 betrifft, mit einer Geldbuße bis zu 140 vom Hundert des tatbezogenen Umsatzes geahndet werden. Sofern der vierfache, durch die Preis-, Mengen- oder Marktaufteilungsabsprache erzielte Gewinn den Bußgeldrahmen nach Satz 1 übersteigt, kann die Ordnungswidrigkeit mit einem Bußgeld innerhalb eines*

1518 Im Folgenden identisch mit Art. 14 Abs. 2 Buchstabe a)-d) FKVO.

Rahmens von fünf Prozentpunkten ober- und unterhalb des vierfachen Gewinns geahndet werden.

2) *Die Ordnungswidrigkeit kann in den übrigen Fällen des [§ 81 Abs. 1 Nr. 1, Abs. 2 Nr. 1 a) GWB n.F.] sowie in den Fällen des § 81 Abs. 2 Nr. 2 a) GWB, wenn diese Anordnung einen Verstoß nach Halbsatz 1 betrifft, mit einer Geldbuße bis zu 70 vom Hundert des tatbezogenen Umsatzes geahndet werden.*

(3) *Die Ordnungswidrigkeit kann in den Fällen des [§ 81 Abs. 1 Nr. 2, Abs. 2 Nr. 1 b), Abs. 3 Nr. 1, 2 GWB n.F.] sowie in den Fällen des § 81 Abs. 2 Nr. 2 a) GWB, wenn diese Anordnung einen Verstoß nach Halbsatz 1 betrifft, mit einer Geldbuße bis zu 110 vom Hundert des tatbezogenen Umsatzes geahndet werden.*

(4) *Die Ordnungswidrigkeit kann in den Fällen des [§ 81 Abs. 2 Nr. 1 c), Abs. 3 Nr. 3 Var. 2 GWB n.F.] sowie in den Fällen des § 81 Abs. 2 Nr. 2 a), wenn es sich um Anordnungen im Zusammenhang mit dem Vollzug oder der Freigabe eines Zusammenschlusses handelt, mit einer Geldbuße bis zu 25 vom Hundert des vierfachen betroffenen Umsatzes geahndet werden. Der betroffene Umsatz ist der Umsatz aller am Zusammenschluss beteiligten Unternehmen in den durch den Zusammenschluss betroffenen Märkten im Jahr, in dem die Zuwiderhandlung begangen wurde.*

(5) *Die Zumessung der Geldbuße richtet sich in erster Linie nach der Bedeutung der Ordnungswidrigkeit im Sinne des § 17 Abs. 3 S. 1 OWiG. Diese Bedeutung wird im Wesentlichen anhand ihrer volkswirtschaftlichen Auswirkungen bestimmt, die durch Indizien ermittelt werden.*

C. Juristische und ökonomische Bewertung

Zur Bewertung des vorgeschlagenen Systems kartellrechtlicher Bußgelder wird im Folgenden zuerst auf die juristischen Aspekte eingegangen, die im Wesentlichen in Teil 2.B., S. 67 ff., dargestellt werden (unter I., S. 358 ff.). Im Anschluss dienen die ökonomischen Aspekte als Maßstab, die in Teil 3, S. 83 ff., und Teil 4, S. 203 ff., beschrieben werden (unter II., S. 377 ff.).[1519]

I. Juristische Maßstäbe

Das vorgeschlagene Bußgeldsystem erfüllt die juristischen Anforderungen. Dies gilt insbesondere für den Bestimmtheitsgrundsatz, das Rechtsstaatsprinzip und die Unschuldsvermutung (unter 1., S. 359 ff., unter 2., S. 363 ff. bzw. unter 3., S. 365 ff.). Es ist allerdings fraglich, inwieweit den Bußgeldnormen neben der Ahndungsfunktion eine Abschöpfungsfunktion zukommt (unter 4., S. 366 ff.). Einen Bruch insbesondere mit dem deutschen Ordnungswidrigkeitenrecht stellt das vorgeschlagene System ebenfalls nicht dar (unter 5., S. 375 ff.).

1519 Einige Aspekte könnten ohne Zweifel auch beiden Kategorien zugeordnet werden.

1. *Bestimmtheitsgrundsatz*

Auch nach dem Beschluss des BGH in der Sache *Grauzement* wird in der Literatur vertreten, dass ein „wandernder" Bußgeldrahmen gegen den Bestimmtheitsgrundsatz verstoße.[1520] Wenn eine Obergrenze einer Sanktion nur als prozentualer Anteil einer variablen Größe angegeben werde, müsse der konkrete Höchstwert in jedem Fall individuell durch den Richter festgelegt werden.[1521] Dadurch gebe der Gesetzgeber jedoch nicht die vom Bestimmtheitsgebot geforderte Orientierung durch die normative Festlegung von Mindest- und Höchstmaß einer Sanktion.

Nach der Rechtsprechung des BVerfG verpflichtet der Bestimmtheitsgrundsatz den Normgeber jedoch nicht ausnahmslos zu einer absoluten Festlegung der Sanktionsobergrenze.[1522] Vielmehr muss die Rahmenbestimmung auch mit anderen verfassungsrechtlichen Vorgaben im Einklang stehen. Insofern ist ein Ausgleich zwischen den widerstreitenden Prinzipien erforderlich. Je nach Bedeutung der betroffenen Prinzipien kann der Bestimmtheitsgrundsatz dahinter zurücktreten.[1523] Im vorliegenden Fall beeinträchtigt ein „wandernder" Bußgeldrahmen das Bestimmtheitsgebot, ermöglicht jedoch eine schuldangemessene und abschreckende Sanktionierung. Es existieren allerdings keine alternativen Sanktionsrahmen, die einen Ausgleich dieser verfassungsrechtlichen Prinzipien in besserer Weise bewirken. Der Bestimmtheitsgrundsatz muss daher hinter den Schuldgrundsatz insofern zurücktreten, als ein „wandernder" Bußgeldrahmen betroffen ist.

1520 *Achenbach,* WuW 2013, 688, 698 f.; *Barth/Budde,* NZKart 2013, 311, 313. Bereits zuvor *Achenbach,* ZWeR 2009, 3, 17 f.; *Buntscheck* in: FS Bechtold, S. 81, 93; *Hassemer/Dallmeyer,* Gesetzliche Orientierung, S. 38 f.; *Thiele,* WRP 2006, 999, 1003. Zum Mehrerlösbußgeldrahmen *Achenbach,* WuW 2002, 1154, 1158.

1521 *Achenbach,* WuW 2013, 688, 699; *Achenbach,* WuW 2002, 1154, 1158; *Hassemer/Dallmeyer,* Gesetzliche Orientierung, S. 38 f.; *Kiegler,* Berechnung der Bußgelder, S. 282; *Thiele,* WRP 2006, 999, 1003. Vgl. auch BVerfGE 105, 135, 163 f. – *Vermögensstrafe.*

1522 BVerfGE 105, 135, 154 – *Vermögensstrafe.* Vgl. auch *Barth/Budde,* NZKart 2013, 311, 313.

1523 Vgl. dazu ausführlich BVerfGE 105, 135, 155 – *Vermögensstrafe*: "Schuldprinzip und Einzelfallgerechtigkeit auf der einen Seite sowie Rechtsfolgenbestimmtheit und Rechtssicherheit auf der anderen Seite müssen abgewogen und in einen verfassungsrechtlich tragfähigen Ausgleich gebracht werden, der beide für das Strafrecht unverzichtbaren Prinzipien möglichst viel Substanz belässt." Ebenso *Ackermann,* ZWeR 2010, 329, 334 f., der diese Passage des Urteils als zentrale Aussage benennt. Vgl. auch *Ackermann,* ZWeR 2012, 3, 9.

Zum einen könnte ein betragsmäßig bezifferter, besonders hoher Bußgeldrahmen angegeben werden, um eine abschreckende Sanktion zu ermöglichen. Dieser Rahmen müsste allerdings so hoch sein, dass er selbst im denkbar schlimmsten Fall eine abschreckende Sanktionierung sicherstellen würde. Bei klassischen Kartellen wäre ein Rahmen von mehreren Milliarden € erforderlich, wenn man davon ausgeht, dass der höchste abgeschätzte Preisaufschlag von 92 % bis 98 %[1524] in einem besonders großen Markt erzielt wird und die Entdeckungswahrscheinlichkeit mit einem entsprechenden Faktor berücksichtigt werden soll. Eine Einordnung der durchschnittlichen Fälle, über die die Behörden regelmäßig entscheiden müssen, kann in diesem Rahmen nicht erfolgen.[1525] Darüber hinaus könnten die üblichen Zumessungsregeln, nach denen durchschnittliche Fälle mit einer Sanktion im Bereich von einem Drittel bis zur Hälfte des Rahmens zu belegen sind,[1526] nicht angewandt werden. Diese Regelung wäre daher weder mit dem Bestimmtheits- noch mit dem Schuldgrundsatz vereinbar und kommt daher als mildere Alternative nicht in Betracht.[1527]

Zum anderen könnte ein niedriger, betragsmäßig bezifferter Rahmen normativ festgelegt werden, um eine schuldangemessene Sanktion in der überwiegenden Zahl der Fälle zu garantieren. Dieser müsste so niedrig sein, dass gerade die durchschnittlichen Fälle nach den üblichen Zumessungsregeln angemessen eingeordnet werden können. Ein solcher Rahmen würde jedoch erhebliche Abschreckungsdefizite gerade für die schwersten und umfangreichsten Wettbewerbsverstöße nach sich ziehen. Kartelle, die große Produktmärkte betreffen und daher viel tatbezogenen Umsatz erzielen, sind nach solch einem Bußgeldrahmen oft nicht sanktionierbar. Dieser Rahmen wäre daher als Einladung des Normgebers zu schwerwiegenden Zuwiderhandlungen zu verstehen, die die Opfer besonders schädigen. Aus dem verfassungsrechtlich garantierten Recht auf die Integrität des eingerichteten und ausgeübten Gewerbebetriebs nach Art. 14

1524 *Connor,* Price-Fixing Overcharges: Revised 3rd Edition, S. 148 ff., eigene Berechnung.

1525 So auch BGH, NJW 2013, 1972, 1974 – *Grauzement.* Ebenso *Barth/Budde,* WRP 2010, 712, 714; *Brettel/Thomas,* ZWeR 2009, 25, 37; *Mundt,* WuW 2007, 458, 465; *Schöner* in: KK-KartR, § 81 GWB Rn. 155; *Theurer,* Geldbußen im EU-Wettbewerbsrecht, S. 129; *Weitbrecht/Mühle,* WuW 2006, 1106, 1112; *Vollmer,* ZWeR 2007, 168, 171.

1526 Vgl. dazu bereits unter Teil 5.B.I.1.b., S. 320 ff.

1527 Vgl. auch *Ackermann,* ZWeR 2010, 329, 342 f. Dies verkennt allerdings *Achenbach,* ZWeR 2009, 3, 23 f.

GG[1528] und der Berufsfreiheit nach Art. 12 GG folgt jedoch auch eine Schutzpflicht des Staates.[1529] Dieser hat die Aufgabe, durch wirksame Sanktionsbestimmungen vor einer Verletzung dieser Rechte durch Private zu schützen.[1530] Gegen diese Schutzpflicht verstieße der Normgeber bei der Festlegung des genannten Bußgeldrahmens.

Der tatbezogene Umsatz als wesentliches Bezugskriterium für die Schwere der Tat ist jedoch der Natur der Sache nach variabel. Ein variabler Bußgeldrahmen ist daher auch die einzige sachgerechte Lösung, um Verstöße im Kartellrecht zu ahnden. Zum einen ist zu bedenken, dass Verstöße gegen das Kartellrecht erhebliche wirtschaftliche Schäden verursachen, gegen die sich die Opfer nicht selbst schützen können. Die Verstöße gegen das Kartellrecht werden in der Regel geheim gehalten und viele Geschädigte sind wirtschaftlich von den Tätern abhängig. Daher ist der Schutz durch effektive Sanktionierung durch den Staat vor diesen Taten besonders wichtig.

Zum anderen ist von Bedeutung, dass die vorgeschlagenen Bußgeldrahmen in einer unmittelbaren Verbindung zum Unrecht der Tat stehen. Die konkreten Auswirkungen der Tat auf dem Markt wie der erzielte Preisaufschlag und die konkrete Schwere der Arten von Zuwiderhandlungen waren gerade die Grundlage zur Festlegung der allgemeinen Rahmen. Darüber hinaus kann die konkrete Geldbuße innerhalb des Rahmens anhand der vorgegebenen Bemessungskriterien bemessen werden. Diese werden sogar für die Besonderheiten der Verstöße im Kartellrecht konkretisiert.[1531] Daher haben die Bußgeldrahmen einen für den Täter identifizierbaren Zusammenhang zur begangenen Tat.[1532] Diese Aspekte sind für das BVerfG jedoch die wesentlichen Faktoren

---

1528 *Depenheuer* in: v. Mangoldt/Klein/Starck, GG, Art. 14 GG Rn. 132 ff.; *Wieland* in: Dreier, GG, Art. 14 GG Rn. 61 ff.

1529 Ausdrücklich zur Wettbewerbsverzerrung *Depenheuer* in: v. Mangoldt/Klein/Starck, GG, Art. 14 GG Rn. 135. Siehe auch *Kämmerer* in: Münch/Kunig, GG, Art. 12 GG Rn. 81; *Wieland* in: Dreier, GG, Art. 12 GG Rn. 142 ff.; *Wieland* in: Dreier, GG, Art. 14 GG Rn. 195. Vgl. allgemein zu Schutzpflichten *Dreier* in: Dreier, GG, Vorb. Art. 1 GG Rn. 101 ff.; *v. Münch/Kunig* in: Münch/Kunig, GG, Vorb. Art. 1 – 19 Rn. 21.

1530 *Jarass* in: Jarass/Pieroth, GG, Vorb. Art. 1 GG Rn. 8. Siehe zur Erfüllung der Schutzpflicht durch Strafvorschriften BVerfGE 39, 1, 45 ff. – *Schwangerschaftsabbruch I.*

1531 Siehe unter Teil 5.B.II.2., S. 352.

1532 In diesem Sinne auch *Ackermann,* ZWeR 2010, 329, 342: „[…] jedes Unternehmen, das zumindest eine Vorstellung vom Erwartungswert des Gewinns aus der Kartellbeteiligung entwickeln kann, vermag damit immer auch schon die Dimension der angedrohten Sanktion erkennen, da deren Betrag sich […] an der Höhe […] des Gewinns orientiert.“; *Ackermann,* ZWeR 2012, 3, 13.

bei der Entscheidung über die Verletzung des Bestimmtheitsgrundsatzes. Im Urteil *Vermögensstrafe* hat es ausgeführt, dass der Gesetzgeber „ohne Not auf die Vorgabe einer allgemeinen Obergrenze" verzichtet habe.[1533] So habe es der Gesetzgeber versäumt, „Kriterien für die eigentliche Zumessung der Strafe in das Gesetz aufzunehmen (...)", obwohl er sie „(...) ohne Schwierigkeiten (hätte) finden können."[1534] Dagegen würden „(...) die traditionellen Strafzumessungsgrundsätze (...) bei der Bemessung einer Vermögensstrafe grundsätzlich nicht weiter(helfen)."[1535] Der Rahmen der Vermögensstrafe richte sich nämlich nach dem individuellen Vermögen des Täters und nicht nach dem Unwertgehalt der Straftat; das Vermögen hat keine Verbindung zum Tatunrecht. Da diese Kritikpunkte bei den vorgeschlagenen Bußgeldrahmen gerade nicht bestehen, läge nach der Argumentation des BVerfG kein Verstoß gegen das Bestimmtheitsgebot vor.

Diese Betrachtung wird auch gestützt durch einen Vergleich mit der Vorteilsabschöpfung nach § 17 Abs. 4 GWB. Danach soll „der wirtschaftliche Vorteil, den der Täter aus der Ordnungswidrigkeit gezogen hat," übertroffen werden (Satz 1). Dadurch kann das gesetzliche Höchstmaß sogar überschritten werden (Satz 2). Mithin ermöglicht § 17 Abs. 4 S. 2 OWiG ebenfalls eine Geldbuße, deren absolute Obergrenze nicht normativ festgelegt ist, sondern durch den Richter in jedem Einzelfall festgestellt werden muss. Nach der oben genannten Ansicht müsste diese Norm wegen eines Verstoßes gegen das Bestimmtheitsgebot verfassungswidrig sein.[1536] Dies wird jedoch allgemein verneint.[1537] Als Hauptargument wird angeführt, dass die Geldbuße die Summe aus dem Vorteil und dem eigentlichen Bußgeldrahmen nicht übersteigen dürfe.[1538] Daher sei der Höchstbetrag eines möglichen Bußgeldes festgelegt und es handele sich nicht um einen wandernden Rahmen. Diese Argumentation ist aber nicht zutreffend,

1533 BVerfGE 105, 135, 164 – *Vermögensstrafe*. Vgl. dazu auch *Brettel/Thomas*, ZWeR 2009, 25, 36 f.

1534 BVerfGE 105, 135, 168 – *Vermögensstrafe*.

1535 BVerfGE 105, 135, 168 – *Vermögensstrafe*.

1536 Dem kann nicht entgegengehalten werden, dass der abgeschöpfte Vorteil gerade keine Sanktion darstelle, ähnlich *Achenbach*, WuW 2002, 1154, 1161. Die Berücksichtigung des erzielten Vorteils stellt ein Zumessungskriterium dar, das in die Bemessung einer einheitlichen Sanktion einfließt, vgl. *Mitsch* in: KK-OWiG, § 17 OWiG Rn. 140.

1537 *Achenbach*, WuW 2002, 1154, 1161; *Mitsch* in: KK-OWiG, § 17 OWiG Rn. 140; *Gürtler* in: Göhler, OWiG, § 17 OWiG Rn. 50.

1538 *Achenbach*, WuW 2002, 1154, 1161; *Mitsch* in: KK-OWiG, § 17 OWiG Rn. 140.

weil die Höhe des Vorteils nicht vor Tatbegehung bekannt ist und unterschiedlich hoch sein kann. Eine Sanktion aus zwei Komponenten hat immer dann keine feste Obergrenze, wenn eines der beiden Element nicht nach oben begrenzt ist. Ob die zweite Komponente in der Höhe fest begrenzt ist, spielt dann keine Rolle mehr. Ein überzeugendes Argument für die Verfassungsmäßigkeit von § 17 Abs. 4 S. 2 GWB ist vielmehr in einer anderen Tatsache zu sehen. Wie bei den vorgeschlagenen Bußgeldrahmen steht der wirtschaftliche Vorteil mit dem konkreten Unrecht der Tat in einem festen Zusammenhang und eine Bemessung der Sanktion kann anhand der anerkannten Zumessungskriterien erfolgen. Mithin sind diese Aspekte die entscheidenden Kriterien, ob ein Verstoß gegen das Bestimmtheitsgebot vorliegt oder nicht.

Folglich liegt in den vorgeschlagenen wandernden Bußgeldrahmen kein Verstoß gegen das Bestimmtheitsgebot in der Auslegung durch das BVerfG in der Sache *Vermögensstrafe*. Die obige Argumentation ist im Wesentlichen auch auf das europäische Recht zu übertragen, weil sich die dort genannten Einwände mit denen im deutschen Recht decken.

2. *Rechtsstaatsprinzip*

Bereits gegen die geltenden Regelungen wird vorgebracht, dass sie gegen das Rechtsstaatsprinzip verstießen. Die Geldbußen, die eigentlich dem Ordnungswidrigkeiten- bzw. Verwaltungssanktionsrecht zugeordnet sind, würden die Geldstrafen im Strafrecht in der Höhe bei Weitem übertreffen.[1539] Die Geldstrafe kann maximal 10,8 Mio. €[1540] bzw. bei einer Gesamtstrafe 21,6 Mio. €[1541] betragen. Bußgelder gegen Unternehmen betragen im deutschen wie im europäischen Recht jedoch bereits mehrere 100 Mio. € und die Bußgeldobergrenze ermöglichte noch weit höhere Geldbußen. Insbesondere der deutsche Gesetzgeber überschreite dadurch seinen Gestaltungsspielraum, da er einen Verstoß als Ordnungswidrigkeit ausgestaltet habe, der schwerer als eine Straftat sanktioniert werde.[1542] Dies könnte auch gegen die vorgeschlagene Regelung eingewendet werden.

1539 *Achenbach,* WuW 1997, 393, 399; *Achenbach,* ZWeR 2009, 3, 20; *Dannecker/Biermann* in: Immenga/Mestmäcker, § 81 GWB Rn. 369; Kronberger Kreis, Reform der Geldbußen, S. 15.

1540 § 40 Abs. 1, Abs. 2 S. 3 StGB: 360 Tagessätze à 30.000 €.

1541 § 54 Abs. 2 S. 2 StGB: 720 Tagessätze à 30.000 €.

1542 *Achenbach,* WuW 1997, 393, 399; *Achenbach,* ZWeR 2009, 3, 20; *Dannecker/Biermann* in: Immenga/Mestmäcker, § 81 GWB Rn. 369; Kronberger Kreis, Reform der Geldbußen, S. 15.

Diese Ansicht verkennt allerdings, dass man Individualstrafen nicht mit Verbandsgeldbußen vergleichen kann.[1543] Unabhängig davon, dass es sich zum einen um Strafen und zum anderen um ordnungswidrigkeitenrechtliche Geldbußen handelt, unterscheidet sich die Sanktionierung von natürlichen Personen in vielerlei Hinsicht von der Sanktionierung von Unternehmen. So sind Unternehmen in der Regel finanziell viel stärker belastbar als natürliche Personen, da sie viel umfangreichere Refinanzierungsmöglichkeiten haben. Darüber hinaus geht von einer Individualgeldstrafe eine viel größere Stigmatisierungswirkung aus, da eine Umwandlung in eine Freiheitsstrafe möglich ist und eine Eintragung in das Bundeszentralregister erfolgt.[1544] Entscheidender ist aber, dass sich die Wirkung von Sanktionen gegen natürliche Personen und von solchen gegen Verbände wesentlich unterscheidet. Durch die präventive Wirkung von Individualstrafen soll unter anderem der konkrete Täter von einer Tat abgehalten werden. Bei Sanktionen gegen Unternehmen erfolgt die Beeinflussung der Täter mittelbar über die Anteilseigner der Unternehmen.[1545] Um ihrem in das Unternehmen investierten Kapital nicht zu schaden, müssen sie die Entscheidungsträger im Unternehmen so auswählen, dass keine Verstöße gegen das Kartellrecht erfolgen oder durch ein wirksames Informations- und Sanktionssystem verhindert werden. Dies erfordert eine vollkommen unterschiedliche Ausrichtung von Individual- und Verbandssanktionen. Diese Unterschiede können Verbandsgeldbußen, die die Obergrenze von Geldstrafen übersteigen, durchaus rechtfertigen. Mithin kann allenfalls die Individualgeldbuße nach § 81 Abs. 4 S. 1 GWB der Höhe nach mit der Geldstrafe nach dem StGB verglichen werden. Deren Obergrenze von einer Mio. € ist jedoch verfassungsrechtlich unbedenklich.

Der deutsche Gesetzgeber hat sich bewusst gegen die Einführung eines Unternehmensstrafrechts entschieden und die Sanktionierung von juristischen Personen alleine dem Ordnungswidrigkeitenrecht zugewiesen.[1546] Folglich existiert bei Verbandsbußen kein strafrechtliches Pendant, zu dem diese in einem

---

1543 Ebenso *Thiele,* WRP 2006, 999, 1006 f.

1544 Vgl. *Dannecker/Biermann* in: Immenga/Mestmäcker, § 81 GWB Rn. 369; *Thiele,* WRP 2006, 999, 1007.

1545 *Gürtler* in: Göhler, OWiG, Vorb. § 29a OWiG Rn. 9, 11; *Rogall* in: KK-OWiG, 4. Aufl. 2014, § 30 OWiG Rn. 16.

1546 *Gürtler* in: Göhler, OWiG, Vorb. § 29a OWiG Rn. 7; *Rogall* in: KK-OWiG, 4. Aufl. 2014, § 30 OWiG Rn. 22 ff. Vgl. jedoch für eine Einführung eines Unternehmensstrafrechts: Entwurf eines Gesetzes zur Einführung der strafrechtlichen Verantwortlichkeit von Unternehmen und sonstigen Verbänden, Landtag NRW-Drs. 16/127; *Heuking/Coelln,* BB 2014, 3016 ff.

angemessenen Verhältnis stehen müssten. Der Verweis auf die Geldstrafe kann daher nicht dazu führen, dass eine Verbandsgeldbuße wegen des Verstoßes gegen das Kartellrecht in ihrer Höhe begrenzt werden müsste.[1547]

3. *Nachweis der konkreten Auswirkungen?*

Der Amtsermittlungsgrundsatz erfordert, dass die Behörden den Sachverhalt, aufgrund dessen sie eine Sanktion verhängen wollen, vollständig ausermitteln müssen. Vermutungen zulasten des Betroffenen sind unzulässig. Dies ist Ausfluss des „*in dubeo pro reo*"-Grundsatzes.[1548] Unter der Geltung des Mehrerlösbußgeldrahmens im deutschen Recht hat die exakte Ermittlung des Mehrerlöses erhebliche Schwierigkeiten bei der Verhängung von Geldbußen bereitet.[1549] Bei der vorliegenden Regelung liegen der Ermittlung der allgemeinen Bußgeldrahmen zwar Schätzungen des Preisaufschlages zugrunde. Im Einzelfall werden die konkreten Auswirkungen jedoch nicht nachgewiesen, sondern es erfolgt eine Einordnung innerhalb des Rahmens anhand von Indizien, die Rückschlüsse auf die wirtschaftlichen Auswirkungen zulassen. Dies könnte als Umgehung des „*in dubeo pro reo*"-Grundsatzes interpretiert werden.

Es ist allerdings zu beachten, dass die Rahmenbestimmungen eine Vorbewertung durch den Normgeber darstellen. Der „*in dubeo pro reo*"-Grundsatz bindet jedoch in erster Linie den Rechtsanwender.[1550] Mithin müssen die Tatsachen und Indizien, die zu einer Einordnung innerhalb des Rahmens durch die Behörden oder Gerichte führen, zweifellos nachgewiesen werden. Die Tatsache, dass damit der konkrete Nachweis der ökonomischen Folgen im Einzelnen umgangen wird, ist jedoch nicht zu beanstanden.

1547 Ebenso *Thiele,* WRP 2006, 999, 1007.

1548 Im deutschen Recht nach den Grundsätzen des OWiG: *Bohnert/Krenberger/Krumm,* OWiG, § 46 OWiG Rn. 15; *Rogall* in: KK-OWiG, Vorb. § 1 OWiG Rn. 21. Im Unionsrecht: *Bardong* in: MünchKommEUWettR, Art. 2 VO 1/2003 Rn. 24; *Kindhäuser/Meyer* in: Frankfurter Kommentar, Art. 101 AEUV Bußgeldrechtliche Folgen Rn. 246 ff.; *König,* Anwendung strafrechtlicher Rechtsgrundsätze, S. 145 ff.; *Sura* in: Langen/Bunte, Art. 2 VO 1/2003 Rn. 7.

1549 Siehe dazu oben unter Teil 5.A.II.2.a.bb., S. 281.

1550 *Jarass* in: Jarass/Pieroth, GG, Art. 20 GG Rn. 150; *Schulze-Fielitz* in: Dreier, GG, Art. 20 GG (Rechtsstaat) Rn. 219.

4. Ahndungs- und Abschöpfungsfunktion

Es ist des Weiteren entscheidend, ob der verhängten Sanktion eine reine Ahndungsfunktion oder auch eine Abschöpfungsfunktion zukommt. Sofern die Geldbuße auch den rechtswidrig erlangten Vorteil abschöpfen soll, kann dieser Betrag steuermindernd geltend gemacht werden bzw. wird der für diesen Vorteil gezahlte Steueranteil von dem Bußgeldbetrag abgezogen (§ 4 Abs. 5 S. 1 Nr. 8 S. 4 EStG). Eine steuerliche Berücksichtigung für den ahndenden Teil der Geldbuße ist nicht möglich (§ 4 Abs. 5 S. 1 Nr. 8 S. 1 EStG).[1551] Ohne eine Abzugsfähigkeit käme die Vorteilsabschöpfung neben dem Steuerbetrag einer Doppelbelastung gleich, die unvereinbar mit dem Gebot der Besteuerung nach der wirtschaftlichen Leistungsfähigkeit wäre.[1552] Durch die Regelung des § 81 Abs. 5 GWB kann das BKartA aber auch eine reine Ahndungsbuße verhängen, die steuerlich daher grundsätzlich nicht abzugsfähig ist.[1553]

a. Entwicklung der steuerlichen Rechtsprechung

Die steuerrechtliche Rechtsprechung ist ursprünglich davon ausgegangen, dass Geldbußen nicht steuerlich zu berücksichtigen seien. Die Einheit der Rechtsordnung gebiete, dass Geldbußen nicht mittelbar durch einen Steuernachlass gemildert und der Allgemeinheit aufgebürdet würden.[1554] Diese Rechtsprechung hat der BFH 1983 mit dem Verweis auf das sogenannte objektive Nettoprinzip im Steuerrecht aufgegeben.[1555] Die Geldbuße gegen Unternehmen sei betrieblich veranlasst und mindere das steuerlich zu veranlagende Vermögen, da anderweitig eine Doppelbelastung des Unternehmens vorliege. Der Erlös des Unternehmens würde sowohl durch die Steuer als auch durch die Geldbuße belastet. Um diese Rechtsprechung des BFH außer Kraft zu setzen hat der Gesetzgeber das Abzugsverbot von Geldbußen in § 4 Abs. 5 S. 1 Nr. 8 S. 1 EStG eingeführt, jedoch ohne die Rückausnahme in § 4 Abs. 5 S. 1 Nr. 8 S. 4 EStG.[1556] Das BVerfG teilte jedoch die Auffassung des BFH, dass das Abzugsverbot jedenfalls für den Abschöpfungsanteil

---

1551 *Achenbach* in: Achenbach/Ransiek, HWSt, 3. Teil Kap. 5 Rn. 61; *Achenbach,* WuW 1997, 393, 397; *Achenbach* in: Frankfurter Kommentar, § 81 GWB Rn. 558; *Dannecker/Biermann* in: Immenga/Mestmäcker, § 81 GWB Rn. 552; *Klusmann* in: Wiedemann, Kartellrecht, § 57 Rn. 132.

1552 Grundlegend BVerfGE 81, 228, 238 f. – *Abzugsverbot gem. EStG.*

1553 Siehe auch die Gesetzesbegründung in BT-Drs. 15/3640, S. 42.

1554 *Haase/Geils,* BB 2015, 2583, 2588 mit Verweis auf BFH, BStBl. II 1976, 370.

1555 *Heyers,* WuW 2014, 1184, 1186; *Haase/Geils,* BB 2015, 2583, 2588 mit Verweis auf BFH, BStBl. II 1984, 160.

1556 *Haase/Geils,* BB 2015, 2583, 2588.

der Geldbuße zu einer Doppelbelastung führte, die unvereinbar mit dem Gebot der Besteuerung nach der wirtschaftlichen Leistungsfähigkeit sei.[1557] Dies wurde in § 4 Abs. 5 S. 1 Nr. 8 S. 4 EStG dann gesetzlich festgeschrieben.

In letzter Zeit haben die Finanzämter jedoch vermehrt entschieden, dass kartellrechtliche Bußgelder keine Abschöpfung bewirken.[1558] Dadurch hatte sich die finanzgerichtliche Rechtsprechung mit der Frage der Abschöpfung durch Kartellgeldbußen zu befassen. Der BFH hatte 2004 klargestellt, dass eine Abzugsfähigkeit bereits bestehe, wenn die Höhe der Buße mit der Höhe des wirtschaftlichen Vorteils korrespondiere.[1559] Dies sei bei Geldbußen der Kommission wegen Verstößen gegen das Kartellrecht zumindest auch der Fall, da der erlangte Mehrerlös als erschwerender Faktor in den Bußgeldleitlinien der Kommission von 1998 genannt sei.[1560] 2013 hat der BFH sich erneut auf diese Rechtsprechung berufen und sie wesentlich konkretisiert.[1561] Jedenfalls die Geldbuße der Kommission, die alleine aus dem Grundbetrag nach den Bußgeldleitlinien bestehe und auf die Höhe von 10 % des Gesamtumsatzes gekappt wurde, habe keinen Abschöpfungscharakter.[1562] Eine eventuelle Gewinnabschöpfung könne erst anhand erschwerender Umstände im Wege der Leitlinien erfolgen.[1563]

Die europäische Rechtsprechung lehnt eine steuerliche Berücksichtigung der Geldbußen strikt ab, da andernfalls der Staat einen Teil der Geldbuße trüge und die Abschreckungswirkung der Geldbußen erheblich leide.[1564] Folglich ist zu klären, ob die kartellrechtlichen Geldbußen tatsächlich abschöpfenden Charakter haben.

b. *Abschöpfungswirkung durch Bezug zum tatbezogenen Umsatz?*

In der straf- und bußgeldrechtlichen Literatur herrscht die Ansicht vor, dass Geldbußen eine repressive, präventive und abschöpfende Funktion haben.[1565] Die Abschöpfungsfunktion ist danach als vollkommen eigenständiges Ziel der

---

1557 Grundlegend BVerfGE 81, 228, 239 ff. – *Abzugsverbot gem. EStG.*

1558 *Eilers/Klusmann,* NZKart 2014, 294, 295.

1559 BFH, BB 2004, 2121, 2122, jüngst bestätigt durch BFH, Urteil vom 23.3.2011, Az. X R 59/09, Rn. 42. *Eilers/Klusmann,* NZKart 2014, 294, 295 f.

1560 BFH, BB 2004, 2121, 2123.

1561 BFH, BStBl. II 2014, 306.

1562 BFH, BStBl. II 2014, 306. Vgl. auch *Eilers/Klusmann,* NZKart 2014, 294, 296; *Meyer-Lindemann* in: Loewenheim/Meessen/Riesenkampff/Kersting/Meyer-Lindemann, § 81 GWB Rn. 130.

1563 BFH, BStBl. II 2014, 306, Rn. 27.

1564 EuG, Urteil vom 27.3.2014, Az. T-56/09 u.A., Rn. 357 f. – *Saint-Gobain.*

1565 Siehe bereits unter Teil 2.A.II.2.a., S. 52 ff.

Geldbuße anzusehen.[1566] Die Abschöpfung durch die Geldbuße solle verhindern, dass sich die Begehung von Gesetzesverstößen lohne.[1567] Der durch die Ordnungswidrigkeit erzielte Vorteil wird daher aus dem Vermögen des Täters entfernt.[1568] Allerdings wird in der Literatur hervorgehoben, dass die Finanzbehörde bei der Beurteilung der Abschöpfungswirkung nicht an die Vorbewertung der Kartellbehörden gebunden sei.[1569] Zumeist wird für diese steuerliche Bewertung dann auf die Interpretation des BFH von 2004 zurückgegriffen, nach der eine Geldbuße bereits das Ziel der Abschöpfung verfolge, wenn der erzielte Gewinn oder Vorteil die Geldbuße beeinflusse. Die Bemessung der Geldbuße nach den Leitlinien der Kommission von 2006 und den Leitlinien des BKartA von 2013 legen beide den tatbezogenen Umsatz des betroffenen Unternehmens zugrunde. Dieser habe einen besonders engen Zusammenhang zum erlangten Vorteil aus der Zuwiderhandlung.[1570] Dies werde durch die Ausführungen in den Bußgeldleitlinien der Behörden gestützt. Danach diene der Bezug zum tatbezogenen Umsatz gerade dazu, den erzielten Gewinn abzubilden.[1571] Entgegen der Ausführungen des BFH von 2013 geht die Literatur daher davon aus, dass bereits der am tatbezogenen Umsatz ermittelte Grundbetrag der Geldbußen der Kommission Abschöpfungswirkung entfaltet.[1572]

1566 So *Achenbach* in: Frankfurter Kommentar, § 81 GWB Rn. 553; *Bach* in: FS Canenbley, S. 15, 22; *Dannecker/Biermann* in: Immenga/Mestmäcker, Vorb. Art. 23 VO 1/2003 Rn. 27; *Gürtler* in: Göhler, OWiG, Vorb. § 1 OWiG Rn. 9; *Meyer-Lindemann* in: Loewenheim/Meessen/Riesenkampff/Kersting/Meyer-Lindemann, § 81 GWB Rn. 122; *Mitsch* in: KK-OWiG, § 17 OWiG Rn. 10; *Stockmann*, ZWeR 2012, 20, 24; *Sura* in: Langen/Bunte, Art. 23 VO 1/2003 Rn. 7; *Vollmer* in: MünchKommGWB, § 81 GWB Rn. 139. Implizit auch BVerfGE 81, 228, 237 f. – *Abzugsverbot gem. EStG.*

1567 *Gürtler* in: Göhler, OWiG, § 17 OWiG Rn. 37; *Krumm*, NJW 2011, 196; *Mitsch* in: KK-OWiG, § 17 OWiG Rn. 113; *Raum* in: Langen/Bunte, § 81 GWB Rn. 2.

1568 *Gürtler* in: Göhler, OWiG, § 17 OWiG Rn. 37; *Krumm*, NJW 2011, 196; *Meyer-Lindemann* in: Loewenheim/Meessen/Riesenkampff/Kersting/Meyer-Lindemann, § 81 GWB Rn. 122.

1569 *Eilers/Klusmann*, NZKart 2014, 294, 296 ff.; *Haase/Geils*, BB 2015, 2583, 2585 f.; *Heyers*, WuW 2014, 1184, 1193; *Schönfeld/Haus/Bergmann*, DStR 2014, 2323, 2325 f.

1570 *Eilers/Klusmann*, NZKart 2014, 294, 296 f.; *Haase/Geils*, BB 2015, 2583, 2586 f.; *Schönfeld/Haus/Bergmann*, DStR 2014, 2323, 2324 f.

1571 *Schönfeld/Haus/Bergmann*, DStR 2014, 2323, 2324 f.

1572 *Eilers/Klusmann*, NZKart 2014, 294, 296 f.; *Haase/Geils*, BB 2015, 2583, 2586 f.; *Schönfeld/Haus/Bergmann*, DStR 2014, 2323, 2324 f. A.A. *Heyers*, WuW 2014, 1184, 1193 f.

Es ist allerdings fraglich, ob der Bezug zum tatbezogenen Umsatz immer eine Abschöpfung von Vorteilen bewirkt. Diese Ansicht hätte zur Folge, dass eine am tatbezogenen Umsatz bemessene Geldbuße fast vollkommen der Abschöpfung diente, da dieser Faktor die Höhe der Geldbuße am stärksten beeinflusst. Insoweit stellt sich dann die Frage, ob diese Geldbuße überhaupt noch der Ahndung des begangenen Unrechts dient. Die Unterstützer der oben genannten Ansicht verweisen einfach darauf, dass diese Geldbuße auch ohne eine gesonderte Ausweisung der Teilbeträge durch die Kartellbehörde sowohl Abschöpfungs- als auch Ahndungszwecke verfolge.[1573] Dies erscheint jedoch nicht plausibel. Es liegt vielmehr nahe, dass die Funktion der Gewinnabschöpfung überhaupt nicht von der Funktion der Ahndung begangenen Unrechts abzugrenzen ist. Nach den Bußgeldleitlinien der Kommission von 2006 und des BKartA von 2013 erfolgt die Bemessung durch die wertende Gewichtung einzelner Faktoren.[1574] Dies ist typisch für rein ahndende Geldbußen.[1575] Der Abschöpfungsteil eines Bußgeldes wie der Mehrerlös für den Mehrerlösbußgeldrahmen nach § 81 Abs. 2 GWB a.F. erfolgt hingegen typischerweise durch die exakte Ermittlung des in Rede stehenden Vorteils als einzigen Faktor.[1576] Dieser Anteil ist dann auch eindeutig von dem ahndenden Teil der Geldbuße abtrennbar. Der Bezug zum tatbezogenen Umsatz wird aber nur gewählt, um einen Ausgangsbetrag mit möglichst engem Zusammenhang zum begangenen Unrecht zu erhalten. Einen abzuschöpfenden Vorteil stellt dieser Umsatz selbst unstreitig nicht dar. Die Geldbußen mit Bezug zum tatbezogenen Umsatz stellen daher reine Ahndungsgeldbußen dar.

Dies wird noch durch die Tatsache gestützt, dass Kartellrechtsverstöße Zuwiderhandlungen sind, bei denen der wirtschaftliche Vorteil aus der Tat gerade den Schwerpunkt der Vorwerfbarkeit darstellt. Bereits eine allein ahndende Geldbuße muss daher diesen Aspekt besonders berücksichtigen. Der Gewinn aus der Tat stellt ein wesentliches Element der Vorwerfbarkeit der Ordnungswidrigkeit

---

1573 *Haase/Geils,* BB 2015, 2583, 2585.

1574 Vgl. für eine Aufzählung Rn. 22 f. Bußgeldleitlinien der Kommission von 2006 und Rn. 16 Bußgeldleitlinien des BKartA von 2013.

1575 Siehe auch *Heyers,* WuW 2014, 1184, 1193 f.

1576 In diesem Sinne kann auch BVerfGE 81, 228, 238 – *Abzugsverbot gem. EStG* verstanden werden. Dort führt das BVerfG aus, dass der Gesetzgeber die Sanktionsbemessung so ausgestalten kann, „daß das Bußgeld schon durch die gesetzliche Regelung auf ein Mehrfaches des durch die Ordnungswidrigkeit erlangten Vorteils festgesetzt wird“. Dies impliziert, dass der erlangte Vorteil als abgrenzbarer Teil der Geldbuße positiv ermittelt wird.

nach § 17 Abs. 3 OWiG dar.[1577] Die Orientierung der Geldbuße am erzielten Vorteil bzw. Gewinn dient somit in erster Linie der präventiven und repressiven Wirkung der Sanktion. Wenn die erwartete Geldbuße den erwarteten Gewinn nicht übersteigt, kann von der ahndenden Sanktion bereits keine abschreckende Wirkung ausgehen.[1578]

Mithin dient die Orientierung am tatbezogenen Umsatz in erster Linie den repressiven und präventiven Elementen der Geldbuße. Ein abgrenzbarer Zweck der Gewinnabschöpfung ist nicht zu identifizieren.[1579]

c. Abschöpfungswirkung durch ausdrückliche Anordnung

Ein Eindruck eines gesonderten Abschöpfungszwecks entsteht allerdings durch die Regelung des § 17 Abs. 4 OWiG, wonach die Geldbuße den wirtschaftlichen Vorteil übersteigen soll. Nach allgemeiner Ansicht stellt der rechtswidrig erzielte Vorteil den „Sockel" dar, auf dem die „eigentliche" Geldbuße aufsetzt.[1580] Dadurch solle sichergestellt werden, dass sich die Zuwiderhandlung für den Täter nicht lohne. Nur so werde er von weiteren Verstößen abgeschreckt.[1581] Der Abschöpfungsteil einer Geldbuße, die auch nach § 17 Abs. 4 OWiG bemessen wird, dient daher der General- und Spezialprävention und nicht der Repression. Durch die klare Trennung als Sockel von der darauf aufsetzenden, „eigentlichen" Sanktion können auch getrennte Zielsetzungen der Sanktionsteile ausgemacht werden. Aus diesem Grund kann bei einer Geldbuße, die nach den Grundsätzen des § 17 Abs. 4 OWiG bemessen wird, sehr wohl von einer gesonderten Abschöpfungsfunktion gesprochen werden.

1577 Siehe unter Teil 2.A.II.2.g., S. 60 ff.

1578 Ebenso *Heyers,* WuW 2014, 1184, 1195. Siehe auch oben unter Teil 5.A.I., S. 267 und unter Teil 3.B.II.1., S. 102 ff.

1579 So aber allgemein zu Geldbußen *Achenbach* in: Frankfurter Kommentar, § 81 GWB Rn. 553; *Bach* in: FS Canenbley, S. 15, 22; *Dannecker/Biermann* in: Immenga/Mestmäcker, Vorb. Art. 23 VO 1/2003 Rn. 27; *Gürtler* in: Göhler, OWiG, Vorb. § 1 OWiG Rn. 9; *Mitsch* in: KK-OWiG, § 17 OWiG Rn. 10; *Stockmann,* ZWeR 2012, 20, 24; *Sura* in: Langen/Bunte, Art. 23 VO 1/2003 Rn. 7; *Vollmer* in: MünchKommGWB, § 81 GWB Rn. 139. Implizit auch BVerfGE 81, 228, 237 f. – *Abzugsverbot gem. EStG.*

1580 Ausdrücklich *Bohnert/Krenberger/Krumm,* OWiG, § 17 OWiG Rn. 25. *Dannecker/Biermann* in: Immenga/Mestmäcker, § 81 GWB Rn. 551; *Heyers,* WuW 2014, 1184, 1189; *Mitsch* in: KK-OWiG, § 17 OWiG Rn. 140.

1581 *Achenbach* in: Frankfurter Kommentar, § 81 GWB Rn. 555; *Dannecker/Biermann* in: Immenga/Mestmäcker, § 81 GWB Rn. 551; *Gürtler* in: Göhler, OWiG, § 17 OWiG Rn. 37; *Mitsch* in: KK-OWiG, § 17 OWiG Rn. 113; *Vollmer* in: MünchKommGWB, § 81 GWB Rn. 139.

Gleiches gilt für die Bestimmungen der Bußgeldleitlinien der Behörden, soweit diese eine Erhöhung vorsehen, um den erzielten Gewinn zu übersteigen, insbesondere Rn. 30 Bußgeldleitlinien der Kommission von 2006 und Rn. 15 Bußgeldleitlinien des BKartA von 2013.[1582] Erhöht insbesondere die Kommission die Geldbuße unter Rückgriff die genannte Bestimmung das Bußgeld, so ist auch in steuerrechtlicher Hinsicht davon auszugehen, dass die Geldbuße abschöpfende Wirkung hat. Dies kommt allerdings äußerst selten vor.[1583]

Eine solche getrennte Abschöpfung des Vorteils wie in § 17 Abs. 4 OWiG ist allerdings nur sinnvoll bei klassischen Ordnungswidrigkeiten, die üblicherweise von Privatpersonen begangen werden, wie Park- und Geschwindigkeitsverstöße oder andere verkehrsrechtliche Ordnungswidrigkeiten. Diese Verstöße werden in der Regel nicht zur Erzielung von monetären Gewinnen begangen, sondern zur Erzielung anderer Vorteile, die nicht ohne Weiteres in Geld beziffert werden können wie der Rausch der Geschwindigkeit, Komfort beim Parken oder Zeitersparnis. Die monetären Äquivalente dieser Vorteile spielen bei der Bemessung von Sanktionen für diese Verstöße keine Rolle. Daher werden hier grundsätzlich ahndende Geldbußen ohne Beziehung zu wirtschaftlichen Vorteilen verhängt. Wurde ein solcher Verstoß jedoch ausnahmsweise gerade zur Erzielung monetärer Gewinne begangen, können diese Gewinne über § 17 Abs. 4 OWiG unabhängig von der üblichen Sanktionsbemessung abgeschöpft werden. In dieser Konstellation kann ein gesonderter Abschöpfungszweck identifiziert werden. Typische Wirtschaftsordnungswidrigkeiten wie Verstöße gegen das Kartellrecht werden allerdings von Unternehmen begangen, gerade um einen betriebswirtschaftlichen Vorteil zu erzielen. Dieser Gewinn ist daher zentraler Bestandteil des Unrechts der Tat und muss als Element der Vorwerfbarkeit der Tat immer in den ahndenden Teil der Geldbuße einfließen. Hier geht der Zweck der Abschöpfung vollkommen in der präventiven und repressiven Zielsetzung der Buße auf.

d. Steuerliches Doppelbelastungsverbot und Gebot effektiven Sanktionierens

Sofern die steuerliche Berücksichtigung der Geldbuße versagt wird, weil keine Abschöpfungswirkung besteht, bleibt jedoch das oben beschriebene Problem der Doppelbelastung der Unternehmen bestehen.[1584] Der tatbezogene Umsatz des Unternehmens wird mit dem verhängten Bußgeld belastet und auch in

---

1582 *Eilers/Klusmann*, NZKart 2014, 294, 297; *Heyers*, WuW 2014, 1184, 1193 f. Rn. 17 Bußgeldleitlinien des BKartA von 2013 verweist allerdings auf §§ 32, 34 GWB zur Durchführung eines gesonderten Abschöpfungsverfahrens neben dem Bußgeldverfahren.

1583 *Eilers/Klusmann*, NZKart 2014, 294, 297.

1584 Siehe unter Teil 5.C.I.4.a., S. 366 ff.

voller Höhe besteuert. Nach der Rechtsprechung des BVerfG verletzt dies den Grundsatz gerechten Besteuerns aus Art. 3 Abs. 1 GG.[1585] Dieser verfassungsrechtliche Grundsatz gilt jedoch nicht uneingeschränkt, sondern muss mit anderen Verfassungsgrundsätzen in Einklang gebracht werden.[1586] Das steuerliche Doppelbelastungsverbot schränkt die staatliche Pflicht ein vor Beeinträchtigungen des freien Wettbewerbs durch effektive Sanktionsvorschriften zu schützen.[1587]

Zum Teil wird vertreten, die Pflicht zur effektiven Sanktionierung überwiege, da der Staat andernfalls durch die entgangenen Steuern einen Teil der Sanktion trage.[1588] Dies verkennt jedoch, dass durch das objektive Nettoprinzip im Steuerrecht in Höhe der Betriebsauslagen bereits kein Steueranspruch des Staates entstanden ist.[1589] Der Staat muss daher keine gezahlten Steuern erstatten, sondern hätte von vornherein keine erheben dürfen. Aus rechtlicher Sicht besteht daher keine innere Verbindung zwischen der Rückzahlung des Steuerbetrags und dem geahndeten Unrecht der Zuwiderhandlung. Sie ist daher nicht als Bußgeldnachlass zu werten. Aus ökonomischer Sicht ist die Rückzahlung jedoch in ihrem Vorliegen und in ihrer Höhe untrennbar mit der Sanktionierung verbunden. Die sanktionierten Unternehmen nehmen die Rückzahlung daher immer als Bußgeldnachlass wahr. Die erwartete Sanktion sinkt daher immer um den gewährten steuerlichen Vorteil. Das Doppelbelastungsverbot führt daher zu einem erheblichen Rückgang der abschreckenden Wirkung von Geldbußen.[1590] Gerade bei Zuwiderhandlungen im Wirtschaftsrecht führt dieser Abschreckungsverlust zu einem unauflösbaren Dilemma. Bei der Bemessung der Geldbußen müsste der erzielte Gewinn aus der Zuwiderhandlung neben anderen Faktoren berücksichtigt werden, um die abschreckende Wirkung von Geldbußen zu gewährleisten. Diese Berücksichtigung würde allerdings zwingend steuerliche Vorteile nach sich ziehen, die die Abschreckungswirkung teilweise wieder zunichtemachen.

Bei einer Abwägung zwischen dem Doppelbelastungsverbot und dem Gebot abschreckender Sanktionierung muss das steuerliche Doppelbelastungsverbot

1585 BVerfGE 81, 228, 236 f. – *Abzugsverbot gem. EStG.*

1586 Siehe bereits oben unter Teil 5.C.I.1., S. 359 ff.

1587 Siehe unter Teil 5.C.I.1., S. 359 ff.

1588 EuG, Urteil vom 27.3.2014, Az. T-56/09 u.A., Rn. 357 f. – *Saint-Gobain.*

1589 *Heyers,* WuW 2014, 1184, 1186 mit Verweis auf BFH, BStBl. II 1984, 160, 166.

1590 EuG, Urteil vom 27.3.2014, Az. T-56/09 u.A., Rn. 357 f. – *Saint-Gobain*; EuGH, Urteil vom 11.6.2009, Az. C-429/07, Slg. 2009, I-4833, Rn. 33 ff. – *Inspecteur van de Belastingdienst. Heyers,* WuW 2014, 1184, 1195; *Ackermann,* ZWeR 2012, 3, 5. Ähnlich *Achenbach* in: Achenbach/Ransiek, HWSt, 3. Teil Kap. 5 Rn. 62.

daher zurücktreten. Zum einen möchte § 4 Abs. 5 S. 1 Nr. 8 S. 1 EStG ersichtlich die effektive Sanktionierung ermöglichen, soweit es sich nicht um die Abschöpfung rechtswidrig erlangter Vorteile handelt. Dies wurde durch das BVerfG implizit gebilligt.[1591] Dadurch, dass es ein Abzugsverbot nur für den abschöpfenden Teil einer Geldbuße für verfassungswidrig erklärt hat, ist ein Abzugsverbot für den ahndenden Teil im Umkehrschluss als verfassungsgemäß anzusehen. Das Doppelbelastungsverbot steht daher der effektiven Ahndung nicht im Wege.

Zum anderen erzeugen Verstoße gegen das Wettbewerbsrecht besonders hohe Schäden für die Allgemeinheit.[1592] Insbesondere Endverbraucher und kleine Abnehmer können sich kaum dagegen schützen, da Kartelle im Geheimen operieren. Auch im Nachhinein können sie keine Kompensation ihrer Schäden erlangen, da Schadensersatzklagen bei Kartellverstößen mit vielen Schwierigkeiten behaftet sind.[1593] Eine effektive und abschreckende Sanktionierung durch staatliche Stellen ist daher umso mehr geboten.

Darüber hinaus haben die sanktionierten Unternehmen den Grund für die Kollision des Doppelbelastungsverbots und des Gebots abschreckender Sanktionierung selbst gesetzt. Der Verstoß gegen das Kartellrecht bedingt gerade den Konflikt dieser beiden Prinzipen. Daher sind diese Unternehmen nicht besonders schutzwürdig.

Eine mehrfache Belastung der sanktionierten Unternehmen durch die Besteuerung und die Bebußung ihres Umsatzes ist daher verfassungsrechtlich nicht zu beanstanden. Das Gebot effektiver Sanktionierung genießt Vorrang vor dem Doppelbelastungsverbot.

e. Vorgeschlagene Regelung

Die vorgeschlagenen Bußgeldregelungen ordnen keine Ermittlung eines gesonderten Abschöpfungsteils an. Eine abschöpfende Wirkung kann daher aus diesem Grund nicht begründet werden. Sie ordnen vielmehr eine Bemessung anhand des tatbezogenen Umsatzes an unter Berücksichtigung der wirtschaftlichen Auswirkungen der Zuwiderhandlungen, einem Faktor zur Einbeziehung der Entdeckungsgefahr und anderen Zumessungsfaktoren. Ein Bezug zum tatbezogenen Umsatz führt aber nach obigen Erläuterungen nicht zu einer Abschöpfungswirkung.

1591 BVerfGE 81, 228, 236 ff. – *Abzugsverbot gem. EStG.*

1592 Siehe unter Teil 3.B.II.2.b., S. 111 ff.

1593 Vgl. dazu Teil 5.C.II.4., S. 383 ff.

Diese Interpretation der vorgeschlagenen Regelungen wird auch durch den Wortlaut des § 4 Abs. 5 S. 1 Nr. 8 S. 4 EStG und den Formulierungen des BVerfG gestützt. Danach ist eine steuerliche Berücksichtigung der Geldbuße nur geboten, „soweit der wirtschaftliche Vorteil (...) abgeschöpft worden ist".[1594] Wie von der Literatur besonders hervorgehoben wird, bedeutet das zum einen, dass es auf die Intention der Behörde oder des Gerichts nicht ankommt.[1595] Zum anderen knüpft diese Formulierung an den Begriff der Abschöpfung an, wie er auch in § 17 Abs. 4 OWiG benutzt wird.[1596] Unter dieser Abschöpfung versteht man allerdings die Entfernung des mit dem Makel der rechtswidrigen Erlangung behafteten Vermögensteils aus dem Vermögen des Täters,[1597] sofern die ahnende Geldbuße nicht in ausreichender Höhe verhängt werden kann.[1598] Dadurch solle sichergestellt werden, dass sich rechtswidriges Verhalten nicht lohne und dass sich die Rechtsordnung bewähre.[1599] Die vorgeschlagenen Regelungen erfüllen diese Kriterien einer abschöpfenden Sanktion jedoch nicht.

Die vorgeschlagenen Regelungen stellen bereits durch eine ahnende Geldbuße sicher, dass sich Gesetzesverstöße nicht lohnen, indem der tatbezogene Umsatz zugrunde gelegt wird und die Geldbuße anhand der wirtschaftlichen Auswirkungen und weiteren Zumessungsfaktoren bemessen wird. Die vorgeschlagenen Bußgeldrahmen berücksichtigen darüber hinaus die Entdeckungswahrscheinlichkeit in einem Faktor. Dadurch führen sie auch viel eher zu abschreckenden Geldbußen als eine Einbeziehung eines abschöpfenden Geldbußenteils nach § 17 Abs. 4 OWiG. Eine solche einheitliche Berücksichtigung der Entdeckungswahrscheinlichkeit und der wirtschaftlichen Auswirkungen ist erforderlich, da die Gefahr der Aufdeckung und Sanktionierung einer Tat den Anreiz einer weiteren Begehung ebenso entscheidend mitbestimmt wie der Gewinn aus der Tat. Beide Größen sind zwei gleichberechtigte Komponenten einer Geldbuße, die nur bei der Berücksichtigung beider Faktoren abschreckend wirken kann. Dies wird insbesondere durch

---

1594 In diesem Sinne auch BVerfGE 81, 228, 238 ff. – *Abzugsverbot gem. EStG.*

1595 *Haase/Geils,* BB 2015, 2583, 2585.

1596 So stützt das BVerfG seine Argumentation auf diese Norm, BVerfGE 81, 228, 238 ff. – *Abzugsverbot gem. EStG.*

1597 *Gürtler* in: Göhler, OWiG, § 17 OWiG Rn. 37; *Krumm,* NJW 2011, 196; *Mitsch* in: KK-OWiG, § 17 OWiG Rn. 113; *Raum* in: Langen/Bunte, § 81 GWB Rn. 2.

1598 Das hebt *Gürtler* in: Göhler, OWiG, § 17 OWiG Rn. 37 hervor.

1599 *Gürtler* in: Göhler, OWiG, § 17 OWiG Rn. 37; *Krumm,* NJW 2011, 196; *Meyer-Lindemann* in: Loewenheim/Meessen/Riesenkampff/Kersting/Meyer-Lindemann, § 81 GWB Rn. 122; *Mitsch* in: KK-OWiG, § 17 OWiG Rn. 113; *Raum* in: Langen/Bunte, § 81 GWB Rn. 2.

die Ausführungen zur ökonomischen Theorie der Rechtsdurchsetzung deutlich.[1600] Die Konzeption des § 17 Abs. 4 OWiG, nach der nur der einfache Vorteil aus einer Tat getrennt abschöpft wird, verkennt diese Tatsache. Der Gewinn aus der Tat ist daher nur ein Aspekt unter anderen bei der Bemessung einer abschreckenden Geldbuße. Er dient wie diese Aspekte der Repression und der Prävention, ohne dass eine darüber hinaus gehende Funktion zu erkennen wäre. Mithin dient die Berücksichtigung des Gewinns nicht der Entfernung genau dieses Betrages aus dem Vermögen des Täters (Abschöpfung), sondern der Herstellung einer abschreckenden Wirkung im Zusammenspiel mit anderen Bemessungsfaktoren (Ahndung).

Darüber hinaus besteht bei der vorgeschlagenen Regelung im Bereich des Kartellordnungswidrigkeitenrechts kein weiterer Bedarf einer Abschöpfung aus dem Gesichtspunkt der Bewährung der Rechtsordnung. Wie bereits hervorgehoben, besteht aufgrund des Vorgangs der Sanktionsbemessung nicht die Gefahr, dass dem Täter der unrechtmäßig erworbene Gewinn verbleibt. Der Täter kann keinen über die Bußgeldsumme hinausgehenden Nutzen aus der Tat ziehen, der aus seinem Vermögen entfernt werden müsste. Vielmehr übersteigt die Geldbuße durch die Berücksichtigung der Entdeckungswahrscheinlichkeit den erzielten Gewinn um ein Vielfaches. Die ahndende Geldbuße reicht daher aus, um der Rechtsordnung zur Geltung zu verhelfen. Daher muss sich die Rechtsordnung über die ahndende Geldbuße hinaus nicht behaupten. Folglich liegt keine Abschöpfung im Sinne des § 4 Abs. 5 S. 1 Nr. 8 S. 4 EStG vor.

Die Ausnahme vom Abzugsverbot nach § 4 Abs. 5 S. 1 Nr. 8 S. 4 EStG gilt daher für die Geldbußen nach den vorgeschlagenen Regelungen nicht.[1601]

5. *Systembruch im Kartellbußgeldrecht*

Wie bereits dargestellt, wurden die geltenden Bußgeldregelungen als Fremdkörper insbesondere im deutschen Ordnungswidrigkeitenrecht angesehen.[1602] Die vorgeschlagenen Regelungen fügen sich dagegen besser in das bestehende

1600 Vgl. dazu insb. Teil 3.B.II.3., S. 129 ff.

1601 Aufgrund der oben genannten Abschreckungsdefizite sollten auch in anderen Bereichen des Wirtschaftsordnungswidrigkeitenrechts wie dem Kapitalmarkt- oder dem Energierecht neue Bußgeldvorschriften eingeführt werden, die nicht auf § 17 Abs. 4 OWiG zur Berücksichtigung des erzielten Gewinns zurückgreifen müssen. Wie bereits ausgeführt dienen in diesen Bereichen die Verstöße gerade der rechtswidrigen Erzielung von monetären Gewinnen und werden mit Geldbußen geahndet.

1602 Teil 2.B.II.1.a., S. 75 ff. *Buntscheck* in: FS Bechtold, S. 81, 82; *Dannecker/Biermann* in: Immenga/Mestmäcker, § 81 GWB Rn. 346.

Sanktionssystem ein als die geltenden Regelungen. Sie sind als Bußgeldrahmen ausgestaltet, denen eine Bezugsgröße zugrunde liegt, die eine Verbindung zur Vorwerfbarkeit der Tat herstellt. Daher kann die Geldbuße nach den hergebrachten Kriterien zugemessen werden.

Der vorgeschlagene Sonderbußgeldrahmen für Preis-, Mengen- oder Marktaufteilungsabsprachen unterscheidet sich allerdings deutlich von anderen Rahmen des Ordnungswidrigkeitenrechts, da seine Ober- und Untergrenze abhängig von einem variablen Mittelwert bestimmt werden. Auch gegen diese Regelung könnte man einwenden, dass sie einen Systembruch im deutschen Ordnungswidrigkeitenrecht darstelle. Nach dieser Ansicht stellt die Einheit des Ordnungswidrigkeitenrechts einen schützenswerten Rechtszustand dar, der sogar Verfassungsrang besitze.[1603] Dem ist das BVerfG jedoch jüngst entgegengetreten. Ein Verstoß gegen Art. 3 Abs. 1 GG wegen einer Ungleichbehandlung zwischen Kartellordnungswidrigkeiten und sonstigen Ordnungswidrigkeiten scheitere schon daran, dass diese Vergleichsgruppen nicht „wesentlich gleich" seien.[1604] Die Tatbestände der Ordnungswidrigkeiten seien dem jeweiligen Fachrecht als Annex zugeordnet. Aufgrund dieser sachlichen Zugehörigkeit zu unterschiedlichen Rechtsgebieten „fehlt es an einem zusammenhängenden rechtlichen Ordnungsbereich, was bezüglich der einzelnen Bußgeldtatbestände der Annahme vergleichbarer Sachverhalte entgegensteht."[1605]

Folglich ist es zulässig, in verschiedenen Rechtsbereichen die Sanktionsvorschriften nach einer unterschiedlichen Systematik auszugestalten.[1606] Wie oben bereits ausgeführt, erfordern die Besonderheiten des Kartellrechts die Einführung eines Sonderbußgeldrahmens, um eine ausreichende Abschreckungswirkung gerade für die gravierendsten Verstöße sicherzustellen.[1607]

6. *Teilergebnis*

Mithin genügen die vorgeschlagenen Bußgeldvorschriften dem Bestimmtheits- und Rechtsstaatsprinzip sowie dem *„in dubeo pro reo"*-Grundsatz. Den verhängten Sanktionen kommt keine von der Ahndungsfunktion abgrenzbare Abschöpfungsfunktion zu. Eine steuerliche Berücksichtigung ist daher ausgeschlossen. Darüber hinaus fügen sich die Regelungen insbesondere in das

---

1603 Vgl. auch *Ackermann,* WRP 2013, Die erste Seite Nr. 4.

1604 BVerfGE 133, 1, 1421 Rn. 63 – *Verzinsungspflicht für Kartellgeldbußen.*

1605 BVerfGE 133, 1, 1421 Rn. 64 – *Verzinsungspflicht für Kartellgeldbußen.*

1606 Ebenso *Ackermann,* WRP 2013, Die erste Seite Nr. 4.

1607 Siehe unter Teil 5.B.I.1.d., S. 328 ff.

deutsche Ordnungswidrigkeitenrecht problemlos ein. Verbleibende Unterschiede zum übrigen Ordnungswidrigkeitenrecht sind aufgrund der Besonderheiten im Kartellrecht nicht zu beanstanden.

II. Ökonomische Maßstäbe

Im Folgenden wird gezeigt, dass die vorgeschlagenen Regelungen ebenfalls die ökonomischen Anforderungen an effektive Sanktionsvorschriften erfüllen. Sie berücksichtigen zum einen die ökonomisch relevanten Faktoren (unter 1., S. 377 ff.). Zum anderen beachten sie die Leistungsfähigkeit der Unternehmen und deren Eigenschaft als Großkonzern ausreichend (unter 3., S. 379 ff.). Es ist dagegen fraglich, ob Schadensersatzansprüche gegen die betroffenen Unternehmen bzw. Schadensersatzzahlungen durch sie bei der Bußgeldbemessung berücksichtigt werden sollten (unter 4., S. 383 ff.). Zudem werden die sonstigen Kritikpunkte aufgegriffen, die gegen die geltenden Regelungen vorgetragen wurden (unter 5., S. 386 ff.).

1. Berücksichtigung der relevanten Faktoren

Gegen die geltenden europäischen und deutschen Bußgeldvorschriften wurde im Wesentlichen eingewandt, dass sie die relevanten Faktoren zur Bemessung einer abschreckenden Geldbuße nicht berücksichtigen.[1608] Aus diesem Grund erzeugen diese Regelungen erhebliche Wohlfahrtsverluste für die Gesellschaft. Die vorgeschlagenen Regelungen beruhen jedoch auf diesen relevanten Faktoren der ökonomischen Theorie.

Nach der ökonomischen Theorie der Rechtsdurchsetzung muss die Geldbuße die Formel

$$f = \frac{1}{p} \cdot g$$

erfüllen. Die Sanktion muss danach den Gewinn aus dem Verstoß und den Kehrwert der Entdeckungswahrscheinlichkeit berücksichtigen.

Die vorgeschlagenen Bußgeldrahmen für die einzelnen Verstöße werden anhand einer Näherung an den durch die Zuwiderhandlung erzielten Gewinn festgelegt. Bei klassischen Kartellen dienen Metastudien über die Schätzungen von Preisaufschlägen zahlreicher Kartelle als Grundlage. Da bei den übrigen Arten von Verstößen solche Daten nicht existieren, werden diese Rahmen durch einen

1608 Siehe unter Teil 4.B.III., S. 253 ff.

Vergleich der Auswirkungen dieser Verstöße mit Kernbeschränkungen ermittelt. Die Entdeckungswahrscheinlichkeit wird durch einen fixen Faktor im Bußgeldrahmen für Preis-, Mengen- oder Marktaufteilungsabsprachen berücksichtigt und ist daher auch in allen anderen Rahmen als Element enthalten. Mithin sind die vorgeschlagenen Rahmenbestimmungen anhand der Faktoren bestimmt worden, die nach der ökonomischen Theorie wesentlich für eine abschreckende Geldbuße sind.

Bei der Bemessung der Geldbuße werden im Rahmen der üblichen Bemessungskriterien solche Tatsachen, Indizien und Anhaltspukte herangezogen, die die wirtschaftlichen Auswirkungen der Zuwiderhandlung wesentlich beeinflussen. Dadurch wird sichergestellt, dass die Geldbuße auch im Einzelfall den konkreten Gewinn aus der Tat abbildet. Da der Bußgeldrahmen einen Faktor zur Berücksichtigung der Entdeckungswahrscheinlichkeit bereits enthält, beinhaltet die im Einzelfall verhängte Sanktion beide Faktoren, die nach der ökonomischen Theorie eine abschreckende Wirkung sicherstellen.

Aus ökonomischer Sicht könnte man allerdings einwenden, dass diese beiden Faktoren nur in einer sehr groben Annäherung berücksichtigt werden. Die Entdeckungswahrscheinlichkeit wird im Einzelfall überhaupt nicht konkret bestimmt. Auch die Ermittlung des Gewinns beschränkt sich auf eine mehr oder weniger ungenaue Einschätzung. Hier ist allerdings zu beachten, dass die präzise Ermittlung der Entdeckungswahrscheinlichkeit grundsätzlich nicht möglich ist.[1609] Ebenso gibt es außer bei Kernbeschränkungen keine ökonomischen Studien, die den erzielten Gewinn aus einem Verstoß beziffern.[1610] In diesen Fällen ist eine genauere Bestimmung der Werte daher bereits praktisch nicht möglich. Eine Einschätzung des erzielten Gewinns aus klassischen Kartellen ist zwar möglich.[1611] Zum einen ist das aber sehr zeit- und kostenintensiv. Zum anderen stellen die Ergebnisse dieser Berechnungen aufgrund der vielen unbekannten Variablen ebenfalls nur Schätzungen dar, deren Genauigkeit erheblich von der vorhandenen Datenmenge abhängt. Folglich führen Berechnungen des Gewinns im Einzelfall nur zu einem geringen Gewinn an Genauigkeit, der aber einen erheblichen Kostenaufwand verursacht.[1612] Aus ökonomischer Sicht ist eine individuelle Berechnung daher nicht vorzugswürdig. Eine Schätzung nach dem vorgeschlagenen Muster ist effizienter und damit volkswirtschaftlich günstiger.

1609 Siehe ausführlich unter Teil 5.A.III.1.c., S. 310 ff.

1610 Siehe ausführlich unter Teil 5.A.II.2.b., c. und d., S. 298 ff.

1611 Siehe dazu unter Teil 5.A.II.2.a.aa., S. 277.

1612 Siehe ausführlich unter Teil 5.A.II.2.a.bb., S. 281.

Folglich berücksichtigen die vorgeschlagenen Bußgeldregelungen die nach der ökonomischen Theorie entscheidenden Faktoren zur Bemessung abschreckender Geldbußen. Sie sind daher effizienter als die geltenden Regelungen.

2. *Individuelle Unterschiede der Unternehmen*

Darüber hinaus trägt das vorgeschlagene Bußgeldsystem der Tatsache Rechnung, dass die Verfolgungsbehörden die individuellen Unterschiede im Gesamtumsatz der betroffenen Unternehmen nicht bei ihrer Ermittlungstätigkeit berücksichtigen.

Um eine abschreckende Geldbuße zu verhängen, die sich am Gesamtumsatz eines Unternehmens orientiert, müssten die Verfolgungsanstrengungen der Behörden erhöht werden, wenn das betroffene Unternehmen einen geringen Gesamtumsatz erzielt.[1613] Nur so könnten die Abschreckungsdefizite ausgeglichen werden, die durch die fehlende Leistungsfähigkeit des Unternehmens entstehen. In der Praxis können die Behörden den Gesamtumsatz jedoch ohne umfangreiche Vorermittlungen nicht feststellen, um ihre Anstrengungen daran anzupassen. Die Behörden machen ihre Verfolgungstätigkeit vielmehr abhängig von den wirtschaftlichen Auswirkungen des Wettbewerbsverstoßes.[1614]

Nach der ökonomischen Theorie ist es in diesem Fall effektiver, wenn die Sanktion an den ökonomischen Auswirkungen orientiert wird.[1615] Je größer diese Auswirkungen sind, desto höher ist die Sanktion und desto größer ist die Wahrscheinlichkeit, dass das betroffene Unternehmen finanziell überfordert ist. Diesem Abschreckungsdefizit wirken die Behörden jedoch intuitiv entgegen, da sie die Verfolgungsbemühungen abhängig von den ökonomischen Auswirkungen erhöhen. Ein Bußgeldrahmen als Prozentsatz des tatbezogenen Umsatzes berücksichtigt daher die individuellen Unterschiede der Unternehmen im Gesamtumsatz effektiver.

3. *Leistungsfähigkeit und Großkonzerne*

Die finanzielle Leistungsfähigkeit eines Unternehmens muss im deutschen Recht (§ 17 Abs. 3 S. 2 OWiG) und nach der zu schaffenden europäischen Regelung bei der Bußgeldbemessung berücksichtigt werden.[1616] Geldbußen, die

---

1613 Siehe unter Teil 3.B.III.1.b., S. 143 ff. und Teil 4.A.I.1., S. 204 ff.

1614 Siehe Teil 4.A.I.1., S. 204 ff.

1615 Siehe Teil 3.B.III.1.b., S. 143 ff.

1616 *Achenbach* in: Frankfurter Kommentar, § 81 GWB Rn. 475 ff., 511; *Dannecker/Biermann* in: Immenga/Mestmäcker, § 81 GWB Rn. 473; *Klusmann* in: Wiedemann,

dem betreffenden Unternehmen eine Fortführung der wirtschaftlichen Tätigkeit endgültig unmöglich machen, dürfen daher nicht verhängt werden.[1617] Dies führt allerdings dazu, dass insbesondere bei Unternehmen, die neben dem Umsatz mit den tatbezogenen Produkten keinen oder nur sehr geringen Umsatz erzielen (sog. „Ein-Produktunternehmen“), keine Geldbußen in abschreckender Höhe verhängt werden können. Höhere Geldbußen würden die Abschreckungswirkung nicht erhöhen, weil sie ohnehin nicht gezahlt werden können. Durch den eventuellen Marktaustritt des Unternehmens entstünden überdies weitere gesellschaftliche Kosten.[1618] Das Abschreckungsdefizit bei Unternehmen mit wenig diversifizierten Produktangebot ist daher durch Unternehmensgeldbußen nicht zu beheben.[1619] Dieses Defizit ist vielmehr ein deutliches Zeichen, auch effektive individuelle Sanktionen gegen die verantwortlichen natürlichen Personen zu entwickeln. Im Schrifttum werden hier verschiedene Maßnahmen vorgeschlagen wie die Einführung von Strafvorschriften gegen die verantwortlichen Personen in das Kartellsanktionsrecht oder die Einführung von nichtmonetären Sanktionen wie die erzwungene Entlassung bzw. ein Berufsverbot.[1620] Da die Sanktionierung natürlicher Personen nicht Gegenstand dieser Arbeit ist, soll dieses Thema hier nicht weiter vertieft werden.

Bei der Beurteilung der Zahlungsfähigkeit des Bußgeldadressaten sollte zudem verstärkt von der Möglichkeit von Ratenzahlungen Gebrauch gemacht werden.[1621] Gerade bei der Verhängung von Geldbußen gegen Unternehmen

Kartellrecht, § 57 Rn. 107; *Raum* in: Langen/Bunte, § 81 GWB Rn. 196; *Rogall* in: KK-OWiG, 4. Aufl. 2014, § 30 OWiG Rn. 115.

1617 *Klusmann* in: Wiedemann, Kartellrecht, § 57 Rn. 107. Kritisch dazu *Stockmann*, ZWeR 2012, 20, 22 ff.

1618 Siehe ausführlich unter Teil 3.B.III.1.a.cc., S. 138 ff.

1619 *Werden/Hammond/Barnett*, Anti. Bull. 56 (2011), 207, 211 f.

1620 Zur Kriminalisierung: *Biermann*, ZWeR 2007, 1 ff.; *Dannecker/Biermann* in: Immenga/Mestmäcker, Vorb. § 81 GWB Rn. 123; *Frenz*, WRP 2014, 367 ff.; Monopolkommission, XIX. Hauptgutachten, BT-Drs. 17/10365, S. 233 f.; Monopolkommission, XX. Hauptgutachten, Rn. 118 ff.; *Motta*, ECLR 29 (2008), 209, 216; *Schwarze/Bechtold/Bosch*, Rechtsstaatliche Defizite, S. 66 ff.; *Wils*, W.Comp. 29 (2006), 183, 205 Fn. 96. Zur Entlassung/zum Berufsverbot: *Khan*, W.Comp. 35 (2012), 77 ff.; *Werden/Hammond/Barnett*, Anti. Bull. 56 (2011), 207, 215 f.

1621 Ebenso *Stockmann*, ZWeR 2012, 20, 28 f. Allgemein zum deutschen Recht (§ 18 OWiG): *Klusmann* in: Wiedemann, Kartellrecht, § 57 Rn. 130; *Mitsch* in: KK-OWiG, 4. Aufl. 2014, § 18 OWiG Rn. 3. Allgemein zum europäischen Recht: EuG, Beschluss vom 13.7.2006, Az. T-11/06 R, Slg. 2006, II-2491, Rn. 97 – *Romana Tabacchi*; *Dannecker/Biermann* in: Immenga/Mestmäcker, Vorb. Art. 23 VO 1/2003 Rn. 235;

mit wenig diversifiziertem Produktangebot kann auf eine größere Finanzkraft zurückgegriffen werden, wenn die Zahlung der Geldbuße über einen längeren Zeitraum gestreckt wird. Wenn ein Unternehmen pro Jahr eine Geldbuße von 10 Mio. € zahlen kann, würde eine Ratenzahlung über zwei Jahre die höchstmögliche Geldbuße verdoppeln. Um dies bei der Bußgeldzumessung berücksichtigen zu können, sollte die Gewährung einer Ratenzahlung bereits in diesem Verfahrensschritt erfolgen.[1622] Bei der Entscheidung über den Zeitraum, über den die Zahlung gestreckt wird, sollte aber die normative Vorgabe berücksichtigt werden, nach der Geldbußen bei Fälligkeit grundsätzlich in voller Höhe zu zahlen sind.[1623] Eine Ausdehnung der Zahlung über einen zu langen Zeitraum würde zudem den Zweck der Repression durch die Geldbuße unterlaufen, da die Zahlungen mit steigendem zeitlichen Abstand zur Bußgeldentscheidung den Zusammenhang zu ihr verlieren. Die Ratenzahlung sollte daher auf einen verhältnismäßig engen Zeitraum beschränkt werden.

Wie oben ausgeführt wurde, sollte bei Wettbewerbsverstößen von Großkonzernen keine grundsätzlich höhere Geldbuße verhängt werden als bei Verstößen durch kleinere Unternehmen. Dies bedeutet allerdings nicht, dass die Eigenschaft als Großkonzern gänzlich unbeachtet bleibt. Vielmehr sollten die finanziellen Mittel des gesamten Konzerns bei der Feststellung der Leistungsfähigkeit einbezogen werden.[1624] Sofern die Muttergesellschaft eines Konzerns von den Handlungen der Tochterunternehmen durch Gewinnausschüttungen oder Ähnlichem profitiert, muss sie auch für die negativen Folgen haften. Im Gesellschaftsrecht lässt sich ein ähnlicher Grundsatz ausmachen, nach dem Gesellschafter ihre Haftung für Verbindlichkeiten der Gesellschaft nicht durch einseitige Erklärung ausschließen

---

Hellmann in: Wiedemann, Kartellrecht, § 46 Rn. 139. Aus ökonomischer Sicht *Posner,* Am. Crim. L. Rev. 17 (1980), 409, 412 f.

1622 Zurzeit wird den Unternehmen eine Ratenzahlung in der Regel erst im Vollstreckungsverfahren gewährt, sodass die wirtschaftliche Leistungsfähigkeit bei der Bemessung ohne diese Zahlungsmodalität ermittelt wird. Dies widerspricht eigentlich der gesetzlichen Anordnung in § 18 OWiG. Vgl. zum deutschen Recht *Klusmann* in: Wiedemann, Kartellrecht, § 57 Rn. 130. Zum europäischen Recht *Dannecker/Biermann* in: Immenga/Mestmäcker, Vorb. Art. 23 VO 1/2003 Rn. 235. Vgl. zu einer Beschreibung der Praxis des BKartA: Monopolkommission, XIX. Hauptgutachten, BT-Drs. 17/10365, S. 233.

1623 So ausdrücklich § 89 OWiG. Vgl. *Mitsch* in: KK-OWiG, 4. Aufl. 2014, § 18 OWiG Rn. 8.

1624 Ebenso *Achenbach,* WuW 2013, 688, 700 ff.

können.[1625] Wenn sie die Gesellschaft durch ihre Handlungen verpflichten und so von möglichen Einnahmen der Gesellschaft profitieren können, müssen sie auch für die Verbindlichkeiten haften. Dadurch sollte es Unternehmen, die zu Großkonzernen gehören, praktisch unmöglich sein, sich auf eine Zahlungsunfähigkeit zu berufen. Hierbei sollte auf den im Kartellrecht entwickelten Begriff der wirtschaftlichen Einheit zurückgegriffen werden.[1626] Dies sollte als Zumessungsvorschrift im europäischen und deutschen Recht in den vorgeschlagenen Regelungen wie folgt festgelegt werden:

> *Bei der Feststellung der finanziellen Leistungsfähigkeit des Bußgeldschuldners ist die gesamte wirtschaftliche Einheit maßgeblich, zu der er gehört.*

Falls im Einzelfall davon auszugehen ist, dass eine Geldbuße aufgrund ihrer geringen Höhe von den Entscheidungsgremien eines Großkonzerns nicht ausreichend beachtet wird, kann dies im Rahmen des Zumessungsvorgangs berücksichtigt werden. Diese mangelnde Abschreckungswirkung sollte jedoch nicht alleine zu höheren Geldbußen gegen das Unternehmen führen, sondern ebenfalls zu einem Ausbau der individuellen Sanktionen anregen. Wenn das Entscheidungsgremium den Bußgeldbetrag ignoriert, ist es zwar naheliegend, den Betrag erheblich zu erhöhen, um abschreckend zu wirken. Wie oben bereits ausgeführt, können unnötig hohe Geldbußen gegen Großkonzerne aber erhebliche Wohlfahrtseinbußen verursachen.[1627] Durch individuelle Sanktionen gegen die natürlichen Personen, die den konkreten Wettbewerbsverstoß begangen haben, kann die Abschreckungswirkung erhöht werden, ohne zugleich erhebliche Wohlfahrtsverluste zu erzeugen. Wie bereits hervorgehoben, sind Sanktionen gegen natürliche Personen jedoch nicht Teil dieser Arbeit und werden nicht weiter behandelt.

1625 Grundlegend zur „GbR mbH" BGH, NJW 1999, 3483 ff. – *GbR „mbH"* sowie zur analogen Geltung des § 130 HGB BGH, NJW 2003, 1803, 1804; OLG Hamm, NJW-RR 2002, 495, 496.

1626 Zwar sind einige Einzelheiten dieses Begriffs immer noch umstritten, vgl. jüngst nach dem Beschluss des BGH in Sachen Grauzement *Achenbach,* WuW 2013, 688, 700 ff.; *Haus,* NZKart 2013, 183, 136 ff. Allgemein *Achenbach* in: Frankfurter Kommentar, § 81 GWB Rn. 529; *Bechtold/Bosch,* GWB, § 81 GWB Rn. 31 ff.; *Dannecker/Biermann* in: Immenga/Mestmäcker, Vorb. Art. 23 VO 1/2003 Rn. 82 ff.; *Schneider/Engelsing* in: MünchKommEUWettR, Art. 23 VO 1/2003 Rn. 61 ff.; *Kindhäuser/Meyer* in: Frankfurter Kommentar, Art. 101 AEUV Bußgeldrechtliche Folgen Rn. 61 ff., 154 ff. Diese Unklarheiten können aber der Rechtsprechung zur Klärung überlassen werden. Im Übrigen ist diese Rechtsfigur im Kartellrecht etabliert.

1627 Siehe dazu bereits unter Teil 3.B.III.1.a.cc., S. 138 ff.

In der Höhe jedes einzelnen Bußgeldes dürften sich die vorgeschlagenen Regelungen nicht wesentlich von den zurzeit geltenden Regelungen unterscheiden. Nach letzteren ist der „Grundbetrag" der Geldbuße relativ niedrig, sodass kleine Unternehmen diese in der Regel tragen können. Gegenüber großen Unternehmen wird dieser „Grundbetrag" aber stark erhöht. Nach den vorgeschlagenen Regelungen ist die „grundsätzlich" zu bemessende Geldbuße eher hoch, wird aber bei geringer finanzieller Leistungsfähigkeit auf einer geringeren Höhe zugemessen.[1628] Die geltenden Regelungen haben jedoch den Nachteil, dass die Geldbuße nie anhand der für die Abschreckung relevanten Faktoren bemessen wird. Der „Grundbetrag" ist zu niedrig, um alle Faktoren zu berücksichtigen, und die Erhöhung für Großkonzerne erfolgt vollkommen unabhängig von den relevanten Faktoren. Nach den vorgeschlagenen Regelungen hingegen wird grundsätzlich eine Geldbuße bemessen, die sich an den für die Abschreckung entscheidenden Elementen orientiert. Nur gegen Unternehmen, gegen die ohnehin keine abschreckende Geldbuße festgesetzt werden kann, wird eine niedrigere Geldbuße bemessen. Der von den vorgeschlagenen Regelungen eingeschlagene Weg ist effizienter und daher vorzugswürdig.

4. *Berücksichtigung von Schadensersatzforderungen*

Darüber hinaus ist fraglich, ob Schadensersatzansprüche von Geschädigten gegen die Täterunternehmen wegen des Wettbewerbsverstoßes bzw. Zahlungen auf diese Ansprüche Bußgeldmindernd berücksichtigt werden müssen.

Schadensersatzforderungen dienen in erster Linie der Kompensation, um die Einbußen der Geschädigten auszugleichen. Im Falle von Verstößen gegen das Wettbewerbsrecht betrifft das im Wesentlichen überhöhte Preise und den entgangenen Gewinn durch den Mengenrückgang.[1629] Nachrangig dienen zivilrechtliche Schadensersatzansprüche auch der Abschreckung vor schädigenden Handlungen.[1630] Die zu leistenden Zahlungen steigern den Unnutzen aus der Zuwiderhandlung ebenso wie Geldbußen und senken dadurch den Anreiz zur Begehung der Tat.[1631]

1628 Vgl. zu diesen beiden Möglichkeiten *Wils,* W.Comp. 29 (2006), 183, 205.

1629 Siehe dazu oben unter Teil 3.B.II.2.b.bb.aaa., S. 112 ff. *Bechtold/Bosch,* GWB, § 33 GWB Rn. 29; *Bornkamm/Tolkmitt* in: Langen/Bunte, § 33c GWB Rn. 10 f.; *Emmerich* in: Immenga/Mestmäcker, § 33 GWB Rn. 44 ff.; *Ellger* in: FS Möschel, S. 191, 197; *Rauh/Zuchandke/Reddemann,* WRP 2012, 173, 174 ff.

1630 *Ackermann,* ZWeR 2010, 329, 332, 348 f.; *Bechtold/Bosch,* GWB, § 33 GWB Rn. 2; *Bornkamm/Tolkmitt* in: Langen/Bunte, Vorb. § 33 GWB Rn. 4.

1631 Siehe zum ökonomischen Hintergrund Teil 3.B.II.1., S. 102 ff. *Connor/Miller,* Determinants of EC Antitrust Fines for Members of Global Cartels, S. 10.

Auf diese Weise kann die Auferlegung einer Geldbuße durch die Geltendmachung eines Schadensersatzanspruches ersetzt werden. Mithin ist eine Anrechnung auf den Bußgeldbetrag geboten.[1632]

Es ist allerdings zu berücksichtigen, dass nicht alle Geschädigten ihre Ansprüche geltend machen bzw. vor Gericht vollständig beweisen können. Dies ist den Unternehmen auch bewusst. Folglich muss der Schadensersatzbetrag ähnlich wie bei dem Bußgeld mit dem Kehrwert der Durchsetzungswahrscheinlichkeit multipliziert werden.[1633] In der Europäischen Union und in Deutschland sind kartellrechtliche Schadensersatzklagen allerdings selten.[1634] In Deutschland gab es bis 2012 nur 46 Schadensersatzprozesse.[1635] Dies liegt zum einen an Schwierigkeiten beim Nachweis des erlittenen Schadens.[1636] Zum anderen bestehen im deutschen Recht Unklarheiten bei der Auslegung der Normen. Um diesen Schwierigkeiten zu begegnen, haben das Europäische Parlament und der Rat der Europäischen Union eine Richtlinie zur Unterstützung von Schadensersatzklagen wegen Wettbewerbsverstößen erlassen.[1637] Die darin getroffenen Regelungen über den Schadensersatzanspruch, die Verwertung von Beweismitteln,

---

1632 Ebenso *Bolotova/Connor,* Cartel Sanctions: An Empirical Analysis, S. 4; *Connor,* J. Ind. Comp. & Trade 6 (2006), 195, 208 f., 212; *Connor/Miller,* Determinants of EC Antitrust Fines for Members of Global Cartels, S. 10; *Motta,* ECLR 29 (2008), 209, 216; *Heimler/Mehta,* W.Comp. 35 (2012), 103, 116 f.; *Hüschelrath,* W.Comp. 35 (2012), 121, 157; *Hüschelrath/Weigand,* Fighting Hard Core Cartels, S. 37. Ausführlich zu Möglichkeiten der Berücksichtigung im deutschen Recht *Bach* in: FS Canenbley, S. 15, 16 ff.

1633 Vgl. auch *Heimler/Mehta,* W.Comp. 35 (2012), 103, 116 f.; *Hüschelrath/Weigand,* Fighting Hard Core Cartels, S. 28.

1634 *Bien* in: FS Möschel, S. 131; *Ellger* in: FS Möschel, S. 191, 199; *Glöckner,* WRP 2007, 490 f.; *Heimler/Mehta,* W.Comp. 35 (2012), 103 (in der Europäischen Union „praktisch nicht existent"); Kronberger Kreis, Reform der Geldbußen, S. 11; *Makatsch/Abele,* WuW 2014, 164 f.; *Möschel,* WuW 2007, 483, 485; *Weidenbach/Saller,* BB 2008, 1020, 1021. Siehe auch Kommission, Weißbuch „Schadenersatzklagen wegen Verletzung des EG-Wettbewerbsrechts", KOM(2008) 165 endgültig, S. 2; Kommission, Richtlinienvorschlag vom 11.6.2013, COM(2013) 404 final, S. 4 ff.

1635 *Rodger* in: Rodger, Competition law Comparative Private Enforcement and Collective Redress across the EU, S. 121, 155.

1636 Kommission, Richtlinienvorschlag vom 11.6.2013, COM(2013) 404 final, S. 4 ff. Siehe auch *Laitenberger/Smuda,* J. Comp. L. & Econ. 11 (2015), 955, 972 f.; *Rauh,* NZKart 2013, 222 ff.; *Rauh/Zuchandke/Reddemann,* WRP 2012, 173; *Schreiber,* Int'l Lawyer 44 (2010), 1157, 1167 ff.; *Weidenbach/Saller,* BB 2008, 1020, 1023 ff.

1637 RL 2014/104/EU, umgesetzt ins deutsche Recht durch die 9. GWB-Novelle. Siehe dazu *Lettl,* WRP 2015, 537 f.; *Makatsch/Mir,* EuZW 2015, 7; *Roth,* GWR 2015, 73 ff.

die Wirkung nationaler Behördenentscheidungen und der Abwälzung des Preisaufschlages sollen die Effektivität der mitgliedstaatlichen Bestimmungen zum kartellrechtlichen Schadensersatz erhöhen und letztlich zu einer höheren Zahl an Schadensersatzklagen führen.[1638] Aber auch die deutsche Rechtsprechung hat zu einigen bedeutenden Punkten Stellung bezogen. So hat der BGH jüngst klargestellt, dass auch indirekte Abnehmer anspruchsberechtigt sind und dass die Einrede, der Schaden sei auf die nachfolgende Marktebene weitergereicht worden (*passing-on defense*), zulässig ist.[1639] Das LG Düsseldorf hat hingegen jüngst entschieden, dass die Abtretung von Schadensersatzansprüchen vieler geschädigter Abnehmer an eine Person, die diese gerichtlich geltend macht, sittenwidrig sein kann.[1640] Diese Entscheidung erzeugt weitere Unsicherheiten bei der Geltendmachung von Schadensersatzansprüchen.[1641] Es bleibt daher abzuwarten, ob insbesondere die europäische Richtlinie und die klarstellenden Urteile zu einem signifikanten Anstieg der privaten Schadensersatzklagen führen. Aufgrund dieser Unsicherheit sollten die Schadenersatzansprüche nicht pauschal bei der Bemessung von Geldbußen berücksichtigt werden.

Sollten in Einzelfällen dennoch Schadensersatzansprüche geltend gemacht werden oder deren Geltendmachung sehr wahrscheinlich sein, sollte das Bußgeld auf einen niedrigeren Betrag festgesetzt werden. Die Schadensersatzsumme darf aber aufgrund der geringen Durchsetzungswahrscheinlichkeit nicht in voller Höhe in Abzug gebracht werden, selbst wenn sie tatsächlich geltend gemacht wurden. Da die Ex-ante-Wahrscheinlichkeit der Geltendmachung weit unter 100 % liegt, ist der Erwartungswert der Schadensersatzklagen auch erheblich niedriger als ihr tatsächlicher Wert. Schadensersatzbeträge, die von Angehörigen weit entfernter Marktstufen geltend gemacht werden, dürfen nur geringen Einfluss haben. Aufgrund der enormen Beweisschwierigkeiten zur Weiterreichung des Schadens[1642] besteht selbst bei tatsächlicher Geltendmachung nur eine geringe Ex-ante-Wahrscheinlichkeit, dass diese Ansprüche geltend gemacht und durchgesetzt werden. Schadensersatzansprüche direkter Abnehmer können

---

1638 *Lettl,* WRP 2015, 537 f.; *Makatsch/Mir,* EuZW 2015, 7; *Roth,* GWR 2015, 73.

1639 BGH, WRP 2012, 209 ff. – *ORWI.* Siehe dazu *Bechtold/Bosch,* GWB, § 33 GWB Rn. 31 f.; *Bornkamm/Tolkmitt* in: Langen/Bunte, § 33c GWB Rn. 5 ff.; *Lübbig/Mallmann,* WRP 2012, 166 ff.

1640 LG Düsseldorf, NZKart 2014, 75 ff. – *Cartel Damage Claims S. A.* Vgl. auch *Thole,* ZWeR 2015, 93 ff.

1641 *Makatsch/Abele,* WuW 2014, 164 ff.; *Uphoff,* BB 2014, 149.

1642 *Bornkamm/Tolkmitt* in: Langen/Bunte, § 33c GWB Rn. 28, 32; Kommission, Richtlinienvorschlag vom 11.6.2013, COM(2013) 404 final, S. 21 f.

jedoch stärker berücksichtigt werden, wenn nur sehr wenige Marktstufen vorhanden sind.

Bei der Ermittlung der Leistungsfähigkeit sind die Schadensersatzzahlungen und die Ansprüche, die mit hoher Wahrscheinlichkeit geltend gemacht werden, jedoch in voller Höhe zu berücksichtigen, weil hierbei die tatsächliche finanzielle Belastung und nicht die Abschreckungswirkung von Bedeutung ist.

5. *Sonstige Kritik*

Bei der Bewertung des geltenden Bußgeldsystems ist des Weiteren kritisiert worden, dass es zu einer unterschiedlichen Bewertung durch die Behörden und Gerichte kommen kann. Die normativen Vorgaben lassen den Behörden und Gerichten beachtliche Freiheiten bei der Festsetzung der Geldbuße. Die behördlichen Leitlinien zur Begrenzung dieses Entscheidungsspielraums führen allerdings nur zu einer Selbstbindung der Verfolgungsbehörden. Die Gerichte haben daher weiterhin einen nahezu unbegrenzten Freiraum und können die Geldbußen nach völlig anderen Grundsätzen bemessen.[1643]

Die vorgeschlagenen Regelungen geben dagegen eine einheitliche Zumessungsmethode für Behörden und Gerichte vor. Eventuell zu veröffentlichende Leitlinien der Behörden können allenfalls festlegen, ob die Zuwiderhandlung bei Vorliegen bestimmter Bemessungskriterien in der Regel im oberen, im mittleren oder im unteren Bereich des Rahmens eingeordnet wird. Eventuelle Rechtsunsicherheiten in Einzelfällen können durch konkrete Gerichtsurteile schnell ausgeräumt werden. Es ist daher zu erwarten, dass die vorgeschlagenen Regelungen in relativ kurzer Zeit zu einer einheitlichen Bußgeldpraxis führen. Sie erzeugen weitaus größere Rechtssicherheit als die geltenden Vorschriften und sind mithin effizienter.

Die Informationspolitik der Behörden wurde ebenfalls kritisiert.[1644] Diese nutzen ihren weiten Entscheidungsspielraum, um die normunterworfenen Unternehmen über die konkrete Höhe des Bußgeldes im Unklaren zu lassen. Darüber hinaus bleibt die Bußgeldpraxis oft hinter den in den Leitlinien angekündigten Vorgaben zurück. Die vorgeschlagenen Regelungen schränken den Spielraum der Behörden jedoch erheblich ein, sodass die zu erwartende Geldbuße bereits durch die normativen Vorgaben eingegrenzt ist. Darüber hinaus sollten die Behörden allerdings weiterhin Leitlinien zur Bemessung der Geldbußen und die Bußgeldentscheidungen veröffentlichen. Dadurch wird einem

---

1643 Siehe oben unter Teil 4.C.II., S. 257 ff.

1644 Siehe oben unter Teil 4.B.I.4., S. 231 ff. und Teil 4.B.II.4., S. 252.

erheblichen Informationsdefizit der normunterworfenen Unternehmen entgegengewirkt, das zu bedeutenden Wohlfahrtseinbußen führen kann.[1645]

6. *Teilergebnis*

Folglich beachten die vorgeschlagenen Regelungen die nach der ökonomischen Theorie entscheidenden Faktoren zur Bemessung von abschreckenden Geldbußen. Auch die Leistungsfähigkeit der Unternehmen und deren Eigenschaft als Großkonzerne kann ausreichend berücksichtigt werden. Schadensersatzzahlungen an Geschädigte oder deren Forderungen sollten allenfalls im Einzelfall und nur begrenzt bußgeldmindernd berücksichtigt werden. Darüber hinaus garantieren die Regelungen die Ausbildung eines einheitlichen Bemessungssystems für Behörden und Gerichte und reduzieren das Informationsdefizit bei den normunterworfenen Unternehmen. Mithin sind die vorgeschlagenen Regelungen erheblich effizienter als die geltenden und reduzieren die oben bemängelten Wohlfahrtsverluste deutlich.

III. Zwischenergebnis

Die vorgeschlagenen Regelungen berücksichtigen somit die juristischen und ökonomischen Kritikpunkte, die gegen die geltenden Regelungen vorgebracht werden. Sie entsprechen folglich sowohl den juristischen als auch den ökonomischen Vorgaben. Folgende Zumessungsvorschrift sollte in den vorgeschlagenen Regelungen zur Berücksichtigung der Leistungsfähigkeit noch aufgenommen werden:

> *Bei der Feststellung der finanziellen Leistungsfähigkeit des Bußgeldschuldners ist die gesamte wirtschaftliche Einheit maßgeblich, zu der er gehört.*

Folglich sind die vorgeschlagenen Regelungen aus beiden Blickwinkeln den geltenden Regelungen vorzuziehen.

D. Ergebnis

Die Sanktionierung von Verstößen gegen das Kartellrecht sollte sich am erzielten Gewinn und dem Kehrwert der Entdeckungswahrscheinlichkeit orientieren. Bei klassischen Kartellen kann der Preisaufschlag als prozentualer Anteil am tatbezogenen Umsatz als Näherung für den erzielten Gewinn ermittelt werden. Anhand von Metastudien, die mehrere hundert Einzelstudien zum Preisaufschlag

1645 Siehe zu diesen Einbußen Teil 4.B.I.4.b., S. 232 ff.

von Kartellen zusammenfassen, ist ermittelt worden, dass ein Rahmen des Preisaufschlages von bis zu 35 % des tatbezogenen Umsatzes zugrunde zu legen ist. Da die Entdeckungswahrscheinlichkeit mit mathematischen Methoden nicht zu ermitteln ist, sollte der Rahmen pauschal mit dem Faktor vier multipliziert werden. Für Preis-, Mengen- oder Marktaufteilungsabsprachen sollte daher ein Bußgeldrahmen von bis zu 140 % des tatbezogenen Umsatzes eingeführt werden. Um auch Absprachen mit einem höheren Preisaufschlag abschreckend zu sanktionieren, sollte ein Sonderbußgeldrahmen eingeführt werden.

Da der Preisaufschlag für sonstige horizontale und vertikale Wettbewerbsbeschränkungen, missbräuchliche Verhaltensweisen und Verstöße in der Fusionskontrolle nicht bestimmt werden kann, müssen die Bußgeldrahmen für diese Verstöße anhand eines Vergleiches mit Preis-, Mengen- oder Marktaufteilungsabsprachen ermittelt werden. Für sonstige horizontale und vertikale Wettbewerbsbeschränkungen sollte daher ein Bußgeldrahmen von bis zu 70 % des tatbezogenen Umsatzes und für missbräuchliche Verhaltensweisen ein Bußgeldrahmen von bis zu 110 % des tatbezogenen Umsatzes eingeführt werden. Für Verstöße in der Fusionskontrolle sollte ein Bußgeldrahmen eingeführt werden, der 25 % des vierfachen Umsatzes aller am Zusammenschluss beteiligten Unternehmen in den durch den Zusammenschluss betroffenen Märkten im Jahr, in dem der Verstoß begangen wurde, beträgt.

Bei der Bemessung des Bußgeldes im Einzelfall sollte auf die allgemeinen Kriterien des deutschen Ordnungswidrigkeitenrechts zurückgegriffen werden. Da das europäische Kartellsanktionsrecht keine hinreichend bestimmten Zumessungsregeln kennt, sollten die Bemessungskriterien des deutschen Rechts übernommen werden. Zusätzlich sollte in beiden Rechtsordnungen festgeschrieben werden, dass sich die Bußgeldzumessung primär an den Auswirkungen der Zuwiderhandlung orientieren sollte, die anhand von Tatsachen, Indizien und Anhaltspunkten ermittelt werden.

Dieses System der Bemessung von kartellrechtlichen Bußgeldern ist aus juristischer Sicht nicht zu beanstanden. Darüber hinaus greift es die nach der ökonomischen Theorie der öffentlichen Rechtsdurchsetzung relevanten Faktoren auf und führt dazu, dass effiziente Geldbußen gegen Unternehmen verhängt werden.

Teil 6. Zusammenfassung

In der vorliegenden Arbeit wurden die Bußgeldbemessungsnormen des europäischen und des deutschen Kartellrechts, Art. 23 Abs. 2 und 3 VO 1/2003 und § 81 Abs. 4 S. 2 und 6 GWB, untersucht. Nach einer kurzen Darstellung der juristischen Kritik an diesen Normen wurde die ökonomische Theorie der öffentlichen Rechtsdurchsetzung ausführlich erläutert und die Bußgeldbemessungsnormen nach den entwickelten Grundsätzen untersucht. Im Anschluss wurden Bußgeldbemessungsvorschriften für das europäische und das deutsche Kartellrecht entwickelt, die sowohl die juristischen als auch die ökonomischen Kritikpunkte berücksichtigen.

Nach den Ausführungen in Teil 2.B., S. 67 ff., spricht vieles dafür, dass die europäischen Bußgeldbemessungsvorschriften gegen den unionsrechtlichen Bestimmtheitsgrundsatz verstoßen. Der BGH hat für das deutsche Recht ebenfalls entschieden, dass § 81 Abs. 4 S. 2 GWB in der Auslegung als Kappungsgrenze gegen den verfassungsrechtlichen Bestimmtheitsgrundsatz verstößt. Die vom BGH als Abhilfe vorgenommene Auslegung als Bußgeldrahmen verstößt jedoch gegen den Schuldgrundsatz.

Nach dem Standardmodell der ökonomischen Theorie der öffentlichen Rechtsdurchsetzung sollte sich die Höhe einer Geldbuße an dem verursachten Schaden multipliziert mit dem Kehrwert der Entdeckungswahrscheinlichkeit orientieren (Teil 3, S. 83 ff.). Um Verfolgungskosten zu sparen, sollte die Geldbuße in Höhe des gesamten Vermögens des Täters verhängt werden, während die Entdeckungswahrscheinlichkeit entsprechend minimal sein sollte. Zahlreiche Erweiterungen des Standardmodells zeigen allerdings, dass diese Sanktionsbemessung nicht optimal ist. So darf die Geldbuße gegen ein Unternehmen bzw. eine juristische Person nicht so hoch sein, dass eine Fortführung der bisherigen Tätigkeit endgültig nicht erwartet werden kann und ein Marktaustritt höchst wahrscheinlich ist. Darüber hinaus sollte die Geldbuße nicht am Gesamtvermögen des Täters bemessen werden, sondern am verursachten Schaden bzw. am erzielten Gewinn, da die Entdeckungswahrscheinlichkeit nicht an die Höhe des Vermögens angepasst werden kann. Des Weiteren begrenzen die unions- bzw. verfassungsrechtlichen Prinzipien der Gleichheit, Verhältnismäßigkeit und Schuldangemessenheit die Höhe der Sanktion. Eine minimale Entdeckungswahrscheinlichkeit berücksichtigt zudem nicht, dass durch den kollektiven Lerneffekt bei einer größeren Zahl an Entscheidungen das Informationsdefizit der normunterworfenen Unternehmen reduziert werden kann. Daher sollte die

Geldbuße nach der ökonomischen Theorie nicht maximal und die Entdeckungswahrscheinlichkeit nicht minimal sein.

Die europäischen und die deutschen Bußgeldnormen und Verwaltungsvorschriften greifen die nach der ökonomischen Theorie relevanten Faktoren nicht auf (Teil 4, S. 203 ff.). Insbesondere die Bußgelderhöhung wegen Wiederholungstaten und die Orientierung am Gesamtumsatz erzeugen Wohlfahrtsverluste. Gleiches gilt für die Zurückhaltung von Informationen über die Sanktionsbemessung oder die Manipulation der Wahrnehmung der normunterworfenen Unternehmen. Zudem ist das normative System des europäischen und des deutschen Kartellsanktionsrechts nicht effizient. Durch die immensen Entscheidungsspielräume der Verfolgungsbehörden entstehen zusätzliche Wohlfahrtsverluste.

Um diese Defizite zu beseitigen, sollten die europäischen und deutschen Bußgeldbemessungsvorschriften im Kartellrecht wie folgt ausgestaltet werden (Teil 5, S. 267 ff.). In der VO 1/2003 sollte folgende Regelung aufgenommen werden:

(1) Im Falle eines Verstoßes gegen Art. 101 AEUV kann, wenn es sich um eine Preis-, Mengen- oder Marktaufteilungsabsprache handelt, gegen jedes Unternehmen oder jede Unternehmensvereinigung eine Geldbuße bis zu 140 % des tatbezogenen Umsatzes verhängt werden. Gleiches gilt für einen Verstoß gegen eine Anordnung nach Art. 8, 9 VO 1/2003, sofern diese einen Verstoß nach Satz 1 betrifft. Übersteigt der vierfache, durch die Preis-, Mengen- oder Marktaufteilungsabsprache erzielte Gewinn den Bußgeldrahmen nach Satz 1, kann der Verstoß mit einem Bußgeld innerhalb eines Bereichs von fünf Prozentpunkten ober- und unterhalb des vierfachen Gewinns geahndet werden.

(2) Im Falle eines Verstoßes gegen Art. 101 AEUV kann in den übrigen Fällen gegen jedes Unternehmen oder jede Unternehmensvereinigung eine Geldbuße bis zu 70 % des tatbezogenen Umsatzes verhängt werden. Gleiches gilt für einen Verstoß gegen eine Anordnung nach Art. 8, 9 VO 1/2003, sofern diese einen Verstoß nach Satz 1 betrifft.

(3) Im Falle eines Verstoßes gegen Art. 102 AEUV kann gegen jedes Unternehmen oder jede Unternehmensvereinigung eine Geldbuße bis zu 110 % des tatbezogenen Umsatzes verhängt werden. Gleiches gilt für einen Verstoß gegen eine Anordnung nach Art. 8, 9 VO 1/2003, sofern diese einen Verstoß nach Satz 1 betrifft.

(4) Die Bemessung der Geldbuße richtet sich in erster Linie nach der Bedeutung der Zuwiderhandlung im Sinne des [europäisches Äquivalent zu § 17 Abs. 3 S. 1 OWiG]. Diese Bedeutung wird im Wesentlichen anhand ihrer volkswirtschaftlichen Auswirkungen bestimmt, die durch Indizien abgeschätzt werden.

(5) Bei der Feststellung der finanziellen Leistungsfähigkeit des Bußgeldschuldners ist die gesamte wirtschaftliche Einheit maßgeblich, zu der er gehört.

In der FKVO sollte folgende Regelung aufgenommen werden:

(1) *Die Kommission kann gegen die in Art. 3 Abs. 1 Buchstabe b) FKVO bezeichneten Personen oder die beteiligten Unternehmen durch Entscheidung Geldbußen in Höhe von bis zu 25 % des vierfachen betroffenen Umsatzes festsetzen, wenn sie vorsätzlich oder fahrlässig*[1646]
   a) *einen Zusammenschluss vor seinem Vollzug nicht gemäß Artikel 4 oder gemäß Artikel 22 Absatz 3 anmelden, es sei denn, dies ist ausdrücklich gemäß Artikel 7 Absatz 2 oder aufgrund einer Entscheidung gemäß Artikel 7 Absatz 3 zulässig,*
   b) *einen Zusammenschluss unter Verstoß gegen Artikel 7 vollziehen,*
   c) *einen durch Entscheidung nach Artikel 8 Absatz 3 für unvereinbar mit dem Gemeinsamen Markt erklärten Zusammenschluss vollziehen oder den in einer Entscheidung nach Artikel 8 Absatz 4 oder 5 angeordneten Maßnahmen nicht nachkommen,*
   d) *einer durch Entscheidung nach Artikel 6 Absatz 1 Buchstabe b), Artikel 7 Absatz 3 oder Artikel 8 Absatz 2 Unterabsatz 2 auferlegten Bedingung oder Auflage zuwiderhandeln.*

   Der betroffene Umsatz ist der Umsatz aller am Zusammenschluss beteiligten Unternehmen in den durch den Zusammenschluss betroffenen Märkten im Jahr, in dem der Verstoß begangen wurde.
(2) *Die Zumessung der Geldbuße richtet sich in erster Linie nach der Bedeutung der Zuwiderhandlung im Sinne des [europäisches Äquivalent zu § 17 Abs. 3 S. 1 OWiG]. Diese Bedeutung wird im Wesentlichen anhand ihrer volkswirtschaftlichen Auswirkungen bestimmt, die durch Indizien abgeschätzt werden.*
(3) *Bei der Feststellung der finanziellen Leistungsfähigkeit des Bußgeldschuldners ist die gesamte wirtschaftliche Einheit maßgeblich, zu der er gehört.*

Zur Klarstellung sollte § 81 Abs. 2 Nr. 1 GWB wie folgt unterteilt werden:

   a) *des § 1 über das Verbot einer dort genannten Vereinbarung, eines dort genannten Beschlusses, einer aufeinander abgestimmten Verhaltensweise,*
   b) *des § 19 Abs. 1, § 20 Abs. 1, auch in Verbindung mit Abs. 2 Satz 1, § 20 Abs. 3 Satz 1, auch in Verbindung mit Satz 2, § 20 Abs. 4 Satz 1 oder Abs. 6, § 21 Abs. 3 oder 4, § 29 Satz 1 über das Verbot der missbräuchlichen Ausnutzung einer marktbeherrschenden Stellung, einer Marktstellung oder einer überlegenen Marktmacht, einer unbilligen Behinderung oder unterschiedlichen Behandlung, der Ablehnung der Aufnahme eines Unternehmens, der Ausübung eines Zwangs, der Zufügung eines wirtschaftlichen Nachteils oder*
   c) *des § 41 Abs. 1 Satz 1 über das Verbot des Vollzugs eines Zusammenschlusses zuwiderhandelt,*

2. (…)

1646 Im Folgenden identisch mit Art. 14 Abs. 2 Buchstabe a)-d) FKVO.

In das GWB sollte zudem folgende Regelung aufgenommen werden:

(1) *Die Ordnungswidrigkeit kann in den Fällen des [§ 81 Abs. 1 Nr. 1, Abs. 2 Nr. 1 a) GWB n.F.], wenn es sich um eine Preis-, Mengen- oder Marktaufteilungsabsprache handelt, sowie in den Fällen des § 81 Abs. 2 Nr. 2 a) GWB, wenn diese Anordnung einen Verstoß nach Halbsatz 1 betrifft, mit einer Geldbuße bis zu 140 vom Hundert des tatbezogenen Umsatzes geahndet werden. Sofern der vierfache, durch die Preis-, Mengen- oder Marktaufteilungsabsprache erzielte Gewinn den Bußgeldrahmen nach Satz 1 übersteigt, kann die Ordnungswidrigkeit mit einem Bußgeld innerhalb eines Rahmens von fünf Prozentpunkten ober- und unterhalb des vierfachen Gewinns geahndet werden.*

(2) *Die Ordnungswidrigkeit kann in den übrigen Fällen des [§ 81 Abs. 1 Nr. 1, Abs. 2 Nr. 1 a) GWB n.F.] sowie in den Fällen des § 81 Abs. 2 Nr. 2 a) GWB, wenn diese Anordnung einen Verstoß nach Halbsatz 1 betrifft, mit einer Geldbuße bis zu 70 vom Hundert des tatbezogenen Umsatzes geahndet werden.*

(3) *Die Ordnungswidrigkeit kann in den Fällen des [§ 81 Abs. 1 Nr. 2, Abs. 2 Nr. 1 b), Abs. 3 Nr. 1, 2 GWB n.F.] sowie in den Fällen des § 81 Abs. 2 Nr. 2 a) GWB, wenn diese Anordnung einen Verstoß nach Halbsatz 1 betrifft, mit einer Geldbuße bis zu 110 vom Hundert des tatbezogenen Umsatzes geahndet werden.*

(4) *Die Ordnungswidrigkeit kann in den Fällen des [§ 81 Abs. 2 Nr. 1 c), Abs. 3 Nr. 3 Var. 2 GWB n.F.] sowie in den Fällen des § 81 Abs. 2 Nr. 2 a) GWB, wenn es sich um Anordnungen im Zusammenhang mit dem Vollzug oder der Freigabe eines Zusammenschlusses handelt, mit einer Geldbuße bis zu 25 vom Hundert des vierfachen betroffenen Umsatzes geahndet werden. Der betroffene Umsatz ist der Umsatz aller am Zusammenschluss beteiligten Unternehmen in den durch den Zusammenschluss betroffenen Märkten im Jahr, in dem die Zuwiderhandlung begangen wurde.*

(5) *Die Zumessung der Geldbuße richtet sich in erster Linie nach der Bedeutung der Ordnungswidrigkeit im Sinne des § 17 Abs. 3 S. 1 OWiG. Diese Bedeutung wird im Wesentlichen anhand ihrer volkswirtschaftlichen Auswirkungen bestimmt, die durch Indizien abgeschätzt werden.*

(6) *Bei der Feststellung der finanziellen Leistungsfähigkeit des Bußgeldschuldners ist die gesamte wirtschaftliche Einheit maßgeblich, zu der er gehört.*

Da die allgemeinen europäischen Zumessungsregeln äußerst rudimentär ausgestaltet sind, sollten die allgemeinen Zumessungsgrundsätze des deutschen Ordnungswidrigkeitenrechts, die im Wesentlichen in § 17 Abs. 3 OWiG niedergelegt sind, in das europäische Recht übernommen werden.

Diese Regelungen greifen die juristische Kritik an den geltenden Regelungen auf und sind mit höherrangigem Recht vereinbar. Zudem werden die ökonomischen Aspekte, die zu einer effizienten Sanktionierung von Kartellrechtsverstößen nötig sind, berücksichtigt. Die vorgeschlagenen Regelungen sind daher sowohl aus juristischer als auch aus ökonomischer Sicht dem geltenden Bußgeldsystem im europäischen und im deutschen Kartellrecht vorzuziehen.

Anhang 1: Kommissionspraxis

In der folgenden Tabelle sind alle Entscheidungen der Kommission gegen klassische Kartelle unter den Leitlinien von 2006 bis zum 1.7.2018 aufgeführt. Soweit keine öffentlichen Versionen der Entscheidungen vorhanden sind, ist dies durch den Hinweis **(unver.)** unter dem Aktenzeichen der Entscheidung vermerkt. Sofern Einzelheiten zur Bußgeldbemessung aus der entsprechenden Pressemitteilung oder der Kurzversion der Entscheidung aus dem Amtsblatt hervorgehen, wurden sie in die Tabelle eingefügt.

Die Tabelle enthält Angaben zum Gesamtumsatz ("Ges.-ums.") und dem tatbezogenen Umsatz ("tatbez. Ums.") der mit einer Geldbuße belegten wirtschaftlichen Einheiten. Zur Bestimmung des Grundbetrags des Bußgeldes sind die Dauer des Verstoßes, der Prozentsatz vom tatbezogenen Umsatz, die Begründung der Kommission für diesen Prozentsatz sowie der Prozentsatz der Eintrittsgebühr (% EG) angegeben. In den anderen Spalten ist der Prozentsatz für den Aufschlag für Wiederholungstaten sowie für den Abschreckungsaufschlag inklusive der Begründung durch die Kommission aufgeführt. In der vorletzten Spalte ist das Bußgeld vor Abzug eines eventuellen Kronzeugenrabattes oder eines Rabatts im Vergleichsverfahren angegeben. Sofern in einem Gerichtsverfahren Aspekte, die die Bußgeldbemessung betrafen, geändert wurden, ist dies in der Spalte für die Begründung durch die Kommission vermerkt. Zum Teil sind die Umsatzzahlen und das Bußgeld vor Abzug von Rabatten in der Entscheidung geschwärzt. Dies ist in den jeweiligen Spalten durch die Abkürzungen "gesch.", "ge." oder "g." kenntlich gemacht. Sofern ausreichend Daten vorhanden sind, ist der Anteil der Geldbuße ("Geldb.") am tatbezogenen Umsatz ("Ums.") in der letzten Spalte berechnet. Alle Umsätze und Geldbußen werden in Mio. Euro angegeben.

Am Ende der Tabelle sind einige statistische Aspekte der Entscheidungen zusammengefasst. Dabei sind nur solche Entscheidungen erfasst, bei denen eine nicht-vertrauliche Version veröffentlicht wurde oder alle aufgeführten Werte in der Pressemitteilung veröffentlicht wurden. Sonst wäre die Auswertung durch bruchstückhafte Daten verfälscht worden.

	COMP/39.165 - Flachglas	Ges.-ums.	tatbez. Ums.	Grundbetrag: Dauer	Grundbetrag: %	Grundbetrag: Begründung des Prozentsatzes für den Grundbetrag	Grundbetrag: % EG	Wiederholungstäteraufschlag: %	Wiederholungstäteraufschlag: Begründung	Abschreckungsaufschlag: %	Abschreckungsaufschlag: Begründung	Geldbuße	Anteil Geldb./Ums.
28.11.2007	Asahi / Glaverbel	gesch.	371,4	1	18	Rn. 475: "Horizontal price-fixing is by its very nature among the most harmful restrictions of competition. In this case there is no indication of the existence of market-sharing or output-limitation agreements." Rn. 476: "The estimated combined market share (...) was at least 80 % in the EEA (see table 1)." Rn. 477: "The geographic scope of the infringement was the EEA (...)." Rn. 478: "As indicated at recitals (337) and (338), it has been established that the infringement was generally implemented."	17	-	EuG, Urteil vom 27. 9. 2012, T-82/08 (Curia) - Guardian, Rn. 123: "Im vorliegenden Fall sind, wie die Kommission geltend macht, mehr als 15 Jahre bis zum Beginn der zweiten von Saint-Gobain und Glaverbel begangenen Zuwiderhandlung verstrichen, und entgegen dem Vorbringen der Klägerinnen ist ein Fortsetzungszusam-menhang zwischen der ersten und der zweiten Zuwiderhandlung nicht nachgewiesen."	-	EuG, Urteil vom 27.3.2014, T-56/09 u.a. - Saint Gobain, Rn. 485: "Nach der angefochtenen Entscheidung war die Erhöhung um 60 % des Grundbetrags (...)" EuG, Urteil vom 27. 9. 2012, T-82/08 - Guardian, Rn. 118: "(...) wegen ihrer 'größeren Präsenz im Glassektor' und 'ihres Umsatzes, [der] in absoluten Zahlen deutlich höher als derjenige der anderen' ist, aus Gründen der abschreckenden Wirkung der Geldbuße ein Multiplikator angewandt wurde (519. Erwägungsgrund). " Rn. 119: "Bei den anderen am Kartell beteiligten Unternehmen wurde kein Multiplikator angewandt."	**130**	35,0%
	Guardian	gesch.	422,9	1	18		17	-		-		**148**	35,0%
	Pilkington	gesch.	318,2	1,5	18		17	-		-		**140**	29,3%
	Saint Gobain	gesch.	304,3	1,5	18		17	-		60		**133,9**	29,3%

	COMP/38.432 - Professional Videotapes	Ges.-ums.	tatbez. Ums.	Grundbetrag: Dauer	Grundbetrag: %	Grundbetrag: Begründung des Prozentsatzes für den Grundbetrag	Grundbetrag: % EG	Wiederholungstäteraufschlag: %	Wiederholungstäteraufschlag: Begründung	Abschreckungsaufschlag: %	Abschreckungsaufschlag: Begründung	Geldbuße	Anteil Geldb./Ums.
	Fuji	gesch.	31,1	3	18	Rn. 206: "Horizontal price-fixing is by its very nature among the most harmful	17	-		-	Rn 243: "(...) It is observed that Sony has a particularly large turnover beyond the sales of goods or services to which the infringement	**22**	23,6%

20.11.2007	Maxell	gesch.	25,8	3	18	restrictions of competition. In this case there is no indication of the existence of market-sharing or output-limitation agreements." Rn. 207: "The estimated combined market share was more than 85% (...) in the EEA." Rn. 208: "The geographic scope of the infringement was at least the EEA (...)." Rn. 209: "(...) it has been established that the infringement was generally implemented."	17	-		-	relates, and that such turn-over is, in absolute terms, much larger than Fuji's or Maxell's." Rn 246: "Accordingly, and in order to ensure that fines have a sufficiently deterrent effect in this case, it is decided to increase the fine to be imposed on Sony by 10 %."	**18**	23,3%
	Sony	gesch.	46,9	3	18		17	-		10		**47,2**	33,5%

	COMP/38.629 - Chloropren-Kautschuk	Ges.-ums.	tatbez. Ums.	Grundbetrag				Wiederholungstäteraufschlag		Abschreckungsaufschlag		Geld-buße	Anteil Geldb./ Ums.
				Dau-er	%	Begründung des Prozentsatzes für den Grundbetrag	% EG	%	Begründung	%	Begründung		
05.12.2007	Bayer	28 956	gesch.	9	21	Rn. 524: "Im vorliegenden Fall trafen die Wettbewerber Vereinbarungen über die Zuteilung und Stabilisierung der Märkte, Marktanteile und Absatzquoten für Chloropren-Kautschuk, koordinierte Preiserhöhungen und Mindestpreise, die Zuteilung von Kunden und den Austausch wettbewerbsrelevanter Informationen. Absprachen über die Marktaufteilung und Preisabsprachen gehören naturgemäß zu den schwerwiegendsten Wettbewerbsverstößen. " Rn. 526: "Der geschätzte kumulierte EWR-	20	50	Rn. 540: "Zum Zeitpunkt der Zuwiderhandlung hatte die Kommission bereits Entscheidungen wegen Kartelltätigkeiten an Bayer und Enichem gerichtet. Der Umstand, dass die betreffenden Unternehmen dasselbe Verhalten entweder in derselben Branche oder einer anderen als der, in Bezug auf die sie bereits mit Geldbußen belegt worden waren, wiederholten, zeigt, dass die ersten Geldbußen bei den betreffenden Unternehmen keine Verhaltensänderung bewirkt haben." Rn. 541: Ausführungen zur	-	Rn. 584: "Im vorliegenden Fall erzielen Enichem, Dow, DuPont und Bayer einen besonders hohen Umsatz mit Waren oder Dienstleistungen, die nicht mit der Zuwiderhandlung in Zusammenhang stehen, und der Umsatz jedes dieser Unternehmen ist in absoluten Zahlen sehr viel höher, als der von Tosoh und Denka." Rn. 586: "(...) Die Adressaten dieser Entscheidung haben in dem der Entscheidung vorausgehenden Geschäftsjahr 2006 folgende Gesamtumsätze erzielt: (...). Auf dieser Grundlage erachtet die Kommission es als	**201**	-
	DuPont	21 839	gesch.	9	21		20	-		-		**79**	-
	Denki	2 254	gesch.	9	21		20	-		-		**47**	-
	Dow Chemical	39 124	gesch.	6,5	21		20	-		10		**64,9**	-
	ENI	86 105	gesch.	9	21		20	60		40		**132,2**	-

Tosoh	5 350	gesch.	9	21	Marktanteil der an dieser Zuwiderhandlung beteiligten Unternehmen betrug (...) 100 %. (...) die Zuwider-handlung [hatte] weltweite Ausmaße."	20	-	Vergleichbarleit Rn. 542: Ausführungen zum Zeitraum zwischen den Verstößen	-	angemessen, (...) die Geldbußen für ENI mit 1,4 und für Dow mit 1,1 zu multiplizieren."	**9,6**	-

COMP/38.628 - Nitril-Butadien-Kautschuk (23.01.2008)	Ges.-ums.	tatbez. Ums.	Grundbetrag				Wiederholungstäteraufschlag		Abschreckungsaufschlag		Geld-buße	Anteil Geldb./ Ums.
			Dau-er	%	Begründung des Prozentsatzes für den Grundbetrag	% EG	%	Begründung	%	Begründung		
Bayer	28 956	52,4	2	16	Rn. 171: "Die Adressaten (...) waren an einer (...) Zuwiderhandlung (...)mit dem gemeinsamen Ziel beteiligt, den Wettbewerb (...) insbesondere durch die gegenseitige Versicherung ihrer Preisabsichten, die Koordinierung einer gleichzeiti-gen Preiserhöhung und den Austausch von Informationen über Preisstrategien, Kapazitäts- und Auslastungsgrade zu verzerren. " Rn. 172: "(...) der kumulierte Marktanteil der Unternehmen (...) [wird] auf ungefähr 55 % geschätzt." Rn. 173: "(...) die gesamte Gemeinschaft und Norwegen [waren] von der Zuwiderhandlung betroffen."	16	50	Rn. 182: "Da die Kommis-sionsentscheidung in der Zitronensäure-Sache na-hezu ein Jahr vor Beendi-gung des von dieser Entscheidung betroffenen Kartells erging, wobei das letztere fortsetzte und sich sogar vor der Einleitung der Untersuchung der Kommission intensivierte, ohne dass es sichtbare Zeichen ei-ner Beendigung der Absprachen gegeben hätte, zeigt Bayers Verhalten, dass die zuvor verhängten Geldbußen es nicht zu einer Änderung seines Verhaltens veranlassten. (...) Da Bayer zum ersten Mal als Wiederholungstäter erkannt wurde, rechtfer-tigt dies(...) eine Anhebung (...) um 50 %."	10	Rn. 186: "Der weltweite Gesamtumsatz von Bayer belief sich im Jahr 2006 auf 28 956 Mio. EUR. Bayer hat besonders hohe Umsätze mit Waren oder Dienstleistungen, die nicht mit der Zuwiderhandlung im Zusammenhang stehen, erzielt. (...)"	**41,3**	39,4%
Zeon	1 928	28	0,5	16		16	-		-		**6,7**	47,9%

	COMP/38.543 - Internationaler Umzugsservice	Ges.-ums.	tatbez. Ums.	Grundbetrag				Wiederholungstäteraufschlag		Abschreckungsaufschlag		Geld-buße	Anteil Geldb./ Ums.
				Dau-er	%	Begründung des Prozentsatzes für den Grundbetrag	% EG	%	Begründung	%	Begründung		
11.03.2008	Allied Arthur Pierre	3 078	6,2	6,5	17	Rn. 542: "L'infraction consiste en la fixation directe et indirecte de prix pour les services de déménagements internationaux en Belgique, la répartition de la clientèle et la manipulation de la soumission d'offres pour ces services au moyen d'accord sur les prix, notamment sous forme de conventions fixant les prix planchers et les autres conditions du service ainsi qu'au moyen des accords sur les commissions et les offres de couverture. "	17	-		-		**5,2**	12,9%
	Exel	5 261	6,2	19	17		17	-		-		**8,9**	7,6%
	Compas	1,3	0,6	7,5	17		17	-		-		**0,1**	2,2%
	Coppens	1	0,1	11	17		17	-		-		**0,1**	9,1%
	Gosselin	143	2,2	11	17		17	-		-		**4,5**	18,6%
	Interdean	106	3,9	19	17		17	-		-		**10,6**	14,3%
	Mozer	0	0,4	0,5	17		17	-		-		**0**	
	Putters	4	1,4	6,5	17		17	-		-		**0,4**	4,4%
	Team Relocations	44,4	2,6	7	17		17	-		-		**3,5**	19,2%
	Transworld	2,5	1,2	18,5	17		17	-		-		**0,2**	0,9%
	Ziegler	gesch.	2,7	19	17		17	-		-		**9,2**	17,9%

	COMP/39.180 - Aluminium-fluorid	Ges.-ums.	tatbez. Ums.	Grundbetrag				Wiederholungstäteraufschlag		Abschreckungsaufschlag		Geld-buße	Anteil Geldb./ Ums.
				Dau-er	%	Begründung des Prozentsatzes für den Grundbetrag	% EG	%	Begründung	%	Begründung		
25.06.2008	Boliden	gesch.	gesch.	0,5	17	Rn. 236: "The infringement in the present case consisted of, inter alia, horizontal price-fixing. These kinds of practices are, by their very nature, among the most harmful restrictions of competition. " Rn. 237: "The estimated combined market share (...) was not more than [...] % in the EEA (...)." Rn. 238: "(...) the cartel was worldwide. " Rn. 238: "The degree to which the agreement was implemented (...) has also been taken into account ."	17	-		-		**1**	-
	Fluorsid, Minmet	gesch.	gesch.	0,5	17		17	-		-		**1,6**	-
	Industries Chimiques du Fluor	gesch.	gesch.	0,5	17		17	-		-		**1,7**	-
	Industrial Quimica de Mexico, QB Indust.	gesch.	gesch.	0,5	17		17	-		-		**1,7**	-

COMP/38.695 - Natriumchlorat	Ges.-ums.	tatbez. Ums.	Grundbetrag: Dauer	Grundbetrag: %	Grundbetrag: Begründung des Prozentsatzes für den Grundbetrag	% EG	Wiederholungstäteraufschlag: %	Wiederholungstäteraufschlag: Begründung	Abschreckungsaufschlag: %	Abschreckungsaufschlag: Begründung	Geld-buße	Anteil Geldb./ Ums.
Akzo Nobel, EKA Chemicals	10 217	93,9	5,5	19		19	-		-	Rn. 547: "(...) (Es) ist anzumerken, dass die Aufstellung eines Compliance-Programms darauf schlie-ßen lässt, dass Atochem sich zwar um die Einhaltung des Wettbewerbsrechts bemüht, dies an sich aber keine hinreichende Gewähr dafür bietet, dass sich das Unternehmen in Zukunft nicht mehr wettbewerbswidrig verhält. Denn auch im Methacrylat-Fall dauerte die Zuwiderhandlung bis zum 12. Sep-tember 2002 an, obgleich im Januar 2001 ein Programm zur Einhaltung des Wettbewerbsrechts aufgestellt worden war. (...) Vielmehr spricht die Tatsache, dass das Unternehmen an mehreren Kartellen beteiligt war, für die Notwendigkeit, in jeder Entscheidung, mit der eine Zuwiderhandlung festgestellt wird, für eine angemessenen Abschreckung	**116**	22,5%
Finnish Chemicals	gesch.	55,1	5,5	19		19	-	Rn. 525: "Die Tatsache, dass Atochem in seiner Geschäftstätigkeit (im selben oder in anderen Sektoren) die gleichen Verhaltensweisen verfolgt, zeigt, dass die ersten Geldbußen es nicht zu einer Verhaltensänderung veranlasst haben. Dies stellt einen erschwerenden Umstand dar und rechtfertigt eine Anhebung des zu verhängenden Grundbetrags um 90 %." Rn. 526: "Das von Atochem in seiner Erwiderung auf die Mitteilung der Beschwerdepunkte vorgebrachte Argument, dass das frühere Kartellverhalten mehr als 12 Jahre vor Beginn der	-		**gesch.**	-
Arkema France/Elf Aquitaine gesamtsch.	gesch.	19,9	5	19		19	-		-		**22,7**	22,8%
Arkema France	gesch.	19,9	5	19		19	90		-		**20,4**	20,5%
Elf Aquitaine	139 389	19,9	5	19	Rn. 512: "(...) die Wettbewerber [teilten] Märkte durch Zuweisung von Absatzmengen unter sich auf, koordinierten Preiserhöhungen und/oder trafen	19	-		70		**15,9**	16,0%

11.06.2008

Uralita	1 095	11,6	0,91	19	Absprachen zur Aufrechterhaltung von Preisniveaus und tauschten wettbewerbsrelevante Informationen aus. Marktaufteilungen und Preisabsprachen gehören zu den schädlichsten Wettbewerbsbeschränkungen überhaupt." Rn. 513: "Der geschätzte gemeinsame Marktanteil (..) belief sich auf mehr als 90 % (...)." Rn. 514: "Räumlich erstreckte sich die Zuwiderhandlung über einen wesentlichen Teil des EWR-Gebiets (...)."	19	-	Natriumchlorat-Zuwiderhandlung zurücklag und daher keinen Rückfall darstellt, wird zurückgewiesen. Ausschlaggebend ist nicht das frühere Kartellverhalten, sondern das Datum der Entscheidung, mit der diese Zuwiderhandlung festgestellt wurde. (...)"	-	von ähnlichen Verhaltensweisen in der Zukunft zu sorgen." Rn. 548: "(...) Der Umsatz von Elf Aquitaine mit anderen Waren oder Dienstleistungen als jenen, die Gegenstand der Zuwiderhandlung waren, war besonders hoch und ist, in absoluten Zahlen, sehr viel höher als jener der anderen beteiligten Unternehmen."	**4,2**	39,8%
Aragonesas Industrias y Energia	gesch.	11,6	3,5	19		19	-		-		**9,9**	24,4%

01.10.2008

COMP/39.181 – Kerzenwachse	Ges.-ums.	tatbez. Ums.	Grundbetrag				Wiederholungstäteraufschlag		Abschreckungsaufschlag		Geld-buße	Anteil Geldb./ Ums.
			Dau-er	%	Begründung des Prozentsatzes für den Grundbetrag	% EG	%	Begründung	%	Begründung		
ENI	87 256	10-30	3,5	17	Rn. 644: "Horizontale Preisabsprachen und – bei einigen Unternehmen die Aufteilung von Märkten und/oder Kunden – zählen ihrem Wesen nach zu den stärksten Beschränkungen des Wettbewerbs, da sie den Wettbewerb auf einem Markt für homogene Produkte in einem Hauptparameter verfälschen." Rn. 650: "Der kombinierte Marktanteil der Unternehmen, bei denen eine Zuwiderhandlung nachgewiesen werden konnte, wird auf etwa 75 % angesetzt (...)." Rn. 651: "Bezüglich des räumlichen Umfangs ist festzustellen, dass die Zuwiderhandlung den gesamten EWR betraf, (...)." Rn. 653: "(...) Die Aufteilung von Märkten und Kunden zählt naturgemäß zu den schädlichsten Beschränkungen des	17	60		40		**29,1**	27,7 - 83,1 %
ExxonMobil	261 656	10-30	bis zu 11,5	18		18	-		100		**89,9**	26,1 - 78,2 %
Hansen & Rosenthal	< 1 000	20-40	bis zu 4,5	17		17	-		-		**24**	13,3 - 26,7 %
Tudapetrol	< 10	< 10	8,5	17		17	-		-		**12**	< 14,1 %
MOL	10 320	< 10	13	18		18	-		-		**23,7**	< 18,2 %
Repsol	52 098	5-15	10,5	18		18	-		20		**26,4**	16,8 - 50,3 %
Sasol	10 439	160-180	bis zu 13	18		18	-	Rn. 678: Ausführungen zur Unternehmensiden-tität und Unschädlichkeit von Umstrukturierungen	-		**636,4**	27,2 - 30,6 %

	Shell	259 600	10-30	bis zu 12	18	Wettbewerbs, da diese Verhaltensweisen eine Verringerung oder Beseitigung des Wettbewerbs auf bestimmten Märkten bzw. bei bestimmten Kunden zur Folge haben (...). In Anbetracht dieses erschwerenden Umstands wird der Anteil des bei ExxonMobil, (und den anderen Unternehmen) anzunehmenden Umsatzes auf 18 % festgesetzt."	18	60	Rn. 679: Ausführungen zu Zeitspanne zwischen den berücksichtigten Taten Rn. 680: "Aus den genannten Gründen sollte der Grundbetrag der Geldbuße für ENI um 60 % und für Shell um 60 % erhöht werden. "	100	Rn. 712: Auflistung der Gesamtumsätze Rn. 713: "Daher multipliziert die Kommission den Grundbetrag der Geldbuße von ExxonMobil und Shell mit dem Faktor 2, (...), um eine abschreckende Wirkung zu erzielen. "	**96**	26,7 - 80,0 %
	RWE	42 507	10-30	10	18		18	-		20		**37,4**	12,5 - 37,4 %
	Total	158 752	20-40	13	18		18	-		70		**128,2**	24,7 - 49,3 %

	COMP/39.188 - Bananen	Ges.-ums.	tatbez. Ums.	Grundbetrag				Wiederholungstäteraufschlag		Abschreckungsaufschlag		Geld-buße	Anteil Geldb./ Ums.
				Dau-er	%	Begründung des Prozentsatzes für den Grundbetrag	% EG	%	Begründung	%	Begründung		
15.10.2008	Chiquita	3 402	347,6	3	15	Rn. 455: "Die in dieser Entscheidung festgestellte abgestimmte Verhaltensweise betrifft die Festsetzung von Preisen. Die Unternehmen nahmen an einer (..) Zuwiderhandlung durch abgestimmte Verhaltensweisen teil, im Zuge derer sie ihre Listenpreise für Bananen in der Region Nordeuropa koordinierten." Rn. 457: "Der kumulierte Marktanteil (...) wird (...) auf zumindest ca. 40-45 % geschätzt." Rn. 458 "Die räumliche Abdeckung (...) erstreckte sich über Belgien, Dänemark, Deutschland, Finnland, Luxemburg, die Niederlande, Österreich und Schweden."	15	-		-		**83,2**	8,0%
	Dole	5 057	190,6	3	15		15	-		-		**45,6**	8,0%
	Del Monte/ Weichert	teilw. gesch.	82,6	3	15		15	-		-		**14,7**	5,9%

	COMP/39.125 – Autoglas	Ges.-ums.	tatbez. Ums.	Grundbetrag				Wiederholungstäteraufschlag		Abschreckungsaufschlag		Geld-buße	Anteil Geldb./ Ums.
				Dau-er	%	Begründung des Prozentsatzes für den Grundbetrag	% EG	%	Begründung	%	Begründung		
	Saint Gobain	43 400	gesch.	5	16	Rn. 670 ff.: "In this case the competitors agreed to allocate customers through coordination of prices. Allocation of	16	60		-		**896**	-

12.11.2008	Pilkington	3 701	gesch.	4,5	16	customers is by its very nature among the most harmful restrictions of competition. (...) The average relevant combined market share (...) was approximately [...] %. The geographic scope of the infringement was the EEA (...). it has been established that the infringement was at times implemented. Nonetheless, the Commission will not take into account this element when calculating the basic amount of the fine."	16	-	Rn. 686: "The fact that an undertaking has been repeating the same or similar type of anticompetitive conduct shows that the penalties it had been subjected to in the past did not prompt it to change ist anticompetitive conduct."	-		370	-
	Asahi/ Glaverbel	gesch.	gesch.	5	16		16	-		-		gesch.	-
	Solivier	44	gesch.	1,5	16		16	-		-		4,4	-

28.01.2009	COMP/39.406 - Hochsee-schläuche	Ges.-ums.	tatbez. Ums.	Grundbetrag				Wiederholungstäteraufschlag		Abschreckungsaufschlag		Geld-buße	Anteil Geldb./ Ums.
				Dau-er	%	Begründung des Prozentsatzes für den Grundbetrag	% EG	%	Begründung	%	Begründung		
	Bridgestone	20 484	gesch.	bis zu 19	25	Rn. 439: "Die Adressaten dieser Entscheidung nahmen an einer (...) Zuwiderhandlung gegen Artikel 81 EG-Vertrag (...) mit dem gemeinsamen Ziel einer Verfälschung des Wettbewerbs auf dem Markt für Marineschläuche teil (siehe auch Abschnitte 4.2-4.3.3 und 5.3.2)." Rn. 442: "Der gemeinsame Marktanteil der Unternehmen (...) belief sich wie in Randnummer 421 erläutert, auf über 90 %." Rn. 443: "(...) die Zuwiderhandlung [betraf] den gesamten EWR (...), da die beteiligten Unternehmen Marineschläuche in allen Vertragsparteien des EWR-Abkommens verkauften, in denen eine entsprechende Nachfrage bestand."	25	-		-		58,5	-
	Yokohama	3 200	gesch.	18,5	25		25	-		-		14,4	-
	Dunlop Oil & Marine	14 884	gesch.	bis zu 8	25		25	-		-		18	-
	Trelleborg	2 900	gesch.	bis zu 19	25		25	-		-		24,5	-
	Parker ITR	7 410	gesch.	bis zu 19	25		25	-		-		25,6	-
	Manuli	gesch.	gesch.	8	25		25	-		-		gesch.	-

	COMP/39.396 – Calciumcarbid	Ges.-ums.	tatbez. Ums.	Grundbetrag				Wiederholungstäteraufschlag		Abschreckungsaufschlag		Geld-buße	Anteil Geldb./ Ums.
				Dau-er	%	Begründung des Prozentsatzes für den Grundbetrag	% EG	%	Begründung	%	Begründung		
	Akzo Nobel	15 400	div.	div.	17		17	100	Rn. 310: "Die Tatsache, dass sie das Kartellverhalten,	-		17,4	-

22.07.2009	Almamet	40 bis 50	div.	div.	17	Rn. 294: "Bei dem Verstoß handelte es sich um ein mehrere Aspekte betreffendes Kartell, das Marktaufteilung, Kundenzuordnung, horizontale Preis- und Quotenfestsetzungen und den Austausch vertraulicher Informationen über Preise, Kunden und Mengen umfasste." Rn. 297: "Der gemeinsame gesamte Marktanteil der Unternehmen (...) wird auf weniger als 80 % geschätzt." Rn. 299: "(...) [Es] wird angenommen, dass sich die Kartellabsprachen (...) Kunden im EWR, ausgenommen Spanien, Portugal, Irland und Vereinigtes Königreich, bezogen."	17	-	wenngleich in einer anderen Branche als der, in Bezug auf die sie bereits mit Geldbußen belegt worden waren, wiederholten, zeigt, dass diese Geldbußen bei den betreffenden Unternehmen keine Verhaltensänderung bewirkt haben. (...). [Dies] führt zu einer Erhöhung des Grundbetrags der festzusetzenden Geldbuße um 100 % für Akzo Nobel und 50 % für Degussa."	-		**3,8**	-
	Donau Chemie	257	div.	div.	17		17	-		-		**7,7**	-
	Ecka	900 bis 1000	div.	div.	17		17	-		-		**6,4**	-
	Holding Sloven-ske elektrarne	900	div.	div.	17		17	-		-		**9,1**	-
	NCHZ	205	div.	div.	17		17	-		-		**19,6**	-
	SKW	5 505	div.	div.	17		17	-		-		**13,3**	-
	Degussa	11 511	div.	div.	17		17	50		-		**5,9**	-

	COMP/39.401 – E.ON/GDF	Ges.-ums.	tatbez. Ums.	Grundbetrag				Wiederholungstäteraufschlag		Abschreckungsaufschlag		Geld-buße	Anteil Geldb./ Ums.
				Dau-er	%	Begründung des Prozentsatzes für den Grundbetrag	% EG	%	Begründung	%	Begründung		
	E.ON	86 753	gesch.	7,5/ 5,5	15	Rn. 364: "Marktaufteilungsvereinbarungen zählen ihrem Wesen nach zu den schwerwiegendsten Verstößen gegen Artikel 81 EG-Vertrag. Die Beteiligten führten gemeinsam ein geheimes und institutionalisiertes System mit regelmäßigen Treffen ein, das die Beschränkung des Wettbewerbs im Gassektor bezweckte. (...) Die Zuwiderhandlung [betraf] sämtliches Gas (...), das über die MEGAL-Pipeline nach Frankreich und Deutschland transportiert wurde (...)."	15	-		-		**553/ 320 nach EuG**	-

08.07.2009	GDF Suez	67 924	gesch.	s.o.	15	Rn. 365: "(...) [Die] Auswirkungen [der Vereinbarung sind] angesichts der Bedeutung von GDF und E.ON Ruhrgas als etablierte und mit Abstand größten Gasversorgungsunternehmen in Frankreich und Deutschland schwer zu beweisen und zu messen (...)." EuG, Urteil vom 29.6.2012, T-360/09 - E.ON/GDF, Rn. 299: "Würde man insoweit die von der Kommission für die Festsetzung der Geldbuße herangezogene Methode (...) anwenden und dabei berichtigte Werte für die Dauer der Zuwiderhandlung in Frankreich (4 statt 5,5 Jahre) und den durchschnittlichen Umsatz im Zusammenhang mit der Zuwiderhandlung auf dem französischen Markt ansetzen, (...) müsste sich der Geldbußenbetrag für die Klägerinnen auf 267 Mio. Euro belaufen." Rn. 301: "Insoweit ist festzustellen, dass das Gericht, wenn es im Rahmen seiner Befugnis zu unbeschränkter Nachprüfung entscheidet, weder an die Berechnungen der Kommission noch an deren Leitlinien gebunden ist (...), sondern seine eigene Beurteilung unter Berücksichtigung aller Umstände des Einzelfalls vorzunehmen hat." Rn. 303: "(...) die Anwendung der Methode der Kommission [würde] zu einer Herabsetzung der Geldbuße um über 50 % führen."	15	-		-		**553/ 320 nach EuG**	-

07.10.2009

COMP/39.129 – Leistungstrans-formatoren	Ges.-ums.	tatbez. Ums.	Grundbetrag				Wiederholungstäteraufschlag		Abschreckungsaufschlag		Geld-buße	Anteil Geldb./ Ums.
			Dauer	%	Begründung des Prozentsatzes für den Grundbetrag	% EG	%	Begründung	%	Begründung		
ABB	23 737	gesch.	4	16	Rn. 242: "The infringement consisted of an agreement whereby they agreed on the sharing of markets. Geographic market sharing is by its very nature among the most harmful restrictions of competition, (...)." Rn. 245: "(...), the infringement covered the entire EEA."	16	50	Rn. 255: "It is irrelevant whether this new infringement is committed in a different business sector or in respect of a different product. It is sufficient that the same undertaking has already been found responsible for similar infringements."	-	Rn. 278: "In this case, the amount of the fine should be set at a level which ensures sufficient deterrence and it is appropriate to apply a multiplier factor to the fines imposed, based on the size of the undertakings concerned."	**33,8**	-
Alstom	16 908	gesch.	4	16		16	-		-		**16,5**	-
Siemens	77 327	gesch.	4	16		16	-		20		**33,4**	-
Fuji	5 347	gesch.	4	16		16	-		-		**2,9**	-
Hitachi	69 470	gesch.	4	16		16	-		20		**2,5**	-
Toshiba	46 944	gesch.	4	16		16	-		10		**13,2**	-

COMP/38.589 – Wärmestabilisa-toren (Zinn-stabilisatoren)	Ges.-ums.	tatbez. Ums.	Grundbetrag				Wiederholungstäteraufschlag		Abschreckungsaufschlag		Geld-buße	Anteil Geldb./ Ums.
			Dauer	%	Begründung des Prozentsatzes für den Grundbetrag	% EG	%	Begründung	%	Begründung		
Elementis					Rn. 702: "Beide Zuwiderhandlungen waren vielgestaltige Kartelle, die Marktaufteilung und Zuteilung von Kunden, horizontale Preis- und Quotenfestsetzungen und Austausch wirtschaftlich sensibler Informationen, insbesondere über Kunden, Preisgestaltungen und Liefermengen. (...) Darüber hinaus trafen die Teilnehmer beider Zuwiderhandlungen besondere Vorkehrungen, um die Geheimhaltung der Kartell zu gewährleisten; (...)." Rn. 704: "Der gemeinsame Marktanteil (...) beträgt für Zinnstabilisatoren schätzungsweise mehr als 90% (...)." Rn. 705: "(...) die Kartelle [betrafen] den Verkauf von Zinnstabilisatoren (...) von Unternehmen fast im gesamten EWR." Rn. 706: "(...) die Vereinbarungen [wurden] umgesetzt und überwacht. (...)						**gesch.**	-
Akzo Nobel/ Akcros Chemicals	gesch.	gesch.	gesch.	20		20	-		-		**gesch.**	-
Akzo Nobel/ Akcros Chemicals	gesch.	gesch.	gesch.	20		20	-		-		**gesch.**	-
Akzo Nobel	gesch.	gesch.	gesch.	20		20	-		-		**gesch.**	-
Akzo Nobel	gesch.	gesch.	gesch.	20		20	-		-		**gesch.**	-
Rosenthal/ Baerlocher	gesch.	gesch.	gesch.	20		20	-		-		**gesch.**	-
Elf Aquitaine/ Akema/CECA	gesch.	gesch.	gesch.	20		20	-		-	Rn. 740: "Im vorliegenden Fall lag der weltweite Umsatz von Elf Aquitaine S.A. 2008 bei 163 390 Mio. EUR. Es ist daher bei der Bemessung einer Geldbuße, die eine	**gesch.**	-
Arkema	gesch.	gesch.	gesch.	19		19	90	Rn. 718: "Die Tatsache, dass Arkema France gleichartige Verhaltensweisen in ihrem Geschäftsverhalten	-		**gesch.**	-
Elf Aquitaine	163 390	gesch.	gesch.	20		20	-		ge.		**gesch.**	-

11.11.2009

Chemtura	gesch.	gesch.	ge-sch.	19	Insbesondere die Audits fanden nach 1996 nicht mehr statt."	19	-	(entweder in derselben Industriesparte oder in	-	ausreichende abschrecke Wirkung erzielen soll,	**gesch.**	-
BASF					Rn. 707: "[Chemtura und Arkema traten den			anderen Sektoren)		angemessen, einen	**gesch.**	-
Reagens	gesch.	gesch.	ge-sch.	20	Kartellen erst nach 1996 bei.] Umsetzung und Überwachung werden daher bei (...)	20	-	wiederholt hat, zeigt, dass die vorliegenden Strafen sie	-	Multiplikator für die über Elf Aquitaine S.A. zu	**gesch.**	-
AC-Treuhand	gesch.	gesch.	ge-sch.	20	Chemtura (...) und Arkema France (...) nicht in Betracht gezogen."	20	-	nicht dazu veranlassten, ihr Verhalten zu ändern."	-	verhängende Geldbuße anzuwenden."	**gesch.**	-
(ESBO/ester)	Ges.-ums.	tatbez. Ums.	Grundbetrag				Wiederholungstäteraufschlag		Abschreckungsaufschlag		Geld-buße	Anteil Geldb./ Ums.
			Dau-er	%	Begründung des Prozentsatzes für den Grundbetrag	% EG	%	Begründung	%	Begründung		
Elementis					Rn. 702: "Beide Zuwiderhandlungen waren						**gesch.**	-
Akzo Nobel/ Akcros Chemicals	gesch.	gesch.	ge-sch.	19	vielgestaltige Kartelle, die Marktaufteilung und Zuteilung von Kunden, horizontale Preis- und Quotenfestsetzungen und	19	-		-		**gesch.**	-
Akzo Nobel/ Akcros Chemicals	gesch.	gesch.	ge-sch.	19	Austausch wirtschaftlich sensibler Informationen, insbesondere über Kunden, Preisgestaltungen und Liefermengen. (...)	19	-		-		**gesch.**	-
Akzo Nobel	gesch.	gesch.	ge.	19	Darüber hinaus trafen die Teilnehmer	19	-		-		**gesch.**	-
Akzo Nobel	gesch.	gesch.	ge.	19	beider Zuwiderhandlungen besondere	19	-		-		**gesch.**	-
Elf Aquitaine/ Akema/CECA	gesch.	gesch.	ge-sch.	19	Vorkehrungen, um die Geheimhaltung der Kartelle zu gewährleisten; (...)."	19	-		-		**gesch.**	-
Arkema	gesch.	gesch.	ge.	19	Rn. 704: "Der gemeinsame Marktanteil (...)	19	90		-		**gesch.**	-
Elf Aquitaine	163 390	gesch.	ge.	19	beträgt (...) für ESBO/Ester knapp über 80%."	19	-		ge.	Rn. 740: "Im vorliegenden Fall	**gesch.**	-
GEA/Aachener Chemische Wer-ke/Chemson	gesch.	gesch.	ge-sch.	19	Rn. 705: "(...) die Kartelle [betrafen] den Verkauf von (...) ESBO/Estern von Unternehmen fast im gesamten EWR."	19	-	Rn. 718: "Die Tatsache, dass Arkema France gleichartige	-	lag der weltweite Umsatz von Elf Aquitaine S.A. 2008 bei 163 390 Mio. EUR. Es ist	**gesch.**	-
GEA/ Chemson	gesch.	gesch.	ge-sch.	19	Rn. 706: "(...) die Vereinbarungen [wurden] umgesetzt und überwacht. (...)	19	-	Verhaltensweisen in ihrem Geschäftsverhalten	-	daher bei der Bemessung einer Geldbuße, die eine	**gesch.**	-
GEA	gesch.	gesch.	ge.	19	Insbesondere die Audits fanden nach 1996	19	-	(entweder in derselben	-	ausreichende abschrecke	**gesch.**	-
Chemson	gesch.	gesch.	ge.	19	nicht mehr statt."	19	-	Industriesparte oder in	-	Wirkung erzielen soll,	**gesch.**	-
Chemson	gesch.	gesch.	ge.	19	Rn. 707: "[Faci und Chemtura traten den	19	-	anderen Sektoren)	-	angemessen, einen	**gesch.**	-
Chemtura	gesch.	gesch.	ge.	18	Kartellen erst nach 1996 bei.] Umsetzung	18	-	wiederholt hat, zeigt, dass	-	Multiplikator für die über Elf	**gesch.**	-
BASF					und Überwachung werden daher bei Faci			die vorliegenden Strafen sie		Aquitaine S.A. zu	**gesch.**	-
Faci	gesch.	gesch.	ge.	18	(...) [und] Chemtura (...) nicht in Betracht	18	-	nicht dazu veranlassten, ihr	-	verhängende Geldbuße	**gesch.**	-
AC-Treuhand	gesch.	gesch.	ge.	19	gezogen."	19	-	Verhalten zu ändern."	-	anzuwenden."	**gesch.**	-

Datum	COMP/38.511 - DRAM	Ges.-ums.	tatbez. Ums.	Grundbetrag: Dauer	Grundbetrag: %	Grundbetrag: Begründung des Prozentsatzes für den Grundbetrag	Grundbetrag: % EG	Wiederholungstäteraufschlag: %	Wiederholungstäteraufschlag: Begründung	Abschreckungsaufschlag: %	Abschreckungsaufschlag: Begründung	Geldbuße	Anteil Geldb./Ums.
19.05.2010	Micron	gesch.	325-375	3,92	16	Rn. 98: "The addressees (...) participated in a[n] infringement (...) with the common objective of coordinating pricing (...)." Rn. 100: "The geographic scope of the infringement covers [...] the EEA."	16	-		-	Rn. 112: "In this case, the amount of the fine is set at a level which ensures sufficient deterrence ans it is appropriate to apply a multiplier factor to the fines imposed, based on the size of the undertakings concerned."	**gesch.**	-
	Infineon	gesch.	150-200	3,58	16		16	-		-		**gesch.**	-
	Hynix	gesch.	75-125	3,92	16		16	-		-		**gesch.**	-
	Samsung	45 420	300-350	3,92	16		16	-		10		**gesch.**	-
	Elpida/NEC/Hitachi	gesch.	50-100	1,25	16		16	-		-		**gesch.**	-
	NEC/Hitachi	gesch.	div.	div.	16		16	-		-		**gesch.**	-
	NEC	gesch.	20-40	2,67	16		16	-		-		**gesch.**	-
	Hitachi	69 754	25-50	2,25	16		16	-		20		**gesch.**	-
	Toshiba	47 300	25-50	3,75	16		16	-		10		**gesch.**	-
	Mitsubishi	gesch.	20-40	3,5	16		16	-		-		**gesch.**	-
	Nanya	gesch.	5-10	0,67	16		16	-		-		**gesch.**	-

Datum	COMP/38.344 — Spannstahl	Ges.-ums.	tatbez. Ums.	Grundbetrag: Dauer	Grundbetrag: %	Grundbetrag: Begründung des Prozentsatzes für den Grundbetrag	Grundbetrag: % EG	Wiederholungstäteraufschlag: %	Wiederholungstäteraufschlag: Begründung	Abschreckungsaufschlag: %	Abschreckungsaufschlag: Begründung	Geldbuße	Anteil Geldb./Ums.
30.06.2010	ArcelorMittal	46 000	gesch.	18,7	19	Rn. 939: "All undertakings except Fundia were involved in market sharing (quota fixing), customer allocation and horizontal price fixing (see section 9 and Annexes 2 – 4). These arrangements are among the most harmful restrictions of competition, distorting the main parameters of competition. Fundia's participation in the cartel was limited to the (...) client co-ordination." Rn. 946: "The combined market share of the undertakings (...) is estimated to be around 80%, as explained in recital (98)."	19	60	Rn. 967: "Several companies of the ArcelorMittal Wire France undertaking (...) as well as Saarstahl AG were involved in the infringement which is the subject of this Decision since 1984 and 1994 respectively and this until	20		**gesch.**	-
	Emesa/Galycas/ArcelorMittal	gesch.	gesch.	9,75	19		19	-		-		**gesch.**	-
	GlobalSteel-Wire/Tycsa	gesch.	gesch.	9,75	19		19	-		-		**gesch.**	-
	Proderac	gesch.	gesch.	8,25	18		18	-		-		**gesch.**	-
	Companhia Pre-vidente/Socitrel	gesch.	gesch.	8,41	18		18	-		-		**gesch.**	-
	Fapricela	gesch.	gesch.	3,75	18		18	-		-		**gesch.**	-
	Nedri/HIT Groep	gesch.	gesch.	18,7	19		19	-		-		**gesch.**	-
	WDI/Pampus	gesch.	gesch.	18,7	19		19	-		-		**gesch.**	-
	DWK/Saarstahl	gesch.	gesch.	7,66	19		19	50		-		**gesch.**	-
	voestalpine	gesch.	gesch.	5,41	19		19	-		-		**gesch.**	-
	Rautaruukki/Ovako	gesch.	gesch.	4,16	16		16	-		-		**gesch.**	-

	Italcables/ Antonini	gesch.	gesch.	9,5	19	Rn. 947: "The geographic scope of the infringement consisted of the then 15	19	-	2002 and 2001 respectively. The two groups thus	-		**gesch.**	-
	Redaelli	gesch.	gesch.	18,7	19	Member States except for Greece, the	19	-	continued their	-	Rn. 1056: "The turnover of	**gesch.**	-
	CB Trafilati Acciai	gesch.	gesch.	7,58	19	United Kingdom and Ireland and including Norway (...), but evolved over time as	19	-	participation in the cartel subject to this Decision	-	the ArcelorMittal undertaking exceeds EUR 46 000 million	**gesch.**	-
	I.T.A.S.	gesch.	gesch.	9,5	19	explained in recital (932)."	19	-	during many years after the	-	(see section 2.1.1). The value	**gesch.**	-
	Ori Martin/ Siderurgica Latina Martin	gesch.	gesch.	5,58	19	Rn. 949: "However, for Socitrel, Proderac, Fapricela and Fundia, (...) the Commission takes into account the more limited	19	-	previous decisions in which they were found to have infringed the competition	-	of sales in the relevant products represent less than 1% of the total turnover of	**gesch.**	-
	Emme Holding	gesch.	gesch.	5,5	19	geographical scope (...)."	19	-	rules (see recital (966))."	-	ArcelorMittal."	**gesch.**	-

23.06.2010	COMP/39.092 – Badezimmer-ausstattungen **(unver.)**	Ges.-ums.	tatbez. Ums.	Grundbetrag				Wiederholungstäteraufschlag		Abschreckungsaufschlag		Geld-buße	Anteil Geldb./ Ums.
				Dau-er	%	Begründung des Prozentsatzes für den Grundbetrag	% EG	%	Begründung	%	Begründung		

20.07.2010	COMP/38.866 – Tierfutterphos-phate	Ges.-ums.	tatbez. Ums.	Grundbetrag				Wiederholungstäteraufschlag		Abschreckungsaufschlag		Geld-buße	Anteil Geldb./ Ums.
				Dau-er	%	Begründung des Prozentsatzes für den Grundbetrag	% EG	%	Begründung	%	Begründung		
	Yara/Kemira	660 bzw. 2 500	0-100	34,7	17	Rn. 203: "(...), the Commission has regard to the main aim of the overall cartel, which was ultimately to share a large part of the	17	-		-		**300-700**	-
	Tessenderlo Chemie	2 094	50-150	14,8	17	European feed phosphates market and to coordinate prices. Such coordination is by	17	-		-		**200-400**	-
	Ercros	595	200 - 400	-	17	its very nature a very serious violation of Article 101 of the Treaty (...)."	17	-		-		**0-200**	-
	Mello/ Quimitécnica	852	0 - 50	-	17	Rn. 204: "The geographic scope of the infringement covers most of the Member	17	-		-		**0-200**	-
	FMC	1 971	0 - 100	-	17	States and Contracting Parties to the EEA	17	-		-		**0-150**	-
	Timab	1 105	351	-	17	Agreement."	17	-		-		**59,8**	17%

	COMP/39.258 – Luftracht	Ges.-ums.	tatbez. Ums.	Grundbetrag				Wiederholungstäteraufschlag		Abschreckungsaufschlag		Geld-buße	Anteil Geldb./ Ums.
				Dau-er	%	Begründung des Prozentsatzes für den Grundbetrag	% EG	%	Begründung	%	Begründung		
	Air Canada	6 144	gesch.	div.	16	Rn. 1175: "The agreements (...) concerned	16	-		-		**gesch.**	-
	Air France	20 994	gesch.	div.	16	the fixing of various elements of the price.	16	-		-		**gesch.**	-

Datum	Unternehmen	Ges.-ums.	tatbez. Ums.	Dauer	%	Begründung	% EG	%	Begründung	%	Begründung	Geldbuße	Anteil Geldb./Ums.
09.11.2010	KLM	20 994	gesch.	div.	16	The cartel arrangements permeated the whole industry for airfreight. Senior management(...) conceived, directed and encouraged them." Rn. 1185: "The combined worldwide market share of the undertakings (...) is (...) 34% (...)." Rn. 1186: "(...) the cartel arrangements covered the whole of the EEA and Switzerland." Rn. 1187: "(...) the arrangements were in general implemented."	16	-		-		**gesch.**	-
	British Airways	9 025	gesch.	div.	16		16	-		-		**gesch.**	-
	Cathay Pacific	6 195	gesch.	div.	16		16	-	Rn. 1221: "The fact that SK has repeated the same type of conduct in its business activities shows that the first penalty did not prompt it to change ist conduct. This constitutes an aggravating circumstance which justifies an increase of 50% (...)."	-		**gesch.**	-
	Cargolux	941	gesch.	div.	16		16	-		-		**gesch.**	-
	Japan Airlines	gesch.	gesch.	div.	16		16	-		-		**gesch.**	-
	LAN Chile	2 523	gesch.	div.	16		16	-		-		**gesch.**	-
	Martinair	gesch.	gesch.	div.	16		16	-		-		**gesch.**	-
	Lufthansa	22 283	gesch.	div.	16		16	-		-		**gesch.**	-
	SAS	4 229	gesch.	div.	16		16	50		-		**gesch.**	-
	Singapore Airlines	6 304	gesch.	div.	16		16	-		-		**gesch.**	-
	Qantas	8 728	gesch.	div.	16		16	-		-		**gesch.**	-

Datum	COMP/39.309 – LCD	Ges.-ums.	tatbez. Ums.	Grundbetrag				Wiederholungstäteraufschlag		Abschreckungsaufschlag		Geldbuße	Anteil Geldb./Ums.
				Dauer	%	Begründung des Prozentsatzes für den Grundbetrag	% EG	%	Begründung	%	Begründung		
08.12.2010	Samsung	76 874	461,9-692,8	4,25	16	Rn. 405: " The infringement consisted of an agreement whereby they agreed on horizontal price-fixing, which is, by its very nature, among the most harmful restrictions of competition, (...)." Rn. 407: "The combined market share of the addressees of this Decision was around [65-80]% during the period of the infringement." Rn. 408: "(...), the infringement covered the entire EEA." Rn. 409: "The arrangements were in general implemented and monitored at the monthly meetings."	16	-		20	Rn. 450: "The turnover of SEC exceeds EUR 76 000 million (see recital 8) and the average annual value of sales in the relevant products represent less than 1% of its total turnover."	**684**	23,2 - 34,8 %
	LG	8 000-15 000	461,9-692,8	4,16	16		16	-		-		**430**	14,9 - 22,4 %
	AU Optronics	7 000-11 000	>230,9	4,25	16		16	-		-		**146**	< 14,9 %
	Chimei InnoLux	6 400	230,9-461,9	4,25	16		16	-		-		**300**	15,3 - 30,6 %
	Chunghwa	1 252	>11,5	4,25	16		16	-		-		**9,5**	< 19,4 %
	HannStar	1 103	>11,5	4,25	16		16	-		-		**8,1**	< 16,6 %

Datum	COMP/39.579 – Haushaltsreinigungsmittel	Ges.-ums.	tatbez. Ums.	Grundbetrag				Wiederholungstäteraufschlag		Abschreckungsaufschlag		Geldbuße	Anteil Geldb./Ums.
				Dauer	%	Begründung des Prozentsatzes für den Grundbetrag	% EG	%	Begründung	%	Begründung		
13.04.2011	Henkel	15 092	158,2-174,0	3,16	16	Rn. 75: "The addressees of this Decision participated in a single and continuous infringement (...) the aim of which was to	16	-		-		**310-360**	56,4-72,0%

Datum	Unternehmen	Ges.-ums.	tatbez. Ums.	Dauer	%	Begründung des Prozentsatzes für den Grundbetrag	% EG	Wiederholungstäteraufschlag %	Begründung	Abschreckungsaufschlag %	Begründung	Geldbuße	Anteil Geldb./Ums.
	P & G	56 400	208,9-231,0	3,16	16	achieve market stabilisation as well as to coordinate prices, (...)." Rn. 77: "The undertakings participating in the infringement had a high combined market share [...] in the majority of the Member States concerned by the infringement."	16	-		10	Rn. 90: "(...), it is appropriate to apply a multiplier factor to the fines imposed, based on the size of the undertakings concerned."	**484-539**	66,3-81,7%
	Unilever	44 262	71,2-79,1	3,16	16		16	-		-		**150-170**	60,0-75,6%

	COMP/39.482 – Exotische Früchte	Ges.-ums.	tatbez. Ums.	Grundbetrag				Wiederholungstäteraufschlag		Abschreckungsaufschlag		Geldbuße	Anteil Geldb./Ums.
				Dauer	%	Begründung des Prozentsatzes für den Grundbetrag	% EG	%	Begründung	%	Begründung		
12.10.2011	Chiquita	2 455	191,7	0,66	15	Rn. 325: "(...) the infringement, as described in section 4.2, involved the coordination of price strategy, including future prices, price levels, price movements and/or price trends and the exchange of information on future market conduct regarding prices. Such an infringement is by its very nature among the most armful restrictions of competition (...)."	15	-		-		**38,3**	30,3%
	Pacific Fruit	gesch.	44,6	0,66	15	Rn. 326: "In 2005, the estimated overall market share for Chiquita and Pacific was 50% in Italy, 40% in Portugal and 60% in Greece." Rn. 327: "(...), the cartel covered three Member States, namely Greece, Italy and Portugal." Rn. 328: "As described in recital (233), the arrangements were implemented."	15	-		-		**8,9**	30,2%

	COMP/39.605 — CRT-Glas	Ges.-ums.	tatbez. Ums.	Grundbetrag				Wiederholungstäteraufschlag		Abschreckungsaufschlag		Geldbuße	Anteil Geldb./Ums.
				Dauer	%	Begründung des Prozentsatzes für den Grundbetrag	% EG	%	Begründung	%	Begründung		
19.10.2011	Asahi	11 000	50-100	3,91	16	Rn. 75: "The addressees of this Decision participated in a single and continuous infringement (...) the aim of which was to	16	-		-		**gesch.**	-
	Nippon Electric Glass	2 534	100-150	4,41	16		16	-		-		**gesch.**	-

Samsung Corning Precision	3 590	40-90	4,41	16	coordinate prices, (...)." Rn. 77: "The infringement covered the entire EEA."	16	-		-		**gesch.**	-
Schott	2 845	70-110	3,83	16		16	-		-		**gesch.**	-

Datum	COMP/39.600 - Kühlkompressoren	Ges.-ums.	tatbez. Ums.	Grundbetrag: Dauer	Grundbetrag: %	Grundbetrag: Begründung des Prozentsatzes für den Grundbetrag	Grundbetrag: % EG	Wiederholungstäteraufschlag: %	Wiederholungstäteraufschlag: Begründung	Abschreckungsaufschlag: %	Abschreckungsaufschlag: Begründung	Geldbuße	Anteil Geldb./Ums.
07.12.2011	Appliances Components Companies	407	260-360	3,41	17	Rn. 72: "The addressees of this Decision participated in a single and continuous infringement (...) the aim of which was to coordinate prices, (...)." Rn. 73: "The infringement covered the entire EEA and the undertakings participating in the infringement had a high combined market share of around [...] within the EEA."	17	-		-		**gesch.**	-
	Danfoss	4 200	120-180	3,41	17		17	-		-	Rn. 87: "(...), it is appropriate to apply a multiplier factor to the fine to be imposed on Panasonic, which has a world-wide turnover of EUR 76.8 billion."	**gesch.**	-
	Embraco	4 100	100-140	3,41	17		17	-		-		**gesch.**	-
	Panasonic	76 800	15-35	2,58	17		17	-		20		**gesch.**	-
	Tecumseh	704	70-120	3,41	17		17	-		-		**gesch.**	-

COMP/39.462 - Speditionsdienstleistung (NES)	Ges.-ums.	tatbez. Ums.	Grundbetrag: Dauer	Grundbetrag: %	Grundbetrag: Begründung des Prozentsatzes für den Grundbetrag	Grundbetrag: % EG	Wiederholungstäteraufschlag: %	Wiederholungstäteraufschlag: Begründung	Abschreckungsaufschlag: %	Abschreckungsaufschlag: Begründung	Geldbuße	Anteil Geldb./Ums.
Schenker	gesch.	17,4	0,41	15	Rn. 894: "In this case, the collusive arrangements between the parties constituted agreements and/or concerted practices which had as their object to fix, directly or indirectly, prices or other trading conditions. More precisely, the undertakings agreed on the introduction (NES, AMS, CAF, PSS) and level (NES, CAF) or principles of setting MS) of a number of surcharges or timing of their introduction (NES, CAF, PSS), fixing of trading conditions (CAF) and exchanged sensitive information on prices (AMS, CAF, SS)." Rn. 898: "The overall combined market	15	-		-		**3,7**	51,4%
CEVA Freight	gesch.	15,2	0,41	15		15	-		-		**3,2**	51,7%
Deutsche Post	51 481	71,9	0,41	15		15	-		20		**18,3**	61,9%

28.03.2012

Exel Freight Management	gesch.	71,6	0,41	15	share (...) is estimated to be more than 30% (...)" Rn. 900 f.: "(...) each of the AMS, CAF and PSS cartels covered the entire European Economic Area. (...) the NES infringement (...) covered the whole territory of the United Kingdom (...)." Rn. 902: "(...) in case of all four infringements, the arrangements were in general at least in part implemented and their implementation monitored." Rn. 945: "the proportion of the value of sales (...) should be 16% for each of the AMS, CAF and PSS infringements (and) (...) 15% for the NES infringement."	15	-		-		**15,2**	51,6%
Kuehne + Nagel	gesch.	25,1	0,41	15		15	-		-	Rn. 1023: "It is therefore appropriate, in order to set the amount of the fines at a level which ensures that it has a sufficient deterrent effect, to apply a multiplication factor to the fines to be imposed on DP, DB and UPS. "	**5,3**	51,7%
United Parcel Service (UPS)	37 300	10,7	0,41	15		15	-		-		**2,3**	51,5%

(AMS)	Ges.-ums.	tatbez. Ums.	Grundbetrag				Wiederholungstäteraufschlag		Abschreckungsaufschlag		Geld-buße	Anteil Geldb./ Ums.
			Dau-er	%	Begründung des Prozentsatzes für den Grundbetrag	% EG	%	Begründung	%	Begründung		
DSV	gesch.	0,9	1,41	16	Siehe oben	16	-		-	Siehe oben	**0,4**	29,9%
Agility Logistics	gesch.	8,5	1,41	16		16	-		-		**3,3**	27,4%
Deutsche Post	51 481	135,5	1,41	16		16	-		20		**62,7**	32,8%
Exel Freight Management	gesch.	29	1,33	16		16	-		-		**10,8**	28,0%
Kuehne + Nagel	gesch.	98,4	1,33	16		16	-		-		**36,7**	28,0%
Panalpina	gesch.	61,3	1,41	16		16	-		-		**23,7**	27,4%
Deutsche Bahn	34 410	75	1,33	16		16	-		10		**30,8**	30,9%
UPS	37 300	12,9	0,58	16		16	-		10		**3,6**	47,9%
UTi	gesch.	8	1,41	16		16	-		-		**3,1**	27,2%
(CAF)	Ges.-ums.	tatbez. Ums.	Grundbetrag				Wiederholungstäteraufschlag		Abschreckungsaufschlag		Geld-buße	Anteil Geldb./ Ums.
			Dau-er	%	Begründung des Prozentsatzes für den Grundbetrag	% EG	%	Begründung	%	Begründung		
Schenker	gesch.	12,1	0,58	16	Siehe oben	16	-		-	Siehe oben	**3,1**	43,5%
Deutsche Bahn	34 410	13,8	0,58	16		16	-		10		**3,8**	48,0%
Beijing Kintetsu World Express	gesch.	2,5	0,58	16		16	-		-		**0,6**	43,0%
CEVA/EGL	gesch.	9,4	0,25	16		16	-		-		**1,9**	79,6%
DHL	gesch.	31,1	0,58	16		16	-		-		**7,9**	43,7%
Kuehne + Nagel	gesch.	1,8	0,58	16		16	-		-		**0,5**	43,2%

				Grundbetrag				Wiederholungstäteraufschlag		Abschreckungsaufschlag			
Nippon Express	gesch.	4,1	0,25	16		16	-		-		**0,8**	79,2%
Panalpina	gesch.	15,3	0,33	16		16	-		-		**3,3**	64,4%
UPS	37 300	14,1	0,58	16		16	-		10		**3,9**	47,9%
Yusen Shenda	gesch.	1,7	0,25	16		16	-		-		**0,3**	79,1%
(PSS)	Ges.-ums.	tatbez. Ums.	Dauer	%	Begründung des Prozentsatzes für den Grundbetrag	% EG	%	Begründung	%	Begründung	Geldbuße	Anteil Geldb./ Ums.
Agility Logistics	gesch.	8,1	1,75	16	Siehe oben	16	-		-	Siehe oben	**3,6**	25,0%
Deutsche Post	51 481	46,2	1,75	16		16	-		20		**24,4**	30,2%
DHL/Exel	gesch.	53	0,41	16		16	-		-		**12,0**	55,0%
Expeditors International	gesch.	14,8	0,75	16		16	-		-		**4,1**	37,3%
Hellmann Worldwide Log.	gesch.	11,1	1,41	16		16	-		-		**4,3**	27,4%
Kuehne + Nagel	gesch.	25,5	1,75	16		16	-		-		**11,2**	25,1%
Panalpina	gesch.	44,5	1,75	16		16	-		-		**19,6**	25,1%
Deutsche Bahn	34 410	21,4	0,41	16		16	-		10		**5,3**	60,6%
Toll Global Forwarding	gesch.	6,6	1,75	16		16	-		-		**2,9**	25,3%

				Grundbetrag				Wiederholungstäteraufschlag		Abschreckungsaufschlag				
28.03.2012	COMP/39.452 — Beschläge für Fenster und Fenstertüren	Ges.-ums.	tatbez. Ums.	Dauer	%	Begründung des Prozentsatzes für den Grundbetrag	% EG	%	Begründung	%	Begründung	Geldbuße	Anteil Geldb./ Ums.
	Roto	gesch.	gesch.	7,41	16	Rn. 470: "Die Zuwiderhandlung bestand in einem Kartell, in dem horizontale Preisabsprachen getroffen und sensible Informationen über Preise ausgetauscht wurden. Eine derartige Zuwiderhandlung zählt ihrem Wesen nach zu den schädlichsten Einschränkungen des Wettbewerbs, (...)." Rn. 471: "Der gemeinsame Anteil der Unternehmen auf dem Markt (...) wird auf 60 % geschätzt." Rn. 472: "(...) das Kartell (betraf) den gesamten EWR (...)." Rn. 473: "(...) allerdings liegen keine	16	-		-		**gesch.**	-
	Gretsch-Unitas	gesch.	gesch.	7,58	16		16	-		-		**gesch.**	-
	Maco	gesch.	gesch.	7,5	16		16	-		-		**gesch.**	-
	Siegenia	gesch.	gesch.	7,58	16		16	-		-		**gesch.**	-
	Winkhaus	gesch.	gesch.	7,58	16		16	-		-		**gesch.**	-
	Hautau	gesch.	gesch.	7,58	16		16	-		-		**gesch.**	-
	Fuhr	gesch.	gesch.	2,58	16		16	-		-		**gesch.**	-

		Ges.-ums.	tatbez. Ums.	Dauer	%	Begründung des Prozentsatzes für den Grundbetrag	% EG	%	Begründung	%	Begründung	Geldbuße	Anteil Geldb./Ums.
	Strenger	gesch.	gesch.	7,58	16	hinreichenden Beweismittel für die Feststellung vor, dass die Kartellvereinbarungen streng durchgesetzt worden wären."	16	-		-		**gesch.**	-
	AGB	gesch.	gesch.	3,08	16		15	-		-		**gesch.**	-

	COMP/39.611 — Water-Management-Produkte	Ges.-ums.	tatbez. Ums.	Grundbetrag				Wiederholungstäteraufschlag		Abschreckungsaufschlag		Geldbuße	Anteil Geldb./Ums.
				Dauer	%	Begründung des Prozentsatzes für den Grundbetrag	% EG	%	Begründung	%	Begründung		
27.06.2012	Flamco	12 100	12-24	0,5	15	Rn. 72: "The addressees of this Decision participated in a single and continuous infringement (...) the aim of which was to coordinate prices, (...)."	15	-		-		**4,26**	35,5 - 71,0 %
	Reflex	200-600	45-73	0,5	15		15	-		-		**10,8**	29,6 - 48,0 %
	Pneumatex	30-80	16-32	0,5	15		15	-		-		**2-6**	12,5 - 75,0 %

	COMP/39.437 — Bildröhren für Fernsehgeräte und Computerbildschirme (CDT)	Ges.-ums.	tatbez. Ums.	Grundbetrag				Wiederholungstäteraufschlag		Abschreckungsaufschlag		Geldbuße	Anteil Geldb./Ums.
				Dauer	%	Begründung des Prozentsatzes für den Grundbetrag	% EG	%	Begründung	%	Begründung		
	Chunghwa	gesch.	gesch.	9,33	19	Rn. 1059: "The infringements were multi-faceted cartels involving price fixing (target or bottom prices), market sharing and output restriction in both cartels, and in the CDT cartel also allocation of customers. Such infringements are by their very nature among the most harmful restrictions of competition (...)." Rn. 1061: "(...) the estimated combined market share (...) of the undertakings (...) is below 80%." Rn. 1062: "As regards the geographic scope, both the CDT and the CPT cartel covered the	19	-		-		**gesch.**	-
	Samsung	gesch.	gesch.	9,25	19		19	-		-		**gesch.**	-
	Philips	gesch.	gesch.	8,91	19		19	-		-		**gesch.**	-

05.12.2012													
	LG Electronics	gesch.	gesch.	9,16	19	entire EEA." Rn. 1063: "As described (...), the cartels were highly organised, rigorously implemented and monitored."	19	-		-		**gesch.**	-
	(CPT)	Ges.-ums.	tatbez. Ums.	Grundbetrag: Dauer	%	Begründung des Prozentsatzes für den Grundbetrag	% EG	Wiederholungstäteraufschlag: %	Begründung	Abschreckungsaufschlag: %	Begründung	Geld-buße	Anteil Geldb./ Ums.
	Chunghwa	gesch.	gesch.	8	18	Rn. 1059: "The infringements were multi-faceted cartels involving price fixing (target or bottom prices), market sharing and output restriction in both cartels, (...). Such infringements are by their very nature among the most harmful restrictions of competition (...)." Rn. 1061: "(...) the estimated combined market share (...) of the undertakings (...) is below 80%." Rn. 1062: "As regards the geographic scope, both the CDT and the CPT cartel covered the entire EEA." Rn. 1063: "As described (...), the cartels were highly organised, rigorously implemented and monitored."	18	-		-	Rn. 1111: "In 2011, the worldwide turnover of Toshiba was (...), of Panasonic (...) was (...). It is therefore appropriate, in order to set the amount of the fines at a level which ensures that it has a sufficient deterrent effect, to apply a multiplication factor (...). "	**gesch.**	-
	Samsung	gesch.	gesch.	8,91	18		18	-		-		**gesch.**	-
	Philips	gesch.	gesch.	6,25	18		18	-		-		**gesch.**	-
	LG Electronics	gesch.	gesch.	8	18		18	-		-		**gesch.**	-
	Panasonic	72 000	gesch.	3,66	18		18	-		20		**gesch.**	-
	Toshiba	56 000	gesch.	2,83	18		18	-		10		**gesch.**	-
	MT Picture Display	gesch.	gesch.	3,16	18		18	-		-		**gesch.**	-
	Technicolor	gesch.	gesch.	6,41	18		18	-		-		**gesch.**	-

COMP/39.748 — Kabelbäume (Toyota)	Ges.-ums.	tatbez. Ums.	Grundbetrag: Dauer	%	Begründung des Prozentsatzes für den Grundbetrag	% EG	Wiederholungstäteraufschlag: %	Begründung	Abschreckungsaufschlag: %	Begründung	Geld-buße	Anteil Geldb./ Ums.
Sumitomo	18 900	gesch.	9,41	16	Rn. 142: "In this case, the Commission takes into account the fact that each of the five infringements is, by its very nature, among the most harmful restrictions of competition. Therefore, the proportion of the value of sales taken into account foreach of the five infringements is set at the higher end of the scale of the value of sales."	16	-		-		**gesch.**	-
Yazaki	11 600	gesch.	9,41	16		16	-		-		**gesch.**	-
Furukawa	8 000	gesch.	3	16		16	-		-		**gesch.**	-

Datum	(Honda)	Ges.-ums.	tatbez. Ums.	Grundbetrag				Wiederholungstäteraufschlag		Abschreckungsaufschlag		Geld-buße	Anteil Geldb./Ums.
				Dau-er	%	Begründung des Prozentsatzes für den Grundbetrag	% EG	%	Begründung	%	Begründung		
10.07.2013	Sumitomo	18 900	gesch.	8,5	16	Siehe oben	16	-		-		**gesch.**	-
	Yazaki	11 600	gesch.	8,5	16		16	-		-		**gesch.**	-
	Furukawa	8 000	gesch.	8	16		16	-		-		**gesch.**	-
	(Nissan)	Ges.-ums.	tatbez. Ums.	Grundbetrag				Wiederholungstäteraufschlag		Abschreckungsaufschlag		Geld-buße	Anteil Geldb./Ums.
				Dau-er	%	Begründung des Prozentsatzes für den Grundbetrag	% EG	%	Begründung	%	Begründung		
	Sumitomo	18 900	gesch.	0,16	16	Siehe oben	16	-		-		**gesch.**	-
	Yazaki	11 600	gesch.	0,16	16		16	-		-		**gesch.**	-
	(Renault I)	Ges.-ums.	tatbez. Ums.	Grundbetrag				Wiederholungstäteraufschlag		Abschreckungsaufschlag		Geld-buße	Anteil Geldb./Ums.
				Dau-er	%	Begründung des Prozentsatzes für den Grundbetrag	% EG	%	Begründung	%	Begründung		
	Sumitomo	18 900	gesch.	1,41	16	Siehe oben	16	-		-		**gesch.**	-
	SYS	< 500	gesch.	1,41	16		16	-		-		**gesch.**	-
	(Renault II)	Ges.-ums.	tatbez. Ums.	Grundbetrag				Wiederholungstäteraufschlag		Abschreckungsaufschlag		Geld-buße	Anteil Geldb./Ums.
				Dau-er	%	Begründung des Prozentsatzes für den Grundbetrag	% EG	%	Begründung	%	Begründung		
	Sumitomo	18 900	gesch.	0,41	16	Siehe oben	16	-		-		**gesch.**	-
	SYS	< 500	gesch.	0,5	16		16	-		-		**gesch.**	-
	Leoni	3 800	gesch.	0,58	16		16	-		-		**gesch.**	-

Datum	COMP/39.633 — Nordsee-garnelen	Ges.-ums.	tatbez. Ums.	Grundbetrag				Wiederholungstäteraufschlag		Abschreckungsaufschlag		Geld-buße	Anteil Geldb./Ums.
				Dau-er	%	Begründung des Prozentsatzes für den Grundbetrag	% EG	%	Begründung	%	Begründung		
27.11.2013	Klaas Puul	gesch.	gesch.	8,5	g.	Rn. 495: "Horizontale Vereinbarungen zur Festsetzung von Preisen, Aufteilung der Märkte und Einschränkung der Erzeugung gehören ihrer Art nach zu den schwerwiegendsten Wettbewerbsverstößen; (...)." Rn. 496: "Darüber hinaus (berücksichtigt) die Kommission (...), dass der kumulierte Marktanteil der an der Zuwiderhandlung beteiligten Unternehmen sehr hoch war."	g.	-		-		**gesch.**	-
	Heiploeg	gesch.	gesch.	8,5	g.		g.	-		-		**gesch.**	-
	Stührk	gesch.	gesch.	4,58	g.		g.	-		-		**gesch.**	-
	Kok Seafood	gesch.	gesch.	3,91	g.		g.	-		-		**gesch.**	-

04.12.2013

COMP/39.861 — Yen Zinsratenderivate (UBS/JPM 2007)	Ges.-ums.	tatbez. Ums.	Grundbetrag				Wiederholungstäteraufschlag		Abschreckungsaufschlag		Geldbuße	Anteil Geldb./ Ums.
			Dauer	%	Begründung des Prozentsatzes für den Grundbetrag	% EG	%	Begründung	%	Begründung		
UBS	gesch.	gesch.	0,08	17	Rn. 134: "In its assessment, the Commission takes into account the fact that each of the seven infringements is, by ist very nature, among the most harmful restrictions of competition."	17	-		-		**gesch.**	-
JPMorgan	gesch.	gesch.	0,08	17	Rn. 136: "The Commission also takes into account the fact that each of the seven infringements covered the entire EEA (...)"	17	-		-		**gesch.**	-
(UBS/RBM 2007)	Ges.-ums.	tatbez. Ums.	Grundbetrag				Wiederholungstäteraufschlag		Abschreckungsaufschlag		Geldbuße	Anteil Geldb./ Ums.
			Dauer	%	Begründung des Prozentsatzes für den Grundbetrag	% EG	%	Begründung	%	Begründung		
UBS	gesch.	gesch.	0,66	17	Siehe oben	17	-		-		**gesch.**	-
RBS	gesch.	gesch.	0,66	17		17	-		-		**gesch.**	-
(UBS/RBM 2008)	Ges.-ums.	tatbez. Ums.	Grundbetrag				Wiederholungstäteraufschlag		Abschreckungsaufschlag		Geldbuße	Anteil Geldb./ Ums.
			Dauer	%	Begründung des Prozentsatzes für den Grundbetrag	% EG	%	Begründung	%	Begründung		
UBS	gesch.	gesch.	0,41	17	Siehe oben	17	-		-		**gesch.**	-
RBS	gesch.	gesch.	0,41	17		17	-		-		**gesch.**	-
(UBS/DB 2008-09)	Ges.-ums.	tatbez. Ums.	Grundbetrag				Wiederholungstäteraufschlag		Abschreckungsaufschlag		Geldbuße	Anteil Geldb./ Ums.
			Dauer	%	Begründung des Prozentsatzes für den Grundbetrag	% EG	%	Begründung	%	Begründung		
UBS	gesch.	gesch.	0,83	17	Siehe oben	17	-		-		**gesch.**	-
Deutsche Bank	gesch.	gesch.	0,83	17		17	-		-		**gesch.**	-
RP Martin	gesch.	gesch.	0,83	17		17	-		-		**gesch.**	-
(Citi/RBS 2010)	Ges.-ums.	tatbez. Ums.	Grundbetrag				Wiederholungstäteraufschlag		Abschreckungsaufschlag		Geldbuße	Anteil Geldb./ Ums.
			Dauer	%	Begründung des Prozentsatzes für den Grundbetrag	% EG	%	Begründung	%	Begründung		
Citigroup	gesch.	gesch.	0,25	17	Siehe oben	17	-		-		**gesch.**	-
RBS	gesch.	gesch.	0,25	17		17	-		-		**gesch.**	-
(Citi/DB 2010)	Ges.-ums.	tatbez. Ums.	Grundbetrag				Wiederholungstäteraufschlag		Abschreckungsaufschlag		Geldbuße	Anteil Geldb./ Ums.
			Dauer	%	Begründung des Prozentsatzes für den Grundbetrag	% EG	%	Begründung	%	Begründung		

	Citigroup	gesch.	gesch.	0,16	17	Siehe oben	17	-		-		**gesch.**	-
	Deutsche Bank	gesch.	gesch.	0,16	17		17	-		-		**gesch.**	-
	(Citi/UBS 2010)	Ges.-ums.	tatbez. Ums.	Grundbetrag				Wiederholungstäteraufschlag		Abschreckungsaufschlag		Geld-buße	Anteil Geldb./ Ums.
				Dau-er	%	Begründung des Prozentsatzes für den Grundbetrag	% EG	%	Begründung	%	Begründung		
	Citigroup	gesch.	gesch.	0,08	17	Siehe oben	17	-		-		**gesch.**	-
	UBS	gesch.	gesch.	0,08	17		17	-		-		**gesch.**	-

04.12.2013	COMP/39.914 —Euro Zinsra-tenderivate **(unver.)**	Ges.-ums.	tatbez. Ums.	Grundbetrag				Wiederholungstäteraufschlag		Abschreckungsaufschlag		Geld-buße	Anteil Geldb./ Ums.
				Dau-er	%	Begründung des Prozentsatzes für den Grundbetrag	% EG	%	Begründung	%	Begründung		

29.01.2014	COMP/39.801 — Polyurethan-schaumstoff	Ges.-ums.	tatbez. Ums.	Grundbetrag				Wiederholungstäteraufschlag		Abschreckungsaufschlag		Geld-buße	Anteil Geldb./ Ums.
				Dau-er	%	Begründung des Prozentsatzes für den Grundbetrag	% EG	%	Begründung	%	Begründung		
	Vita	617,3	gesch.	4,5	15	Rn. 85: "In this case, the Commission takes into account in particular the fact that price coordination arrangements are, by their very nature, among the most harmful restrictions of competition."	15	-		-		**gesch.**	-
	Carpenter	gesch.	gesch.	4,75	15		15	-		-		**gesch.**	-
	Recticel	976,8	gesch.	4,75	15		15	-		-		**gesch.**	-
	Eurofoam	370,4	gesch.	4,75	15		15	-		-		**gesch.**	-

05.03.2014	COMP/39.952 — Energiebörsen	Ges.-ums.	tatbez. Ums.	Grundbetrag				Wiederholungstäteraufschlag		Abschreckungsaufschlag		Geld-buße	Anteil Geldb./ Ums.
				Dau-er	%	Begründung des Prozentsatzes für den Grundbetrag	% EG	%	Begründung	%	Begründung		
	EPEX	40,5	gesch.	0,58	16	Rn. 74: "In the case at hand, the Commission takes into account that the present infringement is, by its very nature, among the most harmful restrictions of competition." Rn. 75: "The Commission also takes into account the fact that the infringement covered the EEA."	16	-		-		**gesch.**	-
	NPS	25,9	gesch.	0,58	16		16	-		-		**gesch.**	-

	COMP/39.922 — Wälzlager	Ges.-ums.	tatbez. Ums.	Grundbetrag				Wiederholungstäteraufschlag		Abschreckungsaufschlag		Geld-buße	Anteil Geldb./Ums.
				Dau-er	%	Begründung des Prozentsatzes für den Grundbetrag	% EG	%	Begründung	%	Begründung		
19.03.2014	JTEKT	9 967	gesch.	7,25	16	Rn. 83: "In this case, the Commission takes into account that the infringement is, by its very nature, among the most harmful restrictions of competition." Rn. 84: "The Commission also takes into account that the infringement covered the entire EEA."	16	-		-		**gesch.**	-
	NSK	6 852	gesch.	7,25	16		16	-		-		**gesch.**	-
	NFC	1 383	gesch.	7,16	16		16	-		-		**gesch.**	-
	SKF	7 351	gesch.	7,25	16		16	-		-		**gesch.**	-
	Schaeffler	11 125	gesch.	7,25	16		16	-		-		**gesch.**	-
	NTN	5 038	gesch.	7,25	16		16	-		-		**gesch.**	-

	COMP/39.792 — Stahl-Strahlmittel	Ges.-ums.	tatbez. Ums.	Grundbetrag				Wiederholungstäteraufschlag		Abschreckungsaufschlag		Geld-buße	Anteil Geldb./Ums.
				Dau-er	%	Begründung des Prozentsatzes für den Grundbetrag	% EG	%	Begründung	%	Begründung		
02.04.2014 / 25.05.2016	Ervin	gesch.	gesch.	6,41	16	Rn. 93: "(...) the Commission considers (...) the fact that price coordination arrangements are, by their very nature, among the most harmful restrictions of competition." Rn. 94: "The Commission also takes into account (...) the fact that the infringement covered the entire EEA. "	16	-		-		**gesch.**	-
	Winoa	360	gesch.	6,66	16		16	-		-		**gesch.**	-
	Metalltechnik Schmidt	gesch.	gesch.	6,66	16		16	-		-		**gesch.**	-
	Eisenwerk Würth	gesch.	gesch.	6,33	16		16	-		-		**gesch.**	-
	Pometon	gesch.	gesch.	3,58	16	Nicht Teil des Settlements vom 02.04.2014	16	-		-		**gesch.**	-

	COMP/39.610 — Hochspan-nungskabel	Ges.-ums.	tatbez. Ums.	Grundbetrag				Wiederholungstäteraufschlag		Abschreckungsaufschlag		Geld-buße	Anteil Geldb./Ums.
				Dau-er	%	Begründung des Prozentsatzes für den Grundbetrag	% EG	%	Begründung	%	Begründung		
	ABB	31 509	div.	8,5	19	Rn. 998: "The infringement consisted of market and customer allocation which is, by its very nature, among the most harmful restrictions of competition, as this practice distorts competition with regard to the main parameters of competition." Rn. 999: "This part of the cartel, which was carried out exclusively by the European producers, increased the harm to competition already caused by the market	19	50		-		**gesch.**	-
	Brugg	450 - 550	div.	4,91	19		19	-		-		**gesch.**	-
	Nexans	6 711	div.	bis 8,16	19		19	-		-		**gesch.**	-
	NKT	2 119	div.	3,58	19		19	-		-		**gesch.**	-

02.04.2014	Prysmian	7 273	div.	bis 9,91	19	sharing agreement between the European, Japanese and Korean producers, and therefore the gravity of the infringement. The further distortion caused by the European cartel configuration justifies an increase in the gravity percentage of 2% for those undertakings that participated in that aspect of the cartel."	19	-		-		gesch.	-
	Safran	13 615	div.	bis 4	19		19	-		-		gesch.	-
	Silec	fehlt	div.	0,91	19		19	-		-		gesch.	-
	Sumitomo	14 695	div.	2,58	17	Rn. 1003: "The parties had a considerable market presence in the EEA. They have however not been able to provide coherent and reliable information to estimate their shares of sales (...). It must be noted that the number of players on the HV SM and UG power cables markets who are not adressees of his decision is extremely limited. (...) For certain products subject to this Decision, the addressees are the only suppliers within the EEA."	17	-		-		gesch.	-
	Hitachi	3 384	div.	2,58	17		17	-		-		gesch.	-
	JPS	720	div.	6,5	17		17	-		-		gesch.	-
	Furukawa	8 634	div.	2,58	17		17	-		-		gesch.	-
	Fujikura	4 592	div.	2,58	17		17	-		-		gesch.	-
	VISCAS	530 - 650	div.	7,25	17	Rn. 1004: "The infringement was almost worldwide and clearly covered the entire EEA (...)."	17	-		-		gesch.	-
	SWCC Showa	1 350 - 1 650	div.	0,75	17	Rn. 1009: "In general, the cartel was implemented and the parties' adherence to the arrangement was monitored through the exchange of position sheets and reporting obligations. The arrangements in place were, however, not of the nature and intensity that would require an increase in the gravity percentage. Neither would the alleged lack of implementation of the cartel arrangements, effects or awareness/participation in certain conducts justify a reduction in the gravity multiplier."	17	-	Rn. 1018: "(...) ABB Ltd was held liable for an infringement of Article 101 of the Treaty in the Commission Decision in the case COMP/F/38.899 - Gas Insulated Switchgear. Consequently, the basic amount of the fines for ABB and ABB Ltd should be increased by a factor of 50%."	-		gesch.	-
	Mitsubishi	569	div.	0,75	17		17	-		-		gesch.	-
	EXSYM	200 - 250	div.	6,5	17		17	-		-		gesch.	-
	LS Cable	2 700 - 3 300	div.	2,75	17		17	-		-		gesch.	-
	Taihan	1 550 - 1 900	div.	2,75	17		17	-		-		gesch.	-

	COMP/39.965— Dosenpilze	Ges.-ums.	tatbez. Ums.	Grundbetrag				Wiederholungstäteraufschlag		Abschreckungsaufschlag		Geld-buße	Anteil Geldb./ Ums.
				Dau-er	%	Begründung des Prozentsatzes für den Grundbetrag	% EG	%	Begründung	%	Begründung		
25.06.2014 / 06.04.2016	Bonduelle	1 890	gesch.	1,41	17	Rn. 59: "(...) the Commission considers (...) the fact that price coordination arrangements are, by their very nature, among the most harmful restrictions of competition." Rn. 60: "The Commission also takes into account (...) the fact that the infringement covered the entire EEA. "	17	-		-		**gesch.**	-
	Lutèce	231	gesch.	1,25	17		17	-		-		**gesch.**	-
	Prochamp	gesch.	gesch.	1,41	17		17	-		-		**gesch.**	-
	Riberebro	fehlt	gesch.	fehlt	17	Nicht Teil des Settlements vom 25.06.2014	17	-		-		**gesch.**	-

	COMP/39.574 — Smartkarten-Chips	Ges.-ums.	tatbez. Ums.	Grundbetrag				Wiederholungstäteraufschlag		Abschreckungsaufschlag		Geld-buße	Anteil Geldb./ Ums.
				Dau-er	%	Begründung des Prozentsatzes für den Grundbetrag	% EG	%	Begründung	%	Begründung		
03.09.2014	Philips	gesch.	gesch.	0,91	16	Rn. 408: "The (...) assessment will in particular take into account that: (...) Price coordination arrangements are by their very nature among the worst (...) violation (...); The cartel arrangements covered at least the whole of the EEA." Rn. 413: "Horizontal price-fixing, market-sharing and output-limitation agreements are by their very nature among the most harmful restrictions of competition; (...) Moreover, the cartel covered four of the six main smart card chip producers in the EEA, in a market with a very small number of customers."	16	-		-		**gesch.**	-
	Infineon	gesch.	gesch.	1,5	16		16	-		-		**gesch.**	-
	Renesas	gesch.	gesch.	1,91	16		16	-		-		**gesch.**	-
	Samsung	gesch.	gesch.	1,91	16		16	-		40	Rn. 431: "Samsung, Hitachi and Mitsubishi have a worldwide total turnover that is considerably larger than that of the other addressees and which is particularly large compared to their respective sales of smart card chips."	**gesch.**	-
	Hitachi	gesch.	gesch.	ge.	16		16	-		20		**gesch.**	-
	Mistubishi	gesch.	gesch.	ge.	16		16	-		10		**gesch.**	-

Datum	COMP/39.924 — CHF Zinsderivate	Ges.-ums.	tatbez. Ums.	Grundbetrag				Wiederholungstäteraufschlag		Abschreckungsaufschlag		Geld-buße	Anteil Geldb./ Ums.
				Dau-er	%	Begründung des Prozentsatzes für den Grundbetrag	% EG	%	Begründung	%	Begründung		
21.10.2014	RBS	gesch.	gesch.	1,33	17	Rn. 66: "(...) the Commission considers (...) the fact that price coordination arrangements are, by their very nature, among the most harmful restrictions of competition."	17	-		-		**gesch.**	-
	JPMorgan	gesch.	gesch.	1,33	17	Rn. 67: "The Commission also takes into account (...) the fact that the infringement covered the entire EEA and the fact that the collusive activities related to financial benchmarks (...)."	17	-		-		**gesch.**	-

Datum	COMP/39.924 — CHF Zinsderivate/ Geld-Briefspannen	Ges.-ums.	tatbez. Ums.	Grundbetrag				Wiederholungstäteraufschlag		Abschreckungsaufschlag		Geld-buße	Anteil Geldb./ Ums.
				Dau-er	%	Begründung des Prozentsatzes für den Grundbetrag	% EG	%	Begründung	%	Begründung		
21.10.2014	RBS	gesch.	gesch.	0,33	16	Rn. 72: "(...) the Commission considers (...) the fact that price coordination arrangements are, by their very nature, among the most harmful restrictions of competition." Rn. 73: "The Commission also takes into account (...) the fact that the infringement covered the entire EEA. "	16	-		-		**gesch.**	-
	UBS	gesch.	gesch.	0,33	16		16	-		-		**gesch.**	-
	JP Morgan	gesch.	gesch.	0,33	16		16	-		-		**gesch.**	-
	CreditSuisse	gesch.	gesch.	0,33	16		16	-		-		**gesch.**	-

Datum	COMP/39.780 — Briefumschläge	Ges.-ums.	tatbez. Ums.	Grundbetrag				Wiederholungstäteraufschlag		Abschreckungsaufschlag		Geld-buße	Anteil Geldb./ Ums.
				Dau-er	%	Begründung des Prozentsatzes für den Grundbetrag	% EG	%	Begründung	%	Begründung		
11.12.2014 / 16.06.2017	Bong	gesch.	140	4,5	15	Rn. 78: "(...) the Commission takes into account that the infringement, which included price coordination, is, by its very nature, among the most harmful restrictions of competition."	15	-		-		**gesch.**	-
	GPV group	gesch.	125,1	4,5	15		15	-		-		**gesch.**	-
	Hamelin	gesch.	185,5	4,42	15		15	-		-		**gesch.**	-
	Mayer-Kuvert	gesch.	70	4,5	15		15	-		-		**gesch.**	-
	Tompla (korr. nach U. d. EuG)	gesch.	143,3	4,5	15		15	-		-		**gesch.**	-

	COMP/39.861 — Yen Zinsderivate	Ges.-ums.	tatbez. Ums.	Grundbetrag: Dauer	Grundbetrag: %	Grundbetrag: Begründung des Prozentsatzes für den Grundbetrag	Grundbetrag: % EG	Wiederholungstäteraufschlag: %	Wiederholungstäteraufschlag: Begründung	Abschreckungsaufschlag: %	Abschreckungsaufschlag: Begründung	Geld-buße	Anteil Geldb./ Ums.
04.02.2015	ICAP	gesch.	gesch.	div.	17	Rn. 291 f.: " (...) the Commission takes into account the fact that each of the infringements is, by its very nature, among the most harmful restrictions (...) (and) taht each of the infringements covered the entire EEA (...)."	17	-		-		**15**	-

	COMP/40.055 — Standheizungen	Ges.-ums.	tatbez. Ums.	Grundbetrag: Dauer	Grundbetrag: %	Grundbetrag: Begründung des Prozentsatzes für den Grundbetrag	Grundbetrag: % EG	Wiederholungstäteraufschlag: %	Wiederholungstäteraufschlag: Begründung	Abschreckungsaufschlag: %	Abschreckungsaufschlag: Begründung	Geld-buße	Anteil Geldb./ Ums.
17.06.2015	Eberspächer	gesch.	gesch.	10	18	Rn. 88: "(...) horizontal price-fixing and market-sharing agreements are, by their very nature, among the most harmful restrictions of competition (...)" Rn. 89: "It should also be taken into account that: (i) the infringement featured several kinds of anti-competitive elements; (ii) the infringement covered the entire EEA; and (iii) the combined market share of Webasto and Eberspächer is well above 80%."	18	-		-		**gesch.**	-
	Webasto	gesch.	gesch.	10	18		18	-		-		**gesch.**	-

	COMP/39.563 — Lebensmit-teleinzelhandel-verpackungen (Italien) **(unver.)**	Ges.-ums.	tatbez. Ums.	Grundbetrag: Dauer	Grundbetrag: %	Grundbetrag: Begründung des Prozentsatzes für den Grundbetrag	Grundbetrag: % EG	Wiederholungstäteraufschlag: %	Wiederholungstäteraufschlag: Begründung	Abschreckungsaufschlag: %	Abschreckungsaufschlag: Begründung	Geld-buße	Anteil Geldb./ Ums.
	Linpac	gesch.	gesch.	5,5	16	Rn. 14: "When setting the percentage for the (...) fine (...) the Commission considered the nature of the infringements and the fact that each infringement was composed of several elements (price fixing, market sharing, exchange of sensitive information,	16	-		-		**gesch.**	-
	Vitembal	gesch.	gesch.	5,41	16		16	-		-		**gesch.**	-
	Sirap-Gema	gesch.	gesch.	5,5	16		16	-		-		**gesch.**	-
	Coopbox	gesch.	gesch.	5,5	16		16	-		-		**gesch.**	-

24.06.2015	Nespak	gesch.	gesch.	2,91	16	etc.). On this basis, the Commission set a gravity percentage and an entry fee of 16 % for all undertakings in each of the cartels."	16	-		-		**gesch.**	-
	Magic-Pack	gesch.	gesch.	1,41	16		16	-		-		**gesch.**	-
	(SWE)	Ges.-ums.	tatbez. Ums.	Grundbetrag				Wiederholungstäteraufschlag		Abschreckungsaufschlag		Geld-buße	Anteil Geldb./ Ums.
				Dau-er	%	Begründung des Prozentsatzes für den Grundbetrag	% EG	%	Begründung	%	Begründung		
	Linpac	gesch.	gesch.	7,91	16	Siehe oben	16	-		-		**gesch.**	-
	Vitembal	gesch.	gesch.	2,75	16		16	-		-		**gesch.**	-
	Huhtamäki	gesch.	gesch.	fehlt	16		16	-		-		**gesch.**	-
	Coopbox	gesch.	gesch.	5,58	16		16	-		-		**gesch.**	-
	Ovarpack	gesch.	gesch.	0,25	16		16	-		-		**gesch.**	-
	(NWE)	Ges.-ums.	tatbez. Ums.	Grundbetrag				Wiederholungstäteraufschlag		Abschreckungsaufschlag		Geld-buße	Anteil Geldb./ Ums.
				Dau-er	%	Begründung des Prozentsatzes für den Grundbetrag	% EG	%	Begründung	%	Begründung		
	Linpac	gesch.	gesch.	5,33	16	Siehe oben	16	-		-		**gesch.**	-
	Vitembal	gesch.	gesch.	4,75	16		16	-		-		**gesch.**	-
	Huhtamäki	gesch.	gesch.	3,42	16		16	-		-		**gesch.**	-
	Silver Plastics	gesch.	gesch.	5,33	16		16	-		-		**gesch.**	-
	(Frankreich)	Ges.-ums.	tatbez. Ums.	Grundbetrag				Wiederholungstäteraufschlag		Abschreckungsaufschlag		Geld-buße	Anteil Geldb./ Ums.
				Dau-er	%	Begründung des Prozentsatzes für den Grundbetrag	% EG	%	Begründung	%	Begründung		
	Linpac	gesch.	gesch.	1,16	16	Siehe oben	16	-		-		**gesch.**	-
	Vitembal	gesch.	gesch.	1,16	16		16	-		-		**gesch.**	-
	Huhtamäki	gesch.	gesch.	1,16	16		16	-		-		**gesch.**	-
	Sirap-Gema	gesch.	gesch.	1,16	16		16	-		-		**gesch.**	-
	Silver Plastics	gesch.	gesch.	0,25	16		16	-		-		**gesch.**	-
	(CEE)	Ges.-ums.	tatbez. Ums.	Grundbetrag				Wiederholungstäteraufschlag		Abschreckungsaufschlag		Geld-buße	Anteil Geldb./ Ums.
				Dau-er	%	Begründung des Prozentsatzes für den Grundbetrag	% EG	%	Begründung	%	Begründung		
	Linpac	gesch.	gesch.	2,83	16	Siehe oben	16	-		-		**gesch.**	-
	Sirap-Gema	gesch.	gesch.	2,83	16		16	-		-		**gesch.**	-
	Coopbox	gesch.	gesch.	2,75	16		16	-		-		**gesch.**	-
	Propack	gesch.	gesch.	1,66	16		16	-		-		**gesch.**	-

Datum	COMP/40.098 — Blockzüge	Ges.-ums.	tatbez. Ums.	Grundbetrag: Dauer	Grundbetrag: %	Grundbetrag: Begründung des Prozentsatzes für den Grundbetrag	Grundbetrag: % EG	Wiederholungstäteraufschlag: %	Wiederholungstäteraufschlag: Begründung	Abschreckungsaufschlag: %	Abschreckungsaufschlag: Begründung	Geldbuße	Anteil Geldb./Ums.
15.07.2015	Kühne + Nagel	14 000	gesch.	7,91	17	Rn. 82 ff.: "Customer allocation and price coordination arrangements are, (...), among the most harmful restrictions of competition. Therefore, the proportion of the value of sales taken into account for such infringements should be set at the higher end of the scale. Furthermore, the infringement featured different anti-competitive elements (customer allocation and price-coordination) and was thoroughly and rigorously implemented."	17	-		-	Rn 93: "In this case, such an increase for deterrence should be applied to Schenker which had an annual world-wide turnover of approximately EUR 39 billion in 2014. A multiplier of 1.1 should be applied to take account of the comparatively large size of that undertaking (DB group)."	**gesch.**	-
	EXIF	5 000	gesch.	7,91	17		17	-		-		**gesch.**	-
	Schenker	39 000	gesch.	7,91	17		17	-		10		**gesch.**	-

Datum	COMP/39.639 — Opt. Laufwerke **(unver.)**	Ges.-ums.	tatbez. Ums.	Grundbetrag: Dauer	Grundbetrag: %	Grundbetrag: Begründung des Prozentsatzes für den Grundbetrag	Grundbetrag: % EG	Wiederholungstäteraufschlag: %	Wiederholungstäteraufschlag: Begründung	Abschreckungsaufschlag: %	Abschreckungsaufschlag: Begründung	Geldbuße	Anteil Geldb./Ums.
21.10.2015													

Datum	COMP/40.028 — Generatoren und Anlasser	Ges.-ums.	tatbez. Ums.	Grundbetrag: Dauer	Grundbetrag: %	Grundbetrag: Begründung des Prozentsatzes für den Grundbetrag	Grundbetrag: % EG	Wiederholungstäteraufschlag: %	Wiederholungstäteraufschlag: Begründung	Abschreckungsaufschlag: %	Abschreckungsaufschlag: Begründung	Geldbuße	Anteil Geldb./Ums.
27.01.2016	Denso	gesch.	gesch.	5,42	17	Rn. 96: "Horizontal price-fixing and market-sharing agreements are, by their very	17	-	Rn. 107: "In this case, the greater part of the infringement took place after 24 January 2007, the date on which the Commission adopted a decision addressed to Melco and Hitachi concerning cartel activities in relation to gas insulated	10	Rn. 112: "The total world-wide turnover of Denso, Melco and Hitachi for the business year 2014 was particularly large compared to their respective sales of	**gesch.**	-
	Mitsubishi Electric (Melco)	gesch.	gesch.	5,42	17		17	50		10		**gesch.**	-

	Hitachi	gesch.	gesch.	5,42	17	nature, among the most harmful restrictions of competition." Rn. 97: "Furthermore, the infringement featured several different kinds of anti-competitive elements (multi-faceted infringement) and covered the entire EEA."	17	50	switchgear." Rn. 108: "The basic amount of the fines to be imposed on Melco and Hitachi should, therefore, be increased by 50%."	20	alternators and starters." Rn. 113: "The basic amount of the fines to be imposed on Denso, Melco and Hitachi should, therefore, be adjusted (...)."	**gesch.**	-

19.07.2016	COMP/39.824 — LKW **(unver.)**	Ges.-ums.	tatbez. Ums.	Grundbetrag				Wiederholungstäteraufschlag		Abschreckungsaufschlag		Geld-buße	Anteil Geldb./ Ums.
				Dau-er	%	Begründung des Prozentsatzes für den Grundbetrag	% EG	%	Begründung	%	Begründung		

12.12.2016	COMP/39.904 — Akkumulatoren	Ges.-ums.	tatbez. Ums.	Grundbetrag				Wiederholungstäteraufschlag		Abschreckungsaufschlag		Geld-buße	Anteil Geldb./ Ums.
				Dau-er	%	Begründung des Prozentsatzes für den Grundbetrag	% EG	%	Begründung	%	Begründung		
	Samsung SDI	gesch.	gesch.	3,5	16	Rn. 89: "In its assessment, the Commission considers (...) in particular the fact that horizontal price-fixing agreements are, by their very nature, among the most harmful restrictions of competition. (...) The Commission takes also into account that the infringement covered the entire EEA."	16	-		20	Rn. 98: "(...), the total worldwide turnover of Sony and Panasonic for the business year 2015 was particularly large compared to their respective sales of (batteries). "	**gesch.**	-
	Sony	gesch.	gesch.	3,6	16		16	-		-		**gesch.**	-
	Panasonic	gesch.	gesch.	3,71	16		16	-		20		**gesch.**	-
	Sanyo	gesch.	gesch.	3,71	16		16	-		-		**gesch.**	-

08.02.2017	COMP/40.018 — Autobatterie-Recycling	Ges.-ums.	tatbez. Ums.	Grundbetrag				Wiederholungstäteraufschlag		Abschreckungsaufschlag		Geld-buße	Anteil Geldb./ Ums.
				Dau-er	%	Begründung des Prozentsatzes für den Grundbetrag	% EG	%	Begründung	%	Begründung		
	Campine	gesch.	gesch.	3,01	15	Rn. 322: "(...) the infringement consisted in horizontal price-fixing, which is, by its very nature, among the most harmful restrictions of competition." Rn. 334: "None of the factors mentioned in	15	-		-	Die Kommission erhöhte die Geldbuße für alle Unternehmen um 10%, da es sich um eine Preisabsprache auf dem Beschaffungsmarkt handele. In diesem Fall verringere sich der tatbez. Ums., je erfolgreicher das Kartell sei. Dies reduziere auch die Geldbuße. Um	**gesch.**	-
	Eco-Bat	gesch.	gesch.	3,01	15		15	-		-		**gesch.**	-
	JCI	gesch.	gesch.	2,74	15		15	-		-		**gesch.**	-

	Recyclex	gesch.	gesch.	3,01	15	point 22 of the Guidelines on fines, that is (...), are such as to require an increase of the gravity factor in this case."	15	-		-	diesem Effekt entgegen zu wirken, sei die Erhöhung angezeigt (Rn. 364).	**gesch.**	-
08.03.2017	COMP/39.960 — Thermosysteme (HVAC)	Ges.-ums.	tatbez. Ums.	Grundbetrag: Dauer	Grundbetrag: %	Grundbetrag: Begründung des Prozentsatzes für den Grundbetrag	Grundbetrag: % EG	Wiederholungstäteraufschlag: %	Wiederholungstäteraufschlag: Begründung	Abschreckungsaufschlag: %	Abschreckungsaufschlag: Begründung	Geldbuße	Anteil Geldb./Ums.
	Denso	gesch.	gesch.	1,72-4,06	16	Rn. 130: "Price coordination and market sharing arrangements are, by their very nature, among the most harmful restrictions of competition." Rn. 131: "Furthermore, each infringement concerned the entire EEA."	16	-		10	Rn. 141: "(...) an increase for deterrence should be applied to PANASONIC and DENSO which had an annual world-wide turnover of approximately EUR 56 billion and EUR 34 billion respectively, in 2015."	**gesch.**	-
	Valeo	gesch.	gesch.	1,72-4,06	16		16	-		-		**gesch.**	-
	Behr	gesch.	gesch.	1,72-4,06	16		16	-		-		**gesch.**	-
	(Kompressoren)	Ges.-ums.	tatbez. Ums.	Grundbetrag: Dauer	Grundbetrag: %	Grundbetrag: Begründung des Prozentsatzes für den Grundbetrag	Grundbetrag: % EG	Wiederholungstäteraufschlag: %	Wiederholungstäteraufschlag: Begründung	Abschreckungsaufschlag: %	Abschreckungsaufschlag: Begründung	Geldbuße	Anteil Geldb./Ums.
	Denso	gesch.	gesch.	< 4,9	16	Siehe oben	16	-		10	Siehe oben	**gesch.**	-
	Valeo	gesch.	gesch.	< 4,9	16		16	-		-		**gesch.**	-
	Sanden	gesch.	gesch.	< 4,9	16		16	-		-		**gesch.**	-
	(E-Kompressoren an Nissan/ Renault)	Ges.-ums.	tatbez. Ums.	Grundbetrag: Dauer	Grundbetrag: %	Grundbetrag: Begründung des Prozentsatzes für den Grundbetrag	Grundbetrag: % EG	Wiederholungstäteraufschlag: %	Wiederholungstäteraufschlag: Begründung	Abschreckungsaufschlag: %	Abschreckungsaufschlag: Begründung	Geldbuße	Anteil Geldb./Ums.
	Panasonic	gesch.	gesch.	0,44	16	Siehe oben	16	-		20	Siehe oben	**gesch.**	-
	Denso	gesch.	gesch.	0,44	16		16	-		-		**gesch.**	-
	(Suzuki)	Ges.-ums.	tatbez. Ums.	Grundbetrag: Dauer	Grundbetrag: %	Grundbetrag: Begründung des Prozentsatzes für den Grundbetrag	Grundbetrag: % EG	Wiederholungstäteraufschlag: %	Wiederholungstäteraufschlag: Begründung	Abschreckungsaufschlag: %	Abschreckungsaufschlag: Begründung	Geldbuße	Anteil Geldb./Ums.
	Denso	gesch.	gesch.	1,76	16	Siehe oben	16	-		10	Siehe oben	**gesch.**	-
	Calsonic	gesch.	gesch.	1,76	16		16	-		-		**gesch.**	-
	Sanden	gesch.	gesch.	1,76	16		16	-		-		**gesch.**	-
	Valeo	gesch.	gesch.	0,82	16		16	-		-		**gesch.**	-

21.06.2017	COMP/40.013 — Beleuchtungssysteme	Ges.-ums.	tatbez. Ums.	Grundbetrag				Wiederholungstäteraufschlag		Abschreckungsaufschlag		Geldbuße	Anteil Geldb./ Ums.
				Dauer	%	Begründung des Prozentsatzes für den Grundbetrag	% EG	%	Begründung	%	Begründung		
	Valeo	gesch.	gesch.	div.	16	Rn. 84: "(...) the Commission considers the facts described in this Decision, and in particular the fact that horizontal price-fixing agreements are, by their very nature, among the most harmful restrictions of competition. (...) The Commission takes also into account that the infringement covered the entire EEA."	16	-		-		**gesch.**	-
	Automotive Lighting	gesch.	gesch.	div.	16		16	-		-		**gesch.**	-
	Hella	gesch.	gesch.	div.	16		16	-		-		**gesch.**	-

22.11.2017	COMP/39.881 — Insassenschutzsysteme **(unver.)**	Ges.-ums.	tatbez. Ums.	Grundbetrag				Wiederholungstäteraufschlag		Abschreckungsaufschlag		Geldbuße	Anteil Geldb./ Ums.
				Dauer	%	Begründung des Prozentsatzes für den Grundbetrag	% EG	%	Begründung	%	Begründung		

21.02.2018	COMP/40.113 — Zündkerzen **(unver.)**	Ges.-ums.	tatbez. Ums.	Grundbetrag				Wiederholungstäteraufschlag		Abschreckungsaufschlag		Geldbuße	Anteil Geldb./ Ums.
				Dauer	%	Begründung des Prozentsatzes für den Grundbetrag	% EG	%	Begründung	%	Begründung		

21.02.2018	COMP/39.920 — Bremssysteme **(unver.)**	Ges.-ums.	tatbez. Ums.	Grundbetrag				Wiederholungstäteraufschlag		Abschreckungsaufschlag		Geldbuße	Anteil Geldb./ Ums.
				Dauer	%	Begründung des Prozentsatzes für den Grundbetrag	% EG	%	Begründung	%	Begründung		

21.02.2018	COMP/ 40.009 — Kfz-Seetransportunternehmen **(unver.)**	Ges.-ums.	tatbez. Ums.	Grundbetrag				Wiederholungstäteraufschlag		Abschreckungsaufschlag		Geldbuße	Anteil Geldb./ Ums.
				Dauer	%	Begründung des Prozentsatzes für den Grundbetrag	% EG	%	Begründung	%	Begründung		

21.03.2018	COMP/ 40.136 — Kondensatoren **(unver.)**	Ges.-ums.	tatbez. Ums.	Grundbetrag				Wiederholungstäteraufschlag		Abschreckungsaufschlag		Geldbuße	Anteil Geldb./ Ums.
				Dauer	%	Begründung des Prozentsatzes für den Grundbetrag	% EG	%	Begründung	%	Begründung		

Auswertung	Grundbetrag	Wiederholungstäteraufschlag	Abschreckungsaufschlag	Anteil der Geldbuße am tatbez. Umsatz
bebußte Unternehmen 422	Durchschnitt 16,669	Durchschnitt 62,353	Durchschnitt 23,556	Anzahl Unt. mit ausr. Daten 65
Anteil Unt. mit Wdh.-täter- oder Abschreckungs-aufschlag 13,74%		Anzahl 100 % 1 90 % 3 80 % 0 70 % 0 60 % 4 50 % 9 40 % 0 30 % 0 20 % 0 10 % 0 Gesamt 17	Anzahl 100 % 2 90 % 0 80 % 0 70 % 2 60 % 1 50 % 0 40 % 3 30 % 0 20 % 17 10 % 20 Gesamt 47	Durchschnitt 32,78% Median 29,34% Maximaler Wert 79,62% Minimaler Wert 0,90%
Durchschn. Auf-schag Wdh.-täter und Abschreckung 33,13%				Anzahl der Unt. mit ausr. Daten (inkl. ungefähren Angaben/Spannbreite) 88
				Durchschnitt 33,20% Median 29,64%
		Anteil der Unt. mit Aufschlag 4,03% Anteil mehrfach sanktionierter Unt. 19,31%	Anteil der Unt. mit Auf. 11,14%	Anteil der Unt. mit ausr. Daten 15,40% Anteil der Unt. inkl. Spannbr. 20,85%

Anhang 2: Studien zum Preisaufschlag

In der folgenden Tabelle sind die Ergebnisse der verschiedenen Metastudien zu Schätzungen des Preisaufschlages bei Kartellen zusammengefasst. In der linken Zelle ist jeweils der Median, in der rechten Zelle der Durchschnitt der Schätzungen angegeben. In der Spalte Bemerkungen sind Besonderheiten der Studien aufgeführt, die eventuell abweichende Ergebnisse erklären können.

Studien	Gesamt: alle	Gesamt: ohne Aufschlag von 0	Zeit: ab 1991/1990	Zeit: ab 2000	Mitglieder: national gesamt	Mitglieder: nat. ab 1991/1990	Mitglieder: nat. ab 2000	Mitglieder: international gesamt	Mitglieder: int. ab 1991/1990	Mitglieder: int. ab 2000	Geogr. Ausdehnung: EU	Geogr. Ausdehnung: EU-Mitgl.	Geogr. Ausdehnung: Weltweit	Geogr. Ausdehnung: DE	Bemerkungen
	links Median, rechts Durchschnitt														
Connor (2005)	25 / S. 48	28 / S. 48	24 / S. 48		18 / S. 48	18 / S. 48		32 / S. 48	25 / S. 48		43 / 56 S. 55	16 / 37 S. 55	28 / 56 S. 55		Zeitintervall 1991-2004
Connor/Lande (2005/2006)	25 / S. 540	28 / S. 540	24 / S. 540		18 / S. 543	18 / S. 543		32 / S. 543	25 / S. 543		43 / S. 543	16 / S. 534			Ergebnisse von Connor (2005)
Connor/Lande (2006)	25 / S. 1007	28 / S. 1007			18 / S. 1008	18 / S. 1008		32 / S. 1008	25 / S. 1008		43 / S. 1008	16 / S. 1008			Ergebnisse von Connor (2005)
Connor/Bolotova (2006)	19 / 29 S. 1128														
Bolotova/Connor (2008)			28 / 27 S. 13												Zeitintervall 1991-2005
Bolotova (2009)	20 / 22 S. 328								28 / 28 S. 328						Andere Methode (S. 324); Zeitinterv. 1991-2005
Connor (2010)	23 / S. 40	28 / S. 40	22 / S. 109	23 / S. 109	17 / S. 109	15 / S. 109	20 / S. 109	30 / S. 109	25 / S. 109	26 / S. 109	40 / 60 S. 112	15 / 30 S. 112	29 / 63 S. 112	11 / 11 S.113	Zeitintervalle 1990-1999 und 2000-2009
Connor/Lande (2012)	23 / 49 S. 456			23 / S. 456	17 / S. 456		20 / S. 456	30 / S. 456		26 / S. 456					Ergebnisse von Connor (2010)
Connor (2014)	23 / S. 51	26 / S. 51	24 / S. 52	20 / S. 52	18 / S. 52	28 / S. 52	20 / S. 52	26 / S. 52	46 / S. 52	15 / S. 52	29 / 50 S. 67	16 / 62 S. 67	28 / 52 S. 67	12 / 21 S. 78	Zeitintervalle 1990-1999 und 2000-2013
Boyer/Kotchoni (2011)	14 / 18 S. 20	14 / 19 S. 20			13 / 15 S. 20			15 / 19 S. 20			13 / 13 S. 22		13 / 13 S. 22		Datensatz von Connor (2010), Korrektur der Erg.
Smuda (2014)	18 / 21 S. 72				/ 16 S. 72			/ 25 S. 72							Nur europ. Kartelle Datensatz: Connor (2010)

Literaturverzeichnis

Aaken, Anne van, „Rational Choice" in der Rechtswissenschaft, Zum Stellenwert der ökonomischen Theorie im Recht, Nomos, Baden-Baden 2003 (zitiert: *Aaken,* „Rational Choice").

Acharya, Viral V.; Yorulmazer, Tanju, Cash-in-the-Market Pricing and Optimal Resolution of Bank Failures, The Review of Financial Studies 21 (2008), S. 2705–2742 (zitiert: *Acharya/Yorulmazer,* Rev. Financial Stud. 21 (2008), 2705).

Achenbach, Hans, Bußgeldverhängung bei Kartellordnungswidrigkeiten nach dem Ende der fortgesetzten Handlung, Wirtschaft und Wettbewerb 1997, S. 393–404 (zitiert: *Achenbach,* WuW 1997, 393).

Achenbach, Hans, Verfassungswidrigkeit variabler Obergrenzen der Geldbußzumessung bei Kartellrechtsverstößen?, Wirtschaft und Wettbewerb 2002, S. 1154–1162 (zitiert: *Achenbach,* WuW 2002, 1154).

Achenbach, Hans, Die Kappungsgrenze und ihre Folgen – Zweifelsfragen des § 81 Abs. 4 GWB, Zeitschrift für Wettbewerbsrecht 2009, S. 3–24 (zitiert: *Achenbach,* ZWeR 2009, 3).

Achenbach, Hans, Grauzement, Bewertungseinheit und Bußgeldobergrenze, Wirtschaft und Wettbewerb 2013, S. 688–705 (zitiert: *Achenbach,* WuW 2013, 688).

Achenbach, Hans, Das Höchstmaß der Geldbuße wegen betrieblicher Aufsichtspflichtverletzung (§ 130 OWiG) bei Kartellrechtsverstößen, Neue Zeitschrift für Kartellrecht 2014, S. 473–478 (zitiert: *Achenbach,* NZKart 2014, 473).

Achenbach, Hans; Ransiek, Andreas; Rönnau, Thomas (Hrsg.), Handbuch Wirtschaftsstrafrecht, 4. Aufl., C. F. Müller, Heidelberg 2015 (zitiert: *Verfasser* in: Achenbach/Ransiek, HWSt).

Ackermann, Thomas, Prävention als Paradigma: Zur Verteidigung eines effektiven kartellrechtlichen Sanktionssystems, Zeitschrift für Wettbewerbsrecht 2010, S. 329–352 (zitiert: *Ackermann,* ZWeR 2010, 329).

Ackermann, Thomas, Kartellgeldbußen als Instrument der Wirtschaftsaufsicht, Zeitschrift für Wettbewerbsrecht 2012, S. 3–19 (zitiert: *Ackermann,* ZWeR 2012, 3).

Ackermann, Thomas, Verfassungsrecht als Vorwand: Reformstau im deutschen Kartellbußgeldrecht, Wettbewerb in Recht und Praxis 2013, Die erste Seite Nr. 4 (zitiert: *Ackermann,* WRP 2013, 4).

Aguzzoni, Luca; Langus, Gregor; Motta, Massimo, The Effect of EU Antitrust Investigations and Fines on a Firms Valuation, Journal of Industrial Economics 61 (2013), S. 290–338 (zitiert: *Aguzzoni/Langus/Motta,* J. Ind. Econ. 61 (2013), 290).

Ahlbrecht, Heiko; Dann, Matthias; Wessing, Helga; Frister, Helmut; Bock, Dennis (Hrsg.), Unternehmensstrafrecht, Festschrift für Jürgen Wessing zum 65. Geburtstag, C. H. Beck, München 2015 (zitiert: *Verfasser* in: FS Wessing).

Allain, Marie-Laure; Boyer, Marcel; Kotchoni, Rachidi; Ponssard, Jean-Pierre, The Determination of Optimal Fines in Cartel Cases, The Myth of Underdeterrence, 2011, http://www.cirano.qc.ca/pdf/publication/2011s-34.pdf, besucht am 1.7.2018 (zitiert: *Allain/Boyer/Kotchoni/Ponssard,* The Determination of Optimal Fines in Cartel Cases).

Allain, Marie-Laure; Boyer, Marcel; Ponssard, Jean-Pierre, The determination of optimal fines in cartel cases: Theory and practice, Concurrences 4 (2011), S. 32–40 (zitiert: *Allain/Boyer/Ponssard,* Concurrences 4 (2011), 32).

Al-Najjar, Nabil; Baliga, Sandeep; Besanko, David, Market Forces Meet Behavioral Biases: Cost Misallocation and Irrational Pricing, The RAND Journal of Economics 39 (2008), S. 214–237 (zitiert: *Al-Najjar/Baliga/Besanko,* RAND J. Econ. 39 (2008), 214).

Altmann, Steffen; Falk, Armin; Marklein, Felix, Eingeschränkt rationales Verhalten: Evidenz und Implikation in: Fleischer, Holger; Zimmer, Daniel (Hrsg.), Beitrag der Verhaltensökonomie (behavioral economics) zum Handels- und Wirtschaftsrecht, Frankfurt am Main 2011, S. 63–82 (zitiert: *Altmann/Falk/Marklein* in: Fleischer/Zimmer, Beitrag der Verhaltensökonomie (behavioral economics) zum Handels- und Wirtschaftsrecht, S. 63).

Andenaes, Johannes, General Prevention Revisited: Research and Policy Implications, The Journal of Criminal Law and Criminology 66 (1975), S. 338–365 (zitiert: *Andenaes,* J. Crim. L. & Crim. 66 (1975), 338).

Arrow, Kenneth Joseph, Social choice and individual values, 2. Aufl., Wiley, New York 1966 (zitiert: *Arrow,* Social choice).

Ashton, David; Henry, David (Hrsg.), Competition Damages Actions in the EU, Law and Practice, Edward Elgar, Cheltenham (UK) 2013 (zitiert: *Verfasser* in: Ashton/Henry, Competition Damages Actions in the EU).

At, Christian; Chappe, Nathalie, Timing of Crime, Learning and Sanction, Review of Law & Economics 4 (2008), S. 35–44 (zitiert: *At/Chappe,* Rev. L. & Econ. 4 (2008), 35).

Bach, Albrecht, Verschärfung von Unternehmensbußen – ein gescheiterter Versuch, Zum Verständnis von § 81 Abs. 4 GWB in: Brinkner, Ingo; Scheuing, Dieter H.; Stockmann, Kurt (Hrsg.), Recht und Wettbewerb, Festschrift für

Rainer Bechtold zum 65. Geburtstag, München 2006, S. 1–8 (zitiert: *Bach* in: FS Bechtold, S. 1).

Bach, Albrecht, Kartellbußgelder und Schadensersatz: Ansätze zur Konfliktlösung in: Studienvereinigung Kartellrecht (Hrsg.), Kartellrecht in Theorie und Praxis, Festschrift für Cornelis Canenbley zum 70. Geburtstag, München 2012, S. 15–23 (zitiert: *Bach* in: FS Canenbley, S. 15).

Bach, Albrecht; Klumpp, Ulrich, Nach oben offene Bußgeldskala – erstmals Bußgeldrichtlinien des Bundeskartellamtes, Neue Juristische Wochenschrift 2006, S. 3524–3529 (zitiert: *Bach/Klumpp,* NJW 2006, 3524).

Baker, Jonathan B., The Case for Antitrust Enforcement, The Journal of Economic Perspectives 17 (2003), S. 27–50 (zitiert: *Baker,* J. Econ. Perspectives 17 (2003), 27).

Barbier de la Serre, Eric; Lagathu, Eileen, The Law on Fines Imposed in EU Competition Proceedings: Faster, Higher, Harsher, Journal of European Competition Law & Practice 4 (2013), S. 325–344 (zitiert: *Barbier de la Serre/Lagathu,* J. Eur. Comp. L. & Practice 4 (2013), 325).

Barbier de la Serre, Eric; Lagathu, Eileen, The Law on Fines Imposed in EU Competition Proceedings: Fifty Shades of Undertakings, Journal of European Competition Law & Practice 6 (2015), S. 530–552 (zitiert: *Barbier de la Serre/ Lagathu,* J. Eur. Comp. L. & Practice 6 (2015), 530).

Baron, Michael, Verfassungswidriges Wettbewerbsrecht oder europarechtswidriges Verfassungsrecht? in: Studienvereinigung Kartellrecht (Hrsg.), Kartellrecht in Theorie und Praxis, Festschrift für Cornelis Canenbley zum 70. Geburtstag, München 2012, S. 25–35 (zitiert: *Baron* in: FS Canenbley, S. 25).

Barth, Christoph; Budde, Stefanie, Ausgewählte Probleme der Ahndung von Verstößen gegen das Kartellverbot nach deutschem Recht, Wettbewerb in Recht und Praxis 2009, S. 1357–1369 (zitiert: *Barth/Budde,* WRP 2009, 1357).

Barth, Christoph; Budde, Stefanie, Die „neue" Bußgeldobergrenze des OLG Düsseldorf, Wettbewerb in Recht und Praxis 2010, S. 712–726 (zitiert: *Barth/ Budde,* WRP 2010, 712).

Barth, Christoph; Budde, Stefanie, „Die Strafe soll nicht größer sein als die Schuld", Zum Urteil des BGH in Sachen Grauzement und den neuen Leitlinien für die Bußgeldzumessung, Neue Zeitschrift für Kartellrecht 2013, S. 311–320 (zitiert: *Barth/Budde,* NZKart 2013, 311).

Barth, Uli; Bongard, Christian, Gesamtwirtschaftliche Analyse: Die große Unbekannte der Mehrerlösermittlung, Wirtschaft und Wettbewerb 2009, S. 30–44 (zitiert: *Barth/Bongard,* WuW 2009, 30).

Bauer, Wolfram, Die heimlichen Rechtsprechungsänderungen des Kartellsenats des BGH, Zeitschrift für Wirtschafts- und Steuerstrafrecht 1995, S. 170–180 (zitiert: *Bauer,* wistra 1995, 170).

Bebchuk, Lucien Arye; Kaplow, Louis, Optimal Sanctions When Individuals Are Imperfectly Informed about the Probability of Apprehension, The Journal of Legal Studies 21 (1992), S. 365–370 (zitiert: *Bebchuk/Kaplow,* J. Legal Stud. 21 (1992), 365).

Bebchuk, Lucien Arye; Kaplow, Louis, Optimal Sanctions and Differences in Individuals' Likelihood of Avoiding Detection, International Review of Law and Economics 13 (1993), S. 217–224 (zitiert: *Bebchuk/Kaplow,* Int'l Rev. L. & Econ. 13 (1993), 217).

Bechtold, Rainer, Der Referentenentwurf der 8. GWB-Novelle im Überblick, Betriebsberater 2011, S. 3075–3079 (zitiert: *Bechtold,* BB 2011, 3075).

Bechtold, Rainer; Bosch, Wolfgang, Der Zweck heiligt nicht alle Mittel, Zeitschrift für Wettbewerbsrecht 2011, S. 160–168 (zitiert: *Bechtold/Bosch,* ZWeR 2011, 160).

Bechtold, Rainer; Bosch, Wolfgang, Die Entwicklung des deutschen Kartellrechts, Neue Juristische Wochenschrift 2011, S. 3484–3491 (zitiert: *Bechtold/Bosch,* NJW 2011, 3484).

Bechtold, Rainer; Bosch, Wolfgang, Kartellgesetz, Gesetz gegen Wettbewerbsbeschränkungen (§§ 1-96, 130, 131), 8. Aufl., C. H. Beck, München 2015 (zitiert: *Bechtold/Bosch,* GWB).

Bechtold, Rainer; Bosch, Wolfgang; Brinkner, Ingo, EU-Kartellrecht, Art. 101 – 106 EG, EU-Kartell-VO 1/2003, Gruppenfreistellungsverordnungen Vertikalvereinbarungen (330/2010), Kraftfahrzeugsektor (461/2010), Technologietransfer (316/2014), Forschung und Entwicklung (1217/2010), Spezialisierung (1218/2010), und Versicherungen (267/2010) sowie EG-FusionskontrollVO (139/2004); Kommentar, 3. Aufl., C. H. Beck, München 2014 (zitiert: *Bechtold/Bosch/Brinkner*).

Bechtold, Stefan (Hrsg.), Recht, Ordnung und Wettbewerb, Festschrift zum 70. Geburtstag von Wernhard Möschel, Nomos, Baden-Baden 2011 (zitiert: *Verfasser* in: FS Möschel).

Becker, Gary S., Crime and Punishment: An Economic Approach, The Journal of Political Economy 76 (1968), S. 169–217 (zitiert: *Becker,* J. Pol. Econ. 76 (1968), 169).

Ben-Shahar, Omri, Playing Without a Rulebook: Optimal Enforcement When Individuals Learn the Penalty Only by Committing the Crime, International Review of Law and Economics 17 (1997), S. 409–421 (zitiert: *Ben-Shahar,* Int'l Rev. L. & Econ. 17 (1997), 409).

Bergh, Roger van den, Behavioral Antitrust: Not Ready for the Main Stage, Journal of Competition Law and Economics 9 (2013), S. 203–229 (zitiert: *Bergh,* J. Comp. L. & Econ. 9 (2013), 203).

Bester, Helmut, Theorie der Industrieökonomik, 6. Aufl., Springer, Berlin 2012 (zitiert: *Bester,* Industrieökonomik).

Bien, Florian, Kollektiver Rechtsschutz im Kartellrecht auf neuen Wegen? Materiell-rechtliche Anspruchsbündelung durch Gesamtgläubigerschaft und Drittschadensliquidation in: Bechtold, Stefan (Hrsg.), Recht, Ordnung und Wettbewerb, Festschrift zum 70. Geburtstag von Wernhard Möschel, Baden-Baden 2011, S. 131–148 (zitiert: *Bien* in: FS Möschel, S. 131).

Biermann, Jörg, Neubestimmung des deutschen und europäischen Kartellsanktionenrechts: Reformüberlegungen, Determinanten und Perspektiven einer Kriminalisierung von Verstößen gegen das Kartellrecht, Zeitschrift für Wettbewerbsrecht 2007, S. 1–48 (zitiert: *Biermann,* ZWeR 2007, 1).

Bischke, Alf-Henrik; Brack, Sebastian, Neuere Entwicklungen im Kartellrecht, 8. GWB-Novelle – Neue Regelungen zur Rechtsnachfolge in Kartellbußgeldhaftung, Neue Zeitschrift für Gesellschaftsrecht 2012, S. 1140–1142 (zitiert: *Bischke/Brack,* NZG 2012, 1140).

Block, Michael K.; Lind, Robert C., An Economic Analysis of Crimes Punishable by Imprisonment, The Journal of Legal Studies 4 (1975), S. 479–492 (zitiert: *Block/Lind,* J. Legal Stud. 4 (1975), 479).

Block, Michael K.; Lind, Robert C., Crime and Punishment Reconsidered, The Journal of Legal Studies 4 (1975), S. 241–247 (zitiert: *Block/Lind,* J. Legal Stud. 4 (1975), 241).

Block, Michael K.; Sidak, Joseph Gregory, The Cost of Antitrust Deterrence: Why Not Hang a Price Fixer Now and Then?, The Georgetown Law Journal 68 (1980), S. 1130–1139 (zitiert: *Block/Sidak,* Geo. L. J. 68 (1980), 1130).

Bock, Michael (Hrsg.), Göppinger, Hans (Begr.), Kriminologie, 6. Aufl., C. H. Beck, München 2008 (zitiert: *Verfasser* in: Göppinger, Kriminologie).

Bock, Michael, Kriminologie, 4. Aufl., Vahlen, München 2013 (zitiert: *Bock,* Kriminologie).

Bofinger, Peter, Grundzüge der Volkswirtschaftslehre, 3. Aufl., Pearson, München 2011 (zitiert: *Bofinger,* Volkswirtschaftslehre).

Böge, Ulf; Ost, Konrad, Up and Running, or is It'? Private enforcement — the Situation in Germany and Policy Perspectives, European Competition Law Review 27 (2006), S. 197–205 (zitiert: *Böge/Ost,* ECLR 27 (2006), 197).

Bohnert, Joachim; Krenberger, Benjamin; Krumm, Carsten, OWiG, 4. Aufl., C. H. Beck, München 2016 (zitiert: *Bohnert/Krenberger/Krumm,* OWiG).

Bolotova, Yuliya, Cartel overcharges: An empirical analysis, Journal of Economic Behavior & Organization 70 (2009), S. 321–341 (zitiert: *Bolotova,* J. Econ. Behavior & Org. 70 (2009), 321).

Bolotova, Yuliya; Connor, John M., Cartel Sanctions: An Empirical Analysis, 2008, http://ssrn.com/abstract=1116421, besucht am 1.7.2018 (zitiert: *Bolotova/Connor,* Cartel Sanctions: An Empirical Analysis).

Bolotova, Yuliya; Connor, John M.; Miller, Douglas J., Factors Influencing the Magnitude of Cartel Overcharges: An Empirical Analysis of the U.S. Market, Journal of Competition Law and Economics 5 (2009), S. 361–381 (zitiert: *Bolotova/Connor/Miller,* J. Comp. L. & Econ. 5 (2009), 361).

Bongard, Christian, Mehrerlöse, Mengeneffekte und volkswirtschaftliche Kartellschäden, Wirtschaft und Wettbewerb 2010, S. 762–772 (zitiert: *Bongard,* WuW 2010, 762).

Böni, Franz, Der Wiederholungstäter im europäischen Kartellsanktionsrecht, Wirtschaft und Wettbewerb 2011, S. 360–368 (zitiert: *Böni,* WuW 2011, 360).

Bornkamm, Joachim; Montag, Frank; Säcker, Franz Jürgen (Hrsg.), Münchener Kommentar zum Europäischen und Deutschen Wettbewerbsrecht (Kartellrecht), Band 1, Europäisches Wettbewerbsrecht, 1. Aufl., C. H. Beck, München 2007 (zitiert: *Verfasser in:* MünchKommEUWettR, 1. Aufl. 2007).

Bornkamm, Joachim; Montag, Frank; Säcker, Franz Jürgen (Hrsg.), Münchener Kommentar zum Europäischen und Deutschen Wettbewerbsrecht (Kartellrecht), Band 1, Europäisches Wettbewerbsrecht, 2. Aufl., C. H. Beck, München 2015 (zitiert: *Verfasser* in: MünchKommEUWettR).

Bornkamm, Joachim; Montag, Frank; Säcker, Franz Jürgen (Hrsg.), Münchener Kommentar zum Europäischen und Deutschen Wettbewerbsrecht (Kartellrecht), Band 2, Gesetz gegen Wettbewerbsbeschränkungen (GWB), §§ 1-96, 130, 131, 2. Aufl., C. H. Beck, München 2015 (zitiert: *Verfasser* in: MünchKommGWB).

Bosch, Wolfgang, Die Entwicklung des deutschen und europäischen Kartellrechts, Neue Juristische Wochenschrift 2015, S. 1734–1740 (zitiert: *Bosch,* NJW 2015, 1734).

Boyer, Marcel; Kotchoni, Rachidi, How much do Cartels Typically Overcharge?, 2012, https://ideas.repec.org/p/cir/cirwor/2012s-15.html, besucht am 1.7.2018 (zitiert: *Boyer/Kotchoni,* How much do Cartels Typically Overcharge?).

Boyer, Marcel; Kotchoni, Rachidi, How Much Do Cartel Overcharge?, The „Working Paper“ Version, 2015, http://www.cirano.qc.ca/files/publications/2015s-37.pdf, besucht am 1.7.2018 (zitiert: *Boyer/Kotchoni,* How Much Do Cartel Overcharge?).

Brams, Steven J.; Schotter, A.; Schwodiauer, G. (Hrsg.), Applied game theory, Physica, Würzburg 1979 (zitiert: *Verfasser* in: Brams/Schotter/Schwodiauer, Applied game theory).

Brenner, Tobias, „Settlements“ in Kartellverfahren des Bundeskartellamtes – Perspektiven und Grenzen, Wirtschaft und Wettbewerb 2011, S. 590–601 (zitiert: *Brenner,* WuW 2011, 590).

Brettel, Hauke, Aktuelle Rechtsprechung zur Bebußung von Kartellordnungswidrigkeiten, Zeitschrift für Wettbewerbsrecht 2013, S. 200–229 (zitiert: *Brettel,* ZWeR 2013, 200).

Brettel, Hauke; Thomas, Stefan, Unternehmensbußgeld, Bestimmtheitsgrundsatz und Schuldprinzip im novellierten deutschen Kartellrecht, Zeitschrift für Wettbewerbsrecht 2009, S. 25–64 (zitiert: *Brettel/Thomas,* ZWeR 2009, 25).

Brinkner, Ingo; Scheuing, Dieter H.; Stockmann, Kurt (Hrsg.), Recht und Wettbewerb, Festschrift für Rainer Bechtold zum 65. Geburtstag, C. H. Beck, München 2006 (zitiert: *Verfasser* in: FS Bechtold).

Bronett, Georg-Klaus de, Europäisches Kartellverfahrensrecht, Kommentar zur VO 1/2003, 2. Aufl., Carl Heymanns Verlag, Köln 2012 (zitiert: *Bronett,* KartellverfahrensR).

Bryant, Peter G.; Eckard, E. Woodrow, Price Fixing: The Probability of Getting Caught, The Review of Economics and Statistics 73 (1991), S. 531–536 (zitiert: *Bryant/Eckard,* Rev. Econ. & Stat. 73 (1991), 531).

Bueren, Eckart, EU-Kartellbußgeldverfahren und EMRK: Aktuelle Implikationen aus der Rechtsprechung des EGMR, Europäisches Wirtschafts- & Steuerrecht 2012, S. 363–372 (zitiert: *Bueren,* EWS 2012, 363).

Bundy, Stephen McG.; Elhauge, Einer, Knowledge about Legal Sanctions, Michigan Law Review 92 (1993), S. 261–335 (zitiert: *Bundy/Elhauge,* Mich. L. Rev. 92 (1993), 261).

Bunte, Hermann-Josef (Hrsg.), Kommentar zum deutschen und europäischen Kartellrecht, Band 1: Deutsches Kartellrecht, 13. Aufl., Luchterhand, Köln 2018 (zitiert: *Verfasser* in: Langen/Bunte).

Bunte, Hermann-Josef (Hrsg.), Kommentar zum deutschen und europäischen Kartellrecht, Band 2: Europäisches Kartellrecht, 13. Aufl., Luchterhand, Köln 2018 (zitiert: *Verfasser* in: Langen/Bunte).

Buntscheck, Martin, Der „verunglückte Abschied“ von der Mehrerlösgeldbuße für schwere Kartellverstöße, Kritische Anmerkungen zu § 81 Abs. 4 Satz 2 GWB in: Brinkner, Ingo; Scheuing, Dieter H.; Stockmann, Kurt (Hrsg.), Recht und Wettbewerb, Festschrift für Rainer Bechtold zum 65. Geburtstag, München 2006, S. 81–96 (zitiert: *Buntscheck* in: FS Bechtold, S. 81).

Buntscheck, Martin, § 81 Abs. 4 GWB n.F. – die geänderte Obergrenze für Unternehmensgeldbußen, Wirtschaft und Wettbewerb 2008, S. 941–950 (zitiert: *Buntscheck,* WuW 2008, 941).

Burnovski, Moshe; Safra, Zvi, Deterrence effects of sequential punishment policies: Should repeat offenders be more severely punished?, International Review of Law and Economics 14 (1994), S. 341–350 (zitiert: *Burnovski/Safra,* Int'l Rev. L. & Econ. 14 (1994), 341).

Burton, Richard, Saint Gobain: Recidivism Revisited, Journal of European Competition Law & Practice 5 (2014), S. 624–626 (zitiert: *Burton,* J. Eur. Comp. L. & Practice 5 (2014), 624).

Busche, Jan; Röhling, Andreas (Hrsg.), Kölner Kommentar zum Kartellrecht, Band 4; VO 1/2003, FKVO (VO 139/2004), Besondere Wirtschaftszweige: Landverkehr (VO 169/2009), Luftverkehr, Seeverkehr, Postwesen, Telekommunikation, Kreditwirtschaft, Versicherungswirtschaft, Carl Heymanns Verlag, Köln 2013 (zitiert: *Verfasser* in: KK-KartR).

Busche, Jan; Röhling, Andreas (Hrsg.), Kölner Kommentar zum Kartellrecht, Band 2; §§ 35 – 131, Carl Heymanns Verlag, Köln 2014 (zitiert: *Verfasser* in: KK-KartR).

Calliess, Christian; Ruffert, Matthias (Hrsg.), EUV, AEUV, 5. Aufl., C. H. Beck, München 2016 (zitiert: *Verfasser* in: Callies/Ruffert, AEUV/EUV).

Camesasca, Peter D.; Ysewyn, Johan; Weck, Thomas; Bowman, Brian, Cartel Appeals to the Court of Justice: The Song of the Sirens?, Journal of European Competition Law & Practice 4 (2013), S. 215–223 (zitiert: *Camesasca/Ysewyn/Weck/Bowman,* J. Eur. Comp. L. & Practice 4 (2013), 215).

Carloni, Francesco, Electrabel v Commission & COMP M.7184 Marie Harvest / Morpol: Gun-jumping and Violation of the Merger Standstill Obligation in Europe, Journal of European Competition Law & Practice 5 (2014), S. 693–696 (zitiert: *Carloni,* J. Eur. Comp. L. & Practice 5 (2014), 693).

Castillo de la Torre, Fernando, The 2006 Guidelines on Fines: Reflections on the Commission's Practice, World Competition 33 (2010), S. 359–416 (zitiert: *Castillo de la Torre,* W.Comp. 33 (2010), 359).

Chu, C.Y. Cyrus; Hu, Sheng-cheng; Huang, Ting-yuan, Punishing repeat offenders more severely, International Review of Law and Economics 20 (2000), S. 127–140 (zitiert: *Chu/Hu/Huang,* Int'l Rev. L. & Econ. 20 (2000), 127).

Coase, Ronald H., The Nature of the Firm, Economica New Series 4 (1937), S. 386–405 (zitiert: *Coase,* Econ. New Series 4 (1937), 386).

Coffee, John Collins, Corporate Crime and Punishment: A Non-Chicago View of the Economics of Criminal Sanctions Symposium: White Collar Crime: Part

2: Sentencing, American Criminal Law Review 17 (1980), S. 419–478 (zitiert: *Coffee,* Am. Crim. L. Rev. 17 (1980), 419).

Cohen, Mark A.; Scheffman, David T., The Antitrust Sentencing Guideline: Is the Punishment Worth the Costs, American Criminal Law Review 27 (1989), S. 331–366 (zitiert: *Cohen/Scheffman,* Am. Crim. L. Rev. 27 (1989), 331).

Combe, Emmanuel; Monnier, Constance, Fines against hard core cartels in Europe: The myth of overenforcement, The Antitrust Bulletin 56 (2011), S. 235–275 (zitiert: *Combe/Monnier,* Anti. Bull. 56 (2011), 235).

Combe, Emmanuel; Monnier, Constance; Legal, Renaud, Cartels: The Probability of Getting Caught in the European Union, 2008, http://ssrn.com/abstract=1015061, besucht am 1.7.2018 (zitiert: *Combe/Monnier/Legal,* Cartels: The Probability of Getting Caught in the European Union).

Condie, Scott; Ganguli, Jayant V., Ambiguity and Rational Expectations Equilibria, The Review of Economic Studies 78 (2011), S. 821–845 (zitiert: *Condie/Ganguli,* Rev. Econ. Stud. 78 (2011), 821).

Connor, John M., Price-Fixing Overcharges: Legal and Economic Evidence, 2005, http://ssrn.com/abstract=787924, besucht am 1.7.2018 (zitiert: *Connor,* Price-Fixing Overcharges: Legal and Economic Evidence).

Connor, John M., Effectiveness of Antitrust Sanctions on Modern International Cartels, Journal of Industry, Competition and Trade 6 (2006), S. 195–223 (zitiert: *Connor,* J. Ind. Comp. & Trade 6 (2006), 195).

Connor, John M., Price-Fixing Overcharges: Revised 2nd Edition, 2010, http://ssrn.com/abstract=1610262, besucht am 1.7.2018 (zitiert: *Connor,* Price-Fixing Overcharges: Revised 2nd Edition).

Connor, John M., Recidivism Revealed: Private International Cartels 1990-2009, 2010, http://ssrn.com/abstract=1688508, besucht am 1.7.2018 (zitiert: *Connor,* Recidivism Revealed: Private International Cartels 1990-2009).

Connor, John M., Cartel Detection and Duration Worldwide, 2011, http://ssrn.com/abstract=2229242, besucht am 1.7.2018 (zitiert: *Connor,* Cartel Detection and Duration Worldwide).

Connor, John M., Cartel Fines Severity and the European Commission: 2007 – 2011, European Competition Law Review 34 (2013), S. 58–77 (zitiert: *Connor,* ECLR 34 (2013), 58).

Connor, John M., Price-Fixing Overcharges: Revised 3rd Edition, 2014, http://dx.doi.org/10.2139/ssrn.2400780, besucht am 1.7.2018 (zitiert: *Connor,* Price-Fixing Overcharges: Revised 3rd Edition).

Connor, John M.; Bolotova, Yuliya, Cartel overcharges: Survey and meta-analysis, International Journal of Industrial Organization 24 (2006), S. 1109–1137 (zitiert: *Connor/Bolotova,* Int'l J. Ind. Org. 24 (2006), 1109).

Connor, John M.; Lande, Robert H., How High Do Cartels Raise Prices? Implications for Optimal Cartel Fines, Tulane Law Review 80 (2006), S. 513–570 (zitiert: *Connor/Lande,* Tul. L. Rev. 80 (2006), 513).

Connor, John M.; Lande, Robert H., The size of cartel overcharges: Implications for U.S. and EU fining policies, The Antitrust Bulletin 51 (2006), S. 983–1022 (zitiert: *Connor/Lande,* Anti. Bull. 51 (2006), 983).

Connor, John M.; Lande, Robert H., Cartel Overcharges and Optimal Cartel Fines, Issues in Competition Law and Policy 3 (2008), S. 2203–2218 (zitiert: *Connor/Lande,* Iss. Comp. L. & Policy 3 (2008), 2203).

Connor, John M.; Lande, Robert H., Cartels as Rational Business Strategy: Crime Pays, Cardozo Law Review 34 (2012), S. 427–489 (zitiert: *Connor/Lande,* Card. L. Rev. 34 (2012), 427).

Connor, John M.; Miller, Douglas J., Determinants of EC Antitrust Fines for Members of Global Cartels, 2013, http://ssrn.com/abstract=2229358, besucht am 1.7.2018 (zitiert: *Connor/Miller,* Determinants of EC Antitrust Fines for Members of Global Cartels).

Cooter, Robert; Ulen, Thomas S., Law & economics, 6. Aufl., Pearson, Boston, Mass. 2012 (zitiert: *Cooter/Ulen*, Law & economics).

Coppik, Jürgen; Haucap, Justus, Die Behandlung von Preisschirmeffekten bei der Bestimmung von Kartellschäden und Mehrerlösen, Wirtschaft und Wettbewerb 2016, S. 50–58 (zitiert: *Coppik/Haucap,* WuW 2016, 50).

Crandall, Robert W.; Winston, Clifford, Does Antitrust Policy Improve Consumer Welfare? Assessing the Evidence, The Journal of Economic Perspectives 17 (2003), S. 3–26 (zitiert: *Crandall/Winston,* J. Econ. Perspectives 17 (2003), 3).

Craswell, Richard, Kaplow and Shavell on the Substance of Fairness, The Journal of Legal Studies 32 (2003), S. 245–275 (zitiert: *Craswell,* J. Legal Stud. 32 (2003), 245).

Dalheimer, Dorothe; Feddersen, Christoph T.; Miersch, Gerald (Hrsg.), EU-Kartellverfahrensverordnung, Kommentar zur VO 1/2003, C. H. Beck, München 2005 (zitiert: *Verfasser* in: Dalheimer/Feddersen/Miersch, Kartellverfahrensrecht).

Dana, David A., Rethinking the Puzzle of Escalating Penalties for Repeat Offenders, The Yale Law Journal 110 (2001), S. 733–783 (zitiert: *Dana,* Yale L. J. 110 (2001), 733).

Dannecker, Gerhard; Dannecker, Christoph; Müller, Nadja, Das Kartellordnungswidrigkeitenrecht nach der 8. GWB-Novelle: weiterer Reformbedarf?, Zeitschrift für Wettbewerbsrecht 2013, S. 417–447 (zitiert: *Dannecker/Dannecker/Müller,* ZWeR 2013, 417).

Dauner-Lieb, Barbara; Langen, Werner (Hrsg.), BGB Schuldrecht, Band 2/2: §§ 611 – 853, 3. Aufl., Nomos, Baden-Baden 2016 (zitiert: *Verfasser* in: NK-BGB).

Degenhart, Christoph, Staatsrecht I, Staatsorganisationsrecht, 33. Aufl., C. F. Müller, Heidelberg 2017 (zitiert: *Degenhart*, Staatsrecht I).

Deloitte, The Deterrent Effect of Competition Enforcement by the OFT, 2007, http://webarchive.nationalarchives.gov.uk/20140402141250/http:/www.oft.gov.uk/shared_oft/reports/Evaluating-OFTs-work/oft962.pdf, besucht am 1.7.2018 (zitiert: Deloitte, The Deterrent Effect of Competition Enforcement by the OFT).

Deselaers, Wolfgang, Uferlose Geldbußen bei Kartellverstößen nach der neuen 10% Umsatzregel des § 81 Abs. 4 GWB?, Wirtschaft und Wettbewerb 2006, S. 118–127 (zitiert: *Deselaers,* WuW 2006, 118).

Doose, Anna Maria, Methods for Calculating Cartel Damages: A Survey, Zeitschrift für Wettbewerbsrecht 2014, S. 282–299 (zitiert: *Doose,* ZWeR 2014, 282).

Dörr, Oliver; Lenz, Christofer, Europäischer Verwaltungsrechtsschutz, Nomos, Baden-Baden 2006 (zitiert: *Dörr/Lenz,* Europäischer Verwaltungsrechtsschutz).

Dreier, Horst (Hrsg.), Grundgesetz Kommentar, Band I Präambel, Artikel 1 – 19, 3. Aufl., Mohr Siebeck, Tübingen 2013 (zitiert: *Verfasser* in: Dreier, GG).

Dreier, Horst (Hrsg.), Grundgesetz Kommentar, Band II Artikel 20 – 82, 3. Aufl., Mohr Siebeck, Tübingen 2015 (zitiert: *Verfasser* in: Dreier, GG).

Dreier, Horst (Hrsg.), Grundgesetz Kommentar, Band III Artikel 83 – 146, 3. Aufl., Mohr Siebeck, Tübingen 2018 (zitiert: *Verfasser* in: Dreier, GG).

Dück, Hermann; Schultes, Marion, Bußgeldhaftung und Rechtsnachfolge – Schlupfloch für Kartellsünder?, Wertpapier-Mitteilungen 2013, S. 9–14 (zitiert: *Dück/Schultes,* WM 2013, 9).

ECA, Pecuniary sanctions imposed on undertakings for infringements of antitrust law, Principles for convergence, 2008, http://www.autoritedelaconcurrence.fr/doc/eca_principles_uk.pdf, besucht am 1.7.2018 (zitiert: ECA, Pecuniary sanctions imposed on undertakings for infringements of antitrust law).

Ehrlich, Isaac, The Optimum Enforcement of Laws and the Concept of Justice: a Positive Analysis, International Review of Law and Economics 2 (1982), S. 3–27 (zitiert: *Ehrlich,* Int'l Rev. L. & Econ. 2 (1982), 3).

Eichberger, Jürgen; Kelsey, David; Schipper, Burkhard C., Ambiguity and Social Interaction, Oxford Economic Papers 61 (2009), S. 355–379 (zitiert: *Eichberger/Kelsey/Schipper,* Oxford Econ. Papers 61 (2009), 355).

Eichenberger, Reinhard, Verhaltensanomalien und Wirtschaftswissenschaft, Herausforderung, Reaktionen, Perspektiven, Deutscher Universitäts-Verlag, Wiesbaden 1992 (zitiert: *Eichenberger,* Verhaltensanomalien).

Eidenmüller, Horst, Effizienz als Rechtsprinzip, Möglichkeiten und Grenzen der ökonomischen Analyse des Rechts, 4. Aufl., Mohr Siebeck, Tübingen 2015 (zitiert: *Eidenmüller,* Effizienz).

Eilers, Stephan; Klusmann, Martin, Fortsetzung folgt – der 4. Senat des BFH findet keine überzeugende Lösung zu der steuerlichen Abzugsfähigkeit von EU-Kartellrechtsbußen, Neue Zeitschrift für Kartellrecht 2014, S. 294–299 (zitiert: *Eilers/Klusmann,* NZKart 2014, 294).

Eisenberg, Ulrich, Beweisrecht der StPO, 10. Aufl., C. H. Beck, München 2017 (zitiert: *Eisenberg,* Beweisrecht der StPO).

Ellger, Reinhard, Kartellschaden und Verletzergewinn in: Bechtold, Stefan (Hrsg.), Recht, Ordnung und Wettbewerb, Festschrift zum 70. Geburtstag von Wernhard Möschel, Baden-Baden 2011, S. 191–225 (zitiert: *Ellger* in: FS Möschel, S. 191).

Ellsberg, Daniel, Risk, Ambiguity, and the Savage Axioms, The Quarterly Journal of Economics 75 (1961), S. 643–669 (zitiert: *Ellsberg,* Q. J. Econ. 75 (1961), 643).

Emmerich, Volker, Kartellrecht, 13. Aufl., C. H. Beck, München 2014 (zitiert: *Emmerich,* Kartellrecht).

Emons, Winand, A note on the optimal punishment for repeat offenders, International Review of Law and Economics 23 (2003), S. 253–259 (zitiert: *Emons,* Int'l Rev. L. & Econ. 23 (2003), 253).

Emons, Winand, Escalating penalties for repeat offenders, International Review of Law and Economics 27 (2007), S. 170–178 (zitiert: *Emons,* Int'l Rev. L. & Econ. 27 (2007), 170).

Engelsing, Felix, Die Bußgeldleitlinien des Europäischen Kommission von 2006, Wirtschaft und Wettbewerb 2007, S. 470–482 (zitiert: *Engelsing,* WuW 2007, 470).

Englerth, Markus, § 7 – Verhaltensökonomie in: Towfigh, Emanuel Vahid; Petersen, Niels (Hrsg.), Ökonomische Methoden im Recht, Eine Einführung für Juristen, Tübingen 2010, S. 165–200 (zitiert: *Englerth* in: Towfigh/Petersen, Ökonomische Methoden im Recht, S. 165).

Englerth, Markus, Der beschränkt rationale Verbrecher, Behavioral Economics in der Kriminologie, Lit Verlag, Berlin 2010 (zitiert: *Englerth,* Der beschränkt rationale Verbrecher).

Erlei, Mathias; Leschke, Martin; Sauerland, Dirk, Neue Institutionenökonomik, 2. Aufl., Schäffer-Poeschel, Stuttgart 2007 (zitiert: *Erlei/Leschke/Sauerland,* Neue Institutionenökonomik).

Eser, Albin (Hrsg.), Schönke, Adolf (Begr.), Strafgesetzbuch, Kommentar, 29. Aufl., C. H. Beck, München 2014 (zitiert: *Verfasser* in: Schönke/Schröder).

Etro, Federico; Kokkoris, Ioannis (Hrsg.), Competition law and the enforcement of article 102, Oxford University Press, Oxford, New York 2010 (zitiert: *Verfasser* in: Etro/Kokkoris, Competition law and the enforcement of article 102).

EuGH, Zum Beitritt der Union zur Europäischen Menschenrechtskonvention (EMRK), Wirtschaft und Wettbewerb 2015, S. 190–194 (zitiert: EuGH, WuW 2015, 190).

Fahrmeir, Ludwig; Heumann, Christian; Künstler, Rita; Pigeot, Iris; Tutz, Gerhard, Statistik, Der Weg zur Datenanalyse, 8. Aufl., Springer Spektrum, Berlin, Heidelberg 2016 (zitiert: *Fahrmeir/Heumann/Künstler/Pigeot/Tutz,* Statistik).

Feess, Eberhard; Wohlschlegel, Ansgar, Why higher punishment may reduce deterrence, Economics Letters 104 (2009), S. 69–71 (zitiert: *Feess/Wohlschlegel,* Econ. Lett. 104 (2009), 69).

Feinberg, Robert M., The Enforcement and Effects of European Antitrust Policy: A Survey of Legal Opinion, Journal of Common Market Studies 23 (1985), S. 373–384 (zitiert: *Feinberg,* J. Comm. Market Stud. 23 (1985), 373).

Fleischer, Holger; Schmolke, Klaus Ulrich; Zimmer, Daniel, Verhaltensökonomik als Forschungsinstrument für das Wirtschaftsrecht in: Fleischer, Holger; Zimmer, Daniel (Hrsg.), Beitrag der Verhaltensökonomie (behavioral economics) zum Handels- und Wirtschaftsrecht, Frankfurt am Main 2011, S. 9–62 (zitiert: *Fleischer/Schmolke/Zimmer* in: Fleischer/Zimmer, Beitrag der Verhaltensökonomie (behavioral economics) zum Handels- und Wirtschaftsrecht, S. 9).

Fleischer, Holger; Zimmer, Daniel (Hrsg.), Beitrag der Verhaltensökonomie (behavioral economics) zum Handels- und Wirtschaftsrecht, Recht und Wirtschaft, Frankfurt am Main 2011 (zitiert: *Verfasser* in: Fleischer/Zimmer, Beitrag der Verhaltensökonomie (behavioral economics) zum Handels- und Wirtschaftsrecht).

Fleurbaey, Marc; Tungodden, Bertil; Chang, Howard F., Any welfarist Method of Policy Assessment Violates the Pareto Principle: A Comment, The Journal of Political Economy 111 (2003), S. 1382–1385 (zitiert: *Fleurbaey/Tungodden/Chang,* J. Pol. Econ. 111 (2003), 1382).

Fon, Vincy; Schäfer, Hans-Bernd, State Liability for Wrongful Conviction: Incentive Effects on Crime Levels, Journal of Institutional and Theoretical Economics 163 (2007), S. 269–284 (zitiert: *Fon/Schäfer,* J. I. T. E. 163 (2007), 269).

Frank, Niels; Schliffke, Phillipp, The Post-Cartel Equilibrum Puzzle in the German Cement Market: A Reply to Hüschelrath, Müller, and Veith, Journal of Competition Law and Economics 9 (2013), S. 495–509 (zitiert: *Frank/Schliffke,* J. Comp. L. & Econ. 9 (2013), 495).

Freixas, Xavier, Optimal Bail Out Policy, Conditionality and Constructive Ambiguity, 1999, http://ssrn.com/abstract=199054, besucht am 1.7.2018 (zitiert: *Freixas,* Optimal Bail Out Policy, Conditionality and Constructive Ambiguity).

Frenz, Walter, Ausreichendes Kartellbußgeldsystem – keine Notwendigkeit von Haftstrafen, Wettbewerb in Recht und Praxis 2014, S. 367–374 (zitiert: *Frenz,* WRP 2014, 367).

Friederiszick, Hans W.; Röller, Lars-Hendrik, Quantification of Harm in Damages Actions for Antitrust Infringements: Insights from German Cartel Cases, Journal of Competition Law and Economics 6 (2010), S. 595–618 (zitiert: *Friederiszick/Röller,* J. Comp. L. & Econ. 6 (2010), 595).

Friedman, David D., Law's order, What economics has to do with law and why it matters, Princeton University Press, Princeton, New Jersey 2000 (zitiert: *Friedman*, Law's order).

Friedman, David D.; Sjostrom, William, Hanged for a Sheep: The Economics of Marginal Deterrence, The Journal of Legal Studies 22 (1993), S. 345–366 (zitiert: *Friedman/Sjostrom,* J. Legal Stud. 22 (1993), 345).

Friehe, Tim, Optimal sanctions and endogeneity of differences in detection probabilities, International Review of Law and Economics 28 (2008), S. 150–155 (zitiert: *Friehe,* Int'l Rev. L. & Econ. 28 (2008), 150).

Frister, Helmut, Strafrecht, Allgemeiner Teil, 7. Aufl., C. H. Beck, München 2015 (zitiert: *Frister*, Strafrecht AT).

Fuchs, Andreas; Weitbrecht, Andreas (Hrsg.), Handbuch der privaten Kartellrechtsdurchsetzung, C. H. Beck, München 2018 (zitiert: *Verfasser* in: Fuchs/Weitbrecht, Handbuch der privaten Kartellrechtsdurchsetzung).

Fumagalli, Chiara; Padilla, Jorge; Polo, Michele, Damages for Exclusionary Practices: A Primer in: Etro, Federico; Kokkoris, Ioannis (Hrsg.), Competition law and the enforcement of article 102, Oxford, New York 2010, S. 203–220 (zitiert: *Fumagalli/Padilla/Polo* in: Etro/Kokkoris, Competition law and the enforcement of article 102, S. 203).

Garoupa, Nuno, The theory of optimal law enforcement, Journal of Economic Surveys 11 (1997), S. 267–295 (zitiert: *Garoupa,* J. Econ. Surv. 11 (1997), 267).

Garoupa, Nuno, Optimal Law Enforcement with Dissemination of Information, European Journal of Law and Economics 7 (1999), S. 183–196 (zitiert: *Garoupa,* Eur. J. L. & Econ. 7 (1999), 183).

Garoupa, Nuno, Optimal magnitude and probability of fines, European Economic Review 45 (2001), S. 1765–1771 (zitiert: *Garoupa,* Eur. Econ. Rev. 45 (2001), 1765).

Garoupa, Nuno, Behavioral Economic Analysis of Crime: A Critical Review, European Journal of Law and Economics 15 (2003), S. 5–15 (zitiert: *Garoupa,* Eur. J. L. & Econ. 15 (2003), 5).

Garoupa, Nuno; Jellal, Mohamed, Dynamic Law Enforcement with Learning, Journal of Law, Economics & Organization 20 (2004), S. 192–206 (zitiert: *Garoupa/Jellal,* J. L. Econ. & Org. 20 (2004), 192).

Garoupa, Nuno; Rizzolli, Matteo, Wrongful Convictions Do Lower Deterrence, Journal of Institutional and Theoretical Economics 168 (2012), S. 224–231 (zitiert: *Garoupa/Rizzolli,* J. I. T. E. 168 (2012), 224).

Glöckner, Jochen, Individualschutz und Funktionenschutz in der privaten Durchsetzung des Kartellrechts – Der Zweck heiligt die Mittel nicht; er bestimmt sie!, Wettbewerb in Recht und Praxis 2007, S. 490–500 (zitiert: *Glöckner,* WRP 2007, 490).

Göhler, Erich, Zum Gesetz über Ordnungswidrigkeiten, Neue Zeitschrift für Strafrecht 1986, S. 18–22 (zitiert: *Göhler,* NStZ 1986, 18).

Göhler, Erich (Hrsg.), Gesetz über Ordnungswidrigkeiten, 17. Aufl., C. H. Beck, München 2017 (zitiert: *Verfasser* in: Göhler, OWiG).

Goodhart, Charles A. E.; Huang, Haizhou, A Model of the Lender of Last Resort, 2000, http://hkimr.org/uploads/seminars/413/sem_paper_0_40_huang.pdf, besucht am 1.7.2018 (zitiert: *Goodhart/Huang,* A Model of the Lender of Last Resort).

Graf York von Wartenburg, Clemens; Titze, Laura A., „Gun Jumping" bei Unternehmens- und Beteiligungserwerben im Fokus der EU-Kommission, Gesellschafts- und Wirtschaftsrecht 2014, S. 364–366 (zitiert: *Graf York von Wartenburg/Titze,* GWR 2014, 364).

Grafunder, René; Gänswein, Olivier, Das Merkblatt des Bundeskartellamtes zu Settlements, Betriebsberater 2015, S. 968–972 (zitiert: *Grafunder/Gänswein,* BB 2015, 968).

Grave, Carsten; Nyberg, Jenny, Zahlungsunfähigkeit eines Unternehmens (inability to pay) in der Bußgeldbemessung durch die Europäische Kommission, Wirtschaft und Wettbewerb 2011, S. 926–934 (zitiert: *Grave/Nyberg,* WuW 2011, 926).

Griffin, James M., Previous Cartel Experience: Any Lessons for OPEC? in: Klein, Lawrence R.; Marquez, Jaime (Hrsg.), Economics in Theory and Practice: an Eclectic Approach, Dordrecht, Boston, London 1989, S. 179–206 (zitiert:

Griffin in: Klein/Marquez, Economics in Theory and Practice: an Eclectic Approach, S. 179).

Gummert, Hans; Weipert, Lutz (Hrsg.), Münchener Handbuch des Gesellschaftsrechts, Band 1: BGB-Gesellschaft, Offene Handelsgesellschaft, Partnerschaftsgesellschaft, EWIV, 4. Aufl., C. H. Beck, München 2014 (zitiert: *Verfasser* in: MünchHdb. GesR I).

Haase, Florian; Geils, Malte, Die steuerliche Abzugsfähigkeit von Kartellgeldbußen, Betriebsberater 2015, S. 2583–2588 (zitiert: *Haase/Geils,* BB 2015, 2583).

Hannich, Rolf (Hrsg.), Karlsruher Kommentar zur Strafprozessordnung, mit GVG, EGGVG und EMRK, 7. Aufl., C. H. Beck, München 2013 (zitiert: *Verfasser* in: KK-StPO).

Harris, Adam J.L.; Corner, Adam; Hahn, Ulrike, Estimating the probability of negative events, Cognition 110 (2009), S. 51–64 (zitiert: *Harris/Corner/Hahn,* Cognition 110 (2009), 51).

Harris, John R., On the Economics of Law and Order, The Journal of Political Economy 78 (1970), S. 165–174 (zitiert: *Harris,* J. Pol. Econ. 78 (1970), 165).

Hassemer, Winfried; Dallmeyer, Jens, Gesetzliche Orientierung im deutschen Recht der Kartellgeldbußen und das Grundgesetz, Nomos, Baden-Baden 2010 (zitiert: *Hassemer/Dallmeyer,* Gesetzliche Orientierung).

Haucap, Justus; Stühmeier, Torben, Wie hoch sind durch Kartelle verursachte Schäden: Antworten aus Sicht der Wirtschaftstheorie, Wirtschaft und Wettbewerb 2008, S. 413–424 (zitiert: *Haucap/Stühmeier,* WuW 2008, 413).

Haus, Florian C., Verfassungsprinzipien im Kartellbußgeldrecht – ein Auslaufmodell, Zu den anwendbaren Maßstäben bei der Bemessung umsatzbezogener Geldbußen nach § 81 Abs. 4 GWB, Neue Zeitschrift für Kartellrecht 2013, S. 183–190 (zitiert: *Haus,* NZKart 2013, 183).

Heimler, Alberto; Mehta, Kirtikumar, Violations of Antitrust Provisions: The Optimal Level of Fines for Achieving Deterrence, World Competition 35 (2012), S. 103–119 (zitiert: *Heimler/Mehta,* W.Comp. 35 (2012), 103).

Heinichen, Christian, Rechtsnachfolge im deutschen Kartellordnungswidrigkeitenrecht, Wettbewerb in Recht und Praxis 2012, S. 159–166 (zitiert: *Heinichen,* WRP 2012, 159).

Henderson, John; Palmer, John P., Does More Deterrence Require More Punishment? [or Should the Punishment Fit the Crime?], European Journal of Law and Economics 13 (2002), S. 143–156 (zitiert: *Henderson/Palmer,* Eur. J. L. & Econ. 13 (2002), 143).

Herzog, Roman; Herdegen, Matthias; Scholz, Rupert; Klein, Hans H. (Hrsg.), Maunz, Theodor; Dürig, Günter (Begr.), Grundgesetz, Kommentar, 8. Aufl., C. H. Beck, München 1999 (zitiert: *Verfasser* in: Maunz/Dürig, GG).

Heuking, Christian; Coelln, Sibylle von, Die aktuelle Diskussion um Buße oder Strafe für Unternehmen, Betriebsberater 2014, S. 3016–3023 (zitiert: *Heuking/Coelln,* BB 2014, 3016).

Heyers, Johannes, Kartellbußen und Steuerfolgen, Wertungsprobleme und ökonomische Analyse aktueller kartell-, finanzbehördlicher und -gerichtlicher Praxis, Wirtschaft und Wettbewerb 2014, S. 1184–1199 (zitiert: *Heyers,* WuW 2014, 1184).

Hinloopen, Jeroen, Internal cartel stability with time-dependent detection probabilities, International Journal of Industrial Organization 24 (2006), S. 1213–1229 (zitiert: *Hinloopen,* Int'l J. Ind. Org. 24 (2006), 1213).

Hirsbrunner, Simon, Settlements in EU-Kartellverfahren, – Kritische Anmerkungen nach den ersten Anwendungsfällen -, Europäische Zeitschrift für Wirtschaftsrecht 2011, S. 12–16 (zitiert: *Hirsbrunner,* EuZW 2011, 12).

Holterhus, Till Patrik, „Inability to pay", Die Berücksichtigung der individuellen Zahlungsunfähigkeit im Rahmen der kartellrechtlichen Bußgeldbemessung, Wettbewerb in Recht und Praxis 2011, S. 1406–1411 (zitiert: *Holterhus,* WRP 2011, 1406).

Hüschelrath, Kai, The Costs and Benefits of Antitrust Enforcement: Identification and Measurement, World Competition 35 (2012), S. 121–163 (zitiert: *Hüschelrath,* W.Comp. 35 (2012), 121).

Hüschelrath, Kai; Müller, Kathrin; Veith, Tobias, Concrete Shoes for Competition: The Effect of the German Cement Cartel on Market Price, Journal of Competition Law and Economics 9 (2013), S. 97–123 (zitiert: *Hüschelrath/Müller/Veith,* J. Comp. L. & Econ. 9 (2013), 97).

Hüschelrath, Kai; Weigand, Jürgen, Fighting Hard Core Cartels, 2010, ftp://ftp.zew.de/pub/zew-docs/dp/dp10084.pdf, besucht am 1.7.2018 (zitiert: *Hüschelrath/Weigand,* Fighting Hard Core Cartels).

Immenga, Ulrich, Strafrechtliche Sanktionen bei schweren Kartellverstößen?, Neue Zeitschrift für Kartellrecht 2016, S. 201 (zitiert: *Immenga,* NZKart 2016, 201).

Immenga, Ulrich; Mestmäcker, Ernst-Joachim (Hrsg.), Wettbewerbsrecht, Kommentar zum europäischen Kartellrecht Band 1 EU/Teil 1, 5. Aufl., C. H. Beck, München 2012 (zitiert: *Verfasser* in: Immenga/Mestmäcker).

Immenga, Ulrich; Mestmäcker, Ernst-Joachim (Hrsg.), Wettbewerbsrecht, Kommentar zum europäischen Kartellrecht Band 1 EU/Teil 2, 5. Aufl., C. H. Beck, München 2012 (zitiert: *Verfasser* in: Immenga/Mestmäcker).

Immenga, Ulrich; Mestmäcker, Ernst-Joachim (Hrsg.), Wettbewerbsrecht, Kommentar zum Deutschen Kartellrecht Band 2, GWB/Teil 1, §§ 1-96, 130-131,

5. Aufl., C. H. Beck, München 2014 (zitiert: *Verfasser* in: Immenga/Mestmäcker).

Inderst, Roman; Maier-Rigaud, Frank, Preisschirmeffekte, Wirtschaft und Wettbewerb 2014, S. 1043–1056 (zitiert: *Inderst/Maier-Rigaud,* WuW 2014, 1043).

Inderst, Roman; Maier-Rigaud, Frank; Schwalbe, Ulrich, Quantifizierung von Schäden durch Wettbewerbsverstöße in: Fuchs, Andreas; Weitbrecht, Andreas (Hrsg.), Handbuch der privaten Kartellrechtsdurchsetzung, München 2018 (in Veröffentlichung).

Inderst, Roman; Thomas, Stefan, Schadensersatz bei Kartellverstößen, Eine Untersuchung der juristischen und ökonomischen Grundlagen Methoden und damit verbundenen Rechtsfragen betreffend die Ermittlung des Schadens bei Verstößen gegen das Kartellverbot, Handelsblatt Fachmedien, Düsseldorf 2015 (zitiert: *Inderst/Thomas,* Schadensersatz bei Kartellverstößen).

Jaeger, Wolfgang; Pohlmann, Petra; Schroeder, Dirk (Hrsg.), Frankfurter Kommentar zum Kartellrecht, Band II: EG Kartellrecht (Teil 1), Verlag Dr. Otto Schmidt, Köln 1982/2014 (zitiert: *Verfasser* in: Frankfurter Kommentar).

Jaeger, Wolfgang; Pohlmann, Petra; Schroeder, Dirk (Hrsg.), Frankfurter Kommentar zum Kartellrecht, Band III: EG-Kartellrecht (Teil 2-4), Verlag Dr. Otto Schmidt, Köln 1982/2014 (zitiert: *Verfasser* in: Frankfurter Kommentar).

Jaeger, Wolfgang; Pohlmann, Petra; Schroeder, Dirk (Hrsg.), Frankfurter Kommentar zum Kartellrecht, Band VI: §§ 74 – 131 GWB, Verlag Dr. Otto Schmidt, Köln 1982/2014 (zitiert: *Verfasser* in: Frankfurter Kommentar).

Janiszewski, Horst, Überblick über neue Entscheidungen in Verkehrsstraf- und -bußgeldsachen – Überblick I/1994 -, Neue Zeitschrift für Strafrecht 1994, S. 272–276 (zitiert: *Janiszewski,* NStZ 1994, 272).

Jarass, Hans D., Charta der Grundrechte der Europäischen Union, 3. Aufl., C. H. Beck, München 2016 (zitiert: *Jarass,* GRCh).

Jarass, Hans D.; Pieroth, Bodo (Hrsg.), Grundgesetz für die Bundesrepublik Deutschland, 14. Aufl., C. H. Beck, München 2016 (zitiert: *Verfasser* in: Jarass/Pieroth, GG).

Jensen, Gary F.; Erickson, Maynard L.; Gibbs, Jack P., Perceived Risk of Punishment and Self-Reported Delinquency, Social Forces 57 (1978), S. 57–78 (zitiert: *Jensen/Erickson/Gibbs,* Social Forces 57 (1978), 57).

Joecks, Wolfgang; Miebach, Klaus; Heintschel-Heinegg, Bernd von (Hrsg.), Münchener Kommentar zum Strafgesetzbuch, Band 1 §§ 1 – 37, 3. Aufl., C. H. Beck, München 2017 (zitiert: *Verfasser* in: MünchKommStGB).

Kahlenberg, Harald; Heim, Lena, Das deutsche Kartellrecht in der Reform: Überblick über die 9. GWB-Novelle, Betriebsberater 2017, S. 1155–1163 (zitiert: *Kahlenberg/Heim,* BB 2017, 1155).

Kahneman, Daniel; Slovic, Paul; Tversky, Amos (Hrsg.), Judgment under uncertainty: Heuristics and biases, Cambridge University Press, Cambridge, New York 1982 (zitiert: *Verfasser* in: Kahneman/Slovic/Tversky, Judgment under uncertainty: Heuristics and biases).

Kahneman, Daniel; Tversky, Amos, Choices, Values, and Frames, American Psychologist 39 (1984), S. 341–350 (zitiert: *Kahneman/Tversky,* Am. Psychologist 39 (1984), 341).

Kahneman, Daniel; Tversky, Amos, Rational Choice and the Framing of Decisions, The Journal of Business 59 (1986), S. 251–278 (zitiert: *Kahneman/Tversky,* J. Busi. 59 (1986), 251).

Kaplan, John, Decision Theory and the Factfinding Process, Stanford Law Review 20 (1968), S. 1065–1092 (zitiert: *Kaplan,* Stan. L. Rev. 20 (1968), 1065).

Kaplow, Louis, A Note on the Optimal Use of Nonmonetary Sanctions, Journal of Public Economics 42 (1990), S. 245–247 (zitiert: *Kaplow,* J. Publ. Econ. 42 (1990), 245).

Kaplow, Louis, Optimal Deterrence, Uninformed Individuals, and Acquiring Information about Whether Acts Are Subject to Sanctions, Journal of Law, Economics & Organization 6 (1990), S. 93–128 (zitiert: *Kaplow,* J. L. Econ. & Org. 6 (1990), 93).

Kaplow, Louis, The optimal probability and magnitude of fines for acts that definitely are undesirable, International Review of Law and Economics 12 (1992), S. 3–11 (zitiert: *Kaplow,* Int'l Rev. L. & Econ. 12 (1992), 3).

Kaplow, Louis; Shavell, Steven, Legal Advice about Information to Present in Litigation: Its Effects and Social Desirability, Harvard Law Review 102 (1989), S. 565–615 (zitiert: *Kaplow/Shavell,* Harv. L. Rev. 102 (1989), 565).

Kaplow, Louis; Shavell, Steven, Legal advice about acts already committed, International Review of Law and Economics 10 (1990), S. 149–159 (zitiert: *Kaplow/Shavell,* Int'l Rev. L. & Econ. 10 (1990), 149).

Kaplow, Louis; Shavell, Steven, Accuracy in the Determination of Liability, Journal of Law and Economics 37 (1994), S. 1–15 (zitiert: *Kaplow/Shavell,* J. L. & Econ. 37 (1994), 1).

Kaplow, Louis; Shavell, Steven, The Conflict between Notions of Fairness and the Pareto Principle, American Law and Economics Review 1 (1999), S. 63–77 (zitiert: *Kaplow/Shavell,* Am. L. & Econ. Rev. 1 (1999), 63).

Kaplow, Louis; Shavell, Steven, Any Non-welfarist Method of Policy Assessment Violates the Pareto Principle, The Journal of Political Economy 109 (2001), S. 281–286 (zitiert: *Kaplow/Shavell,* J. Pol. Econ. 109 (2001), 281).

Kaplow, Louis; Shavell, Steven, Fairness versus welfare, Harvard University Press, Cambridge, Mass. 2002 (zitiert: *Kaplow/Shavell,* Fairness v. welfare).

Kaplow, Louis; Shavell, Steven, Fairness versus Welfare: Notes on the Pareto Principle, Preferences, and Distributive Justice, The Journal of Legal Studies 32 (2003), S. 331–362 (zitiert: *Kaplow/Shavell,* J. Legal Stud. 32 (2003), 331).

Kaplow, Louis; Shavell, Steven, Any Non-welfarist Method of Policy Assessment Violates the Pareto Principle: Reply, The Journal of Political Economy 112 (2004), S. 249–251 (zitiert: *Kaplow/Shavell,* J. Pol. Econ. 112 (2004), 249).

Karst, Alexander, Das Direct Settlement-Verfahren – eine Erfolgsgeschichte?, Wettbewerb in Recht und Praxis 2015, S. 171–176 (zitiert: *Karst,* WRP 2015, 171).

Khan, Aaron, Rethinking Sanctions for Breaching EU Competition Law: Is Director Disqualification the Answer, World Competition 35 (2012), S. 77–102 (zitiert: *Khan,* W.Comp. 35 (2012), 77).

Khanna, Vikramaditya S., Double Jeopardy's Asymmetric Appeal Rights: What Purpose do they Serve?, Boston University Law Review 82 (2002), S. 341–404 (zitiert: *Khanna,* B.U. L. Rev. 82 (2002), 341).

Kiegler, Christoph, Rechtliche Anforderungen an die Berechnung der Bußgelder im Europäischen Kartellrecht, Eine Betrachtung zur Rechtmäßigkeit der Bemessungsleitlinien und der Kronzeugenmitteilung der Europäischen Kommission, Peter Lang, Frankfurt am Main [u.a.] 2009 (zitiert: *Kiegler*, Berechnung der Bußgelder).

Kienapfel, Philip; Wils, Geert, Inability to Pay – First cases and practical experiences, Competition Policy Newsletter (2010), S. 3–7 (zitiert: *Kienapfel/Wils,* CPN (2010), 3).

Kindhäuser, Urs, Strafrecht, Allgemeiner Teil, 8. Aufl., Nomos, Baden-Baden 2017 (zitiert: *Kindhäuser*, Strafrecht AT).

Kindhäuser, Urs; Neumann, Ulfrid; Paeffgen, Hans-Ullrich (Hrsg.), Strafgesetzbuch, Band 1, Allgemeiner Teil, §§ 1 – 79b, 4. Aufl., Nomos, Baden-Baden 2013 (zitiert: *Verfasser* in: NK-StGB).

Kirchner, Hildebert; Böttcher, Eike, Abkürzungsverzeichnis der Rechtssprache, 8. Aufl., De Gruyter, Berlin 2015 (zitiert: *Kirchner/Böttcher*, Abkürzungsverzeichnis der Rechtssprache).

Kleck, Gary; Sever, Brion; Li, Spencer; Gertz, Marc, The Missing Link in General Deterrence Research, Criminology 43 (2005), S. 623–660 (zitiert: *Kleck/Sever/Li/Gertz,* Criminology 43 (2005), 623).

Klein, Lawrence R.; Marquez, Jaime (Hrsg.), Economics in Theory and Practice: an Eclectic Approach, Kluwer Academic Publishers, Dordrecht, Boston, London 1989 (zitiert: *Verfasser* in: Klein/Marquez, Economics in Theory and Practice: an Eclectic Approach).

Kleinewefers, Henner, Einführung in die Wohlfahrtsökonomie, Kohlhammer, Stuttgart 2008 (zitiert: *Kleinewefers*, Wohlfahrtsökonomie).

Kling, Michael, Die Haftung der Konzernmutter für Kartellverstöße ihrer Tochterunternehmen, Wettbewerb in Recht und Praxis 2010, S. 506–518 (zitiert: *Kling,* WRP 2010, 506).

Kling, Michael; Thomas, Stefan, Kartellrecht, 2. Aufl., Vahlen, München 2016 (zitiert: *Kling/Thomas*, Kartellrecht).

Knight, Frank H., Risk, Uncertainty, and Profit, Houghton Mifflin Company, Boston, New York 1921 (zitiert: *Knight*, Risk, Uncertainty, and Profit).

Kokott, Juliane; Dittert, Daniel, Die Verantwortlichkeit von Muttergesellschaften für Kartellvergehen ihrer Tochtergesellschaften im Lichte der Rechtsprechung der Unionsgerichte, Wirtschaft und Wettbewerb 2012, S. 670–683 (zitiert: *Kokott/Dittert,* WuW 2012, 670).

Komninos, Assimakis P., Quantifying antitrust damages, Towards non-binding guidance for courts: study prepared for the European Commission, 2009, http://ec.europa.eu/competition/antitrust/actionsdamages/quantification_study.pdf, besucht am 1.7.2018 (zitiert: *Komninos,* Quantifying antitrust damages).

König, Frank, Das Europäische Verwaltungssanktionsrecht und die Anwendung strafrechtlicher Rechtsgrundsätze, Am Beispiel der Verordnung 1/2003, Peter Lang, Frankfurt am Main 2009 (zitiert: *König*, Anwendung strafrechtlicher Rechtsgrundsätze).

Köster, Thomas, Das Kartellvergleichsverfahren der Europäischen Kommission, Europäische Zeitschrift für Wirtschaftsrecht 2015, S. 575–579 (zitiert: *Köster,* EuZW 2015, 575).

Kronberger Kreis, Reform der Geldbußen im Kartellrecht überfällig, Stiftung Marktwirtschaft, Berlin 2012 (zitiert: Kronberger Kreis, Reform der Geldbußen).

Krüger, Hans-Wilhelm, Öffentliche und private Durchsetzung des Kartellverbots von Art. 81 EG, Deutscher Universitäts-Verlag, Wiesbaden 2008 (zitiert: *Krüger*, Durchsetzung des Kartellverbots).

Krumm, Carsten, Gewinnabschöpfung durch Geldbuße, Neue Juristische Wochenschrift 2011, S. 196–197 (zitiert: *Krumm,* NJW 2011, 196).

Kühne, Hans-Heiner, Strafprozessrecht, Eine systematische Darstellung des deutschen und europäischen Strafverfahrensrechts, 9. Aufl., C. F. Müller, Heidelberg 2015 (zitiert: *Kühne*, Strafprozessrecht).

Kühnen, Jürgen, Mehrerlös und Vorteilsabschöpfung nach der 7. GWB-Novelle, Wirtschaft und Wettbewerb 2010, S. 16–29 (zitiert: *Kühnen,* WuW 2010, 16).

Kunz, Karl-Ludwig; Singelnstein, Tobias, Kriminologie, Eine Grundlegung, 7. Aufl., Haupt, Bern 2016 (zitiert: *Kunz/Singelnstein*, Kriminologie).

Künzler, Adrian, Effizienz oder Wettbewerbsfreiheit?, Zur Frage nach den Aufgaben des Rechts gegen private Wettbewerbsbeschränkungen, Mohr Siebeck, Tübingen 2008 (zitiert: *Künzler*, Effizienz).

Laina, Flavio; Bogdanov, Aleko, The EU Cartel Settlement Procedure: Latest Developments, Journal of European Competition Law & Practice 5 (2014), S. 717–727 (zitiert: *Laina/Bogdanov,* J. Eur. Comp. L. & Practice 5 (2014), 717).

Laitenberger, Ulrich; Smuda, Florian, Estimating Consumer Damages in Cartel Cases, Journal of Competition Law and Economics 11 (2015), S. 955–973 (zitiert: *Laitenberger/Smuda,* J. Comp. L. & Econ. 11 (2015), 955).

Landes, William M., Optimal Sanctions for Antitrust Violations, Universitiy of Chicago Law Review 50 (1983), S. 652–678 (zitiert: *Landes,* U. Chic. L. Rev. 50 (1983), 652).

Lando, Henrik, Does Wrongful Conviction Lower Deterrence?, The Journal of Legal Studies 35 (2006), S. 327–337 (zitiert: *Lando,* J. Legal Stud. 35 (2006), 327).

Lando, Henrik, Prevention of Crime and the Optimal Standard of Proof in Criminal Law, Review of Law & Economics 5 (2009), S. 33–52 (zitiert: *Lando,* Rev. L. & Econ. 5 (2009), 33).

Lettl, Tobias, Kartellschadensersatz nach der Richtlinie 2014/104/EU und deutsches Kartellrecht, Wettbewerb in Recht und Praxis 2015, S. 537–545 (zitiert: *Lettl,* WRP 2015, 537).

Lettl, Tobias, Kartellrecht, 4. Aufl., C. H. Beck, München 2017 (zitiert: *Lettl,* Kartellrecht).

Levenstein, Margaret C.; Suslow, Valerie Y., What Determines Cartel Success?, 2002, http://www.umass.edu/economics/publications/econ2002_01.pdf, besucht am 1.7.2018 (zitiert: *Levenstein/Suslow,* What Determines Cartel Success?).

Levenstein, Margaret C.; Suslow, Valerie Y., What Determines Cartel Success?, Journal of Economic Literature 44 (2006), S. 43–95 (zitiert: *Levenstein/Suslow,* J. Econ. Lit. 44 (2006), 43).

Levenstein, Margaret C.; Suslow, Valerie Y., Cartels and Collusion – Empirical Evidence, 2012, http://ssrn.com/abstract=2182565, besucht am 1.7.2018 (zitiert: *Levenstein/Suslow,* Cartels and Collusion – Empirical Evidence).

Lewin, Jeff L.; Trumbull, William N., The Social Value of Crime?, International Review of Law and Economics 10 (1990), S. 271–284 (zitiert: *Lewin/Trumbull,* Int'l Rev. L. & Econ. 10 (1990), 271).

Little, Ian M. D., Robert Cooter and Peter Rappoport, „Were The Ordinalists Wrong About Welfare Economics?“: A Comment, Journal of Economic Literature 23 (1985), S. 1186–1188 (zitiert: *Little,* J. Econ. Lit. 23 (1985), 1186).

Loewenheim, Ulrich; Meessen, Karl M.; Riesenkampff, Alexander (Hrsg.), Kartellrecht, Kommentar, 2. Aufl., C. H. Beck, München 2009 (zitiert: *Verfasser in:* Loewenheim/Meessen/Riesenkampff, 2. Aufl. 2009).

Loewenheim, Ulrich; Meessen, Karl M.; Riesenkampff, Alexander; Kersting, Christian; Meyer-Lindemann, Hans Jürgen (Hrsg.), Kartellrecht, Kommentar, 3. Aufl., C. H. Beck, München 2016 (zitiert: *Verfasser* in: Loewenheim/Meessen/Riesenkampff/Kersting/Meyer-Lindemann).

Looschelders, Dirk, Schuldrecht, Besonderer Teil, 13. Aufl., Vahlen, München 2018 (zitiert: *Looschelders,* Schuldrecht BT).

Löwe, Ewald; Erb, Volker (Hrsg.), Die Strafprozeßordnung und das Gerichtsverfassungsgesetz, Band 6/Teil 2, §§ 256 – 295, 26. Aufl., De Gruyter, Berlin 2013 (zitiert: *Verfasser* in: Löwe/Rosenberg, StPO).

Lübbig, Thomas; Mallmann, Roman A., Zivilprozessuale Folgen des ORWI-Urteils des BGH zur kartellrechtlichen "Passing-on-Defence", Wettbewerb in Recht und Praxis 2012, S. 166–172 (zitiert: *Lübbig/Mallmann,* WRP 2012, 166).

Maier-Rigaud, Frank; Schwalbe, Ulrich, Quantification on Antitrust Damages in: Ashton, David; Henry, David (Hrsg.), Competition Damages Actions in the EU, Law and Practice, Cheltenham (UK) 2013, S. 210–262 (zitiert: *Maier-Rigaud/Schwalbe* in: Ashton/Henry, Competition Damages Actions in the EU, S. 210).

Makatsch, Tilman; Abele, Volker, Das Ende kollektiver Kartellschadensersatzklagen in Deutschland?, Anmerkung zu LG Düsseldorf, Urt. v. 17.12.2013, 37 O 200/09 (Kart.) U. – Zementkartell II, Wirtschaft und Wettbewerb 2014, S. 164–171 (zitiert: *Makatsch/Abele,* WuW 2014, 164).

Makatsch, Tilman; Mir, Arif Sascha, Die neue EU-Richtlinie zu Kartellschadensersatzklagen – Angst vor der eigenen „Courage“?, Europäische Zeitschrift für Wirtschaftsrecht 2015, S. 7–13 (zitiert: *Makatsch/Mir,* EuZW 2015, 7).

Malik, Arun S., Avoidance, Screening and Optimum Enforcement, The RAND Journal of Economics 21 (1990), S. 341–353 (zitiert: *Malik,* RAND J. Econ. 21 (1990), 341).

Mangoldt, Hermann von; Klein, Friedrich; Starck, Christian (Hrsg.), Kommentar zum Grundgesetz, Band 1 Präambel Artikel 1 bis 19, 6. Aufl., Vahlen, München 2010 (zitiert: *Verfasser* in: v. Mangoldt/Klein/Starck, GG).

Mangoldt, Hermann von; Klein, Friedrich; Starck, Christian (Hrsg.), Kommentar zum Grundgesetz, Band 2 Artikel 20 bis 82, 6. Aufl., Vahlen, München 2010 (zitiert: *Verfasser* in: v. Mangoldt/Klein/Starck, GG).

Mangoldt, Hermann von; Klein, Friedrich; Starck, Christian (Hrsg.), Kommentar zum Grundgesetz, Band 3 Artikel 83 bis 146, 6. Aufl., Vahlen, München 2010 (zitiert: *Verfasser* in: v. Mangoldt/Klein/Starck, GG).

Mankiw, Nicholas Gregory; Taylor, Mark P., Grundzüge der Volkswirtschaftslehre, 6. Aufl., Schäffer-Poeschel, Stuttgart 2016 (zitiert: *Mankiw/Taylor*, Volkswirtschaftslehre).

Meyer, Jürgen (Hrsg.), Charta der Grundrechte der Europäischen Union, 4. Aufl., Nomos, Baden-Baden 2014 (zitiert: *Verfasser* in: Meyer, GRCh).

Meyer-Ladewig, Jens (Hrsg.), Europäische Menschenrechtskonvention, 4. Aufl., Nomos, Baden-Baden 2017 (zitiert: *Verfasser* in: Meyer-Ladewig/Nettersheim/v. Raumer, EMRK).

Miceli, Thomas J., Optimal Prosecution of Defendants Whose Guilt Is Uncertain, Journal of Law, Economics & Organization 6 (1990), S. 189–201 (zitiert: *Miceli*, J. L. Econ. & Org. 6 (1990), 189).

Miceli, Thomas J.; Bucci, Catherine, A Simple Theory of Increasing Penalties for Repeat Offenders, Review of Law & Economics 1 (2005), S. 71–80 (zitiert: *Miceli/Bucci*, Rev. L. & Econ. 1 (2005), 71).

Miller, Nathan H., Strategic Leniency and Cartel Enforcement, The American Economic Review 99 (2009), S. 750–768 (zitiert: *Miller*, Am. Econ. Rev. 99 (2009), 750).

Mitsch, Wolfgang (Hrsg.), Karlsruher Kommentar zum Gesetz über Ordnungswidrigkeiten, 5. Aufl., C. H. Beck, München 2018 (zitiert: *Verfasser* in: KK-OWiG).

Mookherjee, Dilip; Png, Ivan P. L., Marginal Deterrence in Enforcement of Law, The Journal of Political Economy 102 (1994), S. 1039–1066 (zitiert: *Mookherjee/Png*, J. Pol. Econ. 102 (1994), 1039).

Morell, Alexander, (Behavioral) law and economics im europäischen Wettbewerbsrecht, Missbrauchsaufsicht über Zielrabatte, Nomos, Baden-Baden 2011 (zitiert: *Morell*, Law and economics im Wettbewerbsrecht).

Möschel, Wernhard, Behördliche oder privatrechtliche Durchsetzung des Kartellrechts?, Wirtschaft und Wettbewerb 2007, S. 483–492 (zitiert: *Möschel*, WuW 2007, 483).

Möschel, Wernhard, Fines in European competition law, European Competition Law Review 32 (2011), S. 369–378 (zitiert: *Möschel*, ECLR 32 (2011), 369).

Motta, Massimo, On Cartel Deterrence and Fines in the European Union, European Competition Law Review 29 (2008), S. 209–220 (zitiert: *Motta,* ECLR 29 (2008), 209).

Münch, Ingo von; Kunig, Philip (Hrsg.), Grundgesetz Kommentar, Band 1 Präambel, Art. 1 - 69, 6. Aufl., C. H. Beck, München 2012 (zitiert: *Verfasser* in: Münch/Kunig, GG).

Münch, Ingo von; Kunig, Philip (Hrsg.), Grundgesetz Kommentar, Band 2 Art. 70 - 146, 6. Aufl., C. H. Beck, München 2012 (zitiert: *Verfasser* in: Münch/Kunig, GG).

Mundt, Andreas, Die Bußgeldleitlinien des Bundeskartellamtes, Wirtschaft und Wettbewerb 2007, S. 458–470 (zitiert: *Mundt,* WuW 2007, 458).

Mundt, Andreas, Zur Öffentlichkeitsarbeit des Bundeskartellamtes, Neue Zeitschrift für Kartellrecht 2016, S. 145–146 (zitiert: *Mundt,* NZKart 2016, 145).

Mungan, Murat C., Repeat offenders: If they learn, we punish them more severely, International Review of Law and Economics 30 (2010), S. 173–177 (zitiert: *Mungan,* Int'l Rev. L. & Econ. 30 (2010), 173).

Mungan, Murat C., A Utilitarian Justification for Heightened Standards of Proof in Criminal Trials, Journal of Institutional and Theoretical Economics 167 (2011), S. 352–370 (zitiert: *Mungan,* J. I. T. E. 167 (2011), 352).

Nash, John, To Make the Punishment Fit the Crime: The Theory and Statistical Estimation of a Multi-period Optimal Deterrence Model, International Review of Law and Economics 11 (1991), S. 101–110 (zitiert: *Nash,* Int'l Rev. L. & Econ. 11 (1991), 101).

Nau, Robert, Risk, ambiguity, and state-preference theory, Economic Theory 48 (2011), S. 437–467 (zitiert: *Nau,* Econ. Theory 48 (2011), 437).

Odenthal, Hans-Jörg, Anmerkungen zum Entwurf eines Verbandsstrafgesetzbuch in: Ahlbrecht, Heiko; Dann, Matthias; Wessing, Helga; Frister, Helmut; Bock, Dennis (Hrsg.), Unternehmensstrafrecht, Festschrift für Jürgen Wessing zum 65. Geburtstag, München 2015, S. 19–31 (zitiert: *Odenthal* in: FS Wessing, S. 19).

OECD, Report on the Nature and Impact of Hard Core Cartels and Sanctions Aginst Cartels Under National Competition Laws, 2002, http://www.oecd.org/competition/cartels/2081831.pdf, besucht am 1.7.2018 (zitiert: OECD, Report on the Nature and Impact of Hard Core Cartels and Sanctions Aginst Cartels Under National Competition Laws).

Ohle, Mario Mathias; Albrecht, Stephan, Die neue Bonusregelung des Bundeskartellamtes in Kartellsachen, Wettbewerb in Recht und Praxis 2006, S. 866–874 (zitiert: *Ohle/Albrecht,* WRP 2006, 866).

O'Neill, Michael Edmund, Irrationality and the Criminal Sanction, Supreme Court Economic Review 12 (2004), S. 139–180 (zitiert: *O'Neill,* Sup. Ct. Econ. Rev. 12 (2004), 139).

Ormosi, Peter L., A tip of the iceberg? The probability of catching cartels, 2012, http://ssrn.com/abstract=1851309, besucht am 1.7.2018, Parallelfundstelle: Journal of Applied Econometrics (29) 2014, S. 549–566 (zitiert: *Ormosi,* A tip of the iceberg? The probability of catching cartels).

Ost, Konrad, Aufsichtspflichten im Konzern und die 8. GWB-Novelle, Neue Zeitschrift für Kartellrecht 2013, S. 25–27 (zitiert: *Ost,* NZKart 2013, 25).

Paal, Boris P.; Kumkar, Lea Katharina, Zur Öffentlichkeitsarbeit des Bundeskartellamts, Neue Zeitschrift für Kartellrecht 2015, S. 366–376 (zitiert: *Paal/Kumkar,* NZKart 2015, 366).

Panizza, Edgar, Ausgewählte Probleme der Bonusregelung des Bundeskartellamts vom 7. März 2006, Zeitschrift für Wettbewerbsrecht 2008, S. 58–88 (zitiert: *Panizza,* ZWeR 2008, 58).

Parker, Jerry; Grasmick, Harold G., Linking Actual and Perceived Certainty of Punishment, An Exploratory Study of an Untested Proposition in Deterrence Theory, Criminology 17 (1979), S. 366–379 (zitiert: *Parker/Grasmick,* Criminology 17 (1979), 366).

Persson, Mats; Siven, Claes-Henric, The Becker Paradox and Type I Versus Type II Errors in the Economics of Crime, International Economic Review 48 (2007), S. 211–233 (zitiert: *Persson/Siven,* Int'l Econ. Rev. 48 (2007), 211).

Pfeffer, Ulrich; Rummel, Per, Die Zukunft privater Schadensersatzklagen nach dem Richtlinienentwurf der Kommission vom 11. Juni 2013, Tagung des Studienkreises Wettbewerb und Innovation, Wirtschaft und Wettbewerb 2014, S. 172–175 (zitiert: *Pfeffer/Rummel,* WuW 2014, 172).

Pindyck, Robert S.; Rubinfeld, Daniel L., Mikroökonomie, 8. Aufl., Pearson, München 2013 (zitiert: *Pindyck/Rubinfeld,* Mikroökonomie).

Png, Ivan P. L., Optimal Subsidies and Damages in the Presence of Judicial Error, International Review of Law and Economics 6 (1986), S. 101–105 (zitiert: *Png,* Int'l Rev. L. & Econ. 6 (1986), 101).

Polinsky, A. Mitchell; Rubinfeld, Daniel L., A model of optimal fines for repeat offenders, Journal of Public Economics 46 (1991), S. 291–306 (zitiert: *Polinsky/Rubinfeld,* J. Publ. Econ. 46 (1991), 291).

Polinsky, A. Mitchell; Shavell, Steven, The Optimal Tradeoff between the Probability and Magnitude of Fines, The American Economic Review 69 (1979), S. 880–891 (zitiert: *Polinsky/Shavell,* Am. Econ. Rev. 69 (1979), 880).

Polinsky, A. Mitchell; Shavell, Steven, The Optimal Use of Fines and Imprisonment, Journal of Public Economics 24 (1984), S. 89–99 (zitiert: *Polinsky/Shavell,* J. Publ. Econ. 24 (1984), 89).

Polinsky, A. Mitchell; Shavell, Steven, Legal Error, Litigation, and the Incentive to Obey the Law, Journal of Law, Economics & Organization 5 (1989), S. 99–108 (zitiert: *Polinsky/Shavell,* J. L. Econ. & Org. 5 (1989), 99).

Polinsky, A. Mitchell; Shavell, Steven, A Note on Optimal Fines When Wealth Varies Among Individuals, The American Economic Review 81 (1991), S. 618–621 (zitiert: *Polinsky/Shavell,* Am. Econ. Rev. 81 (1991), 618).

Polinsky, A. Mitchell; Shavell, Steven, On Offense History and the Theory of Deterrence, International Review of Law and Economics 18 (1998), S. 305–324 (zitiert: *Polinsky/Shavell,* Int'l Rev. L. & Econ. 18 (1998), 305).

Polinsky, A. Mitchell; Shavell, Steven, The Economic Theory of Public Enforcement of Law, Journal of Economic Literature 38 (2000), S. 45–76 (zitiert: *Polinsky/Shavell,* J. Econ. Lit. 38 (2000), 45).

Polinsky, A. Mitchell; Shavell, Steven, The Fairness of Sanctions: Some Implications for Optimal Enforcement Policy, American Law and Economics Review 2 (2000), S. 223–237 (zitiert: *Polinsky/Shavell,* Am. L. & Econ. Rev. 2 (2000), 223).

Polinsky, A. Mitchell; Shavell, Steven, Chapter 6: The Theory of Public Enforcement of Law in: Polinsky, A. Mitchell; Shavell, Steven (Hrsg.), Handbook of law and economics, Amsterdam [etc.] 2007, S. 403–454 (zitiert: *Polinsky/Shavell* in: Polinsky/Shavell, Handbook of law and economics, S. 403).

Polinsky, A. Mitchell; Shavell, Steven (Hrsg.), Handbook of law and economics, North-Holland, Amsterdam [etc.] 2007 (zitiert: *Verfasser* in: Polinsky/Shavell, Handbook of law and economics).

Polley, Romina; Heinz, Silke, Settlements bei der Europäischen Kommission und beim Bundeskartellamt – ein Praxisvergleich, Wirtschaft und Wettbewerb 2012, S. 14–27 (zitiert: *Polley/Heinz,* WuW 2012, 14).

Posner, Richard A., Optimal Sentences for White-Collar Criminals, American Criminal Law Review 17 (1980), S. 409–418 (zitiert: *Posner,* Am. Crim. L. Rev. 17 (1980), 409).

Posner, Richard A., An Economic Theory of Criminal Law, Columbia Law Review 85 (1985), S. 1193–1231 (zitiert: *Posner,* Colum. L. Rev. 85 (1985), 1193).

Posner, Richard A., Antitrust law, 2. Aufl., University of Chicago Press, Chicago 2001 (zitiert: *Posner*, Antitrust law).

Posner, Richard A., Economic analysis of law, 8. Aufl., Wolters Kluwer, Austin 2011 (zitiert: *Posner*, Economic analysis).

Rasmusen, Eric, Stigma and Self-Fulfilling Expectations of Criminality, Journal of Law and Economics 39 (1996), S. 519–543 (zitiert: *Rasmusen,* J. L. & Econ. 39 (1996), 519).

Rauh, Jens Ole, Vom Kartellantengewinn zum ersatzfähigen Schaden – Neue Lösungsansätze für die private Rechtsdurchsetzung, Neue Zeitschrift für Kartellrecht 2013, S. 222–227 (zitiert: *Rauh,* NZKart 2013, 222).

Rauh, Jens Ole; Zuchandke, Andy; Reddemann, Sebastian, Die Ermittlung der Schadenshöhe im Kartelldeliktsrecht, Wettbewerb in Recht und Praxis 2012, S. 173–183 (zitiert: *Rauh/Zuchandke/Reddemann,* WRP 2012, 173).

Rawls, John, A Theory of justice, Harvard University Press, Cambridge, Mass. 1971 (zitiert: *Rawls,* Theory of justice).

Renda, Andrea, Making antitrust damages actions more effective in the EU: welfare impact and potential scenarios, 2007, http://ec.europa.eu/competition/antitrust/actionsdamages/files_white_paper/impact_study.pdf, besucht am 1.7.2018 (zitiert: *Renda,* Making antitrust damages actions more effective in the EU: welfare impact and potential scenarios).

Rengeling, Hans-Werner; Middeke, Andreas; Gellermann, Martin (Hrsg.), Handbuch des Rechtsschutzes in der Europäischen Union, 3. Aufl., C. H. Beck, München 2014 (zitiert: *Verfasser* in: Rengeling/Middeke/Gellermann, Rechtsschutz).

Rengier, Rudolf, Strafrecht Allgemeiner Teil, 9. Aufl., C. H. Beck, München 2017 (zitiert: *Rengier,* Strafrecht AT).

Richter, Rudolf; Furubotn, Eirik Grundtvig, Neue Institutionenökonomik, Eine Einführung und kritische Würdigung, 4. Aufl., Mohr Siebeck, Tübingen 2010 (zitiert: *Richter/Furubotn,* Institutionenökonomik).

Rizzolli, Matteo; Stanca, Luca, Judicial Errors and Crime Deterrence: Theory and Experimental Evidence, Journal of Law and Economics 55 (2012), S. 311–338 (zitiert: *Rizzolli/Stanca,* J. L. & Econ. 55 (2012), 311).

Robbins, Lionel, An essay on the nature and significance of economic science, 2. Aufl., Macmillan, London 1935 (zitiert: *Robbins,* Economic science).

Robbins, Lionel, Interpersonal Comparisons of Utility: A Comment, The Economic Journal 48 (1938), S. 635–641 (zitiert: *Robbins,* Econ. J. 48 (1938), 635).

Rodger, Barry J., Chapter 4: The Empirical Data Part 2: Provisions Relied Upon, Remedies and Success in: Rodger, Barry J. (Hrsg.), Competition law Comparative Private Enforcement and Collective Redress across the EU, Alphen aan den Rijn 2014, S. 121–156 (zitiert: *Rodger* in: Rodger, Competition law Comparative Private Enforcement and Collective Redress across the EU, S. 121).

Rodger, Barry J. (Hrsg.), Competition law Comparative Private Enforcement and Collective Redress across the EU, Wolters Kluwer Law & Business, Alphen aan den Rijn 2014 (zitiert: *Verfasser* in: Rodger, Competition law Comparative Private Enforcement and Collective Redress across the EU).

Roth, Hans-Peter, Neue EU-Richtlinie erleichtert künftig Schadenersatzklagen bei Verstößen gegen das Kartellrecht, Gesellschafts- und Wirtschaftsrecht 2015, S. 73–76 (zitiert: *Roth,* GWR 2015, 73).

Rubinfeld, Daniel L.; Sappington, David E. M., Efficient Awards and Standards of Proof in Judicial Proceedings, The RAND Journal of Economics 18 (1987), S. 308–315 (zitiert: *Rubinfeld/Sappington,* RAND J. Econ. 18 (1987), 308).

Rubinstein, Ariel, An Optimal Conviction Policy for Offenses that May Have Been Committed by Accident in: Brams, Steven J.; Schotter, A.; Schwodiauer, G. (Hrsg.), Applied game theory, Würzburg 1979, S. 406–413 (zitiert: *Rubinstein* in: Brams/Schotter/Schwodiauer, Applied game theory, S. 406).

Sachs, Bärbel, Die Ex-officio-Prüfung durch die Gemeinschaftsgerichte, Mohr Siebeck, Tübingen 2008 (zitiert: *Sachs,* Ex-officio-Prüfung).

Säcker, Franz Jürgen; Rixecker, Roland; Oetker, Hartmut; Limperg, Bettina (Hrsg.), Münchener Kommentar zum Bürgerlichen Gesetzbuch, Band 4, Schuldrecht, Besonderer Teil II, §§ 535-630 BGB, HeizkostenV, BetriebskostenV, EFZG, TzBfG, KSchG, 7. Aufl., C. H. Beck, München 2016 (zitiert: *Verfasser* in: MünchKommBGB).

Sah, Raaj K., Social Osmosis and Patterns of Crime, The Journal of Political Economy 99 (1991), S. 1272–1295 (zitiert: *Sah,* J. Pol. Econ. 99 (1991), 1272).

Schäfer, Hans-Bernd; Ott, Claus, Lehrbuch der ökonomischen Analyse des Zivilrechts, 5. Aufl., Springer, Berlin [u.a.] 2012 (zitiert: *Schäfer/Ott,* Ökonomische Analyse).

Schinkel, Maarten Pieter, Effective Cartel Enforcement in Europe, World Competition 30 2007, S. 539–572 (zitiert: *Schinkel,* W.Comp. 2007, 539).

Schira, Josef, Statistische Methoden der VWL und BWL, 4. Aufl., Pearson, München 2012 (zitiert: *Schira,* Statistische Methoden).

Schmidt, Ingo, Kommentar: Sind Geldbußen das adäquate Instrument bei Verstößen gegen das Kartellverbot?, Wirtschaft und Wettbewerb 2012, S. 223 (zitiert: *Schmidt,* WuW 2012, 223).

Schönfeld, Jens; Haus, Florian C.; Bergmann, Malte, Die steuerliche Abzugsfähigkeit von Kartellbußen – einige Überlegungen aus kartell- und steuerrechtlicher Sicht, DStR 2014, S. 2323–2327 (zitiert: *Schönfeld/Haus/Bergmann,* DStR 2014, 2323).

Schreiber, Till, Private Antitrust Litigation in the European Union, The International Lawyer 44 (2010), S. 1157–1172 (zitiert: *Schreiber,* Int'l Lawyer 44 (2010), 1157).

Schumann, Jochen; Meyer, Ulrich; Ströbele, Wolfgang, Grundzüge der mikroökonomischen Theorie, 8. Aufl., Springer, Berlin 2007 (zitiert: *Schumann/Meyer/Ströbele,* Mikroökonomische Theorie).

Schwalbe, Ulrich, Preisgestaltung in vertikalen Strukturen – Preisbindung und Preisempfehlung aus ökonomischer Sicht, Wirtschaft und Wettbewerb 2011, S. 1197–1216 (zitiert: *Schwalbe,* WuW 2011, 1197).

Schwartz, Warren F., An Overview of the Economics of Antitrust Enforcement, The Georgetown Law Journal 68 (1980), S. 1075–1102 (zitiert: *Schwartz,* Geo. L. J. 68 (1980), 1075).

Schwarze, Jürgen, Rechtsstaatliche Grenzen der gesetzlichen und gerichtlichen Qualifikation von Verwaltungssanktionen im europäischen Gemeinschaftsrecht, Europäische Zeitschrift für Wirtschaftsrecht 2003, S. 261–269 (zitiert: *Schwarze,* EuZW 2003, 261).

Schwarze, Jürgen, Europäische Kartellbußgelder im Lichte übergeordneter Vertrags- und Verfassungsgrundsätze, Europarecht 2009, S. 171–200 (zitiert: *Schwarze,* EuR 2009, 171).

Schwarze, Jürgen, Rechtsstaatliche Defizite des europäischen Kartellbußgeldverfahrens, Wirtschaft und Wettbewerb 2009, S. 6–12 (zitiert: *Schwarze,* WuW 2009, 6).

Schwarze, Jürgen; Bechtold, Rainer; Bosch, Wolfgang, Rechtsstaatliche Defizite im Kartellrecht der Europäischen Gemeinschaft, Eine kritische Analyse der derzeitigen Praxis und Reformvorschläge, Gleiss Lutz Anwälte, Stuttgart 2008 (zitiert: *Schwarze/Bechtold/Bosch,* Rechtsstaatliche Defizite).

Schwarze, Jürgen; Weitbrecht, Andreas, Grundzüge des europäischen Kartellverfahrensrecht, Nomos, Baden-Baden 2004 (zitiert: *Schwarze/Weitbrecht,* Europ. Kartellverfahrensrecht).

Senge, Lothar (Hrsg.), Karlsruher Kommentar zum Gesetz über Ordnungswidrigkeiten, 4. Aufl., C. H. Beck, München 2014 (zitiert: *Verfasser in:* KK-OWiG, 4. Aufl. 2014).

Shavell, Steven, The Optimal Use of Nonmonetary Sanctions as a Deterrent, The American Economic Review 77 (1987), S. 584–592 (zitiert: *Shavell,* Am. Econ. Rev. 77 (1987), 584).

Shavell, Steven, Legal Advice about Contemplated Acts: The Decision to Obtain Advice, Its Social Desirability, and Protection of Confidentiality, The Journal of Legal Studies 17 (1988), S. 123–150 (zitiert: *Shavell,* J. Legal Stud. 17 (1988), 123).

Shavell, Steven, Specific versus General Enforcement of Law, The Journal of Political Economy 99 (1991), S. 1088–1108 (zitiert: *Shavell,* J. Pol. Econ. 99 (1991), 1088).

Shavell, Steven, A Note on Marginal Deterrence, International Review of Law and Economics 12 (1992), S. 345–355 (zitiert: *Shavell,* Int'l Rev. L. & Econ. 12 (1992), 345).

Shavell, Steven, Foundations of Economic Analysis of Law, Harvard University Press, Cambridge, London 2004 (zitiert: *Shavell,* Economic Analysis of Law).

Siebert, Horst; Lorz, Oliver, Einführung in die Volkswirtschaftslehre, 15. Aufl., Kohlhammer, Stuttgart 2007 (zitiert: *Siebert/Lorz,* Volkswirtschaftslehre).

Simon, Herbert A., A Behavioral Model of Rational Choice, The Quarterly Journal of Economics 69 (1955), S. 99–118 (zitiert: *Simon,* Q. J. Econ. 69 (1955), 99).

Simon, Herbert A., Models of man, Social and Rational, Wiley, New York 1957 (zitiert: *Simon,* Models of man).

Smuda, Florian, Cartel Overcharges and the Deterrent Effect of EU Competition Law, Journal of Competition Law and Economics 10 (2014), S. 63–86 (zitiert: *Smuda,* J. Comp. L. & Econ. 10 (2014), 63).

Soltész, Ulrich, Due Process, Gesetzesvorbehalt und richterliche Kontrolle im Europäischen Kartellbußgeldverfahren, Eine Zwischenbilanz zur jüngeren Rechtsprechung, Wirtschaft und Wettbewerb 2012, S. 141–150 (zitiert: *Soltész,* WuW 2012, 141).

Soltész, Ulrich; Steinle, Christian; Bielesz, Holger, Rekordgeldbußen versus Bestimmtheitsgebot – Die Kartellverordnung auf dem Prüfstein höherrangigen Gemeinschaftsrechts, Europäische Zeitschrift für Wirtschaftsrecht 2003, S. 202–210 (zitiert: *Soltész/Steinle/Bielesz,* EuZW 2003, 202).

Soyez, Volker, Die Bußgeldleitlinien der Kommission – mehr Fragen als Antworten, Europäische Zeitschrift für Wirtschaftsrecht 2007, S. 596–600 (zitiert: *Soyez,* EuZW 2007, 596).

Soyez, Volker, Die 10%-Bußgeldobergrenze und der „more economic approach", Wirtschaft und Wettbewerb 2013, S. 103 (zitiert: *Soyez,* WuW 2013, 103).

Stigler, George J., The Optimum Enforcement of Laws, The Journal of Political Economy 78 (1970), S. 526–536 (zitiert: *Stigler,* J. Pol. Econ. 78 (1970), 526).

Stiglitz, Joseph E.; Walsh, Carl E., Mikroökonomie, 4. Aufl., Oldenbourg, München 2010 (zitiert: *Stiglitz/Walsh,* Mikroökonomie).

Stockmann, Kurt, Zur neueren Bußgeldpraxis bei Kartellverstößen, Zeitschrift für Wettbewerbsrecht 2012, S. 20–47 (zitiert: *Stockmann,* ZWeR 2012, 20).

Studienvereinigung Kartellrecht (Hrsg.), Kartellrecht in Theorie und Praxis, Festschrift für Cornelis Canenbley zum 70. Geburtstag, C. H. Beck, München 2012 (zitiert: *Verfasser* in: FS Canenbley).

Sünner, Eckart, Das Verfahren zur Festsetzung von Geldbußen nach Art. 23 II lit. a) der Kartellverfahrensordnung (VerfVO), Europäische Zeitschrift für Wirtschaftsrecht 2007, S. 8–13 (zitiert: *Sünner,* EuZW 2007, 8).

Taylor, Shelley E., The availability bias in social perception and interaction in: Kahneman, Daniel; Slovic, Paul; Tversky, Amos (Hrsg.), Judgment under uncertainty: Heuristics and biases, Cambridge, New York 1982, S. 190–200 (zitiert: *Taylor* in: Kahneman/Slovic/Tversky, Judgment under uncertainty: Heuristics and biases, S. 190).

Taylor, Shelley E.; Brown, Jonathon D., Illusion and Well-Being: A Social Psychological Perspective on Mental Health, Psychological Bulletin 103 (1988), S. 193–210 (zitiert: *Taylor/Brown,* Psych. Bull. 103 (1988), 193).

Theurer, Fabian, Geldbußen im EU-Wettbewerbsrecht, Peter Lang, Frankfurt 2009 (zitiert: *Theurer,* Geldbußen im EU-Wettbewerbsrecht).

Thiele, Dominic, Zur Verfassungswidrigkeit des § 81 IV GWB, Wettbewerb in Recht und Praxis 2006, S. 999–1007 (zitiert: *Thiele,* WRP 2006, 999).

Thole, Christoph, Die Prozessfinanzierung bei Kartellschadensersatzklagen – Lehren aus dem Fall CDC/Zementkartell, Zugleich Besprechung OLG Düsseldorf v. 18. 2. 2015 – VI-U (Kart) 3/14, Zeitschrift für Wettbewerbsrecht 2015, S. 93–117 (zitiert: *Thole,* ZWeR 2015, 93).

Tiedemann, Klaus, Die "Bebußung" von Unternehmen nach dem 2. Gesetz zur Bekämpfung der Wirtschaftskriminalität, Neue Juristische Wochenschrift 1988, S. 1169–1174 (zitiert: *Tiedemann,* NJW 1988, 1169).

Tirole, Jean, Industrieökonomik, 2. Aufl., Oldenbourg, München 1999 (zitiert: *Tirole,* Industrieökonomik).

Towfigh, Emanuel Vahid, § 2 – Das ökonomische Paradigma in: Towfigh, Emanuel Vahid; Petersen, Niels (Hrsg.), Ökonomische Methoden im Recht, Eine Einführung für Juristen, Tübingen 2010, S. 23–34 (zitiert: *Towfigh* in: Towfigh/Petersen, Ökonomische Methoden im Recht, S. 23).

Towfigh, Emanuel Vahid; Petersen, Niels (Hrsg.), Ökonomische Methoden im Recht, Eine Einführung für Juristen, Mohr Siebeck, Tübingen 2010 (zitiert: *Verfasser* in: Towfigh/Petersen, Ökonomische Methoden im Recht).

Tribe, Laurence H., Policy Science: Analysis or Ideology?, Philosophy & Public Affairs 2 (1972), S. 66–110 (zitiert: *Tribe,* Phil. & Publ. Aff. 2 (1972), 66).

Tversky, Amos; Kahneman, Daniel, Availability: A heuristic for judging frequency and probability, Cognitive Psychology 5 (1973), S. 207–232 (zitiert: *Tversky/Kahneman,* Cognitive Psychology 5 (1973), 207).

Tversky, Amos; Kahneman, Daniel, Judgment under Uncertainty: Heuristics and Biases, Science 185 (1974), S. 1124–1131 (zitiert: *Tversky/Kahneman,* Science 185 (1974), 1124).

Ulrick, Shawn W.; Sacher, Seth B., Inferring Anticompetitive Price Effects from Difference-in-Difference Analysis: A Caveat, Journal of Competition Law and Economics 11 (2015), S. 999–1012 (zitiert: *Ulrick/Sacher,* J. Comp. L. & Econ. 11 (2015), 999).

Uphoff, Boris, LG Düsseldorf: Schadensersatz-Sammelklagen ohne klägerisches Kostenrisiko ist sittenwidrig – Zementkartell, Betriebsberater 2014, S. 149 (zitiert: *Uphoff,* BB 2014, 149).

Varian, Hal R., Grundzüge der Mikroökonomik, 9. Aufl., De Gruyter Oldenbourg, Berlin, Boston 2016 (zitiert: *Varian*, Mikroökonomik).

Veljanovski, Čento G., Cartel Fines in Europe, Law, Practice and Deterrence, World Competition 30 (2007), S. 65–86 (zitiert: *Veljanovski,* W.Comp. 30 (2007), 65).

Veljanovski, Čento G., Economic principles of law, Cambridge University Press, Cambridge 2007 (zitiert: *Veljanovski*, Economic principles of law).

Veljanovski, Čento G., Deterrence, Recidivism, and European Cartel Fines, Journal of Competition Law and Economics 7 (2011), S. 871–915 (zitiert: *Veljanovski,* J. Comp. L. & Econ. 7 (2011), 871).

Veljanovski, Čento G., A Statistical Analysis of U.K. Antitrust Enforcement, Journal of Competition Law and Economics 10 (2014), S. 711–738 (zitiert: *Veljanovski,* J. Comp. L. & Econ. 10 (2014), 711).

Voet van Vormizeele, Philipp, Die neue Bonusregelung des Bundeskartellamtes, Ein wichtiges Instrument im Kampf gegen illegale Kartellabsprachen, Zeitschrift für Wirtschafts- und Steuerstrafrecht 2006, S. 292–298 (zitiert: *Voet van Vormizeele,* wistra 2006, 292).

Voet van Vormizeele, Philipp, Die EG-kartellrechtliche Haftungszurechnung im Konzern im Widerstreit zu den nationalen Gesellschaftsrechtsordnungen, Wirtschaft und Wettbewerb 2010, S. 1008–1019 (zitiert: *Voet van Vormizeele,* WuW 2010, 1008).

Voet van Vormizeele, Philipp, Kartellrecht und Verfassungsrecht, Neue Zeitschrift für Kartellrecht 2013, S. 386–393 (zitiert: *Voet van Vormizeele,* NZKart 2013, 386).

Vollmer, Christof, Die Bußgeldleitlinien des Bundeskartellamts, Zeitschrift für Wettbewerbsrecht 2007, S. 168–182 (zitiert: *Vollmer,* ZWeR 2007, 168).

Wagner-von Papp, Florian, Kriminalisierung von Kartellabsprachen – tut sich da was?, Wirtschaft und Wettbewerb 2014, S. 1155 (zitiert: *Wagner-von Papp,* WuW 2014, 1155).

Waldron, Jeremy, Locating Distribution, The Journal of Legal Studies 32 (2003), S. 277–302 (zitiert: *Waldron,* J. Legal Stud. 32 (2003), 277).

Weidenbach, Georg; Saller, Michael, Das Weißbuch der Europäischen Kommission zu kartellrechtlichen Schadensersatzklagen, Darstellung und erste Bewertung wesentlicher Aspekte, Betriebsberater 2008, S. 1020–1026 (zitiert: *Weidenbach/Saller,* BB 2008, 1020).

Weinstein, Neil D., Unrealistic optimism about future life events, Journal of Personality and Social Psychology 39 (1980), S. 806–820 (zitiert: *Weinstein,* J. Personality & Soc. Psych. 39 (1980), 806).

Weitbrecht, Andreas; Mühle, Jan, Zur Verfassungsmäßigkeit der Bußgelddrohung gegen Unternehmen nach der 7. GWB-Novelle, Wirtschaft und Wettbewerb 2006, S. 1106–1118 (zitiert: *Weitbrecht/Mühle,* WuW 2006, 1106).

Weitbrecht, Andreas; Mühle, Jan, Die Entwicklung des Europäischen Kartellrechts im Jahr 2011, Europäische Zeitschrift für Wirtschaftsrecht 2012, S. 290–296 (zitiert: *Weitbrecht/Mühle,* EuZW 2012, 290).

Weitbrecht, Andreas; Mühle, Jan, Die Entwicklung des europäischen Kartellrechts 2012, Europäische Zeitschrift für Wirtschaftsrecht 2013, S. 255–262 (zitiert: *Weitbrecht/Mühle,* EuZW 2013, 255).

Weitbrecht, Andreas; Mühle, Jan, Die Entwicklung des europäischen Kartellrechts 2013, Europäische Zeitschrift für Wirtschaftsrecht 2014, S. 209–216 (zitiert: *Weitbrecht/Mühle,* EuZW 2014, 209).

Werden, Gregory J., The Effect of Antitrust Policy on Consumer Welfare: What Crandall and Winston Overlook, Economic Analysis Discussion Paper No. EAG 03.2, 2003, http://ssrn.com/abstract=384100, besucht am 1.7.2018 (zitiert: *Werden,* The Effect of Antitrust Policy on Consumer Welfare: What Crandall and Winston Overlook).

Werden, Gregory J., Sanctioning Cartel Activity: Let the Punishment Fit the Crime, European Competition Journal 5 (2009), S. 19–36 (zitiert: *Werden,* ECJ 5 (2009), 19).

Werden, Gregory J.; Hammond, Scott D.; Barnett, Belinda A., Deterrence and detection of cartels: Using all the tools and sanctions, The Antitrust Bulletin 56 (2011), S. 207–234 (zitiert: *Werden/Hammond/Barnett,* Anti. Bull. 56 (2011), 207).

Werden, Gregory J.; Simon, Marilyn J., Why Price Fixers Should Go to Prison, The Antitrust Bulletin 32 (1987), S. 917–938 (zitiert: *Werden/Simon,* Anti. Bull. 32 (1987), 917).

Wiedemann, Gerhard (Hrsg.), Handbuch des Kartellrechts, 2. Aufl., C. H. Beck, München 2008 (zitiert: *Verfasser in:* Wiedemann, Kartellrecht, 2. Aufl. 2008).

Wiedemann, Gerhard (Hrsg.), Handbuch des Kartellrechts, 3. Aufl., C. H. Beck, München 2016 (zitiert: *Verfasser* in: Wiedemann, Kartellrecht).

Wiedmann, Daniel; Funk, Christine, Umgehung von Kartellgeldbußen durch Umstrukturierung – Konzernhaftung als Lösung?, Betriebsberater 2015, S. 2627–2634 (zitiert: *Wiedmann/Funk,* BB 2015, 2627).

Wied-Nebbeling, Susanne, Preistheorie und Industrieökonomik, 5. Aufl., Springer, Berlin 2009 (zitiert: *Wied-Nebbeling,* Industrieökonomik).

Wieling, Hans Josef; Finkenauer, Thomas, Fälle zum besonderen Schuldrecht, 7. Aufl., C. H. Beck, München 2012 (zitiert: *Wieling/Finkenauer*, Fälle zum besonderen Schuldrecht).

Wiesbrock, Anja, E.ON/GDF: Revisiting the Standard of Judicial Review for Fines in Competition Cases, Journal of European Competition Law & Practice 4 (2013), S. 58–60 (zitiert: *Wiesbrock,* J. Eur. Comp. L. & Practice 4 (2013), 58).

Wiesner, Till, Der Kronzeuge im Kartellrecht, Zur Rechtmäßigkeit der Honorierung von Aufklärungshilfe durch Sanktionserlass bei der Verfolgung von Hardcore-Kartellen durch die Europäische Kommission und das Bundeskartellamt, Logos, Berlin 2004 (zitiert: *Wiesner*, Kronzeuge).

Wilde, Louis L., Criminal Choice, Nonmonetary Sanctions, and Marginal Deterrence: A Normative Analysis, International Review of Law and Economics 12 (1992), S. 333–344 (zitiert: *Wilde,* Int'l Rev. L. & Econ. 12 (1992), 333).

Williamson, Oliver E., The economic institutions of capitalism, Firms, Markets, Relational Contracting, Free Press, New York 1985 (zitiert: *Williamson*, Economic institutions).

Wils, Wouter P. J., Is Criminalization of EU Competition Law the Answer?, World Competition 28 (2005), S. 117–159 (zitiert: *Wils,* W.Comp. 28 (2005), 117).

Wils, Wouter P. J., Optimal Antitrust Fines: Theory and Practice, World Competition 29 (2006), S. 183–208 (zitiert: *Wils,* W.Comp. 29 (2006), 183).

Wils, Wouter P. J., The European Commission's 2006 Guidelines on Antitrust Fines: A Legal and Economic Analysis, World Competition 30 (2007), S. 197–229 (zitiert: *Wils,* W.Comp. 30 (2007), 197).

Wils, Wouter P. J., Recidivism in EU Antitrust Enforcement: A Legal and Economic Analysis, World Competition 35 (2012), S. 5–26 (zitiert: *Wils,* W.Comp. 35 (2012), 5).

Zimmer, Daniel, Law and Economics im Recht der Wettbewerbsbeschränkungen in: Studienvereinigung Kartellrecht (Hrsg.), Kartellrecht in Theorie und Praxis, Festschrift für Cornelis Canenbley zum 70. Geburtstag, München 2012, S. 525–535 (zitiert: *Zimmer* in: FS Canenbley, S. 525).

www.ingramcontent.com/pod-product-compliance
Ingram Content Group UK Ltd.
Pitfield, Milton Keynes, MK11 3LW, UK
UKHW020715041026
15590UKWH00002B/685

9 783631 772171